Ninth Edition

INTERACTION
LANGUE ET CULTURE

Susan St. Onge
Christopher Newport University, Emerita

Ronald St. Onge
College of William and Mary, Emeritus

Scott Powers
University of Mary Washington

HEINLE
CENGAGE Learning·

Australia • Brazil • Japan • Korea • Mexico • Singapore • Spain • United Kingdom • United States

HEINLE
CENGAGE Learning·

Interaction: Langue et culture, Neuvième édition
Susan St. Onge, Ronald St. Onge, Scott Powers

Vice President, Editorial Director:
  P.J. Boardman

Publisher: Beth Kramer

Senior Acquisitions Editor: Nicole Morinon

Development Editor: Mayanne Wright

Editorial Assistant: Gregory Madan

Senior Media Editor: Morgen Murphy

Brand Manager: Ben Rivera

Market Development Manager:
  Courtney Wolstoncroft

Senior Marketing Communications
  Manager: Linda Yip

Senior Content Project Manager:
  Tiffany Kayes

Art Director: Linda Jurras

Manufacturing Planner: Betsy Donaghey

Rights Acquisition Specialist: Jessica Elias

Production Service: PreMediaGlobal

Text Designer: Alisa Aronson

Cover Designer: Wing Ngan

Cover Image: © Robert Caputo/ Getty
  Images (top); ©JACQUES pierre/ Getty
  Images (bottom)

Compositor: PreMediaGlobal

For product information and technology assistance, contact us at
Cengage Learning Customer & Sales Support, 1-800-354-9706

For permission to use material from this text or product,
submit all requests online at **www.cengage.com/permissions**
Further permissions questions can be e-mailed to
permissionrequest@cengage.com

Library of Congress Control Number: 2012944205

ISBN-13: 978-1-133-31124-9

ISBN-10: 1-133-31124-5

Heinle
20 Channel Center Street
Boston, MA 02210
USA

Cengage Learning is a leading provider of customized learning solutions with office locations around the globe, including Singapore, the United Kingdom, Australia, Mexico, Brazil, and Japan. Locate your local office at **international.cengage.com/region**

Cengage Learning products are represented in Canada by Nelson Education, Ltd.

For your course and learning solutions, visit **www.cengage.com**

Purchase any of our products at your local college store or at our preferred online store **www.cengagebrain.com**

Instructors: Please visit **login.cengage.com** and log in to access instructor-specific resources.

Table des matières

Chapitre 9:
La francophonie 327

Chapitre 10:
Découvrir et se découvrir 369

To the Student

Dear Student,

By learning a new language, you have taken a giant step toward increasing your awareness of the world, one that will alter your way of viewing other cultures and will allow you to experience many aspects of your own life differently.

You have begun an exciting and valuable experience. Perhaps you are already aware of the importance of the French language throughout the world. Did you know, for example, that in international job listings distributed by the United States State Department, many employers prefer that job candidates possess a knowledge of French? The French, for example, are among the world leaders in aerospace, telecommunications, satellite, electronic, and defense technology. France and other francophone countries also have a rich history in international politics, art, and literature.

Many of you may one day have the opportunity to visit a French-speaking country. Your experiences will be more enriching and rewarding if you can interact with others and better understand their culture. In helping you with this endeavor, *Interaction,* **Ninth Edition,** offers unparalleled support for the study of language, culture, and literature at the intermediate level. This edition offers a broad range of cultural and literary content, as well as concise, yet thorough, grammar explanations. Numerous language learning technologies—including an online environment with audio and video-enhanced activities, a series of short films representing a variety of francophone countries, guided Internet activities, and your essential partner to learning, the workbook/lab manual, now with more practice than ever!

Bonne chance!

Acknowledgments

We would like to thank those users and reviewers of **Interaction** who read the manuscript in its various stages, and who offered invaluable comments, suggestions and advice:

Reviewers

Myriam Alami, *Rutgers University*

Philippe Baillargeon, *University of Massachusetts Amherst*

Lynne Barnes, *Colorado State University*

Edith Benkov, *San Diego State University*

Taïeb Berrada, *Lehigh University*

Michèle Bissière, *University of North Carolina at Charlotte*

Garance Blanchot-Aboubi, *California State University, Fullerton*

Theresa Bowley, *Lebanon Valley College*

Anne Carlson, *Southern Illinois University—Carbondale*

Donna Clopton, *Cameron University*

Eddy Cuisinier, *Western Kentucky University*

Tomaz Cunningham, *University of Missouri—Columbia*

Sara Davis-Medevielle, *College of William and Mary*

Mary Ellen Faughnan-Kenien, *Onondaga Community College*

Julia Flanagan-Schmidt, *Diablo Valley College*

Katherine Gantz, *St. Mary's College of Maryland*

Joel Goldfield, *Fairfield University*

Margaret Harp, *University of Nevada, Las Vegas*

Lorie Heggie, *Illinois State University*

Jennifer Howell, *Illinois State University*

Guy Imhoff, *St. Bonaventure University*

Brian Kennelly, *California Polytechnic State University*

Edward Kolodziej, *State University of New York at Fredonia*

Elizabeth Lang, *American University*

Susan Larmon, *Western Carolina University*

Tamara Lindner, *University of Louisiana at Lafayette*

Jane Lippmann, *The University of Texas at Austin*

George McCool, *Towson University*

Judith McDermott, *University of North Florida*

Barbara McIntosh, *Lorain County Community College*

Aparna Nayak-Guercio, *California State University, Long Beach*

Gayle Nunley, *University of Vermont*

Monique Oyallon, *Mansfield University*

Juliette Parnell, *University of Nebraska at Omaha*

Simone Pilon, *Franklin College*

Désirée Pries, *University of California, Berkeley*

Patrice Proulx, *University of Nebraska at Omaha*

Radonna Roark, *Oklahoma Baptist University*

Margaret Rose, *University of Mary Washington*

Jeanne-Hélène Roy, *The University of Akron*

Minnie Sangster, *North Carolina Central University*

Cheryl Schaile, *Texas A&M University*

Leslie Sconduto, *Bradley University*

Marguerite Solari, *Oakton Community College*

Francoise Sullivan, *Tulsa Community College*

Bernadette Takano, *University of Oklahoma*

Suzanne Toczyski, *Sonoma State University*

Thierry Torea, *Hobart and William Smith Colleges*

Janina Traxler, *Manchester College*

Edward Van Vliet, *State University of New York at Geneseo*

Lisa Van Zwoll, *United States Air Force Academy*

Veronique Walters, *University of Central Florida*

Catherine Webster, *University of Central Oklahoma*

Nicola Work, *University of Dayton*

Our sincerest thanks to Mayanne Wright for her invaluable feedback on the development of this edition, and to Jocelyne Brant and Mayanne Wright without whose diligence and innovation the accompanying Student Activities Manual would not have been realized.

In addition, we would like to extend thanks to Kelle Truby, Nicole Morinon, Kim Meurillon and Timothy Deer for their enthusiastic work on the **Interaction cinéma** film research and activity creation.

Much appreciation for their enthusiasm, dedication and support goes to the editorial and production staff at Heinle, Cengage, without whose vision, support, commitment, and skills this project would not have been possible and, in particular: Nicole Morinon, Beth Kramer, Tiffany Kayes, Courtney Wolstoncroft, Ben Rivera, Greg Madan, Jessica Elias, Julie Lowe, Martha Hall, Peter Schott, Linda Jurras, and Morgen Murphy.

CHAPITRE 1

Le commerce et la consommation

Cultural Focus
- French Consumer Habits
- Eating Habits

Readings
Contemporary Cultural *La Démondialisation*

Literary Philippe Delerm: *Le croissant du trottoir* (extrait)

Cinema
Short Subject Bastien Dubois: *Madagascar*

Structures

I The Present Tense of Regular **-er** Verbs
Stem-Changing **-er** Verbs
The Imperative
The Irregular Verbs **être, avoir, faire, aller**
Aller and **faire** with Infinitives

II Nouns
Articles

III **Voilà** and **il y a**

Functions
Stating Preferences
Giving Orders and Directions
Expressing Intentions

 Premium Website

🔊 audio

Palomba/AgenceImages/Jupiter Images

Une rue d'Antibes, un jour de marché

Un peu de culture contemporaine

La zone euro

En 2002, douze pays de l'Union européenne mettent en circulation les billets et pièces en euros (€). C'est une innovation importante qui donne, pour la première fois, une unité monétaire et symbolique à plus de 300 millions de citoyens européens.

- La zone euro comprend, 10 ans plus tard, l'Allemagne, l'Autriche, la Belgique, Chypre, l'Espagne, l'Estonie, la Finlande, la France, la Grèce, l'Irlande, l'Italie, le Luxembourg, Malte, les Pays-Bas, le Portugal, la Slovaquie et la Slovénie. Les autres pays fondateurs de l'U.E., c'est-à-dire le Royaume-Uni, le Danemark et la Suède, n'ont pas adopté l'euro. D'autres pays d'Europe centrale et orientale ne répondent pas encore aux critères d'adhésion mais ont l'intention de participer le plus tôt possible à la zone. La Bulgarie, la Hongrie, la Lettonie, la Lituanie, la Pologne, la République tchèque et la Roumanie sont donc membres de l'Union européenne sans être, pour l'instant, membres de la zone euro.

- Les billets de banque en euros sont absolument identiques dans tous les pays de la zone. Les pièces en euros et centimes d'euro ont un côté commun, partout le même, et un côté spécifique qui utilise des symboles nationaux (en France, par exemple, un arbre figure au centre d'un hexagone; en Belgique, on retrouve l'effigie du Roi Albert II; à Monaco, où un accord avec la France donne à l'euro un cours légal, le profil du Prince Albert II, etc). Mais on peut utiliser ces pièces dans tous les pays participant à la monnaie unique.

Langue et culture

Dans la liste des pays membres de la zone euro, quels articles définis précèdent les noms des pays? Quels deux états n'ont pas d'article? En quoi leur catégorie géographique est-elle différente des autres?

Jeux de mots

Utilisez ces noms de pays pour compléter les phrases suivantes: la Belgique, la Bulgarie, le Danemark, le Royaume-Uni, l'Irlande, Monaco, les Pays-Bas, la Pologne, le Portugal, la Roumanie, la Suède.

1. _____, _____ et _____ sont des pays de l'Union européenne qui ont l'intention d'adopter l'euro mais ne l'utilisent pas encore.
2. Dans la liste des premiers états à adhérer à l'U.E., il y en a trois qui n'emploient pas l'euro. Ce sont _____, _____ et _____.
3. Vous allez dépenser des euros, si vous voyagez dans les pays suivants: _____. _____, _____, _____ et _____.

Petites et grandes surfaces

Le monde du commerce en France est en constante mutation depuis quelques années. Le prix est une préoccupation majeure pour la plupart des clients et les changements d'attitudes des consommateurs ont un effet considérable sur la manière de vendre et d'acheter en France.

- En 1963, le premier hypermarché, un Carrefour, ouvre ses portes près de Paris. Depuis ce temps, le nombre de *grandes surfaces* (supermarchés, hypermarchés et maxidiscomptes) ne cesse d'augmenter.

- Pour maintenir leur clientèle, les *petites surfaces* (petits commerces de quartier, boutiques et magasins spécialisés) offrent des services qu'on ne trouve pas chez les géants. Par exemple, l'épicerie reste ouverte jusqu'à 22 heures ainsi que le dimanche; de même, on propose des stands sur les divers marchés, en plein air ou couverts, où il est possible de discuter les prix. Les magasins de centre-ville semblent même bénéficier actuellement d'un renouveau d'intérêt chez les consommateurs qui attachent de plus en plus d'importance aux relations vendeur-client, surtout dans le secteur des magasins spécialisés.

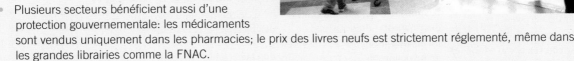

- Plusieurs secteurs bénéficient aussi d'une protection gouvernementale: les médicaments sont vendus uniquement dans les pharmacies; le prix des livres neufs est strictement réglementé, même dans les grandes librairies comme la FNAC.

- La législation actuelle en France semble indiquer une volonté du gouvernement d'éviter une situation où les petits commerces vont un jour disparaître. Certaines lois (la loi Raffarin, par exemple) limitent la création de grandes surfaces et sont destinées à la protection des relations commerciales et à la promotion du commerce et de l'artisanat.

Langue et culture

Complétez chaque phrase par l'article approprié. Ensuite, décidez si la phrase est **vraie** ou **fausse**. Corrigez les phrases fausses.

1. _____ prix est très important pour _____ plupart des clients en France.
2. _____ changements d'attitudes des consommateurs n'ont pas d'effet sur _____ manière de vendre et d'acheter en France.
3. Depuis 1963, _____ nombre de grandes surfaces diminue.
4. _____ relations vendeur-client ne sont pas importantes dans _____ grandes surfaces.
5. En France, _____ médicaments sont vendus dans les supermarchés.
6. _____ législateurs français ne désirent pas éviter une situation où _____ petits commerces vont disparaître.

Jeux de mots

Trouvez dans le texte un synonyme pour les mots suivants. Ensuite, utilisez vos réponses pour compléter le paragraphe.

consommateur, grands supermarchés, arrête, petites surfaces, profitent

Les Français vont dans les _____ pour leurs prix raisonnables et pour la grande variété de choix. D'autres préfèrent les _____ pour leurs relations vendeur-_____. De plus, les petits commerçants ne voient pas diminuer leur clientèle parce qu'ils _____ d'une protection gouvernementale. En conséquence, on peut constater que le consommateur français n(e) _____ pas de fréquenter les petits commerces.

Réflexion

Dans la vie quotidienne, quels sont les petits commerces que vous avez l'habitude de fréquenter? Expliquez pourquoi vous y allez. Est-ce toujours le prix qui guide votre choix entre les petites et les grandes surfaces?

Vocabulaire actif

CD1, Track 2   To access the audio recordings, visit www.cengage.com/french/interaction

LES ACTIVITES

acheter to buy
acheter quelque chose
    sur un coup de tête to buy something on impulse
aimer bien to like
apporter to bring
avoir besoin de to need
coûter to cost
emporter to take away
    à _____ take out
faire des courses to run errands
faire des économies to save money
faire son marché to go grocery shopping
oublier to forget
payer to pay
    _____ en espèces (en liquide) to pay cash
porter to carry

LES PRODUITS

Les fruits et légumes
un abricot apricot
des cerises *(f pl)* cherries
des champignons *(m pl)* mushrooms
un chou-fleur cauliflower
une courgette zucchini
des fraises *(f pl)* strawberries
des *haricots[1] *(m pl)* beans
un légume vegetable
un oignon onion
une pêche peach
des petits pois *(m pl)* peas
une poire pear
un poivron (vert, rouge) (green, red) pepper
une pomme apple
une pomme de terre potato
une salade lettuce

La boulangerie / La pâtisserie

un gâteau cake
un pain bread
une pâtisserie pastry

Les produits de base
de la bière beer
    _____ blonde pale lager beer
    _____ brune dark beer
des boissons *(f pl)* **gazeuses** sodas
du café coffee
de l'eau *(f)* water
de la farine flour
de l'huile *(f)* oil
la nourriture food
des pâtes *(f pl)* pasta
du sucre sugar
du thon tuna
du vin wine

Les produits laitiers

du beurre butter
du fromage cheese
    du bleu blue cheese
    du chèvre goat cheese
    du gruyère Swiss cheese
du lait milk
un yaourt yogurt

Les viandes / Les volailles

du bœuf beef
une côte de porc pork chop
du jambon ham
du poulet chicken
de la viande meat

LES CARACTERISTIQUES

alimentaire related to food
bio(logique) organic
épais(se) thick
exploité(e) managed

---

[1] *The asterisk preceding the **h** indicates that it is aspirated. There is no elision or liaison with an aspirated **h**.*

Exercices de vocabulaire

A. Complétez les phrases suivantes sur la consommation en France par une expression appropriée de la liste suivante.

EXPRESSIONS: faire des courses, épicerie, mondialisation, marchés, à emporter, rayon, cabas, charcuterie

1. En France, on peut acheter un plat chinois _____ pour le manger chez soi.

2. Le week-end, on va souvent dans plusieurs magasins pour _____.

3. En France, certains jours de la semaine, il y a des _____ en plein air où on peut acheter des fruits et des légumes frais.

4. On achète du jambon, des salades composées et du pâté dans une _____.

5. La présence en Europe des filiales de McDonald est un exemple de la _____ du commerce.

6. On achète des produits en boîte, des pâtes, de la farine et de l'huile dans une _____.

7. Quand on achète ses produits alimentaires dans plusieurs petits commerces, on a souvent besoin d'un gros _____ pour porter ses achats.

8. Pour faire du shopping dans un grand magasin, il faut chercher le _____ des vêtements pour hommes ou pour femmes.

frais, fraîche fresh
industriel(le) industrial, factory produced
instantané(e) instant
mal entretenu(e) messy
nature plain
parfumé(e) flavored
rôti(e) roasted
surgelé(e) frozen
vestimentaire related to clothes

LES MAGASINS

un achat purchase
des aliments (m pl) food
une allée aisle
l'artisanat (m) crafts
une boucherie butcher shop
une boulangerie bakery
un cabas tote bag, handbasket
la caisse cash register
une carte bancaire cash card
un centre commercial shopping center, mall
une chaîne chain (store)

une charcuterie delicatessen
un chariot shopping cart
un choix choice
le commerce business
_____ de détail retail business
_____ de proximité neighborhood store
le consommateur / la consommatrice consumer
la consommation buying, consumption
en ligne online
l'entrée (f) libre free access
une épicerie small grocery store
un filet mesh bag
une filiale branch store
une fromagerie cheese shop
une gamme range
produits (m pl) de haute / basse _____ high / low quality products
une grande surface large suburban store
l'habillement (m) clothing
un magasin d'_____ clothes store

l'hyperchoix (m) huge selection
un hypermarché supermarket, large discount store
la livraison delivery
_____ à domicile home delivery
le marchandage bargaining
un marché open-air market
un maxidiscompte superdiscount
la mode fashion
la mondialisation globalization
un panier basket
un parking parking lot
une pièce coin
un prix price
un produit product
une promotion special offer
des provisions (f pl) groceries
la publicité advertising, advertisement
un rayon department in a store
un repas meal
un sac bag, sack

un supermarché supermarket
un traiteur caterer, delicatessen

LES COMMERÇANTS

un boucher / une bouchère butcher
un boulanger / une boulangère baker
un caissier / une caissière cashier
un charcutier / une charcutière delicatessen owner
un épicier / une épicière grocer
un marchand / une marchande merchant
un pâtissier / une pâtissière pastry chef; pastry shopkeeper
un petit commerçant small shopkeeper

B. Vous allez à l'hypermarché avec votre colocataire. En utilisant les expressions indiquées, posez les questions suivantes à votre colocataire joué(e) par un(e) camarade de classe.

EXPRESSIONS: sac, caisse, nature, parking, chariot, promotion

1. —Où est-ce que nous mettons la voiture?

   —Il y a un petit _____ devant le Carrefour.

2. —Comment est-ce qu'on va porter les achats?

   —On utilise un euro pour prendre un _____.

3. —Tu préfères quel parfum de yaourt?

   —Je préfère le yaourt _____.

4. —Pourquoi est-ce que ces fraises coûtent si peu cher?

   —Parce qu'il y a une très bonne _____.

5. —Où est-ce que nous payons nos achats?

   —A la _____.

6. —Et pour porter nos achats jusqu'à la voiture?

   —On achète un _____ en plastique ou un cabas.

Lexique personnel

LES PREFERENCES ET LES ACHATS

A. Pour chacun des sujets suivants, dressez une liste personnelle de mots.

1. des plats que vous adorez
2. des plats que vous détestez
3. des plats que vous mangez au restaurant de l'université
4. des achats que vous faites souvent au centre commercial
5. des achats que vous faites souvent dans les petits commerces de proximité

B. En utilisant le vocabulaire du chapitre et votre lexique personnel, complétez les phrases suivantes. Ensuite, posez une question appropriée à un(e) camarade de classe pour déterminer ses préférences.

MODELE   J'aime la *pizza*.
    Tu aimes la pizza?

1. J'aime bien le (la, l', les)…
2. Je déteste le (la, l', les)…
3. Je mange souvent du (de la, de l', des)…
4. Je ne mange jamais de (d')…
5. Au centre commercial, j'achète souvent un (une, du, de la, de l', des)…
6. Dans les petits commerces près de chez moi, j'achète souvent un (une, du, de la, de l', des)…

Structures I

GRAMMAR TUTORIALS   ## The Present Tense of Regular *-er* Verbs

To form the present tense of regular **-er** verbs, drop the **-er** ending of the infinitive and add the appropriate endings to the remaining stem: **-e, -es, -e, -ons, -ez, -ent.**

infinitive: **chercher** *to look for*	stem: **cherch-**
je cherch**e**	*I look for*
tu cherch**es**	*you look for*
il / elle / on cherch**e**	*he / she / one looks for*
nous cherch**ons**	*we look for*
vous cherch**ez**	*you look for*
ils / elles cherch**ent**	*they look for*

The present-tense form in French has three English equivalents, including two that contain more than one verb form; for example, **j'oublie** means *I forget, I am forgetting, I do forget.*

To make a present-tense form negative, place **ne** before the verb and **pas** after it.

Tu oublies ton argent?   Non, je **n'**oublie **pas** mon argent.

- Note that the pronoun **on** is used quite frequently in French. It is the equivalent of the English indefinite subject *one,* and in informal conversation it can be the equivalent of *we, they,* or *people.* **On** always takes a third-person singular verb form.

En France, **on** achète souvent le pain à la boulangerie.	*In France, **one** often buys (**people** often buy) bread at the bakery.*
On va au supermarché ce soir?	*Shall **we** go to the supermarket tonight?*

Rappel!

Remember that **tu** and **vous** both mean *you.* The **tu** form is considered to be familiar and is used to address one person—a family member, a close friend, a small child—or an animal. When addressing only one person, the **vous** form is formal and is used with strangers, acquaintances, or other adults that one does not know well. The **vous** form is also used to address two or more people, formal or not.

The distinction between **tu** and **vous** is often puzzling to the English speaker. It may help to keep in mind that the rules governing the use of **vous** and **tu** are usually unwritten social codes. For example, French students almost universally use **tu** with each other, and they might be permitted to **tutoyer** a young instructor, but they would certainly say **vous** to most professors. Colleagues in an office or members of any kind of group (professional, social, or other) often democratically use **tu** with each other, but will **vouvoyer** the boss or other individuals perceived to be in authority. The safest policy is to use **vous** with all adults until they suggest: **On se tutoie?**

1 Un groupe d'étudiants français va préparer un repas pour quelques amis. Complétez les phrases suivantes en employant la forme convenable du verbe entre parenthèses.

1. Nous _préparons_ un repas qui ne coûte pas trop cher, n'est-ce pas? (préparer)
2. Christophe, tu _apportes_ des jus de fruits et du vin? (apporter)
3. Vous _désirez_ manger du bœuf ou du poulet? (désirer)
4. Attention, il y a peut-être des personnes qui sont végétariennes et qui ne _mangent_ pas de viande. (manger)
5. Et plusieurs membres du groupe n' _aiment_ pas manger de fromage. (aimer)
6. Moi, j' _aime_ la quiche et les végétariens _mangent_ de la quiche, non? (aimer, manger)
7. Et toi? Qu'est-ce que tu _prépares_ pour le repas? (préparer)

2 Vous parlez à Lucienne Kasongo, une étudiante du Congo qui passe l'année dans votre université. Utilisez le pronom **on** et les verbes de la liste suivante pour expliquer à Lucienne quelques habitudes des gens de votre pays.

VERBES: aimer, commander... au restaurant, détester, dîner, bien manger, parler au téléphone, passer du temps à, voyager, ???

INTERACTIONS

 Mes préférences. La nourriture est souvent liée à nos activités et à notre personnalité. En petits groupes, chaque étudiant(e) doit indiquer ce qu'il / elle aime manger dans les circonstances suivantes. Comparez vos réponses.

Quand je suis pressé(e)...
Quand je suis fatigué(e)...
Quand je prépare un examen...

Quand j'ai besoin d'énergie...
Pour fêter mon anniversaire...
Quand... ???

GRAMMAR TUTORIALS ## Stem-Changing *-er* Verbs

Some **-er** verbs require spelling changes in the stem of certain persons for pronunciation purposes. The principal types of stem-changing **-er** verbs are summarized as follows.[2]

é → è	l → ll	y → i	g → ge
préférer *to prefer*	**appeler** *to call*	**payer** *to pay*	**manger** *to eat*
je préf**è**re	j'appe**ll**e	je paie	je mange
tu préf**è**res	tu appe**ll**es	tu paies	tu manges
il / elle / on préf**è**re	il / elle / on appe**ll**e	il / elle / on paie	il / elle / on mange
nous préférons	nous appelons	nous payons	nous mang**e**ons
vous préférez	vous appelez	vous payez	vous mangez
ils / elles préf**è**rent	ils / elles appe**ll**ent	ils / elles paient	ils / elles mangent
e → è	**t → tt**	**c → ç**	
acheter *to buy*	**jeter** *to throw*	**placer** *to place*	
j'ach**è**te	je je**tt**e	je place	
tu ach**è**tes	tu je**tt**es	tu places	
il / elle / on ach**è**te	il / elle / on je**tt**e	il / elle / on place	
nous achetons	nous jetons	nous plaçons	
vous achetez	vous jetez	vous places	
ils / elles ach**è**tent	ils / elles je**tt**ent	ils / elles placent	

[2]See *Appendix B* for further details on stem-changing verbs.

3 Employez les éléments suivants pour poser des questions à vos camarades de classe.

1. tu / manger / souvent au restaurant?
2. tu / aimer / dîner au restaurant universitaire?
3. tu / acheter / beaucoup de DVD ou de CD?
4. tu / préférer / faire tes devoirs chez toi ou sur le campus?
5. tu / espérer / voyager cet été? Si oui, où?
6. tu / payer / tes études toi-même?

4 Employez les éléments suivants pour décrire votre situation personnelle.

1. mes copains et moi / nous / préférer...
2. mes parents / (ne pas) payer / mes études à l'université
3. je / ne pas jeter/ souvent...
4. l'année prochaine / ma famille et moi / nous / commencer...
5. mon (ma) meilleur(e) ami(e) / s'appeler...
6. il (elle) / acheter / souvent...
7. chez moi / nous / manger / souvent...
8. je / payer / cher...

Note culturelle

William Manning / Alamy

Carl & Ann Purcell/Corbis

Le Montréal souterrain

Première ville francophone d'Amérique du Nord et deuxième ville du Canada (après Toronto), Montréal est un centre industriel et commercial de très grande importance. Le secteur de l'industrie comprend des entreprises de télécommunications, d'aéronautique, de pharmaceutique, de jeux vidéo, d'électronique et de matériel de transport. Soutenue par son activité économique, la vie commerciale de la ville est exceptionnellement animée. Pour effectuer leurs emplettes, les nombreux habitants de Montréal et des diverses régions du Québec se rendent au centre-ville. Les touristes venus du monde entier s'émerveillent de la vaste étendue de boutiques, grands magasins, théâtres et restaurants qui longent les rues et boulevards.

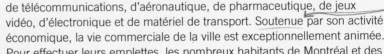

Dans les années 1960, dans un effort de moderniser le commerce à Montréal, le maire, Jean Drapeau, a lancé un projet gigantesque qui consistait à créer une deuxième ville—une véritable cité souterraine. S'étalant sur une trentaine de kilomètres de tunnels et abritant plus de 1 700 commerces intérieurs, le RÉSO (homonyme du mot «réseau») est le plus grand complexe souterrain au monde. Plus de 500 000 personnes y descendent chaque jour pour «magasiner» dans le confort, surtout pendant les hivers renommés pour leur grand froid. Pour ceux qui cherchent des vêtements à la dernière mode, le Centre Eaton offre 175 boutiques. Parmi elles se trouvent les plus grandes maisons québécoises et internationales. Et pour répondre à tous les besoins de la famille, il y a le magasin de La Baie, la plus vieille institution commerciale du Canada.

A juste titre, le RÉSO est non seulement un énorme centre commercial, mais il relie aussi des hôtels, de nombreux édifices de bureaux, des complexes résidentiels, plusieurs universités, comme McGill et l'UQAM (l'Université du Québec à Montréal), et des musées. Très accessible à la ville «en surface» et à la région montréalaise, le Montréal souterrain s'ouvre sur onze stations de métro, deux stations de train et 160 points d'accès piétons. On peut facilement programmer toute une journée d'activités dans le Montréal souterrain. Après des kilomètres de magasinage, les visiteurs n'ont aucune difficulté à trouver de quoi satisfaire leur faim. Des restaurants latins et asiatiques côtoient des fast-foods américains et des restaurants régionaux du Québec. Pour se reposer après tant de marche, on peut s'offrir un billet de cinéma dans une des grandes salles jointes aux tunnels. Ou bien, on peut admirer les œuvres d'art canadiennes dans le Musée d'art contemporain sans même sortir de la ville souterraine.

Compréhension

1. Quelles caractéristiques de Montréal signalent que la ville est un grand centre de commerce en Amérique du Nord?

2. Quel grand projet de modernisation le maire de Montréal a-t-il lancé dans les années 1960? Dans quels sens est-ce un projet ambitieux?

3. Pourquoi le projet s'appelle-t-il aujourd'hui le RÉSO? (Que veut dire «réseau» et quels aspects du projet justifient ce nom?)

4. Dans le premier paragraphe, quelle expression est l'équivalent de «faire les courses»? Et dans le deuxième paragraphe, quelle expression est l'équivalent québécois de «faire du shopping»?

5. Citez quelques types de magasins qui se trouvent dans le RÉSO. En plus du shopping, quelles autres activités peut-on faire en descendant dans le Montréal souterrain?

Réflexion

A. A votre avis, qu'est-ce que le développement du RÉSO révèle au sujet de la vie montréalaise?

B. Faites une recherche sur le site Internet de La Baie. Qu'est-ce que ce site nous apprend au sujet de l'histoire du magasin?

C. Connaissez-vous d'autres centres commerciaux qui ressemblent au RÉSO? En quoi?

Activité vidéo

Regardez la vidéo sur le Montréal souterrain à sur le site Web d'*Interaction*. Ensuite, répondez aux questions suivantes.

1. A votre avis, à quel public cette vidéo est-elle destinée? Aux Montréalais? Aux touristes? Expliquez.

2. Cette vidéo possède les caractéristiques d'une publicité. Présente-t-elle de façon positive les aspects de la ville souterraine? (Par la présentation de quels types d'images et d'informations?)

The Imperative

The imperative forms of a verb are used to give commands, directions, or instructions. There are three imperative forms in French: the familiar (**tu** form), a collective imperative (**nous** form), and the formal or plural (**vous** form). To create the imperative of a regular **-er** verb, simply remove the subject pronoun from the present-tense form. The remaining verb form is the imperative.

parle	*speak (familiar)*
parlons	*let's speak (collective)*
parlez	*speak (formal or plural)*

- Note that the **s** ending is dropped in the second-person singular form of regular **-er** verbs, but the **s** is retained when the affirmative command is followed by **y** or **en**: **achètes-en; penses-y.**

To make a command negative, place **ne** before the imperative form of the verb and **pas** after it.

Yves, **ne mange pas** trop de chocolat!
N'oublions pas le vin pour notre soirée!
Roger et Marie, **n'achetez pas** de pâtisseries!

5 Vous accompagnez les membres du Cercle français au supermarché où vous achetez des provisions pour un repas de fête. Complétez les phrases suivantes par la forme impérative convenable des verbes entre parenthèses.

1. Peter et Jan, _____ du fromage. (acheter)
2. Mark, _____ un bon vin, s'il te plaît. (chercher)
3. Michelle et Nicole, _____ ces paquets au chariot. (apporter)
4. Sylvia, _____ des champignons. (trouver)
5. Shawn, _____ assez de poulet pour vingt personnes. (acheter)
6. Ensuite, _____ tous ensemble pour faire la cuisine. (rentrer)

INTERACTIONS

Les petits problèmes de la vie quotidienne. Travaillez en petits groupes: A tour de rôle, chacun des membres imagine un problème ou choisit un problème de la liste à exposer. Les autres membres du groupe proposent des solutions en utilisant l'impératif.

MODELE Je veux perdre 5 kilos.
Alors, mange des fruits et des légumes, mais ne mange pas de pâtisseries.

Problèmes:
Je n'ai pas assez de provisions dans mon appartement.
Je dois préparer un dîner pour mon (ma) petit(e) ami(e) ce soir.
J'ai envie de faire une omelette délicieuse pour ce soir.
Je cherche des aliments frais pour faire la cuisine.
J'ai besoin de faire des économies.

The Irregular Verbs *être, avoir, faire, aller*

Review the present-tense conjugations and the imperative forms of the following commonly used irregular verbs.

être *to be*	**faire** *to do, to make*
je **suis**	je **fais**
tu **es**	tu **fais**
il / elle / on **est**	il / elle / on **fait**
nous **sommes**	nous **faisons**
vous **êtes**	vous **faites**
ils / elles **sont**	ils / elles **font**
Imperative: **sois, soyons, soyez**	Imperative: **fais, faisons, faites**

avoir *to have*	**aller** *to go*
j'**ai**	je **vais**
tu **as**	tu **vas**
il / elle / on **a**	il / elle / on **va**
nous **avons**	nous **allons**
vous **avez**	vous **allez**
ils / elles **ont**	ils / elles **vont**
Imperative: **aie, ayons, ayez**	Imperative: **va**[3], **allons, allez**

[3]The imperative form **va** takes an **s** when followed by **y: vas-y.**

6 Posez les questions suivantes à des camarades de classe en ajoutant la forme appropriée des verbes entre parenthèses.

1. Tu _____ en première année à l'université? (être)
2. Tu _____ du sport? (faire)
3. Tes profs _____ plutôt sévères ou sympas? (être)
4. Tu _____ souvent à la bibliothèque municipale? (aller)
5. Tu _____ des camarades de chambre? (avoir)
6. Tes amis _____ étudiants dans cette université? (être)
7. Ton (Ta) meilleur(e) ami(e) _____ plutôt bavard(e) ou réservé(e)? (être)
8. Tes amis et toi, vous _____ souvent à des soirées? (aller)

7 Tout le monde a des problèmes à l'occasion. Formulez une réaction à chacune des phrases suivantes en employant l'impératif (à la forme affirmative ou négative) des verbes indiqués ou d'un verbe de votre choix.

VERBES: acheter, aller, chercher, faire, manger, travailler, ???

1. Je n'ai rien à faire le week-end prochain.
2. Je déteste la cuisine du restaurant universitaire.
3. J'ai besoin de gagner un peu d'argent.
4. Il n'y a rien à manger dans mon appartement.
5. Je désire acheter des tablettes de chocolat noir.
6. Je n'ai rien à porter à la soirée du week-end prochain.
7. Je désire quelque chose d'intéressant à faire ce soir.
8. ???

Aller and *faire* with Infinitives

Aller + Infinitive

A form of **aller** followed by the infinitive of another verb is one way to speak about the future in French. This construction refers to the near future and corresponds to the English *to be going to* + infinitive.[4]

Je vais acheter du lait.	*I am going to buy some milk.*
Il ne **va** pas **déjeuner** à la maison demain.	*He isn't going to eat lunch at home tomorrow.*
Ils vont aimer le vin.	*They are going to like the wine.*
Vous allez rester ici.	*You are going to stay here.*

Faire + Infinitive

A form of **faire** followed by an infinitive expresses the concept *to have something done.*

Nous faisons préparer un repas spécial.	*We are having a special meal prepared.*
Je fais essuyer la table.	*I'm having the table wiped.*

- Note the differences in word order between French and English. In French, the infinitive immediately follows the form of **faire.**

[4]For more information on **aller** + infinitive, see *Chapitre 10.*

8 Employez **aller** + l'infinitif pour indiquer ce que les personnes suivantes vont faire demain.

1. Je…
2. Mes amis…
3. Mon professeur…
4. Les étudiants de français…
5. Mes copains et moi, nous…
6. Et toi (nom d'un[e] camarade de classe), tu… ?

9 Jim, Sébastien et leurs amis préparent une soirée élégante. Ils font faire certaines choses par d'autres personnes. Complétez chaque phrase par la forme appropriée du verbe **faire.**

1. On _____ préparer des hors-d'œuvre.
2. Ils _____ imprimer les invitations.
3. Nous _____ décorer la salle.
4. Tu _____ apporter plusieurs plats différents.
5. Je vais _____ préparer un gâteau pour l'occasion.

INTERACTIONS

Un week-end avec un étudiant de France. Votre professeur de français a besoin d'aide. Un groupe d'étudiants arrive de France ce week-end pour visiter la région et votre université. Il / Elle vous demande de passer la journée avec un(e) des étudiant(e)s. Travaillez en petits groupes. Décidez ensemble d'une variété d'activités que vous pensez faire. Désignez un membre du groupe pour écrire l'itinéraire que vous créez. Ensuite, présentez votre itinéraire aux autres membres de la classe. Considérez les questions suivantes dans votre discussion.

MODELE —*J'ai une idée. Nous allons boire un thé au café du centre universitaire.*

—*Bonne idée! Au café, on va discuter ensemble, et puis, on va visiter le centre sportif.*

Quels endroits du campus allez-vous visiter?
Quelles activités allez-vous faire sur le campus?
Où allez-vous déjeuner?
Quels endroits hors du campus allez-vous visiter?
Quel(s) moyen(s) de transport allez-vous utiliser?
A quelle heure allez-vous retourner au campus?

STEVENS FREDERIC/SIPA/Newscom

SYNTHESE

A. Marie, Sophie et Béatrice partagent *(share)* un appartement. Marie raconte à Louise les activités et les habitudes des trois copines. Complétez chaque phrase de Marie par la forme convenable du verbe indiqué.

1. Nous _____ toutes les trois nos études dans la même université. (faire)
2. On _____ très souvent de la musique classique. (écouter)
3. Nous _____ la télé pendant le week-end. (regarder)
4. On _____ quelquefois au cinéma. (aller)
5. Moi, j'_____ habiter longtemps avec elles. (espérer)
6. On _____ les courses au supermarché. (faire)
7. Nous _____ presque toujours à l'appartement. (manger)
8. Demain, elles _____ au marché pour acheter des fruits. (aller)
9. Béatrice _____ le café instantané, mais Sophie _____ toujours du café moulu *(ground)*. (préférer, acheter)
10. Elles _____ toujours des courses à faire. (avoir)

B. Répondez aux questions en donnant quelques informations supplémentaires.

1. Est-ce que vous aimez la cuisine au restaurant universitaire?
2. Est-ce que vous étudiez souvent à la bibliothèque?
3. Est-ce que vous dînez souvent au restaurant? Si oui, qu'est-ce que vous aimez manger? Sinon, pourquoi?
4. Est-ce que vous allez souvent au cinéma?
5. D'habitude, qu'est-ce que vous faites le samedi soir?
6. Est-ce que vous regardez beaucoup la télé?
7. Est-ce que vous écoutez souvent votre iPod?
8. Est-ce que vous jouez à des jeux vidéo?
9. Est-ce que vous faites de petites excursions pendant le week-end?
10. Est-ce que vous rentrez chez vous souvent pendant le semestre?

INTERACTIONS

 Les habitudes alimentaires. Selon les statistiques ci-dessous publiées récemment, décrivez en quoi les habitudes alimentaires des Français ont changé durant les trente dernières années. Leur consommation de certains aliments a-t-elle augmenté ou diminué? Donnez des exemples de ces aliments. Ensuite, comparez les préférences des Français avec les goûts des Américains. Est-ce que les habitudes des deux groupes sont semblables ou différentes? De quels aliments est-ce que vous mangez beaucoup ou très peu?

Un an de nourriture		
Evolution des quantités consommées de certains aliments (en kg ou litres par an)	**1970**	**2008**
Pain	80,6	51,7
Pommes de terre	95,6	68,5
Légumes frais	70,4	86,0
Bœuf	15,6	13,3
Volailles	14,2	19,1
Œufs	11,5	13,5
Poissons, coquillages, crustacés	9,9	11,4
Lait frais	95,2	51,5
Fromage	13,8	18,6
Yaourts	8,6	21,8
Huile alimentaire	8,1	8,8
Sucre	20,4	6,2
Vins courants	95,6	22,7
Vins AOC	8,0	22,7
Bière	41,4	28,0
Eaux minérales et de source	39,9	151,1

Source: Adapted from Insee, Tableaux de l'Économie Française. Updated from the print edition. http://www.insee.fr/fr/themes/tableau.asp?reg_id=0&ref_id=NATTEF05111

L'héritage culturel

La Galerie Vivienne à Paris

Beth Dixson / Alamy

Boutiques de commerçants et galeries marchandes

En France, la période de la Régence (1715–1723) marque une étape importante dans l'évolution du commerce.

Avant le dix-huitième siècle, le modèle médiéval du commerce existe toujours:

- les boutiques des commerçants sont souvent petites, sombres, sales et en mauvais état;
- il y a seulement quelques articles près de la façade du magasin;
- certaines rues regroupent plusieurs boutiques du même type, comme les drapiers qui vendent le tissu, les orfèvres qui fabriquent des objets en métaux précieux et les cordonniers qui réparent les chaussures.

Au dix-huitième siècle, les pratiques commerciales se transforment:

- les divers commerces sont disséminés un peu partout dans les villes;
- les premières boutiques de luxe ouvrent leurs portes à Paris où elles sont situées rue Saint-Honoré dans des passages couverts consacrés au commerce de détail;
- la *Galerie Vivienne,* établie en 1823, attire une clientèle riche (ou qui désire l'être).

Cette pratique consiste à rassembler plusieurs petits commerces sous un même toit. Elle annonce déjà les centres commerciaux modernes.

Les grands magasins

Pendant la deuxième moitié du dix-neuvième siècle, la grande innovation dans le commerce parisien est la création des *grands magasins*.

- *Le Bon Marché* ouvre ses portes en 1852 et offre à ses clients une entrée libre, une marchandise accessible, des prix fixes, la possibilité de ramener des articles, la livraison à domicile et une bibliothèque libre-service.
- Les *Galeries Lafayette* sont fondées en 1894. A partir de 1916, des filiales sont établies dans d'autres grandes villes de France. Elles créent ainsi la première chaîne destinée à répondre aux besoins d'une classe moyenne devenue de plus en plus importante.

Les Galeries Lafayette à Paris

Ray Stott / The Image Works

Langue et Culture

Conjuguez le verbe **acheter** pour expliquer où les personnes suivantes font certains achats.

> **MODELE:** Au 17ᵉ siècle, une dame cherche du tissu pour faire une robe.
> *Elle achète du tissu chez un drapier.*

1. Au 17ᵉ siècle, un monsieur cherche un collier en or pour sa femme.
2. Les classes fortunées du 18ᵉ siècle cherchent des objets de luxe sous un même toit.
3. En 1889, Gustave Eiffel commande une livraison à domicile de plusieurs articles.
4. La classe moyenne du 19ᵉ siècle cherche des vêtements modernes.
5. Vous, un(e) touriste du 21ᵉ siècle, voulez acheter un parfum français et admirer l'architecture des commerces parisiens.

Jeux de mots

Trouvez dans le texte un synonyme pour les mots suivants. Ensuite, utilisez vos réponses pour compléter le paragraphe.

en mauvaise condition, vitrine, encourage à venir, se trouvent, réunir, changements

Comme la _____ du magasin est _____, la commerçante _____ peu de clientèle. Pour cette raison, elle décide de _____ ses employés pour envisager des _____ possibles. En fait, beaucoup de magasins qui _____ sur les Champs-Elysées ont besoin de rénovations.

Réflexion

A. A votre avis, qu'est-ce que l'apparition des galeries marchandes, comme la *Galerie Vivienne,* révèle au sujet de la société parisienne de cette époque (ses goûts, ses moyens financiers, etc.)?

B. Qui sont les nouveaux clients? Quelle évolution sociale explique le succès de ce nouveau type de magasin?

C. Faites une description des *Galeries Lafayette* (à l'aide de la photo). Faites une recherche sur le site Internet des *Galeries Lafayette.* Qu'est-ce que ce site nous apprend au sujet de l'histoire du magasin?

Structures II

GRAMMAR TUTORIALS ## Nouns

All French nouns are either masculine or feminine, and there is no fixed rule for determining the gender. You should develop the habit of consulting a dictionary when you are not sure of the gender of a noun.
The plural of most nouns is formed by adding **s** to the singular.

le marché	les marchés
la pêche	les pêches
l'abricot *(m)*	les abricots

Nouns ending in **s**, **x**, or **z** in the singular do not change in the plural.

le repas	les repas
le prix	les prix
le nez	les nez

[5]One common exception is **l'eau** *(water),* which is feminine.

Some nouns have irregular plural forms. Some common irregular plurals are listed below. Note that most of these nouns are masculine.[5]

Singular Ending	Plural Ending	Examples	
-eau	-eaux	le cout**eau**	les cout**eaux**
-eu	-eux	le f**eu**	les f**eux**
-al	-aux	l'anim**al** *(m)*	les anim**aux**
-ou	-oux	le bij**ou**	les bij**oux**

A few nouns have very different forms in the plural.

l'œil *(m)*	les yeux	madame	mesdames
monsieur	messieurs	mademoiselle	mesdemoiselles

The plural of a family name is indicated in French by the use of the plural definite article, but no **s** is added to the proper name itself.

les Dupont   les Martin

1 Vous rentrez d'un voyage en France et vous essayez d'expliquer à votre classe de français certaines habitudes des Français. Complétez chaque phrase par le pluriel d'un des noms suivants. Faites les accords nécessaires.

NOMS: achat, cabas, charcuterie, fruit, gâteau, légume, magasin, morceau, prix, produit, repas, supermarché

1. Dans la cuisine française, il y a beaucoup de plats où on trouve de petits _____ de viande et des légumes avec une sauce.
2. On prend trois _____ par jour: le petit déjeuner, le déjeuner et le dîner.
3. Pour faire le marché une fois par semaine, les _____ sont très pratiques—et les _____ y sont avantageux.
4. Mais la qualité des _____ est souvent meilleure dans les petits _____ de proximité.
5. Dans un marché en plein air, on peut acheter des _____ et des _____.
6. Dans une pâtisserie, on peut acheter des _____ extraordinaires, pour un anniversaire, par exemple.
7. Dans les _____ en France, il y a toutes sortes de salades composées.
8. Quand elles fréquentent les petits commerces, les vieilles dames ont souvent des _____ pour emporter leurs _____ à la maison.

2 Avec un(e) partenaire, complétez chaque phrase par un nom au pluriel. Qu'avez-vous découvert sur votre partenaire selon ses réponses?

1. J'adore les…
2. Je déteste les…
3. Chez moi, il y a des…
4. Dans ma chambre, j'ai des…
5. Dans ma famille, on préfère les…
6. Mes légumes préférés sont les…
7. Mes fruits préférés sont les…
8. ???

Articles

The Indefinite Article

The indefinite articles **un, une,** and **des** accompany nouns used in a nonspecific sense and correspond to the English *a, an,* and *some.*

	Singular	Plural
MASCULINE	**un** rayon	**des** rayons
FEMININE	**une** pomme	**des** pommes

After most negative constructions, the indefinite articles **un, une,** and **des** become **de.**

—As-tu **un** billet de vingt euros?
—Non, je n'ai pas **de** billet de vingt euros.

—Mais tu vas acheter **une** bouteille de vin ou non?
—Non, pas aujourd'hui, je n'achète pas **de** bouteille de vin.

However, the article does not change after the verb **être** when used negatively.

—Ce magasin-là, c'est **une** boucherie?
—Non, ce n'est pas **une** boucherie; c'est une charcuterie.

—Et voilà **des** artichauts!
—Non, ce ne sont pas **des** artichauts; ce sont des poivrons.

3 Voici une conversation entre un groupe de copains français qui vont au café avec leur ami américain. Complétez leur conversation par la forme convenable de l'article indéfini **(un, une, des)** ou **de**.

JACK: Salut les amis! Choisissons _____ table à côté de la fenêtre.

CHARLES: D'accord. Maryse, tu veux _____ bière ou _____ jus de fruit?

MARYSE: Je vais prendre _____ jus de fruit et _____ frites.

CHARLES: Jack, je suppose que tu vas prendre _____ Coca *(m)* light.

JACK: Non, je vais prendre _____ Orangina *(m)*.

CHARLES: Monsieur, _____ express *(m)*, s'il vous plaît.

LE SERVEUR: On a envie de manger _____ sandwichs?

SYLVIE: Pas _____ sandwich pour moi. Tout simplement _____ tasse de thé. Et bien sûr _____ dessert!

The Definite Article

The forms of the definite article **le, la, l',** and **les** correspond to the English word *the.*

	Singular	Plural
MASCULINE	**le** marché	**les** marchés
FEMININE	**la** pâtisserie	**les** pâtisseries
MASCULINE or **FEMININE**	**l'**hélicoptère	**les** hélicoptères
	l'épicerie	**les** épiceries

The form **l'** is used before both masculine and feminine nouns that begin with a vowel or a mute **h**.[6]

[6]A few French words contain an aspirated **h** and take the definite article **le** or **la**: le **héros,* le **haricot,* le **hors-d'œuvre,* le **homard,* la **honte,* le **huit.* Other exception: **le onze.**

When the definite articles **le** or **les** are preceded by **à** or **de**, the following contractions are made.

à + le → au	Je vais aller **au** marché.
à + les → aux	Il donne le panier **aux** enfants.
de + le → du	Je parle **du** marché.
de + les → des	Elles sont contentes **des** fruits du marché.

There is no contraction with **la** or **l'**.

Elle va **à l'**épicerie.   Elle parle **de la** charcuterie d'à côté.

The definite article is normally used to refer to specific persons or things.

—Où vas-tu?	—*Where are you going?*
—Je vais à **la** boulangerie.	—*I'm going to **the** bakery.*
—N'oublie pas **le** filet et n'oublie pas non	—*Don't forget **the** grocery bag and don't*
plus **les** croissants pour le petit déjeuner.	*forget **the** croissants for breakfast either.*

[7]For other uses of the definite article, see *Appendix A*.

The definite article in French has some uses that do not parallel English usage.[7] For example, the definite article is used when speaking of a thing or things in general, in an abstract sense, or as a whole.

La viande coûte cher.	*Meat is expensive.*
Les Français apprécient **le** progrès.	*French people appreciate progress.*
Les traditions sont importantes en France.	*Tradition is important in France.*

The definite article accompanies nouns that follow the verbs from the following list, in both affirmative and negative forms, because such nouns are being used in a general sense.

adorer	J'**adore la** salade.
aimer (mieux)	Ils n'**aiment** pas **le** vin.
apprécier	Il **apprécie les** marchés français.
détester	Elle **déteste les** champignons.
préférer	Nous **préférons les** supermarchés.

4 Voici une conversation entre Christine et Jacques. Complétez le dialogue en utilisant la forme correcte de l'article défini (**le, la, l', les**) et faites les contractions avec **à** ou **de** si nécessaire.

JACQUES: Christine, tu vas (à) _____ marché?

CHRISTINE: Salut, Jacques. Oui, je fais _____ marché de la semaine.

JACQUES: Ah, et _____ provisions coûtent cher, non?

CHRISTINE: En effet. C'est pourquoi je préfère _____ supermarché. Mais j'aime certains aspects (de) _____ magasins du quartier aussi. J'aime _____ légumes frais et j'adore parler (à) _____ charcutier.

JACQUES: Tu parles (de) _____ charcutier là-bas, au coin de la rue? Il est gentil, mais je n'aime pas _____ salades composées qu'il y a dans son magasin. Je vais souvent (à) _____ rayon charcuterie (de) _____ supermarché. _____ viande est très bonne à Carrefour.

CHRISTINE: Ah! Les goûts et les couleurs ... C'est _____ vie, non?

Note culturelle

SIA KAMBOU/AFP/Getty Images/Newscom

PORTALI/Gamma-Rapho/Getty Images

Entre tradition et modernité: Le commerce à Abidjan

Véritable métropole de 4 millions d'habitants (et 6 millions pour l'agglomération), Abidjan est la deuxième ville francophone du monde («après Paris) et la ville la plus peuplée de l'Afrique de l'Ouest. Située sur la côte atlantique, cette capitale économique de la Côte d'Ivoire manifeste une dualité frappante entre commerce traditionnel et moderne.

De nos jours, on peut trouver «un petit marché» en plein air dans tous les quartiers d'Abidjan, placé à proximité d'un endroit très fréquenté, comme la gare ou un arrêt d'autobus. Les marchands vendent une variété de produits, y compris des fruits et des légumes, des épices, des fleurs, des vêtements, des tissus et toutes sortes de créations artisanales. Alors qu'il existe plus de cent langues ou dialectes en Côte d'Ivoire, pour faire leur marché, les Abidjanais emploient le français, la seule langue commerciale de la ville.

Depuis l'indépendance ivoirienne en 1960, le gouvernement remplace certains marchés d'Abidjan. La mairie finance la construction de nouveaux bâtiments pour regrouper plusieurs petits commerces en un même lieu central. L'érection des «grands marchés» permanents autour de la ville assure une régularité dans la distribution spatiale de l'activité commerciale à Abidjan et réduit la congestion des marchés traditionnels. Les grands marchés attirent les consommateurs par la variété de choix et leurs prix moins élevés.

La vie commerciale d'Abidjan voit également l'arrivée de nouveaux genres de marché à des échelles plus vastes. Un «Forum des marchés» qui regroupe 12 000 commerçants dans un espace de 40 000 mètres carrés abrite des magasins, des bureaux, des banques, des garderies d'enfant, des postes de police et des parkings. L'hypermarché fait aussi son apparition dans la ville. Les classes économiques les plus aisées font de plus en plus leurs achats dans les grandes surfaces.

A Abidjan, où les petits marchés côtoient les grandes surfaces, on peut constater que l'économie maintient la tradition tout en embrassant un commerce moderne.

Compréhension

1. Pourquoi peut-on considérer Abidjan comme une ville francophone très importante?
2. Quelles transformations dans le commerce représentent les grands marchés?
3. Expliquez en quoi le Forum des marchés ressemble aux centres commerciaux aux Etats-Unis.

Réflexion

A. Quels sont les avantages et les inconvénients de faire les courses dans les quatre types de commerces qu'on trouve à Abidjan? Justifiez votre réponse par des références au texte. Si vous faites un voyage à Abidjan, de quel(s) type(s) de commerces voulez-vous faire l'expérience? Pourquoi?

B. Comparez l'évolution des commerces et des habitudes de consommation à Abidjan et à Paris. A votre avis, les petits commerces de proximité (à Abidjan, à Paris, dans votre pays) sont-ils condamnés à disparaître un jour? Justifiez votre réponse.

The Partitive

The partitive is formed with **de** + the definite article. It corresponds to the English words *some* or *any*.

Masculine Noun	J'achète **du** lait.
Feminine Noun	Il commande **de la** viande.
*Vowel Sound or Mute **h***	Demandez **de l'**eau.

This construction is called the partitive because it refers to *part* of a whole. In English, we often omit the words *some* or *any,* even when they are implied. In French, you must use the partitive whenever the sense of the sentence limits the quantity to which you are referring. To see if you need to use the partitive, ask yourself: Do I mean all of the concept referred to or only part of it?

J'achète **du** lait.	*I'm buying **(some)** milk.* (Not all the milk in the store.)
Il commande **de la** viande.	*He orders **(some)** meat.* (Not all of it.)
Demande **de l'eau,** s'il te plaît.	*Ask for **(some)** water, please.* (Only part of all the water available.)

Rappel!

Des is an indefinite article when it is the plural of **un / une** and denotes things that can be singled out and counted: **Il a une pomme. / Il a des pommes.** The same form **des** is a true partitive article denoting things that cannot be counted: **Il mange *des* épinards** *(spinach).* This distinction does not change the basic rules governing the use of the plural article **des.**

In the negative, **de (d')** is used.

Il achète **du** vin.	Il n'achète pas **de** vin.
Je mange **de la** viande.	Je ne mange pas **de** viande.
Jetez **de l'**eau sur le feu.	Ne jetez pas **d'**eau sur le feu.

De (d') is also used with a plural adjective that precedes a noun, especially in written French.

Ils ont **des** amis.	Ils ont **de** bons amis.
Elle choisit **des** hôtels chers.	Elle choisit **de** grands hôtels.
Elle achète **des** fruits.	Elle achète **d'**excellents fruits.

Most expressions of quantity use only **de (d')** before a noun. Here are some widely used expressions of quantity.

assez de *enough*	Tu as **assez de** café?
pas mal de *quite a few*	Il y a **pas mal de** clients dans le magasin.
beaucoup de *a lot, many, much*	Elle fait **beaucoup d'**achats.
peu de *few*	Il y a **peu de** magasins ouverts le dimanche en France.
un peu de *a little*	Achetez **un peu de** fromage.
trop de *too much*	J'ai **trop de** courses à faire.
tant de *so much*	N'achète pas **tant de** vin.
moins de *fewer, less*	Achetons **moins de** fruits.
une bouteille de *a bottle of*	Il apporte **une bouteille de** vin.
un verre de *a glass of*	Il désire **un verre d'**eau.
une tasse de *a cup of*	Je commande **une tasse de** café.
un kilo de *a kilo of*	Je vais acheter **un kilo de** viande.
un morceau de *a piece of*	Tu manges **un morceau de** gâteau?
une tranche de *a slice of*	Je vais manger **une tranche de** jambon.
une boîte de *a can of*	Va chercher **une boîte de** petits pois.

Rappel!

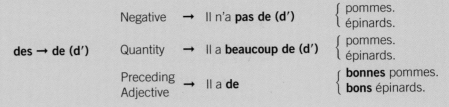

des → de (d')

Negative	→	Il n'a **pas de (d')**	{ pommes. / épinards.
Quantity	→	Il a **beaucoup de (d')**	{ pommes. / épinards.
Preceding Adjective	→	Il a **de**	{ **bonnes** pommes. / **bons** épinards.

The expressions **la plupart** (*most*) and **bien** (*many*) are exceptions and always take **des** before a plural noun.

> **La plupart des** gens aiment le vin.

> **Bien des** étudiants étudient à la bibliothèque.

Some verbal expressions use only **de** before a noun, such as **manquer de** (*to lack*) and **changer de** (*to change*).

> Nous **manquons de** fruits à la maison.   *We are out of fruit at home.*

> On n'aime pas **changer de** boulangerie.   *People don't like to change bakeries.*

Expressions such as **avoir besoin de** (*to need*) and **se passer de** (*to do without*) use **de** alone when they are followed by a noun used in the partitive sense.

> Tu as **de l'**argent pour faire les courses?

> Non, j'**ai besoin d'**argent.

When these expressions are followed by a singular noun used in a particular, non-partitive sense, the indefinite article is retained because of its numerical value.

> Tu as deux cabas. Tu peux m'en prêter un?

> Oui, je peux **me passer d'un** cabas aujourd'hui. (*numerical value*)

> **BUT:**

> Je vais **me passer du** filet rouge. (*definite article: specific item*)

> Généralement, je **me passe de** filet. (*general sense: any item of a kind*)

---

5 Virginie et Laura déjeunent dans un petit restaurant près du boulevard St-Michel. Complétez leurs remarques par la forme appropriée des éléments entre parenthèses.

1. Il y a beaucoup _____ clients dans le restaurant. (de / des)

2. Demande s'il y a _____ place pour deux. (de / de la)

3. Moi, je vais commander _____ poulet. (du / de)

4. Mais moi, je ne mange pas _____ viande. (de la / de)

5. Tu prends _____ vin, toi? (du / de)

6. Commandons une demi-bouteille _____ rouge, d'accord? (du / de)

7. Très bien et je vais prendre _____ eau aussi. (de l' / d')

8. A la fin du repas, je vais demander _____ fromage. (du / de)

9. Moi, non, je vais commander _____ fraises. (des / de)

10. Très bien. Ils ont _____ excellentes fraises ici. (des / d')

11. Une tasse _____ café pour moi aussi. (du / de)

12. On mange bien ici, et on dépense peu _____ argent! (d' / de l')

6 Employez les éléments indiqués pour poser des questions à vos camarades de classe. Faites attention à l'emploi des articles.

1. tu / acheter / beaucoup / vêtements?
2. tu / aimer / films d'aventure / ou / films d'amour?
3. tu / avoir / voiture?
4. tu / manger / souvent / hamburgers?
5. tu / apprécier / cuisine française?
6. tu / avoir / frères / ou / sœurs?
7. tu / préférer / bière / ou / coca / avec / pizza?
8. tu / avoir besoin / argent?
9. tu / changer souvent / vêtements pendant la journée?
10. tu / faire / sport?

Rappel!

Certain uses of articles in French parallel English usage. When you use *a* or *an* in English, the indefinite article **un** or **une** is usually appropriate in French. If English usage specifies *the,* the definite article **le, la, l',** or **les** is used in French.

J'apporte **un** cabas	*I am bringing **a** tote bag.*
Nous allons à **la** boulangerie.	*We are going to **the** bakery.*

Particular attention should be paid to cases where French and English uses of articles may not be parallel:

- English often omits the article altogether. In French, however, nouns are usually not used without articles.

- In French, the definite article may accompany both a noun used in a general sense and a noun used in a specific sense.

- If the concepts of *some* or *any* are either stated or implied in English, the partitive must be used in French.

Compare the following examples:

GENERAL SENSE	**La** viande coûte cher.	*Meat is expensive.*
SPECIFIC SENSE	**La** viande que vous achetez coûte cher.	***The** meat that you're buying is expensive.*
PARTITIVE SENSE	J'achète **de la** viande.	*I'm buying (**some**) meat.*

Be careful not to use the definite article when the context of the sentence limits the quantity being referred to and calls for the partitive. To say something like **As-tu *le* coca?** would be very confusing to a French speaker. Either you would be referring to the entire concept of Coca-Cola, which is impossible in the context of *Do you have . . . ?* or you would be referring to some specific Coca-Cola that had been previously discussed, as in **As-tu le coca (que nous allons servir à la soirée)?** The notion of *Do you have (any) Coke?* requires the partitive in French: **As-tu *du* coca?**

Note culturelle

La cuisine d'origine francophone en Louisiane

Aux Etats-Unis d'Amérique, les traditions culinaires sont nombreuses (cuisines italienne, vietnamienne, mexicaine…). En Louisiane, l'héritage des Français se manifeste dans la cuisine cadienne (ou *cajun*) et la cuisine créole, toutes deux influencées par des cultures d'origines européenne, africaine, antillaise et locale. La première provient des Acadiens qui quittent le Canada au 18e siècle et émigrent vers le sud-ouest de la colonie française établie sur le Golfe du Mexique. La seconde, concentrée géographiquement dans la région de La Nouvelle-Orléans, manifeste une forte influence européenne qui lui mérite quelquefois d'être appelée la haute cuisine louisianaise.

Les Acadiens, depuis longtemps fermiers et pêcheurs, quittent le Canada au 18e siècle pour s'installer dans une zone marécageuse (*swampy*) avec leurs grandes marmites en fonte noire (*black cast-iron cookpots*). Heureusement, cette terre louisianaise est abondante. On y chasse les animaux sauvages et on y pêche les crustacés. Les sous-bois et les marécages sont pleins de plantes aromatiques, d'épices et de condiments. Plus tard, ces produits vont se mêler à d'autres traditions alimentaires nationales lorsque les Allemands, maîtres de la charcuterie et de l'andouille, les Espagnols, avec la paella et les fruits de mer, et les Irlandais, ajoutent leurs contributions particulières. De nos jours, la cuisine cadienne ou *cajun* est bien connue pour ses saveurs pimentées, ses plats cuisinés, comme le jambalaya, ses soupes, comme le gumbo, ses préparations à l'étouffée avec des crevettes, et aussi les fameux plats de haricots rouges (*red kidney beans*) et de riz. Ce sont des mets simples, mais variés, qui reflètent une cuisine qui reste près de la nature.

En cuisine, le mot «créole» désigne la rencontre d'une variété de techniques culinaires et d'ingrédients d'origines diverses. Le gumbo, par exemple, doit son nom à un mot africain qui désigne «l'okra», légume essentiel à sa préparation. A la fois créole et cajun, il se situe entre la soupe et le ragoût. Son inspiration de base vient de la bouillabaisse française. D'autres ingrédients s'y ajoutent au cours du temps: les oignons, les poivrons verts et les tomates provenant de la cuisine espagnole; le sassafras, appelé le «filé», de la cuisine amérindienne; les épices variées et les sauces piquantes de la cuisine antillaise; et, bien sûr, la plante potagère africaine qui donne son nom au plat. Ce plat traditionnel, à la cuisson relativement longue, est souvent à base de poulet ou de canard accompagné de saucisses ou de fruits de mer, surtout de crevettes. Le gumbo illustre bien le principe de la Créolité où, réunis dans un même plat, tous les éléments conservent leur individualité tout en créant une cuisine harmonieuse et spécifique de son endroit.

Compréhension

1. Quelles sont les deux cuisines d'origine principalement française qu'on trouve en Louisiane? En quoi leurs origines sont-elles distinctes?
2. Les Acadiens de Louisiane s'appellent les Cadiens, mot prononcé *Cajuns* par la population locale. Donnez plusieurs exemples pour expliquer en quoi la nature aide les Cadiens à donner une identité spéciale à leur cuisine.
3. Décrivez le plat qu'on appelle le gumbo. A quoi ressemble ce plat? Quelles sont ses origines? Utilisez un moteur de recherche francophone pour en trouver une recette.
4. Quels ingrédients sont typiques de la cuisine *cajun*?

Réflexion

A. Identifiez un plat national ou régional qui représente votre propre culture. Expliquez en quoi ce plat reflète vos valeurs culturelles.

B. Imaginez que vous allez préparer un bon jambalaya. Faites des recherches sur Internet et écrivez une liste des ingrédients dont vous aurez besoin ainsi que leurs quantités (par exemple, 500g de..., un... entier, deux..., une cuillère à café de..., etc.). Ensuite, préparez une brève description de la préparation de votre plat cuisiné.

SYNTHESE

A. Michael rentre aux Etats-Unis après une année à Paris. Il raconte à ses camarades de classe comment on fait les courses en France. Complétez les phrases de Michael en ajoutant la forme convenable des articles (définis, indéfinis ou partitifs).

1. Certains Français n'aiment pas _____ hypermarchés; ils préfèrent _____ commerces de proximité.
2. Ils préfèrent acheter _____ provisions tous les jours.
3. Dans _____ épicerie, ils achètent _____ boîtes de conserve, _____ farine, _____ vin et _____ produits alimentaires, mais pas _____ viande.
4. Ils vont dans _____ boulangerie pour acheter _____ pain et _____ pâtisseries.
5. Les Français utilisent de plus en plus _____ aliments surgelés.
6. Dans _____ charcuterie, on trouve _____ porc, _____ plats préparés et _____ salades composées.
7. Moi, personnellement, j'aime bien _____ supermarché; _____ supermarchés français ressemblent beaucoup aux supermarchés américains.
8. Mais même au supermarché, on a besoin d' _____ chariot ou d' _____ panier.
9. On n'a pas _____ sacs en papier, mais il y a parfois _____ petits sacs en plastique.
10. _____ viande et _____ produits surgelés coûtent cher en France, mais les Français achètent peu _____ produits de luxe surgelés.
11. Au marché, on trouve _____ bons légumes frais et _____ fruits superbes. J'adore _____ marchés en plein air, peut-être parce que nous, aux Etats-Unis, on n'a pas beaucoup _____ marchés.
12. Surtout, les Français n'aiment pas se passer _____ pain, et ils hésitent souvent à changer _____ boulangerie, parce qu'ils préfèrent _____ croissants et _____ baguettes d'un certain boulanger.

Un marché en plein air

B. Vous essayez de donner à Madame Lenoir une idée de certaines préférences alimentaires de votre pays. Complétez les déclarations suivantes pour donner une image de vos habitudes alimentaires.

1. Le week-end, d'habitude, je mange…
2. En général, j'aime la viande, mais je ne mange pas…
3. Quand je fais les courses, j'achète normalement…
4. Franchement, je déteste…
5. Mais, j'adore…
6. Au déjeuner, je mange souvent…
7. Chez nous, on prépare très souvent…
8. Pour un repas de fête, j'aime bien préparer…

C. Un(e) amie(e) du Sénégal vous pose des questions sur votre vie de tous les jours. Répondez à ses questions.

1. Achetez-vous les provisions de la semaine le samedi?
2. Préparez-vous du café tous les matins?
3. Aimez-vous le café ou le thé?
4. Faites-vous beaucoup de courses pendant la semaine?
5. Achetez-vous souvent des pâtisseries françaises?
6. Y a-t-il un marché en plein air près de chez vous?
7. Préférez-vous payer en espèces ou par carte bancaire?
8. Faites-vous certains achats tous les jours?

CD1, Track 3

POUR S'EXPRIMER

Francophones en direct

Le couscous marocain. Ecoutez l'interview suivante dans laquelle Nezha parle du couscous marocain. Vous pouvez écouter la conversation plusieurs fois, si cela est nécessaire. Ensuite, indiquez si les phrases suivantes sont vraies **(V)** ou fausses **(F).** Corrigez les phrases qui sont fausses.

_____ 1. Nezha aime beaucoup le couscous marocain.

_____ 2. Il n'y a pas de viande dans la recette de Nezha.

_____ 3. On prépare le couscous avec des courgettes, des carottes et d'autres légumes.

_____ 4. La recette est pour 4 personnes.

_____ 5. Il faut une heure et demie pour préparer le couscous.

_____ 6. On mange le couscous avec la main droite.

_____ 7. On boit du café avec le couscous.

Vocabulaire utile

mouton *lamb*
navets *turnips*
citrouille *pumpkin*
fèves *braod beans*

chou vert *cabbage*
pois chiches *chickpeas*
épices *spices*

gingembre *ginger*
cuire *cook*
marmite *stew pot*

En petits groupes, choisissez un plat que vous croyez «typique» de la cuisine américaine. En utilisant comme modèle la conversation avec Nezha, décrivez le plat que vous avez choisi (les ingrédients, la préparation, etc.) Quelle est l'importance de ce plat d'un point de vue culturel, c'est-à-dire, qu'est-ce que ce plat représente pour les Américains? Pourquoi votre groupe a-t-il choisi de parler de ce plat?

A vous la parole

Voici quelques expressions utiles pour réagir à une déclaration ou à une suggestion. Imaginez que vous préparez un pique-nique avec un groupe d'amis français. Lisez les remarques de vos ami(e)s et répondez à chacune avec une des expressions suivantes en justifiant votre réaction.

Réactions positives	Réactions marquant l'indifférence	Réactions négatives
Formidable!	Ça m'est égal.	Zut!
Sensationnel!	C'est sans importance.	C'est dommage!
Fantastique!	Tant pis!	C'est affreux!
Chouette!	Pas question!	Oh non! C'est pas possible!
Mais si… !	Je m'en fiche.	
Pas de problème!		
Super!		

MODÈLE   —*On va jouer au football après le pique-nique.*
           —*Super! J'adore jouer au football.*
  ou —*Oh non! C'est pas possible! Tout le monde n'aime pas jouer au football.*

1. Allons faire un pique-nique demain.
2. Nous allons apporter du vin, du pain et du fromage.
3. Magali va apporter un lecteur de CD.
4. Tu vas acheter des fruits et des pâtisseries.
5. Marc va amener son gros chien.
6. Je vais inviter plus de vingt personnes.
7. On va aussi inviter notre prof de français.
8. Tout le monde va aller au parc à vélo.
9. Il ne va pas y avoir de bière.
10. Il va peut-être pleuvoir demain.

Situations orales

A. Vous allez inviter des étudiants étrangers qui passent l'année dans votre université à un repas typiquement américain. En groupes, parlez des plats que vous allez préparer et des provisions nécessaires à la préparation des plats. Ensuite, comparez les réponses des différents groupes pour composer un seul menu.

B. Vous êtes en France et vous allez au café. Un(e) étudiant(e) va jouer le rôle du serveur / de la serveuse et il / elle va prendre les commandes des différents groupes.

Note culturelle

Brand X Pictures/Burke/Triolo Productions/Getty Images

Le cabas

Le cabas est l'avenir de l'homme. Ou plutôt de la planète, salie par des montagnes de sacs plastiques. Or ces sacs mettent entre cent et quatre cents ans pour se dégrader. Pour les remplacer, faut-il revenir aux sacs en papier? Fausse bonne idée: leur production consomme trois fois plus d'eau et génère l'émission de gaz toxiques… Reste le bon vieux cabas, candidat le plus écologique et proposé par la plupart des grands distributeurs à un prix n'excédant pas 2 euros.

Source: Adapté de Isabelle Monnin, «Cabas», *Le Nouvel Observateur,* No 2077, 26 août–1er septembre 2004, p 9.

Compréhension

1. Sur le plan écologique, pourquoi est-ce une mauvaise idée d'utiliser des sacs plastiques?
2. Avez-vous l'impression que ce sont les sacs plastiques ou les cabas qu'on utilise le plus souvent en France?

Réflexion

A. Le cabas n'est pas une idée nouvelle. Comment peut-on encourager les gens à revenir au cabas? Inventez une campagne de publicité pour le cabas!
B. Est-ce qu'il y a des chances de retrouver le cabas en usage général dans quelques années?
C. Quand vous vous trouvez à la caisse d'un supermarché, quel choix de sac faitesvous? Pourquoi?

Andia/Alamy

Les supermarchés Leclerc proposent à leurs clients de passer une commande sur Internet puis de retirer leurs provisions deux heures plus tard dans un centre Leclerc Drive.

Structures III

Voilà and *il y a*

Both **voilà** and **il y a** mean *there is, there are,* but the two constructions are used in different senses.

Voilà is used to point out or indicate something. It is the verbal equivalent of gesturing with your hand to show something to someone.

> Regardez, **voilà** les Dupont. Les **voilà** déjà?

> **Voilà** les fruits que vous cherchez.

Il y a simply states the existence or presence of something.

> **Il y a** un marchand de fruits par ici. **Il y a** des marchés couverts en France.

• Note that both constructions are invariable, even when they are the equivalents of *there are.*

1 Vous allez au restaurant universitaire avec votre amie canadienne, Martine Paradis. Utilisez **voilà** ou **il y a** pour compléter la conversation suivante.

VOUS: Ah, regarde Martine, _____ mes copains qui déjeunent ensemble.

MARTINE: Est-ce que / qu' _____ de la place près d'eux?

VOUS: Oui, regarde, _____ justement deux places. Qu'est-ce que / qu' _____ au menu aujourd'hui?

MARTINE: _____ du poulet et de la pizza. Ah! Mais, _____ deux plats que je n'aime vraiment pas.

VOUS: C'est dommage, mais _____ aussi des sandwichs. Achetons des sandwichs et sortons.

2 Complétez par **voilà** ou **il y a** les phrases suivantes qui racontent une scène typique en cours de français.

1. Dans mon cours de français, _____ (plusieurs) étudiants.

2. Attention! _____ le prof. Il arrive.

3. _____ une petite interrogation aujourd'hui?

4. _____ beaucoup de questions dans l'interro?

5. Oh là là, _____ une interro vraiment difficile.

6. Eh bien, _____. L'interrogation est terminée.

INTERACTIONS

Une consommation qui respecte l'environnement. Le supermarché Monoprix a pour mission de s'engager dans le «développement durable». Il soutient *(supports)* notamment les notions ou démarches suivantes:

- la vente de produits bio
- la pêche responsable
- des produits équitables
- une gamme d'hygiène et de soin éco-conçue
- une chaîne d'approvisionnement *(supply chain)* plus verte
- la vente de sacs réutilisables
- la collection de piles et de lampes

Source: D'après le site Internet de Monoprix, www.monoprix.fr

Courtesy of Monoprix

Discutez de la mission écologique de Monoprix en répondant aux questions suivantes.

1. Qu'est-ce qu'un produit «bio»? Achetez-vous des produits bio? Lesquels?
2. En quoi un produit est-il «équitable»?
3. A votre avis, qu'est-ce que «la pêche responsable»?
4. A votre avis, quelles sont les caractéristiques d'une chaîne d'approvisionnement *(supply chain)* verte?
5. Qu'est-ce que le client peut apporter au supermarché pour aider la mission de Monoprix?

Situations écrites

A. Votre classe fait un échange de lettres avec des jeunes en Guadeloupe. Vos correspondants guadeloupéens vous écrivent que les jeunes Nord-Américains ont beaucoup d'argent à dépenser et qu'ils consomment beaucoup. Pour répondre à vos correspondants, décrivez vos habitudes de consommation. Qu'est-ce que vous achetez régulièrement? Combien est-ce que vous dépensez, en moyenne, pour les vêtements, les appareils électroniques, les jeux vidéo, les autres articles de luxe, y compris votre téléphone portable?

B. Vous passez l'été prochain en France chez les Martin. Madame Martin vous écrit pour savoir ce que vous mangez ou ne mangez pas. Répondez-lui par une courte lettre pour lui expliquer vos préférences. Vous pouvez aussi lui dire que vous voulez préparer un repas typiquement nord-américain pour sa famille. Indiquez dans votre lettre quelle sorte de repas vous désirez préparer et faites une liste des ingrédients dont vous pensez avoir besoin.

 # Le français connecté

Vous connaissez déjà certaines caractéristiques de la cuisine française: plats principaux, boissons, desserts, pâtisseries, etc. Maintenant, pour connaître la cuisine du Québec, de la Martinique et du Sénégal, rendez-vous sur le site **www.google.fr** ou **www.yahoo.fr** et tapez les mots clés suivants: le nom de la région + «restaurant» + «menu». Ensuite, trouvez le site d'un restaurant de chaque région qui propose un menu typique.

1. Identifiez sur les cartes des trois restaurants des plats et ingrédients qui semblent typiquement régionaux. Expliquez vos choix.
2. Quel restaurant vous intéresse le plus? Pourquoi? Si vous avez l'occasion de dîner dans ce restaurant, quel plat principal allez-vous choisir?
3. La mondialisation est un phénomène par lequel *(in which)* une culture «standard» ou «universelle» est présente dans différentes régions du monde. Un exemple: «le brunch», une habitude de consommation et un mot de vocabulaire «importé». Cherchez d'autres éléments sur ces cartes (ingrédients, plats, vocabulaire, habitudes de consommation) qui sont des signes d'une culture mondiale. Donnez un exemple pour chaque région.

Connectez-vous

Le climat, la géographie, l'histoire (la colonisation) et la mondialisation d'une région sont des facteurs importants dans la création de sa cuisine. Expliquez pourquoi c'est le cas au Québec, en Martinique et au Sénégal. Est-ce que ces cuisines sont des intersections de deux ou plusieurs cultures? Expliquez en quoi des facteurs divers influencent les cuisines régionales en donnant des exemples précis.

A lire

Texte de culture contemporaine

Sujets de réflexion

1. En Amérique du Nord, que pensent les gens de l'accord nommé NAFTA (*North American Free-Trade Agreement*, pour les anglophones; ALENA, ou Accord de libre-échange nord-américain, pour les francophones)?

2. A votre avis, l'attitude de beaucoup d'Américains envers la Chine est-elle plutôt positive ou plutôt méfiante *(wary)*? Expliquez votre point de vue.

3. Connaissez-vous des personnes qui ont perdu leur emploi dans une usine de manufacture? Pourquoi ont-elles perdu leur emploi?

Guide de lecture

1. Résumez quelques-unes des manifestations de la mondialisation aux Etat-Unis.

2. Dans l'extrait de l'article *La Démondialisation,* trouvez les termes économiques qui sont faciles à reconnaître.

La Démondialisation

is undermining
free trade

Convaincus que la globalisation ébranle° notre modèle économique et social, les Français sont de plus en plus critiques vis-à-vis du libre-échange°. Mais peut-on revenir en arrière?

throwing into question 5

Ils sont 84% des Français à se dire inquiets des conséquences de l'ouverture des frontières… Le débat sur le protectionnisme et la remise en cause de° la globalisation s'installe au cœur de la campagne présidentielle. Mais ce libre-échange est-il seul responsable de notre situation économique? Pas si sûr.

… La mondialisation a-t-elle tué nos emplois industriels?

dwindling / workforce

collapse

10

15

En dix ans, la France a perdu 6 000 000 d'emplois industriels. Une hémorragie. A qui la faute? Tout d'abord aux progrès techniques et aux gains de productivité, qui expliquent près des deux tiers de la fonte° des effectifs°. Le reste s'explique par la concurrence internationale: en dix ans, la part de marché mondial des produits industriels français est passée de 6% à 3%. Un effondrement° qui profite aux pays émergents, comme la Chine, bien sûr, mais surtout aux concurrents industrialisés, et en particulier l'Allemagne qui, elle, gagne des emplois grâce à la mondialidation. *Les produits français ne sont pas suffisamment compétitifs, c'est cela qui explique l'accélération des pertes d'emplois ces dernières années,* estime El Mouhoub Mouhoud, professeur d'économie à l'Université de Paris-Dauphine. Et les délocalisations? Elles font perdre à l'industrie environ 15 000 emplois par an selon une étude de l'Insee°. Seulement un peu plus de la moitié de ces jobs filent vers les pays à bas coûts salariaux, comme la Chine. L'autre moitié part en Italie, en Espagne

Institut national de la statistique et des études économiques 20

ou en Allemagne. *Les délocalisations n'expliquent que moins de 3% des emplois supprimés globalement,* constate Mouhoud, *mais l'impact local est très durement ressenti.* L'Insee découpe la France en 388 zones d'emplois; 40% d'entre elles ont
25 des difficultés de recrutement, mais 15 à 20% sont dans une situation dramatique de chômage. Lorsqu'une délocalisation ou une fermeture d'usine touche l'une de ces zones, les conséquences sont désastreuses…

Source: Service Eco, «7 questions sur la démondialisation», *Le Nouvel Observateur,* No. 2434, 30 juin 2011, p. 34

Après la lecture

1. Pourquoi une grande majorité des Français s'opposent-ils au libre-échange?
2. Résumez les différentes raisons qui expliquent la perte d'emplois industriels en France.
3. Cette perte d'emplois est-elle exclusivement la faute des pays émergents? Expliquez.
4. Le chômage est-il réparti partout en France? Expliquez.
5. Quelles sont les similarités entre cette situation économique en France et les réalités économiques aux Etats-Unis? Voyez-vous aussi des différences dans la situation des deux pays?
6. En petits groupes, dressez des listes des avantages et des aspects négatifs de la mondialisation.

Texte littéraire

Sujets de réflexion

1. La vie est composée de quelques instants rares qui donnent des plaisirs minuscules mais profonds. Trouvez, dans votre vie, des exemples d'odeurs, de goûts, de sensations que vous conservez affectueusement.
2. Y a-t-il certains moments de la journée que vous préférez à d'autres? Pourquoi?
3. Y a-t-il un petit magasin, une boutique que vous aimez fréquenter, où vous allez souvent avec plaisir? Qu'est-ce qui lui donne son charme?

A propos de l'auteur…

Philippe Delerm *est né en 1950 et, après ses études, il devient professeur de lettres. Il a déjà publié dix livres lorsque* La Première Gorgée de bière et autres plaisirs minuscules *paraît en 1997. Ce petit ouvrage de moins de cent pages connaît tout de suite un succès phénoménal. L'auteur fixe sur le papier une série de trente-quatre courts tableaux où l'on retrouve les plaisirs des moments fugitifs de la vie quotidienne qu'on ne prend jamais le temps de savourer. Dans cet extrait, intitulé* Le croissant du trottoir, *Philippe Delerm porte son attention sur un aliment sans grande signification apparente, l'humble croissant que l'on consomme sur un trottoir en sortant d'une boulangerie un matin d'hiver.*

Guide de lecture

1. Vous observez une personne qui savoure une bière (ou une autre boisson délicieuse!). Quel rituel semble diriger ses gestes? Quelle nourriture ou boisson prenez-vous personnellement pour vous procurer un instant de plaisir?

2. Dans le premier paragraphe du texte, certains détails permettent de préciser le moment et le lieu de l'action. Où et à quel instant se passe cette scène? Faites une liste de cinq expressions qui indiquent l'heure et le temps.

La Première Gorgée de bière

Le croissant du trottoir

On s'est réveillé le premier. Avec une prudence de guetteur° indien on s'est habillé, faufilé° de pièce en pièce. On a ouvert et refermé la porte de l'entrée avec une méticulosité d'horloger°. Voilà. On est dehors, dans le bleu du matin ourlé° de rose: un mariage de mauvais goût s'il n'y avait le froid pour tout purifier. On souffle un nuage de fumée à chaque expiration: on existe, libre et léger sur le trottoir du petit matin. Tant mieux si la boulangerie est un peu loin. Kerouac mains dans les poches, on a tout devancé°: chaque pas est une fête. On se surprend à marcher sur le bord° du trottoir comme on faisait enfant, comme si c'était la marge° qui comptait, le bord des choses. C'est du temps pur, cette maraude° que l'on chipe° au jour quand tous… quand tous les autres dorment.

Presque tous. Là-bas, il faut bien sûr la lumière chaude de la boulangerie—c'est du néon, en fait, mais l'idée de chaleur lui donne un reflet d'ambre. Il faut ce qu'il faut de buée° sur la vitre quand on s'approche, et l'enjouement° de ce bonjour que la boulangère réserve aux seuls premiers clients—complicité de l'aube°.

—Cinq croissants, une baguette moulée° pas trop cuite!

Le boulanger en maillot de corps° fariné se montre au fond de la boutique, et vous salue comme on salue les braves à l'heure du combat.

On se retrouve dans la rue. On le sent bien: la marche du retour ne sera pas la même. Le trottoir est moins libre, un peu embourgeoisé par cette baguette coincée° sous un coude, par ce paquet de croissants tenu de l'autre main. Mais on prend un croissant dans le sac. La pâte est tiède, presque molle°. Cette petite gourmandise dans le froid, tout en marchant: c'est comme si le matin d'hiver se faisait croissant de l'intérieur, comme si l'on devenait soi-même four°, maison, refuge. On avance plus doucement, tout imprégné de blond pour traverser le bleu, le gris, le rose qui s'éteint°. Le jour commence, et le meilleur est déjà pris.

Glosses (left margin):
- scout — *guetteur* (line 2)
- crept — *faufilé* (line 3)
- watchmaker — *horloger* (line 5)
- edged — *ourlé* (line 6)
- left behind — *devancé* (line 14)
- edge / margin — *bord / marge* (line 16)
- pilfering — *maraude* (line 17)
- pinch (fam) — *chipe* (line 18)
- vapor / enjoyment — *buée / enjouement* (line 21)
- dawn — *aube* (line 22)
- shaped — *moulée* (line 23)
- undershirt — *maillot de corps* (line 24)
- stuck — *coincée* (line 27)
- soft — *molle* (line 29)
- oven — *four* (line 31)
- is fading — *s'éteint* (line 33)

Source: Philippe Delerm, "Le croissant du trottoir" in *La Première gorgée de bière et autres plaisirs minuscules,* Editions Gallimard, 1997. © Editions GALLIMARD. Used with permission. Tous les droits d'auteur de ce texte sont réservés. Sauf autorisation, toute utilisation de celui-ci autre que la consultation individuelle et privée est interdite. www.gallimard.fr.

Après la lecture

1. Le croissant se mange d'habitude le matin. Selon vous, pour le narrateur, acheter ses croissants au supermarché, emballés dans un sac plastique, donne-t-il la même satisfaction que de les acheter à la boulangerie? Suggérez pourquoi.

2. Résumez les activités et l'état d'esprit du narrateur dans le premier paragraphe. Pourquoi dit-il qu'il se sent «libre et léger sur le trottoir du petit matin»?

3. Quelle image de la boulangerie Delerm donne-t-il? Le mot «chaleur» est utilisé au deuxième paragraphe. Donnez au moins deux ou trois exemples qui illustrent l'effet ou la cause de cette chaleur.

4. Que fait le personnel de la boulangerie pour établir le contact humain avec les clients? En quoi ce moment de la journée est-il différent du reste de la journée?

5. Dans quelle mesure la rue est-elle différente au moment où le narrateur sort de la boulangerie? Le croissant qu'on mange devient symbolique de quelque chose. Expliquez.

Pour mieux lire

1. L'ambiance de la ville ou du village est suggérée dans ce tableau. Quels sont les éléments du texte qui caractérisent la situation urbaine?

2. On peut même parler d'un style «impressionniste» chez Philippe Delerm. Relevez dans le texte les allusions à la couleur et à la lumière. Quels rapports existent entre les sensations et les sentiments?

3. A votre avis, quelles phrases du dernier paragraphe résument le plus parfaitement l'importance et le symbolisme du petit croissant?

LIENS CULTURELS

1. Dans la vie quotidienne, nous adoptons certains rythmes personnels qui gouvernent nos activités au cours de la journée. Est-il vrai que nous perdons la possibilité de créer ces rythmes pour nous-mêmes? Quels moments vous permettent de conserver un rythme personnel? Trouvez un instant de petit bonheur dans votre vie qui offre des plaisirs comme celui du croissant de Philippe Delerm.

2. Comment imaginez-vous l'avenir du commerce? Va-t-on éliminer les petits commerces, comme la boulangerie décrite par Philippe Delerm? Quel rôle va jouer la technologie dans le commerce? Va-t-on diminuer le nombre de grandes surfaces? Quelle va être l'attitude des gens vis-à-vis de la consommation? Y a-t-il déjà dans la société des signes qui indiquent une nouvelle orientation?

EXPANSION

A. Dans le domaine de l'habillement aujourd'hui, vos achats sont-ils surtout influencés par la mode ou par vos habitudes? Quelles différences vous distinguent des consommateurs des siècles passés? Les achats en ligne, par exemple, vous concernent-ils? Est-ce que c'est la catégorie sociale des consommateurs ou un système de valeurs qui détermine les magasins où ils font leurs achats? Qui achète où?

B. Quels sont les petits commerces traditionnels dans le domaine de l'alimentation? Parmi ces petites surfaces, quels magasins mènent une existence précaire aujourd'hui, à votre avis? Y a-t-il certains commerces alimentaires de proximité qui vont se maintenir encore longtemps en France? Expliquez pourquoi.

C. De nos jours, les promotions et la publicité sont indispensables au commerce. A quelles réactions, à quels sentiments des consommateurs est-ce que la publicité s'adresse surtout? Sommes-nous influencés par le rêve ou le réalisme? Par le bon sens ou par le désir d'impressionner notre entourage? Est-ce qu'on peut dire la même chose au sujet des clients de la *Galerie Vivienne* et des *Galeries Lafayette*?

Interaction cinéma

Madagascar, carnet de voyage

Court-métrage animé de Bastien Dubois. Sacrebleu Productions – 2009

PRIX ET RECOMPENSES

Nominé aux Oscars 2011

Festival d'Annecy: Prix Canal+

Festival d'Ottawa: Prix du public de l'office national du film du Canada, Grand prix du meilleur film de commande, Meilleure animation adulte pour la télévision

Deuxième Festival de courts métrages de la Côte Bleue, France: Deuxième prix

Semaine de Cine de Medina del Campo: Prix du court métrage

Festival Cinéma Jove: Prix Canal+ au meilleur court-métrage

**Pour en savoir plus sur ce film, visitez le site officiel: http://www.bastiendubois.com/mada/]

A considérer avant le film

Aimez-vous voyager? Qu'est-ce que l'idée du voyage représente pour vous? Le repos? Les distractions? Les rencontres? La culture? Quels pays francophones aimeriez-vous le plus visiter? Pourquoi? Si vous avez déjà visité un pays étranger, quels souvenirs avezvous du pays?

Avant le visionnage

Enrichir son vocabulaire. Trouvez un mot de la liste de **Vocabulaire utile** qui décrit:

a. une expression pour dire «d'accord»

b. un livre ou un cahier pour noter des souvenirs

c. une tradition locale

d. un moyen de transport

e. un animal originaire de Madagascar

f. un adjectif pour dire «de Madagascar»

Vocabulaire utile

un carnet de voyage *travel diary*
un cerf-volant *kite*
C'est parti! *And we're off !*
ça marche *okay*
déterré *unearthed, disinterred*
un lémur *lemur*

malgache *from / of Madagascar*
un marchand de fruits *fruit vendor*
le retournement des morts *turning of the bones*
un tombeau *tomb*
un taxi-brousse *bush taxi*

Madagascar, Carnet de Voyage: Bastien Dubois, Sacrebleu Productions, Ouat Media Dominic Lavoie

Premier visionnage

Entourez tous les moyens de transport que vous voyez dans le film.

avion

bateau

bicyclette

camion

cheval

hélicoptère

taxi

taxi-brousse

voiture

Deuxième visionnage

Notez au moins six objets qui font partie du carnet de voyage que nous voyons dans le film.

Après le visionnage

Observations

Pour évoquer son voyage, Bastien Dubois fait appel aux cinq sens. Complétez le schéma suivant en indiquant deux éléments du film qui correspondent au sens indiqué.

La vue

L'ouïe

Le toucher

L'odorat

Le goût

Interprétation

A propos du film, Marie Bergeret a écrit dans une critique: «L'auteur ne se contente pas de nous raconter son expérience malgache, il nous la fait vivre.» De quelles façons est-ce que Bastien Dubois évoque le voyage dans son film?

A vous

Votre école va recevoir des visiteurs malgaches. Faites une liste de sites et d'événements de votre région auxquels vous pourriez les inviter.

CHAPITRE 2
Modes de vie

Cultural Focus

- Living Situations in France and the Francophone World, Past and Present
- Lifestyles of Young People in France Today

Readings

Contemporary Cultural *Techno-Logis, Eco-Logis, Ego-Logis*

Literary Annie Ernaux: *Les Armoires vides* (extrait)

Cinema

Short Subject David Rousseau, Valéry Shatz: *Sans titre*

Structures

I   Regular **-ir** Verbs
    Regular **-re** Verbs
    Negation
    Basic Question Patterns

II   Reflexive and Reciprocal Verbs
    Irregular **-oir** Verbs

III   Idioms with **être** and **avoir**
    Depuis + Present Tense

Functions

Describing Daily Routines

Describing States and Conditions

Asking and Answering Questions

 Premium Website

 audio

Le moderne s'harmonise souvent avec l'ancien dans le paysage urbain et rural en France

WoodyStock/Alamy

Un peu de culture contemporaine

Qui habite où?

- Environ 43% de la population française vit en appartement beaucoup plus qu'en Irlande (5%), au Royaume-Uni et en Belgique (20%). Mais le nombre augmente en Italie, en Espagne et en Allemagne (60%).

- Les ménages français, dans leur majorité, se déclarent satisfaits de leurs conditions de logement. Mais on déplore souvent le manque d'espace (la surface moyenne des appartements est de 66 mètres carrés [approx. 710 pieds carrés] et des maisons individuelles, 103 mètres carrés [approx. 1 108 pieds carrés]), le bruit et l'insécurité. On habite plus souvent une maison individuelle qu'un appartement si on a plus de 40 ans, des enfants et des revenus plus élevés.

Langue et culture

Utilisez les éléments suivants et la forme correcte des verbes pour décrire le logement.

> **MODELE** le pourcentage d'Irlandais / habiter un appartement
> *Seulement 5% d'Irlandais habitent un appartement.*

1. le pourcentage de Français / habiter un appartement
2. les Français / aimer leurs conditions de logement
3. ils / déplorer…
4. un appartement typique en France / posséder / surface moyenne

Jeux de mots

Trouvez dans le texte des synonymes pour **les mots et expressions suivants**. Ensuite, utilisez les réponses pour compléter le paragraphe.

approximativement, familles, contents, salaires

_____ 43% des _____ français vivent en appartement, surtout s'ils ont des _____ modestes. Ils sont plus ou moins _____ de leur qualité de vie.

Sarcelles: logements sociaux des années 50 près de Paris

Sarcelles: une cité de banlieue (Boileau et Labourdette, architectes)

A l'origine, on appelle *banlieue* l'ensemble des petites municipalités, villages ou communes, qui entourent une grande ville. Le mot a conservé son sens historique dans beaucoup de pays francophones. Dans le contexte de la France actuelle, cependant, le mot désigne souvent des ensembles isolés d'immeubles construits dans la périphérie des villes après 1950. Les résidents de ces cités ont souvent des revenus modestes ou sont des immigrés. En général, le chômage y est élevé et les résidents—surtout les jeunes—se sentent marginalisés. Sarcelles, dans une banlieue située au nord de Paris, est un exemple de ces cités des années 1950 et 1960.

Langue et culture

Utilisez la forme correcte des verbes indiqués pour compléter les phrases.

1. Aujourd'hui, la «banlieue» _____ (désigner) des cités construites autour de Paris dans les années 1950 et 1960.

2. Sarcelles _____ (être) un de ces grands ensembles.

3. En général, les résidents _____ (être) insatisfaits de leurs conditions de vie.

4. En banlieue, vous _____ (aller) certainement trouver des familles des immigrés.

Jeux de mots

Trouvez dans le texte des synonymes pour les mots et expressions suivants. Ensuite, utilisez les synonymes pour décrire les conditions de logement dans votre pays.

encercler, la partie extérieure, le manque de travail, un étranger qui s'installe dans un pays, séparé(e)(s), abondant(e)(s)

Place de Catalogne: logements sociaux (Ricardo Bofill, architecte)

Les municipalités sont propriétaires d'un nombre important de logements collectifs, le contraire de maisons individuelles. En France, environ 4,5 millions de ces appartements sont des logements sociaux ou des habitations à loyer modéré (HLM), c'est-à-dire réservés aux gens qui ont de petits revenus, et près de 20% des ménages français habitent un de ces logements sociaux. L'architecte catalan Ricardo Bofill considère que les Français ont de la nostalgie pour les formes et les matériaux classiques (colonnes, pierre, etc.). Il les emploie donc dans la construction de ses HLM, même si les colonnes sont en verre et le béton est utilisé pour imiter la pierre.

Langue et culture

Utilisez la forme correcte des articles ou la préposition **de** pour compléter les phrases suivantes sur les logements sociaux en France. Faites les contractions avec **à** ou **de** si nécessaire.

1. En France, il existe environ 4,5 millions _____ habitations à loyer modéré.

2. _____ plupart _____ habitations sont réservées _____ ménages qui ont _____ petits revenus et qui ont besoin _____ aide financière.

3. En architecture, les Français préfèrent souvent _____ formes et _____ matériaux classiques, comme _____ colonnes et _____ pierres.

Jeux de mots

Trouvez dans le texte des synonymes pour **opposé, piliers de forme cylindrique, utilise** et **simuler**. Ensuite, utilisez les réponses pour compléter le paragraphe.

Considéré comme le _____ de l'esthétique moderne, le style classique _____ souvent des _____, surtout sur les façades des bâtiments. Cependant, aujourd'hui on utilise des matériaux moins chers comme le verre et le béton pour _____ les matériaux classiques, comme la pierre.

Réflexion

A. En général, l'endroit où l'on habite en France et le type de logement dépendent souvent de la classe économique, de l'âge et d'autres facteurs. Comparez le logement en France et aux Etats-Unis. En quoi est-il similaire ou différent[1]?

B. En quoi le concept du logement social en France diffère-t-il du logement social aux Etats-Unis?

[1]Pour faire une comparaison avec l'Amérique, la taille moyenne des maisons individuelles de construction nouvelle est de 113 mètres carrés [1216 pieds carrés] en France et de 214 mètres carrés [2303 pieds carrés] aux USA.

Vocabulaire actif

MODES DE VIE

Le logement

la **banlieue** suburbs
la **campagne** countryside
à la _____ in the country
une **cité-dortoir** bedroom community
un(e) **colocataire** roommate
le **foyer** home, hearth
un **grand ensemble** apartment complex
un **habitant** an inhabitant or resident
une **HLM (habitation à loyer modéré)** subsidized housing
un **immeuble collectif** multi-family dwelling

un(e) **locataire** renter
un **logement social** public housing
louer to rent
le **loyer** rent
une **maison individuelle** single family house
un **ménage** household
un(e) **propriétaire** owner
le **rez-de-chaussée** ground floor

Les problèmes sociaux

le **cambriolage** breaking and entering
le **chômage** unemployment
la **délinquance** delinquency
l'**insécurité** (f) lack of safety
le **vol** robbery

La technologie

un **clip** music video
l'**email** (m) (le **courrier électronique**) e-mail
le **fax** fax / fax machine
les **informations (les infos)** (f pl) news
un(e) **internaute** net surfer
un **livre numérique** e-book
le **(téléphone) portable** cellular phone
le **(poste) fixe** land line
un **réseau** network
un **SMS** text message
surfer (sur Internet) to surf the Web
télécharger to upload or download

un **texto** text message
le **Web** World Wide Web

LES ACTIVITES QUOTIDIENNES

Les activités personnelles

se **coiffer** to fix one's hair
se **coucher** to go to bed
se **dépêcher** to hurry
se **détendre** to relax
se **doucher (prendre une douche)** to shower
s'**en aller** to leave
être de retour to be back
être en retard to be late
s'**habiller** to get dressed

Exercices de vocabulaire

A. Choisissez une expression de la liste suivante pour compléter les phrases qui définissent les activités décrites. Utilisez la forme convenable du verbe.

EXPRESSIONS: avoir faim, avoir le trac, avoir raison, avoir sommeil, se coiffer, se coucher, se détendre, être en retard, s'habiller, se laver, se lever, rentrer

1. Votre colocataire va mettre des jeans et un pullover pour aller au match de football. Il va _____ pour aller au match.

2. Vous avez pris le petit déjeuner à huit heures et il est maintenant deux heures de l'après-midi. Vous _____.

3. Votre copain, pour ne pas être stressé à cause des examens, joue au basket. Il veut _____.

4. Après votre dernier cours, vous retournez à votre résidence. Vous _____.

5. Un étudiant arrive à neuf heures vingt à son cours de neuf heures. Il _____.

6. Vous êtes fatigué(e) et vous assistez à une conférence (lecture) très ennuyeuse. Vous _____.

7. Le réveil (alarm) sonne à sept heures du matin. On va _____.

8. On aime prendre sa douche le matin. On aime _____ le matin.

9. Vous êtes très agité(e) avant de faire une présentation. Vous _____.

10. Vos colocataires ont fini tous leurs devoirs et il est une heure du matin. Ils vont _____.

11. Une étudiante fait sa toilette avant de sortir le samedi soir. Elle va _____.

12. Votre prof de maths pose une question très difficile et vous donnez la bonne réponse. Vous _____.

se **laver** to wash oneself
se **lever** to get up
se **peigner** to comb one's hair
se **raser** to shave
rentrer to come back (home)
se **réveiller** to wake up

Les conditions
avoir besoin de to need
avoir envie de to feel like
avoir faim to be hungry
avoir l'air to seem
avoir le trac to be afraid; to be nervous
avoir mal à… to have an ache
avoir peur to be afraid
avoir raison to be right

avoir sommeil to be sleepy

Les activités scolaires
bachoter to prepare for an exam
bouquiner to read *(coll.)*[2]
se **débrouiller** to manage
être reçu(e) to pass
passer un examen to take an exam
présenter sa candidature to be a candidate
rater (un examen) to fail (an exam)
recevoir to receive
_____ **un diplôme** to graduate
redoubler to repeat (a year)

réussir à to succeed; to pass (an exam)

Les expressions scolaires et professionnelles
les affaires *(f pl)* business
faire _____ to do, to conduct business
le baccalauréat (le bac) diploma based on a series of exams taken at the end of secondary education
le bachotage studying for an exam *(coll.)*
un boulot job *(coll.)*
du boulot work *(coll.)*
un bouquin book *(coll.)*
une carrière career

un cours course, class
un devoir written assignment
un diplôme diploma
une dissertation essay
l'enseignement *(m)* instruction
une entreprise / une société business (company)
un exposé classroom presentation
la fac university *(coll.)*
la faculté university division
le lycée last three years of secondary school
la première second year of lycée
la seconde first year of lycée
la terminale last year of lycée

[2]*coll. = colloquial*

B. Emma et Christophe discutent des possibilités de logement pour l'année scolaire. Recréez leur conversation en complétant chaque phrase par une expression de la liste suivante.

EXPRESSIONS: maison individuelle, insécurité, grands ensembles, propriétaire, banlieue, rez-de-chaussée, locataires

CHRISTOPHE: Tu sais, Emma, je ne veux pas tellement habiter dans un de ces _____ où il y a beaucoup d'appartements.

EMMA: Et moi, je refuse d'habiter dans un appartement au _____ où il y a plus de danger de cambriolage. Je ne peux pas vivre dans l'_____.

CHRISTOPHE: Je voudrais trouver un petit appartement où le _____ habite dans le même bâtiment.

EMMA: Est-ce que nous ne pouvons pas chercher une jolie petite _____ loin du centre?

CHRISTOPHE: Pas vraiment. Et puis, comme _____, nous ne sommes pas obligés d'entretenir *(keep up)* la maison ou le jardin. En plus, je ne veux pas habiter dans la _____ loin du centre-ville.

C. Votre copine Camille vous envoie des SMS qui parlent de sa vie d'étudiante en France. Reformulez ses idées en employant des synonymes pour remplacer les expressions soulignées.
—Je suis très heureuse d'<u>être reçue</u> <u>à l'examen de fin d'études secondaires.</u>
—Maintenant, je suis à <u>l'université.</u>
—Je dois <u>lire</u> beaucoup.
—En plus, j'ai un <u>petit emploi</u> à mi-temps.
—J'étudie beaucoup parce que je ne veux pas <u>ne pas être reçue à</u> mes examens.
—Surtout, je ne veux pas être obligée de <u>refaire une année universitaire</u>.
—Je pense <u>terminer mes études</u> dans deux ans.

Lexique personnel

LA VIE DE FAMILLE

A. Pour chacun des sujets suivants, dressez une liste personnelle de mots.

1. les membres de votre famille
2. les types d'habitation de votre quartier
3. vos activités en famille

B. Employez les éléments suivants pour poser des questions à un(e) camarade de classe. Ensuite, répondez vous-même à chaque question en utilisant le vocabulaire du chapitre et votre lexique personnel.

1. ta famille / habiter / un appartement ou une maison individuelle?
2. combien de chambres / il y a / dans cette maison ou cet appartement? / combien de salles de bain?
3. tu / avoir / une famille nombreuse *(large)*?
4. tu / avoir / des frères et sœurs?
   ils (elles) / être / étudiant(e)s?
   ils (elles) / travailler?
5. à quelle heure / ta famille / dîner / d'habitude? / vous / dîner toujours / tous ensemble?
6. ta famille / regarder / souvent la télévision? / à quelle heure?

Structures I

GRAMMAR TUTORIALS ## Regular *-ir* Verbs

To form the present tense of regular **-ir** verbs, drop the **-ir** ending of the infinitive and add the appropriate endings to the remaining stem: **-is, -is, -it, -issons, -issez, -issent.**

finir *to finish*	
je fin**is**	nous fin**issons**
tu fin**is**	vous fin**issez**
il / elle / on fin**it**	ils / elles fin**issent**

The Imperative

To form the imperative of a regular **-ir** verb, simply use the present tense **tu, nous,** or **vous** form and omit the subject pronoun.

Finis ton travail, Bruno. *(familiar)*

Finissons notre boulot. *(collective)*

Finissez le devoir pour demain. *(formal or plural)*

- Note the **-iss-** infix that appears in the plural forms of all regular **-ir** verbs. Following is a list of some regular **-ir** verbs.

bâtir	*to build*
choisir	*to choose*
finir	*to finish*
grandir	*to grow up*
nourrir	*to nourish, to feed*
obéir (à)	*to obey*
punir	*to punish*
réfléchir (à)	*to think*
remplir	*to fill*
réussir (à)	*to succeed (in), to pass*

1 Pour pouvoir faire des projets avec des amis, vous devez trouver le moment où tout le monde est libre. Utilisez la forme correcte du verbe **finir** pour compléter les phrases suivantes.

1. Mon amie _____ son travail vers cinq heures.
2. Mes colocataires _____ les cours à quatre heures.
3. Tu _____ tes devoirs à sept heures?
4. Nous _____ de dîner vers six heures.
5. Vous _____ de travailler à six heures?
6. Moi, je _____ de travailler à six heures.

2 Répondez aux questions suivantes ou posez-les à un(e) camarade de classe.

1. Choisissez-vous vos cours chaque semestre?
2. Remplissez-vous beaucoup de fiches *(forms)* au début du semestre?
3. Réussissez-vous à tous vos examens?
4. Finissez-vous toujours tous vos devoirs?
5. Obéissez-vous à vos professeurs?
6. Réfléchissez-vous déjà à votre avenir?

GRAMMAR TUTORIALS

Regular *-re* Verbs

To form the present tense of regular **-re** verbs, drop the **-re** ending of the infinitive and add the appropriate endings to the remaining stem: **-s, -s, –, -ons, -ez, -ent.**

répondre *to answer*	
je répond**s**	nous répond**ons**
tu répond**s**	vous répond**ez**
il / elle / on répond	ils / elles répond**ent**

- Note that the **il / elle / on** form adds no ending to the basic stem.

The Imperative

Réponds à ton père, Bruno. *(familiar)*

Répondons au professeur. *(collective)*

Répondez aux questions. *(formal or plural)*

Following is a list of some regular **-re** verbs.

attendre	*to wait for*
dépendre	*to depend*
descendre	*to go down*
entendre	*to hear*
perdre	*to lose*
rendre	*to give back*
répondre	*to answer*
vendre	*to sell*

3 Utilisez la forme appropriée des verbes indiqués pour décrire quelques aspects de la vie des jeunes.

1. Nous _____ toujours aux questions de nos parents. (répondre)
2. Mon copain _____ sa voiture. (vendre)
3. Il y a des étudiants qui ne _____ jamais leurs devoirs. (rendre)
4. Tu _____ le réveil? Lève-toi! (entendre)
5. Vous _____ votre temps à bavarder au téléphone. (perdre)
6. J'_____ mes amis devant le cinéma. (attendre)
7. On _____ la rue à pied pour aller en ville. (descendre)
8. Est-ce que je suis content(e) de ma vie? Ça _____ des jours. (dépendre)

4 Répondez aux questions suivantes ou posez-les à un(e) voisin(e).

1. Attendez-vous avec impatience la fin du semestre?
2. Rendez-vous souvent des livres à la bibliothèque?
3. Est-ce que votre professeur répond toujours aux questions des étudiants?
4. Est-ce que vos amis descendent souvent en ville?
5. Est-ce que les étudiants vendent leurs bouquins à la fin du semestre?

5 Vous êtes président(e) du Cercle français de l'université et vous organisez la première réunion de l'année. Vous dressez une liste de sujets à présenter lors de la réunion. Utilisez **l'impératif** des verbes indiqués pour vous adresser au groupe.

MODELE dire aux autres étudiants de réfléchir à l'avenir du club
Réfléchissez à l'avenir du club.

1. proposer au groupe de choisir un projet intéressant
2. proposer au groupe de vendre des pâtisseries françaises
3. dire à tous les membres de remplir les fiches
4. dire à une des personnes de répondre aux lettres
5. dire à une des personnes de ne pas perdre l'argent du club
6. dire à une des personnes d'attendre la prochaine réunion
7. proposer au groupe de finir la réunion
8. proposer au groupe de descendre au café

Travaillons un peu plus sur le nouveau projet et retrouvons-nous au club demain soir.

INTERACTIONS

En petits groupes comparez les deux annonces de logements à Toulouse.

1. A votre avis, quelles sont les trois pièces dans la première annonce?

2. A votre avis, que veut dire «n.c.»?

3. Dans la description des appartements, quels types de mots sont absents? Pourquoi? Pouvez-vous réécrire les descriptions en intégrant ces mots?

4. A votre avis, quelle est la différence entre une salle d'eau et les WC?

5. Pouvez-vous deviner le sens de «charges» et de «garantie»?

6. Comparez la taille, le prix du loyer et d'autres caractéristiques des deux appartements.

7. Imaginez que vous allez étudier à l'Université de Toulouse. Quel appartement vous intéresse le plus? Pourquoi? Notez les avantages et les inconvénients de chaque appartement.

Annonce 1

Appartement trois pièces à louer à Toulouse 700 €. Au bord du canal du Midi, proche université et métro, lumineux, avec terrasse dans petit collectif calme. Entrée, cuisine, grand séjour, salle d'eau, WC.

FOTOSEARCH RM/First Light

Surface: 70m²	Année de construction: 1970
Etages: 3	Etage: 2
Balcon: 1	Interphone: 1
Chambres: 2	Ascenseur: oui
Charges: 80€	Parking: n.c.
Garantie: 620€	

Annonce 2

Studio à louer à Toulouse 400 € Métro Patte d'oie. Idéal étudiant et petit budget. Au 5e étage avec salle d'eau et WC séparé.

Elizabeth Whiting & Associates/Alamy

Surface: 25m²	Année de construction: 1940
Etages: 5	Etage: 5
Balcon: non	Interphone: oui
Type de cuisine: coin	Ascenseur: non
Charges: 50 €	Parking: n.c.
Garantie: 350 €	

GRAMMAR TUTORIALS **Negation**

Basic Negative Constructions

To form a basic negative construction, place **ne** before the conjugated verb and **pas** (or another negative expression) after the conjugated verb.

The most common negative expressions are summarized below.

Negative		Positive
ne... pas (du tout)	*not (at all)*	≠ *a positive sentence*
Il **ne** fume **pas (du tout)**.		Il fume.
ne... plus	*no longer*	≠ encore, toujours *(still)*
Elle **ne** travaille **plus** ici.		Elle travaille encore (toujours) ici.
ne... jamais	*never*	≠ quelquefois, souvent, toujours *(always)*
Ils **ne** s'ennuient **jamais**.		Ils s'ennuient toujours.
ne... rien	*nothing*	≠ quelque chose, tout
Nous **n'**achetons **rien**.		Nous achetons quelque chose.
ne... personne	*no one*	≠ quelqu'un, tout le monde
Il **n'**aime **personne**.		Il aime tout le monde.
ne... pas encore	*not yet*	≠ *a positive sentence*, déjà
Je **n'**ai **pas encore** de congé.		J'ai (déjà) un congé.
ne... ni... ni...	*neither . . . nor . . .*	≠ ... et... ou...
Elle **n'**a **ni** sœurs **ni** frères.		Elle a des sœurs et des frères.

ne... que	*only*	*≠ a positive sentence*
Il **n'**a **que** quelques euros sur lui.		Il a beaucoup d'euros sur lui.
ne... nulle part	*nowhere*	*≠* partout *(everywhere)*, quelque part *(somewhere)*
On **ne** va **nulle part** ensemble.		On va partout ensemble.

Most negative expressions are adverbs, which explains why they are placed directly after the conjugated verb. However, **rien** and **personne** are pronouns that may be used as the subject or object in a sentence. In such cases, these negatives are placed in the normal subject or object position. **Ne** is still placed before the verb.

Je **ne** vois **rien**.	**Rien** n'arrive ici.
Il **n'**aime **personne**.	**Personne ne** va à ce concert.

- Note that **ne... ni... ni...** and **ne... que** do not follow the pattern of other negative expressions. Instead of always following the conjugated verb, **ni** and **que** are placed before the word they modify.

  Le vendredi soir, je **ne** regarde **que** le journal d'habitude.

  Elle **n'**achète **ni** CD **ni** cassettes.

Rappel!

1. English usage prohibits a double negative. Although there may be several negative concepts in a thought group in English, only one of them is expressed negatively.

   ***No one** ever buys **anything** at that store **anymore**.*

   In French, each negative concept is expressed by the appropriate negative expression placed in its normal location. When there is more than one negative following a verb, the negative adverbs will precede the negative pronouns. Remember to place **ne** before the verb.

   Personne n'achète **plus jamais rien** dans ce magasin.

2. Remember also to omit **pas** when using any other negative expression.

Uses of Articles in Negative Constructions

After most negative expressions, the indefinite and partitive articles become **de,** but the definite article is retained.

Il boit **de la** bière.	Il **ne** boit **pas de** bière.
Elle achète **des** meubles.	Elle **n'**achète **pas de** meubles.
Elle adore **les** chats.	Elle **n'**adore **pas les** chats.

With **ne... ni... ni...,** a partitive or indefinite article will be dropped completely, but a definite article will be retained.

Il boit **de la** bière et du vin.	Il **ne** boit **ni** bière **ni** vin.
J'ai **une** moto et **un** vélo.	Je **n'**ai **ni** moto **ni** vélo.
	BUT:
Il aime la bière et le vin.	Il **n'**aime **ni** la bière **ni** le vin.

After **ne... que,** a definite article and a partitive will be retained. The partitive is retained because this construction does not negate the noun; it simply qualifies the noun.

Nous **ne** fréquentons **que** les cafés du quartier.	*We go only to the local cafés.*

Il **ne** boit **que** de la bière.   *He drinks only beer.*
Je **n'**apporte **que** des fruits.   *I'm bringing only fruit.*

Remember also that after **être** used negatively, all articles, including the partitive, will be retained, because the concept is not being negated, only qualified.

Ce **n'est pas de la** bière;   *That's not beer, that's apple juice.*
    c'est du jus de pomme.

Other Uses of the Negative

In negative questions, both **ne** and the appropriate negative expression assume their normal positions. In response to a negative question, **si** is used instead of **oui** if the answer is affirmative.

N'allez-vous **pas** à la soirée?   Non, je ne vais pas à la soirée.
Vous **n'**allez **pas** à la soirée?   **Si,** je vais à la soirée.

With reflexive verbs (see page 56), **ne** is placed before the reflexive pronoun.
—Tu t'amuses à la soirée?
—Non, je **ne** m'amuse **pas** tellement. Je **ne** m'entends **pas** avec ce groupe.

An infinitive may be made negative by placing both elements of the negative expression before the infinitive.

Il préfère **ne pas** partir.
Nous désirons **ne plus** faire de soirées chez nous.
Essayez de **ne jamais** aller là-bas.

6 Vous êtes de très mauvaise humeur. Réagissez aux commentaires de votre colocataire en disant le contraire de ce qu'il / elle dit.
1. Nous faisons **quelque chose** d'intéressant aujourd'hui. (ne... rien)
2. **Tout le monde** va s'amuser à la soirée chez nos copains. (personne... ne)
3. On s'amuse **toujours** chez Jean-Claude. (ne... jamais)
4. Pour le déjeuner, je voudrais **de la** pizza et **du** coca. (ne... ni... ni)
5. Tu as besoin de **quelque chose** pour te détendre. (ne... rien)
6. On va **quelque part** ce soir? (ne... nulle part)
7. Mais alors! Aujourd'hui, tu critiques **tout**. (ne... rien)
8. Tu es **toujours** de mauvaise humeur. (ne... jamais)

7 Répondez aux questions suivantes ou posez-les à un(e) camarade de classe.
1. Est-ce que vous êtes toujours élève dans le secondaire? *(no longer)*
2. Qui parle japonais dans cette classe? *(nobody)*
3. Mangez-vous souvent du pâté de foie gras de canard? *(never)*
4. Est-ce que vous fumez? *(not at all)*
5. Avez-vous quelque chose d'intéressant à faire ce soir? *(nothing)*
6. Avez-vous le temps et l'argent de voyager cet été? *(neither . . . nor)*
7. Est-ce que vos amis fréquentent toujours ce club? *(never / any more)*
8. Avez-vous un boulot à mi-temps? *(not yet)*
9. Est-ce que votre ami(e) végétarien(ne) mange du bœuf? *(neither . . . nor)*
10. Est-ce que vous allez retrouver quelqu'un à la bibliothèque ce soir? *(nobody)*

8 Déborah et Richard parlent d'une fête imminente. Déborah n'est pas d'accord avec les commentaires critiques de Richard. Complétez ses réponses en utilisant les expressions négatives appropriées.

1. RICHARD: Margot invite **encore** des personnes ennuyeuses.

    DEBORAH: Mais non, _____.

2. RICHARD: Margot sert **toujours** de la pizza et du coca à ses invités.

    DEBORAH: Mais non, _____.

3. RICHARD: **Tout le monde** s'ennuie chez elle.

    DEBORAH: Au contraire, _____.

4. RICHARD: **Quelque chose** de désagréable arrive **toujours** pendant ses fêtes.

    DEBORAH: Mais non, _____.

5. RICHARD: Et on est **toujours** obligé d'apporter quelque chose à la soirée.

    DEBORAH: Au contraire, _____.

6. RICHARD: Il y a **toujours quelqu'un** d'ennuyeux chez Margot.

    DEBORAH: Ce n'est pas vrai, _____.

7. RICHARD: On passe **encore** des CD démodés.

    DEBORAH: Mais écoute, _____.

8. RICHARD: **Tout le monde** part **toujours** trop tôt.

    DEBORAH: Mais qu'est-ce que tu racontes? _____.

9 Vous êtes parfois mélancolique. Complétez les phrases suivantes avec vos idées personnelles.

1. Je ne suis plus…
2. Personne ne…
3. Je ne suis jamais…
4. Je ne vais jamais…
5. Rien ne…
6. Je n'ai plus…
7. Je n'aime ni… ni…
8. Je ne suis ni… ni…

INTERACTIONS

Sondage sur les loisirs. En petits groupes, préparez un sondage *(survey)*. A tour de rôle, utilisez les éléments indiqués pour poser une ou deux questions aux membres du groupe, puis notez les réponses. Ensuite, faites une description générale des loisirs des membres de votre groupe en spécifiant la fréquence des activités **(régulièrement, tous les jours, pas souvent, rarement, plus, pas du tout, jamais)**.

écouter la radio
composer des blogs
télécharger des chansons

regarder la télévision
consulter la messagerie *(email account)*
envoyer des textos

Note culturelle

Alexander Gatsenko/iStockphoto.com

Bruxelles: ville francophone à dimension internationale

Si cette capitale de l'Union européenne est aujourd'hui une ville cosmopolite à grande majorité francophone, c'est le résultat d'une riche histoire. Jusqu'au 19e siècle, les Bruxellois parlent avant tout le flamand, un dialecte du néerlandais. Pourtant, en quelques générations, une grande partie de la population néerlandophone devient francophone. Ce changement linguistique s'explique par le statut privilégié du français comme langue internationale qui pousse les familles à inscrire leurs enfants dans des écoles où l'enseignement se fait en français. De même, après la Seconde Guerre mondiale, lorsque Bruxelles acquiert sa réputation de ville internationale—grâce à l'implantation d'institutions politiques telles que le Marché commun (l'Union européenne) et l'OTAN— la ville favorise encore davantage le français dans les écoles le gouvernement et les entreprises.

Un autre facteur qui contribue à la francisation ainsi qu'à l'internationalisation de Bruxelles est l'immigration, et surtout l'installation définitive d'immigrés venant de pays francophones (la France, le Maroc et le Congo). A partir du 18e siècle, la ville accueille de nombreux réfugiés politiques français mécontents des changements de régime en France. Depuis la deuxième moitié du 20e siècle, la capitale belge connaît également un afflux d'immigrants de l'Afrique francophone. Des familles issues d'autres pays d'Europe tels que l'Italie contribuent aussi à la francisation de la ville car elles savent déjà parler le français ou sont plus disposés à apprendre une langue romane.

De nos jours, Bruxelles subit un véritable boom démographique, ceci en raison d'une immigration constante et du besoin croissant de diplomates, d'hommes et de femmes politiques ainsi que d'autres fonctionnaires dans les grandes institutions politiques et économiques de la ville. Aujourd'hui, la capitale a franchi le cap de 1,1 million d'habitants et ce nombre continue à augmenter de 21 500 par an.

Compréhension

1. Expliquez plusieurs développements dans l'histoire de Bruxelles qui contribuent à sa francisation.

2. Dans quels sens la capitale belge est-elle une ville internationale aujourd'hui?

Réflexion

A. Dans la région que vous habitez, y a-t-il des langues qui commencent à s'imposer en plus de l'anglais? Dans quel(s) domaine(s) de la société? A votre avis, quelles en sont les causes? En quoi diffèrent-elles des causes de la francisation à Bruxelles?

B. Pouvez-vous penser à une ville dans votre pays qui, comme dans le cas de Bruxelles, a subi des changements radicaux au cours de son développement? Identifiez ces changements et spéculez sur leurs causes.

Basic Question Patterns

To transform a declarative statement into a question for which a *yes* or *no* answer is expected, the following techniques are used. These apply to all simple tenses.

Est-ce que

The simplest and most common way to ask a question is to place **est-ce que** at the beginning of the sentence. Using **est-ce que** requires no change in word order.

DECLARATIVE SENTENCE	QUESTION
Vous restez à la maison.	**Est-ce que** vous restez à la maison?
Les enfants font un pique-nique.	**Est-ce que** les enfants font un pique-nique?
Jean va finir ses devoirs.	**Est-ce que** Jean va finir ses devoirs?

Rappel!

Est-ce que cannot be directly translated into English (it literally means: *is it that*). Think of it as a single unit that transforms statements into questions, like a question mark.

 10 Pour apprendre quelque chose de nouveau sur vos camarades de classe, employez les éléments suivants et la forme **est-ce que** pour composer des questions.

1. tu / habiter / dans une résidence universitaire?
2. tu / déjeuner / toujours à la cafétéria?
3. tu / avoir / beaucoup de cours chaque semestre?
4. en général, tu / aimer bien / tes cours?
5. tu / aller / souvent à des soirées?

Inversion

When the subject of a sentence is a pronoun, a question may also be formed by inverting the subject and verb.

DECLARATIVE SENTENCE	QUESTION
Vous restez à la maison.	**Restez-vous** à la maison?
Il va au marché.	**Va-t-il** au marché?[3]
Nous allons réussir à l'examen.	**Allons-nous** réussir à l'examen?

When the subject of the sentence is a noun, the noun subject itself cannot be inverted. However, a pronoun that agrees in gender and number with the preceding noun subject can be inserted directly after the verb to form the question.

DECLARATIVE SENTENCE	QUESTION
Les enfants restent à la maison.	**Les enfants restent-ils** à la maison?
Jean va au marché.	**Jean va-t-il** au marché?

[3]Note that, for pronunciation purposes, a **-t-** is inserted between third-person singular verbs that end in a vowel and their subject pronoun, as in **Va-t-il...?** and **Ecoute-t-elle?**

N'est-ce pas? or non?

Placed directly after a declarative sentence, **n'est-ce pas** or **non** may be used to form a question when confirmation of the statement is anticipated. **N'est-ce pas?** and **non?** are the equivalents of the English expressions *isn't that right?, aren't they?, doesn't he?*, etc.

DECLARATIVE SENTENCE	QUESTION	
Vous restez ici.	Vous restez ici, **n'est-ce pas / non?**	*You're staying here, **aren't you?***
Les enfants font un pique-nique.	Les enfants font un pique-nique, **n'est-ce pas / non?**	*The children are having a picnic, **aren't they?***

Rappel!

In everyday conversation, questions are often formed by using intonation—a rising tone of voice. Because this is the simplest way of asking a question, it is the pattern that is most often heard in popular speech. Although very useful in informal conversation, it is rarely encountered in written language or in formal situations.

Vous restez ici.	Vous restez ici?
Les enfants font un pique-nique.	Les enfants font un pique-nique?
Jean finit ses devoirs.	Jean finit ses devoirs?

11 Pour chacune des phrases suivantes, posez la question supplémentaire indiquée en utilisant l'inversion.

MODELE Mes parents habitent près d'ici.
(avoir / une maison individuelle ou un appartement)
—*Ont-ils une maison individuelle ou un appartement?*

1. Mon frère gagne un bon salaire. (travailler / beaucoup)
2. Mes colocataires sont ennuyeux. (parler / beaucoup)
3. J'aime mes sœurs. (être / gentilles)
4. Mon prof de français est super. (rendre vite / les devoirs)
5. En cours de français, nous nous amusons. (parler souvent / français)
6. Demain, j'ai un examen en cours d'histoire. (étudier / beaucoup)
7. Mon meilleur ami est étudiant. (aller / à cette université)
8. J'ai une amie dans une autre université. (aller recevoir son diplôme / bientôt)

12 Qui sont vos camarades de classe? Interviewez vos voisins en associant de façon logique les verbes et les éléments indiqués. Employez toutes les formes interrogatives. Ecoutez la réponse de la personne, puis posez une autre question ou faites une remarque.

MODELE —*Tu as des frères et des sœurs?*   —*Est-elle étudiante?*
—*Oui, j'ai une sœur.*   —*Non, elle est médecin.*

acheter	aimer	avoir	choisir	dîner
être	finir	habiter	parler	???

un appartement	du boulot	des CD	un iPod	des copains tes devoirs
étudiant(e)	des frères et des sœurs	raisonnable	en ville	???

INTERACTIONS

Vous cherchez un(e) colocataire. En petits groupes, employez les expressions suivantes et posez des questions à des «candidat(e)s». Choisissez une personne avec qui vous pouvez habiter et expliquez votre choix.

Expressions utiles: aimer les animaux de compagnie, aimer faire la cuisine, aimer faire le marché, aller tôt (tard) au lit, avoir un animal domestique, fumer, travailler beaucoup, parler souvent au téléphone, mettre la musique très fort, aller en cours tôt le matin, dormir tard le week-end, ???

L'héritage culturel

Le vieux Paris

Vieux Paris, de Michel Delacroix (né 1933)

A Paris, beaucoup d'immeubles datent d'avant 1900. Depuis la révolution industrielle au dix-neuvième siècle, bon nombre de familles rurales quittent leur province natale pour s'installer dans la capitale. La population de Paris augmente rapidement et les ruraux deviennent souvent des commerçants. Dans la plupart des quartiers où vivent ces gens, les rez-de-chaussée sont occupés par des commerces. Le propriétaire du magasin et sa famille habitent généralement au premier étage, au-dessus du magasin. Les autres étages sont occupés par des locataires. Le tableau de Michel Delacroix montre bien ce Paris de la Belle Epoque (1900–1914).

Langue et culture

Les phrases suivantes sont fausses. Faites les corrections nécessaires en employant des phrases précises à l'affirmatif.

> **MODELE** Aucun immeuble à Paris ne date d'avant le 20ᵉ siècle.
> *Beaucoup d'immeubles à Paris datent d'avant le 20ᵉ siècle.*

1. Depuis la révolution industrielle personne ne quitte la province.
2. Les familles rurales ne s'installent nulle part.
3. Les gens de la campagne ne deviennent jamais des commerçants.
4. Dans les immeubles, rien n'occupe les rez-de-chaussée.
5. Le propriétaire du magasin et sa famille n'habitent nulle part dans l'immeuble.
6. Il n'y a personne qui habite aux autres étages.

Jeux de mots

Trouvez dans le texte un synonyme pour chacun des mots et expressions suivants. Ensuite, utilisez les réponses pour compléter le paragraphe.

existent, partent de, région d'origine, s'établir, possesseur

Comme à Paris, dans les grandes villes de province beaucoup d'édifices _____ d'avant le 20ᵉ siècle. Pendant les grandes périodes d'urbanisation de la France, des familles de la campagne _____ leur _____ pour _____ à Lyon, Marseille ou Lille. On devient _____ de magasin et on vit au-dessus de son commerce.

StockAbcd / Alamy

Immeuble d'habitation de l'époque de baron Haussmann

Le Paris du baron Haussmann

Entre 1853 et 1870, pendant le Second Empire, un administrateur français, le baron Eugène Haussmann, entreprend un immense projet de démolition et de construction qui transforme la ville de Paris. Ses Grands Boulevards deviennent les artères de grande circulation qu'ils sont encore aujourd'hui. Les règlements imposés à la construction des nouveaux immeubles (nombre limité d'étages, façades en pierre, balcons en fer forgé…) sont rigoureux. Les bâtiments sont d'une architecture remarquablement symétrique et donnent à la ville son caractère unique. D'autres villes françaises, comme Lyon et Marseille, imitent bientôt les travaux d'urbanisation et les méthodes du baron Haussmann.

De nos jours, dans ce pays où on aime *les vieilles pierres,* on préfère souvent réhabiliter au lieu de démolir, pour conserver un lien matériel avec le passé.

Langue et culture

Utilisez la forme appropriée des verbes indiqués pour décrire quelques aspects de l'urbanisme français.

1. Au milieu du 19e siècle, Napoléon III et Haussmann _____ (entreprendre) un énorme projet d'urbanisme dans la capitale.
2. L'architecture symétrique des nouveaux bâtiments _____ (donner) à Paris un de ses signes distinctifs.
3. Comme beaucoup de Français _____ (préférer) la pierre au béton, ils _____ (ne pas démolir) souvent les bâtiments anciens.
4. Comme dit mon ami de Paris, «Nous _____ (réhabiliter) pour conserver notre passé.»

Jeux de mots

Trouvez dans le texte un synonyme pour chacun des mots et expressions suivants. Ensuite, utilisez les réponses pour compléter le paragraphe.

commence (un projet), instructions, stricts, copient, rénover, détruire

Il est vrai que depuis l'Haussmannisation de Paris, beaucoup de projets d'urbanisme ont comme philosophie un désir de _____ la ville sans _____ les bâtiments. Pour conserver un lien matériel avec le passé, on impose des _____ que certains trouvent trop _____. Cependant, les «Grands Travaux» que le président Mitterrand _____ pendant les années 1980 (comme la Pyramide du Louvre) transforment de nouveau la capitale. Ces projets n'_____ pas la pierre, mais utilisent plutôt le verre et accentuent la transparence et la lumière naturelle.

Réflexion

A. Comparez les styles urbains représentés dans le tableau de Delacroix et la photo de l'immeuble de l'époque d'Haussmann. Croyez-vous que la ville de Paris ressemble toujours à ces deux portraits? Justifiez votre réponse.

B. Imaginez la vie quotidienne des résidents du quartier représenté sur le tableau de Delacroix. Qui habite les appartements? Que font les résidents pendant la journée? Ensuite, imaginez comment les travaux d'urbanisation du baron Haussmann transforment cette vie.

C. A votre avis, quelles sortes de justification donne-t-on pour expliquer le désir de moderniser une ville? Pouvez-vous imaginer des conséquences négatives?

Structures II

Reflexive and Reciprocal Verbs

A reflexive verb is always accompanied by a reflexive pronoun that refers to the subject of the verb and indicates that the subject is performing an action on or for itself. The reflexive pronoun is placed after the subject and directly before the verb.

se réveiller *to wake (oneself) up*	
je **me** réveille	nous **nous** réveillons
tu **te** réveilles	vous **vous** réveillez
il / elle / on **se** réveille	ils / elles **se** réveillent

[4]Most of these verbs are regular **-er** verbs, although you may see verbs of other conjugations used reflexively. The fact that a verb is reflexive does not alter its normal conjugation: **se lever** is conjugated like **lever**.

Following is a list of some of the more common reflexive verbs.[4]

s'arrêter *to stop*	**se fâcher** *to become angry*	**se moquer de** *to make fun of*
se brosser *to brush*	**s'habiller** *to get dressed*	**se peigner** *to comb*
se coucher *to go to bed*	**se laver** *to wash*	**se raser** *to shave*
se détendre *to relax*	**se lever** *to get up*	**se reposer** *to rest*

The pronouns **me, te,** and **se** drop the **e** before verb forms beginning with a vowel or a mute **h.**

Elles **s'**habillent élégamment.   Je **m'**arrête à la charcuterie.

To form the negative of a reflexive verb, place **ne** before the reflexive pronoun and **pas** (or another appropriate negative expression) after the verb.

Je **ne** me réveille **pas** tôt.   Vous **ne** vous réveillez **jamais** vite.

If a reflexive verb is used in the infinitive form following a conjugated verb, the reflexive pronoun is placed before the infinitive and must agree in person and number with the subject of the conjugated verb.

Je désire **me reposer.**   **Nous** allons **nous dépêcher.**
Tu ne dois pas **te fâcher.**   **Vous** savez **vous débrouiller.**
Anne adore **s'amuser.**   **Mes frères** détestent **se réveiller** tôt.

To form an affirmative command, place the reflexive pronoun after the verb form and attach the pronoun to the verb by a hyphen.

Dépêche-toi. *(familiar)*   **Réveillez-vous.** *(formal or plural)*
Reposons-nous. *(collective)*

- Note that the pronoun **te** changes to the stressed form **toi** when in this final position. Remember to drop the final **s** on the familiar imperative of reflexive verbs that end in **-er.**

In a negative command, the reflexive pronoun will precede the verb form. **Ne** is placed before the reflexive pronoun and **pas** after the verb form.

Ne te moque pas de ta sœur, Bruno!   **Ne vous couchez pas** si tard, les enfants!
Ne nous levons pas si tôt demain!

For reflexive verbs, the simplest way to form a question is to use **est-ce que.** To use inversion with reflexive verbs, invert only the subject pronoun. The reflexive pronoun remains in its normal position before the verb.

Est-ce que tu t'amuses?   **T'amuses-tu?**
Est-ce qu'elle se repose?   **Se repose-t-elle?**

Inversion poses no special problem when the subject of a reflexive verb is a noun. Insert the appropriate extra subject pronoun after the verb form (see page 52).

Les enfants se couchent-ils?   **Jean se lave-t-il?**

Reciprocal verbs are identical in structure to reflexive verbs. When a verb is used reciprocally, the reflexive pronoun indicates that two or more persons are performing actions on or for each other rather than on or for themselves.

Nous nous voyons souvent.   *We see each other often.*
Vous vous regardez.   *You look at each other.*
Ils s'aiment beaucoup.   *They like each other a lot.*

Because two or more persons must be involved in reciprocal actions, only the plural forms (**nous, vous, ils, elles**) of verbs may be used reciprocally. For emphasis, or to avoid confusion, the construction **l'un(e) l'autre** or **les un(e)s les autres** may be added after the verb.

REFLEXIVE   RECIPROCAL
Ils se regardent.   **Ils se regardent les uns les autres.**
They look at themselves.   *They all look at one another.*

Elles se voient.   **Elles se voient l'une l'autre.**
They see themselves.   *They both see each other.*

Certain verbs change meaning when used reflexively. Following is a partial list of such reflexive verbs.

aller *to go*	**s'en aller** *to go away*
amuser *to amuse*	**s'amuser** *to have a good time*
débrouiller *to straighten out*	**se débrouiller** *to get by, to manage*
demander *to ask*	**se demander** *to wonder*
dépêcher *to send quickly*	**se dépêcher** *to hurry*
ennuyer *to bother*	**s'ennuyer** *to get bored*
entendre *to hear*	**s'entendre** *to get along*
habituer *to familiarize*	**s'habituer à** *to get used to*
inquiéter *to disturb*	**s'inquiéter (de)** *to worry (about)*
rendre compte *to account for*	**se rendre compte de** *to realize*
tromper *to deceive*	**se tromper** *to be wrong*

Rappel!

Like the preceding idiomatic reflexive verbs, many verbs can be used reflexively or nonreflexively, depending on whether the action of the verb is reflected on the subject or on a different object. Remember, in the reflexive construction, the subject and the object are the same person(s).

REFLEXIVE   NONREFLEXIVE
Il s'amuse.   **Il amuse** son frère.
He has a good time.   *He amuses his brother.*
Vous vous arrêtez.   **Vous arrêtez** la voiture.
You stop.   *You stop the car.*
Elles se couchent.   **Elles couchent** les enfants.
They go to bed.   *They put the children to bed.*

1 Vous envoyez un e-mail à votre correspondant au Maroc pour décrire votre vie de tous les jours. Complétez les phrases avec la forme appropriée des verbes indiqués.

1. Je _____ normalement à _____ heures. (se lever)

2. Ensuite, je _____ et je _____. (se coiffer, s'habiller)

3. Mon (Ma) colocataire _____ avant moi. Alors je dois souvent _____ pour ne pas être en retard. (se laver, se dépêcher)

4. Normalement, on _____ vers onze heures. (se coucher)

5. Le samedi, je _____ tard; le dimanche, _____. (se coucher, se reposer)

6. Mes amis et moi, nous _____ souvent au cinéma le samedi soir. (se retrouver)

7. Tous les étudiants _____ beaucoup aux soirées pendant le week-end. (s'amuser)

8. Et toi, est-ce que tu _____ avec tes copains? (s'amuser)

2 En employant des verbes de la liste suivante, décrivez ce que les personnes font dans les situations indiquées.

VERBES: se dépêcher, se fâcher, s'ennuyer, s'habiller bien, se tromper, se coucher, se reposer, se réveiller tôt

1. Votre ami(e) et vous rentrez après avoir joué au foot pendant trois heures.

2. Vous vous levez tard et il vous faut aller en cours à neuf heures.

3. Votre copine a un rendez-vous pour aller à un concert.

4. Vos amis rentrent à la résidence à une heure du matin.

5. Vous êtes candidat(e) à un poste et l'entretien a lieu à huit heures du matin.

6. Vous n'avez rien à faire.

7. Votre camarade de classe vous donne la mauvaise date pour l'examen.

8. Vous rentrez et votre colocataire n'a rien fait pour nettoyer la chambre.

3 Composez une réaction à chacune des situations indiquées en employant un verbe logique à l'impératif.

VERBES: s'amuser, se coucher, se débrouiller, se dépêcher, se lever, se reposer

1. Il est trois heures du matin et vos colocataires mettent de la musique très fort.

2. Votre copain a cours dans quinze minutes et il est toujours au lit.

3. Votre copine a passé trois examens en un seul jour et elle est très fatiguée.

4. Vos amis sortent pour aller à un concert.

5. Une camarade de classe est sur le point *(about)* d'arriver en retard pour le cours de français.

6. Vous offrez à votre ami de l'aider à faire ses devoirs de maths mais il refuse.

4 Décrivez les relations des personnes indiquées en employant les verbes entre parenthèses dans des phrases affirmatives ou négatives.

MODELE   Emma et Christophe qui sont fiancés (s'aimer / se disputer / s'entendre)
Ils s'aiment.

1. vos amis qui sont étudiants dans d'autres universités et vous (s'écrire / se téléphoner / s'envoyer des textos)

2. votre sœur / frère qui habite toujours chez vos parents et vous (s'entendre bien / se disputer / s'envoyer des emails)

3. deux copains qui sont dans la même classe (se parler / s'aider / s'écrire)

4. deux personnes qui partagent une chambre et qui ne sont jamais d'accord (s'entendre bien / se disputer souvent / s'aider)

5. votre petit(e) ami(e) avec qui vous ne sortez plus et vous (se téléphoner / s'envoyer des e-mails / se disputer)

INTERACTIONS

Les emplois du temps. A tour de rôle, choisissez une journée de la liste et décrivez votre emploi du temps pour cette journée particulière. Ensuite, les autres membres du groupe posent des questions pour avoir des renseignements supplémentaires. Utilisez le futur proche (**aller** + *infinitif*) et plusieurs verbes pronominaux réfléchis et réciproques.

- le jour de votre prochain examen de français
- le premier jour des grandes vacances d'été
- le jour de votre anniversaire
- samedi prochain

SYNTHESE

A. Posez les questions suivantes à des camarades de classe.

1. A quelle heure est-ce que tu te couches normalement? Et ton / ta colocataire?
2. A quelle heure est-ce que tu te lèves pendant le week-end?
3. Qu'est-ce que tu fais pour te détendre?
4. Dans quelles circonstances est-ce que tu t'ennuies?
5. Comment est-ce que tu t'habilles normalement?
6. Avec qui est-ce que tu t'amuses beaucoup?
7. Avec qui est-ce que tu te disputes quelquefois?
8. Est-ce que vous vous téléphonez souvent, tes parents et toi?

B. Vous parlez à un(e) ami(e) de vos habitudes. Complétez chaque phrase par un verbe pronominal réfléchi ou réciproque approprié.

1. Si je n'ai pas de devoirs à faire le soir, je…
2. Si je ne finis pas mes devoirs avant le cours, je…
3. Avant de préparer une dissertation difficile, je…
4. Après avoir passé un examen difficile, je…
5. Quand un cours n'est pas très intéressant, je…
6. Si je rate un examen, je…

INTERACTIONS

Votre mode de vie. A tour de rôle, expliquez ce que vous faites ou ne faites pas d'habitude le dimanche matin. Utilisez les expressions de négation de la liste. Les autres membres du groupe posent des questions pour avoir des renseignements supplémentaires.

MODELE —*Je n'étudie jamais le dimanche matin.*

—*Alors, tu t'amuses avec tes amis?*

—*Non, je préfère me reposer.*

| ne… jamais | ne… personne / personne ne… | ne… ni… ni… |
| ne… que | ne… nulle part | |

Note culturelle

Les HLM ou logements sociaux

Parmi les locataires en France, il faut aussi signaler le nombre de personnes habitant en HLM (habitations à loyer modéré). La France possède plus de 4,5 millions de ce type d'habitations, appelées aussi logements sociaux, dont la très grande majorité ont été construites depuis 1948. Il s'agit, pour la plupart, d'immeubles collectifs où le nombre de familles d'immigrés et de ménages avec des enfants est important, surtout en banlieue. Les cités, ces ensembles de résidences HLM situés le plus souvent à l'extérieur des villes, représentent aujourd'hui une source d'inquiétude pour leurs habitants. Les jeunes des cités se sentent fréquemment oubliés par la société. En effet, dans les familles d'origine étrangère, où les conditions de vie et les résultats scolaires sont nettement moins favorables que pour les autres enfants, le nombre de jeunes au chômage est deux fois plus élevé que dans la population générale.

Les statistiques montrent aussi que c'est dans les cités HLM de banlieue que la délinquance se manifeste le plus souvent et qu'on enregistre un nombre inquiétant d'infractions à la loi. Même si la France occupe une position moyenne par rapport à la délinquance chez ses voisins en Europe, la présence «des populations à risques», surtout dans les cités du territoire français, préoccupe bon nombre de Français. Pour envisager une solution, certains préfèrent avoir recours à l'ordre et à la répression, d'autres sont favorables à une politique de prévention et de dialogue. Ce qui est sûr, c'est qu'on se sent impliqué par la question de la sécurité.

Compréhension

1. Qu'est-ce qu'une HLM? En général, qui habite en HLM? Identifiez quelques problèmes qui existent dans l'ensemble des HLM.

2. Actuellement, quel problème domine le climat social pour beaucoup de Français?

Réflexion

Comparez la notion des logements sociaux en France et dans votre pays. Où sont-ils situés normalement? Quelles sont les conditions de vie de leurs habitants? Est-ce que les HLM sont toujours situées dans des cités de banlieue? Comment peut-on comprendre certains des problèmes sociaux actuels qui se manifestent dans les cités situées à l'extérieur des villes?

 ## Activité vidéo

En 2009, La Swija, un groupe de rap français, sort un clip sur la vie dans les HLM. Regardez le clip. Ce clip donne-t-il une impression positive ou négative de la vie dans les HLM? Quelles images renforcent cette perspective? Quelles expressions du refrain présentent la perspective des rappeurs?

Irregular -*oir* Verbs

vouloir *to want*	**pouvoir** *to be able*
je **veux**	je **peux**
tu **veux**	tu **peux**
il / elle / on **veut**	il / elle / on **peut**
nous **voulons**	nous **pouvons**
vous **voulez**	vous **pouvez**
ils / elles **veulent**	ils / elles **peuvent**

voir *to see*	**recevoir** *to receive*
je **vois**	je **reçois**
tu **vois**	tu **reçois**
il / elle / on **voit**	il / elle / on **reçoit**
nous **voyons**	nous **recevons**
vous **voyez**	vous **recevez**
ils / elles **voient**	ils / elles **reçoivent**

devoir *to have to; to owe*	**savoir** *to know*
je **dois**	je **sais**
tu **dois**	tu **sais**
il / elle / on **doit**	il / elle / on **sait**
nous **devons**	nous **savons**
vous **devez**	vous **savez**
ils / elles **doivent**	ils / elles **savent**

- Note that the verb **devoir** has two different meanings. When it means *to owe,* it is followed by a direct object, usually indicating a sum: **Je dois cinq dollars à mes parents.** When **devoir** means *to have to,* it is an auxiliary verb and is followed by the infinitive form of a main verb.

Je **dois faire mes devoirs** maintenant.	*I have to do my homework now.*
Vous **devez vous reposer** un peu.	*You have to rest a little.*
Elles **doivent répondre** aux questions.	*They **must answer** the questions.*

The verbs **falloir, valoir mieux,** and **pleuvoir** are all impersonal verbs that are conjugated only in the **il** form but may be used in any tense.

falloir *to have to; to be necessary*	**il faut**
valoir mieux *to be better*	**il vaut mieux**
pleuvoir *to rain*	**il pleut**

- Note that **falloir** and **valoir mieux** are followed by the infinitive form of another verb.

Il faut répondre.	*It is necessary to answer.*
Il vaut mieux rentrer.	*It's better to go home.*

Used in this way, **falloir** has the same basic meaning as **devoir,** but **devoir** is conjugated in all persons. **Falloir** is considered to be more general and somewhat stronger in its statement of necessity.

Il faut rentrer.	*It is necessary to go home.*
Je dois rentrer.	*I have to go home.*

Falloir and **devoir** are interchangeable when **il faut** is used with the appropriate indirect object pronoun to make the statement of necessity more personal, although **il me faut** is considered to be more formal.

> **Il me faut** rentrer. **Je dois** rentrer.

The expression **valoir la peine** means *to be worth the trouble.* Its subject will always be a thing, not a person, and it is used only in the third-person singular or plural.

> **Ce travail vaut la peine.** **Les études valent la peine.**

5 Vous travaillez dans un hôtel qui accueille beaucoup de touristes francophones. Un client vous demande de l'aider. Complétez le dialogue en utilisant la forme appropriée des verbes indiqués.

CLIENT: Bonjour, monsieur / mademoiselle. Est-ce que vous _____1_____ (pouvoir) me rendre un service?

VOUS: Oui, je _____2_____ (vouloir) bien vous aider, monsieur. Qu'est-ce que vous _____3_____ (vouloir)?

CLIENT: Eh bien, je _____4_____ (devoir) réserver une chambre d'hôtel à Los Angeles. Mes enfants _____5_____ (voir) toute la publicité pour le parc d'attractions là-bas, et ils _____6_____ (vouloir) y aller. Est-ce que vous _____7_____ (pouvoir) téléphoner à l'hôtel de ma part?

VOUS: Bien sûr, monsieur. Je _____8_____ (pouvoir) très bien faire cette commission, mais je ne _____9_____ (savoir) pas les détails de votre séjour à Los Angeles.

CLIENT: Je _____10_____ (pouvoir) vous les donner tout de suite. Il s'agit de l'Hôtel Méridien qui _____11_____ (recevoir) beaucoup de touristes francophones. Nous _____12_____ (devoir) arriver à Los Angeles demain et nous _____13_____ (vouloir) y passer trois nuits si l'hôtel _____14_____ (pouvoir) nous proposer un tarif raisonnable.

6 Les personnes suivantes peuvent faire exactement ce qu'elles veulent le week-end prochain. Employez le verbe **vouloir** plus un infinitif pour indiquer les préférences des personnes en question.

1. Nous...
2. Mes camarades de chambre...
3. Mon ami(e)...
4. Monsieur / Madame _____ (nom de votre prof de français), vous...
5. Moi, je...

7 Nous sommes obligés de faire toutes sortes de choses dans la vie. Parlez de ces nécessités et complétez chaque début de phrase en utilisant une expression d'obligation (**devoir, il faut, il vaut mieux**).

1. En cours de français...
2. Pendant le week-end...
3. Pour être heureux dans la vie...
4. Pendant l'été...
5. Pour avoir de bons copains...
6. Pour bien s'entendre avec les membres de sa famille...
7. Pour réussir dans la vie...
8. Le soir...

INTERACTIONS

 Pendant le week-end. On est toujours tiraillé *(torn)* entre ce qu'on veut faire et ce qu'on doit faire. En petits groupes, posez deux questions à vos camarades de classe sur ce qu'ils veulent faire pendant le week-end et deux questions sur ce qu'ils doivent faire. Quels souhaits et quelles obligations sont semblables?

CD1, Track 5

POUR S'EXPRIMER

Francophones en direct

Le mode de vie en Haïti. Ecoutez l'interview suivante avec Patrick qui parle de sa vie en Haïti. Ensuite, indiquez si les phrases suivantes sont vraies **(V)** ou fausses **(F)**. Corrigez les phrases qui sont fausses.

> ### Vocabulaire utile
>
> **les Caraïbes** *the Caribbean*
> **en vitesse** *quickly*
> **se bourrer le crâne** *to stuff one's head with ideas*
>
> **bouger** *to move*
> **un terrain de...** *a . . . field / court*
> **envoyer des textos** *to text*
> **un coin** *a place (coll.)*

1. Patrick habite à la campagne.
2. Patrick habite avec sa famille dans une maison individuelle.
3. Patrick se lève tôt les jours de la semaine.
4. Après l'école, Patrick aime danser.
5. Patrick ne sort pas en semaine.
6. Les élèves en Haïti étudient beaucoup pour le bac.
7. Les élèves en Haïti restent dans la même salle de classe pour tous les cours.
8. Pendant la récréation, les élèves font différents sports.
9. Pour se détendre, les jeunes Haïtiens aiment regarder la télé.
10. En Haïti, la musique joue un rôle important dans la vie des jeunes.

En petits groupes, dressez une liste des aspects de la vie des jeunes en Haïti qui sont similaires et différents de la vie des jeunes Américains.

A vous la parole

Choisissez un des contextes indiqués et décrivez votre vie quotidienne en utilisant des expressions de la liste.

EXPRESSIONS: alors, d'abord, d'habitude, enfin, ensuite, pendant, plus tard, puis

- avant de venir en cours de français
- le vendredi soir
- le samedi matin

Avant de venir en cours de français, je dois faire mes devoirs.

Situations orales

A. Vous parlez à un(e) étudiant(e) du Gabon et il / elle vous demande de décrire votre famille et vos activités quotidiennes. Que répondez-vous?

B. En groupes de trois ou quatre, composez huit à dix questions à poser aux membres de votre groupe au sujet de leurs familles. Ensuite, les groupes de la classe vont comparer leurs réponses. Qu'est-ce que vous pouvez dire à des jeunes Français au sujet de la vie de famille en Amérique du Nord?

Structures III

GRAMMAR
TUTORIALS

Idioms with *être* and *avoir*

Idioms with *être*

Certain French idiomatic expressions that use the verb **être** closely parallel their English equivalents, which use the verb *to be*.

être à l'heure	*to be on time*
être de retour	*to be back*
être en retard	*to be late*
être en train de[5]	*to be in the process of*

[5]This generally corresponds to the progressive aspect of a verb in English: *I am preparing dinner.*

—Allô, Bruno? Où es-tu? La famille **est en train de** préparer le dîner. Quand est-ce que tu vas **être de retour**? A huit heures? Bon, d'accord, mais **ne sois pas en retard**! Pour une fois, fais un effort pour **être à l'heure**.

Idioms with *avoir*

Many French idioms that take the verb **avoir** have English equivalents using the verb *to be*.

physical conditions	
avoir ____ ans *to be ____ years old*	Il **a vingt ans**.
avoir chaud *to be hot*	J'**ai chaud** en été.
avoir froid *to be cold*	Il **a froid** en hiver.
avoir faim *to be hungry*	A midi, les enfants **ont faim**.
avoir l'air *to seem*	Elle **a l'air** triste.
avoir mal à *to have an ache, pain*	J'**ai mal à** la tête.
avoir soif *to be thirsty*	Nous **avons soif** après le travail.
avoir sommeil *to be sleepy*	A minuit, j'**ai sommeil**.

psychological states	
avoir besoin de *to need*	Nous **avons besoin de** nous détendre.
avoir envie de *to feel like*	Elle **a envie de** pleurer.
avoir honte de *to be ashamed of*	Il **a honte de** ses notes.
avoir peur de *to be afraid of*	J'**ai peur des** serpents.
avoir raison (de) *to be right*	Vous **avez raison**.
avoir tort (de) *to be wrong*	Ils **ont tort de** ne pas venir.

circumstances	
avoir lieu *to take place*	La réunion **a lieu** à neuf heures.
avoir de la chance *to be lucky*	Vous **avez de la chance**.
avoir l'occasion / la possibilité de *to have the opportunity*	J'**ai l'occasion / la possibilité de** voyager.

Quand les enfants Dumont rentrent l'après-midi, ils **ont** toujours **faim** et **soif**. En décembre, ils **ont** aussi **froid** et, puisqu'en France on va à l'école jusqu'à la fin du mois de juin ou même jusqu'au début du mois de juillet, ils **ont chaud** dans la salle de classe avant les vacances. A dix ou onze heures du soir, ils **ont sommeil** parce qu'ils se lèvent toujours à sept heures du matin. Et ce soir, Béatrice **a l'air** triste. **A-t-elle mal à la tête?** Non, son seul problème, c'est qu'**elle a seize ans.**

Il y a beaucoup d'étudiants qui **ont peur de** faire des exposés en classe. Ils veulent toujours **avoir raison** et ils **ont honte d'avoir tort** devant leur prof et surtout devant leurs camarades de classe. Le jour de l'exposé, ils **ont** toujours **envie de** rester au lit. Ils **ont besoin de** courage.

Le bac **a lieu** au mois de juin en France. Les élèves qui réussissent au bac **ont de la chance** parce qu'ils peuvent aller à l'université où ils **ont l'occasion de** vivre de nouvelles expériences.

1 Complétez les phrases par une des expressions idiomatiques avec **avoir** ou **être**.

1. C'est aujourd'hui l'anniversaire de ma copine. Elle _____ vingt ans.
2. Je vais au restaurant pour prendre un coca, parce que j' _____.
3. Mon ami s'arrête au distributeur automatique parce qu'il _____ d'argent.
4. Les étudiants prennent leurs repas assez tôt parce qu'ils _____ vers six heures.
5. On n'a plus de chauffage *(heat)* dans notre chambre et nous _____.
6. L'été, on _____ dans la résidence parce qu'il n'y a pas de climatisation *(air conditioning)*.
7. Je me dépêche pour arriver à mon cours de français parce que je ne veux pas _____.
8. Un étudiant s'est moqué d'un camarade de classe et maintenant il _____ de le voir.

2 Choisissez une expression de la liste suivante pour décrire votre situation. Votre partenaire va vous conseiller en employant l'impératif.

MODELE *J'ai mal partout.*

Alors, couche-toi.

1. faim	3. chaud	5. sommeil	7. envie de ____
2. soif	4. froid	6. besoin de ____	8. peur de ____

INTERACTIONS

Des circonstances désagréables et des solutions. Avec un(e) partenaire, décrivez les circonstances qui expliquent souvent pourquoi...

1. vous avez sommeil
2. vous êtes en retard
3. vous avez peur
4. vous avez besoin de vous détendre
5. vous avez mal à la tête
6. vous avez faim

Ensuite, pour chaque circonstance, votre partenaire explique ce que vous *devez* faire. Il / Elle doit utiliser des expressions d'obligation (**devoir, il faut, il vaut mieux**).

Note culturelle

Jake Lyell / Alamy

Le téléphone portable: une révolution sociale au Cameroun

Situé en Afrique centrale et occidentale, le Cameroun est un pays francophone qui se transforme grâce aux progrès technologiques. Le poste de téléphone fixe ne constitue pas un appareil commun dans la plupart des ménages à cause du coût de l'installation des réseaux télégraphiques. Mais depuis l'arrivée du téléphone portable, dont les réseaux couvrent presque 100% du pays, la téléphonie connaît un boom.

Entre 2006 et 2011, le nombre de Camerounais qui possèdent un téléphone mobile passe de cinq mille à deux millions. Aujourd'hui, le mobile fait partie de la vie quotidienne, non seulement dans les grandes villes, mais aussi dans les banlieues et la brousse. Le portable constitue le premier moyen de communication du pays. On l'utilise bien sûr pour parler à quelqu'un mais aussi pour le «bipage»: on lance un appel et puis on raccroche dès que le téléphone du destinataire commence à sonner. Cette nouvelle habitude diminue les frais d'usage et sert à plusieurs objectifs: on bipe pour dire «bonjour» à un ami, pour rassurer ses proches qu'on est bien arrivé après un voyage ou pour demander de l'aide. Souvent, le bipage sert aussi à inciter un ami à rappeler.

Le «call box», une sorte de cabine téléphonique sans fil, est presque omniprésent à chaque coin de rue. Des parasols multicolores abritent une table où des clients s'installent pour passer un appel sur un portable. Comme une minute de communication au call box coûte seulement deux tiers du prix d'un appel sur un portable personnel, les clients ne manquent pas. On peut aussi appeler à crédit auprès du «call boxe» ou recharger le compte de son portable personnel par l'achat de transferts de crédit. Innovation importante pour l'économie du Cameroun, les call-box sont responsables de la création de 200 000 emplois.

Au Cameroun, l'accès principal à Internet est aussi le portable. Grâce à lui, l'Internet mobile transforme les habitudes des Camerounais en ce qui concerne la manière de se rencontrer, de transmettre des informations pour les groupes sociaux et de faire des affaires pour les entreprises.

Compréhension

1. Pourquoi est-ce que la plupart des Camerounais ne possèdent pas de poste de téléphone fixe?
2. Qu'est-ce que le bipage? A quoi sert-il?
3. Qu'est-ce qu'un call box? Quels services offre-t-il?
4. Citez plusieurs exemples pour illustrer comment la téléphonie mobile change la vie quotidienne au Cameroun.

Réflexion

A. En quoi l'usage du téléphone portable diffère-t-il au Cameroun et dans votre pays? Pouvez-vous imaginer des raisons économiques, culturelles et historiques pour expliquer ces différences?

B. Il y a sans doute aussi des similarités entre l'usage du portable au Cameroun et dans votre pays. Expliquez. A votre avis, est-ce que les modes de vie dans différents pays vont se ressembler de plus en plus grâce aux progrès technologiques comme le téléphone portable?

Depuis + Present Tense

Depuis means *for* when followed by an expression of time. It is used with the present tense to denote an action that began in the past but is still going on in the present. This construction is equivalent to the English concept *has (have) been ____ ing.*

J'habite ici **depuis** cinq ans.
Il parle depuis une heure.
Nous nous reposons depuis un quart d'heure.
Vous attendez ici depuis une heure?

I have been living here for five years.
He has been speaking for an hour.
We have been resting for fifteen minutes.
You have been waiting here for an hour?

Rappel!

Remember that **depuis** + present tense in French is used to express the English idea *has (have) been ____ ing.* Don't fall into the trap of trying to translate the structure word for word. This idiom is particularly important because it is commonly used. When conversing with speakers of French, you will surely be asked questions involving **depuis** + present tense.

Vous étudiez le français **depuis** longtemps?
Vous êtes en France **depuis** quand?
Vous habitez à Paris **depuis** combien de temps?

3 Pour chacune des notions suivantes, composez une phrase qui contient **depuis** + le présent pour décrire votre propre situation.

MODELE habiter à (nom de ville)

J'habite à (nom de ville) depuis _____ ans (mois).

1. habiter à (nom de ville)
2. étudier le français
3. être à l'université
4. faire du / de la (nom d'un sport)
5. sortir avec (nom de votre petit[e] ami[e])
6. connaître mon / ma meilleur(e) ami(e)
7. écouter le prof de français
8. aimer (nom d'un groupe de rock)

INTERACTIONS

 Depuis combien de temps...? Assumez l'identité d'une personne célèbre (un acteur, une chanteuse, un homme ou une femme politique, un écrivain, etc.). Révélez votre identité à un(e) partenaire. A tour de rôle, posez-vous au moins cinq questions sur votre vie personnelle ou votre carrière.

MODELE —*Depuis combien de temps êtes-vous mariée à Brad Pitt?*

—*Je suis mariée à Brad Pitt depuis six mois seulement!*

SYNTHESE

A. Imaginez une réaction appropriée pour chacune des situations suivantes en utilisant des expressions idiomatiques avec **être** ou **avoir.**

1. Votre cours de maths commence à neuf heures. Vous arrivez à neuf heures quinze.

2. Vous gagnez à la loterie.

3. Vous voulez acheter un coca et vous n'avez pas de petite monnaie *(change).*

4. Il fait chaud, il est 14 h 00 et vous écoutez une conférence très ennuyeuse.

5. Vous faites du jogging et vous tombez par terre.

6. Vous êtes en train de préparer le dîner, le téléphone sonne et votre ami demande si vous pouvez sortir.

sharp   7. Vous devez aller chercher votre copain à 20 h 00 et vous arrivez à 20 h 00 pile°.

8. Votre professeur vous pose une question et vous donnez la mauvaise réponse.

B. Un sociologue suisse fait des recherches sur la vie de famille des étudiants en Amérique du Nord. Avec un(e) camarade de classe, jouez le rôle du sociologue et de l'étudiant(e). Voici quelques questions possibles du sociologue.

1. Votre père, que fait-il dans la vie? Depuis combien de temps?

2. Et votre mère, que fait-elle? Depuis combien de temps?

3. Est-ce que vous recevez souvent vos parents chez vous? Pourquoi?

4. Est-ce que vous vous entendez bien avec vos parents?

5. Est-ce que vous vous fâchez quelquefois avec vos parents?

Situations écrites

A. Votre correspondant(e) en France vous demande ce que vous faites pendant une journée typique. Faites une description de votre vie de tous les jours.

B. Vous passez l'année en France où vous habitez avec une famille. Mais, votre emploi du temps personnel et vos habitudes ne correspondent pas aux coutumes de la famille. Ecrivez une lettre à la personne responsable du programme. Expliquez-lui le problème pour justifier un changement de logement.

 ## Le français connecté

Vous voulez passer un semestre dans une université située à Montréal, Bruxelles, Genève, Abidjan ou Dakar. Rendez-vous sur le site www.google.fr ou www.yahoo.fr et tapez les mots clés «appartement à louer» + le nom de la ville. Choisissez un site pour chaque ville qui vous offre des annonces pour des logements. Résumez les caractéristiques essentielles des cinq appartements (un appartement par ville). Notez le montant du loyer, si le logement est ancien, neuf ou rénové, le nombre de pièces et le nombre de mètres (ou pieds) carrés. Quel appartement préférez-vous? Pourquoi?

Connectez-vous

D'après votre recherche Internet, quelles conclusions pouvez-vous déduire sur les différences culturelles entre les cinq villes? Utilise-t-on le même vocabulaire pour la description des appartements? Le même système de mesure? La même monnaie? Dans quelle ville trouve-t-on les appartements les plus grands? Les moins grands? Dans quelle ville la vie est-elle la plus chère? La moins chère? A votre avis, les cinq villes offrent-elles le même type de cadre de vie? Expliquez.

A lire

Texte de culture contemporaine

Sujets de réflexion

1. A votre avis, comment votre maison idéale va-t-elle faciliter votre vie?
2. Si, à l'avenir, les gens doivent passer plus de temps dans leur maison, quels changements va-t-il falloir effectuer dans leurs résidences?

Guide de lecture

De nos jours, les modes de vie évoluent rapidement. La technologie joue un rôle de plus en plus important dans la vie. Les gens se préoccupent de plus en plus de l'environnement et le logement devient non seulement un lieu où l'on habite, mais aussi un refuge contre le stress de la vie moderne. C'est un peu paradoxal que les innovations modernes augmentent les pressions de la vie actuelle, alors qu'on cherche la maison «anti-stress». Voici une description de ce que les Français attendent de plus en plus de leurs maisons. Cette maison idéale comprend des aspects qui existent déjà et d'autres qui vont peut-être constituer la maison de l'avenir.

Le mot «logis» veut dire «l'endroit où l'on habite». L'élément «-logie» (exemple: géologie) veut dire «science». Expliquez le jeu de mot dans le titre de l'article suivant: «éco-logis».

Techno-Logis, Eco-Logis, Ego-Logis

tools — Les outils° technologiques (ordinateur, connexion Internet, centres multimédias, lecteur de DVD) seront de plus en plus présents dans la maison. Ils seront installés dans toutes les pièces, disponibles à tout moment et pour chacun, intégrés dans

networks — des réseaux° interne et externe. Ils ne seront pas câblés, mais sans fil, grâce au
5 développement des technologies de type Wi-Fi. Ils favoriseront l'information et la communication interactive, les loisirs individuels et familiaux. Ils satisferont aussi des besoins de développement personnel: apprentissage°; perfectionnement°;

acquiring skills / self-improvement / telecommuting / working people / investments — culture générale; expression artistique… Ils rendront possible le télétravail° des actifs° et faciliteront l'administration de plus en plus complexe du foyer: entretien,
10 approvisionnement; … gestion des comptes bancaires et du patrimoine°; organisation des activités personnelles et des rencontres; communication avec la famille, les amis et relations…

home automation — … Les usages de la domotique° se précisent. Au-delà de certaines fonctions d'automatisation classiques (ouverture des volets…, allumage automatique des lumières
15 ou alertes téléphoniques en cas de problème), de nouveaux services vont être proposés par la «maison intelligente»: surveillance à distance de chaque pièce grâce à des webcams; accès aux contenus multimédias (musique, photo, vidéo, radio, télévision, Internet) dans toutes les pièces grâce à des écrans à plasma; modification des ambiances sensorielles (lumières, odeurs, sons, décors…). Ces systèmes permettront
20 aussi aux personnes handicapées de mieux vivre en retrouvant une autonomie… L'habitat de demain devrait être non seulement plus confortable, mais aussi plus économe en énergie, plus respectueux de l'environnement, plus écologique. Le chauffage pourra être automatiquement régulé en fonction de la température extérieure et des prévisions météo des jours suivants; les fenêtres pourront être
25 fermées en cas de pic de pollution ou de nuisances sonores.

struggle

quest 30

well-being

Les Français ne rêvent pas d'un logement en forme de laboratoire... Leurs préoccupations... sont essentiellement pratiques; elles concernent en priorité la lutte° contre le bruit et l'amélioration de la sécurité. Elles vont aussi dans le sens d'une amélioration du niveau de confort, dans ses dimensions psychologiques... La maison de demain devra apporter de nouvelles réponses à la quête° croissante de mieux-vivre, de bien-être° et d'harmonie. Il devra être sur mesure,... et anti-stress... Il sera à la fois «techno-logis», «éco-logis» et «égo-logis».

Source: Gérard Mermet, *Francoscopie 2010* © Larousse 2009. Used with permission.

Après la lecture

1. Lesquels de ces éléments technologiques sont déjà assez répandus dans les maisons américaines?

2. Qu'est-ce qu'une maison intelligente?

3. En général, que favorisent les outils technologiques mentionnés dans l'article?

4. Comment votre famille utilise-t-elle la technologie?

5. Quels éléments de la domotique sont déjà assez communs dans les maisons américaines? Y en a-t-il chez vous?

6. Quelles sont les qualités essentielles des maisons de l'avenir? Etes-vous d'accord avec le point de vue de l'article en ce qui concerne la description de l'habitat de demain qu'il présente?

7. En utilisant le vocabulaire de l'extrait, composez une description de votre maison idéale.

Texte littéraire

Sujets de réflexion

1. Pour la plupart des gens, en Amérique du Nord comme dans le monde occidental en général, le travail et la vie familiale sont complètement séparés. Décrivez le rythme de vie typique des gens qui travaillent. Comment leur journée est-elle organisée?

2. Connaissez-vous des personnes qui tiennent leur propre petit commerce ou qui ont une entreprise? Comment vivent ces gens? Quelle est leur situation par rapport aux clients, au temps libre et aux vacances? Travailler à son compte, est-ce différent de travailler pour quelqu'un d'autre?

A propos de l'auteur...

Annie Ernaux *est née à Lillebonne, dans le département de la Seine-Maritime. Son enfance dans une petite ville de province lui inspire plusieurs ouvrages littéraires. Dans son roman* Les Armoires vides, *publié en 1974, elle raconte la vie de Denise Lesur, fille unique de petits commerçants provinciaux. Nous sommes dans les années 50. Denise a environ dix ans lorsqu'elle fait le récit de la vie qu'elle mène avec ses parents dans le café-épicerie familial.*

Guide de lecture

1. Dans le premier paragraphe, on peut lire les phrases suivantes:

   De la clientèle [en abondance], qui remplit la maison, qui paie à la fin du mois... Il n'y a pas un endroit pour s'isoler dans [le café-épicerie] à part une chambre à l'étage... Toute la journée on vit en bas, dans le bistrot et dans la boutique... On mange [dans la cuisine]. La maison regorge de clients, il y en a partout.

   Mettez-vous à la place de Denise Lesur, cette petite fille de dix ans dont les parents sont des petits commerçants. Quelle impression avez-vous du petit monde où vous habitez? Où vivez-vous? Qui sont les personnes autour de vous? En quoi consiste votre journée?

2. Denise réfléchit à ses parents et déclare:

   Mon père, il est jeune, il est grand, il domine l'ensemble... [Ma mère] dit qu'elle n'en peut plus, tous les soirs...

   Quelle impression Denise donne-t-elle de son père? Est-elle positive ou négative? Si sa mère *n'en peut plus*, c'est-à-dire qu'elle est extrêmement fatiguée, l'image de cette femme ressemble-t-elle à celle du père? Qu'est-ce que cela nous indique au sujet des relations parents-enfant?

3. Vers la fin de l'extrait nous lisons:

   [Les gens] remplissent la caisse de billets. La voici, la caisse, posée sur la table... «Combien qu'on a fait aujourd'hui?» Quinze mille, vingt mille, fabuleux pour moi.

   Denise calcule en anciens francs. Mais la caisse contient une somme assez modeste (contrevaleur: 30 à 40 dollars). Pourquoi dit-elle *fabuleux pour moi*? Comment Annie Ernaux cherche-t-elle à présenter les revenus de la famille Lesur?

Les Armoires vides (extrait)

(1) Le café-épicerie Lesur, ce n'est pas rien, le seul dans la rue Clopart, loin du centre, presque à la campagne. De la clientèle à gogo°, qui remplit la maison, qui paie à la fin du mois. Pas une communauté mais ça y ressemble. Il n'y a pas un endroit pour s'isoler dans la maison à part une chambre à l'étage°, immense,
5 glaciale. L'hiver, c'est mon pôle Nord et mes expéditions antarctiques quand je me glisse au° lit en chemise de nuit, que j'ouvre mes draps humides et rampe° vers la brique chaude enveloppée d'un torchon de cuisine°. Toute la journée on vit en bas, dans le bistrot et dans la boutique. Entre les deux un boyau° où débouche° l'escalier, la cuisine, remplie d'une table, de trois chaises, d'une cuisinière à charbon° et d'un
10 évier° sans eau. L'eau, on la tire à la pompe de la cour. On se cogne° partout dans la cuisine, on y mange seulement quatre à quatre vers une heure de l'après-midi et le soir quand les clients sont partis. Ma mère y passe des centaines de fois, avec des casiers° sur le ventre°, des litres d'huile ou de rhum jusqu'au menton°, du chocolat, du sucre, qu'elle transporte de la cave à la boutique en poussant° la porte d'un coup
15 de pied. Elle vit dans la boutique et mon père dans le café. La maison regorge de clients, il y en a partout [...].

(2) Mon père, il est jeune, il est grand, il domine l'ensemble. C'est lui qui détient la bouteille, il mesure la quantité au millimètre près, il a l'œil [...]. Il modère les farouches, ceux qui n'en ont jamais assez... Le regard fier au-dessus des clients,
20 toujours en éveil, prêt à flanquer dehors° celui qui bronche°. Ça lui arrive [...].

Glossary (left margin):
- in abundance
- upstairs
- I slide into / crawl
- dishtowel
- narrow passageway /
- opens on /
- coal stove / sink /
- You bang your head /
- racks / tummy / chin
- pushing
- kick out (coll.) / protests

shutters

will knock loudly / scum

is worn out

peels vegetables

complaints / threats

goodwill

account book / est-ce

struck it rich

to pocket

gumdrops

welcome

till

remnants /

paper money (bills) /

handled / dampened /

earn / stuffs

do without

with little effort

restraint

(3) Ma mère n'a plus de clients dans l'épicerie, elle plaque les volets° de bois sur les vitres, les coince avec une barre de fer et elle vient s'affaler sur sa chaise dans la cuisine. «Les retardataires, ils cogneront bien°, c'est souvent de la racaille°.» Elle dit qu'elle n'en peut plus°, tous les soirs…

25 (4) Pendant qu'elle parle, mon père met la table, sans se presser. C'est lui qui fait les épluchages°, la vaisselle, c'est plus commode dans le commerce, entre deux verres à servir, entre deux parties de dominos. A table se succèdent les histoires du café entendues par mon père, les plaintes° et les menaces° de ma mère, même le soir, nous ne sommes pas seuls, les clients sont là, implorants, le porte-monnaie 30 vide, attendant le bon vouloir° de mes parents, la main qui ira chercher la boîte de pois pour le dîner, le petit verre de plus, craignant le refus catégorique. «Tu parles! J'ai pas voulu lui donner, le carnet° est déjà plein, quand c'est° qu'il me paiera.» Je les voyais puissants, libres, mes parents, plus intelligents que les clients. Ils disent d'ailleurs «le patron, la patronne» en les appelant. Mes parents, ils ont trouvé le 35 filon°, tout à domicile, à portée de la main, les nouilles, le camembert, la confiture, dont je me tape de grosses cuillerées à la fin du souper avant d'aller empocher° une dizaine de gommes parfumées° dans la boutique sombre, au moment de monter me coucher. Ils reçoivent° le monde chez eux, c'est la fête, la joie, mais les gens paient l'entrée, ils remplissent la caisse° de billets. La voici, la caisse, posée sur la table, 40 au milieu des assiettes à soupe, des trognons° de pain. Les billets° sont palpés°, mouillés° par mon père, et ma mère s'inquiète. «Combien qu'on a fait aujourd'hui?» Quinze mille, vingt mille, fabuleux pour moi. «L'argent, on le gagne°.» Mon père enfouit° les billets dans sa salopette, nous pouvons commencer à nous amuser tous les deux… Les clients, je les aimais bien, je ne pouvais me passer° d'eux, mais 45 c'était avec mon père, le chef du café, l'homme qui gagnait l'argent d'un petit geste°, que je m'amusais sans retenue°.

Après la lecture

1. Relisez le premier pragraphe de l'extrait. Sur une feuille de papier ou au tableau, imaginez et dessinez un plan de la ville où habite Denise Lesur. Situez la rue Clopart sur le plan. Ensuite, faites un plan de la maison des Lesur en vous inspirant des renseignements trouvés dans le texte.

2. La vie des petits commerçants, telle qu'elle est décrite par Annie Ernaux, présente des avantages et des inconvénients. Indiquez si les points suivants constituent un aspect positif ou négatif de ce style de vie. Trouvez des passages dans l'extrait pour justifier votre réponse.

   a. l'endroit où se trouve le café-épicerie

   b. la présence constante des clients dans l'établissement

   c. la vie matérielle

   d. l'espace disponible pour la famille

   e. les rapports entre les clients et la famille

   f. la quantité de travail nécessaire

   g. le fait de travailler à son compte

   h. l'argent que l'on gagne

3. Plus loin dans *Les Armoires vides,* Denise est étudiante à l'université. Elle commence à avoir honte du milieu socio-économique de sa famille et fait de plus en plus d'efforts pour cacher ses origines. Expliquez en quoi les aspects suivants de sa vie vont lui poser un problème quand elle commencera à les voir d'un œil adulte.

   a. sa maison et son mode de vie

   b. les clients et leur mode de vie

   c. l'attitude de sa mère

Pour mieux lire

Pour mieux lire, il faut développer sa capacité de deviner *(to guess)* la signification des mots selon le contexte, même si on ne peut pas en faire une traduction exacte. Pour chacun des mots soulignés, trouvez le synonyme dans la liste suivante.

SYNONYMES: arrive, bassine, excepté, fixe, se laisser tomber, peu sociables, est pleine de, prends, son vêtement de travail

1. «... pas un endroit pour s'isoler dans la maison, <u>à part</u> une chambre à l'étage...»
2. «... un boyau où <u>débouche</u> l'escalier... »
3. «... la cuisine, remplie d'une table, d'une cuisinière à charbon, d'un <u>évier</u> sans eau...»
4. «... La maison <u>regorge de</u> clients, il y en a partout...»
5. «... Il modère les <u>farouches</u>, ceux qui n'en ont jamais assez, qui cherchent des noises...»
6. «... elle plaque les volets de bois sur les vitres, les <u>coince</u> avec une barre de fer...»
7. «... elle vient <u>s'affaler</u> sur sa chaise...»
8. «... la confiture dont je <u>me tape</u> de grosses cuillerées...»
9. «... Mon père enfouit les billets dans <u>sa salopette</u>...»

LIENS CULTURELS

1. Imaginez les conditions de vie de Denise Lesur. Comment vous représentez-vous l'endroit où elle habite?
2. Quels rapports y a-t-il entre Monsieur et Madame Lesur et leurs clients? Est-ce que ce type de rapports humains est plus facile ou moins facile à maintenir aujourd'hui? Dans ce contexte, y a-t-il une différence entre la vie à la campagne et la vie urbaine?
3. Est-ce que vous pensez que le café-épicerie des Lesur existe toujours aujourd'hui? Quels sont les avantages et les inconvénients de ce mode de vie? Est-ce que c'est un genre de vie qui vous plaît?

EXPANSION

A. Selon le dictionnaire Robert, le terme *urbanisme* signifie *l'étude systématique des méthodes permettant d'adapter l'habitat urbain aux besoins des hommes.* Des villes comme Paris existent depuis des siècles. Quelles sont les adaptations qu'elle doit effectuer pour répondre aux besoins de la vie moderne? Etudiez les rapports entre les commerces et les habitants, le problème des jeunes et des personnes âgées, la qualité des logements actuels et de ceux d'autrefois, etc.

B. Le phénomène de l'exode urbain concerne l'histoire de beaucoup de pays. A quel moment apparaît-il dans l'histoire de votre pays? Qu'est-ce qui se passe quand une partie importante de la population quitte la ville pour aller s'établir dans la périphérie? Quelles sont les motivations des gens? La tendance actuelle est-elle de vouloir habiter en appartement ou dans une maison individuelle? Habiter à la campagne est-il plus facile ou moins facile aujourd'hui? Pourquoi?

C. Comparez les notions de «ghetto» et de «cité de banlieue». Quelles sont les similarités et les différences que vous observez entre ces deux concepts? A quelles sortes de difficultés les résidents de ces types d'habitations sont-ils confrontés? Quelles sortes de solutions pouvez-vous proposer pour remédier à cette situation?

Sans Titre

Court-métrage de David Rousseau, Valéry Schatz. Société de production:
BIG LIKE ME – 2007

A considérer avant le film

Imaginez la situation suivante: Vous êtes au supermarché avec un(e) ami(e) qui commence à manger un bonbon sans avoir l'intention de le payer. Comment réagissez-vous? Insistez-vous sur un comportement plus honnête? Riez-vous de sa bêtise (silliness) sans vous sentir impliqué(e)?

Avant le visionnage

Que diriez-vous? *(What would you say?)* Choisissez l'expression logique du **Vocabulaire utile** pour chaque situation suivante.

1. Quelqu'un sonne à la porte.
2. Vous êtes très, très fatigué(e).
3. Vous passez en voiture et vous voyez une amie devant un arrêt d'autobus.
4. Quelqu'un vous marche sur le pied et s'en excuse.
5. Vous ne vous amusez pas à une fête.

Vocabulaire utile

Allez! On se casse. *Come on! Let's get out of here.*
Arrête! *Stop it ! / Knock it off!*
Ce n'est pas grave. *It's fine. / No big deal.*
Si c'est pas malheureux ça. *What's the world coming to? (lit,. If that isn't sad!)*

J'arrive. *I'm coming.*
Je n'en peux plus. *I'm exhausted. / I've had enough.*
Je t'emmène quelque part? *Can I give you a lift?*

Premier visionnage

Regardez le film sans le son et complétez chaque phrase qui suit en choisissant la réponse qui vous semble la plus plausible.

1. L'homme et la femme (ne se connaissent pas / sortent ensemble).
2. La voiture (appartient à la femme / n'est pas à eux).
3. La femme veut (s'amuser / voler la voiture).
4. Ils arrêtent de courir parce qu'(ils sont arrivés / elle a mal au pied).
5. L'homme est (expulsé du pays / libéré).

Sans titre: Valéry Schatz, David Rousseau, Big Like Me Production 2007

Deuxième visionnage

Indiquez si les phrases suivantes sont vraies ou fausses. Si une phrase est fausse, corrigez-la.

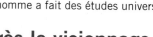

1. L'homme vient du Mali.
2. La femme trouve que Zurich n'est pas très exotique.
3. L'homme n'a pas de famille en France.
4. La femme trouve la voiture très belle.
5. L'homme a fait des études universitaires.

Après le visionnage

Observations

Qui le dit? Pour chaque réplique, notez si c'est l'homme ou la femme qui parle.

1. Sinon, t'as pas plus romantique?
2. Elle n'est même pas à nous, cette caisse!
3. Je t'avais dit qu'il ne fallait pas monter dans cette voiture.
4. J'aime pas mes pieds.
5. Le tout, c'est pas de laisser refroidir. J'ai appris ça à la fac.

Interprétation

Partagez vos impressions du film avec un(e) partenaire en répondant aux questions.

1. A votre avis, depuis quand est-ce que le jeune homme et la jeune femme se connaissent?
2. Où se sont-ils rencontrés?
3. Imaginez que la jeune femme parle de son nouveau copain à ses amies avant le début du film. Comment est-ce qu'elle le décrit?
4. Maintenant imaginez que le jeune homme parle de la jeune femme. Comment la décrit-il?
5. Pourquoi est-ce que le jeune homme est expulsé du pays?
6. Pourquoi trouve-t-il la mort à la fin du film?

A vous

Discutez des questions suivantes en petits groupes.

1. Les opinions sur l'immigration varient d'une personne à une autre. Est-ce que le film *Sans Titre* présente des arguments pour ou contre l'immigration? Faites un résumé des arguments du film.
2. Le titre anglais du film est *Denied*. Quel titre préférez-vous? Avez-vous un autre titre à suggérer?

CHAPITRE 3

La vie des jeunes

Cultural Focus

- Lifestyles of Young People in Contemporary France
- Lifestyles of Young People in the Past

Readings

Contemporary Cultural *Dans la famille «méritocratique»*

Literary Arthur Rimbaud: *Roman* (poème)

Short Subject Emmanuelle Jay: *Emotions*

Structures

I Irregular **-ir** Verbs
Descriptive Adjectives

II **Il / Elle est** and **c'est**
Possessive Adjectives
Demonstrative Adjectives
Adverbs

III The Comparative and Superlative of Adjectives
The Comparative and Superlative of Adverbs
Numbers

Functions

Describing People and Places

Making Comparisons

Describing States and Conditions

 iLrn

 Premium Website

 audio

Que faire le vendredi soir à Paris? Près de 15 000 personnes font du roller dans les rues de la ville de 21 h 30 jusqu'à 1 h 00 heure du matin!

AP Photo / Jacques Brinon

Un peu de culture contemporaine

FogStock LLC/Index Open

Le sport collectif et individuel

En France, environ 60% de la population âgée de 15 à 75 ans déclare pratiquer un sport, sans nécessairement se considérer comme des sportifs réguliers. On veut tout simplement rester en bonne forme. Mais les Français consacrent aussi de plus en plus de leurs dépenses personnelles et familiales aux sports.

• Le nombre d'associations sportives (clubs, fédérations, etc.) augmente depuis vingt ans, mais les Français préfèrent toujours des activités sportives plus libres. Le plus souvent, ce sont le vélo (le sport le plus pratiqué, par 45% des Français), la natation, le patinage, le ski, le cyclisme, la marche, le jogging et les sports de raquette qu'on pratique de façon informelle. En milieu urbain, et surtout dans la région parisienne, les femmes sont aussi sportives que les hommes.

• Le tiers des femmes de plus de 18 ans font du sport, surtout pour rester en bonne forme physique. Elles pratiquent moins les sports d'équipe que les sports individuels, comme la gymnastique, l'aérobic, le fitness, la danse, la natation et la randonnée pédestre.

• Les hommes sont 47% à faire du sport. Plus d'un Français sur trois pratique un sport individuel contre un sur quinze pour un sport collectif. Pourtant, beaucoup d'activités individuelles, comme le roller ou le vélo, sont pratiquées en groupe.

• Plusieurs sports, comme la voile et le golf, coûtent cher et ne sont pas toujours accessibles à tous. Par contre, d'autres sports, comme le basket et le roller, sont devenus des sports de rue et se sont développés essentiellement dans les villes.

• A la télévision, les grandes compétitions sportives, comme la Coupe du Monde de football, le Tour de France de cyclisme, le tournoi de tennis de Roland-Garros ou les Jeux Olympiques, donnent aux Français la possibilité de participer indirectement à la vie sportive à travers les champions nationaux.

Langue et culture

Faites des phrases sur le sport collectif et individuel en France en utilisant la forme appropriée des verbes indiqués.

1. Plus d'un Français sur deux / pratiquer un sport.
2. De plus en plus de Français / vouloir rester en bonne forme.
3. Les Français / préférer des activités sportives plus libres.
4. Une Française sur trois / faire du sport.
5. Un tiers des hommes / faire un sport individuel.
6. Assez souvent, les sports individuels / être pratiqués en groupe.

Jeux de mots

Trouvez dans le texte des synonymes pour les mots et expressions suivants. Ensuite, utilisez les réponses pour compléter le paragraphe.

se déclarer, faire du sport, maintenir une bonne condition physique, ensemble, stars nationales du sport

La plupart des Français aiment _____ pour _____. Par contre, ils hésitent à _____ comme des sportifs réguliers. Beaucoup préfèrent les sports individuels, mais ils les pratiquent souvent _____. Les Français aiment aussi regarder les grandes compétitions sportives à la télé pour encourager leurs _____.

La Coupe du Monde et les Lions indomptables

MOHAMED MESSARA / EPA/Landov

Véritable phénomène mondial, tous les quatre ans, la Coupe du Monde réunit les équipes de football du monde entier pour une série de matchs passionnants. Trente-deux équipes nationales représentant six continents y participent. Pendant un mois, les triomphes et les échecs des équipes sont suivis jour après jour par des milliers de fans rassemblés au stade et par des millions de téléspectateurs partout dans le monde.

Les pays francophones ont une présence importante dans les Coupes du Monde. C'est d'ailleurs l'équipe française, surnommée «les Bleus» en raison de la couleur du maillot des joueurs, qui accueille la Coupe en 1998 et la remporte. L'équipe elle-même représente la diversité culturelle de la Francophonie. Parmi les joueurs les plus célèbres des dernières années, on peut citer Zinédine Zidane (dont les parents ont immigré d'Algérie), Patrick Vieira (Sénégal), Lillian Thuram (Guadeloupe) et Florent Malouda (Guyane française). D'autres équipes francophones participent régulièrement à la Coupe du Monde, comme les Fennecs (Algérie), les Lions indomptables (Cameroun), les Eléphants (Côte d'Ivoire) et la Nati (Suisse).

Depuis sa fondation en 1959, l'équipe des Lions indomptables du Cameroun devient progressivement la plus grande puissance sur le continent africain. En plus de quatre titres en Coupe d'Afrique des Nations, le Cameroun participe six fois à la Coupe du Monde et devient le premier pays africain à atteindre les quarts de finale (1990). Aux Jeux olympiques de 2000, l'équipe gagne la médaille d'or. Le joueur camerounais le plus renommé, Samuel Eto'o, est le footballeur africain le plus médaillé. Il possède cinq titres dont celui de meilleur buteur d'Afrique.

Langue et culture

Corrigez les phrases. Utilisez une expression de négation si nécessaire.

1. A chaque Coupe du Monde, il y a plus de 40 équipes nationales en compétition.
2. Les Lions indomptables possèdent déjà le titre de champions du monde.
3. Aujourd'hui, la présence francophone à la Coupe du Monde est encore négligeable.
4. Il n'y a pas de diversité dans l'équipe française.
5. La France ne gagne jamais la Coupe du Monde.

Jeux de mots

Trouvez dans le texte un adjectif équivalent aux mots suivants. Ensuite, utilisez les réponses pour compléter le paragraphe. Faites l'accord des adjectifs.

vrai, global, appelé, populaire

Samuel Eto'o joue pour l'équipe du Cameroun, _____ les Lions indomptables. Un _____ champion national, il est _____ sur la scène _____.

 *Pour des activités culturelles supplémentaires, rendez-vous sur le site Web d'**Interaction** www.cengage.com/french/ interaction.*

Réflexion

A. Les Français préfèrent-ils généralement les sports individuels ou collectifs? Est-ce le cas aussi dans votre pays? Pourquoi, à votre avis?

B. A votre avis, pourquoi le foot est-il un sport qui attire tant de joueurs et de spectateurs à travers le monde?

Vocabulaire actif

CD1, Track 6   To access the audio recordings,
visit www.cengage.com/french/interaction

LES ACTIVITES

se balader to stroll

se donner rendez-vous to arrange to meet

faire du jogging to go jogging

faire du lèche-vitrines to go window-shopping

faire du vélo to go biking

faire une promenade en bateau to take a boat ride

fréquenter to see often

passer to spend (time)

prendre un verre to have something to drink

rencontrer to meet by chance

(se) retrouver to meet by design

rigoler to laugh *(coll.)*

LES RAPPORTS

une bande gang *(coll.)*

un copain buddy, pal, significant other

une copine female friend, significant other

un rapport relationship

LES CARACTERISTIQUES

bavard(e) outgoing, talkative

génial(e), super great, cool

passionné(e) (de) crazy about

sportif(-ive) athletic

LES LOISIRS

le basket basketball

une boîte night club *(coll.)*

le cinéma movies

un club (une boîte) night club

une distraction amusement

le football soccer

le loisir leisure time

les loisirs leisure time activities

la marche walking

un parc d'attractions amusement park

une randonnée hike

Exercices de vocabulaire

A. Complétez cette conversation entre deux jeunes Français qui essaient d'organiser une soirée. Employez des expressions de la liste suivante.

EXPRESSIONS: retrouver, passer, boîte, prendre un verre, faire du lèche-vitrines, rigoler, se balader, cinéma

—Tu veux aller au centre commercial? On peut _____ et regarder un peu les nouveaux vêtements de la saison. J'adore _____ du temps au centre commercial.

—Moi, je préfère _____, peut-être au parc. Ça te tente?

—D'accord. Et cet après-midi, on peut _____ nos copains au café pour _____. On _____ toujours avec eux.

—Quelle bonne idée! Et peut-être plus tard, on peut aller voir un film au _____ ou aller danser dans une _____.

B. Remplacez les mots en italique par des expressions du **Vocabulaire actif**.

1. Beaucoup de jeunes en France ont *un Mac ou un IBM*.

2. Les jeunes aiment porter des *chaussures* Nike ou Adidas.

3. En France, *une Honda* est un symbole d'indépendance pour les jeunes.

4. Très souvent, pour les vêtements, *le nom du fabricant* est important.

5. Pour regarder un DVD, *un appareil spécial* est nécessaire.

6. Les jeunes vont souvent au café pour *prendre quelque chose*.

7. Au café, ils *s'amusent* beaucoup.

8. Beaucoup de jeunes en France ont un *iPod*.

9. Beaucoup de jeunes sont influencés par le parti politique des Verts qui veut protéger *la nature*.

10. Il faut attendre jusqu'à l'âge de 18 ans pour avoir *le droit de conduire une voiture*.

une **soirée** party
la **voile** sailing

LES BIENS PERSONNELS

les **affaires** *(f pl)* personal belongings ("stuff")
l'**argent** *(m)* **de poche** spending money
les **baskets** *(f pl)* tennis shoes
un **blouson** jacket
les **dépenses** *(f pl)* expenses

les **fringues** *(f pl)* clothes *(coll.)*
la **griffe** logo, designer's label
un **lecteur CD** CD player
un **lecteur DVD / blu ray** DVD player
un **lecteur MP3** MP3 player
la **marque** brand
une **moto** motorcycle
un **ordinateur portable** laptop computer
le **permis de conduire** driver's license

une **planche à voile** windsurfing board
un **portable** cellular phone
une **raquette de tennis** tennis racket
un **scooter** moped
un **vélo** bicycle
les **vêtements** *(m pl)* clothes

LA SOCIETE

le **chômage** unemployment
la **conscience politique** political awareness

la **drogue** drugs
l'**environnement** *(m)* environment
la **réussite** (financial) success
les **SDF (sans domicile fixe)** *(m pl)* homeless
le **sida** AIDS
le **travail bénévole** volunteer work

Lexique personnel

LES RELATIONS PERSONNELLES

A. Pour chacune des personnes suivantes, dressez une liste personnelle d'adjectifs.

1. votre meilleur(e) ami(e)
2. votre mère / votre père
3. votre copain / votre copine
4. un cousin / une cousine
5. votre frère / votre sœur
6. une tante / un oncle
7. ???

B. En petits groupes, posez les questions suivantes à vos camarades de classe.

1. As-tu beaucoup de copains? Combien?
2. Peux-tu décrire ton groupe principal d'amis?
3. Peux-tu décrire ton (ta) meilleur(e) ami(e)?
4. As-tu un copain / une copine? Comment est-il / elle?
5. Peux-tu décrire un(e) ou deux membre(s) de ta famille?
6. Avec qui est-ce que tu t'entends bien? Avec qui est-ce que tu ne t'entends pas très bien? Pourquoi?

Structures I

GRAMMAR
TUTORIALS

[1]See also **Appendix B.**

Irregular -*ir* Verbs

The following irregular verbs have been grouped according to similarities of conjugation.[1]

partir *to leave*	**dormir** *to sleep*	**sortir** *to go out*
je **pars**	je **dors**	je **sors**
tu **pars**	tu **dors**	tu **sors**
il / elle / on **part**	il / elle / on **dort**	il / elle / on **sort**
nous **partons**	nous **dormons**	nous **sortons**
vous **partez**	vous **dormez**	vous **sortez**
ils / elles **partent**	ils / elles **dorment**	ils / elles **sortent**

servir *to serve*	**ouvrir** *to open*	**offrir** *to offer*
je **sers**	j'**ouvre**	j'**offre**
tu **sers**	tu **ouvres**	tu **offres**
il / elle / on **sert**	il / elle / on **ouvre**	il / elle / on **offre**
nous **servons**	nous **ouvrons**	nous **offrons**
vous **servez**	vous **ouvrez**	vous **offrez**
ils / elles **servent**	ils / elles **ouvrent**	ils / elles **offrent**

courir *to run*	**venir** *to come*
je **cours**	je **viens**
tu **cours**	tu **viens**
il / elle / on **court**	il / elle / on **vient**
nous **courons**	nous **venons**
vous **courez**	vous **venez**
ils / elles **courent**	ils / elles **viennent**

Devenir *(to become)*, **revenir** *(to come back)*, **se souvenir de** *(to remember)*, **tenir** *(to hold)*, and **obtenir** *(to obtain)* are conjugated like **venir.**

Venir de, conjugated in the present tense and followed by an infinitive, is the equivalent of *to have just* + past participle.

Il vient d'arriver.	*He has just arrived.*
Je viens de faire mes devoirs.	*I have just done my homework.*

1 On emploie souvent le verbe **sortir** dans le contexte des loisirs et des rendez-vous. Utilisez la forme nécessaire du verbe **sortir** pour compléter les phrases suivantes.

1. Je _____ souvent avec…

2. Mes amis et moi, nous _____ souvent au / à la…

3. Mon meilleur ami / Ma meilleure amie _____ avec…

4. [Nom d'un(e) camarade de classe], tu _____ souvent le vendredi soir?

5. Les jeunes Américains _____ en groupes ou en couples?

6. Monsieur / Madame [nom de votre prof de français], vous _____ souvent au restaurant?

2 Vous partagez un appartement avec deux personnes et vous cherchez un(e) quatrième colocataire. Vous interviewez les candidats intéressés. Jouez la conversation avec un(e) camarade de classe en complétant les phrases avec la forme appropriée des verbes indiqués.

1. COLOC POTENTIEL(LE): A quelle heure est-ce que vous _partez_ pour la fac d'habitude? (partir)

   VOUS: Nous _____ tous à la fac vers huit heures.

2. COLOC POTENTIEL(LE): Vous _____ souvent? (sortir)

   VOUS: En général, nous _____ le week-end. Fabrice _____ aussi pendant la semaine, mais moi, je ne _____ que le vendredi et le samedi soir.

3. COLOC POTENTIEL(LE): Vous _dormez_ tard pendant le week-end? (dormir)

   VOUS: Nous _____ tard le samedi matin.

4. COLOC POTENTIEL(LE): Vous faites du sport? Vous _____, peut-être? (courir)

   VOUS: Nous sommes tous sportifs. Nous _____ trois fois par semaine.

5. VOUS: On _____ le dîner assez tôt, vers six heures. (servir)

   COLOC POTENTIEL(LE): Oh, ça me _____. (convenir)

6. VOUS: Vous _____ voir l'appart? (venir)

   COLOC POTENTIEL(LE): D'accord, je _____ vers 18 heures. (revenir)

3 Vous décrivez les habitudes des jeunes Nord-Américains à des amis français. Employez les éléments indiqués pour composer votre description.

EXPRESSIONS: courir, dormir, offrir des cadeaux, partir en vacances, servir de la pizza, sortir au cinéma, sortir en groupes, sortir le week-end, venir en cours

4 Posez des questions à un(e) voisin(e) de classe en utilisant les éléments indiqués. Ensuite, posez une autre question selon la réponse de votre partenaire.

1. sortir souvent
2. dormir beaucoup le week-end
3. venir à la fac le dimanche
4. offrir des cadeaux aux copains
5. partir souvent en voyage le week-end
6. revenir à la fac en été
7. courir le matin
8. obtenir de bonnes notes ce semestre

Les 10–16 ans: stages sportifs. L'Ecole municipale des sports de la mairie de Paris met à la disposition des jeunes Parisiens plusieurs programmes sportifs. Consultez la brochure et répondez aux questions suivantes.

1. Combien de sports sont au programme? Lesquels vous intéressent particulièrement?

2. Quels moyens de transport les jeunes prennent-ils pour se rendre aux lieux sportifs?

3. Quelles sortes de documents les jeunes doivent-ils présenter pour être admis aux programmes? Pourquoi cela est-il nécessaire à votre avis?

4. Mettez-vous à la place d'un jeune de cette tranche d'âge. Avec vos partenaires, planifiez un week-end de programmes sportifs. Quel(s) sport(s) allez-vous pratiquer? Ensuite, comparez vos projets avec ceux d'autres groupes de la classe.

Source: Mairie de Paris, France.

Note culturelle

La génération des quinze à vingt-quatre ans

Qui sont les jeunes Français, c'est-à-dire les 15 à 24 ans? D'abord, ils sont nombreux, plus de 8 millions, et ils représentent 13% de la population actuelle de la France. Pour la plupart, ils habitent le domicile de leurs parents. Selon les statistiques, entre 18 et 21 ans, 90% des garçons et 75% des filles continuent à vivre chez leurs parents ou grands-parents, même s'ils n'y habitent pas toute l'année. A 24 ans, 51% des garçons et 30% des filles sont encore hébergés par leur famille. En général, on quitte le domicile parental pour vivre en couple, pour poursuivre des études dans une ville éloignée ou pour un premier emploi. Mais depuis quelque temps, le chômage chez les jeunes se répand et risque de changer beaucoup de choses.

© Per Karlsson, BKWine 2 / Alamy

Compréhension

1. Où habitent la majorité des Français jeunes adultes, à l'extérieur ou à l'intérieur du domicile de leur famille?
2. En général, pour quelles raisons est-ce qu'on quitte le domicile de ses parents?

Réflexion

A. Les jeunes de 20 à 24 ans n'ont pas tous les mêmes préoccupations. Certains sont étudiants, d'autres sont entrés dans la vie active. En quoi les modes de vie de ces deux groupes sont-ils différents? Est-ce que le fait d'habiter ou de ne pas habiter chez ses parents influence le mode de vie d'une personne de cet âge? Expliquez.

B. Environ quel pourcentage de la population de votre pays représentent les jeunes de votre âge? Considérez-vous que les adolescents deviennent adultes plus tard ou plus tôt par rapport aux générations précédentes?

Activité vidéo

Regardez le vidéo sur la Génération Y sur le site Web d'*Interaction* et répondez aux questions.

1. Qui est «membre» de la Génération Y?
2. Quelles sont plusieurs caractéristiques de la personnalité et de la mode de vie des membres de cette génération?
3. En quoi les nouvelles technologies ont-elles formé cette génération dans leurs rapports aux autres?

Descriptive Adjectives

Agreement of Adjectives

A. A French adjective always agrees in gender and number with the noun it modifies.

	Singular	Plural
MASCULINE	Le garçon est **grand.**	Ses amis sont **bavards.**
FEMININE	C'est une femme **amusante.**	Ses sœurs sont **intelligentes.**

[2]Note that a final consonant will be silent in the masculine form, but the same consonant will be propounced in the feminine form because of the added **e: amusant, amusante; petit, petite.**

B. To form the feminine singular of most adjectives, simply add **e** to the masculine singular.[2]

français   français**e**   amusant   amusant**e**

C. If a masculine adjective ends in **e**, the feminine form is identical.

Paul est **sympathique** et Virginie est **sympathique** aussi.

D. Certain adjectives do not derive the feminine singular form in the regular manner. These irregular feminine formations are summarized as follows.

Masculine Ending	Feminine Ending	Examples Masculine	Feminine
mute **e**	mute **e**	facil**e**	facil**e**
		jeun**e**	jeun**e**
Double consonant + e			
-e**l**	-e**lle**	crue**l**	crue**lle**
-e**il**	-e**ille**	pare**il**	pare**ille**
-**il**	-**ille**	gent**il**	gent**ille**
-e**n**	-e**nne**	ancie**n**	ancie**nne**
-o**n**	-o**nne**	bo**n**	bo**nne**
-**s**	-**sse**	gro**s**	gro**sse**
-e**t**	-e**tte**	ne**t**	ne**tte**

Masculine Ending	Feminine Ending *Other Patterns*	Examples Masculine	Feminine
-**et**	-**ète**	compl**et**	compl**ète**
		secr**et**	secr**ète**
-**er**	-**ère**	ch**er**	ch**ère**
		derni**er**	derni**ère**
-**eux**	-**euse**	nombr**eux**	nombr**euse**
		ennuy**eux**	ennuy**euse**
-**eur**	-**euse**	ment**eur**	ment**euse**
		tromp**eur**	tromp**euse**
-**eur**	-**rice**	conservat**eur**	conservat**rice**
		protect**eur**	protect**rice**
-**f**	-**ve**	acti**f**	acti**ve**
		neu**f**	neu**ve**

E. A few adjectives are totally irregular in the feminine form. For example:

long	**longue**	fou	**folle**	frais	**fraîche**

F. The following adjectives have an alternate form to be used before a masculine singular word beginning with a vowel or a mute **h**.

Masculine	Feminine	Alternative Form	Example
beau	belle	bel	un **bel** homme
nouveau	nouvelle	nouvel	un **nouvel** emploi
vieux	vieille	vieil	un **vieil** ami

G. To form the plural of most adjectives, add **s** to the singular.

Masculine		Feminine	
Singular	Plural	Singular	Plural
amusant	amusant**s**	amusante	amusante**s**
réel	réel**s**	réelle	réelle**s**
neuf	neuf**s**	neuve	neuve**s**

- If a single adjective modifies two nouns, one masculine and one feminine, the adjective will be in the *masculine plural* form.

    Le frère et la sœur sont **intelligents**.
    Les CD et les soirées sont **importants** pour les jeunes.

H. Certain adjectives have irregular forms in the plural.

Singular Ending	Plural Ending	Examples	
		Singular	Plural
-s	-s	frais	frais
		gros	gros
-x	-x	heureu**x**	heureu**x**
		dangereu**x**	dangereu**x**
-eau	-eaux	beau	beau**x**
-al	-aux	internation**al**	internation**aux**
		loy**al**	loy**aux**

- The feminine plural of these adjectives is regular.

fraîche	fraîche**s**	loyale	loyale**s**	heureuse	heureuse**s**

5 Refaites les phrases suivantes en ajoutant les adjectifs indiqués.

1. Sur notre campus, il y a une _____ bibliothèque. (grand)
2. J'ai des cours _____. (intéressant)
3. Nous avons beaucoup de programmes _____. (international)
4. Ma copine cherche une _____ colocataire. (nouveau)
5. Je n'ai pas de cours _____. (ennuyeux)
6. Ma meilleure amie est très _____. (sportif)
7. Mon cours de sociologie est assez _____. (facile)
8. Les jeunes filles de ce club sont toutes _____. (gentil)
9. Mes parents vont m'offrir une voiture _____. (neuf)
10. Je dois chercher un _____ emploi pour le semestre prochain. (nouveau)

6 En utilisant les adjectifs de la liste suivante, complétez les phrases pour décrire les personnes indiquées.

ADJECTIFS:

actif	amusant	beau	ennuyeux	gentil
grand	indépendant	indulgent	intelligent	loyal
nombreux	nouveau	petit	sévère	sportif
sympathique	???			

1. Mon patron est…
2. Ma famille est…
3. En général, je trouve mes professeurs…
4. Mon meilleur ami / Ma meilleure amie est plutôt…
5. J'ai des amis qui sont…
6. Mon professeur de [nom du cours] est…
7. Je déteste les personnes qui sont…
8. Mon professeur de français est…

INTERACTIONS

 Une personne importante. Faites le portrait d'une personne célèbre (un acteur, une chanteuse, un homme ou une femme politique, un écrivain, un musicien, etc.) que vous admirez et qui continue à vous inspirer. Les autres étudiants vont vous poser des questions pour avoir une idée plus précise de cette personne et pour deviner son identité. Utilisez une variété d'adjectifs dans votre description.

Position of Adjectives

A. Most French adjectives follow the nouns they modify.

un ami **content**

une soirée **amusante**

des emplois **intéressants**

des amies **loyales**

The following adjectives are exceptions because they normally precede the noun.[3]

autre	un **autre** copain	jeune	un **jeune** ami
beau	un **beau** vélo	joli	un **joli** cadeau
bon	un **bon** repas	long	une **longue** soirée
court	une **courte** distraction	mauvais	un **mauvais** garçon
gentil	un **gentil** copain	meilleur	mon **meilleur** ami
grand	un **grand** terrain	nouveau	une **nouvelle** voiture
gros	un **gros** monsieur	petit	une **petite** fille
haut	une **haute** montagne	vieux	un **vieux** quartier

[3]Remember, when one of these preceding adjectives is used in the plural, the partitive article **des** changes to **de**: *de* **petits** animaux, *de* **bonnes** distractions. This rule, however, is often not observed in everyday speech.

B. When there is more than one adjective modifying a noun, each adjective assumes its normal position.

> une femme **intelligente** et **importante**
> une **jeune** femme **intelligente**
> une **gentille jeune** femme

- Note that when two adjectives follow the noun, they are generally linked by **et**. But when two adjectives precede the noun, **et** is normally not used.

C. Some adjectives change meaning according to whether they are placed before or after a noun. When they follow the noun, these adjectives are used in a literal sense, but when they are placed before the noun, they are used more figuratively and form a logical unit with the noun they modify.

Adjective	After Noun		Before Noun	
ancien(ne)	*ancient*	un bâtiment **ancien** *an ancient building*	*former*	un **ancien** professeur *a former teacher*
bon(ne)	*kind*	un homme **bon** *a kind man*	*enjoyable*	une **bonne** soirée *a good party*
cher(-ère)	*expensive*	une robe **chère** *an expensive dress*	*dear*	ma **chère** amie *my dear friend (to address someone)*
dernier(-ère)	*preceding*	la semaine **dernière** *last (preceding) week*	*final*	la **dernière** fois *the last time*
grand(e)	*tall*	un enfant **grand** *a tall child*	*great*	un **grand** acteur *a great actor*
pauvre	*penniless*	un lycéen **pauvre** *a poor (penniless) student*	*unfortunate*	un **pauvre** chat *a poor (to be pitied) cat*
prochain(e)	*next*	la semaine **prochaine** *next week*	*following*	la **prochaine** fois *the next (following) time*
propre	*clean*	sa chemise **propre** *his clean shirt*	*own*	son **propre** frère *his own brother*

Rappel!

1. Most French adjectives follow the nouns they modify.

2. There are several adjectives that precede the noun.

3. A few adjectives change meaning depending on whether they are placed before or after the noun.

7 Un groupe de jeunes Français se retrouve au café où on parle de choses et d'autres *(this and that)*. Insérez les adjectifs entre parenthèses aux endroits appropriés et faites les changements nécessaires.

MODELE Mon copain a une voiture. (nouveau)
Mon copain a une nouvelle voiture.

1. Jean a raté son examen de philo? C'est un garçon qui n'a jamais de chance. (pauvre)
2. Roberta et Sylvia? Ce sont des amies de Nicole. (bon / américain)
3. Marc veut une moto. (gros / allemand)
4. Monsieur Martin? C'est mon prof de lycée. (ancien)
5. Julien et Laura ont trouvé un appartement. (beau / moderne)
6. Des billets pour le concert d'Alicia Keyes. Pas question! Nous ne sommes que des étudiants. (pauvre)
7. Ah, regardez! Voilà la copine de Paul. (nouveau)
8. Pour la soirée chez Jacques, je vais mettre une robe. (joli / noir)
9. Laura a acheté un portable. (cher)
10. Quand est-ce qu'il va avoir lieu, notre examen? (prochain)

8 Employez des adjectifs pour décrire les personnes indiquées dans les circonstances suivantes.

MODELE votre colocataire / quand il (elle) fait quelque chose que vous n'aimez pas
Elle est bête et méchante.

1. vous / quand vous vous réveillez
2. vos amis / à une soirée
3. vous / avant un examen
4. votre famille / en vacances
5. vous / quand vous sortez avec quelqu'un pour la première fois
6. votre prof de français / quand on ne rend pas les devoirs
7. vous / quand vous rencontrez une personne inconnue à une soirée
8. vos parents / quand vous rentrez très tard

INTERACTIONS

Ma personnalité. Choisissez quatre adjectifs pour décrire votre personnalité. Comparez ces caractéristiques à celles de vos voisin(e)s de classe et essayez de trouver quelqu'un avec qui vous partagez au moins deux traits en commun. Parmi ces adjectifs, lesquels décrivent également un grand nombre de vos autres voisin(e)s de classe? A partir de ces comparaisons, pouvez-vous faire un portrait type des jeunes Américains?

L'héritage culturel

Burstein Collection / CORBIS

Claude Monet, *Nymphéas*, Giverny

L'impressionnisme

L'impressionnisme est le nom donné à un mouvement artistique qui se développe en France pendant la seconde moitié du dix-neuvième siècle. C'est une forme d'art qui consiste à rendre les impressions sans insister sur la description des détails. Les impressionnistes privilégient la suggestion et l'évocation dans leurs œuvres.

En peinture

- Une nouvelle génération veut donner une image plus fidèle et vivante des personnes et des choses.
- Ces peintres représentent les objets selon leurs impressions personnelles, même s'il faut scandaliser la presse et le public en allant contre les règles de la peinture traditionnelle. Les tableaux de Claude MONET (1840–1926) symbolisent ce désir de rompre avec la rigide formalité de l'art officiel de son époque.
- La grande originalité des impressionnistes est de peindre et de finir leurs tableaux en plein air pour saisir une impression souvent fugitive de la nature qui change constamment sous les effets de la lumière naturelle.

En musique et en poésie

- Les compositions pour piano et pour orchestre de Claude DEBUSSY (1862–1918) donnent à la musique française un nouveau langage. Le langage musical impressionniste est subtil et dominé par les nuances.
- Dans la musique impressionniste, les sensations sont plus importantes qu'une conception raisonnée ou mathématique de la musique.
- Pour le poète Paul VERLAINE (1844–1896), ce sont les impressions ou les sentiments qui comptent plus que la précision des images poétiques ou les règles traditionnelles de la versification.
- VERLAINE s'inspire de la musique pour donner à sa poésie un pouvoir de suggestion. Il réussit de véritables transpositions musicales des vers par des rythmes légers et doux et des sonorités souvent associées au mode mineur *(minor key)* qui suggère généralement la tristesse.
- DEBUSSY et VERLAINE expriment leur sensibilité par des images délicates et par des nuances, comme les peintres impressionnistes. Certains vers du poète ont même inspiré au compositeur un morceau de musique célèbre, *Clair de lune*.

Il pleure dans mon cœur (par Paul Verlaine)

Il pleure dans mon cœur
Comme il pleut sur la ville,
Quelle est cette langueur°
Qui pénètre mon cœur?

apathie, mélancolie

O bruit doux de la pluie
Par terre et sur les toits!
Pour un cœur qui s'ennuie,
O le chant de la pluie!

Il pleure sans raison
Dans ce cœur qui s'écœure°,
Quoi! nulle trahison°?
Ce deuil° est sans raison.

est sans courage
chagrin d'amour
affliction causée par la mort de quelqu'un

C'est bien la pire peine
De ne savoir pourquoi,
Sans amour et sans haine,
Mon cœur a tant de peine!

Source: Paul Verlaine, "Il pleure dans mon cœur" in *Romances sans paroles,* 1874

Langue et culture

Trouvez les adjectifs du texte qui décrivent…

- le style de l'art officiel du dix-neuvième siècle
- les tableaux impressionnistes
- la musique impressionniste
- la poésie impressionniste

Ensuite, utilisez plusieurs de ces adjectifs et d'autres adjectifs pour décrire le style du tableau de Monet, *Nymphéas,* et le poème de Verlaine *Il pleure dans mon cœur…* N'oubliez pas d'utiliser la forme appropriée des adjectifs.

Jeux de mots

Trouvez dans le poème de Verlaine des mots qui riment avec les mots suivants. Ensuite, choisissez certaines réponses pour compléter le paragraphe.

cœur (3 mots), pluie (2), peine (1), sans (3), raison (1), toits (2)

_____ ce poème, il _____ dans le cœur du personnage, mais il ne sait pas _____. Il ne comprend pas son sentiment de _____. Ce n'est pas une question de _____ si son cœur s'écœure. Ce n'est pas non plus une question de _____ si son cœur a tant de peine. Pourtant, il souffre _____.

Renoir: *Le Déjeuner des canotiers*

Auguste RENOIR (1841–1919) est un peintre impressionniste français connu dans le monde entier. Les sujets préférés de Renoir sont le paysage, les portraits (personnages et nus) et les compositions avec des personnages représentés dans la vie de tous les jours.

Auguste Renoir, *Le Déjeuner des canotiers*

Francis G. Mayer/CORBIS

Langue et culture

Utilisez une variété d'adjectifs pour décrire l'apparence physique, les vêtements et le comportement des personnages du tableau de Renoir:

- la dame qui joue avec son chien
- le monsieur debout derrière elle
- la fille au verre d'eau
- la dame qui semble couvrir ses oreilles
- les deux hommes qui lui parlent
- la fille qui s'accoude sur la grille

Jeux de mots

Faites une description de la scène dans le tableau de Renoir en utilisant la forme correcte des verbes suivants.

s'amuser, contempler, écouter, se détendre, être assis(e) / debout, jouer, manger, (se) parler, penser, porter, se reposer

Réflexion

A. Considérez les tableaux de Monet et de Renoir. En quoi diffèrent-ils au niveau du sujet ou du style? Quelles caractéristiques ont-ils en commun? Qu'est-ce qui les rend *impressionnistes*?

B. Considérez le poème de Verlaine et le tableau de Renoir. Malgré la différence de médium, quels aspects de la poésie ressemblent aux aspects de la peinture. Est-ce que les deux tableaux se rapprochent plus par le sujet traité ou par le style? Les deux œuvres vous donnent-elles les mêmes *impressions*?

C. On présente souvent l'impressionnisme comme un mouvement révolutionnaire en rupture avec les conventions de l'art officiel de cette époque souvent sombre, réaliste ou moraliste. Chez Renoir, Debussy et Verlaine, quels sont les sujets traités ou les techniques utilisées qui méritent d'être appelés *modernes*?

Structures II

GRAMMAR
TUTORIALS

Il / Elle est and *c'est*

The structures **il / elle est** and **c'est** can all mean *he / she / it is.* However, the two constructions are not interchangeable. Certain grammatical situations require choosing between **il / elle est** and **c'est**. These constructions are outlined as follows.

il / elle est + adjective referring to a specific person or thing	J'aime ce vin. **Il est** bon. Je préfère cette boulangerie. **Elle est** excellente.
il / elle est + unmodified noun referring to a profession	**Il est** marchand.
il / elle est + adjective referring to nationality, political affiliation, or religious persuasion	**Elle est** française.[4] **Il est** protestant.

[4]A noun indicating nationality is usually capitalized: **une Française**. Adjectives of nationality are not: **une femme française**.

- Note that the article **un / une** is omitted before *unmodified* nouns of profession.

c'est + proper noun	**C'est** Monsieur Dupont. **C'est** Marie.
c'est + pronoun	**C'est** moi. **C'est** elle.
c'est + masculine adjective referring to an idea or situation	Jacques mange trop, **c'est** vrai. Ces légumes ne sont pas bons, **c'est** certain. La salade n'est pas fraîche, **c'est** évident.
c'est + modified noun	**C'est** un bon vin. **C'est** une boulangerie excellente. **C'est** un professeur intéressant. **C'est** une Française cosmopolite. **C'est** le directeur du département.

- Note that **c'est** is used with *any modified noun,* including nouns of profession, nationality, political party, or religious persuasion. The article immediately preceding the noun is considered a modifier.

Rappel!

To state a person's profession, nationality, political affiliation, or religious persuasion, you may choose either **il / elle est** or **c'est un(e)**. Remember to omit the indefinite article if you choose **il / elle est** and to retain it if you choose **c'est**. If the noun is modified by an adjective, you must use **c'est un(e)**.

—Qui est cet homme là-bas? BUT: **C'est** un marchand.
—**Il est** marchand. **C'est** un marchand de la rue Victor Hugo.

These distinctions also apply to the plural forms of both constructions: **ils / elles sont** and **ce sont**.

J'aime ces vins. **Ils sont** bons.

J'aime bien les Dupont. **Ils sont** professeurs. **Ce sont** de bons linguistes.

1 Vous faites une promenade dans votre quartier avec un étudiant suisse qui passe le semestre dans votre université. Il pose beaucoup de questions. Complétez vos réponses en utilisant **c'est, ce sont, il / elle est** ou **ils / elles sont.**

—Ce magasin en face de nous, qu'est-ce que c'est?

—_____ une espèce d'hypermarché. _____ très grand.

—Et cette voiture? Qu'est-ce que c'est?

—_____ une Lexus. _____ belle, non? Et _____ rapide aussi.

—Le «Mountain Dew», c'est quoi?

—Oh, ça, _____ une boisson. _____ assez bonne.

—Qui est la personne à qui tu fais signe?

—M. (Mme / Mlle)..., _____ mon professeur de français. _____ très gentil(le).

—Dis, ce grand bâtiment devant nous, c'est quoi?

—_____ une des résidences universitaires. _____ grande, mais _____ assez vieille.

—Et toutes ces personnes là-bas?

—Ah, _____ mes copains. _____ sympas. _____ des étudiants en deuxième année, comme moi. Ah, voilà aussi Lisa. _____ ma meilleure copine. Viens, on va déjeuner ensemble.

—D'accord. Mais le grand type mince, là. C'est le type avec qui tu partages ton appart?

—Oui, _____ lui. _____ un étudiant de troisième année.

GRAMMAR
TUTORIALS ## Possessive Adjectives

The possessive adjectives in French are equivalent to the English terms *my, your, his, her, its, our, their.*

One Possessor	Single Possession	Plural Possessions
my	**mon** *(m)* **ma** *(f)*	**mes**
your (for **tu**)	**ton** *(m)* **ta** *(f)*	**tes**
his / her / its	**son** *(m)* **sa** *(f)*	**ses**

More Than One Possessor	Single Possession	Plural Possessions
our	**notre** *(m & f)*	**nos**
your (for **vous**)	**votre** *(m & f)*	**vos**
their	**leur** *(m & f)*	**leurs**

Mon ami et **ma** cousine adorent **mes** parents.
Ton père et **ta** mère parlent à **tes** amies.
Son frère apporte **ses** affaires, mais **sa** sœur n'apporte rien.
Notre chien et **notre** enfant restent chez **nos** parents.
Votre vélo et **votre** cercle d'amis constituent **vos** distractions préférées.
Leur frère et **leur** sœur n'habitent plus chez **leurs** parents.

The forms **mon, ton, son** are also used before a feminine word beginning with a vowel or a mute **h** for the purpose of pronunciation.

mon amie   **ton** histoire   **son** école

Rappel!

1. French possessive adjectives agree in gender and number with the thing or person possessed, *not* with the possessor.

   sa sœur   *his or her sister*   **son** vélo   *his or her bicycle*

2. You must repeat the appropriate possessive adjective before each noun in a series to avoid ambiguity.

   son père et **son frère**   *her father and brother*

3. The choice between **son, sa, ses**, and **leur, leurs** often poses a problem for English speakers. Remember: when **son, sa**, and **ses** are used, there is only one possessor who may possess one thing (**son vélo**) or more than one thing (**ses livres**). When **leur, leurs** are used, there is more than one possessor, but they may possess one thing among them (**leur maison**) or more than one thing (**leurs enfants**).

2 Dans les résidences universitaires françaises, normalement les étudiants habitent seuls dans leur chambre. Ce n'est pas toujours le cas dans les universités nord-américaines. Vous parlez à une étudiante française de la personne avec qui vous partagez votre chambre. Utilisez les adjectifs possessifs appropriés pour compléter la description.

1. J'aime bien _____ copine.

2. Nous partageons _____ chambre, mais nous ne partageons pas _____ affaires.

3. Elle a _____ propre bureau où elle met _____ livres et _____ chaîne stéréo.

4. Les parents de _____ camarade habitent loin d'ici. Ils écrivent souvent et _____ lettres sont toujours amusantes. _____ fille aînée est médecin.

5. Quelquefois il y a un problème avec les amis de _____ copine. Ils viennent trop souvent passer du temps dans _____ chambre et ils laissent _____ affaires partout.

6. Elle a même un ami qui laisse _____ bicyclette dans la chambre et une copine qui met _____ bouteilles d'eau minérale dans _____ réfrigérateur. Mais, normalement, nous nous entendons bien.

INTERACTIONS

En petits groupes, posez les questions suivantes à vos camarades de classe. Après chaque réponse, posez une autre question pour avoir des renseignements supplémentaires.

1. Comment est ta famille? Comment sont tes frères et tes sœurs?
2. Tu t'entends bien avec tes parents?
3. Tes copains sont gentils?
4. Ton / Ta meilleur(e) ami(e) habite près de chez toi?
5. Tu as ta propre voiture?
6. Tu sors souvent avec tes copains ou avec tes colocataires?
7. Tu sors le week-end avec ton / ta petit(e) ami(e)?
8. Tu réfléchis déjà à ta carrière?

Demonstrative Adjectives

The French demonstrative adjectives are equivalent to the English *this, that, these, those*. As with other adjectives in French, demonstrative adjectives must agree in gender and number with the nouns they modify.

	Singular		Plural	
MASCULINE	**ce (cet)**	*this, that*	**ces**	*these, those*
FEMININE	**cette**		**ces**	

J'achète **ce** livre avec **cet** argent.
Elle aime **cette** chambre et **ces** affaires.

The alternate form **cet** is used before a masculine singular noun beginning with a vowel or a mute **h.**

cet emploi

cet homme

Cet homme est homme d'affaires.

Rappel!

In English, the distinction between *this* and *that* or *these* and *those* is based on the context of the sentence. In French, you add **-ci** and **-là** after the nouns when you wish to make a direct comparison between the two elements or stress the distance between yourself and a person or object.

Ce CD est bien.	*This (That) CD is good.*
Ce garçon est mon frère.	*That (This) boy is my brother.*
BUT:	
Ce garçon-ci est mon ami et	*This boy is my friend, and that boy*
ce garçon-là est mon frère.	*is my brother.*
Tu vois **ce livre-là?** Il coûte cher!	*Do you see that book (there)? It's expensive!*

3 Vous êtes dans un centre commercial avec une étudiante française. Utilisez la forme nécessaire de l'adjectif démonstratif pour compléter la conversation suivante.

—Il y a des vêtements formidables dans _____ magasins. Regarde _____ chemise. Tu préfères _____ chemise ou _____ blouson?

—Je n'aime pas tellement _____ blouson _____; je préfère _____ blouson _____.

—Remarque, il y a aussi _____ vestes en promotion. Je peux peut-être acheter _____ veste rouge, mais _____ veste bleue est encore trop chère, même en solde. Pourtant _____ prix sont en général plus intéressants que les prix des vêtements en France.

—Alors, est-ce que tu vas acheter tous _____ vêtements ou seulement _____ chemise?

—Je pense acheter seulement _____ blouson et _____ veste aujourd'hui. Je veux revenir dans _____ magasins avant mon départ.

SYNTHESE

A. Utilisez une variété d'adjectifs pour faire la description des personnes et des choses indiquées.

1. Comment est votre frère ou votre sœur?
2. Avez-vous un(e) cousin(e) favori(te)? Comment est-il / elle?
3. Comment sont vos parents?
4. Avez-vous un animal familier (un chien, un chat, un perroquet, un poisson)? Comment est-il / elle?
5. Décrivez votre voiture.
6. Comment est votre prof de français? Votre prof de… ?
7. Décrivez votre maison, votre appartement ou votre chambre.
8. Faites la description du / de la colocataire idéal(e), du / de la petit(e) ami(e) idéal(e) et du professeur idéal.

B. Roger écrit à son ancien colocataire. Complétez son e-mail en donnant la forme appropriée de l'adjectif possessif.

Salut Julien,

Ça fait longtemps que je ne reçois plus de _____ nouvelles. Comment vas-tu?

Et _____ études, _____ travail, _____ petite amie? Moi, je vais très bien.

_____ nouvelle voiture est cool! _____ cours ne sont pas trop difficiles cette année. J'aime toujours bien _____ appartement.

Cette année, Paul a beaucoup de problèmes. Il n'aime pas _ses_ profs.

_____ chambre à la résidence universitaire est trop petite. Il a aussi des problèmes avec _____ amie. Bref, il ne va pas très bien.

Tout va bien chez mes parents. _____ nouvelle maison est très belle et pas trop grande. _____ amis apprécient beaucoup la piscine.

Tu vas bientôt m'écrire à propos de _____ nouvelle vie là-bas, n'est-ce pas?

_____ commentaires sur la vie me manquent et _____ sens de l'humour aussi.

Amicalement,
Roger

C. Donnez le nom des personnes qui suivent en utilisant **c'est / ce sont** dans vos phrases. Ensuite, décrivez ces personnes en faisant deux phrases avec **il / elle est** ou **ils / elles sont**.

> **MODELE** votre frèrel
> *C'est Rémi.*
> *Il est étudiant. Il n'est pas marié.*

1. votre professeur de français
2. vos parents
3. votre petit(e) ami(e)
4. votre camarade de chambre / colocataire
5. vos meilleurs copains
6. votre frère ou votre sœur
7. votre parent(e) *(relative)* favori(te)
8. votre acteur / actrice préféré(e)
9. votre groupe ou votre chanteur / chanteuse préféré(e)
10. votre professeur de…

INTERACTIONS

Un symbole important. Un scooter, comme sur la photo, représente plus qu'un moyen de transport pour les adolescents français. C'est un signe extérieur de prestige et un symbole d'indépendance. Avec un(e) camarade de classe, choisissez deux symboles de prestige et d'indépendance pour les étudiants de votre âge. Préparez-vous à expliquer vos choix. Ensuite, comparez vos choix à ceux des autres étudiants. Sur quels symboles est-ce que la plupart des étudiants sont d'accord?

Hemis / Alamy

Note culturelle

Jean Glueck / F1online digitale Bildagentur GmbH/Alamy

La génération Z

Etes-vous né(e) après 1994? Oui? Vous appartenez donc à la génération dite *Z*. Alors que la génération X doit s'adapter aux nouvelles technologies (surtout à l'ordinateur personnel) et que la génération Y grandit aux côtés de l'ordinateur, votre génération à vous est née à l'époque numérique. Elle se développe parallèlement au monde de l'Internet sans fil qui est devenu partie intégrante de la vie quotidienne et qui ne cesse d'évoluer. Vous possédez votre propre portable et vous communiquez avant tout par textos. Vous riez de vos aînés qui se servent encore de certains objets en passe de devenir des antiquités, tels que l'appareil photo, la montre et la chaîne stéréo. Grâce à votre portable, vous savez l'heure exacte, vous prenez des photos numériques et vous téléchargez et écoutez les chansons de vos artistes préférés. De plus, vous allumez moins souvent le téléviseur puisque vous êtes de plus en plus susceptible de regarder une émission sur votre ordinateur, transmise par l'intermédiaire d'un site Internet, ou de louer un film en streaming. Enfin, vous fréquentez peu la bibliothèque car c'est plus pratique de faire des recherches préliminaires en utilisant des moteurs de recherche Internet et de lire des articles et des livres numériques. Mais avant tout, l'Internet vous permet de former des liens avec les autres (chatter, envoyer des mails, participer à des blogs). La seule limite de votre génération: il vous est difficile d'imaginer en quoi la prochaine va vous dépasser.

Compréhension

1. Qu'est-ce qui distingue la génération Z des générations précédentes? A votre avis, pourquoi l'année 1994 marque-t-elle le début de cette nouvelle génération?

2. Quelles nouvelles technologies contribuent aux habitudes qui sont caractéristiques de la génération Z? Quelles technologies et habitudes des générations précédentes remplacent-elles?

Réflexion

A. Vous identifiez-vous au portrait des membres de la génération Z? Pourquoi ou pourquoi pas?

B. Pouvez-vous imaginer en quoi la prochaine génération va dépasser la génération Z? Quelles habitudes de la génération Z vont être démodées? Quelles habitudes ne vont pas disparaître? Quelles nouvelles technologies vont définir la prochaine génération?

GRAMMAR
TUTORIALS ## Adverbs

An adverb modifies a verb, an adjective, or another adverb. It tells *how* something is done.

Il parle **facilement.**	He speaks ***easily.***
Il est **finalement** convaincu.	He is ***finally*** convinced.
Elles **parlent terriblement** vite.	They speak ***terribly (very)*** quickly.

In English, most adverbs are easily recognized by the *-ly* ending. In French, many adverbs end in **-ment**. Unlike adjectives, which must reflect the gender and number of the nouns they modify, adverbs show no agreement.

Formation of Adverbs

To form most adverbs in French, add **-ment** to the feminine form of the adjective.

Masculine Adjective	Feminine Adjective	Adverb
final	finale	finale**ment**
cruel	cruelle	cruelle**ment**
premier	première	première**ment**
curieux	curieuse	curieuse**ment**
actif	active	active**ment**
long	longue	longue**ment**
rapide	rapide	rapide**ment**

Certain exceptions to the regular formation of adverbs are summarized as follows.

Adjective Ending	Irregularity	Adjective	Adverb
-i	no **e** added	vrai	vrai**ment**
-u	no **e** added	absol**u**	absolu**ment**
-ant	**-amment**	brill**ant**	brill**amment**
		const**ant**	const**amment**
-ent	**-emment**[5]	évid**ent**	évid**emment**
		pati**ent**	patie**mment**
		fréqu**ent**	fréqu**emment**

[5] The **-emment** ending is pronounced the same way as the **-amment** ending.

A few adverbs have completely irregular stems.

Masculine Adjective	Feminine Adjective	Adverb
bref	brève	**brièvement**
gentil	gentille	**gentiment**

A few important adverbs are completely different from their corresponding adjectives.

Adjective	Adverb	Adjective	Adverb
bon	**bien**	meilleur	**mieux**
mauvais	**mal**	petit	**peu**

Rappel!

You must be aware of the distinction between describing something and telling *how* something is done. Note that **être** is normally followed by an adjective.

Ce repas est **bon**.	Elle fait **bien** la cuisine.
Ce concert est **mauvais**.	Le groupe chante **mal**.
Ce groupe est **actif**.	Ils jouent **activement**.
Son frère est **petit**.	Il parle **peu**.

Here are some commonly used adverbs.

Time	Place	Frequency	Quantity
aujourd'hui	ici	déjà	assez
demain	là	enfin	beaucoup
hier	là-bas	jamais	peu
maintenant	nulle part	quelquefois	trop
tard	partout	souvent	
Tôt	quelque part	toujours	
vite			

Position of Adverbs

The usual position for adverbs used with simple tenses (present, imperfect, simple future, etc.) is directly following the conjugated verb.

Il finit **facilement** ses devoirs.
Elles répondent **bien** aux questions.
Nous terminons **toujours** à neuf heures.

Many adverbs of time, place, frequency, and manner may also be placed at the beginning or the end of a sentence.

Demain, nous allons partir.
Nous allons partir **demain.**

Any adverb that depends on the verb for its meaning, such as adverbs of quantity, must be placed directly after the verb.

Il parle **assez** en cours.
Vous allez **trop** au café.
Elles aimeraient **beaucoup** nous accompagner.
Je fais **mieux** la cuisine.

Rappel!

In French an adverb can never be placed after the subject, as is often done in English.

*I **finally** speak French.*
*The Martins **always** arrive on time.*
*He **already** knows the truth.*

Je parle **enfin** le français.
Les Martin arrivent **toujours** à l'heure.
Il sait **déjà** la vérité.

4 Comment agissent-ils *(act)*? Chaque phrase complète contient un adjectif. Remplissez le blanc avec l'adverbe correspondant.

1. Paul a un petit appétit. Il mange _peu_.
2. Ma mère est très patiente. Elle écoute _passionnément_.
3. Mon prof de français est gentil. Il répond _gentiment_ à nos questions.
4. Ce groupe de rock est mauvais. Les musiciens jouent _mal_.
5. Mon copain est un étudiant brillant. Il réussit _brillamment_ aux examens.
6. Usher est un bon chanteur. Il chante _bien_.
7. Je vais avoir une conversation très brève avec mon prof. Je parle toujours _brièvement_ aux profs.
8. Mon / Ma colocataire a un problème sérieux. Nous parlons _sérieusement_.

5 Ajoutez un adverbe de la liste à chacune des affirmations suivantes pour décrire vos activités et celles de vos amis.

Adverbes: beaucoup, bien, déjà, fréquemment, lentement, mal, peu, rarement, souvent, toujours, ???

1. Je danse.
2. Mes copains sortent pendant la semaine.
3. En cours de français, on parle français.
4. Les étudiants font des soirées.
5. Vous vous amusez en classe.
6. Les jeunes sortent en groupe.
7. Mes amis et moi, nous bavardons au téléphone.
8. Mon prof de… comprend les problèmes des étudiants.
9. Nous pensons aux vacances.
10. Mon meilleur ami / Ma meilleure amie m'écrit des lettres.

Nous allons souvent à la plage.

CD1, Track 7

POUR S'EXPRIMER

Francophones en direct

Les jeunes Français. Ecoutez l'interview suivante avec Pierre qui nous parle de la vie des jeunes en France. Ensuite, indiquez si les phrases suivantes sont vraies (**V**) ou fausses (**F**). Corrigez les phrases qui sont fausses.

Vocabulaire utile

dès qu'ils sortent *as soon as they come out*
louer *to rent*
télécharger *to download*

au-delà *beyond*
faire partie de *to be a part of*
un batteur *a drummer*
faire face à *to face*

_____ 1. Le café joue un rôle très important dans la vie des jeunes Français.

_____ 2. D'après Pierre, les jeunes Français aiment beaucoup parler de la mode et des stars de cinéma.

_____ 3. Les Français vont souvent au cinéma, mais ils n'aiment pas les films américains.

_____ 4. Pierre dîne souvent chez des amis.

_____ 5. Pierre et ses amis aiment regarder la télé ou des DVD ensemble.

_____ 6. Le rugby est le sport le plus populaire en France.

_____ 7. Beaucoup de jeunes Français jouent au football et au basket.

_____ 8. Le sport préféré de Pierre est le tennis.

_____ 9. On change d'amis souvent en France.

_____ 10. Le meilleur ami de Pierre est intelligent, pratique et courageux.

En petits groupes, inspirez-vous des idées de Pierre pour créer une description de la vie des jeunes Américains. Quels sont les activités et les centres d'intérêt des jeunes Américains qui sont similaires à ceux des jeunes Français? Y a-t-il des différences importantes?

A vous la parole

Voici une liste d'expressions employées pour exprimer votre accord ou votre désaccord. Lisez les phrases suivantes et répondez en utilisant les expressions de la liste.

D'accord	Pas d'accord
En effet.	Alors, là…
Entendu.	C'est possible, mais…
Excellente idée.	Ecoute!
Oui, bien sûr!	Eh bien, moi…
Oui, oui, ça va.	Mais non!
Pas de problème!	Pas du tout!
Super!	Pas question!

MODELE —Tu peux m'aider pour mes devoirs de français?
　　　　　—*Oui, bien sûr! Tu es libre jeudi après-midi?*
　　ou: —*C'est possible, mais je ne suis libre que vers quatre heures.*

1. Tu veux faire des recherches avec moi à la bibliothèque lundi soir?
2. On va au match de football ensemble samedi après-midi?
3. Est-ce que je peux prendre ta voiture pour le week-end?
4. Je suis sûr(e) que tu vas prendre une chambre à la cité universitaire l'année prochaine.
5. Tu veux sortir avec mon / ma coloc samedi soir, n'est-ce pas?
6. Mon copain / Ma copine vient passer le week-end et il / elle va dormir dans notre chambre.
7. Je vais te retrouver au restaurant universitaire à midi.
8. Est-ce que je peux mettre ton nouveau pull pour la soirée?
9. Tu veux nous accompagner au festival du film étranger?
10. ???

On fait du sport ce week-end?

Situations orales

A. En petits groupes, composez trois ou quatre phrases pour décrire la vie des jeunes adultes nord-américains. Ensuite, présentez les idées de votre groupe aux autres qui vont expliquer pourquoi ils sont d'accord ou pas.

B. Parlez de trois aspects intéressants de la vie des jeunes adultes en France. A partir de vos idées, vos camarades vont composer des phrases pour comparer la vie des Français et des Nord-Américains de cet âge.

Structures III

GRAMMAR
TUTORIALS ## The Comparative and Superlative of Adjectives

The Comparative (to compare two elements)

To form the comparative of adjectives, place **plus, moins,** or **aussi** before the adjective and **que** after the adjective. The adjective must agree in gender and number with the first of the two nouns or pronouns used in the comparison.

plus... que	*more . . . than*	Ces cafés sont **plus intéressants que** les autres.
moins... que	*less . . . than*	Lucien est **moins bavard que** Marie.
aussi... que	*as . . . as*	Je suis **aussi intelligente que** toi.

The adjective **bon** has an irregular comparative form, **meilleur** *(better),* that shows all standard gender and number agreements.

Ce café-ci est **meilleur** que ce café-là.
Les boissons ici sont **meilleures** que là-bas.

- Note that **aussi** may be replaced by **si** in a negative sentence.

  Cette actrice n'est pas **si** amusante **que** l'autre.

When preceding a noun and comparing amounts or quantities, **plus que, moins que,** and **aussi que** become **plus de** *(more than),* **moins de** *(less than),* and **autant de** *(as much* or *as many as).*

Paris a **plus de** cafés que New York et **autant de** restaurants.

The Superlative (highest degree of comparison)

To form the superlative of adjectives, place the appropriate definite article and **plus** or **moins** before the adjective and **de** after the adjective.

Il est **le plus intelligent de** la classe.
Cette voiture est **la moins chère de** toutes les voitures.
Nos amis sont **les plus loyaux du** monde.

Rappel!

1. When a noun is included in the superlative construction, the adjective is placed in its normal position and shows the appropriate agreement. If the adjective normally precedes the noun, the superlative construction is similar to the English superlative.

> C'est **la plus belle étudiante** de la classe.
> Ce sont **les meilleures distractions** de la ville.

If the adjective normally follows the noun, its complete superlative form, including the appropriate definite article, must follow the noun. The noun itself will still be preceded by its own definite article or possessive adjective.

> C'est **le livre le plus intéressant** de tous.
> C'est **le moment le moins heureux** de ma vie.
> Ce sont **les membres les plus actifs** du club.

2. Remember that the preposition **de** is used after the superlative as the equivalent of **in** or **of**.

1 Le mode de vie de la famille Dumont nous permet de comparer les façons de vivre aux Etats-Unis et en France. Utilisez les éléments indiqués pour faire des phrases comparatives.

MODELE   la cuisine française / être / élégant / la cuisine américaine
La cuisine française est plus élégante que la cuisine américaine.

1. un appartement français / être / grand / un appartement américain
2. un repas chez McDonald's / être / long / un repas français traditionnel
3. les devoirs de classe en France / être / difficile / les devoirs aux Etats-Unis
4. le week-end en France / être / long / le week-end aux Etats-Unis
5. les examens américains / être / difficile / les examens français
6. les CD en France / être / cher / les CD aux Etats-Unis
7. un campus américain / être / moderne / une université française
8. les voitures américaines / être / gros / les voitures françaises

2 Vous passez l'été en Belgique chez Mme Virenque, une dame qui se plaint souvent des changements dans la société. Employez les éléments suivants pour faire des phrases comparatives qui expriment les idées de Mme Virenque.

1. l'environnement / pollué
2. les produits dans les supermarchés / artificiels
3. la nourriture / bonne
4. les jeunes / sérieux
5. la société / matérialiste
6. la vie / simple
7. les problèmes / compliqués
8. les gens / stressés

3 Une amie américaine adore sa vie en France. Elle écrit un e-mail rempli de superlatifs pour le dire. Transformez les phrases suivantes en utilisant la forme superlative des adjectifs indiqués. Attention au changement d'articles.

MODELE   Notre-Dame est une cathédrale. (beau / pays)
Notre-Dame est la plus belle cathédrale du pays.

C'est un voyage. (intéressant / ma vie)
C'est le voyage le plus intéressant de ma vie.

1. Paris est une ville. (beau / monde)
2. Je fais des promenades. (long / ma vie)
3. La Sorbonne est une université. (ancien / France)
4. Le Louvre est un musée. (varié / Paris)
5. Le Quartier latin est un quartier. (célèbre / la Rive gauche)
6. Les Tuileries sont un jardin. (magnifique / la ville)
7. La tour Maine-Montparnasse est un bâtiment. (haut / Paris)
8. C'est un voyage. (bon / ma vie)

Un des jardins les plus fréquentés de Paris: le Jardin des Tuileries

4 Vous vous rendez en Suisse et vous voyagez dans le pays. Employez les éléments indiqués pour faire des phrases superlatives qui expliquent certains choix que vous faites.

MODELE   Nous visitons un village. (pittoresque / la Suisse)
C'est le village le plus pittoresque de la Suisse.

1. Prenons le train. (agréable / le continent européen)
2. Nous allons descendre dans cet hôtel. (moderne / la ville)
3. Je veux visiter ce château. (beau / la région)
4. Ce musée me plaît beaucoup. (intéressant / la ville)
5. Dînons dans ce restaurant. (bon / le quartier)
6. Allons nous amuser près du lac. (beau / la Suisse)

INTERACTIONS

Mettez-vous en petits groupes. Pour chacune des catégories suivantes, faites des phrases en utilisant la forme superlative des adjectifs. Ensuite, comparez les réponses du groupe. Etes-vous d'accord ou pas?

Catégories: un bon acteur, une bonne actrice, un(e) athlète sympa, une émission de télévision intéressante, une bonne équipe de baseball (football, basket), un bon film, un sport passionnant

GRAMMAR TUTORIALS **The Comparative and Superlative of Adverbs**

The Comparative

The comparative of adverbs is formed in the same way as the comparative of adjectives. Remember, however, that adverbs are invariable.

> Elle parle **aussi lentement que** son frère.
> Ils travaillent **moins bien que** vous.
> Nous finissons **plus vite que** les autres.

The adverb **bien** has the irregular comparative form **mieux que** *(better than)*.

> Vous répondez **mieux que** Charles.
> Je m'amuse **mieux** ici **qu'**au café.

The comparative of **beaucoup de** is **plus de**.

> Marie **a plus d'**amis que son frère.
> Il y a **plus de** vingt personnes dans cette classe.

The Superlative

To form the superlative of adverbs place **le plus** or **le moins** before the adverb. Because adverbs are invariable, **le** is always used in the superlative construction.

> Ils travaillent **le plus sérieusement de** tout le groupe.
> Pierre écoute **le moins attentivement de** toute la classe.
> Mais Béatrice répond **le mieux de** tous les élèves.

- Note that **de** is also used with the superlative of adverbs as the equivalent of *in* or *of*.

Rappel!

The comparative and superlative forms of the adjective **bon** and the adverb **bien** may pose more problems in French than in English. Compare the following forms.

good	*better*	*best*
bon	**meilleur**(e)	**le / la / les meilleur(e)(s)**

well	*better*	*best*
bien	**mieux**	**le mieux**

- Note that **être** is usually followed by an adjective; other verbs are followed by adverbs.

5 Comparez les cultures américaine et française en complétant chacune des phrases suivantes. Utilisez le comparatif de l'adverbe entre parenthèses.

1. Les Français mangent _____ les Américains. (lentement)
2. Mais en France, on mange _____ aux Etats-Unis. (bien)
3. Le TGV roule _____ les trains Amtrak. (vite)
4. Un lycéen français doit étudier _____ un élève de l'école secondaire aux Etats-Unis. (sérieusement)
5. Les étudiants américains travaillent _____ les étudiants français. (attentivement)
6. Les jeunes Français sortent _____ les jeunes Américains. (souvent)

INTERACTIONS

Activités sur l'Internet. Examinez le tableau comparatif sur l'usage de l'Internet chez les Français (FR) et les autres résidents de l'Union européenne (UE). Ensuite, répondez aux questions pour faire des comparaisons.

ACTIVITES	FR	UE
Communication		
• Publier et partager texte, images, photos, vidéos, musique, etc.	20%	20%
• Envoyer/recevoir des messages	60%	57%
• Communiquer	62%	59%
Loisirs et informatique		
• Télécharger des logiciels	19%	22%
• Ecouter la radio, regarder la télé en ligne	25%	24%
• Lire ou télécharger journaux/magazines en ligne	24%	31%
• Télécharger, écouter ou regarder musique, films, jeux	?	?
• Accéder aux services de voyages ou d'hébergement	37%	35%
Administration et banque		
• Utiliser des services bancaires sur l'Internet	42%	32%
Commerce		
• Vendre biens et services	12%	10%
• Commander biens ou services (usage personnel)	32%	28%
Formation et emploi		
• Rechercher un emploi ou présenter sa candidature	16%	15%
• Se former à des possibilités d'emploi	?	?

? = non disponible
Source: Eurostat, enquête technologie de l'information et de la consommation, 2009.

1. Comparez le pourcentage de Français et d'autres résidents de l'Union européenne qui utilisent l'Internet pour: **(a)** se divertir, **(b)** communiquer, **(c)** accéder à des services bancaires, **(d)** rechercher un emploi et **(e)** acheter ou vendre.
2. Quelles activités les Français et les autres Européens pratiquent-ils le plus souvent? Le moins souvent? Répondez en utilisant des superlatifs.
3. A votre avis, les diverses activités sur l'Internet sont-elles plus ou moins courantes en France et dans le reste de l'Europe que dans votre pays? Utilisez une variété de comparatifs et de superlatifs pour évaluer les différents usages de l'Internet.

SYNTHESE

A. Donnez votre point de vue personnel en comparant divers aspects de la vie d'étudiant. Choisissez un adjectif approprié pour chaque comparaison.

1. un cours de français / un cours de maths
2. mon université / la Sorbonne
3. notre restaurant universitaire / un restaurant en ville
4. ma chambre / la chambre de mon ami(e)
5. un examen de français / un examen d'anglais
6. mon prof de français / mon prof de...
7. ma dissertation / la dissertation de mon ami(e)
8. ???

B. Le permis de conduire en France et chez vous. Chacune des phrases suivantes explique comment les jeunes en France obtiennent le permis de conduire. Employez les éléments indiqués pour comparer la situation dans votre pays.

1. A seize ans, on peut conduire si on est accompagné.

   Chez nous, on peut conduire quand on / être / jeune

2. L'accompagnateur doit avoir plus de 28 ans.

   Chez nous, il / devoir être / âgé

3. On doit faire un stage de formation de 20 ou 30 heures dans une auto-école.

   Chez nous, le stage en auto-école / être / long

4. Les frais du stage et de l'examen s'élèvent à plus de 700 euros.

   Chez nous, obtenir le permis de conduire / coûter / cher

5. On passe l'examen à l'âge de 18 ans.

   Chez nous, on peut passer l'examen quand on / être / jeune

6. En général, seulement 50% des candidats sont reçus quand ils passent l'examen pour la première fois.

   Chez nous, les candidats qui réussissent / être / nombreux

7. L'examen est très difficile.

   Chez nous, il / être / difficile

8. Le permis de conduire est valable indéfiniment.

   Chez nous, il / être / valable / longtemps

J'ai seize ans et j'adore conduire.

Note culturelle

Le profil des jeunes gens

Voici quatre profils des jeunes Français de 20 ans. Leurs goûts sont éclectiques et leur univers est flou.

Natacha Tatu © 10 au 16 avril 2008, *Le Nouvel Observateur*

Wassyl Derrough
L'ami des vieilles dames

- Habite à Franconville (Val-d'Oise) avec sa mère et son frère. Volontaire dans une association d'aide à domicile pour les personnes âgées et aux Restos du Cœur.
- Signe distinctif: coupe «à la Gnarl Barclay» (son groupe préféré).
- Son rêve: «Travailler dans l'humanitaire».
- Son angoisse: «Perdre ma mère».

Natacha Tatu © 10 au 16 avril 2008, *Le Nouvel Observateur*

Natacha Tatu © 10 au 16 avril 2008, *Le Nouvel Observateur*

Anne-Laure Poisson, *La scout*

- Etudiante en lettres. Toujours chez ses parents dans le 17e à Paris.
- Signe distinctif: cheftaine de louveteaux.
- Son rêve: «Concilier une vraie carrière et une vie de famille, comme ma mère».
- Son angoisse: «Me retrouver coincée dans une vie que je n'aurais pas voulue».

Natacha Tatu © 10 au 16 avril 2008, *Le Nouvel Observateur*

Caroline Calderon, *La fashionista*

- Etudiante dans une école de stylisme. Vit chez sa mère dans le 15e à Paris.
- Signe distinctif: une passion pour Marie-Antoinette.
- Son rêve: «Rendre les gens beaux».
- Son angoisse: «Ne plus avoir d'idées».

Mathilde Champenois, *L'écolo*

- Etudiante dans une école de commerce à Marseille. Vit seule.
- Signe distinctif: n'a pas une minute à elle, «même pour tomber amoureuse».
- Son rêve: «Ne pas faire des sous aux dépens de la planète».
- Son angoisse: «Etre inutile».

Source: «Avoir 20 ans en 2008», *Le Nouvel Observateur*, N° 2266 du 10 au 16 avril, 2008, pp. 8, 9, 10, 12

Compréhension

1. Où habitent la plupart de ces jeunes Français?
2. Trouvez-vous que les attitudes de ces jeunes Français sont plutôt similaires aux attitudes des jeunes d'Amérique du Nord ou plutôt différentes?
3. Quelle sorte de bonheur cherchent ces jeunes Français?
4. Connaissez-vous des jeunes Américain(e)s qui ne font pas d'études universitaires? Que font-ils dans la vie? Quels sont leurs rêves et leurs angoisses?

Réflexion

A. En petits groupes, utilisez les profils comme modèles pour composer le profil du (de la) jeune Américain(e) typique. En quoi ressemblez-vous aux Français de votre âge? En quoi différez-vous d'eux?

B. Quels sont les grands problèmes de notre époque? Quelle importance ont-ils dans votre société et surtout parmi vos amis? Classez ces problèmes par ordre d'importance. Pouvez-vous y ajouter d'autres problèmes?

Numbers

Cardinal Numbers

0	zéro	14	quatorze	51	cinquante et un
1	un (une)	15	quinze	60	soixante
2	deux	16	seize	61	soixante et un
3	trois	17	dix-sept	70	soixante-dix
4	quatre	18	dix-huit	71	soixante et onze
5	cinq	19	dix-neuf	80	quatre-vingts
6	six	20	vingt	81	quatre-vingt-un
7	sept	21	vingt et un	90	quatre-vingt-dix
8	huit	22	vingt-deux	91	quatre-vingt-onze
9	neuf	30	trente	100	cent
10	dix	31	trente et un	101	cent un
11	onze	40	quarante	200	deux cents
12	douze	41	quarante et un	201	deux cent un
13	treize	50	cinquante		

1 000	mille	1 000 000	un million
1 005	mille cinq	1 000 000 000	un milliard
2 000	deux mille		
2 010	deux mille dix		

English and French differ in their use of commas and decimal points in writing numbers. Where a decimal point is used in English, a comma is used in French: *41.5 miles* = **66,4 kilomètres.** For numbers over 1,000, only a space is used: **10 000 euros.**

Rappel!

1. Beginning with **deux cents**, there is an **s** on the number **cent**, unless it is followed by another number (**deux cents** but **deux cent cinq**). **Mille** never has an **s**. When expressing a year, **mil** may be used instead of **mille** when it is the first word in a date: **mil neuf cent vingt** (1920).

2. For hundreds and thousands, there are no equivalents in French for the preceding *a* or *an* or the following *and* frequently used in English.

cent cinq	*a hundred and five*
mille cinquante	*a thousand and fifty*

To say a telephone or fax number in French, you have to group the numbers and not say each number individually the way we do in English. For 01 42 61 54 33, you would say **zéro un, quarante-deux, soixante et un, cinquante-quatre, trente-trois.** When giving North-American telephone and fax numbers in France, group them in similar fashion: (212) 684–3725 = **deux cent douze, six cent quatre-vingt-quatre, trente-sept, vingt-cinq.**

Ordinal Numbers

Most ordinal numbers are formed by adding **-ième** to the cardinal numbers. If the cardinal number ends in **e**, that **e** is dropped.

deux	**deuxième**
quinze	**quinzième**
dix-sept	**dix-septième**
trente	**trentième**
cinquante et un	**cinquante et unième**
cent trios	**cent troisième**
deux mille	**deux millième**

There are a few exceptions to the regular formation of ordinal numbers.

un (une)	**premier (première)**
cinq	**cinquième**
neuf	**neuvième**

- Note that the term **second** generally replaces **deuxième** when there are no more than two items in question.

  Jean-Marc est le **second** fils des Martin. Il y a deux garçons dans la famille.

Rappel!

1. With titles and dates, French uses cardinal numbers where English uses ordinal numbers. The only exception is **premier**.

le premier novembre	**François I (Premier)**
le onze septembre	**Louis XIV (Quatorze)**
le vingt-trois juin	**Benoît XVI (Seize)**

2. When cardinal and ordinal numbers are used together, the cardinal number precedes the ordinal, which is the reverse of English usage.

les **deux premières** pages	les **quatre dernières** semaines

Collective Numbers

To express the idea of an approximate quantity (*about* + number), the ending **-aine** is added to the cardinal numbers 10, 12 (**douzaine** = precisely 12), 15, 20, 30, 40, 50, 60, and 100. Any final **e** is dropped, and the **x** in **dix** becomes a **z**. When followed by a noun, the collective numbers require the partitive **de.**

une dizaine	*about 10*
une cinquantaine	*about 50*
une soixantaine	*about 60*
une centaine de voitures	*about 100 cars*

The following form is irregular and masculine:

un millier de personnes	*about a thousand* people

6 Vous parlez à un(e) camarade de classe au sujet des prix à Paris. Employez les éléments suivants pour expliquer les prix que vous avez payés en euros.

MODELE Un jean / 70
Ça coûte 70 euros.

1. un CD / 15
2. un sac à dos / 40
3. un billet de cinéma / 10
4. un livre sur le Musée d'Orsay / 37
5. des souvenirs de Montmartre / 16
6. un dîner au restaurant / 26
7. une boisson au café / 4
8. l'entrée dans un club / 20
9. un sandwich, une boisson, des chips / 6
10. un poster des Champs-Elysées / 12
11. un carnet de tickets de métro / 12,50
12. une chambre d'hôtel / 85
13. un taxi pour rentrer à l'hôtel / 20
14. un billet de RER pour aller à l'aéroport Charles de Gaulle / 9,10

7 Complétez chaque phrase par le nombre ordinal approprié.

1. Je suis étudiant(e) en _____ année à l'université.
2. Le _____ siècle *(century)* s'est terminé à la fin de l'an 2000.
3. C'est mon _____ semestre de français à l'université.
4. Mon _____ cours commence à... heures du matin.
5. Victor Hugo est un auteur du _____ (XIXe) siècle.
6. Mon _____ cours se termine à... heures de l'après-midi.
7. Pour lundi prochain, il faut lire les deux _____ chapitres dans le manuel d'histoire.
8. La _____ Guerre mondiale commence en Europe en 1939.

8 Vous donnez quelques renseignements sur votre université à un ami français. Complétez chaque phrase par la forme numérique appropriée.

1. Je suis étudiant(e) en _____ année.
2. Dans une classe typique, il y a une _____ d'étudiants.
3. Les cours commencent toujours vers le _____ août.
4. Au total, il y a à peu près _____ étudiants dans mon université.
5. Le numéro de ma chambre à la résidence est le _____.
6. Les examens ont lieu pendant les _____ semaines de décembre.
7. Le nouveau semestre commence vers le _____ janvier.
8. Mon numéro de téléphone est le _____.

INTERACTIONS

Les loisirs et les jeunes. Lisez l'article suivant. En petits groupes, faites une comparaison entre les loisirs des jeunes Français et des jeunes Américains. Comparez les réponses des groupes. Est-ce que les groupes sont d'accord sur les loisirs principaux des jeunes en Amérique?

LES LOISIRS VARIENT SELON LES TRANCHES D'ÂGE

Un Français sur cinq a moins de 15 ans. Plus de 70% des 12–14 ans pratiquent un sport au moins deux fois par semaine (contre 90% des 15–24 ans qui disent avoir pratiqué un sport). L'audiovisuel occupe une place centrale dans leurs loisirs et, parmi les 12–14 ans, 71% ont un téléphone portable (le taux grimpe à 97% chez les 18–19 ans!) et, selon les enquêtes par sondage, presque la totalité des 18–24 ans envoient ou reçoivent des SMS tous les jours. A partir de 11 ans, les centres d'intérêt évoluent: 84% des 11–19 ans placent la musique au premier rang, devant la discussion avec les amis, la télévision et le cinéma. Les écrans de toutes sortes (télé, ordinateur, console vidéo, téléphone portable) occupent une place centrale dans leurs loisirs et ils ont tous accès, presque sans exception, à un poste de télé ou à un ordinateur connecté à l'Internet. 71% lisent des journaux ou des magazines sous forme imprimée ou électronique. 90% vont au cinéma au moins une fois par an.

Les enfants d'aujourd'hui se distinguent de leurs aînés par un usage plus diversifié de l'audiovisuel, un plus grand intérêt pour les activités sportives et artistiques et un fort besoin de sociabilité. Les sorties et les relations amicales jouent un rôle essentiel. Les sports les plus pratiqués sont, par ordre décroissant, la natation, le basket, le VTT (Véhicule Tout Terrain), le roller. Les visites culturelles sont souvent initiées par la famille ou l'école. Les garçons sont plus tournés vers les nouvelles technologies et les activités extérieures, les filles vers les loisirs d'intérieur et la culture scolaire.

Source: D'après Francoscopie 2003 et Francoscopie 2010 de Gérard Mermet © Larousse.

Situations écrites

A. Faites une description de vos habitudes dans le domaine de la technologie. Quels rôles jouent l'ordinateur, le smartphone, les réseaux sociaux, le Web, etc. dans l'organisation de votre journée?

B. Votre correspondante vous demande si vous êtes sportif(-ive). Faites une description de l'influence du sport dans votre vie. Faites-vous du sport? Si oui, lesquels? A quelle fréquence? Quelles compétitions sportives aimez-vous regarder à la télé? Est-ce que vos amis font du sport? Si oui, lesquels? A quelle fréquence?

 # Le français connecté

Choisissez un loisir à explorer davantage sur l'Internet: aller voir un match sportif, visiter un musée, sortir en boîte. Rendez-vous sur un moteur de recherche comme www.google.fr ou www.yahoo.fr et tapez les mots-clés: le nom d'un pays ou d'une région francophone + «équipe» ou «musée» ou «discothèque». Ensuite, visitez trois sites officiels d'équipes professionnelles, de musées ou de discothèques. Notez le nom, le genre et les caractéristiques de l'équipe, du musée, de la boîte; l'endroit (ville, pays); le prix d'un billet pour aller voir un match de cette équipe ou le tarif d'entrée pour un musée ou une boîte.

Connectez-vous

Choisissez l'équipe, le musée ou la discothèque qui vous intéresse le plus. Décrivez votre choix en utilisant des comparatifs, des superlatifs et de nombreux adjectifs. Comment le site Web met-il en valeur les diverses qualités de l'équipe, du musée ou de la discothèque?

A lire

Texte de culture contemporaine

Sujets de réflexion

En France, la réussite se base souvent sur les études qu'on fait. Plus on avance dans le système éducatif, plus on a de chances des réussir. Mais l'avancement n'est pas toujours facile, surtout pour les jeunes qui viennent de certains milieux défavorisés. D'après vos propres expériences, quelles sont certaines des difficultés qu'il faut affronter quelquefois?

Guide de lecture

Le portrait suivant d'un immigré du Congo et de sa famille donne une idée des problèmes et des attitudes que confrontent les jeunes de la deuxième génération des familles d'immigrés. Les parents ont tout fait pour faciliter le succès de leurs quatre enfants qui ont tous profité des conditions favorables créées pour eux par leurs parents. C'est Larissa, leur fille, qui a peut-être le mieux appris à monter «l'escalateur social». Dans le portrait biographique d'un immigré, père de famille, quels détails voulez-vous trouver à propos de cette personne et de sa famille?

Dans la famille «méritocratique»
Larissa, 20 ans, en prépa°

post-secondary preparation

Chez les Mbemba, l'escalateur social fonctionne à plein régime: *«C'est l'esprit de la maison, la meilleure forme d'intégration»*, dit Claude, 43 ans. Arrivé à Paris à 24 ans,
5 cet ancien étudiant en sciences politiques originaire du Congo a commencé comme magasinier dans un supermarché parisien. De formation en promotion, il est devenu directeur du magasin. *«A l'époque, les clients*
10 *demandaient à voir le "vrai chef": ça ne pouvait pas être un Noir!»* se souvient-il. Depuis, il a fait plusieurs métiers et travaille aujourd'hui comme consultant import-export. Sa femme Cathy, secrétaire de direction,

get / nursing

a repris ses études à 40 ans pour décrocher° un diplôme d'infirmière°… En vingt ans, la famille est progressivement passée d'[un] petit appartement… à [un] quatre-pièces
15 confortable acheté en 1986… Claude et Cathy ont tout fait pour éviter les cités, une des clés, pensent-ils, de la réussite de leurs enfants. *«Vous voyez, ce n'est pas trop*

anti-racism group

un environnement black ici», dit l'ancien dirigeant local de SOS-Racisme°.

Larissa, sa fille de 20 ans, est, elle, convaincue qu'elle aurait été tout aussi brillante dans n'importe quel environnement: *«La réussite c'est d'abord dans la*
20 *tête»*. Elle n'en revient pas de voir, autour d'elle, ce qu'elle appelle le «decenseur social». *«Des fils de médecins, des jeunes qui ont tout pour eux, mais qui n'en*

Larissa, étudiante

Natacha Tatu © 10 au 16 avril 2008, *Le Nouvel Observateur*

font rien, qui n'ont aucune perspective, aucun projet...» Cathy trouve ses enfants *«bien plus ambitieux qu'ils ne l'étaient à leur âge: ils voient plus loin que nous».* L'aînée a intégré une école de commerce. La troisième est en école d'infirmière.

selected 25 Le petit dernier veut être ingénieur... Quant à Larissa, repérée° dès le lycée par
program to identify le programme de détection de hauts potentiels de l'Essec°, elle est en deuxième
high-achievers année de prépa scientifique dans un grand lycée parisien. *«La discrimination existe,*
dit-elle, mais elle s'exerce surtout au niveau intermédiaire. Le meilleur moyen d'y
échapper, c'est d'être au top niveau. La société française est si élitiste!» Son objectif?
30 Travailler dans la finance, à l'étranger. Bien gagner sa vie. Et s'acheter un loft! Pour
elle, la réussite matérielle est importante: *«Je ne veux pas être richissime, mais*
pouvoir réaliser mes rêves. Acheter des beaux vêtements, partir en vacances où je
veux, profiter de la vie». Larissa sait qu'elle gagnera bien plus que ses parents...
scholarship En attendant, elle a décroché la bourse° d'une grande entreprise qui finance sa
one of the prestigious 35 scolarité. Travaille l'été, comme secrétaire. Et rêve d'intégrer Centrale°...
grandes écoles

Source: Natacha Tatu, «Le bel âge quand même», *Le Nouvel Observateur,* N° 2266 du 10 au 16 avril, 2008, pp. 40–41

Après la lecture

1. Décrivez les parcours professionnels de Claude et de Cathy, les parents de Larissa. Quelles attitudes discriminatoires Claude a-t-il été forcé de confronter?

2. Pourquoi les parents de Larissa ont-ils tout fait pour éviter d'habiter dans les cités?

3. Que font le frère et les sœurs de Larissa?

4. Selon Larissa, quelle est la clé de la réussite?

5. Comment la France essaie-t-elle d'aider les jeunes qui viennent de milieux moins avantagés?

6. Quels sont les objectifs de Larissa?

7. Comment est-ce que Larissa finance ses études? Quelle profession veut-elle exercer à l'avenir?

8. Trouvez-vous que la situation de Larissa ressemble à ou diffère de celle des jeunes Américains issus de milieux sociaux similaires?

Texte littéraire

Sujets de réflexion

1. Pour une jeune personne, l'âge de dix-sept ans marque souvent un moment d'émancipation individuelle. Quelles conditions de vie sont particulièrement disposées aux changements chez les jeunes de 15 à 18 ans? Quelles idées ou attitudes, quels comportements sociaux semblent se manifester dans les milieux où vous évoluez?

2. Si vous avez l'idée d'écrire un poème à propos d'un premier grand amour, quels sont les éléments que vous choisissez d'inclure dans vos vers (la saison de l'année, les endroits de rendez-vous, etc.)?

A propos de l'auteur...

Arthur Rimbaud (1854–1891)

Arthur Rimbaud *est né en 1854 à Charleville, ville triste et grise près de la frontière belge. Le jeune Arthur est un enfant prodige. Certains de ses professeurs de collège l'encouragent à s'exprimer en poésie, ce qu'il fait avec une grande aisance et une remarquable originalité. Mais, comme il arrive parfois chez des adolescents excessivement doués et précoces, le jeune Rimbaud se révolte contre tout: famille, religion, éducation, moralité conventionnelle et conformisme social. Il arrive à faire publier bon nombre de ses poèmes et veut surtout se faire connaître dans les milieux littéraires parisiens. En 1870, il réalise son rêve. Le poète Paul Verlaine, qui a dix ans de plus que Rimbaud, l'invite à Paris. Bientôt, les deux hommes quittent la capitale pour mener ensemble une vie vagabonde et aventureuse. Leur existence, souvent jugée scandaleuse, finit en 1873 par un drame à Bruxelles où Verlaine blesse son ami d'un coup de revolver. Rimbaud continue d'écrire des poèmes pendant encore deux ans avant de dire définitivement adieu à toute carrière littéraire. Après 1875, Rimbaud, âgé de 21 ans, cesse d'écrire. Il mène alors pendant 16 ans une existence complètement différente pendant laquelle il est surtout explorateur et commerçant en Arabie et en Abyssinie. Rimbaud meurt à l'âge de 37 ans ayant coupé avec son propre passé littéraire. Le poème intitulé «Roman» a été composé par Rimbaud en septembre 1870. Il appartient donc aux vers composés par ce précoce adolescent de 15 ans. C'est l'histoire d'un amour qui entre, pour la première fois, dans la vie d'un garçon conscient de se trouver entre les jeux d'enfant et le «sérieux» de l'âge d'adulte.*

Guide de lecture

1. Le titre de ce poème, *Roman,* fait penser à un autre genre littéraire. En quoi sont divisés la plupart des romans *(novels)*? Quels éléments typographiques du poème suggèrent de telles *(such)* divisions?

2. Un roman raconte un récit, c'est-à-dire une histoire ayant un début et une fin. La première strophe et la dernière strophe du poème se ressemblent. Quels sont le point de départ et le point de retour du jeune homme qui raconte ce récit?

3. Quels personnages ce poème met-il en évidence? Y en a-t-il qui sont implicites aussi?

4. Le pronom impersonnel **on** est employé partout dans le poème, y compris dans le premier vers qui est devenu assez célèbre. Qui est désigné par ce pronom, à votre avis?

Roman (par Arthur Rimbaud)

I

On n'est pas sérieux, quand on a dix-sept ans.
—Un beau soir, foin des° bocks° et de la limonade,
Des cafés tapageurs° aux lustres éclatants°!
—On va sous les tilleuls° verts de la promenade.
5 Les tilleuls sentent bon dans les bons soirs de juin!
L'air est parfois si doux, qu'on ferme la paupière°;
Le vent chargé de bruits,—la ville n'est pas loin,—
A des parfums de vigne et des parfums de bière...

II

—Voilà qu'on aperçoit un tout petit chiffon°
10 D'azur° sombre, encadré d'une petite branche,
Piqué° d'une mauvaise étoile°, qui se fond°

away with (disdain) / glass of beer
noisy / bright lights
linden trees

eyelid

scrap
Blue
Pierced / unlucky star / dissolves

shivers	Avec de doux frissons°, petite et tout blanche…
getting intoxicated	Nuit de juin! Dix-sept ans!—On se laisse griser°.
sap	La sève° est du champagne et vous monte à la tête…
ramble / kiss	15 On divague°; on se sent aux lèvres un baiser°
	Qui palpite là, comme une petite bête…

III

Wanders like Robinson	Le cœur fou Robinsonne° à travers les romans,
Crusoe / street lamp	—Lorsque, dans la clarté d'un pâle réverbère°,
	Passe une demoiselle aux petits airs charmants,
stiff shirt collar	20 Sous l'ombre du faux-col° effrayant de son père…
	Et, comme elle vous trouve immensément naïf,
ankle-boots	Tout en faisant trotter ses petites bottines°,
quick	Elle se tourne, alerte et d'un mouvement vif °…
short songs	—Sur vos lèvres alors meurent les cavatines°…

IV

Rented	25 Vous êtes amoureux. Loué° jusqu'au mois d'août.
	Vous êtes amoureux. —Vos sonnets la font rire.
	Tous vos amis s'en vont, vous êtes de mauvais goût.
	—Puis l'adorée, un soir, a daigné vous écrire!…
	—Ce soir-là,…—vous rentrez aux cafés éclatants,
	30 Vous demandez des bocks ou de la limonade…
	—On n'est pas sérieux, quand on a dix-sept ans
	Et qu'on a des tilleuls verts sur la promenade.

Source: Arthur Rimbaud, "Roman" in *Poésies*, 1870.

Après la lecture

1. **Partie I.** Quelle voix entendez-vous dans cette partie du poème? Qui semble en être le personnage principal? Est-ce la même personne dans toute la première partie? Pourquoi dit-on «on n'est pas sérieux»? A quels éléments sensuels les lecteurs sont-ils particulièrement sensibles en lisant ces vers? Quels sens sont privilégiés par le poète?

2. **Partie II.** Quels éléments de cette partie se trouvent déjà dans les strophes précédentes? Y a-t-il un nouveau sens que le poète ajoute à son répertoire sensoriel? (Rappel: les cinq sens traditionnels sont la vue, l'ouïe, l'odorat, le goût et le toucher.) Par quoi le jeune homme est-il intoxiqué? Qu'est-ce qu'il y a dans la nature qui fait perdre la raison («on divague»)?

3. **Partie III.** Pourquoi Robinson Crusoë est-il célèbre? Qu'est-ce qu'un «cœur fou» doit faire pour ressembler à Robinson? Cette partie personnalise les acteurs plus que les parties précédentes. Quelles images de personnes relevez-vous dans ces strophes? Quel pronom a disparu? Quels éléments vestimentaires sont associés aux nouveaux personnages? Que symbolisent-ils, à votre avis?

4. **Partie IV.** Il semble y avoir un certain temps qui passe entre cette partie et la précédente. Comment le sait-on? Quelles activités rapprochent le jeune homme et la jeune fille? Pourquoi pensez-vous que les amis du jeune homme le quittent? Pourquoi pensent-ils qu'il est de «mauvais goût»?

Pour mieux lire

1. Pour lire correctement un poème écrit en français, il faut suivre des règles. D'abord, il faut respecter la prononciation de certaines syllabes. Par exemple, le **e** final d'un mot doit souvent être prononcé même si, dans la conversation, il peut rester muet. Pour savoir si on doit le prononcer, il faut regarder plus loin. Si le prochain son qu'on entend est une voyelle **(a, e, i, o, u)**, on ne prononce pas le **e** final. Ce système nous permet de compter les syllabes d'un vers.

   Prenons le vers 11 du poème comme exemple:

   Piqué d'une mauvaise étoile, qui se fond

   Il faut le lire ainsi:

   Pi / qué / d'u / ne / mau / vai / s(e)é / toi / le, / qui / se / fond

   Combien de syllabes avez-vous prononcées? Douze? Bravo!

   Prononcez les vers suivants en comptant les syllabes:

   a. *On n'est pas sérieux, quand on a dix-sept ans.*
      (Attention: le mot *sérieux* contient trois syllabes en poésie!)
   b. *—Un beau soir, foin des bocks et de la limonade,*
      (Attention: le **e** de la dernière syllabe du vers n'est jamais compté!)
   c. *—Lorsque, dans la clarté d'un pâle réverbère,*
      (Faut-il prononcer le **e** final de «Lorsque»? Quel est le prochain son que vous entendez? Si c'est une consonne, il faut prononcer le **e** précédent!)

   Lisez maintenant le poème entier à haute voix.

2. Rimbaud est un adolescent de quinze ans quand il compose ces vers: véritable enfant prodige! Mais il a aussi l'esprit révolutionnaire qui accompagne l'adolescence. Son enthousiasme se manifeste souvent par son langage poétique. Trouvez dans le poème une illustration des caractéristiques suivantes.

   a. son style exclamatoire
   b. son humour
   c. sa créativité verbale (Que pensez-vous du verbe «Robinsonne» au vers 17?)

LIENS CULTURELS

1. Comparez la vie des jeunes d'aujourd'hui et la vie des jeunes gens du poème de Rimbaud. Quelles en sont les ressemblances? Y a-t-il des divergences fondamentales à noter?

2. Le tableau de Renoir, à la page 93, date de la même époque que le poème de Rimbaud. Faites le rapprochement entre le tableau et le poème. Quels thèmes sont les mêmes? Quelles différences remarquez-vous entre les deux?

3. Imaginez que vous voulez écrire un poème pour illustrer une première rencontre amoureuse. Quels éléments allez-vous inclure dans votre poème? En quoi votre poème du vingt et unième siècle est-il différent d'un poème du dix-neuvième siècle? En quoi est-il semblable?

EXPANSION

A. La nature joue un rôle important chez les impressionnistes. Dans leurs toiles, il y a souvent des activités qui se déroulent en plein air. Depuis le début du vingtième siècle, quelles innovations dans les transports en commun et les transports individuels rendent la nature plus accessible aux gens?

B. Que doivent faire les municipalités à l'heure actuelle pour encourager la pratique des sports en plein air, surtout chez les jeunes?

Emotions

Court-métrage d'Emmanuelle Jay, Société de production: Agence-synapsis – 2005

PRIX ET RECOMPENSES

Festival des très courts 2005

(Paris, Berlin, Séoul, Dakar…): Prix Coup de Prod

A considérer avant le film

Grâce aux médias, nous avons accès à toutes sortes d'interviews qui touchent à une grande variété de sujets. Quel genre d'interview vous intéresse le plus? L'interview d'un expert? D'une célébrité? D'une personne comme vous?

Note linguistique

En *français*, on utilise le mot **feeling** pour parler de la sensibilité d'un musicien ou d'une intuition personnelle. Voici deux exemples de l'utilisation du mot **feeling** en français:

> C'est un grand pianiste mais il n'a pas de feeling pour le jazz.
>
> *having the position*   Je ne crois pas avoir eu le poste°. Pendant l'entretien, je n'avais pas le feeling.

Avant le visionnage

Une émotion s'exprime… Répondez aux questions en vous référant aux termes de la liste suivante.

s'accepter	le bonheur	le mariage	se sentir triste
aimer	la crainte	se faire aimer	souffrir
s'aimer	être content	pleurer	la tristesse
avoir mal	les enfants	ressentir du regret	????

1. Quels mots associez-vous aux émotions suivantes: l'amour, la souffrance, la paix intérieure?
2. Imaginez que vous expliquez ces sentiments à une petite fille de huit ans? Que dites-vous?

Emotions: Emmanuelle Jay / Synapsis

Premier visionnage

Le français oral. Comment est-ce qu'Inès (la petite fille) remplit les silences quand elle cherche ses mots? Donnez deux exemples.

Deuxième visionnage

Dites si Inès associe les expériences suivantes à l'amour, à la souffrance ou à la paix intérieure.

MODELE On fait des bébés.
l'amour

1. On ne veut pas que ça se passe.
2. S'aimer bien.
3. C'est quelque chose d'assez personnel.
4. S'épouser.
5. Se sentir bien dans sa peau.

Après le visionnage

Observations

Répondez aux questions.

1. Dans le film, Inès Bayet a huit ans. Comment est-elle? Que savons-nous d'elle?
2. Pourquoi, à votre avis, est-ce que la réalisatrice l'a choisie comme sujet d'interview?
3. Trouvez-vous qu'elle définit bien l'amour? Quels changements pouvez-vous suggérer à ses définitions?

Interprétation

Partagez vos opinions avec un(e) partenaire en répondant aux questions.

1. Inès affirme avoir aimé un garçon. Imaginez cette histoire d'amour. Comment était ce garçon? Où est-ce qu'Inès l'a rencontré? Qu'ont-ils fait ensemble? Pourquoi se sont-ils séparés?
2. *Emotions* a été filmé en 2005. Quel âge a Inès maintenant? Est-ce que son idée de l'amour reste toujours la même, à votre avis? Expliquez votre réponse.

A vous

Formulez vos propres définitions des mots «amour», «souffrance» et «paix intérieure». Partagez vos réponses avec les autres étudiants de la classe. Choisissez la meilleure définition pour chaque terme.

CHAPITRE 4

Les télécommunications

 Premium Website

audio

© Stock Connection Distribution / Alamy

Travailler dans une salle informatique fait partie de la vie quotidienne à l'université.

Un peu de culture contemporaine

Le numérique: Etes-vous parmi les accros aux écrans?

Selon l'Institut National de la Statistique, 75% des Français de 18 ans et plus avec accès à l'Internet naviguent plusieurs fois par jour: les femmes (81%) un peu plus que les hommes (70%). En ce qui concerne les pratiques d'information, c'est-à-dire la manière de se tenir au courant des actualités, les médias en ligne remplacent les médias traditionnels (télé, radio, presse périodique) surtout chez les cadres (ceux qui ont des responsabilités au sein des entreprises) et les jeunes.

Avec la technologie Wifi, l'Internet devient de plus en plus accessible dans les espaces publics numériques. Il suffit d'avoir un terminal mobile et de se trouver dans un lieu donnant accès à un réseau sans fil pour se connecter sur un hotspot (qu'on appelle aussi «une borne»). De Paris à Bruxelles à Casablanca, les hotspots publics, gratuits ou payants, sont omniprésents, par exemple dans les gares et les aéroports, les musées, les bibliothèques et même dans la plupart des établissements et parcs municipaux.

De manière plutôt éclatante, le numérique s'est aussi révélé parfois essentiel comme agent de transformation sociale. C'est ainsi que la révolution de 2011 du peuple tunisien a pu se dérouler avec la plus grande efficacité. Grâce aux technologies de l'information et de la communication (les TIC), les révolutionnaires ont donné un nouvel usage au numérique sous diverses formes: Twitter, Facebook, les blogs, les vidéos You Tube diffusés par Al-Jazeera, etc. Nous savons que d'autres transformations plus anciennes, comme la révolution industrielle par exemple, ont bouleversé la société de façon macroscopique. La révolution numérique est-elle moins dramatique?

Langue et culture

Utilisez la forme comparative ou superlative de l'adjectif ou de l'adverbe en italique pour composer une phrase avec les éléments indiqués.

1. *(pratique)* un PC / un terminal sans fil / surfer le Web / dans un jardin public
2. *(bien)* médias en ligne / la télé / connaître les actualités
3. *(mauvais)* un endroit isolé / se connecter à / un réseau sans fil
4. *(lentement)* la révolution industrielle / se dérouler / la révolution numérique

Jeux de mots

Trouvez dans le texte des synonymes pour les expressions suivantes. Ensuite, choisissez certaines réponses pour compléter les phrases.

chefs, passionnés, les blogs, point d'accès Wifi, accèdent

Parmi les utilisateurs les plus fréquents de l'Internet, on trouve les jeunes et les _____. Au cours de la journée, ces personnes _____ au réseau numérique pour consulter des sites Web ou pour communiquer avec d'autres gens. Grâce aux _____, ils peuvent aussi participer à toutes sortes de mouvements sociaux. Même dans un parc, assis sur un banc, ils se servent de leur portable pour envoyer des maïls. Il suffit de se trouver à proximité d'un _____ et tout marche bien. Le seul danger, c'est de devenir des _____!

la fiente = bird shit

Les rencontres en ligne: une révolution amoureuse?

Depuis la naissance de l'Internet, les sites de rencontres (SDR) se trouvent en plein essor. La France en est un des plus gros consommateurs, représentant presque 30% du marché européen au niveau de l'argent dépensé en abonnements. Selon les sociologues, plusieurs tendances dans la société contribuent à la passion des Français pour la quête de l'âme sœur à travers la Toile. Avant tout, la population de célibataires dans l'Hexagone est en forte croissance depuis de nombreuses années et ne cesse de fournir de plus en plus de clients à la recherche d'un partenaire idéal. Simultanément,

De plus en plus de Français trouvent l'amour grâce aux SDR comme Meetic, EasyFlirt et Be2.

le développement d'une société individualiste et urbaine rompt avec les rites communautaires du village, tels que l'église, les bals, les fêtes populaires, les foires et les marchés. La disparition progressive de ces sites de rencontres traditionnels crée le besoin d'un nouveau forum que l'expansion propice de l'Internet a en vue de satisfaire. La prolifération de SDR tels que Cupidon, Jecontacte et Meetic s'explique également par l'accélération du rythme de la vie quotidienne. Ayant un emploi du temps de plus en plus surchargé, les jeunes professionnels trouvent plus pratique de feuilleter des profils et d'initier des conversations en ligne, dans le confort de chez eux, à l'heure qui leur convient. Enfin, dans notre société de consommation, les célibataires s'attendent à un choix illimité de «candidats» que seul l'Internet peut offrir.

L'arrivée sur scène de nouveaux rites pour l'entrée des couples dans une relation durable signale une véritable révolution amoureuse. On peut certainement constater que les règles des jeux de l'amour changent. Cependant, le proverbe français «plus ça change, plus c'est la même chose» semble également entrer en vigueur. Des sociologues constatent que les SDR encouragent les internautes à se limiter à une liste de profils de gens appartenant à la même classe socioculturelle. C'est-à-dire que les abonnés aux sites de rencontres cherchent avant tout un partenaire qui leur ressemble. En effet, des SDR de plus en plus spécialisés sont réservés à des populations précises telles que les catholiques, les parents vivant en solo, les Portugais habitant Paris ou encore à une élite socioculturelle. De cette façon, ils renforcent davantage les segmentations sociales et économiques. Ainsi, un deuxième proverbe, «qui se ressemble, s'assemble»,vient s'appliquer aux rencontres initiées sur Internet. Certains sites demandent aux internautes de présenter un dossier pour rejoindre un cercle de profils privé (VIP). Les candidats sont sélectionnés en fonction de leurs photos et de leur situation professionnelle. Or, malgré les critiques que l'on peut faire sur certaines tendances exclusivistes des SDR, force est de constater qu'ils jouent un rôle de plus en plus important dans l'initiation amoureuse des couples en France aujourd'hui.

Langue et culture

Complétez cette conversation sur la technologie et la vie amoureuse en utilisant **c'est, ce sont, il / elle est** ou **ils / elles sont**.

—Les SDR, qu'est-ce que c'est?

—_____des sites Web où des célibataires peuvent rencontrer d'autres célibataires.

—Et pourquoi est-ce que les gens veulent se rencontrer en ligne aujourd'hui?

—_____ une bonne question! _____ une manière très rapide de rencontrer d'autres personnes.

—Et est-ce qu'on peut choisir entre plusieurs SDR?

—Oui. En fait, _____ de plus en plus nombreux.

—Est-ce que/qu' _____ tous similaires?

—Non, pas vraiment. Il y a des sites spécialisés qui sont réservés à différents groupes, communautés ou âges.

—Je comprends, mais l'abonnement coûte cher, non?

—Comparé à l'argent qu'on peut dépenser dans un bar, _____ n'_____ pas cher du tout!

Jeux de mots

Trouvez dans le texte un synonyme pour les expressions suivantes. Ensuite, utilisez les réponses pour compléter le paragraphe.

> expansion, non mariés, la France, est pratique / convenable, commencer, clients qui souscrivent aux SDR

Dans _____, le secteur informatique des SDR est en plein _____. Comme le nombre de _____ en France augmente depuis plusieurs décennies, les _____ aux sites de rencontres augmentent également. Les SDR ont de nombreux avantages. Par exemple, les clients peuvent _____ des conversations de chez eux au moment de la journée qui leur _____.

Réflexion

A. Les sites de réseaux communautaires et ceux de rencontres servent-ils à nous éloigner les uns des autres ou à nous rapprocher? Qu'en pensez-vous? Expliquez votre point de vue.

B. En utilisant le vocabulaire des technologies de l'information et de la communication présenté dans les pages précédentes, faites le récit d'une journée typique dans votre vie de tous les jours. Comment et où vous connectez-vous à l'Internet? Que faites-vous en ligne?

C. Trouvez-vous que les réseaux communautaires destinés à cultiver des amitiés et les sites de rencontres où les membres cherchent avant tout un rapport amoureux ont les mêmes avantages et les mêmes inconvénients ou bien sont-ils différents? Citez des exemples pour justifier votre réponse.

 D. Imaginez que vous allez créer un profil pour un réseau social. En utilisant the formulaire à la page 127, créez votre profil. D'abord, trouvez-vous un pseudo, puis choisissez les réponses qui vous conviennent le mieux. Ensuite, faites la description de votre personnalité, de ce que vous aimez et de ce que vous n'aimez pas. Maintenant, comparez votre profil aux profils de vos camarades. A votre avis, les profils représentent-ils les personnes telles que vous les connaissez? Expliquez pourquoi ou pourquoi pas.

Pseudo: Eliza Kashmir

Ici pour: [ ] amitié [✓] drague [✓] big love

Situation: [ ] célibataire [✓] en couple [ ] indifférent

Caractère: [ ] posé [ ] rigolo [ ] star [✓] intello
[ ] frimeur [ ] fainéant [ ]

Habite: [ ] dans mon appart [ ] à la cité-U [ ] chez mes parents

Activité: [ ] salarié [ ] étudiant [ ] lycéen [ ] artiste [ ]
voyou [ ] boss [ ] chômeur

Sa présentation: [ ]
[ ]
[ ]

Il / Elle aime: [ ]
[ ]
[ ]

Il / Elle n'aime pas: [ ]
[ ]
[ ]

Pour des activités culturelles supplémentaires, rendez-vous sur le site Web d'**Interaction** www.cengage.com/french/ interaction.

Vocabulaire actif

CD1, Track 8   To access the audio recordings, visit www.cengage.com/french/interaction

LES ACTIVITES

s'abonner (à) to subscribe (to)
allumer, mettre en marche to turn on
changer de chaîne to change channels
diffuser to broadcast
éteindre to turn off
naviguer to navigate
passer à la télé to appear on TV
plaire to please
présenter to introduce
raconter to relate, to tell
rater to miss *(coll.)*

régler to adjust
sauvegarder to save (a document)

L'INFORMATIQUE ET LES TELECOMMUNICATIONS

un(e) abonné(e) subscriber
des achats *(m pl)* **à domicile** home shopping
les actualités *(f pl)* latest news
une antenne antenna
une antenne parabolique satellite dish
une banque de données data bank

une boîte de réception in-box
une chaîne channel
un courrier électronique, un e-mail email
un documentaire documentary
l'écran *(m)* screen
  le petit écran TV
une émission TV program
un épisode episode
un feuilleton serial, soap opera
un fichier file
un(e) internaute Internet user
un jeu télévisé game show
un logiciel software

le matériel hardware
une messagerie email account
la mise en réseau networking
le moniteur monitor
un mot-clé key word
un mot de passe password
un moteur de recherche search engine
un navigateur Web browser
une page d'accueil home page
un portable cellular phone; laptop (computer)

Exercices de vocabulaire

A. Choisissez l'expression du **Vocabulaire actif** qui complète le mieux chacune des phrases suivantes.

1. Windows 8 est un exemple d'...
   a. une messagerie.
   b. un système d'exploitation.
   c. une fichier.

2. Google est un exemple de...
   a. matériel.
   b. logiciel.
   c. moteur de recherche.

3. Pour rechercher des informations sur Google.fr, il faut utiliser...
   a. un mot de passe.
   b. un mot-clé.
   c. une souris.

4. On reçoit le courrier électronique...
   a. dans la boîte de réception.
   b. sur la page d'acceuil.
   c. dans le salon de chat.

5. Pour avoir accès à son courrier électronique, on a besoin d'...
   a. une boîte de reception.
   b. un répondeur.
   c. une messagerie.

6. MySpace et Facebook sont des exemples de...
   a. moteurs de recherche.
   b. logiciels.
   c. réseaux communautaires.

7. Internet Explorer et Safari sont des types de...
   a. navigateurs.
   b. réseaux.
   c. matériels.

8. Les photos que l'on envoie par e-mail doivent être...
   a. cryptées.
   b. diffusées.
   c. numériques.

9. Pour établir une identité sur un site Web, il faut choisir...
   a. un mot-clé.
   b. un pseudo.
   c. une page d'acceuil.

10. Pour protéger l'accès à son courrier électronique, il faut avoir...
    a. un mot de passe.
    b. une boîte de réception.
    c. un moniteur.

le poste de télévision TV set
un(e) présentateur(-trice) host
le programme schedule of TV programs; computer program
un pseudo user name
la pub commercials *(coll.)*
une pub commercial
la publicité advertising
un répondeur answering machine
un réseau network
_____ **communautaire / social** social networking site
un salon de chat chat room

une série series
le shopping en ligne online shopping
une souris mouse
un système d'exploitation operating system
la télé *abbrev. of* **la télévision**
 à la télé on TV
Télé 7 Jours French equivalent of *TV Guide*
le téléachat teleshopping
la télécommande remote control
un(e) téléspectateur(-trice) TV viewer

le télétravail telecommuting
le téléviseur television set
les variétés *(f pl)* variety shows
le Wifi wireless Internet
le zapping channel surfing

LES CARACTERISTIQUES

accro *(coll.) (adj.inv.)* addicted; *(noun)* addict, fanatic
branché(e) plugged in; with it *(coll.)*
crypté(e) encrypted

diffusé(e) broadcast
déjà _____ rerun
en direct live
en ligne online
en panne not working, out of order
interactif(-ive) interactive
numérique digitized, digital
par câble cable (TV)
privatisé(e) denationalized
sans fil wireless
télématique computerized telecommunications

11. Il y a actuellement beaucoup de gens qui travaillent sans quitter leur domicile. Ils font...
    a. du télétravail.   b. du téléachat.   c. de la mise en réseau.

12. Beaucoup d'étudiants font des recherches...
    a. en direct.   b. en panne.   c. en ligne.

Une boutique Orange à Paris. Orange commercialise des services de téléphonie mobile, d'accès à Internet, de téléphonie IP et de télévision ADSL et par satélitte.

B. Choisissez le terme de la liste qui complète le mieux chacune des phrases suivantes.

EXPRESSIONS: documentaires, à la télé, passer, réseau, chaîne, déjà diffusé, séries, téléachat, jeux, émission, télécommande, pubs

1. Qu'est-ce qu'il y a _____ ce soir?
2. On peut toujours suivre le sport sur la _____ ESPN.
3. En France, les _____ comme *Questions pour un champion* et *Des chiffres et des lettres* sont-elles à la télé depuis longtemps?
4. Ce soir, sur le _____ Fox, je vais regarder mon _____ préférée.
5. A la télé américaine, les _____ comme *Glee* et *CSI* sont très populaires.
6. J'aime beaucoup regarder les _____ qui passent sur la chaîne Discovery Channel.
7. Aux Etats-Unis, il y a trop de _____ pendant les émissions.
8. J'adore faire du _____, par exemple sur la chaîne QVC.
9. Il y a un bon film qui va _____ ce soir à dix heures.
10. Oui, mais c'est un film _____; je l'ai déjà vu.

C. Peter parle avec son colocataire en France. Complétez leur conversation avec la forme appropriée des termes de la liste suivante.

EXPRESSIONS: télécommande, rater, allumer, zapping, éteindre, passer, programme

PETER: Tiens, Jean-Marc, est-ce que ça te dérange si j'_____ la télé?

JEAN-MARC: Pas du tout, Pete. Qu'est-ce que tu vas regarder? Tu as déjà consulté le _____?

PETER: Non, mais je sais qu'il y a beaucoup d'émissions de sport qui _____ à la télé.

JEAN-MARC: D'accord, mais passe-moi la _____. Tu ne vas pas faire du _____, comme d'habitude.

PETER: Okay, okay. Si je _____ une émission, je peux toujours la faire enregistrer.

JEAN-MARC: Très bien, mais n'oublie pas d'_____ le poste avant de te coucher.

L'accès au **Wifi** est gratuit dans beaucoup d'espaces publics en France.

Lexique personnel

LA TÉLÉVISION

A. Pour chacun des sujets suivants, dressez une liste personnelle de mots.

1. les émissions que vous regardez à la télé

2. la publicité à la télé

3. la télé dans votre région

B. Un sondage. Employez le vocabulaire du chapitre et de votre lexique personnel pour poser des questions à vos camarades de classe. Ensuite, toute la classe doit résumer les habitudes des étudiants en ce qui concerne la télévision.

1. Quelles émissions regardez-vous le plus souvent à la télé?

2. Combien d'heures par semaine regardez-vous la télé?

3. Quelle est votre émission préférée?

4. Choisissez une publicité que vous avez vue récemment à la télé. Pendant quelle émission est-elle passée? A-t-elle interrompu ou suivi l'émission? Avez-vous aimé cette publicité? Pourquoi?

5. Avez-vous la télévision par câble ou la télévision par satellite? Pourquoi?

6. Quelles chaînes regardez-vous le plus souvent? Pourquoi?

7. Faites-vous souvent du «zapping»? Pourquoi?

Structures I

GRAMMAR TUTORIALS **Irregular *-oire* Verbs**

croire *to believe*	boire *to drink*
je **crois**	je **bois**
tu **crois**	tu **bois**
il / elle / on **croit**	il / elle / on **boit**
nous **croyons**	nous **buvons**
vous **croyez**	vous **buvez**
ils / elles **croient**	ils / elles **boivent**

1 Un étudiant français parle de la consommation d'alcool en France et aux Etats-Unis avec un de vos camarades de classe. Complétez le dialogue en utilisant la forme appropriée des verbes indiqués.

ETUDIANT AMÉRICAIN: On dit que les étudiants en France ne _____ (boire) pas autant d'alcool que les étudiants américains. C'est vrai?

ETUDIANT FRANÇAIS: Oui, c'est vrai. On _____ (boire) quelquefois de l'alcool au café ou même dans les soirées. Mais moi, par exemple, je _____ (boire) normalement un Coca light. Et vous, qu'est-ce que vous _____ (boire) quand vous avez soif ou quand vous allez à une soirée?

ETUDIANT AMÉRICAIN: Eh bien, je _____ (croire) que beaucoup de jeunes _____ (boire) du coca quand ils ont soif. Mais, dans les soirées, on _____ (boire) souvent de la bière ou du vin. Vous autres, vous _____ (croire) que c'est mauvais, ça?

ETUDIANT FRANÇAIS: Ecoute, je ne critique pas. Je _____ (croire) que toutes les cultures sont différentes.

ETUDIANT AMÉRICAIN: Chez nous, nous _____ (boire) assez souvent des boissons alcoolisées pour nous distraire, alors que chez vous, le vin fait partie de la vie quotidienne. Nous _____ (boire) aussi beaucoup plus de lait que vous! C'est presque notre boisson nationale!

INTERACTIONS

Un sondage. Une étudiante française fait un sondage sur la consommation d'alcool aux Etats-Unis. En petits groupes, un(e) étudiant(e) va jouer le rôle de l'étudiante française et va poser les questions suivantes aux membres du groupe. Ensuite, comparez les réponses des différents groupes. Quelles sont les habitudes des étudiants en ce qui concerne la consommation d'alcool?

1. Les étudiants américains _____ plus d'alcool que les étudiants français, n'est-ce pas? (boire)
2. Et toi, qu'est-ce que tu _____ à une soirée? (boire)
3. Est-ce que tu _____ qu'on _____ trop aux Etats-Unis? (croire, boire)
4. Et vous autres, est-ce que vous _____ beaucoup de boissons fraîches, comme des jus de fruits? (boire)
5. Est-ce que vous _____ toujours du lait? (boire)
6. _____-vous qu'il est mauvais de boire de l'alcool? (croire)

Irregular -re Verbs

écrire *to write*	dire *to say, to tell*	lire *to read*
j'**écris**	je **dis**	je **lis**
tu **écris**	tu **dis**	tu **lis**
il / elle / on **écrit**	il / elle / on **dit**	il / elle / on **lit**
nous **écrivons**	nous **disons**	nous **lisons**
vous **écrivez**	vous **dites**	vous **lisez**
ils / elles **écrivent**	ils / elles **disent**	ils / elles **lisent**

vivre *to live*	suivre *to follow; to take (a course)*	prendre *to take*
je **vis**	je **suis**	je **prends**
tu **vis**	tu **suis**	tu **prends**
il / elle / on **vit**	il / elle / on **suit**	il / elle / on **prend**
nous **vivons**	nous **suivons**	nous **prenons**
vous **vivez**	vous **suivez**	vous **prenez**
ils / elles **vivent**	ils / elles **suivent**	ils / elles **prennent**

Other verbs conjugated like **prendre** are **apprendre** *(to learn)*, **comprendre** *(to understand),* and **surprendre** *(to surprise).*

The verb **prendre** can also mean *to eat* or *to drink something.*

mettre *to put (on)*	connaître *to know*
je **mets**	je **connais**
tu **mets**	tu **connais**
il / elle /on **met**	il / elle / on **connaît**
nous **mettons**	nous **connaissons**
vous **mettez**	vous **connaissez**
ils / elles **mettent**	ils / elles **connaissent**

Permettre *(to permit)* and **promettre** *(to promise)* are conjugated like **mettre.**

Connaître and **savoir** both have the English equivalent *to know,* but the uses of the two verbs differ.

Savoir is used with facts and specific information, such as numbers, dates, and the like. **Savoir** also means *to know how* and is often followed by an infinitive.

Savez-vous la date?	***Do you know** the date?*
Je sais jouer au tennis.	***I know how** to play tennis.*

Connaître means *to know* in the sense of *to be acquainted with.* **Connaître** is used when referring to proper names.

Je connais l'œuvre de Sartre.	***I know** the works of Sartre.*
Ils connaissent un bon restaurant à Paris.	***They know** a good restaurant in Paris.*
Connaissez-vous les Didier?	***Do you know** the Didiers?*

2 Vous préparez un e-mail à votre ami Jean-Pierre en France où vous parlez de vos cours. Complétez l'e-mail avec les formes appropriées des verbes indiqués.

> *Cher Jean-Pierre,*
>
> **(suivre)** *En Amérique, nous _____ beaucoup de cours. Moi, je _____ quatre ou cinq cours par semestre. Tu _____ moins de cours que cela, non?*
>
> **(écrire)** *Pour chaque cours, nous _____ beaucoup. Pour le lundi, j'_____ en moyenne trois dissertations. En cours de français, les étudiants _____ une dissert tous les jours. En France, est-ce qu'on _____ beaucoup?*
>
> **(lire)** *Nous _____ beaucoup aussi. En cours de littérature, je _____ sept romans (novels). Tu _____ autant que cela pour un seul cours? On _____ dans les magazines que les étudiants en France ne _____ pas régulièrement pour chaque cours mais qu'ils attendent la fin de l'année et qu'ils _____ tout à la dernière minute.*
>
> **(dire)** *Mais aux Etats-Unis comme en France, je te _____ que la vie d'étudiant n'est pas facile.*

3 Le contexte indique s'il faut employer **savoir** ou **connaître.** Donnez la forme correcte du verbe approprié dans les phrases suivantes.

1. Tu _sais_ régler ce poste de télé?
2. Les Français _connaissent_ bien l'émission *Les experts (CSI).*
3. _Savez_ -vous à quelle heure cette émission est diffusée?
4. Je ne _connais_ pas du tout *Télé 7 Jours.*
5. Est-ce que tu _sais_ le nom de cet acteur?
6. Non, je ne _connais_ pas cet acteur.
7. En général, quelqu'un qui n'est pas de la région ne _sait_ pas les numéros des chaînes de télé.
8. Je ne _____ pas les feuilletons qui passent à la télé en France.

4 **Les habitudes au déjeuner.** En petits groupes, employez la forme correcte du verbe **prendre** pour dire ce que les personnes indiquées prennent normalement au déjeuner. Ensuite, comparez les réponses des différents groupes. En général, quelle sorte de déjeuner les étudiants prennent-ils?

1. votre petit(e) ami(e)
2. votre colocataire ou camarade de chambre
3. vos copains
4. vous

INTERACTIONS

Comparaisons sur l'usage des sites communautaires. Lisez l'article qui suit. Ensuite, travaillez en petit groupe pour répondre aux questions.

LES FRANÇAIS FIDÈLES AUX SITES COMMUNAUTAIRES
16 millions d'internautes inscrits sur un site communautaire

En 2009, près de 16 millions d'internautes sont inscrits sur un site communautaire en France. L'attachement des internautes à ces sites est également de plus en plus marqué puisque près d'un quart d'entre eux s'y connectent tous les jours.

Les internautes inscrits sur un site communautaire sont majoritairement jeunes même si cette particularité tend à disparaître. Les moins de 35 ans représentent près des deux-tiers des inscrits alors qu'ils représentent à peine la moitié des internautes; ceci est encore plus marqué auprès des 16–24 ans et dans une moindre mesure des 25–34 ans.

Les principales motivations d'inscription sur un site communautaire évoluent et les internautes évoquent plus volontiers la constitution d'un réseau «virtuel». En effet, sur les 15,9 millions d'inscrits, près des trois-quarts souhaitent rester en contact avec leurs amis et 11,8 millions pensent retrouver d'anciennes connaissances ou des amis. La constitution de ces «réseaux» a un effet boule de neige sur les inscriptions puisque plus de la moitié des internautes inscrits ont demandé une inscription parce que quelqu'un les y avait invités (53,1%).

Par rapport au 1er semestre 2008, la hiérarchie des motivations de l'inscription sur un site communautaire a évolué. En 2008, la principale raison de l'inscription était de pouvoir partager ses passions et ses centres d'intérêt (61,1%), venait ensuite la possibilité de rester en contact avec ses amis (58,7%).

1. En considérant les statistiques présentées, trouvez-vous que l'usage des réseaux sociaux chez les Français est plus ou moins courant que chez les Américains? Utilisez le comparatif dans vos réponses.

2. Quelles sont les raisons pour lesquelles les Français utilisent des réseaux communautaires? Trouvez-vous que les Américains les utilisent pour les mêmes raisons?

3. Etes-vous membre d'un réseau communautaire? Pourquoi ou pourquoi pas?

Comportements médias, "Les Français fidèles aux sites communautaires," 18/08/2009, www.mediametrie.fr. Used with permission of Médiamétrie.

Activité vidéo

Regardez la vidéo sur l'usage des réseaux communautaires par les Parisiens sur le site Web d'*Interaction,* puis répondez aux questions.

1. Quelles raisons les Parisiens donnent-ils pour expliquer leur utilisation de Facebook et d'autres réseaux communautaires?

2. Pourquoi certains recruteurs se servent-ils des réseaux communautaires? Les internautes considèrent-ils leur entrée dans les réseaux comme un avantage ou un inconvénient?

SYNTHESE

Interview. Posez des questions à un(e) camarade de classe en utilisant les éléments suivants.

> **MODELE** reprendre le cours de maths ce semestre
> *Est-ce que tu reprends le cours de maths ce semestre?*

1. rentrer de l'université
2. suivre des cours
3. lire beaucoup
4. écrire des dissertations
5. sortir souvent

6. boire à une soirée
7. prendre du vin avec le dîner
8. apprendre le français
9. connaître de bons restaurants
10. savoir *(+ infinitif)*

INTERACTIONS

Activité 1: Une interview au sujet de la télévision. Posez des questions à un(e) camarade de classe en vous inspirant des thèmes suivants.

Demandez...

1. combien d'heures par jour il / elle regarde la télé.
2. s'il / si elle préfère consulter le programme de la télé dans le journal, en ligne, à la télé, etc.
3. s'il / si elle préfère regarder la télé ou lire le journal pour s'informer
4. quel(le) journaliste il / elle préfère
5. s'il / si elle suit régulièrement une émission de téléréalité
6. quelle émission il / elle préfère
7. ???

Activité 2: Une soirée de télé en France. Consultez le programme pour ce soir sur le site Internet http://tele.premiere.fr/ ou http://www.programme-tv.net/, puis répondez aux questions suivantes.

1. A quelle heure peut-on regarder les informations et la météo?
2. Quels événements sportifs y a-t-il au programme?
3. Y a-t-il des jeux au programme?
4. Trouvez une émission de téléréalité diffusée ce soir ou un autre soir de la semaine. Quel en est le principe? Ressemble-t-elle à une émission de téléréalité américaine? En quoi diffère-t-elle des émissions de téléréalité américaine typiques?
5. En petits groupes, décidez ce que vous allez regarder ce soir. Expliquez vos préférences.
6. Est-ce que tous les membres du groupe sont d'accord?

L'héritage culturel

La circulation des idées

- Il y a près de six siècles, l'invention de l'imprimerie a bouleversé la circulation des idées. Avant l'invention de la typographie par Gutenberg (vers 1440), les connaissances sont transmises soit oralement soit sous la forme de manuscrits accessibles à fort peu de lecteurs.

- Pendant la Renaissance, en Europe, les nouvelles connaissances scientifiques et techniques (la cartographie; le style des bateaux; les instruments de guerre, etc.) se répandent grâce à la disponibilité de textes imprimés, À cette époque, on voit aussi l'expansion de l'apprentissage des langues classiques et de la connaissance des auteurs anciens, grâce à la publication de leurs œuvres.

- En France, le seizième siècle, marqué si profondément par la déchirure (tear) entre catholiques et protestants, voit également se modifier les rapports entre les êtres humains grâce à une profusion de textes révolutionnaires. C'est ainsi que le Français Jean Calvin peut avancer la cause du protestantisme par ses écrits, surtout lorsqu'il se fixe à Genève en 1541, ville qu'il destine à devenir le centre intellectuel de la Réforme.

- L'esprit pamphlétaire qui marque quelquefois les textes de Calvin va se retrouver deux siècles plus tard chez d'autres esprits révolutionnaires, mais cette fois, dans un domaine plutôt politique. La dissémination des idées libertaires, souvent au moyen de brochures distribuées à des fins de propagande, mène directement aux événements capitaux de 1789 en France, tout comme en Amérique quelques années auparavant.

- La domination du texte imprimé continue de s'exercer dans la transmission du savoir et des informations jusqu'à notre époque, mais elle connaît, au vingtième siècle, d'abord la concurrence de la parole véhiculée par la radio (qu'on appelle à l'origine TSF, ou télégraphie sans fil), puis celle de la diffusion de la parole et de l'image télévisées.

- Plus récemment, c'est à la suite d'importantes découvertes dans le domaine des télécommunications, et surtout dans l'électronique et l'informatique, que l'activité humaine a été transformée et que la société est en train de se redéfinir. L'importance sociale de ces phénomènes se manifeste souvent dans la politique (l'utilisation de Twitter au cours des manifestations sociopolitiques), mais tout aussi fréquemment dans le comportement quotidien des individus.

Langue et culture

Utilisez la forme appropriée des verbes entre parenthèses pour compléter les phrases.

1. Les découvertes scientifiques de la Renaissance _____ (permettre) aux Français de mieux connaître le monde grâce aux érudits qui _____ (savoir) transmettre leurs idées aux autres.

2. A l'époque médiévale, les clercs _____ (écrire) souvent des commentaires sur la Bible; puis dans les monastères où _____ (vivre) les moines, on copie lentement leurs textes.

3. Les philosophes du dix-huitième siècle _____ (dire) souvent des vérités que les gens _____ (lire) attentivement et _____ (suivre) au moment de la Révolution.

4. Nous _____ (prendre) souvent la circulation des idées pour un droit; mais il y a des sociétés où les gens _____ (connaître) une liberté d'expression très limitée et ne _____ (dire) pas toujours ce qu'ils pensent.

Jeux de mots

Dans les deux derniers paragraphes du texte sur la circulation des idées, trouvez des expressions pour remplacer les mots entre parenthèses.

Le / La _____ (transmission) d'images violentes à la télévision est parfois choquante. Mais les télécommunications jouent souvent un rôle essentiel dans le développement de l'histoire; par exemple, le / la _____ (la TSF) clandestine a annoncé certaines _____ (nouvelles) à propos du débarquement imminent en Normandie en 1944. Actuellement, nous assistons à d'importantes évolutions dans le / la _____ (l'activité de tous les jours) des gens en raison des progrès réalisés dans le domaine du / de la / de l' _____ (la science du traitement de l'information).

La politique face à la radio et à la télévision

En France, c'est surtout à l'époque de la Seconde Guerre mondiale que l'on prend conscience de l'importance de la communication radiophonique.

- Le 18 juin 1940, Charles de Gaulle s'installe devant un micro de la BBC à Londres. Puis, il lit le texte que nous appelons aujourd'hui «l'Appel du 18 juin». Il termine son message par les très célèbres paroles: «*Quoi qu'il arrive, la flamme de la résistance française ne doit pas s'éteindre et ne s'éteindra pas. Demain, comme aujourd'hui, je parlerai à la radio de Londres.*» Le message est répété et distribué clandestinement en France et le chef de la «France libre» entre dans la légende.

- Au cours de sa carrière d'homme d'Etat, le général utilise souvent les moyens audiovisuels de l'ORTF (Office de radiodiffusion-télévision française) dont les caméras de télévision diffusent ses conférences de presse. Pour la première fois en France, un président de la République s'adresse au pays par le petit écran.

De Gaulle devant les micros de la BBC en 1940 et devant les caméras de la télévision française en 1969.

Hulton-Deutsch Collection / CORBIS

- En mai 1968, Charles de Gaulle se trouve devant une France presque paralysée. Les étudiants prennent le pouvoir dans les universités, d'abord à Paris, puis en province, pour manifester contre un système qui refuse de se réformer et de s'adapter aux nécessités d'une société démocratique moderne. Bientôt les principaux syndicats d'ouvriers *(labor unions)* se joignent au mouvement des étudiants et déclarent une grève *(strike)* générale. Il y a des confrontations terribles entre les manifestants et la police. Avec le temps, l'ordre s'impose et le travail reprend. Devant la peur de l'anarchie et de la dictature, les Français se rallient, une fois encore, autour du général de Gaulle. Cette fois-ci, c'est en téléspectateurs qu'ils peuvent l'entendre et le voir prononcer les fameuses paroles par lesquelles il termine ses interventions à la télévision: «*Vive la République! Vive la France!*»

Bettmann / CORBIS

Les manifestants de la Confédération Générale du Travail rejoignent les étudiants dans la rue pour manifester contre le Gouvernement en mai 68.

ERIC FEFERBERG / AFP / Getty Images

Nicolas Sarkozy, Président de la République (2007–12), était une personnalité médiatique aussi bien que politique.

La Loi du 29 juillet 1982 reconfirme l'*Article XI de la Déclaration des droits de l'homme et du citoyen* qui assure que «la libre communication des pensées et des opinions est un des droits les plus précieux de l'homme: tout citoyen peut donc parler, écrire, imprimer librement…» en posant le principe de la liberté de l'audiovisuel. Dans une culture dominée par celui-ci, la télévision a toujours joué un rôle important, surtout en période électorale. Mais la politique à la télévision, c'est d'abord de la télévision. Ainsi, les messages télévisés sont de courte durée (15 à 30 secondes) et doivent donc agir rapidement sur les téléspectateurs. La fonction de la publicité télévisée n'est pas de convaincre l'électeur ou de l'amener à changer son vote. Elle sert plutôt à renforcer l'image de marque d'un parti politique, à renforcer les convictions partisanes et à orienter la réflexion de l'électeur en influençant indirectement son choix.

Langue et culture

Utilisez la forme appropriée de **savoir** ou de **connaître** pour compléter les phrases suivantes.

Je _____ l'histoire de Charles de Gaulle pendant la Seconde Guerre mondiale.
Je _____, par exemple, qu'il a formé un gouvernement en exil à Londres. Tout le monde _____ aussi qu'il est revenu au pouvoir en 1958 après une absence de dix ans loin de la vie politique. Nous _____ également qu'il avait une «certaine idée de la France» même si nous ne _____ plus la France de son époque.

Jeux de mots

Les phrases suivantes contiennent des idées fausses. Remplacez les expressions entre parenthèses par une expression correcte employée dans le texte.

1. En mai 1968, le Président de Gaulle s'adresse aux _____ (auditeurs) français réunis autour de leurs téléviseurs.
2. C'est la première fois qu'un chef d'Etat français s'adresse au pays par le / la _____ (le poste de radio).
3. Mais en juin 1940, le message radiophonique du général de Gaulle circule _____ (ouvertement) dans une France occupée par l'ennemi.
4. Devant les caméras de télévision, les réformateurs _____ (se déclarent pour) les positions du gouvernement.
5. Dans une démocratie, on encourage le principe du / de la _____ (servitude) du domaine audiovisuel.

Réflexion

A. Historiquement, quelles nouvelles technologies ont transformé la dissémination des idées? A quelles époques? Quels personnalités et groupes en tirent le plus grand profit? Expliquez pourquoi.

B. Les «événements de mai 68» marquent un moment de rupture dans la société française. Comment voyez-vous cette époque? Quels en sont les principaux enjeux? Qu'est-ce qu'on veut perdre ou gagner par ce conflit? Peut-on imaginer une telle situation sur les campus universitaires américains?

C. Croyez-vous que la télévision joue un rôle politique dans la vie quotidienne? Les chaînes de télévision cherchent-elles à rester objectives dans les débats électoraux? Connaissez-vous des chaînes qui interprètent les événements de façon partisane? Est-ce une bonne idée à votre avis?

Structures II

The passé composé with *avoir* and *être*

Verbs Conjugated with *avoir*

The **passé composé** of most French verbs is formed by combining the present tense of the auxiliary verb **avoir** and the past participle of the main verb.

parler *PARTICIPE PASSE:* **parlé**	**finir** *PARTICIPE PASSE:* **fini**	**répondre** *PARTICIPE PASSE:* **répondu**
j'**ai parlé**	j'**ai fini**	j'**ai répondu**
tu **as parlé**	tu **as fini**	tu **as répondu**
il / elle / on **a parlé**	il / elle / on **a fini**	il / elle / on **a répondu**
nous **avons parlé**	nous **avons fini**	nous **avons répondu**
vous **avez parlé**	vous **avez fini**	vous **avez répondu**
ils / elles **ont parlé**	ils / elles **ont fini**	ils / elles **ont répondu**

Rappel!

Note that the **passé composé** always consists of an auxiliary verb plus a past participle, even when its English equivalent is the simple past tense.

j'ai regardé
$$\begin{cases} \text{I watched} \\ \text{I have watched} \\ \text{I did watch} \end{cases}$$

The past participle of a regular verb is easily recognized:

-er → -é   **-ir → -i**   **-re → -u**

[1] For a discussion of direct object pronouns and past participle agreement, see *Chapitre 7*.

The past participle of a verb conjugated with the auxiliary **avoir** must show agreement with a preceding direct object or direct object pronoun that is feminine and / or plural.[1]

Tu as loué **le vélo**?	Tu **l'**as loué?
Il a regardé **l'émission**.	Il **l'**a regardée.
Nous avons écrit **les lettres**.	Nous **les** avons écrites.
On a montré **une publicité drôle**.	**La publicité** qu'on a montrée est drôle.

The following verbs conjugated with **avoir** have irregular past participles.

avoir	**eu**	être	**été**	faire	**fait**

Ending in **-u**		
boire **bu**	lire **lu**	recevoir **reçu**
connaître **connu**	plaire **plu**	savoir **su**
devoir **dû**[2]	pleuvoir **plu**	voir **vu**
falloir **fallu**	pouvoir **pu**	vouloir **voulu**

[2] The **passé composé** of **devoir** has the English equivalents *had to* or *must have*.

| Hier soir, j'**ai dû** étudier. | Last night I **had to** study. |
| Hier soir, il **a dû** s'endormir de bonne heure. | He **must have** fallen asleep early last night. |

Ending in -**is**	Ending in -**ert**
apprendre **appris**	découvrir **découvert**
comprendre **compris**	offrir **offert**
mettre **mis**	ouvrir **ouvert**
prendre **pris**	vivre **vécu**

Ending in -**i**	Ending in -**it**
sourire **souri**	dire **dit**
suivre **suivi**	écrire **écrit**

1 Marie-Ange vous raconte ce qu'elle a fait hier. Complétez chaque phrase par le **passé composé** des verbes indiqués.

1. D'abord j' _____ (prendre) le petit déjeuner.

2. J' _____ (devoir) me presser pour ne pas être en retard à mon cours de philo.

3. En cours, nous _____ (écouter) la conférence du prof.

4. Mes amis et moi, on _____ (déjeuner) au café.

5. Ensuite, mes amis _____ (assister) à un autre cours.

6. Mais moi, j' _____ (finir) mes lectures à la bibliothèque.

7. J' _____ (écrire) une dissertation et j' _____ (lire) un chapitre pour mon cours d'histoire.

8. Mon copain Jean-Luc _____ (dîner) chez moi et nous _____ (regarder) un DVD.

9. Enfin, on _____ (boire) un verre au café. Et toi, qu'est-ce que tu _____ (faire) hier?

2 Composez des phrases au **passé composé** avec les éléments suivants pour décrire ce que ces personnes ont fait pendant le week-end.

1. mes amis / faire / des achats au centre commercial

2. mon prof de français / préparer / son cours

3. nous / dîner / au restaurant

4. mes camarades de classe / faire / leurs devoirs

5. mon (ma) meilleur(e) ami(e) / lire et travailler

6. je / ???

3 Vous racontez à une amie une soirée de télé en utilisant le **passé composé** des verbes de la liste. Il y a quelquefois plus d'un choix possible.

VERBES:

allumer	attendre	boire	choisir
consulter	décider	essayer	être
faire	finir	pouvoir	prendre
rater	regarder	trouver	voir

Mes amis et moi, nous _____ de regarder ensemble un épisode déjà diffusé de *NCIS*. J'_ai vu_ le programme et j'_ai allumé_ le poste. On _a a__ vingt minutes le début de notre émission. Mais, malheureusement, l'épisode de *NCIS* _a été_ remplacé par un match de foot. Alors, nous _avons raté_ notre émission préférée. On _____ de trouver autre chose à regarder. On _a fait_ du zapping et on _____ toutes sortes d'émissions, mais on ne les _____ pas _____ intéressantes.

Enfin, nous _avons regardé_ un film. Nous _____ ce film et nous _____ du pop-corn. On _____ aussi _____ du coca. Le film _____ à minuit.

INTERACTIONS

En petits groupes, employez les éléments suivants pour poser des questions à vos camarades de classe sur leurs activités du week-end. Ensuite, comparez les réponses des différents groupes. Qui a eu le week-end le plus chargé, le plus intéressant ou le plus amusant?

ACTIVITÉS:

assister à un concert	dîner au restaurant
écrire une composition	envoyer des textos à des amis
étudier à la bibliothèque	faire du sport
sortir en boîte	chatter / clavarder[3] avec des amis
regarder la télé	faire des commentaires sur un réseau communautaire

[3]The verb **clavarder** stems from the word **clavier** *(keyboard)* and is used primarily in Quebec.

Verbs Conjugated with *être*

A. Verbs of motion: Some verbs form the **passé composé** with **être** as the auxiliary. The past participle of a verb conjugated with **être** must agree in gender and number with the subject of the verb.

aller	venir
je **suis allé(e)**	je **suis venu(e)**
tu **es allé(e)**	tu **es venu(e)**
il / elle / on **est allé(e)**[4]	il / elle / on **est venu(e)**
nous **sommes allé(e)s**	nous **sommes venu(e)s**
vous **êtes allé(e)(s)**	vous **êtes venu(e)(s)**
ils / elles **sont allé(e)s**	ils / elles **sont venu(e)s**

[4]When **on** is used to mean **nous**, the past participle of a verb conjugated with **être** often agrees in gender and number as though the subject pronoun were **nous**. Les jeunes filles ont dit: *«On est allées au cinéma.»*

Following is a list of verbs conjugated with **être** in the **passé composé** and their past participles. Most of these are verbs of motion. Many can be grouped by opposites, which will help you remember them.

aller (allé)	to go	≠	venir (venu)	to come	
		≠	revenir (revenu)	to come back	
arriver (arrivé)	to arrive	≠	partir (parti)	to leave	
monter (monté)	to go up	≠	descendre (descendu)	to go down	
		≠	tomber (tombé)	to fall	
naître (né)	to be born	≠	mourir (mort)	to die	
entrer (entré)	to come in	≠	sortir (sorti)	to go out	
rester (resté)	to stay	≠	retourner (retourné)	to go back	
		≠	rentrer (rentré)	to come (go) home	
devenir (devenu)	to become				

The verbs **monter, descendre, rentrer,** and **sortir** sometimes take a direct object. In these cases, the verb is conjugated with **avoir**.

Elle a descendu **les valises.**	*She took down **the suitcases.***
Ils ont monté **les valises.**	*They carried up **the suitcases.***
Elles ont rentré **la voiture** dans le garage.	*They put **the car** in the garage.*

B. Reflexive verbs: All reflexive verbs form the **passé composé** with **être** as the auxiliary. The appropriate reflexive pronoun precedes the auxiliary. The past participles of reflexive verbs are formed in the regular manner.

se lever

je **me suis levé(e)**	nous nous **sommes levé(e)s**
tu **t'es levé(e)**	vous vous **êtes levé(e)(s)**
il / elle / on **s'est levé(e)**	ils / elles **se sont levé(e)s**

As shown above, the past participle of a reflexive verb agrees in gender and number with the reflexive pronoun *when the pronoun functions as a direct object.*

Elle **s'est habillée.**	Vous **vous** êtes réveillé**(e)(s).**
Nous **nous** sommes levé**(e)s.**	Ils **se** sont lavé**s.**

In cases where a reflexive verb is followed by a noun direct object, the reflexive pronoun is no longer the direct object and the past participle does not agree with the pronoun.

Elle s'est coupé**e.**	*She cut **herself.***
Elle s'est coupé **les cheveux.**	*She cut **her (own) hair.***

With certain verbs, the reflexive pronoun functions as an indirect object rather than a direct object. In such cases, the past participle shows no agreement.

s'écrire	*to write to each other*	Ils **se** sont **écrit.**
se parler	*to speak to each other*	Vous **vous** êtes **parlé.**
se rendre compte	*to realize*	Elle **s'est rendu** compte de sa bêtise.

Rappel!

1. The past participles of verbs conjugated with **avoir** agree only with a preceding direct object.
2. The past participles of verbs conjugated with **être** normally agree with the subject of the verb.
3. The past participles of reflexive verbs agree with the preceding reflexive pronoun when this pronoun functions as a direct object.

4 Faites une description de vos activités du week-end dernier et de celles de vos colocataires. Complétez les phrases en mettant les verbes indiqués au **passé composé**.

1. Samedi matin, je _____ (descendre) en ville.
2. Mes colocataires _____ (venir) me rejoindre en ville.
3. Nous _____ au centre sportif pour jouer au tennis. (aller)
4. Puis, on _____ à la maison. (revenir)
5. Le soir, je _____ avec mon ami. (sortir)
6. Mes colocataires _____ aussi. (sortir)
7. Mon ami(e) et moi, nous _____ voir un film. (aller)
8. Je _____ vers onze heures. (rentrer)
9. Mes colocataires _____ quelques minutes plus tard. (rentrer)
10. Nous _____ (rester) chez nous le reste de la soirée.

5 Voici un extrait du journal de Karine. Complétez chaque phrase par la forme appropriée du **passé composé** des verbes entre parenthèses.

1. Ce matin-là, je _____ à sept heures. (se réveiller)
2. Je _____ les cheveux. (se laver)
3. Je _____ avec élégance. (s'habiller)
4. Je _____ comme candidate pour un nouvel emploi. (se présenter)
5. Le chef du personnel et moi, nous _____ pendant une heure. (se parler)
6. Ensuite, mes amis et moi, nous _____ au café. (se retrouver)
7. Soudain, je _____ de l'heure. (se rendre compte)
8. Je _____ pour arriver à l'université pour mes cours. (se presser)

6 Employez les éléments suivants pour composer des phrases au **passé composé**.

hier	mes amis	aller...
pendant le week-end	ma famille	se lever tôt
	je	sortir...
	mes copains et moi	rentrer tard
	mon / ma meilleur(e) ami(e)	s'amuser
		se coucher...
		venir au campus

INTERACTIONS

Dans la matinée. En petits groupes, posez des questions pour déterminer ce que les membres de votre groupe ont fait avant de venir en cours aujourd'hui.

MODELE *Est-ce que tu t'es levé(e) tôt ou tard?*
Je me suis levé(e) tard.

Je me suis lavé
les cheveux
Je ne les suis laves

la
le
les

The Negative with the *passé composé*

To negate a verb used in the **passé composé**, place **ne** before the auxiliary or object pronoun and **pas** before the past participle.

Il **n**'a **pas** parlé.   Elles **ne** sont **pas** parties.

Vous **ne** l'avez **pas** compris.   Ils **ne** se sont **pas** amusés là-bas.

Like **pas**, most negative expressions immediately precede the past participle. However, **personne** follows the past participle, and **que** and **ni... ni...** are placed directly before the words they modify.

Il **n**'a **jamais** parlé.

Vous **ne** l'avez **pas** compris.

Elles **ne** sont **pas** encore parties.

BUT:

Je **n**'ai vu **personne** au café.

Elle **n**'a pris **que** de l'eau.

Nous **ne** sommes entrés **ni** au café **ni** au bar.

Est-ce que tu t'es amusé(e)?

7 Tout ne va pas toujours très bien dans votre vie. Répondez négativement aux questions suivantes.

Non, Je ne me suis pas levé tard.

1. Vous êtes-vous levé(e) tard lundi matin?
2. Avez-vous rendu tous vos devoirs ce semestre?
3. Avez-vous eu des notes exceptionnelles le semestre dernier?
4. Etes-vous sorti(e) tous les week-ends le semestre dernier?
5. Avez-vous trouvé un job très bien rémunéré? Avez-vous gagné beaucoup d'argent?
6. Vous êtes-vous amusé(e) dans tous vos cours?
7. Etes-vous allé(e) à une soirée extraordinaire?
8. Avez-vous pu retrouver vos amis tous les week-ends?
9. Avez-vous fait beaucoup d'achats?
10. Etes-vous allé(e) à un concert exceptionnel?

INTERACTIONS

 Peut-être qu'un jour... Nommez cinq choses que vous n'avez jamais faites et que vous désirez faire un jour. Comparez vos réponses à celles de vos camarades de classe.

MODELE   *Je n'ai jamais été à un concert de jazz.*
                    Je ne suis jamais allé(e) en Afrique.

Note culturelle

Le succès des émissions de téléréalité

Depuis déjà quelques années, des personnes ordinaires viennent raconter leur vie sur les plateaux de télévision ou figurent dans des spots de publicité. Mais elles ne sont pas représentatives de la «vraie» société. Elles sont souvent choisies pour témoigner de leurs modes de vie particuliers et de leur situation marginale. Elles offrent alors un miroir déformant aux spectateurs qui cherchent à se situer par rapport aux autres, afin de trouver leur propre identité.

Le succès des émissions de téléréalité, dont *Loft Story* avait été le précurseur (largement suivi depuis sous des formes multiples), est à cet égard révélateur. Leur principe réside d'abord dans une sélection rigoureuse de candidats *(casting)*, qui doivent être en principe extravertis, ambitieux et télégéniques. Ils doivent aussi constituer un groupe dans lequel émergeront des tensions, des conflits susceptibles de créer du spectacle et du suspense. Ces acteurs jouent, sans en être toujours conscients, un scénario écrit à l'avance, reconstitué par un habile montage destiné à maintenir l'intérêt des téléspectateurs. Ces nouveaux héros perpétuent l'idée généreuse, mais difficile à réaliser, que chacun peut accéder à la célébrité, ainsi qu'à la fortune qui l'accompagne généralement.

En confondant marginalité, réalité et représentativité, ces pratiques donnent une image peu fidèle de la vie sociale. Elles renforcent les téléspectateurs dans l'idée que la société est devenue folle, que les jeunes sont seulement motivés par la fête et l'argent facile. Elles incitent aussi tous ceux qui sont mal dans leur peau et perméables aux phénomènes de mode à imiter les «modèles» qui leur sont ainsi proposés, plutôt que de chercher ailleurs et autrement leur propre identité.

Source: Gérard Mermet, *Francoscopie 2010* © Larousse 2009. Used with permission.

Compréhension

1. Formulez en une phrase l'idée essentielle du premier paragraphe de la note culturelle. Cette idée est-elle positive ou négative? Quelles expressions vous donnent cette impression?

2. Quel est le titre de l'une des premières émissions de téléréalité en France? Selon le texte, quelles caractéristiques semblent posséder les personnes choisies pour participer à ce genre d'émissions de téléréalité? Le texte contient-il des images exagérées des acteurs? Expliquez.

3. Selon le troisième paragraphe, pourquoi peut-on considérer ces émissions de téléréalité comme dangereuses? Faites le résumé des conclusions de l'auteur en utilisant vos propres mots.

Réflexion

A. D'après vos propres expériences en tant que téléspectateur ou téléspectatrice, êtes-vous d'accord avec l'idée que la téléréalité nous offre «un miroir déformant» de la société? Donnez des raisons pour ou contre cette position.

B. A votre avis, la téléréalité va-t-elle continuer encore longtemps à occuper les petits écrans? Pourquoi?

GRAMMAR TUTORIALS

Basic Question Patterns with the *passé composé*

Est-ce que	N'est-ce pas (Non)
Est-ce que vous avez regardé la télé?	Vous avez regardé la télé, **n'est-ce pas (non)**?
Est-ce que votre amie est aussi venue regarder la télé?	Votre amie est aussi venue regarder la télé, **n'est-ce pas (non)**?
Est-ce que vous vous êtes amusés?	Vous vous êtes amusés, **n'est-ce pas (non)**?

Inversion	Intonation
Avez-vous regardé la télé?	Vous avez regardé la télé?
Votre amie est-elle aussi venue regarder la télé?	Votre amie est aussi venue regarder la télé?
Vous êtes-vous amusés?	Vous vous êtes amusés?

8 Utilisez les éléments indiqués et le **passé composé** pour poser des questions à un(e) camarade de classe.

1. à quelle heure / tu / se lever / ce matin?
2. tu / prendre / ton petit déjeuner?
3. à quelle heure / tu / partir / à la fac?
4. tu / prendre / la voiture pour aller à la fac?
5. tu / aller / en cours de français?
6. tu / déjeuner / au resto-U?
7. que / tu / faire / ensuite?
8. à quelle heure / tu / rentrer?
9. tu / faire / tes devoirs / ou / tu / lire / tes bouquins?
10. à quelle heure / tu / se coucher / hier soir?

INTERACTIONS

Le semestre dernier. En petits groupes, chaque étudiant(e) explique trois objectifs ou projets qu'il / elle a accomplis le semestre passé. Les autres posent des questions pour savoir les détails. Ensuite, comparez les objectifs et projets réalisés de votre groupe aux autres groupes de la classe.

Placement of Adverbs with the *passé composé*

There is no hard-and-fast rule regarding the placement of adverbs used with the **passé composé** and other compound tenses. Most short adverbs and a few of the more common longer adverbs are placed between the auxiliary and the past participle. Following is a partial list of adverbs that normally follow the auxiliary and precede the past participle.

assez	déjà	probablement	toujours
beaucoup	encore	peut-être	trop
bien	enfin	seulement	vite
bientôt	longtemps	souvent	vraiment
certainement	mal	sûrement	

Elle s'est **bien** amusée.
Il a **bientôt** fini.
J'ai **enfin** écrit la lettre.

Ils sont **peut-être** venus hier.
Ils ont **trop** regardé la télé.
J'ai **vraiment** souffert.

Most long adverbs, including many that end in **-ment** (except those mentioned earlier) are placed after the past participle.

Il a parlé **brillamment.**
Vous avez été **régulièrement** présent.
Elles sont restées **constamment** chez elles.

Adverbs of time and place also usually follow the past participle. The following list includes the most commonly used adverbs of time and place.

Time	Place
après-demain	dessus (au-dessus)
autrefois	dessous (au-dessous)
avant-hier	ici
demain	là-bas
hier	partout
tard	
tôt	

Je suis venue **hier.**
Ils se sont rencontrés **là-bas.**

In negative constructions, the adverb **peut-être** and most adverbs ending in **-ment** (except **seulement**) follow the auxiliary and precede **pas** or another negative expression.

Il n'est **peut-être** pas allé en cours.
Vous n'avez **vraiment** pas compris.
On n'a **probablement** plus d'argent.

Most short adverbs (those with one or two syllables) and the adverb **seulement** usually follow **pas** or another negative expression and precede the past participle.

Jean-Pierre n'a pas **seulement** travaillé, il a aussi **beaucoup** joué.
Je n'ai pas **encore** fini la leçon.
Nous n'avons pas **toujours** compris les explications du prof.

A few adverbs, such as **longtemps, vite,** and **aujourd'hui,** follow both the negative expression and the past participle.

Tu n'as pas lu **longtemps.** Vous n'êtes plus sorti **aujourd'hui?**
Elle n'a pas couru **vite.**

9 Une soirée peut quelquefois mal tourner. Complétez le récit de cette soirée en ajoutant les adverbes entre parenthèses à la place appropriée.

1. Presque tout le monde est arrivé à huit heures. (hier)
2. Moi, je suis venu(e) à huit heures et demie. (ne... que)
3. Quelques-uns des invités ont bu. (beaucoup)
4. J'ai dansé. (mal)
5. Une personne ennuyeuse a parlé. (constamment)
6. L'hôtesse a offert des hors-d'œuvre très gras. (malheureusement)
7. Mon ami(e) est arrivé(e). (enfin)
8. Soudain, nous nous sommes senti(e)s fatigué(e)s. (vraiment)
9. Mon ami(e) est parti(e). (bientôt)
10. Je suis parti(e), moi aussi. (vite)

10 Posez des questions à votre professeur de français sur son week-end en employant les expressions suggérées.

1. se lever tôt ou tard
2. travailler
3. corriger des examens
4. faire du sport
5. sortir le soir
6. faire un voyage
7. parler français
8. voir des amis
9. aller à une soirée
10. se coucher tôt ou tard
11. s'amuser
12. ???

11 Vous êtes allé(e) à une soirée. Employez les éléments suggérés et les adverbes des listes à la page 148 pour décrire vos activités et vos impressions.

ACTIVITES: s'amuser
écouter
manger de la pizza
regarder un DVD

bavarder   ???
fumer des cigarettes
prendre un coca (du vin / de la bière)
danser

INTERACTIONS

Une journée mouvementée. Composez une liste de six à huit activités que vous avez faites hier. Dans votre liste, utilisez une variété d'adverbes pour préciser l'intensité des activités (e.g., **[pas] beaucoup, assez, longtemps, trop, vite, peu**). Ensuite, en petits groupes, comparez les listes. En utilisant plusieurs formes superlatives, chaque groupe doit expliquer à la classe quel membre du groupe a eu la journée la plus intéressante, chargée *(busy),* difficile, etc.

SYNTHESE

A. Un pique-nique à la plage. Racontez le pique-nique de Roger et de ses copains du week-end dernier en mettant les phrases au **passé composé.**

1. Le jour du pique-nique, nous nous levons de bonne heure.
2. Avant de partir, nous préparons tout pour le pique-nique.
3. Nous sortons de chez nous tôt le matin.
4. Nous arrivons à la plage vers dix heures.
5. Nous déjeunons à une heure.
6. Après le déjeuner, nous jouons au volley.
7. Nous faisons des promenades sur la plage.
8. L'après-midi, nous nous baignons puis nous prenons un bain de soleil.
9. Nous rentrons vers sept heures.

B. Les réseaux communautaires. Posez des questions au **passé composé** sur les habitudes par rapport aux réseaux communautaires.

1. choisir d'être membre d'un réseau communautaire?
2. naviguer récemment sur le site de Facebook ou d'un autre réseau?
3. créer une page personnelle sur un des réseaux?
4. accepter beaucoup d'amis?
5. mettre des photos sur ta page?
6. entrer dans un salon de chat?
7. passer beaucoup de temps sur le réseau?
8. s'amuser dans cette communauté virtuelle?

INTERACTIONS

Votre émission préférée. Composez quatre phrases pour résumer les événements principaux du dernier épisode de votre émission préférée. Commencez chaque phrase par un adverbe de séquence approprié **(d'abord, ensuite, puis, enfin)**. Racontez ces événements à votre groupe. Les autres doivent deviner l'émission.

CD1, Track 9

POUR S'EXPRIMER

Francophones en direct

Les télécommunications et la technologie au Canada. Ecoutez l'interview suivante avec Vincent, un jeune Canadien. Ensuite, complétez les phrases de façon logique.

Vocabulaire utile

compter *to have*	**profiter** *to take advantage of*	**vivace** *hardy, vibrant*
est répandu *is widespread*	**un truc** *(slang) a thing*	**la vérité** *truth*
un courriel *(Can.) e-mail*	**un témoin** *witness*	**séduisant** *seductive*
des moyens privilégiés *preferred means*	**qu'on pourrait** *that one could*	**interpellant** *remarkable*

1. Vincent pense que (qu')...
   a. la technologie n'est pas très importante au Canada.
   b. les Canadiens sont très branchés.
   c. il y a peu d'innovations au Canada.

2. Depuis l'enfance de Vincent, le rôle de la technologie...
   a. a beaucoup changé.   b. a peu changé.   c. n'a pas du tout changé.

3. Une des activités principales de Vincent quand il est devant son ordinateur est de...
   a. participer à des salons de chat.
   b. consulter des sites de nouvelles.
   c. télécharger de la musique.

4. Vincent peut passer... heures devant son ordinateur.
   a. 6   b. 8   c. 10

5. Hier, Vincent...
   a. a fait du shopping en ligne.
   b. a consulté un site de nouvelles.
   c. a utilisé un moteur de recherche.

6. Vincent...
   a. préfère les contacts virtuels.
   b. pense que le virtuel est un outil au service du réel.
   c. pense qu'avec toute la technologie actuelle, le réel devient secondaire.

7. La télévision au Québec...
   a. diffuse trop d'émissions américaines.
   b. est complètement privatisée.
   c. aide à défendre la culture francophone.

8. D'après Vincent, à la télévision, les Canadiens aiment...
   a. les documentaires.
   b. les nouvelles.
   c. les émissions dans lesquelles on peut trouver du vrai.

En petits groupes, comparez l'usage de la technologie par les jeunes au Canada et aux Etats-Unis. Quelles similarités y voyez-vous? Y a-t-il des différences?

A vous la parole

Voici quelques expressions qu'on emploie souvent pour établir la chronologie des événements qu'on raconte. Choisissez un des contextes indiqués et racontez cet événement en utilisant les expressions suivantes.

EXPRESSIONS: alors   d'abord   enfin   ensuite   plus tard   puis

- votre premier jour à l'université
- un rendez-vous mémorable
- les préparations pour votre dernier examen
- les vacances de l'été dernier

Situations orales

A. En petits groupes, posez des questions pour déterminer les émissions préférées des membres du groupe. Qui regarde en général les mêmes émissions? Qui regarde les émissions les plus populaires ou les plus bizarres? Avec qui voulez-vous passer une soirée à regarder la télé?

B. Votre classe va interviewer des étudiants français. En petits groupes, composez quatre questions au sujet de la télévision en France. Ensuite, chaque groupe va poser ses questions aux autres groupes qui vont jouer le rôle des étudiants français.

Note culturelle

TV5MONDE

TV5MONDE est la première chaîne mondiale de télévision en français. Plus de 215 millions de foyers peuvent recevoir TV5MONDE par câble ou satellite dans plus de 200 pays et territoires.

- Huit des neuf signaux de TV5MONDE sont diffusés de Paris à destination de la France, la Belgique, la Suisse, l'Europe, l'Afrique, l'Asie, l'Orient, l'Amérique latine, les Etats-Unis et le Pacifique. Le neuvième signal, Québec-Canada est diffusé de Montréal.

- Un réseau formé de dix partenaires internationaux offre à TV5MONDE une programmation qui fait connaître au monde le pluralisme et la diversité des points de vue.

- Actuellement, 3 millions de chambres d'hôtels et 9 compagnies aériennes diffusent les programmes de TV5MONDE aux voyageurs francophones. Plus de 56 000 abonnés «enseignants» et plus de 61 000 abonnés «apprenants» utilisent la méthode «apprendre et enseigner le français avec TV5MONDE».

D'abord appelée tout simplement TV5, en 2006 la chaîne se renomme TV5MONDE afin de mieux refléter son statut de première chaîne mondiale de télévision francophone. Aujourd'hui, la chaîne se considère comme l'un des trois plus grands réseaux mondiaux de télévision aux côtés de MTV et CNN. Son site Internet offre une variété de rubriques permettant aux internautes du monde entier de regarder les émissions et le journal télévisé en streaming et de lire des articles et des reportages de qualité en français. Le site propose également une rubrique qui met à la disposition des enseignants et des étudiants des outils pédagogiques multimédias pour apprendre la langue française. La mission de TV5MONDE de diffuser au monde entier une télévision francophone et d'encourager l'apprentissage de la langue contribue certes à la mondialisation culturelle, mais une mondialisation à la française.

Compréhension

1. Environ combien d'abonnés y a-t-il à TV5MONDE? Où se trouvent-ils?
2. Comment est-ce que TV5MONDE assure une programmation pluriculturelle?
3. Où peut-on regarder les émissions de TV5MONDE quand on est en voyage?
4. Qu'est-ce que le site Internet de TV5MONDE offre aux internautes?
5. Dans quels sens peut-on dire que TV5MONDE s'engage dans une mondialisation à la française?

Réflexion

A. Visitez la rubrique «apprendre le français» sur le site de TV5MONDE pour vous familiariser avec les «exercices de la semaine». Décrivez ces exercices. Que pensez-vous de la télé comme instrument pédagogique?

B. A votre avis, quels sont plusieurs avantages et désavantages d'une chaîne qui a une diffusion internationale plutôt que régionale? Selon vous, les chaînes internationales vont-elles être plus ou moins nombreuses à l'avenir? Pourquoi?

Structures III

Uses of the *passé composé*

The **passé composé** is used to express an action that was completed within a specified or implied time frame in the past. You must often judge from the context of the sentence if the action has been completed. The following contexts indicate completed actions.

A. An isolated action: A single action that was performed by someone or that occurred in the past is expressed with the **passé composé.**

> **J'ai lu** *Télé 7 Jours.*
> Nous **sommes allés** au café.
> Le concert **a eu** lieu sans incident.

B. An action with a specified beginning or end: A past action for which either the beginning or the end can be easily visualized is expressed with the **passé composé.** The action or event may be of short or long duration, but if the beginning or end of the action is delineated by the context of the sentence, the **passé composé** is used.

> **J'ai regardé** la télé pendant deux heures.
> Le film **a commencé** à trois heures.
> Il **a duré** deux heures.
> Le festival du film **a continué** jusqu'au douze mai.

C. A series of actions: A succession of completed actions, or a single completed action repeated a number of times within a limited time frame, is expressed with the **passé composé.**

> Jerry **a allumé** le téléviseur, **s'est installé** et **a regardé** son feuilleton.
> Il **a vu** le même film deux fois.
> L'année dernière, il **a regardé** tous les épisodes de *Scrubs.*

D. Reaction to an event or situation / Change in a state or condition: A past action that is characterized by its suddenness or immediacy is expressed with the **passé composé.** Such action may state an immediate reaction to an event or situation.

> Au moment de l'accident, j'**ai pensé:** «Je vais mourir».
> Les enfants **ont voulu** sortir quand la neige **a commencé** à tomber.

Such an action may express a sudden change in an existing state or condition. This use of the **passé composé** often parallels the English concepts *to become* or *to get.*

> Quand j'**ai vu** les questions de l'examen, j'**ai eu** peur.
> Après avoir mangé de la mauvaise viande, il **a été** malade.
> Après l'accident, elles n'**ont** pas **pu** marcher.

In addition to the contexts already discussed, certain expressions of time may indicate that an action is completed within a given time frame. Here is a partial list of such expressions.

à ce moment-là	**immédiatement**	**tout de suite**
enfin	**soudain**	**une fois**
finalement	**tout à coup**	**vite**

Rappel!

The **passé composé** is not the only past tense in French. As you will see in **Chapitre 5,** a verb may be used in any of the past tenses, depending on the context and duration of the action in question. The **passé composé** is used to indicate that an action was of limited duration and was completed within a certain time frame. The following examples provide further illustration of the various uses of the **passé composé.** Pay special attention to the different contexts that indicate completed actions and therefore require the **passé composé.**

J'**ai fréquenté** cinq écoles.

Series of actions: *After that period, you were no longer at those schools.*

J'**ai déménagé** trois fois.

Series of actions: *You moved several times, but all the moves have been completed.*

Pendant ma jeunesse, j'**ai appris** l'espagnol.

Specified beginning or end: *You may know Spanish now, but you have stopped studying it.*

Mon père **s'est enrôlé** dans l'armée.

Isolated action: *He may still be in the army, but the act of joining it is completed.*

Il y a trois ans, j'**ai fait** un voyage au Mexique.

Specified beginning or end: *The trip began and ended three years ago.*

Je **me suis marié.**

Isolated action: *You may still be married, but the act of getting married is completed.*

L'année dernière, j'**ai acheté** une voiture.

Specified beginning or end: *You may still have the same car, but the act of acquiring it is completed.*

L'été dernier, j'**ai travaillé.**

Specified beginning or end: *You may still be working, but the work you were doing last summer is over.*

J'**ai vu** un accident.

Isolated action: *The accident is over.*

Le chauffeur n'**a** pas **pu** marcher tout de suite.

Change in a state or condition: *He may be able to walk now, but at that moment he tried and couldn't.*

Je **suis venue** à l'école.

Isolated action: *You left for school and got there, thus completing the action.*

Hier, il **a plu.**

Specified beginning or end: *The rain started and stopped yesterday.*

J'**ai** déjà **eu** mon cours de français.

Isolated action: *The class began and ended.*

J'**ai su** les résultats de mon examen.

Isolated action: *The act of finding out that information is completed.*

Après le déjeuner, j'**ai pensé** à mon départ.

Specified beginning or end: *You looked at your watch and remembered that you had to leave.*

Je n'**ai** pas **voulu** quitter mes amis.

Reaction to an event or situation: *At that moment you decided you did not want to leave your friends.*

1 Assis(e) dans un café à Paris, vous entendez la conversation suivante. Justifiez l'emploi du **passé composé** dans les phrases.

—Ah! Bonjour, Jean-Marc. Vous **êtes** enfin **arrivé**!

—Oui, excusez-moi, je suis en retard. J'**ai reçu** un coup de téléphone, et puis j'**ai dû** dire un mot à ma secrétaire et enfin j'**ai pu** partir.

—Alors, vous **vous êtes** bien **amusé** hier soir chez les Dumont?

—Bien sûr. On **a bavardé**. Les Dumont **ont servi** un dîner superbe. Et puis on **a joué** aux cartes. Mais, **il y a eu** un moment gênant. Soudain, Madame Dumont **est devenue** très pâle. D'abord elle **a tremblé**, ensuite elle **a eu** l'air d'avoir chaud. Puis elle **s'est excusée** et elle **est montée** dans sa chambre. Vers dix heures, elle **est revenue**. Après cet incident, le reste de la soirée **s'est** très bien **passé**.

—C'est bizarre. Elle **n'a** donc **pas été** vraiment malade?

—Non. On **n'a pas** vraiment **compris** son problème, mais elle **n'a plus rien dit** à ce sujet.

2 Posez cinq questions contenant des verbes au **passé composé** à vos camarades de classe pour déterminer ce qu'ils ont fait à différentes heures de la journée.

MODELE —*A sept heures, est-ce que tu t'es levé(e)?*
—*Non, à sept heures, j'ai pris mon petit déjeuner.*

3 Le **passé composé** n'est pas le seul temps du passé en français. Il accompagne souvent un autre verbe à l'**imparfait** (voir **Chapitre 5**), un temps employé pour la description. Voici des phrases qui commencent par des descriptions. Complétez chaque phrase par un verbe au **passé composé** pour indiquer ce qui s'est passé dans le contexte.

1. Pendant que j'allais en cours...
2. J'entrais en cours de français quand...
3. Après mes cours, comme j'avais soif, je...
4. J'avais besoin de réviser ma leçon, alors je...
5. Pendant que j'étais chez moi,...
6. Je lisais quand...
7. Comme je regardais une émission qui n'était pas très intéressante, je...
8. J'étais fatigué(e), alors je...

4 On veut savoir ce que vous avez fait samedi dernier. Racontez trois ou quatre événements qui ont eu lieu. Comparez vos réponses à celles de vos camarades de classe.

INTERACTIONS

Fort Boyard. D'abord, lisez l'article qui suit. Ensuite, répondez en petit groupe aux questions.

Fort Boyard, le futur mythe télévisuel

Le jeu fête ses vingt ans de télévision en France. Mais vingt-trois pays ont aussi enregistré «leur» *Fort Boyard*.

Comment expliquer le succès de ce jeu télévisé qui fête ses vingt ans d'existence sur France 2, un record en ces temps d'émissions Kleenex?

Fort Boyard, c'est l'anti-trash: les parents peuvent laisser leurs enfants seuls devant le poste de télévision et les candidats ne sont pas poussés au-delà de leurs limites. Rien à voir avec *Fear Factor*. Autre atout, le site exceptionnel de la forteresse au large de La Rochelle.

Le principe: Une équipe de candidats doit subir une série d'épreuves physiques et intellectuelles pour gagner un trésor. Il s'agit de plusieurs étapes, dont la collecte de clés et d'indices pour trouver des mots code. Au cours des années, en plus des anonymes qui jouent pour leur compte, de nombreuses célébrités ont participé au jeu télévisé, y compris des acteurs et actrices, journalistes et athlètes qui font don de l'argent gagné à des associations bénévoles.

Le triomphe de l'émission a d'ailleurs dépassé depuis longtemps les frontières hexagonales. Au Québec, par exemple, le jeu a atteint jusqu'à 69% d'audience! D'autres nations, comme l'Argentine, l'Allemagne, la Russie, le Liban, Israël et les pays scandinaves ont eux aussi acheté le format de l'émission.

En 2011, six pays vont tourner sur place leur propre *Fort Boyard*. Mais les Français gardent un œil sur ce grand roulement planétaire. Derrière la caméra, on retrouve un réalisateur français. Il en va de même pour les équipes techniques. Seuls les présentateurs et les candidats sont importés par les pays.

Afin de réduire les coûts, la République tchèque et la Chine notamment achètent le programme français et le diffusent doublé ou sous-titré.

Grâce à cette énorme popularité, *Fort Boyard* pourrait détrôner la baguette et devenir le nouveau symbole de la France.

1. Depuis combien d'années est-ce que l'émission *Fort Boyard* passe à la télé en France?
2. Où se trouve le fort où l'émission est tournée?
3. Qui constitue les équipes? Quels types d'épreuves doivent-ils réaliser?
4. D'où viennent les équipes de tournage des différentes versions de *Fort Boyard*? De quelle nationalité sont les réalisateurs et les équipes? Quels personnages sont importés par les pays étrangers?
5. Comment explique-t-on le succès de cette émission? A quelle émission américaine est-ce que *Fort Boyard* est comparé? Etes-vous d'accord avec l'opinion exprimée au sujet de cette émission américaine?
6. Que pensez-vous des émissions de «réalité» à l'américaine? Lesquelles regardez-vous? Comment expliquez-vous la popularité de ce genre d'émission?

Situations écrites

A. Une correspondante française vous écrit un e-mail. Pour avoir une idée des modes de vie et des habitudes des jeunes Américains, elle veut savoir ce que vous avez fait pendant les vacances d'été. Répondez à votre amie pour raconter ce que vous avez fait l'été dernier.

B. Vous cherchez un poste dans une entreprise qui a des succursales *(branches)* au Canada. On vous demande d'écrire un court texte sur un événement qui a beaucoup influencé votre vie.

Le français connecté

Explorez l'offre de la télévision francophone en visitant les sites officiels de trois chaînes de télévision francophones. Rendez-vous sur un moteur de recherche tel que **www.google.fr** ou **www.yahoo.fr**. Tapez «chaîne de télévision» + «France», puis + «Québec», puis + «Sénégal». Prenez des notes sur les caractéristiques principales des émissions et films diffusés. Considérez le genre, le nom et la nationalité (l'origine) des émissions et films. Quels types d'émissions et de films sont populaires dans chaque pays? Quels sports et jeux télévisés sont proposés? Y a-t-il des émissions de téléréalité? A quelle heure le journal télévisé, la météo et les films sont-ils diffusés?

Connectez-vous

La télévision francophone et la mondialisation. En consultant vos notes, considérez les similarités et les différences entre les diverses télévisions francophones et les habitudes télévisuelles de chaque pays. A votre avis, les télévisions francophones jouent-elles un grand rôle dans la diffusion d'une culture «mondialisée» ou plutôt de cultures régionales / locales? La télévision francophone est-elle un mélange de cultures ou plutôt la diffusion d'une culture francophone particulière? Y a-t-il des influences de cultures non francophones? Les téléspectateurs de nationalités différentes ont-ils les mêmes habitudes télévisuelles? Regarde-t-on les mêmes types d'émission à la même heure du jour?

AFP / Getty Images

A lire

Texte de culture contemporaine

Sujets de réflexion

1. Avez-vous des amis qui ont des smartphones? En avez-vous un? Vos amis et vous, quels aspects du smartphone utilisez-vous le plus souvent?
2. Combien paie-t-on par mois en général pour avoir un smartphone?
3. Y a-t-il une valeur du smartphone comme symbole dans la culture actuelle?

Guide de lecture

1. Qu'est-ce que le titre *Comment vivre sans smartphone?* indique sur les attitudes envers les smartphones?
2. En lisant la première phrase de cet article, comment comprenez-vous l'idée que le smartphone est devenu «indispensable»?
3. Dégagez dans le texte le vocabulaire de la technologie qui a été emprunté à l'anglais.

Comment vivre sans smartphone?

Ne pas avoir de smartphone en 2011, dans le milieu de la presse, c'est un peu comme ne pas avoir de télé en 1981. Au mieux, vous passez pour un sympathique marginal, mais la plupart du temps, on vous considère comme un asocial *worrisome* inquiétant°, voire comme un dangereux militant déterminé à contester la bonne
5 marche du monde.

Ascenseur ou escaliers?

A l'heure du tout, tout le temps, tout de suite, ne pas avoir de smartphone, c'est peut-être en effet un acte de résistance. Modeste la résistance. Passive surtout. Le bon vieux portable, c'est un peu la version high-tech de la slow-food. Le mouvement low-tech rassemble d'ailleurs de plus en plus d'adeptes. Mais tout le monde n'est pas prêt à
forego 10 pousser la résistance jusqu'à délaisser° les ascenseurs pour prendre les escaliers.

Quoi qu'il en soit, pour le chef, ce n'est pas de la résistance, c'est de la désertion: «Comment, tu n'as pas vu mon mail de 22 h 45? Mais enfin, tout le monde a eu un push à 22 h 44!» Le smartphone entretient une véritable confusion sémantique. En
available fait, désormais, réactif signifie disponible°…

Roi des geeks

15 Effet secondaire inattendu, ne pas avoir de smartphone peut propulser, vous allez voir, au rang de roi des geeks. Un règne certes éphémère mais une rencontre de l'homme avec la technologie dernier cri° qui permet de mieux appréhender ce
the latest thing moment de jouissance, de toute puissance, qui stimule la course° à l'équipement
race dernier cri.

Tout un monde!

bar of a café

20 Le smartphone c'est combien? Allez, disons 50 euros par mois. Tout un monde. 50 euros, c'est un petit café le matin au zinc° avec des inconnus qui vous racontent le monde, 1,90 euro + une pizza chez Gabriella qui raconte son monde, 12 euros +

pals

une place de cinéma qui réinvente le monde, 9 euros + une bière entre potes° avec qui on refait le monde, 3 euros + une place au concert de Mor Karbasi qui chante

25 le monde au Café de la danse, 20 euros + un bouquin de poche qui nous fait rêver

rent-a-bike

le monde, 7 euros + une journée de Vélib'° qui vous fait visiter le monde, 1,70 euro. On a longtemps trouvé *La première gorgée de bière* de Delerm simplement gentillet.

indispensable reading

Depuis le smartphone, on le considère comme incontournable°.

Aussi, avant que les entreprises imposent l'ajout de cet outil professionnel

office equipment / survival

30 indispensable à la liste de leurs fournitures de bureau°, la survie° sans push a encore de beaux jours devant elle.

Source: Louis Morice, «Comment vivre sans smartphone?», *Le Nouvel Observateur*, 1 août 2011, http://tempsreel.nouvelobs.com/

Après la lecture

1. Quelle est l'attitude actuelle au sujet des gens qui choisissent de ne pas avoir de smartphone?

2. Qu'est-ce qu'on pense du «bon vieux portable»?

3. Dans quel sens le smartphone rend-il la vie plus difficile?

4. Donnez d'autres exemples de la «course à l'équipement dernier cri».

5. Quelle sorte d'activités peut-on se payer pour les 50 euros par mois que coûte le smartphone? En créant cette liste d'activités, quel contraste l'auteur essaie-t-il de provoquer entre la vie sans smartphone et la manie actuelle du smartphone? Relisez à la page 34 la description du livre *La première gorgée de bière* de Philippe Delerm. Expliquez l'allusion à ce livre.

Urbanmyth / Alamy

Texte littéraire

Sujets de réflexion

1. Certains textes ont été écrits pour nous faire réfléchir. Peut-on dire que la télévision nous fait réfléchir, elle aussi, de la même manière? Quelle est, à votre avis, l'importance de la télévision dans la société actuelle et dans votre propre vie?

2. Combien de temps passe-t-on devant le petit écran chez vous? Réfléchissez aux diverses tranches de la société (enfants, adolescents, personnes actives, personnes âgées, etc.). Quelle partie de leur vie est consacrée à regarder la télé? Pour quelles raisons?

A propos de l'auteur...

Jean-Philippe Toussaint *est né à Bruxelles en 1957. Il reçoit sa formation universitaire à Paris. Diplômé de l'Institut de Sciences Politiques en 1978, il fera ensuite des études d'histoire contemporaine à la Sorbonne. L'intérêt qu'il porte à l'actualité politique et sociale va bientôt lui inspirer de nouvelles carrières, celles de romancier et de cinéaste. Mais il se posera toujours la même question: Qu'est-ce qui fait le temps présent?*

Jean-Philippe Toussaint publie son cinquième roman, La Télévision, en 1997. Le texte est bientôt traduit en plus de vingt langues comme le sont la plupart de ses œuvres. L'intrigue de ce roman tourne autour du narrateur, double de l'auteur et jeune historien de l'art. Un jour, celui-ci décide tout bêtement de boycotter la télé, trouvant son esprit «comme anesthésié d'être aussi peu stimulé» par elle. L'écran éteint, le téléviseur va être remplacé par des réflexions et des méditations sur la crise de notre civilisation contemporaine, bombardée sans cesse par des images virtuelles.

Guide de lecture

Lisez rapidement le premier paragraph du texte. Qu'est-ce que le narrateur a fait? Pourquoi a-t-il décrit son geste avec tant de détails? D'après ce que vous venez de lire, quel va être le thème du texte?

La Télévision (extrait)

J'ai arrêté de regarder la télévision. J'ai arrêté d'un coup, définitivement, plus une émission, pas même le sport. J'ai arrêté il y a un peu plus de six mois, fin juillet, juste après la fin du Tour de France. J'ai regardé comme tout le monde la retransmission° de la dernière étape° des Champs-Elysées, qui s'est terminée par un sprint massif remporté par l'Ouzbèke Abdoujaparov, puis je me suis levé et j'ai éteint le téléviseur. Je revois très bien le geste que j'ai accompli alors, un geste très simple, très souple, mille fois répété, mon bras qui s'allonge et qui appuie sur le bouton, l'image qui implose et disparaît de l'écran. C'était fini, je n'ai plus jamais regardé la télévision. [...]

Une des principales caractéristiques de la télévision quand elle est allumée est de nous tenir continûment en éveil° de façon artificielle. Elle émet en effet en permanence des signaux en direction de notre esprit, des petites stimulations de toutes sortes, visuelles et sonores, qui éveillent notre attention et maintiennent notre esprit aux aguets°. Mais, à peine° notre esprit, alerté par ces signaux, a-t-il rassemblé ses forces en vue de la réflexion, que la télévision est déjà passée à autre chose, à la

15 suite, à de nouvelles stimulations, à de nouveaux signaux tout aussi° stridents que les précédents, si bien qu'° à la longue, plutôt que° d'être tenu en éveil par cette succession sans fin de signaux qui l'abusent, notre esprit, fort des° expériences malheureuses qu'il vient de subir et désireux sans doute de ne pas se laisser abuser° de nouveau, anticipe désormais° la nature réelle des signaux qu'il reçoit, et, au lieu

20 de mobiliser de nouveau ses forces en vue de la réflexion, les relâche° au contraire et se laisse aller° à un vagabondage passif au gré des° images qui lui sont proposées. Ainsi notre esprit, comme anesthésié d'être aussi peu stimulé en même temps qu'autant° sollicité, demeure-t-il essentiellement passif en face de la télévision. De plus en plus indifférent aux images qu'il reçoit, il finit d'ailleurs par ne plus réagir du

25 tout lorsque de nouveaux signaux lui sont proposés, et, quand bien même° réagirait-il encore, il se laisserait de nouveau abuser par la télévision, car, non seulement la télévision est fluide, qui ne laisse pas le temps à la réflexion de s'épanouir° du fait de sa permanente fuite en avant°, mais elle est également étanche°, en cela qu'elle interdit tout échange de richesse entre notre esprit et ses matières°.

on the look-out / barely

just as

with the result that / rather than / armed with the

to allow itself to be deceived

from then on

relaxes

allows itself to drift / at the mercy of the

so greatly

even though

to flourish

flight forward / impervious

subject matter

Source: Jean-Philippe Toussaint, *La Télévision*, 1997 © Les Éditions de Minuit. Used with permission.

Après la lecture

1. Quand le narrateur a-t-il cessé de regarder la télé? Quelle est la dernière émission qu'il a regardée?

2. Quelles indications dans le texte nous donnent l'impression que, avant de prendre sa décision d'arrêter de regarder la télé, cet homme ressemble à ses compatriotes dans sa façon de se comporter devant la télé?

3. Dans le deuxième paragraphe de l'extrait, Toussaint présente une série de caractéristiques de la télévision quand elle est allumée. Donnez-en au moins cinq et dites si vous êtes d'accord avec l'auteur.

4. Toussaint fait aussi le portrait du téléspectateur. Quelles sont les caractéristiques de ceux qui regardent la télé, selon l'auteur?

5. En somme, comment peut-on résumer l'effet de la télévision sur le public? Partagez-vous les idées de Jean-Philippe Toussaint? Dites pourquoi.

Pour mieux lire

1. Le style littéraire de Jean-Philippe Toussaint peut quelquefois rendre difficile la lecture de certaines phrases comme la troisième du second paragraphe. Pour faciliter la lecture de celle-ci, cherchez d'abord l'idée centrale. Il a déjà indiqué dans la phrase précédente l'importance des effets de la télé sur l'*esprit*. Comment va-t-il pousser cette idée encore plus loin dans la phrase en question?

2. Le premier paragraphe nous offre un assez grand nombre d'exemples de l'emploi du **passé composé**. Dressez une liste de tous les verbes au **passé composé** de cet extrait. En utilisant les explications grammaticales du chapitre, justifiez l'emploi de ce temps verbal dans chaque cas.

LIENS CULTURELS

1. Quel avantage la télévision a-t-elle donné aux personnages politiques chez vous et en France? Une chaîne comme CNN est-elle une aide ou un obstacle en temps de crise? Prenez un événement comme les attaques du onze septembre et d'autres actes de terrorisme comme exemples.

2. Certaines personnes manifestent des phobies vis-à-vis de l'informatisation de la vie moderne. En quoi ont-elles raison?

3. Que faut-il penser de quelqu'un comme le narrateur de *La Télévision* de Jean-Philippe Toussaint? Si on arrête de regarder la télé, par quoi va-t-on la remplacer dans la vie quotidienne?

EXPANSION

A. Si la révolution industrielle a totalement bouleversé la société du dix-neuvième siècle, quelle nouvelle révolution a le plus marqué le vingtième siècle: la radio, la télé, l'informatique? Comparez votre réponse à celles de vos camarades de classe.

B. On considère quelquefois l'informatique comme l'ennemi de la culture traditionnelle. Que pensez-vous de ce point de vue?

C. A votre avis, quels sont les plus grands dangers du cyberespace pour la société moderne? Quels sont vos peurs et vos souhaits dans ce domaine?

Rien de grave

Court-métrage de Renaud Philipps, Société de production: Les productions du Trésor – 2004

PRIX ET RECOMPENSES

Festival Les Hérault du cinéma au Cap d'Agde 2006: Prix de la réalisation

Festival du Court-Métrage de Fréjus 2006: Prix du public, mention spéciale du jury

Short Shorts Film Festival, à Tokyo 2005: Grand prix au prix du meilleur court-métrage étrange

Festival d'Alpes d'Huez 2005: Prix du meilleur court-métrage

A considérer avant le film

Vous êtes-vous déjà servi(e) d'une cabine pour téléphoner? Décrivez (ou imaginez) cette expérience. Quelles autres technologies démodées pouvez-vous citer et décrire?

Avant le visionnage

L'image du film. Les affiches font partie de ce qui nous attire vers le cinéma. Faites une description détaillée de l'affiche pour le film *Rien de grave*. Quelles premières impressions du film est-ce qu'elle vous donne? Quel genre de film annonce-t-elle? Est-ce qu'elle vous rappelle d'autres affiches que vous connaissez? Lesquelles?

NOTE LINGUISTIQUE

L'adjectif «grave» est utilisé dans le cas d'une situation qui risque d'avoir des conséquences sérieuses: une maladie ou un accident grave, par exemple. En français courant, on dit «C'est pas grave» pour accepter des excuses.

Exemple: Je suis désolé! *(I'm so sorry!)* C'est pas grave. *(No problem. / Don't mention it.)*

Premier visionnage

Paris contrôle, il y a un problème. Le personnage central du film aura des problèmes avec la technologie dont il se sert. Notez ce qui lui arrive avec chaque objet mentionné.

1. la clé automatique
2. le téléphone
3. la voiture
4. la carte de crédit

Quels éléments du film contribuent à donner une atmosphère de suspens aux mésaventures de l'homme?

Rien de grave: Renaud Philipps / Productions du Trésor

Deuxième visionnage

Le bon ordre. Mettez les actions du personnage principal dans l'ordre chronologique.

___1___ Il perd le signal en téléphonant de sa voiture et s'arrête au bord d'une route déserte.

_____ Il reste bloqué dans la cabine.

_____ Il doit trouver un tournevis *(screwdriver)* pour déloger une pièce qui est tombée sous le sol de la cabine.

_____ Il fait tomber ses clefs et ne peut pas monter dans sa voiture.

_____ Il veut payer avec une carte de crédit mais la machine ne les accepte pas.

_____ Il continue sa conversation avec la cliente.

_____ Sa voiture se met à rouler en arrière toute seule.

_____ Un avion fait un atterrissage *(landing)* d'urgence à côté de lui.

_____ Il n'arrive pas à lire le numéro qu'il a marqué.

_____ Il voit arriver une voiture et se jette devant.

Après le visionnage

Observations

Répondez aux questions.

1. Le film commence avec un appel au secours. De quelle situation urgente s'agit-il?

2. A qui est-ce que le chauffeur de la voiture parle au début du film? Pourquoi est-ce que la conversation est importante pour lui?

3. Qui est dans la voiture que l'homme fait arrêter vers la fin du film? Avec qui parle-t-il?

4. Commentez la fin du film. Est-ce que l'atterrissage de l'avion vous semble vraisemblable? Et la réaction de l'homme au téléphone? Quel en est l'effet?

Interprétation

Discutez avec un(e) partenaire de vos impressions du personnage central dans le film en répondant aux questions.

1. Imaginez la carrière du personnage central. Quel genre d'études a-t-il fait? Pour qui travaille-t-il? Que fait-il tous les jours pour réussir? Pourquoi se concentre-t-il sur sa carrière? Que souhaite-t-il à l'avenir?

2. Quelles seront les conséquences des actions de ce personnage, d'après vous?

A vous

Technologie et controverses. Prenez une position pour ou contre une des affirmations suivantes et discutez-en avec d'autres étudiants dans votre classe.

Notre société profite énormément des bienfaits de la technologie. Les dangers sont regrettables mais nécessaires.

La technologie rend le monde plus petit mais les êtres humains sont de plus en plus distants les uns des autres.

CHAPITRE 5

La presse et le message

Cultural Focus
- Importance of the Press in France
- Newspapers and Magazines in France Today

Readings
Contemporary Cultural *Kiosquier et philosophe*

Literary Albert Camus: *La Peste*

Cinema
Short Subject Guillaume Martinez: *Gratte-papier*

Structures
I Formation of the Imperfect **(L'imparfait)**

 Uses of the Imperfect

 The Pluperfect **(Le plus-que-parfait)**

II Choosing Past Tenses

III Dates

Functions
Describing the Past

Narrating the Past

 Premium Website

🔊 audio

Un kiosque à journaux à l'entrée d'une station de métro à Paris

Ray Spence / Alamy

Un peu de culture contemporaine

La bande dessinée

En France, on prend la bande dessinée au sérieux. La «B.D.», comme on l'appelle, a une histoire très longue, et la bulle (l'endroit où se trouve le texte) est apparue dans la B.D. il y a plus de cent ans. Même si les auteurs de bandes dessinées n'ont pas toujours eu la même célébrité que d'autres écrivains, ils ont beaucoup contribué au développement de la créativité à notre époque et à l'art en général. Leur aventure est souvent celle d'une collaboration entre artistes, car le scénariste et l'illustrateur travaillent en tandem dans un univers où la parole et le dessin se combinent pour produire une histoire en images.

- Les experts font remonter la naissance de la B.D. à 1827. Depuis ce temps-là, elle a beaucoup évolué. Plus de 39 millions de bandes dessinées sont vendues par an en France.

- Parmi les nombreux genres de B.D., on trouve, par exemple: les œuvres littéraires et les histoires policières; le western où domine *Lucky Luke*, personnage créé en 1946 par le Belge Morris; la science-fiction; la satire sociale; les récits d'aventures dans le genre de *Tintin*[1], créé par un autre Belge, Hergé; et les récits historiques (réels ou imaginaires) tels que les 34 albums d'*Astérix*[2], des Français René Goscinny et Albert Uderzo.

- De toutes les B.D. francophones, c'est la série d'*Astérix* qui a connu le plus grand succès mondial depuis son premier album en 1961. Elle a inspiré quatre films et un parc à thèmes à trente kilomètres de Paris. *Astérix* doit sa popularité à l'humour. Ce sont les disputes burlesques entre les envahisseurs romains et les résistants gaulois qui font rire les jeunes lecteurs. Les moins jeunes apprécient les jeux de mots et la satire des Français actuels, descendants stéréotypés des Gaulois. Les albums d'*Astérix* ont été traduits en plus de 100 langues et dialectes, et les plus de 350 millions d'exemplaires vendus appartiennent donc désormais à l'héritage littéraire international.

[1]Pour en savoir plus sur *Tintin*, visitez le site Internet: www.tintin.com.

[2]Pour en savoir plus sur *Astérix*, visitez le site Internet: www.asterix.com.

Langue et culture

Répondez à chaque question en utilisant le **passé composé** du verbe souligné.

1. Selon les experts, en quelle année <u>a</u> lieu la naissance de la bande dessinée?
2. Quel auteur <u>crée</u> le personnage de Lucky Luke en 1946?
3. Quelle puissance impériale <u>occupe</u> la Gaule en l'an 50 avant J.-C.?
4. Quels éléments d'*Astérix* <u>font</u> rire les enfants?
5. Les éditeurs d'*Astérix* <u>vendent</u>-ils beaucoup d'albums dans le monde entier?

Jeux de mots

Complétez le paragraphe avec des éléments de vocabulaire tirés du texte.

la bulle, le scénariste et l'illustrateur, prendre au sérieux, la parole et le dessin, récit

La B.D. est le résultat d'une collaboration entre _____. Parce que ce genre n'est ni tout à fait littéraire, ni tout à fait graphique, certains critiques ont des difficultés à le _____. Mais la B.D. plaît à beaucoup d'autres pour son originalité et parce qu'il est issu de la rencontre de deux formes d'expression: _____. Grâce à _____, cet espace près de la bouche du personnage, on connaît ses pensées ou paroles. C'est ainsi que nous pouvons suivre un _____ des aventures d'Astérix ou de Tintin.

La presse française et francophone

Grâce à la technologie, l'accès aux médias et aux informations devient de plus en plus facile. Sur l'Internet, on témoigne d'une véritable dissolution des frontières géographiques. Il n'est plus nécessaire de se déplacer pour regarder des émissions télévisées ou pour écouter les informations radiodiffusées provenant de France et du monde francophone. Il est actuellement possible d'écouter la radio ou de regarder des vidéos en direct sur les sites Internet. On peut également télécharger des podcasts (ce qu'on appelle officiellement des «diffusions pour baladeur»).

Par exemple, sur le site de Radio France Internationale (www.rfi.fr), on peut écouter les journaux radiodiffusés, les émissions culturelles et la radio en direct. Pour les étudiants de français, il y a des diffusions quotidiennes en français facile. C'est une version ralentie du journal accompagnée d'une transcription pour ceux qui veulent écouter et lire en même temps. De plus, le site présente un fait du jour accompagné d'exercices d'écoute pour ceux qui veulent améliorer leurs compétences en français.

Sur le site Web de TF1 (www.tf1.fr), une des chaînes nationales françaises, on peut regarder le journal télévisé chaque jour en entier ou même sélectionner un reportage particulier qu'on trouve intéressant. On y trouve aussi des émissions populaires disponibles sur le site. Pour ceux qui s'intéressent à la musique, il y a la possibilité de voir des clips vidéo, des entretiens et des prises de vue en coulisse des artistes français et francophones.

Grâce à l'Internet, on peut accéder aux journaux électroniques francophones de tous les coins du monde. Il y a des versions électroniques de centaines de publications, y compris *Le Soleil* (du Sénégal, www.lesoleil.sn), *Soir Info* (de Côte d'Ivoire, www.soirinfo.com), *Le Journal de Montréal* (du Québec, www.canoe.com/journaldemontreal) ou *Le Soir* (de Belgique, www.lesoir.be). Consulter des sites médiatiques internationaux divers nous permet de découvrir le point de vue de nations et de cultures différentes, ce qui sert à élargir notre propre vue du monde.

Langue et culture

Utilisez le **présent** ou le **passé composé** des verbes entre parenthèses pour compléter les phrases.

1. Grâce à l'Internet, les gens _____ (lire) souvent les informations en ligne.
2. Moi, je (j') _____ (suivre) les événements du monde sur le site Web de TF1.
3. Cette chaîne nationale _____ (mettre) en ligne le journal télévisé de chaque soir.
4. Hier, je (j') _____ (lire) un article sur l'histoire de la bande dessinée en France.
5. Comment _____ (vivre) les générations précédentes sans l'Internet?

Jeux de mots

Trouvez des synonymes dans le texte qui correspondent aux expressions suivantes. Ensuite, utilisez les réponses pour compléter les phrases.
en raison de, en lien immédiat, à un rythme plus lent, simultanément, rendre meilleur/amplifier

_____ l'Internet, on peut écouter la radio ou regarder des vidéos _____. Le site www.rfi.fr propose aux étudiants de français des diffusions quotidiennes dans une version _____. Si vous profitez des diffusions quotidiennes en français, vous allez certainement _____ votre compréhension de la langue et _____ votre perspective du monde.

Réflexion

A. Quels sites préférez-vous pour certains genres d'information (la politique, l'économie, le sport, la météo)? A part l'Internet, qu'utilisez-vous pour vous renseigner sur l'actualité?

B. Dans les journaux, les dessins confèrent souvent aux articles une dimension satirique. Pourquoi le dessin est-il privilégié comme véhicule préféré de la satire?

*Pour des activités culturelles supplémentaires, rendez-vous sur le site Web d'**Interaction*** www.cengage.com/french/interaction.

Vocabulaire actif

CD1, Track 10

To access the audio recordings,
visit www.cengage.com/french/interaction

LES ACTIVITES

conseiller to advise
distribuer to distribute, circulate
s'habituer (à) to get used to
se moquer de to make fun of
paraître to appear *seem*
traiter to treat, deal with

se tromper to make a mistake

LE JOURNALISME

les actualités *(f pl)* news
un article de fond feature article
des conseils *(m pl)* advice

la droite political right wing
une enquête investigation
un entretien interview
un événement event
un exemplaire copy
les faits divers *(m pl)* (short) news items
la gauche political left wing

un hebdomadaire weekly newspaper or magazine
les informations *(f pl)* news
une interview interview
un journal newspaper
  le _____ télévisé TV news
un kiosque newspaper / magazine stand

Exercices de vocabulaire

A. Vous décrivez la presse française à un(e) ami(e) qui ne connaît pas du tout la France. Complétez chacune des phrases par un des termes suivants.

> **TERMES:** un article de fond   branchées   les événements   exemplaires
> le journal   des kiosques   la majorité   se moquent
> politisé   la presse

1. Chez les Français, une personne sur trois lit _____ tous les jours.
2. Pour avoir une idée précise de ce qui se passe sur un certain sujet, il faut lire _____.
3. La presse française a un caractère _____.
4. On peut lire un journal local pour s'informer sur _____ régionaux.
5. Certaines revues sont considérées très _____.
6. Il y a toujours en France un journal qui représente _____.
7. Les Français achètent souvent leurs journaux et leurs magazines dans _____.
8. Il y a des journaux et des émissions à la télé qui _____ des personnalités et des événements du moment.
9. Beaucoup d' _____ du *Monde* se vendent à l'étranger.
10. En France, il ne faut jamais sous-estimer le pouvoir de _____.

FogStock LLC/Index Open

Le Monde est mon quotidien préféré.

un lecteur / une lectrice reader
la lecture reading
un magazine magazine
la majorité (political) majority
les médias (m pl) media
un mensuel monthly newspaper or magazine
un podcast (une baladodiffusion) podcast

un porte-parole spokesperson
le pouvoir power
la presse the press
un quotidien daily newspaper
la rédaction editorial staff
un reportage report

une revue (literary, scientific) magazine
une rubrique newspaper heading

LES CARACTERISTIQUES

à la une in the headlines, on the front page

arrêté definite
branché with it (coll.)
en direct live
imprimé printed
politisé having a political slant

Harry Roselmack est un présentateur à la télévision française.

B. Réponses et Questions. Complétez les questions qui correspondent aux réponses par une expression du **Vocabulaire actif.**

1. Réponse: *Cosmopolitan* et *Sports Illustrated*.

   Question: Pouvez-vous nommer deux _____ célèbres?

2. Réponse: C'est sûrement *le New York Times*.

   Question: Quel est le _____ américain le mieux connu dans le monde?

3. Réponse: La télévision et la presse.

   Question: Quels sont les deux _____ traditionnels les plus utilisés?

4. Réponse: J'adore *Ask Amy*.

   Question: Quelle est la rubrique des _____ que tu préfères?

5. Réponse: *Time* et *Newsweek*.

   Question: Quels sont deux _____ importants aux Etats-Unis?

6. Réponse: Les journalistes d'information.

   Question: Qui présente le _____ télévisé aux Etats-Unis?

7. Réponse: Les informations sur la chaîne France 2, par exemple.

   Question: Qu'est-ce qu'on regarde dans le _____ de 20 heures?

Lexique personnel

LA PRESSE

A. Pour chacun des sujets suivants, dressez une liste personnelle de mots.

1. les sortes de journaux qu'on publie dans votre région
2. les sortes de journaux imprimés ou en ligne que vous lisez
3. les sortes de magazines imprimés ou en ligne que vous lisez
4. les rubriques du journal en ligne (blogs, forums, etc.) que vous lisez
5. les journaux les plus populaires dans votre pays

B. En utilisant le vocabulaire du chapitre et votre lexique personnel, complétez les phrases suivantes.

1. Je lis souvent…
2. Dans le journal, les rubriques que je lis toujours sont…
3. Dans le journal, les rubriques que je ne lis jamais sont…
4. En ce qui concerne les magazines, mes amis lisent…
5. Les journaux américains les plus lus sont…
6. Les Américains choisissent leurs journaux selon…

 C. En petits groupes, comparez vos réponses. Ensuite, faites un résumé des habitudes de lecture de la presse dans votre classe.

Structures I

GRAMMAR TUTORIALS ## Formation of the Imperfect *(L'imparfait)*

To form the imperfect of a French verb, drop the **-ons** ending of the present-tense **nous** form and add the appropriate ending: **-ais, -ais, -ait, -ions, -iez, -aient.**

parler *(nous parlons)*	**finir** *(nous finissons)*	**répondre** *(nous répondons)*
je parl**ais**	je finiss**ais**	je répond**ais**
tu parl**ais**	tu finiss**ais**	tu répond**ais**
il / elle / on parl**ait**	il / elle / on finiss**ait**	il / elle / on répond**ait**
nous parl**ions**	nous finiss**ions**	nous répond**ions**
vous parl**iez**	vous finiss**iez**	vous répond**iez**
ils / elles parl**aient**	ils / elles finiss**aient**	ils / elles répond**aient**

Etre is the only French verb that is irregular in the imperfect.

être	
j'**étais**	nous **étions**
tu **étais**	vous **étiez**
il / elle / on **était**	ils / elles **étaient**

1 Vous et vos amis parlez avec des personnes plus âgées que vous. La discussion se concentre sur votre façon de vivre comparée à celle qu'elles ont connue. Complétez la deuxième réplique en utilisant le verbe de la première réplique conjugué à l'**imparfait.**

1. —Nous avons beaucoup de copains.

   —Moi aussi, j'...

2. —Nous prenons la voiture pour faire des excursions.

   —Ah non, nous...

3. —Nous nous retrouvons au café.

   —Non, mon groupe d'amis...

4. —Nous faisons des études pratiques.

   —Oui, tout le monde...

5. —Nous sortons souvent.

   —Ah oui, les jeunes...

6. —Nous déjeunons dans un fast-food.

   —Moi, je ne...

7. —Nous lisons assez souvent le journal.

   —Oui, ta mère aussi, elle...

8. —Nous regardons des vidéoclips à la télé.

   —Non, de notre temps, on ne...

9. —Nous adorons écouter de la musique et danser.

   —Ah oui, ça alors, nous...

10. —Nous sommes contents de notre style de vie.

    —Nous aussi, nous...

2 Marc et Marie-Ange sont en train de parler du week-end dernier. Complétez leur dialogue en mettant les verbes indiqués à l'**imparfait.**

MARIE-ANGE: Salut, Marc, comment _était_ (être) la soirée chez Barbara?

MARC: Ah, c' _____ (être) super! Il y _____ (avoir) beaucoup de monde. Tous les copains _____ (être) là.

MARIE-ANGE: Qu'est-ce que vous avez fait?

MARC: On a parlé de beaucoup de choses. On _____ (être) tous d'accord qu'on _____ (trouver) le travail à la fac très difficile. On _____ (écrire) trop de disserts et on _____ (préparer) beaucoup d'examens. On _____ (penser) qu'on _____ (lire) beaucoup de livres et qu'il _____ (falloir) aussi faire trop d'exposés.

MARIE-ANGE: Quand même, tu ne _____ (travailler) pas tous les soirs le semestre dernier.

MARC: C'est vrai. Je _____ (sortir) quand je _____ (vouloir). Les copains _____ (sortir) pas mal aussi. Ils _____ (faire) des excursions le week-end et _____ (aller) quelquefois en boîte.

MARIE-ANGE: Alors, ta vie le semestre dernier n' _____ (être) pas si affreuse que ça.

3 **Chien ou chat?** Aviez-vous un animal familier chez vous quand vous étiez enfant? Comment s'appelait-il / elle? Quels souvenirs avez-vous gardés de cet animal? Présentez un petit portrait de cet animal.

INTERACTIONS

Un été d'adolescent(e). En petits groupes, racontez un été de votre adolescence. Employez l'imparfait pour décrire plusieurs activités que vous faisiez pour vous amuser. Ensuite, comparez les réponses de différents groupes. Y a-t-il beaucoup d'activités en commun?

GRAMMAR TUTORIALS ## Uses of the Imperfect

General Uses of the Imperfect

The imperfect tense is used to describe people, scenes, actions, or conditions in the past. The imperfect is sometimes called the descriptive tense.

A. Setting: The imperfect is used to describe scenes and events that form the background or decor of a time frame in the past.

The imperfect is also used to describe two or more events that *were* going on simultaneously and that may frequently be linked by the conjunction **pendant que** *(while)*. This use of the imperfect expresses the English concept *(was / were)* _____*ing*.

Hier après-midi il **faisait** très beau. Sophie et Andy **prenaient** quelque chose à la terrasse d'un café. Pendant qu'ils **buvaient** leurs boissons, les gens **allaient** et **venaient** dans la rue. Les deux amis **bavardaient** de choses et d'autres et **discutaient** de la presse en France quand soudain...

Yesterday afternoon the weather was really nice. Sophie and Andy were having some refreshments on the terrace of a café. While they were drinking their drinks, people were going and coming in the street. The two friends were chatting and discussing the French press when suddenly...

B. Habitual Actions: The imperfect is used to describe actions that were repeated habitually for an indefinite period of time in the past. Used in this way, the imperfect describes a situation that recurred regularly and for which no definite beginning or end can be visualized. This use of the imperfect is the equivalent of the English concepts *used to* or *would* when referring to the past.

Mon père **finissait** son travail tous les jours à cinq heures.	*My father **used to finish** work every day at five o'clock.*
Nous **regardions** toujours les informations à la télé.	*We **would** always **watch** the news on TV.*
Je **discutais** souvent avec ma mère des événements de la journée.	*I often **used to discuss** the events of the day with my mother.*

C. States or Conditions: The imperfect describes states or conditions that existed in the past.

Andy **avait** beaucoup de travail; il **était** donc assez fatigué.	*Andy **had** a lot of work, and therefore he **was** quite tired.*
C'est pourquoi il **préférait** rester à la maison où il **aimait** bien regarder la télé.	*That's why he **preferred** to stay at home, where he **liked** to watch TV.*

The following verbs are often used to describe a physical or emotional state and are often, though not exclusively, used in the imperfect.

avoir	croire	détester	préférer
aimer	désirer	penser	vouloir

A few verbs vary in meaning or nuance depending on whether they are used in the **imparfait** or the **passé composé**.

Imparfait	Passé composé
Elle **était** souvent malade.	Elle **a été** malade en arrivant.
*She **was** often sick.*	*She **got** sick when she arrived.*
Je **savais** la vérité.	J'**ai su** la vérité.
*I **knew** the truth.*	*I **found out** the truth.*
Ils **devaient** faire un exposé.	Ils **ont dû** faire un exposé.
*They **were supposed** to give a presentation.*	*They **had** to give a presentation.*
Il **voulait** rentrer.	Il a **voulu** rentrer, mais il a manqué l'autobus.
*He **wanted** to go home.* (His state was not translated into action.)	*He **wanted** to go home, but he missed the bus.* (An attempt was made.)
Nous **ne pouvions pas** voyager quand nous étions malades.	Nous **n'avons pas pu** réserver des places.
*We **were unable** to travel when we were sick.* (It was impossible for us to travel.)	*We **couldn't** reserve seats.* (We attempted to reserve seats but did not succeed.)

Certain expressions of time often indicate that the verb in question is describing a habitual event and should be in the imperfect. Below is a partial list of such expressions.

d'habitude	souvent
fréquemment	toujours
habituellement	tous les jours

Idiomatic Uses of the Imperfect

A. After **si**: The imperfect is also used after **si** to express a wish concerning the present or the future.

Si j'avais le temps de lire le journal!   *If only I had the time to read the paper!*

Si vous pouviez m'aider pour mon exposé!   *If only you could help me with my presentation!*

The imperfect is also used after **si** to propose a course of action.

Si nous allions ensemble au café?   *What if we were to go to the café together?*

Si on prenait quelque chose?   *Shall we have something to eat or drink?*

B. With **depuis:** The imperfect used with **depuis** expresses the English concept *had been* _____*ing.* This construction is the past tense equivalent of **depuis** + present tense. **Depuis** + imperfect links two actions in the past, indicating that one action began before the other but was still going on when the second action took place.

J'**attendais depuis une heure** quand vous êtes arrivé.	I *had been waiting for an hour* when *you arrived.*
Ils **vivaient** en France **depuis un an** quand la guerre a éclaté.	They *had been living* in France *for a year* when the war broke out.
Elle **était** déjà ici **depuis dix minutes** quand le cours a commencé.	She *had* already *been here for ten minutes* when class began.

C. Venir de in the imperfect: **Venir de** (in the imperfect) + infinitive is the equivalent of the English idea *had just* + past participle.

Il **venait de partir.**	He *had just left.*
Je **venais de le voir.**	I *had just seen* him.
Vous **veniez d'apprendre** la nouvelle.	You *had just learned* the news.

4 Dans un e-mail, Marc raconte à sa copine Sophie un épisode de sa vie à l'université. Complétez l'e-mail de Marc en mettant les verbes entre parenthèses à l'**imparfait.** Justifiez chaque emploi de l'**imparfait.**

Chère Sophie,

Tu me demandes comment je suis devenu journaliste. Eh bien, c'(être) _____ au printemps de ma dernière année à l'université. Je (vouloir) _____ de bonnes notes et je (faire) _____ toujours bien mon travail. Tous les soirs, pendant que le reste de ma famille (regarder) _____ la télé, je (se mettre) _____ à mon bureau, j'(ouvrir) _____ mes bouquins et je (travailler) _____. J'(avoir) _____ beaucoup de devoirs et je (lire) _____ aussi beaucoup. Même le week-end quand il (faire) _____ beau et que tous mes copains (aller) _____ s'amuser au café, je (rester) _____ à la maison. Cette situation (durer) _____ depuis deux mois et personne ne (pouvoir) _____ comprendre pourquoi j'(avoir) _____ cette passion pour le travail. Un jour, j'ai décidé que cette vie n'(être) _____ pas très saine. J'(aller) _____ rater beaucoup de choses intéressantes. Je me suis dit: «Tiens, si seulement je (travailler) _____ moins et (s'amuser) _____ davantage!» Ce jour-là, j'ai écrit mon premier article, pour *Rolling Stone Magazine.* Et voilà comment a commencé cette carrière passionnante.

Ciao,
Marc

5 Posez les questions suivantes à des camarades de classe. Ensuite, répondez vous-même à chaque question.

1. Regardais-tu plus souvent ou moins souvent la télévision quand tu étais élève dans le secondaire?

2. Quels magazines lisais-tu quand tu avais seize ans?

3. Quelles émissions aimais-tu regarder à la télé l'année dernière?

4. Le semestre dernier, allais-tu souvent préparer les cours à la bibliothèque?

5. Etais-tu plus ou moins occupé(e) le semestre dernier?

6. Sortais-tu souvent avec tes amis le semestre passé?

7. Où allais-tu pour t'amuser?

8. Faisais-tu plus de sport quand tu étais plus jeune?

6 Il est important de savoir comment inviter les autres à faire quelque chose. Faites différentes propositions en employant la structure idiomatique **si** + sujet + **imparfait** du verbe et les éléments suivants.

1. on / prendre un pot ensemble

2. nous / acheter un journal français

3. vous / venir chez moi demain soir

4. les copains / passer à la maison ce soir

5. tu / faire ce voyage avec moi

6. on / déjeuner ensemble

7. (une suggestion que vous faites à votre professeur de français)

7 Employez la structure idiomatique **si** + **imparfait** du verbe pour formuler un désir ou un souhait *(wish)* à propos des personnes indiquées.

1. Mon ami(e)? Si seulement il / elle… !

2. Si seulement mon prof de français… !

3. Si mes parents… !

4. Et mes colocataires, s'ils / si elles… !

5. Si seulement je… !

8 Complétez chaque phrase en utilisant **venir de** à l'**imparfait** suivi d'un infinitif. Le verbe à l'**imparfait** décrit ce qui s'est passé avant les actions indiquées.

1. Quand je me suis assis(e) à table pour le petit déjeuner ce matin, je…

2. Quand je suis arrivé(e) en cours de français aujourd'hui, je…

3. Quand j'ai retrouvé mes amis, ils…

4. Quand j'ai rendu mes devoirs en cours de _____, le professeur…

5. Quand mes copains et moi sommes sortis, nous…

Vous lisez des journaux français. Lisez les extraits tirés du quotidien *Le Monde* et de la presse gratuite, *Directsoir*, puis répondez aux questions.

HOROSCOPE DE DEMAIN

BÉLIER DU 21 MARS AU 19 AVRIL
- Vie sociale : Une discussion franche avec votre supérieur pourrait être salutaire et renouvellerait votre motivation.
- Cœur : Soyez un peu plus indulgent envers les défauts de votre partenaire. Mais si la raison de votre trouble est plus grave, parlez-en.

TAUREAU DU 20 AVRIL AU 20 MAI
- Vie sociale : Vous devriez écouter les conseils de personnes dignes de confiance. Vous n'arriverez pas seul à prendre la bonne décision.
- Cœur : Consacrez plus de temps à votre famille. En amour, les gestes simples ne doivent pas être oubliés.

GÉMEAUX DU 21 MAI AU 20 JUIN
- Vie sociale : On vous reprochera à juste titre votre précipitation, et vous devrez faire un effort pour reconnaître votre maladresse.
- Cœur : N'hésitez pas à dialoguer avec vos enfants. Vous devrez faire preuve de réalisme pour rester crédible.

CANCER DU 21 JUIN AU 22 JUILLET
- Vie sociale : Le moment est peut-être venu de faire valoir votre point de vue dans une affaire délicate ; faites-le avec doigté.
- Cœur : Votre partenaire sera patient et compréhensif. Mais soyez plus attentif à ses désirs.

LION DU 23 JUILLET AU 22 AOÛT
- Vie sociale : Votre sens de l'analyse sera mis à l'épreuve, mais vous ne décevrez pas et l'on vous en sera reconnaissant.
- Cœur : Ne vous montrez pas prétentieux avec vos amis, cela ne sera pas apprécié. Soyez plus tendre avec l'être aimé, et tout ira bien.

VIERGE DU 23 AOÛT AU 22 SEPTEMBRE
- Vie sociale : Ne refusez pas les évidences. Acceptez ce qui s'impose pour rebondir vers quelque chose de neuf.
- Cœur : Montrez-vous attentionné, votre vie affective sera plus équilibrée. Ne négligez pas d'entretenir l'harmonie de votre couple.

BALANCE DU 23 SEPTEMBRE AU 22 OCTOBRE
- Vie sociale : Les relations dans votre équipe de travail pourraient s'améliorer sensiblement si vous faisiez un effort de dialogue.
- Cœur : Apportez sans compter votre soutien à un ami qui en a besoin. Pardonnez une maladresse plutôt que d'envenimer la situation.

SCORPION DU 23 OCTOBRE AU 21 NOVEMBRE
- Vie sociale : Vous serez particulièrement perspicace, ce qui vous permettra de faire progresser un projet de manière significative.
- Cœur : En famille, vous devrez faire des choix, mais ne vous précipitez pas. En couple, ne laissez pas la jalousie vous aveugler.

SAGITTAIRE DU 22 NOVEMBRE AU 21 DÉCEMBRE
- Vie sociale : Ne tenez pas trop compte de l'avis des autres, vous maîtrisez suffisamment votre sujet pour savoir quoi décider.
- Cœur : Vous devriez être plus patient avec votre partenaire. Vos amis réclament votre présence.

CAPRICORNE DU 22 DÉCEMBRE AU 19 JANVIER
- Vie sociale : Les affaires d'argent ne seront pas à votre portée, oubliez toute tentation de vous engager dans ce type d'aventure.
- Cœur : Vos amis seront de loin vos meilleurs alliés. Une rencontre pourrait vous combler de joie, restez disponible.

VERSEAU DU 20 JANVIER AU 19 FÉVRIER
- Vie sociale : Votre travail réclame toute votre vigilance et vous risquez de montrer de l'agacement, ménagez-vous des moments calmes.
- Cœur : Cessez de tergiverser, prenez la décision qui s'impose. Vous vivez de purs instants de bonheur.

POISSONS DU 20 FÉVRIER AU 20 MARS
- Vie sociale : Vous devrez régler un conflit dans votre équipe de travail et cela réclamera beaucoup d'énergie. Rassemblez vos forces.
- Cœur : Montrez-vous plus sincère avec l'être cher. Vos amis sont indulgents, n'en abusez pas.

SAINT DE DEMAIN
PAR DEFENDENTE GÉNOLINI

Saint Elisée

■ Ce grand prophète de la Bible est un personnage très marquant de la foi juive et chrétienne. Son nom signifie «Dieu est salut». Porte-parole sublime de l'Éternel, Elisée, au IX⁰ siècle avant notre ère, combat les cultes syriens de Baal et d'Astarté. Bienfaits et miracles accompagnent ses pas. Dans le Livre des rois, nous le voyons agir sur le Carmel, en Samarie et à Jéricho. Il est le disciple aimé d'Elie qu'il voit disparaître dans les cieux et dont le manteau qu'il garde jalousement, comme signe de son investiture, est source de grands prodiges. Il guérit de la lèpre le général syrien Naaman et soulage les pauvres, écoute les veuves à Gilgal comme à Shunem. Il intervient en politique et prédit aux rois alliés d'Israël ce qui va arriver, conseillant les uns et réconfortant les autres. Bien qu'il appartienne au Royaume du Nord, il reconnaît la prééminence de Jérusalem. Il meurt très âgé et son tombeau était encore vénéré au V⁰ siècle. Il sera profané par l'empereur Julien l'Apostat. Quelques ossements sont transférés à Alexandrie en 463, puis à Constantinople.

Etymologie du nom :
De l'hébreu «El» («Dieu») et «shâlôm» («salut, sécurité»).
Parole du prophète Elisée :
«J'assainis ces eaux, ainsi parle le Seigneur.
Il ne viendra plus de là ni mort, ni avortement.»
Courte prière du prophète :
«Parle, Seigneur, ton serviteur écoute !»
(Livre de Samuel)

SUDOKU

	6	8			9	4		
	7					5	1	9
9	3							7
7			9	3	2			
			8	6	4			
			1	5	7			4
8							4	6
2	9	3					5	
		4	2			8	9	

Force 2

Retrouvez les solutions des jeux à partir de 18 heures sur
www.directsoir.net

MÉTÉO

Demain nous serons
le samedi 14 juin 2008

LEVER: **5H46** / COUCHER: **21H55**

Soleil, nuages et averses
se partagent le terrain

DEMAIN MATIN

DEMAIN APRÈS-MIDI

QUALITÉ DE L'AIR

Direct soir DIRECTSOIR, 31-32, quai de Dion Bouton – 92800 PUTEAUX – Tél. : 01 46 96 31 00 – Fax : 01 46 96 40 94 – Mail rédaction : redac@directsoir.net ■ Journal édité par DIRECT SOIR, SA au capital de 10 000 000 Euros – 485 374 128 RCS NANTERRE ■ Président du Conseil d'administration : Vincent BOLLORÉ ■ Actionnaire principal : BOLLORÉ ■ Directeur général, directeur de la publication : Serge NEDJAR ■ Rédacteur en chef : Christian STUDER ■ Rédacteur en chef adjoint : Guillaume ZELLER ■ Rédacteur en chef adjoint photo : Jean-Bernard MAUREL ■ Publicité : BOLLORÉ INTERMÉDIA – Président : Gaël BLANCHARD – Tél. : 01 46 96 48 41 – Direction Générale : Xavier COS – Tél. : 01 46 96 48 41 – Fax : 01 46 96 40 45 – E-mail : bolloreintermedia@bollore.net ■ Directeur de la distribution : Patrick LÉPINAY – Tél. : 01 46 96 31 94 ■ Diffusion : Intervalles, 8, place Boulnois, 75017 Paris. Tél. : 01 42 52 75 38 ■ Imprimé par Sego, Taverny (95) ; Rotofrance, Lognes (77) ; Le Progrès, Chassieu (69) ; Corelio, (Belgique) ; Midi Print, Gallargues le Montueux (30) ; La Dépêche, Toulouse (31) ; Rotogaronne, Estillac (47) ; L'Alsace, Mulhouse (68) ; Cila, groupe Simgam, Heric (44) ■ N°ISSN : 1771-2092 ; dépôt légal : juin 2008.

© Directsoir, 13 juin 2008.

1. Où y a-t-il des nuages aujourd'demain?

2. Est-ce que ça vaut la peine de faire des projets pour aller à la plage à Nice dans le sud-est demain?

3. Vous allez faire du camping pendant le week-end. Dans quelle région fait-il un temps convenable pour le camping?

4. En petits groupes, comparez vos horoscopes. Quel membre du groupe a les meilleures prédictions pour la vie sociale? Pour la vie romantique?

5. En France, et dans les pays de tradition catholique, beaucoup de personnes portent le nom d'un saint ou d'une sainte. Chaque jour, on célèbre la *fête* du saint et des personnes du même nom. Quel saint est mentionné ici dans la colonne à gauche? Où a-t-il vécu? A quel moment? Quel rôle a-t-il joué dans la vie?

Les petites annonces

1. Expliquez les termes de l'offre proposée par la compagnie Aldisa.

2. Où peut-on faire un stage pour apprendre l'anglais?

3. Combien paie-t-on par semaine pour louer une maison en Dordogne? Combien de personnes peuvent y loger?

4. Parmi les vacances proposées, lesquelles vous intéressent? Expliquez votre choix.

Note culturelle

La presse quotidienne

- Les journaux existent depuis le dix-septième siècle en France. Le premier journal imprimé, *La Gazette,* fondé par Théophraste Renaudot en 1631, n'a cessé de paraître qu'en 1914. Le tirage moyen de *La Gazette* était de 1 200 exemplaires au dix-septième siècle, mais il avait déjà atteint 12 000 exemplaires au siècle suivant.

- Ailleurs dans le monde francophone, la presse de langue française fait ses premiers pas au dix-huitième siècle. En 1778, Fleury Mesplet, un Français ayant participé à la Révolution américaine, publie à Montréal *La Gazette du commerce et littéraire* et, quelques années plus tard, *La Gazette de Montréal.*

- En France, la presse quotidienne actuelle se divise en deux grandes catégories: les journaux nationaux et les journaux régionaux. *Le Monde, Le Figaro, Libération, L'Humanité* et quelques autres journaux sont publiés à Paris et présentent les actualités parisiennes, nationales et internationales. (On peut aussi lire la plupart de ces journaux en ligne sur l'Internet.) La presse quotidienne régionale—*Ouest-France, Nice Matin, Le Midi libre, Les Nouvelles d'Alsace,* par exemple—insiste plutôt sur les événements d'intérêt local, mais couvre aussi l'actualité nationale et internationale.

- La plupart des quotidiens français ont un caractère franchement politisé. Les grands journaux nationaux donnent une interprétation de l'actualité politique, économique et sociale en accord avec les opinions de leurs lecteurs. Un partisan de la gauche communiste lit *L'Humanité,* alors qu'un Français de la droite conservatrice achète *Le Figaro.* Une fois par semaine, le mercredi, si on aime vraiment la satire politique et sociale, on dévore *Le Canard enchaîné,* où les journalistes se moquent de tout (de la droite, de la gauche et du centre!) avec le plus grand humour. Mais un fait qui peut surprendre, c'est que *L'Equipe,* bénéficiant de la passion des Français pour le sport, est devenu le premier quotidien national avec 2,6 millions de lecteurs.

Compréhension

1. Entre les dix-septième et dix-huitième siècles, quelle a été la progression dans le tirage de *La Gazette* de Renaudot?

2. En France, où sont publiés les journaux nationaux? Quelles sortes d'informations contiennent-ils? Comment peut-on avoir accès à ces journaux?

3. Nous savons que la France a cédé presque la totalité du Canada à l'Angleterre en 1763. Quelle est donc l'importance culturelle de la fondation à Montréal d'un journal de langue française en 1778?

4. Quel est le quotidien qui se vend le mieux en France? Comment explique-t-on son succès?

5. Citez un quotidien français «de gauche» et un quotidien «de droite».

Réflexion

A. Nommez quelques quotidiens nationaux dans votre pays. Quelles caractéristiques attribuez-vous à un de vos journaux nationaux et à un de vos journaux régionaux ou locaux? Quels sont les avantages des uns par rapport aux autres?

B. On parle souvent de «journaux de gauche» et de «journaux de droite» en France. A votre avis, en quoi consistent les différences entre ces deux orientations? Cette distinction politique se manifeste-t-elle dans les journaux que vous lisez normalement? Quelle sorte de journal préférez-vous? Comparez vos idées à celles de vos camarades de classe.

The Pluperfect *(Le plus-que-parfait)*

Formation of the Pluperfect

The pluperfect is formed with the imperfect tense of the auxiliary verb **avoir** or **être** and the past participle of the main verb.

parler	répondre
j'**avais parlé**	j'**avais répondu**
tu **avais parlé**	tu **avais répondu**
il / elle / on **avait parlé**	il / elle / on **avait répondu**
nous **avions parlé**	nous **avions répondu**
vous **aviez parlé**	vous **aviez répondu**
ils / elles **avaient parlé**	ils / elles **avaient répondu**

aller	s'amuser
j'**étais allé(e)**	je **m'étais amusé(e)**
tu **étais allé(e)**	tu **t'étais amusé(e)**
il / elle / on **était allé(e)**	il / elle / on **s'était amusé(e)**
nous **étions allé(e)s**	nous nous **étions amusé(e)s**
vous **étiez allé(e)(s)**	vous vous **étiez amusé(e)(s)**
ils / elles **étaient allé(e)s**	ils / elles **s'étaient amusé(e)s**

The pluperfect follows the same rules as the **passé composé** for the formation of questions and the placement of adverbs.

> —**Avait-il déjà vu** le film avant son départ?

> —Oui, il l'**avait déjà vu.**

Uses of the Pluperfect

The pluperfect expresses an action or situation in the past that had taken place and had been completed before some other event. The action of a verb in the pluperfect is more remote in the past than other events described. The pluperfect expresses the English concept *had* + past participle.

Remote past	Recent past
Il **avait** déjà **trouvé** un poste…	quand il **s'est marié.**
*He **had** already **gotten** a job…*	*when he **got married.***
Nous **étions** déjà **partis**…	quand **vous êtes arrivé.**
*We **had** already **left**…*	*when you **arrived.***
J'**avais** déjà **terminé** mes études…	quand on **s'est rencontrés.**
*I **had** already **finished** school…*	*when we **met.***
Elles **étaient** déjà **sorties**…	quand il **est arrivé.**
*They **had** already **gone** out…*	*when he **arrived.***

The pluperfect is also used after **si** to express a wish or regret about the past.

Si (seulement) j'**avais étudié**!   *If only I **had studied**!*

Si (seulement) vous m'**aviez compris(e)**!   *If only you **had understood** me!*

Si (seulement) l'examen **avait été** plus facile!   *If only the test **had been** easier!*

The pluperfect always carries the meaning of *had* + past participle; therefore, it should not be confused with any of the other past tenses. Contrast the following examples.

J'avais parlé.	*I had spoken.*
J'ai parlé.	*I spoke (have spoken, did speak).*
Je parlais.	*I spoke (was speaking, used to speak).*
Je parlais depuis…	*I had been speaking since . . .*
Je venais de parler.	*I had just spoken.*

In English, we sometimes do not use *had* with the past participle when this tense would best express what we mean. But if a certain action clearly must have been completed at a time before other past event(s), French uses the pluperfect to relate that action.

Sophie et Andy ont réglé la note que le serveur **avait préparée** plus tôt.	*Sophie and Andy paid the bill that the waiter **(had) prepared** earlier.*

9 Il y a eu une fête chez Sandrine et beaucoup de ses amis l'ont aidée à faire les préparations. Complétez les commentaires de Sandrine en mettant les verbes entre parenthèses au plus-que-parfait. Attention à la place des adverbes.

1. J'allais inviter les copains, mais Marc _____ à tout le monde. (déjà téléphoner)
2. J'ai pu faire le marché, car Hélène et Marie _____ le menu. (déjà composer)
3. J'ai fait apporter un lecteur CD parce que tu _____ d'excellents CD. (acheter)
4. J'ai servi les hors-d'œuvre que vous *(pl)* _____ chercher. (aller)
5. J'ai pu ranger les meubles car les copains _____ à nettoyer la cuisine. (aider)
6. J'ai pu me coucher assez tôt parce que nous _____ à l'avance. (si bien s'organiser)

10 D'abord, racontez au passé composé cinq choses que vous avez faites hier. Ensuite, pour chaque phrase, mentionnez un état ou une action qui a précédé ces choses. Dans cette deuxième phrase, utilisez le plus-que-parfait.

MODELE *J'ai écrit une dissertation.*
J'avais déjà choisi mon sujet.

11 Employez la structure idiomatique **si + plus-que-parfait** du verbe pour expliquer un regret à propos des personnes indiquées.

1. Si seulement je…
2. Si seulement mes parents…
3. Mon petit ami / Ma petite amie? Ah, si seulement il / elle…
4. Et mon / ma colocataire de l'année dernière, si seulement il / elle…
5. Si seulement mon prof de français…

INTERACTIONS

Les activités extra-scolaires. En petits groupes, posez des questions aux autres membres du groupe sur les activités extra-scolaires (piano, karaté, sport, danse, etc.) qu'ils faisaient quand ils étaient lycéens. Ensuite, comparez les réponses des différents groupes. Quelles étaient les activités poursuivies par la majorité des gens?

L'héritage culturel

Le dix-huitième siècle et l'*Encyclopédie*

En français, on appelle souvent le dix-huitième siècle le *Siècle des Lumières.* Cette période philosophique et scientifique remarquable a connu une vie intellectuelle brillante grâce à plusieurs grands penseurs de l'époque: Montesquieu, Voltaire, Rousseau et Diderot. Tous croyaient qu'il fallait assurer le bonheur humain par le progrès de la civilisation, et ce principe se manifeste clairement dans l'ouvrage le plus représentatif du dix-huitième siècle: l'*Encyclopédie.*

Une planche typique de l'*Encyclopédie*

The Granger Collection, New York

- Denis Diderot (1713–1784) et un groupe de collaborateurs passionnés ont travaillé plus de vingt ans (de 1750 à 1772) à la rédaction et à la publication de l'*Encyclopédie.*

- Plus de 1 000 articles composent cette Encyclopédie ou *Dictionnaire raisonné des sciences, des arts et des métiers.* Ils sont consacrés à la morale, à la littérature, à la religion, à la politique, à l'économie et aussi aux sciences.

- Diderot accorde aux arts mécaniques une place importante dans cette œuvre. Les encyclopédistes réhabilitent ainsi le travail des artisans en démontrant qu'il est utile pour la société et doit donc prendre sa place dans le progrès économique du siècle.

- Un nouvel ordre économique se préparait sous l'influence des encyclopédistes. La Révolution de 1789 allait bientôt réaliser l'idée démocratique de la souveraineté du peuple.

Langue et culture

Complétez les phrases suivantes en utilisant le **passé composé** ou l'**imparfait** des verbes entre parenthèses.

1. Les grands penseurs tels que Montesquieu, Voltaire, Rousseau et Diderot _____ (beaucoup contribuer) à une vie intellectuelle brillante au dix-huitième siècle.

2. Ces «philosophes» _____ (croire) que le progrès de la civilisation _____ (pouvoir) assurer le bonheur humain.

3. Le projet de l'*Encyclopédie* _____ (être) un bon exemple de ce progrès.

4. Après vingt ans de travail, Diderot et ses collaborateurs _____ (finir) la rédaction de ce projet.

5. Ce «dictionnaire» _____ (contenir) plus de 1 000 articles consacrés à divers sujets.

Jeux de mots

Trouvez dans le texte les mots ou expressions qui correspondent aux éléments suivants. Ensuite, utilisez les réponses pour compléter le paragraphe.

> a fait l'expérience de, l'imparfait de «il faut», travail, composition, constituent, accomplir

Au dix-huitième siècle, le peuple français _____ une vie intellectuelle brillante. Les *philosophes* pensaient que c'était par le progrès de la civilisation qu' _____ assurer le bonheur humain. Effectivement, le grand projet de l'*Encyclopédie* commençait à _____ les principes du *Siècle des Lumières.* Diderot et ses collaborateurs ont participé à la _____ de cet _____. A sa publication, plus de 1 000 articles _____ l'*Encyclopédie.*

Le dix-neuvième siècle et l'Affaire Dreyfus

Vers la fin du dix-neuvième siècle, la France fut agitée par une profonde tourmente politique et sociale: l'Affaire Dreyfus. Au milieu de cette mêlée, qui polarise la nation sur une grande polémique morale, se lève la voix d'un homme passionné et humanitaire, Emile Zola.

- En 1898, l'écrivain Emile Zola (1840–1902) est le romancier le plus controversé et le plus lu de son temps.
- Alfred Dreyfus, un obscur capitaine de l'armée française qu'on a accusé d'espionnage, est juif. C'est surtout pour cette raison qu'on l'a jugé sommairement et condamné à la déportation à vie.

- Zola, convaincu de l'innocence de Dreyfus, intervient dans «l'affaire». Il publie trois articles dans le journal *Le Figaro* puis, le 13 janvier 1898, son très célèbre article, *J'Accuse!,* paraît dans *L'Aurore*.
- Pour son attaque menée contre les autorités militaires et civiles, Zola a été condamné à la prison et a dû s'exiler.

Langue et culture

Complétez le paragraphe avec le **passé composé** ou l'**imparfait** des verbes.

À la fin du dix-neuvième siècle, l'Affaire Dreyfus _____ (agiter) la France. Alfred Dreyfus, _____ (être accusé) d'espionnage. C'est surtout parce que ce capitaine _____ (être) juif qu'un tribunal le / l'_____ (juger) coupable. Par conséquent, ce capitaine _____ (être condamné) à la déportation à vie. Emile Zola, convaincu de l'innocence du capitaine, _____ (intervenir) dans l'affaire. Son article _____ (enrager) les autorités et Zola _____ (devoir) s'exiler.

Jeux de mots

Trouvez dans le texte les mots ou expressions qui correspondent aux éléments suivants. Utilisez les réponses pour compléter le paragraphe qui parle d'un autre scandale.

écrivain de romans, légendaire, un établissement pénitentiaire, s'expatrier, imprime

Après le coup d'état de Napoléon III en 1851, Victor Hugo, lui aussi un _____, doit _____ pour éviter *(to avoid)* _____. En exil, il écrit le _____ pamphlet *Napoléon le petit*. Alors qu'Hugo _____ ce poème politique à Bruxelles, ce texte est distribué en France parmi les groupes clandestins en opposition au gouvernement.

Réflexion

A. Quels rôles l'*Encyclopédie* et l'article *J'Accuse!* ont-ils joués dans la société française? Y a-t-il des publications qui ont joué un rôle comparable dans l'histoire de la société américaine?

B. La publication de textes comme l'*Encyclopédie* et d'articles de journaux comme *J'Accuse!* exerce-t-elle une influence importante dans les grands débats moraux de la société contemporaine?

Activité vidéo

Rendez-vous sur le site et regardez la vidéo sur l'intervention d'Emile Zola dans l'Affaire Dreyfus. Ensuite, répondez aux questions.

1. Quelles qualités de la personnalité de Zola est-ce que la vidéo dépeint?

2. En regardant la vidéo, qu'avez-vous appris de nouveau sur les événements concernant l'Affaire Dreyfus, la société française de l'époque et les intentions de Zola?

3. Quels visuels (photos, documents, dessins, etc.) la vidéo utilise-t-elle pour vous aider à visualiser l'intervention de Zola dans l'Affaire Dreyfus?

Structures II

Rappel!

1. When narrating events that took place in the past, the three tenses that are most often used are the **passé composé**, the **imparfait**, and the **plus-que-parfait**. As you have seen, each of these tenses has different uses; consequently, for each verb, you must decide which tense is appropriate.

2. Once you establish a time frame for your narration (such as **ce matin, hier soir, quand j'étais jeune**), the main events and descriptions within this time frame will be in either the **passé composé** or the **imparfait**. The **plus-que-parfait** will be used to express actions that had been completed prior to the events of the time frame. Therefore, the use of the **plus-que-parfait** is quite specific and is limited to the concept *had* + past participle.

3. As you have seen, it may sometimes be helpful to refer to English structures when choosing between the **passé composé** and the **imparfait**. However, often either the **passé composé** or the **imparfait** is used to express an English simple past, depending on the context in which the English simple past is used.

Andy **est allé** au café hier.	*Yesterday, Andy **went** to the café.*
Andy **allait** souvent dans ce quartier.	*Andy often **went** to this neighborhood.*
Ce matin, il **a lu** *Libération*.	*This morning, he **read** Libération.*
Comme beaucoup de jeunes, **il lisait** *Libération*.	*Like many young people, he **read** Libération.*

4. When choosing between the **passé composé** and the **imparfait,** it is necessary to understand what you are actually communicating by your choice of tense (completed action or description).

GRAMMAR
TUTORIALS   **Choosing Past Tenses**

The following examples and the chart on page 184 contrast the uses of the **passé composé** and the **imparfait**.

Imparfait	Passé composé
Je **travaillais** à Paris au début de la guerre. *(setting)*	J'**ai travaillé** à Paris. *(isolated action)*
Il **pleuvait** à New York. *(setting)*	Hier, il **a plu**. *(specified beginning or end)*
Elle **voyait** souvent son ami. *(habitual action)*	Elle **a vu** son ami trois fois hier. *(quantifiable series of completed actions)*
Pendant sa jeunesse, il **buvait, fumait** et n'**étudiait** pas. *(habitual action)*	Il **a** trop **bu** et **fumé** et il **est parti** à minuit. *(series of completed actions)*
Nous **étions** malades. *(state or condition)*	Nous **avons été** malades. *(change in state or condition)*
Ils **pouvaient** danser. *(state or condition)*	Après avoir trop mangé, ils n'**ont** pas **pu** danser. *(change in state or condition)*
J'**aimais** aller aux concerts de jazz. *(state or condition)*	J'**ai** beaucoup **aimé** le concert. *(reaction to an event)*

It may help you develop your understanding of the different mental images that will be evoked by your choice of either the **imparfait** or the **passé composé** if you visualize your time frame as a TV program that you have watched. The succession of actions or events that advanced the plot of your program will be expressed in the **passé composé.** However, scenes that were purely descriptive, in which no further action took place, will be expressed by the **imparfait.** Such descriptive scenes were those in which a camera held a scene, panned around the set, or went in for a close-up.

Choice of Past Tenses				
PLUS-QUE-PARFAIT	IMPARFAIT			PASSE COMPOSE
prior completed action	habitual action	setting	state	completed action
Philippe avait déjà raté le bac, et…	il s'ennuyait, parce qu'…	il travaillait pour son père, et…	il n'avait pas d'argent.	Un jour, il a décidé de trouver un autre poste.
Il avait déjà travaillé pour son père avant de trouver un poste chez IBM.	A IBM, il restait souvent tard au bureau.	Il réfléchissait à son avenir parce qu'…	il voulait réussir.	Après deux ans, il en a eu assez.
Il avait trop voulu en faire, mais comme…	il rentrait tard tous les soirs, et parce que…	ce travail le fatiguait,	il était très découragé, alors…	il a quitté cette entreprise et est retourné chez son père.
J'étais déjà sorti(e) de l'école.	comme d'habitude je conduisais la voiture;	il pleuvait, et…	je pensais à mes cours, quand…	tout à coup, j'ai eu un accident.
Comme d'habitude, je conduisais la voiture. Il pleuvait, et … je pensais à mes cours. Tout à coup, …	elle faisait toujours le marché le samedi matin.	Elle était au rayon de la boucherie pour acheter de la viande.	Les steaks étaient trop chers, alors…	elle a refusé d'en acheter.

Read the following account of an accident as if you were going to film it for TV.

Il pleuvait et la route était glissante *(program opens with the camera panning the scene of rain coming down on a slick road)*. Un camion est apparu et a tourné dans une rue *(action of a truck coming into view and turning the corner)*. Le camion s'approchait du carrefour *(the camera holds the scene of the truck continuing along the road toward the intersection)*, quand soudain une voiture a brûlé le feu rouge *(a car appears on camera and runs through the red light)*. Le camion est rentré dans la voiture au milieu du carrefour *(the action of collision)*. Le choc a été violent *(the camera records the shock of the impact)*.

Un homme a couru vers la voiture et a regardé dedans *(a man comes on camera and looks in the car)*. Il a examiné le chauffeur pendant quelques secondes *(the man looks at the driver)*, puis a essayé plusieurs fois de le réanimer *(the camera shows the repeated attempts to revive the driver)*. La victime saignait beaucoup *(a close-up of the bleeding driver)*; l'homme n'a plus voulu le toucher *(the man moves back, afraid to touch the victim)*; il ne savait pas quoi faire *(the camera zooms back on the scene of the bewildered man standing over the driver)*. Enfin le chauffeur a ouvert les yeux, s'est levé et a fait un effort pour marcher *(the camera focuses on the driver getting up and taking a step)*, mais il n'a pas pu *(the driver falls)*; il ne pouvait rien faire *(a close-up of the immobile driver)*. Le pauvre chauffeur avait souvent fait cette même route *(a flashback of trips over the same road in the past)*, mais ce dernier trajet a été pour lui un désastre *(a closing shot of the driver on the ground, the police and ambulance arriving)*.

1 Trois jeunes Français racontent des moments passés devant la télé. Lisez leurs remarques et justifiez l'emploi des temps du passé pour chacun des verbes indiqués.

La télévision **était allumée** (1) quand je **suis entré** (2) dans la pièce. Comme je ne **voulais** (3) pas rater mon émission, je **me suis assis** (4) immédiatement devant le poste. C'**était** (5) un film de Jean Renoir. Il **a duré** (6) deux heures et à la fin du film, j'**ai éteint** (7) le poste. Voilà ce que j'**ai fait** (8) hier soir.

Il y a quelques années, mon frère **regardait** (9) un feuilleton à la télé tous les soirs, sans exception. Mais un jour, il **était sorti** (10) avec des amis et il **a manqué** (11) un épisode. Quand il **est rentré** (12), il m'**a demandé** (13) de lui raconter ce qui **s'était passé** (14) au cours de l'épisode. Il ne **savait** (15) pas que j'**étais allé** (16) au cinéma à l'heure de son émission favorite. J'**avais** aussi **manqué** (17) l'émission et donc, je n'**ai** pas **pu** (18) faire le récit des aventures de son héros préféré. Il **était** (19) très triste!

Un jour, Robert **regardait** (20) le match de football le plus important de l'année. Tout **allait** (21) bien. Soudain, la télé **a fait** (22) un bruit bizarre et le poste **est tombé** (23) en panne. D'habitude, Robert **téléphonait** (24) à l'atelier de réparation quand cette sorte de catastrophe **arrivait** (25). Mais ce jour-là, quand il **a voulu** (26) appeler l'atelier de réparation, personne n'**a répondu** (27), car c'**était** (28) dimanche. Tout à coup, Robert **a eu** (29) une idée: «Si j'**allais** (30) chez mon très bon ami Henri qui a le câble chez lui?»

2 Emma raconte sa première année à l'université. Complétez chaque phrase en mettant le verbe au **plus-que-parfait**, au **passé composé** ou à l'**imparfait,** selon le contexte de la phrase.

1. Alors, ça / c'_était_ (être) la première année loin de ma famille.

2. Je n'_aimais_ (aimer) pas tellement ma colocataire, car elle _faisait_ (faire) toujours des choses bizarres.

3. J'_avais_ (avoir) quatre cours et j(e) _ai passé_ (passer) des examens très difficiles.

4. Ma meilleure amie _est allé_ (aller) à une autre université et elle m(e) _manquait_ (manquer) beaucoup.

5. Deux fois, j'_attrapais_ (attraper) la grippe et j(e) _avais_ (devoir) aller chez le médecin.

6. Un jour quand j(e) _____ (rentrer), j(e) _____ (voir) que ma colocataire _____ (rester) au lit et elle _____ (être) malade aussi.

7. Bien sûr, je _me suis fait_ (se faire) de nouveaux amis à l'université. Beaucoup d'entre eux _avaient fait_ (faire) les mêmes études que moi au lycée.

8. Mes nouveaux amis _étaient_ (être) super et tous les soirs, on _dinaits_ (dîner) ensemble et on _parlait_ (parler) de beaucoup de choses.

9. Nous _sommes allé_ (aller) aussi à deux concerts formidables où il y _avait_ (avoir) beaucoup de monde et nous _avons vu_ (voir) d'autres copains de notre université!

10. A la fin du semestre, je _me suis rendu compte_ (se rendre compte) que je _m'étais amusée_ (s'amuser) beaucoup plus en janvier qu'en mai ce semestre.

3 Il faut souvent connaître le contexte pour bien comprendre l'action. Lisez les descriptions des situations suivantes et complétez les phrases à l'aide d'actions décrites par des verbes au **passé composé** ou à l'**imparfait**.

1. Je venais en cours ce matin quand…

2. Pendant que mon / ma colocataire faisait ses devoirs, je…

3. Je faisais mes devoirs quand…

4. Je ne suis pas sorti(e) samedi soir parce que… _je dormais_

5. En rentrant j'étais très fatigué(e) et…

6. Je parlais à ma copine avec mon portable quand…

7. Je regardais la télé quand…

8. Pendant que je regardais la télé, je…

9. Je ne suis pas allé(e) à la fête parce que…

10. Puisque j'avais faim, je…

endormir

INTERACTIONS

Activité 1. Et puis, alors… Employez les éléments suivants dans des phrases au **passé composé** ou à l'**imparfait** pour dire ce que vous avez fait récemment. Ensuite, les autres membres de la classe vont poser des questions pour avoir des renseignements supplémentaires au sujet de vos activités.

télécharger des chansons	aller à un concert	aller au mall
dîner dans un restaurant	jouer (à)	regarder la télé
rester dans sa chambre	retrouver des amis	sortir avec…
voyager	clavarder (chatter) avec…	???

Activité 2. Qui a volé le carnet de notes?... Après quelques heures d'absence hier après-midi, votre professeur est revenu à son bureau et a découvert que son carnet de notes avait disparu! En petits groupes, racontez au **passé composé** et à l'**imparfait** exactement ce que vous avez fait hier après-midi. Décrivez vos activités en détail. Décidez qui a l'alibi le moins crédible. Puis, comparez cet alibi aux alibis peu crédibles des autres groupes.

SYNTHESE

A. La famille de votre copine française a une résidence secondaire dans un petit village. Racontez votre séjour dans ce village en employant les temps du passé appropriés.

On _a passé_ (passer) une semaine dans la maison de notre copine. Dans le village, il y _avait_ (avoir) seulement 800 habitants et tous les gens du village _connaisaient_ (se connaître). En face de la maison de notre copine _s'est trouve_ (se trouver) une maison où il y _avait_ (avoir) un très gros chien. Quand nous _sommes arrivés_ (arriver), le chien _a commencé_ (commencer) à aboyer *(to bark)* très fort, et nous _avons eu_ (avoir) peur. Mais quand il _s'est approché_ (s'approcher) de nous, on _a compris_ (comprendre) tout de suite qu'il _était_ (être) très gentil.

Avant notre arrivée, la mère de notre copine _avait nettoyé_ (nettoyer) la maison et _avais mis_ (mettre) quelques provisions dans le frigo. Alors, nous _sommes entrés_ (entrer) dans la maison, nous _avons préparé_ (préparer) un petit dîner et nous _nous sommes couché_ (se coucher) très tôt parce qu'on _était_ (être) fatigués de notre long voyage.

Le lendemain matin, on _dormait_ (dormir) toujours quand soudain on _a entendu_ (entendre) un bruit terrible! Ça / C' _était_ (être) des oies *(geese)* qui _____ (habiter) le jardin derrière notre maison. Alors, on _s'est levé_ (se lever) et on _a pris_ (prendre) le petit déjeuner. Ensuite, on _a fait_ (faire) une promenade dans le village. Il y _avait_ (avoir) une seule épicerie dans le village, mais les produits _étaient_ (être) de bonne qualité. Après notre excursion à l'épicerie, on _s'est arrêté_ (s'arrêter) un peu au Bar du Pont où on _bu_ (boire) un café. Au Bar du Pont, on _regardait_ (regarder) les gens et on _discutait_ (discuter) de nos projets pour la journée quand on _a vu_ (voir) toute une bande de motos qui _a traversé_ (traverser) le pont et _s'est installé_ (s'installer) sur la place. Ces motards _passaient_ (passer) toujours par le village quand ils _faisaient_ (faire) des excursions le week-end. Ils _aimaient_ (aimer) se promener sur les routes dans les montagnes autour du village.

On _est resté_ (rester) une semaine dans ce petit village. Il n'y _avait_ (avoir) pas beaucoup de choses à faire. Heureusement, nous _avons apporté_ (apporter) beaucoup de bouquins à lire! On _____ (pouvoir) connaître la vraie vie de village et on _____ (s'amuser) beaucoup.

agaçant
" annoying

B. Pendant que vous arriviez à votre hôtel à Paris, un homme a volé votre valise. Employez les éléments indiqués et les temps du passé pour raconter au policier ce qui s'est passé.

1. je / sortir / de mon taxi *je suis sorti*
2. je / être / devant mon hôtel
3. ma valise / être / à côté de moi
4. un homme / sortir / déjà de l'hôtel et il / venir / près de moi
5. soudain, il / prendre / ma valise
6. je / être / très surpris(e)
7. l'homme / traverser / la rue
8. je / commencer / à courir, mais je ne / pas pouvoir / pas rattraper l'homme
9. beaucoup d'autres personnes / voir / l'incident
10. l'homme / être / grand
11. il / avoir / les cheveux bruns et il / porter / un jean et un tee-shirt
12. il / aller / dans la direction du Louvre

C. Ton week-end s'est bien passé? Employez les éléments indiqués pour poser des questions à vos camarades de classe. Employez le **passé composé** ou l'**imparfait** selon le contexte.

1. que / tu / faire le week-end dernier?
2. où / tu / aller?
3. quel temps / il / faire?
4. tu / pouvoir te reposer un peu? *As tu pu te reposer un peu*
5. tu / avoir / des devoirs à faire?
6. tu / sortir / avec tes copains?
7. tu / faire / un voyage?
8. tu / avoir besoin d'argent pour t'amuser?
9. que / tu / vouloir / faire dimanche?
10. tu / s'amuser?

D. Votre vie à l'université. Employez les éléments suivants pour poser des questions à vos camarades de classe au sujet de leur semestre dernier.

1. étudier beaucoup pour tes cours?
2. écrire beaucoup de compositions en cours de français?
3. lire un journal ou un magazine?
4. t'intéresser à la politique
5. visiter un réseau communautaire en ligne?
6. être abonné(e) à un magazine spécialisé?
7. lire les bandes dessinées le dimanche?
8. regarder les informations à la télé?
9. sortir avec tes amis?
10. trouver tes cours difficiles?

Note culturelle

Courtesy of Magazine Mode d'Emploi, www.magazinemodedemploi.com

Magazine Mode d'emploi

Il existe au Québec plus de 550 magazines qui publient près de 200 millions d'exemplaires par an. L'agence Statistique Canada classe les magazines selon plusieurs catégories: généraux, spécialisés, destinés au grand public, d'affaires ou professionnels, agricoles, religieux et savants. Parmi les magazines destinés à des lecteurs précis, *Magazine Mode d'emploi* s'adresse aux étudiants s'apprêtant à choisir une orientation à l'université ou à entrer dans le monde professionnel. Son tirage de 35 000 exemplaires, disponibles dans les écoles secondaires et sur les campus universitaires de toute la province, s'accompagne aussi d'une version en ligne. Ce magazine estudiantin publie sept numéros par an, un numéro pour chaque mois du calendrier scolaire.

Le site Internet de *Magazine Mode d'emploi* propose plusieurs rubriques d'articles et de vidéos relatives aux questions qui préoccupent les élèves du secondaire et les étudiants à la fac:

- Le site met à la disposition des internautes des vidéos qui présentent des reportages sur différents métiers et des faits divers concernant le monde du travail.
- Il offre également des articles de fond traitant divers thèmes tels que les avantages d'étudier à l'étranger, ce qu'il faut mettre dans son curriculum vitæ, le conflit entre salaire et passion, l'importance du travail d'été et comment gérer son argent.
- On peut aussi lire des interviews avec des entrepreneurs prospères et des célébrités québécoises au sujet de leur parcours professionnel.
- Certains articles engagent les jeunes dans la réflexion sur leurs choix dans la vie professionnelle. Parmi les titres publiés récemment, on peut citer «intérêts versus aptitudes», «apprendre à se connaître» et «l'abc de l'organisation».

Compréhension

1. Quel genre de lecteur s'intéresse à *Magazine Mode d'emploi*? Pour quelles raisons?
2. Quand sortent les différents numéros de l'année? Où peut-on trouver un exemplaire du magazine?
3. De quels sujets les vidéos et les articles du magazine traitent-ils?

Réflexion

A. Y a-t-il un magazine publié aux Etats-Unis consacré aux mêmes sujets et destiné au même genre de lecteurs? Si oui, en quoi les deux magazines se ressemblent-ils? Sinon, pourquoi un tel magazine n'existe-t-il pas, à votre avis?

B. Créé en 2003, *Magazine Mode d'emploi* est encore assez jeune. A votre avis, ce magazine va-t-il réussir à augmenter le nombre de ses lecteurs au cours des prochaines années? Les sujets traités dans ce magazine vont-ils attirer de plus en plus d'étudiants? Expliquez votre point de vue.

 C. Rendez-vous sur le site Web du magazine (www.magazinemodedemploi.com). Quelles sont les questions abordées dans le nouveau numéro? S'agit-il de sujets qui vous concernent personnellement?

POUR S'EXPRIMER

Francophones en direct

La presse et les bandes dessinées en Belgique: Entretien avec Sébastien. Ecoutez l'interview dans laquelle Sébastien parle de la presse en Belgique et des bandes dessinées. Ensuite, choisissez la réponse correcte pour chacune des questions suivantes.

Vocabulaire utile

je ne dirais pas *I wouldn't say*
véritable *true*

rigolo *funny*
l'honnêteté *honnesty*
une lutte *a struggle*

malin *shrewd*
encombrant *cumbersome*
de même *same here*

---

1. Quels sont les deux journaux quotidiens les plus lus en Belgique?
   a. *Le Vif* et *Le Soir*   b. *Le Soir* et *Le Standard*   c. *Le Standard* et *Le Vif*

2. A part du français, en quelle langue ces deux journaux sont-ils publiés?
   a. allemand   b. belge   c. néerlandais *(Dutch)*

3. Quels types de publications les jeunes Belges préfèrent-ils?
   a. les quotidiens   b. les hebdomadaires   c. les mensuels

4. Pourquoi les jeunes Belges préfèrent-ils les journaux comme *Le Vif*?
   a. Ils sont politisés.   b. Ils peuvent lire ces   c. Ils couvrent un peu de
                                 journaux en ligne.   tout.

5. Quelles sont les deux bandes dessinées mentionnées dont les auteurs sont belges?
   a. *Astérix* et *Tintin*   b. Spirou et *Lucky Luke*   c. *Lucky Luke* et *Tintin*

6. D'où venait la bande dessinée que Sébastien aimait lire quand il était jeune?
   a. du Japon   b. de Belgique   c. de France

7. Pour quelles raisons le héros de la bande dessinée préférée de Sébatien était-il son modèle?
   a. Il était fort et   b. Il était honnête et   c. Il avait un esprit *(mind)*
      jeune.   comique.   simple.

8. Qu'est-ce qui est une véritable force culturelle en Belgique?
   a. les bandes dessinées b. la presse   c. l'Internet

9. Qu'est-ce qu'*Astérix,* la plus populaire des bandes dessinées françaises, offre aux lecteurs?
   a. des aventures dans le monde de la science-fiction
   b. des commentaires sur la politique
   c. une leçon d'histoire dans un contexte comique

10. Quelles sont les raisons principales qui expliquent pourquoi les Belges préfèrent lire les journaux sur l'Internet?
   a. Il y a plus de variété et c'est moins cher.
   b. C'est plus facile et rapide.
   c. Les journaux sur l'Internet sont plus intéressants.

En petits groupes, discutez de l'attitude des jeunes Américains vis-à-vis des journaux et des bandes dessinées. Ensuite, comparez les réponses des différents groupes avec les renseignements dans l'interview de Sébastien.

A vous la parole

Donnez des détails sur un des thèmes suggérés en utilisant ces expressions qu'on emploie souvent pour décrire des actions habituelles au passé.

EXPRESSIONS: de temps en temps, pendant, fréquemment, toujours, d'habitude, souvent, habituellement, tous les jours

1. vos passe-temps préférés à l'âge de douze ans
2. votre vie quotidienne pendant votre dernière année à l'école secondaire
3. votre emploi du temps pendant les vacances de l'été dernier
4. vos activités de groupe dans le courant de l'année dernière

Situations orales

Un hôtel où on reçoit beaucoup de clients francophones cherche des employés. Dans l'entretien d'embauche *(job interview),* il faut présenter un résumé de vos études et de votre expérience professionnelle. Mettez-vous en groupes; chaque membre du groupe doit parler de ses qualifications et le groupe va choisir le meilleur candidat / la meilleure candidate pour travailler à l'hôtel.

Structures III

GRAMMAR TUTORIALS

Dates

In French, the days of the week, the months, and the seasons are all masculine nouns that are not capitalized.

A. The days of the week are **lundi, mardi, mercredi, jeudi, vendredi, samedi, dimanche.**

- The days of the week are normally used without an article. If you use **le** before a day of the week, however, this construction implies *on* or *every.*

Normalement, ils vont en ville **le samedi. Samedi,** ils vont faire une excursion à la campagne.	*They usually go downtown on **Saturday. This Saturday** they will go on an outing in the country.*

- When referring to periods of a week or two weeks in French, the expressions quite often used are **huit jours** and **quinze jours.**

Il va partir dans **huit jours.**	*He'll leave in **a week.***
J'ai acheté mes billets il y a **quinze jours.**	*I bought my tickets **two weeks** ago.*

B. The months of the year are **janvier, février, mars, avril, mai, juin, juillet, août, septembre, octobre, novembre, décembre.**

C. The seasons of the year are **le printemps, l'été, l'automne, l'hiver.**

- The preposition **en** is used with a month or season to express *in,* except with **printemps,** which takes **au.**

Au printemps, les élèves français attendent avec impatience les grandes vacances. Les cours se terminent **en juillet** et, **en été,** beaucoup de Français vont à la plage. **En août,** tout le monde rentre parce qu'**en septembre,** il faut retourner à l'école. Mais courage, les enfants! **En automne** et **en hiver,** il y a beaucoup d'autres fêtes et de jours fériés où on est libres.

D. There are two ways to express years in French.

1999	**dix-neuf cent quatre-vingt-dix-neuf**
or:	**mil neuf cent quatre-vingt-dix-neuf**
1789	**dix-sept cent quatre-vingt-neuf**
or:	**mil sept cent quatre-vingt-neuf**

- **En** is used with years and **au** with centuries to mean *in.*

en l'an 2000	
en 2006	**au vingt et unième siècle**
en 1789	**au dix-huitième siècle**

- To ask the date in French, you will normally use the following pattern: **Quelle est la date** aujourd'hui / de son départ?

- To ask for other dates, you will use the following pattern: **A quelle date** est-elle revenue?

- To give the date in French, you will normally use **c'est,** the definite article, and the cardinal number. (The only exception is the first of the month, when **le premier** is used.) With the numbers **huit** and **onze,** there is no contraction of **le.** To give today's date, use also **nous sommes** or **on est** before the date.

C'est **le vingt mars** 2012.
On est **le premier mars** 2013.
Nous sommes **le onze novembre.**

- The article **le** must be used before the date itself. When referring to both the date and the day of the week, **le** may be placed before either the day of the week or the date.

Elle rentre **lundi, le sept juin.**
Elle rentre **le lundi sept juin.**

1 Le directeur de votre programme d'échange universitaire en France vous demande de faire un court autoportrait et de parler de vos projets d'avenir. Complétez chaque phrase par une des expressions entre parenthèses.

1. (en / au) Je suis né(e) _____ (mois de votre naissance).

2. (le / en) Je suis né(e) _____ (date de votre naissance).

3. (dans / en) Je vais obtenir mon diplôme _____ (année où vous allez obtenir votre diplôme).

4. (le vendredi / vendredi) Je n'ai pas cours en général _____.

5. (Le vendredi / Vendredi) _____ prochain, je vais faire une excursion dans la région des châteaux de la Loire.

6. (huit / sept) On va passer _____ jours à voyager, une semaine entière.

7. (au / en) Nous allons voir beaucoup de châteaux construits _____ seizième siècle.

8. (En / Au) _____ printemps, je vais voyager en Italie.

9. (en / au) Je vais rentrer aux Etats-Unis _____ été.

10. (le quinze / le quinzième) En fait, je dois rentrer _____ août.

2 Voici, dans la colonne de gauche, quelques dates célèbres de l'histoire de France. Dans la colonne de droite, se trouvent les faits associés à ces dates. Associez chaque date à l'événement qui lui correspond. De quel siècle s'agit-il dans chaque cas? (Remarquez, entre parenthèses, l'emploi du *passé simple,* équivalent littéraire du passé composé. Voir Appendice A.)

1.	800	a.	Napoléon est devenu (devint) empereur des Français.
2.	1431	b.	La Seconde Guerre mondiale a été (fut) déclarée.
3.	1515	c.	Charlemagne a été (fut) sacré empereur.
4.	1643	d.	Charles Lindbergh a atterri (atterit) au Bourget.
5.	1793	e.	Paris a été (fut) libéré de l'occupation allemande.
6.	1804	f.	On a brûlé (brûla) Jeanne d'Arc à Rouen.
7.	1815	g.	Charles de Gaulle est mort (mourut).
8.	1918	h.	Louis XVI a été (fut) guillotiné.
9.	1927	i.	Il y a eu (eut) de grandes manifestations d'étudiants et d'ouvriers à Paris.
10.	1939	j.	François Ier, qui allait introduire la Renaissance en France, est devenu (devint) roi.
11.	1944		
12.	1968	k.	Napoléon a perdu (perdit) la bataille de Waterloo.
13.	1970	l.	L'armistice a marqué (marqua) la fin de la Première Guerre mondiale.
14.	2002	m.	L'euro est devenu (devint) la monnaie unique de plusieurs pays de l'UE.
		n.	Louis XIV est devenu (devint) roi de France.

Hulton Archive/Getty Images

Napoléon Bonaparte

INTERACTIONS

Quelques dates importantes. Demandez à un(e) camarade les dates suivantes.

1. la date de son arrivée à l'université la première fois

2. la date de son arrivée à l'université ce semestre

3. la date à laquelle commence le congé de Noël

4. la date à laquelle les cours reprennent le semestre prochain

5. la date de son anniversaire

6. la date de l'anniversaire de son / sa meilleur(e) ami(e)

7. la date du prochain examen de français

8. la date à laquelle il / elle va obtenir son diplôme

Note culturelle

Paul Almasy / CORBIS

Un kiosque parisien

Le kiosque

Il y a actuellement présents sur le territoire français 29 000 points de vente de la presse (kiosques, maisons de la presse, etc.)! Dans les villes surtout, on a tendance à acheter ses journaux et ses magazines soit dans un bureau de tabac, soit dans un kiosque à journaux. Dans la capitale, la plupart des 341 kiosques sont dûs à Gabriel Davioud (1823–1881), que le baron Haussmann avait chargé de dessiner le mobilier urbain parisien. L'un des inconvénients de ce mode d'achat, selon les 15–24 ans, est qu'il ne permet pas de feuilleter ni de consulter facilement les magazines sur les points de vente!

Compréhension

1. Où peut-on facilement acheter un quotidien ou un magazine en France?
2. Quel est l'intérêt historique de la plupart des kiosques parisiens?

Réflexion

Dans quels établissements est-ce qu'on achète un exemplaire de la presse périodique chez vous? Préférez-vous vous abonner à un magazine ou au journal plutôt que de l'acheter chez un marchand? Pourquoi?

INTERACTIONS

Lectures pour tous. En groupes de trois ou quatre personnes, consultez le tableau suivant et discutez des revues auxquelles vous aimeriez vous abonner. Expliquez vos choix. Quels sont les équivalents de certains de ces titres dans la presse nord-américaine?

Situations écrites

A. Votre correspondant(e) en France vous demande de lui raconter un événement récent qui s'est passé dans votre pays. Lisez un article de journal et faites un résumé de cet article pour l'envoyer à votre correspondant(e).

B. Les épisodes des feuilletons et des séries américaines qui passent à la télé en France ont déjà été diffusés aux Etats-Unis. Faites un résumé d'un épisode d'un feuilleton ou d'une série pour l'envoyer par e-mail à votre correspondant(e).

Le français connecté

Explorez la presse francophone en ligne. Rendez-vous sur www.google.fr ou www.yahoo.fr et tapez «journal» + «Haïti», «Tahiti» et «France». Ensuite, choisissez le site officiel d'un journal de chaque pays et notez le nom, l'organisation et le contenu, les rubriques, les sujets des articles à la une, les genres de publicité, les formes de technologie, et la participation des lecteurs (les blogs).

Connectez-vous

La presse francophone et la mondialisation. Révisez vos notes. A votre avis, est-ce que la presse francophone se mondialise? Sur les sites Web, y a-t-il des signes d'une culture «partagée» *(shared)* entre les pays? Les articles couvrent-ils les mêmes événements de l'actualité? Les sites utilisent-ils les mêmes technologies? Les publicités vendent-elles les mêmes produits? Quel site semble être le plus ou le moins mondialisé?

A lire

Texte de culture contemporaine

Sujets de réflexion

Quelle sorte de préparation professionnelle demande-t-on normalement à un marchand de journaux? Pour quelles raisons un diplômé de philosophie choisit-il le métier de kiosquier?

Guide de lecture

1. A Paris, on achète souvent des journaux et des magazines dans un kiosque. Où sont situés les kiosques normalement?
2. Cherchez dans l'article suivant quelques indications qui permettent de situer le kiosque de M. Ferrenbach.
3. Le deuxième paragraphe présente un grand nombre de chiffres. A quels sujets principaux se réfèrent ces chiffres?
4. A votre avis, les conditions de travail d'un kiosquier sont-elles faciles ou difficiles en général? Cherchez deux éléments dans le deuxième paragraphe qui confirment cette impression.

Kiosquier et philosophe

On peut être fils de kiosquier, kiosquier soi-même, époux de kiosquière et…
diplômé de philosophie. C'est le cas de Patrick Ferrenbach, 49 ans, qui officie° *officiates*
sur le boulevard Saint-Michel, à Paris dans le 5e arrondissement, à deux pas de la
Sorbonne où il a fait ses études et rencontré sa femme, maître, elle, en linguistique.

5 A la fin de ses études en Sorbonne, Patrick Ferrenbach épouse Iwona, rencontrée
à l'université. Diplômes en poche, tous les deux conviennent°, par goût de *agree*
l'indépendance, de reprendre le flambeau° de M. Ferrenbach père, qui avait *torch*
choisi, à dix ans de la retraite, de devenir kiosquier à Paris, du côté de la station de
métro Mouton-Duvernet, dans le 14e arrondissement. En 1979, inscrit sur les listes
10 d'attente des concessions tenues à la direction des finances de la Mairie de Paris, le
couple obtient un premier kiosque, moins important que celui qu'il gère° aujourd'hui *operates*
devant le 47 boulevard Saint-Michel, dans le 5e arrondissement. Considéré comme
«moyen» dans la nomenclature du métier, il dispose d'un stock de 5 000 à 7 000
titres à la vente, d'une valeur de quelque 12 000 euros. Le salaire moyen mensuel
15 des Ferrenbach est de 1 500 à 2 300 euros, sommes prélevées° sur la vente des *deducted*
journaux. Ces ressources ténues° expliquent pourquoi 65 kiosques ont fermé à Paris *tenuous*
entre 1998 et 2002. Un kiosquier perçoit°, en effet, 18,40% sur les publications *receives*
magazines, 17% sur les quotidiens nationaux et 24% sur les journaux étrangers.
L'amplitude du travail quotidien est de quatorze heures, du lundi au samedi (Patrick
20 tient le kiosque de 7 heures à 10 heures, puis de 18 heures à 21 heures, et Iwona
prend le relais de 10 heures à 18 heures). Les bonnes années, le couple s'octroie° *grants itself*

un mois de congé, en août. Compte tenu du quartier, la clientèle est surtout composée d'étudiants, de professeurs et de touristes. 300 exemplaires du *Monde* sont ici vendus en moyenne chaque jour. [...]

showcase 25 Fidèle à ses lectures d'étudiant, Patrick Ferrenbach a choisi de mettre en valeur° trois titres [de] magazines dans son kiosque. Il dispose de la collection quasi complète du *Magazine littéraire*, de *L'Histoire* et de *Sciences humaines*. En revanche, il ne vend aucun titre pornographique—ce qui ne peut être considéré comme un «refus de», les règlements permettant au kiosquier un libre choix pour les titres de cette catégorie.

Source: Le Monde. 29 février au 1er mars 2004, pp. 22-23

Après la lecture

1. Que savez-vous au sujet de la vie personnelle de Patrick Ferrenbach et de sa femme Iwona? Faites un court portrait de ces deux personnes.

2. En ce qui concerne leur métier de kiosquiers parisiens, combien de kiosques ont-ils tenus à Paris? Que pensez-vous de l'endroit où leur kiosque actuel est situé? Est-ce un emplacement favorable à la presse? De quelles sortes de personnes la clientèle est-elle composée?

3. Comment les Ferrenbach gagnent-ils leur vie? Sont-ils considérés comme de gros commerçants? Que pensez-vous de leurs revenus? Vous semblent-ils bons, adéquats, insuffisants par rapport au coût de la vie à Paris et aux horaires de travail?

4. Quelle sorte d'avenir attend les kiosquiers de Paris selon l'article?

Texte littéraire

Sujets de réflexion

1. Quelle est la qualité la plus importante des renseignements que vous obtenez en lisant les informations du jour sur l'Internet ou dans la presse? Quelle est la différence entre faire un reportage et faire un éditorial?

2. Est-il possible ou même désirable pour un journaliste d'être impartial? Pourquoi le croyez-vous?

A propos de l'auteur...

© Bettmann/CORBIS

Albert Camus (1913–1960)

Albert Camus (1913–1960), *prix Nobel de littérature en 1957, est né en Algérie. Ayant fait des études de philosophie, il deviendra, au cours de sa carrière d'écrivain, dramaturge, romancier, essayiste et journaliste. La plus célèbre de ses œuvres littérarires,* La Peste *(1947), raconte, dans un style volontairement sobre et mesuré, la chronique imaginaire de la ville algérienne d'Oran, victime d'une peste bubonique. Le narrateur, apprend-on à la fin du livre, est le médecin Rieux, un homme effacé mais héroïque, qui désire rester le témoin le plus objectif du comportement humain de ses concitoyens devant cette calamité qui tombe sur eux.*

Guide de lecture

1. Le premier paragraphe nous apprend l'identité de l'interlocuteur du Dr Rieux. Quelle impression avons-nous de lui?

2. Il s'agit, dans le passage, d'un dialogue. L'usage français est d'indiquer par un tiret (—) un changement de locuteur. En lisant l'échange de propos entre les deux hommes, quelle semble être l'évolution des rapports entre eux? Quel est le ton du début? de la fin?

La Peste (extrait)

L'après-midi du même jour, au début de sa consultation, Rieux reçut un jeune homme dont on lui dit qu'il était journaliste et qu'il était déjà venu le matin. Il s'appelait Raymond Rambert. Court de taille, les épaules épaisses, le visage décidé, les yeux clairs et intelligents, Rambert portait des habits de coupe sportive et

5 semblait à l'aise dans la vie. Il alla droit au but°. Il enquêtait pour un grand journal de Paris sur les conditions de vie des Arabes et voulait des renseignements sur leur état sanitaire°. Rieux lui dit que cet état n'était pas bon. Mais il voulait savoir, avant d'aller plus loin, si le journaliste pouvait dire la vérité.

—Certes, dit l'autre.

10 —Je veux dire: pouvez-vous porter condamnation totale?

—Totale, non, il faut bien le dire. Mais je suppose que cette condamnation serait sans fondement.

Doucement, Rieux dit qu'en effet une pareille condamnation serait sans fondement, mais qu'en posant cette question, il cherchait seulement à savoir si le

15 témoignage° de Rambert pouvait ou non être sans réserves°.

—Je n'admets que les témoignages sans réserves. Je ne soutiendrai donc pas le vôtre de mes renseignements.

—C'est le langage de Saint-Just°, dit le journaliste en souriant.

Rieux dit sans élever le ton qu'il n'en savait rien, mais que c'était le langage d'un

20 homme lassé° du monde où il vivait, ayant pourtant le goût de ses semblables et décidé à refuser, pour sa part, l'injustice et les concessions. Rambert, le cou dans les épaules, regardait le docteur.

—Je crois que je vous comprends, dit-il enfin en se levant.

Le docteur l'accompagnait vers la porte:

25 —Je vous remercie de prendre les choses ainsi.

Rambert parut impatienté:

—Oui, dit-il, je comprends, pardonnez-moi ce dérangement.

Le docteur lui serra la main et lui dit qu'il y aurait un curieux reportage à faire sur la quantité de rats morts qu'on trouvait dans la ville en ce moment.

30 —Ah! s'exclama Rambert, cela m'intéresse.

Margin glosses:
straight to the point
health [conditions]
account / impartial
a leader of the French Revolution whose uncompromising idealism led to his downfall at the hands of the common people / tired

Après la lecture

1. Les lecteurs de ce passage ont-ils une image précise du portrait physique du jeune journaliste? En raison de quels éléments?

2. La santé de la population arabe est-elle bonne ou mauvaise? D'après le texte, à quel groupe faut-il attribuer ces conditions sanitaires?

3. A quelle sorte de reportage Rieux s'attend-il de la part de Rambert? Ce genre de reportage va-t-il se réaliser à votre avis? Pourquoi ou pourquoi pas?

4. Quelle est une autre manière de dire «le langage de Saint-Just»?

5. L'entretien de Rambert avec le docteur a-t-il été cordial? Comment le savez-vous?

6. Comment finit l'entretien entre Rambert et Rieux? Le journaliste va-t-il enfin pouvoir assurer un reportage à Oran?

Pour mieux lire

1. Camus emploie régulièrement le *passé simple* dans son récit. (Consulter l'Appendice A pour une explication de ce temps verbal.) Trouvez dans l'extrait au moins cinq exemples différents du *passé simple.* Quel autre temps peut-on aussi utiliser pour ces verbes?

2. Les lecteurs de Camus ont souligné la qualité allégorique ou métaphorique de ce texte en faisant allusion à l'occupation de la France par les Allemands pendant la Deuxième Guerre mondiale. Mais d'autres interprétations d'un cataclysme sont aussi possibles dans une œuvre classique comme *La Peste.* Pouvez-vous en proposer une autre?

3. A votre avis, qui a raison, le docteur Rieux ou le journaliste Rambert? Justifiez votre réponse.

LIENS CULTURELS

1. Choisissez un événement qui a eu, sur notre société, un effet aussi dramatique que l'Affaire Dreyfus en France. Quels sont les éléments de la situation qui ont provoqué la controverse?

2. Depuis toujours, le principe de la liberté personnelle a une importance capitale dans une société démocratique. Mais à l'époque moderne, le terrorisme mondial a soulevé une polémique au sujet de la sécurité de tous: Doit-on renoncer à certaines libertés personnelles afin d'assurer la sécurité et le bien-être de tous? Doit-on se soumettre à l'utilisation de caméras de surveillance et aux contrôles dans les aéroports, par exemple? Imaginez que vous préparez un reportage journalistique à ce sujet. Quel point de vue allez-vous défendre? Comment allez-vous le justifier?

3. Le gouvernement d'un pays a-t-il le droit de commettre, en matière politique, une action illégale ou injuste pour des considérations d'intérêt public? La raison d'Etat peut-elle mériter le silence de la presse? Un chef d'Etat démocratique a-t-il le droit de prendre des sanctions contre les journalistes, comme on l'a fait en France contre Emile Zola au moment de l'Affaire Dreyfus? Quel rôle les journalistes internationaux jouent-ils aujourd'hui dans la guerre contre le terrorisme?

EXPANSION

A. A votre avis, en quoi les habitudes ont-elles changé au cours du vingtième et du vingt et unième siècles en ce qui concerne la manière de s'informer sur l'actualité? S'agit-il d'un changement positif ou négatif? Donnez des exemples.

B. L'image a toujours eu une grande importance dans la communication d'un message. Expliquez ce principe en faisant allusion aux différents types de textes qui vous ont été présentés dans ce chapitre.

C. Que faut-il penser des paparazzis dans l'évolution actuelle de la presse? Les quotidiens et les hebdomadaires ont-ils le droit de publier le genre de photos que les paparazzis proposent? Que pensez-vous du proverbe «Toute vérité n'est pas bonne à dire»?

Gratte-papier

Court-métrage de Guillaume Martinez, Société de production: Babelone Drone – 2005

PRIX ET RECOMPENSES

Berlin International Film Festival, Ours d'argent – Prix du Jury

Sundance Film Festival 2007, Sélection officielle

A considérer avant le film

Dans ce court-métrage, deux jeunes établissent un premier contact d'une façon peu commune. Où avez-vous fait la connaissance de la plupart de vos amis? Comment gardez-vous le contact avec eux? Quels autres moyens est-ce qu'on utilise pour faire connaissance aujourd'hui?

Note linguistique

Le mot «regard» se traduit par *a look, a glance* ou *a gaze.* Les relations romantiques commencent souvent par un regard. Par contre, quand on vous dit en France que vous avez «un look», on veut dire que vous avez un style personnel prononcé.

Avant le visionnage

Objet et symbole. Souvent nos opinions des autres se basent sur les objets dont ils se servent en public. Quelles impressions vous donnent les objets suivants?

> MODELE   un agenda bien rempli
>
> *J'imagine une personne professionnelle, très occupée ou quelqu'un qui veut avoir l'air important.*

assistant personnel digital

1. un PDA°
2. un journal
3. un roman populaire
4. un livre scolaire
5. un jeu portable

Premier visionnage

Quels genres de personnes se trouvent dans le métro avec le jeune homme? Que font ces personnes pour passer le temps? Décrivez-les en vous servant du **Vocabulaire utile.**

Vocabulaire utile

bouquiner *to read for pleasure*
employé de bureau
étudiant
femme professionnelle

homme d'affaires
lire le journal
ouvrier *worker*
regarder les jolies femmes

se reposer *to rest*
rêvasser *to daydream*
travailler
vérifier son planning

Gratte-Papier: Guillaume Martinez / Agence du Court Métrage

Deuxième visionnage

Lisez chaque phrase et dites s'il s'agit du jeune homme (**C'est lui.**) ou de la jeune femme (**C'est elle.**).

> **MODELE** regarder par la fenêtre
> *C'est lui.*

1. entrer en premier dans le métro
2. s'asseoir près de la fenêtre
3. prendre des notes dans son livre avec un crayon
4. vérifier quelque chose dans son agenda
5. sortir en premier

Après le visionnage

Observations

Répondez aux questions.

1. Comment est-ce que le jeune homme se rend compte qu'il est assis à côté d'une belle femme?
2. Quelle méthode utilise-t-il pour communiquer avec elle?
3. A votre avis, est-ce qu'il réussit à l'attirer?
4. Que fait-elle juste avant de partir?

 ## Interprétation

Discutez avec un partenaire de vos impressions des personnages dans le film en répondant aux questions.

1. Imaginez la journée des personnages avant le moment du film. Pourquoi se trouvent-ils dans le métro? D'où viennent-ils? Où vont-ils?
2. A votre avis, est-ce que ces deux personnes vont se revoir? Pourquoi ou pourquoi pas?

A vous

1. **Bulles de pensées *(Thought bubbles).*** Voici une image du jeune homme avant et une après sa rencontre avec la jolie jeune femme. Imaginez qu'il y a une bulle de pensées au-dessus de sa tête comme dans les bandes dessinées: Qu'est-ce qui est écrit dedans?
2. **Tu ne vas jamais croire ce qui m'est arrivé!** Imaginez que le jeune homme raconte son aventure dans le métro à un ami. Ecrivez leur conversation.

Avant

Après

CHAPITRE 6

Le mot et l'image

Cultural Focus
- Francophone Cinema

Readings

Contemporary Cultural *L'Autre Festival de Cannes*

Literary François Truffaut: *Donner du plaisir ou le plaisir du cinéma*, (extrait)

Cinema

Short Subject Pierre-Olivier Mornas: *On s'embrasse?*

Structures

I   Interrogative Adverbs Expressing Time

II   Interrogative Pronouns

III   **Quel** and **lequel**

Functions

Asking Questions

Seeking Information

Expressing Time

 Premium Website

audio

Directphoto.org / Alamy

L'affiche derrière le client annonce: Fini les files d'attente! Est-ce vrai pour tous les cinémas?

Un peu de culture contemporaine

ANNE-CHRISTINE POUJOULAT/Staff/AFP/Getty Images

Le Festival de Cannes

1946: Ouverture du Festival de Cannes en septembre. A ses débuts, il s'agit moins d'une compétition de films que d'une simple rencontre de cinéma.

1951: A partir de cette année, le festival a lieu en mai et dure environ deux semaines. Les fêtes sur le boulevard de la Croisette attirent, sous le beau ciel de la Côte d'Azur, un public mondain important. Les professionnels du cinéma y accourent de partout dans le monde pour se rencontrer et pour présenter leurs films et projets.

1960: Le premier Marché du film est créé pour les vendeurs et acheteurs de l'industrie internationale du cinéma.

1972: Le Conseil d'Administration du Festival, au lieu des pays d'origine du film, choisit les films qu'il souhaite présenter.

De nos jours, le Festival de Cannes est devenu un vaste rassemblement de tous les éléments de production, d'interprétation et de promotion du cinéma qui est unique au monde. L'écrivain et artiste français, Jean Cocteau, trois fois président du jury du festival, a déclaré un jour: «Le festival est un *no man's land* apolitique, un microcosme de ce que serait le monde si les hommes pouvaient prendre des contacts directs et parler la même langue.» En fait, le festival d'aujourd'hui, ayant accueilli le cinéma du tiers-monde, correspond parfaitement à l'image du microcosme que Cocteau en faisait déjà de son temps.

Langue et culture

Utilisez le **passé composé**, l'**imparfait** ou le **plus-que-parfait** des verbes entre parenthèses pour compléter les phrases.

1. Le Festival de Cannes _____ (commencer) en septembre de l'année 1946.
2. Au départ, il _____ (s'agir) d'une simple rencontre de cinéma.
3. Quand le premier Marché du film _____ (être créé), le festival _____ (déjà fêter) son 15e anniversaire.
4. Plus récemment, le festival _____ (devenir) un vaste rassemblement des éléments de production, d'interprétation et de promotion du cinéma.
5. Ces dernières années, le festival _____ (accueillir) le cinéma du monde entier.

Jeux de mots

Trouvez dans le texte un synonyme pour les mots suivants. Ensuite, utilisez vos réponses pour compléter le paragraphe.

commencement, est question de, réunion, viennent vite, tous lieux, des régions en voie de développement

À l' _____ du Festival de Cannes, il _____ d'une simple _____ de professionnels de cinéma. Chaque année, les grands cinéastes qui souhaitent présenter leurs films _____ de _____ en Europe et en Amérique du Nord. Depuis plusieurs années, le festival accueille également des artistes du _____, entre autres d'Afrique francophone.

Le cinéma engagé

Beaucoup de réalisateurs francophones explorent dans leurs films les dimensions compliquées des problèmes sociaux: la pauvreté, l'injustice, le racisme, la discrimination et la violence. Leur but est d'informer et d'encourager les spectateurs à en parler ou à s'engager dans la lutte pour changer la situation.

Ousmane Sembène, un réalisateur sénégalais, se trouve parmi les cinéastes engagés les plus connus. Sembène, souvent caractérisé comme «la voix des sans voix», a commencé une carrière de romancier avant d'apprendre le métier de cinéaste. Son premier film, *La Noire de...* (1966), reconnu comme le premier long métrage produit et réalisé en Afrique subsaharienne, traite des problèmes du racisme et de l'exploitation au Sénégal et en France. Le film raconte l'histoire de Diouana, une garde d'enfants qui accompagne ses employeurs du Sénégal en France. Maltraitée par la famille, sans argent ni liberté, elle travaille dans l'esclavage. Des décennies après la sortie du film, il continue d'attirer l'intérêt des cinéphiles et des militants à travers le monde.

THE KOBAL COLLECTION at Art Resource, NY

Le dernier film de Sembène avant sa mort en 2007, *Moolaadé* (2004), dénonce la pratique de l'excision. Mis en scène dans un village africain, le film raconte l'histoire de quatre jeunes filles qui refusent de se faire exciser et cherchent la protection de Collé, une femme qui a protégé sa propre fille contre la procédure. *Moolaadé* a informé la communauté internationale au sujet de ce problème tout en implorant les groupes qui perpétuent cette pratique de reconsidérer ou de réinventer leurs traditions pour assurer la santé des jeunes femmes.

Langue et culture

Employez les éléments indiqués pour poser des questions à un(e) camarade de classe à propos du cinéma engagé. Alternez entre **est-ce que** et l'inversion sujet / verbe.

1. les films francophones / explorer les problèmes sociaux?
2. il / s'agir aussi d'explorer les thèmes de la violence et de la discrimination?
3. Ousmane Sembène / être français?
4. *Moolaadé* / traiter du thème de l'injustice?
5. l'intrigue du film / avoir lieu en France?
6. le film / implorer les Africains à réinventer certaines traditions?

Jeux de mots

Trouvez des synonymes dans le texte qui correspondent aux expressions suivantes. Ensuite, utilisez vos réponses pour compléter le paragraphe.

objectif, prendre position, combat, relate, serviteur

Dans *La Noire de...*, le _____ d'Ousmane Sembène était d'encourager les spectateurs à _____ dans la _____ contre le racisme et l'exploitation. Ce film _____ la vie d'une garde d'enfants sénégalaise qui travaille pour une famille française. A cause de l'état d'_____ imposé par ses maîtres, la santé de Diouala dégénère. Sa mort symbolise tous les maux du colonialisme.

Réflexion

A. Cannes a sa Palme d'or et Hollywood ses Oscars. Quelle importance ont ces prix? Quelle contribution le Festival de Cannes apporte au cinéma mondial? A votre avis, en quoi la présentation de films francophones du les pays en voie de développement va-t-elle changer la nature du festival?

B. Avez-vous vu un film qui vous a incité(e) à réagir contre un problème ou une injustice?

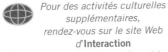

*Pour des activités culturelles supplémentaires, rendez-vous sur le site Web d'***Interaction** www.cengage.com/french/ interaction.

Vocabulaire actif 🔊 CD2, Track 2

LES ACTIVITES

doubler to dub
faire la queue to stand in line
interpréter to act
jouer (un rôle) to act, play a part
passer to show (a film)
réaliser to direct
tourner to shoot (a film)

AU CINEMA

un abonnement subscription
une affiche movie poster
une bande annonce film trailer
un billet ticket
la caisse box-office
un caissier / une caissière cashier
un ciné-club film club
un(e) cinéphile cinema enthusiast
le cinoche movie theater, flicks (slang)
l'écran (m) screen
un(e) fana fan
le guichet ticket window
une place seat
une salle de cinéma movie house
une séance showing
un spectacle show
un tarif price

LES FILMS

un acteur / une actrice actor / actress
un(e) cinéaste filmmaker
une comédie comedy

Exercices de vocabulaire

A. *Questions* et réponses. En utilisant des termes du **Vocabulaire actif**, complétez les questions qui correspondent aux réponses données.

1. Pouvez-vous nommer deux _____ de cinéma célèbres?
   Johnny Depp et Jean Reno.

2. Pouvez-vous nommer un _____ récent?
   Tintin.

3. Pouvez-vous nommer des _____ célèbres?
   Midnight in Paris, Incendies.

4. Où est-ce que le film va _____?
   Au cinéma Rex.

5. A quelles heures est-ce qu'il y a des _____ de films en France?
   A 18 heures, 20 heures et 22 heures.

6. Comment s'appellent deux _____ dans des films de Walt Disney?
   Blanche Neige et Cendrillon.

7. Pouvez-vous nommer deux _____ célèbres?
   Steven Spielberg et Agnès Varda.

8. Quel metteur en scène _____ *Indiana Jones and the Kingdom of the Crystal Skull*?
   Spielberg.

9. Quels sont deux films où il y a beaucoup d'_____?
   Transformers et *Harry Potter.*

10. Pouvez-vous nommer deux _____ célèbres?
    Marion Cotillard et Audrey Tautou.

une comédie musicale musical	**un film d'épouvante** horror movie	**un maquilleur / une maquilleuse** makeup artist	**les sous-titres** *(m pl)* subtitles
le décor set, scenery	**un film de / à suspense** suspense thriller	**un metteur en scène** director	**le tournage** shooting (of a film)
un dessin animé cartoon	**un film policier** detective movie	**un personnage** character	**une vedette** male or female star
un documentaire documentary	**le générique** credits	**le plateau** movie set	**la version doublée** dubbed version of a movie
un drame drama	**le grand film** main feature	**la première** premiere, opening night	**la version originale** movie in its original language
les effets spéciaux *(m pl)* / **les trucages** *(m pl)* special effects	**l'interprétation** *(f)* acting	**un réalisateur / une réalisatrice** director	**un western** western (movie)
un film d'amour romance movie, love story	**l'intrigue** *(f)* plot	**la sortie** release	
	un long métrage feature film		
	le maquillage makeup		

 B. Pour préparer un exposé sur le cinéma en France, vous cherchez des termes utiles dans le dictionnaire. Complétez les définitions en utilisant les expressions suivantes.

EXPRESSIONS:
un abonnement   un fana de cinéma   l'interprétation
l'intrigue   un metteur en scène   la première
en version doublée   en version originale   une vedette

1. L'histoire qui est racontée dans un film s'appelle _____.
2. Un film étranger présenté dans la langue du pays où passe le film est _____.
3. Si les acteurs jouent assez bien leur rôle, on peut dire que _____ est correcte.
4. Un film présenté dans la langue du pays d'origine de ce film est _____.
5. Un acteur ou une actrice très célèbre dans le monde du cinéma est _____.
6. Si on est passionné de cinéma, on a _____ à une revue de cinéma.
7. Le grand gala qui accompagne un nouveau film est _____.
8. Une personne qui adore le cinéma est _____.

C. Philippe et Maryse pensent aller au cinéma. Complétez leur conversation par un terme de la liste suivante.

TERMES   l'affiche   cinoche   de film d'épouvante   séance
           guichet   l'intrigue   billet   des places

MARYSE: Dis, Philippe, tu veux aller au _____ ce soir?

PHILIPPE: D'accord, mais si nous y allons tous, est-ce qu'on va pouvoir trouver _____?

MARYSE: Quand on arrive assez tôt, la queue n'est pas trop longue au _____, en général. Mais, tu sais que je ne veux absolument pas voir _____. Je déteste ça. J'ai toujours trop peur. Quel film est à _____ au Palace?

PHILIPPE: Un bon film comique, je crois. Je ne connais pas _____, mais je sais que les critiques sont bonnes.

MARYSE: D'accord, alors. A quelle _____ veux-tu aller?

PHILIPPE: Peut-être à celle de vingt heures?

MARYSE: Bon, alors, il ne reste qu'une seule question à résoudre.

PHILIPPE: Laquelle?

MARYSE: Tu vas m'offrir mon _____?

Lexique personnel

LE CINEMA

A. Pour chacun des sujets suivants, dressez une liste personnelle de mots.

1. les types de films qui sont à la mode actuellement
2. les types de films que vous aimez / détestez
3. la réalisation d'un film
4. les différents endroits, moyens ou moments pour regarder un film

B. En utilisant le vocabulaire du chapitre et votre lexique personnel, posez les questions suivantes à vos camarades de classe.

1. Quelles sortes de films sont très appréciées du public dans votre pays?
2. Quelles sortes de films aimez-vous et détestez-vous? Pourquoi?
3. Y a-t-il certains metteurs en scène que vous préférez? Lesquels et pourquoi?
4. Allez-vous souvent au cinéma? Quand? Combien de fois par mois?
5. Louez-vous quelquefois un DVD ou téléchargez-vous un film au lieu d'aller au cinéma? Pourquoi?

Structures I

Rappel!

1. As you have seen in **Chapitres 2** and **4**, questions seeking *yes* or *no* answers are formed by using one of the basic question patterns to make a declarative sentence interrogative.

2. Questions that seek to gain some specific information will contain an interrogative expression (adverb, pronoun, or adjective) whose only function in the sentence is to elicit the desired information (*why, who, which*, etc.).

3. The key to forming questions in French is to realize that the interrogative expression itself does not form the question; it only elicits the information. You must still use one of the basic question patterns (normally **est-ce que** or inversion) to form the question. Such questions are actually composed of two separate slots, each of which must be manipulated independently.

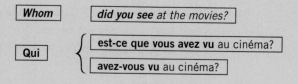

Interrogative Adverbs

Interrogative adverbs are used to request information about time, location, manner, number, or cause. Some commonly used interrogative adverbs are listed below.

A. Time:

quand *when*

à quelle heure *when, at what time*

> **Quand** est-ce que ce film passe?
> **Quand** commence le grand film?
> **A quelle heure** êtes-vous arrivé au cinéma?
> **A quelle heure** finit la première séance?

B. Location:

où *where*

> **Où** est-ce que Truffaut a tourné ce film?
> **Où** passe ce nouveau film d'épouvante?

C. Manner:

comment *how*

> **Comment** est-ce que Jean a trouvé le film?
> **Comment** s'appelle cet acteur?

D. Number:

combien *how much*

combien de + noun *how many, how much*

> **Combien** avez-vous payé les billets?
> **Combien** coûte une bière?
> **Combien de** billets a-t-il pris?
> **Combien de** places y a-t-il dans la salle?

E. Cause:

pourquoi *why*

> **Pourquoi** Jean est-il rentré?
> **Pourquoi** est-ce que ces billets coûtent si cher?

With the interrogatives **quand, à quelle heure, où, comment,** and **combien**, you may invert the noun subject and its verb to form the question if the verb is in a simple tense and has no object. The noun subject and its modifiers will be the last element in the question.

> A **quelle heure** commence **le long métrage**?
>
> **Où** passe **ce nouveau film**?

This type of inversion cannot be made with the expressions **combien de** or **pourquoi**, because normal sentence structure will prevent the noun subject from being the last element in the question.

> **Combien de** places est-ce que Jean prend?

1 Léa raconte sa sortie au cinéma avec Alexandre et ses copains à Jeanne. Employez les mots interrogatifs appropriés et les éléments indiqués pour compléter les questions de Jeanne. Les mots en **caractères gras** vous servent d'indices.

JEANNE: Salut, Léa. _____ a été ton week-end?

LEA: Ah, bonjour, Jeanne. Le week-end a été **très chouette.**

JEANNE: _____ est-ce que vous êtes allés au cinéma?

LEA: Nous sommes allés au cinéma **vendredi soir.**

JEANNE: _____ êtes-vous descendus en ville?

LEA: Nous sommes descendus en ville **dans la voiture de Paul.**

JEANNE: _____ est-ce que vous avez retrouvé Jean-Marc?

LEA: Nous avons retrouvé Jean-Marc **sur le parking** du cinéma.

JEANNE: _____ est-ce que la séance a commencé?

LEA: La séance a commencé **à 17 h,** et puis après nous avons dîné au restaurant.

JEANNE: _____ d'autres copains sont allés avec vous?

LEA: Nous étions **six** au début. Mais au milieu du film, Jean-Marc est parti.

JEANNE: Sans blague! _____ est-il parti?

LEA: **Parce qu'il trouvait le film bête.** Et c'est vraiment dommage parce que nous avons payé les billets assez cher.

JEANNE: Oui? _____ ont coûté les billets?

LEA: **Huit euros** par personne parce qu'il y avait plus d'un film au programme.

JEANNE: Ah? _____ films est-ce qu'il y avait?

LEA: Il y avait **deux** films. De toute façon, nous avons retrouvé Jean-Marc plus tard.

JEANNE: _____ était Jean-Marc?

LEA: Il était **au café.** Ça a été une soirée de cinéma assez bizarre, finalement.

2 Employez les éléments indiqués pour poser des questions à vos camarades de classe à propos du cinéma.

1. combien / fois / par mois / tu / aller au cinéma?
2. pourquoi / tu / aller / au cinéma / si (peu) souvent?
3. à quelle heure / tu / préférer / aller au cinéma?
4. comment / tu / aller / au cinéma?
5. combien / tu / payer / un billet de cinéma?
6. où / tu / aimer / t'asseoir, près ou loin de l'écran?
7. combien / tu / payer / le pop-corn ou les friandises?
8. quand / tu / aller / récemment au cinéma?

INTERACTIONS

En petits groupes, employez les mots interrogatifs indiqués pour poser des questions à vos camarades au sujet de leur emploi du temps scolaire ce semestre.

MOTS INTERROGATIFS: à quelle heure   combien (de)   comment
                  où   pourquoi   quand

Note culturelle

Gaspard Ulliel: l'étoile montante du cinéma français

Gaspard Ulliel (né en 1984) est un des jeunes acteurs les plus appréciés en France actuellement. Il a déjà joué dans une quinzaine de longs métrages, aux côtés d'acteurs français très renommés, tels qu'Emmanuelle Béart, Jean Reno et Audrey Tautou. Quand il était encore lycéen, Ulliel a joué des rôles secondaires dans des émissions de télévision. En 2003, il a décroché un premier rôle dans le film *Les Egarés* (2003), alors qu'il n'avait que dix-neuf ans. Le grand cinéaste André Téchiné l'a choisi pour interpréter le personnage d'Yvan, qui aide sa famille à fuir Paris lors de l'invasion allemande de 1940. Un an plus tard, Ulliel obtient le rôle de Manech dans *Un long dimanche de fiançailles* (2004). Réalisé par Jean-Pierre Jeunet, le film raconte les angoisses de la jeune Mathilde dont le fiancé est parti à la grande guerre de 1914. Mathilde reçoit la triste nouvelle que Manech a été condamné à mort, mais elle refuse d'y croire et décide de mener une enquête. C'est justement pour son rôle de jeune soldat dans ce film de guerre et d'amour qu'Ulliel a obtenu le César du Meilleur espoir masculin.

Genin Nicloas/ABACA/Newscom

Depuis 2004, ce jeune acteur a joué dans plusieurs films très appréciés du public international, notamment *Paris je t'aime* (2006) et *Jacquou le croquant* (2007). Dans *Hannibal Lecter: Les origines du mal* (2007), son premier rôle en langue anglaise, il a joué le célèbre criminel. Il a également interprété le rôle du Duc de Guise, le rôle principal dans *La Princesse de Montpensier* (2010), qui a été en compétition officielle au Festival de Cannes 2010. Plus récemment, il poursuit une deuxième carrière de mannequin. En tant que nouveau visage de Chanel, Ulliel a même tourné un spot publicitaire sous la direction du cinéaste américain Martin Scorsese.

L'un des jeunes acteurs les plus convoités par les grands réalisateurs, Ulliel entre dans les rangs des illustres artistes du cinéma français, tels que Gérard Depardieu, Daniel Auteuil et Thierry Lhermitte.

Compréhension

1. Nommez quelques genres de films dans lesquels Gaspard Ulliel a joué?
2. Avec quels acteurs et cinéastes célèbres Ulliel a-t-il travaillé?
3. Pour quel film a-t-il gagné un César?
4. Quelle autre carrière poursuit-il?

Réflexion

A. Avez-vous déjà regardé un film dans lequel Gaspard Ulliel joue un rôle important? Si oui, quel type de personnage joue-t-il? Sinon, y a-t-il un film décrit dans le texte qui vous intéresse particulièrement?

B. Trouvez-vous qu'Ulliel joue une variété de rôles différents ou semble-t-il interpréter le même genre de personnage dans chacun de ses films? Expliquez.

 C. Surfez l'Internet pour trouver une bande annonce d'un des films récents dans lequel Ulliel joue le rôle principal. Identifiez le genre du film et résumez son intrigue. Quel type de personnage Ulliel interprète-t-il?

Expressing Time

A. Hours and Minutes:
Time in French is indicated by a cardinal number followed by **heure(s)** and the number of minutes.

1:10	**une heure dix**
3:05	**trois heures cinq**
5:20	**cinq heures vingt**

- For time past the half-hour, the number of minutes is subtracted from the next hour.

6:35	**sept heures moins vingt-cinq**
8:50	**neuf heures moins dix**
10:40	**onze heures moins vingt**

- The quarter- and half-hours, as well as noon and midnight, have special forms.

4:15	**quatre heures et quart**
2:30	**deux heures et demie**
9:45	**dix heures moins le quart**
12:30 P.M.	**midi et demi**
12:20 A.M.	**minuit vingt**

- The concepts A.M. and P.M. are normally expressed by **du matin, de l'après-midi, du soir.**

2:15 A.M.	**deux heures et quart du matin**
3:10 P.M.	**trois heures dix de l'après-midi**
6:20 P.M.	**six heures vingt du soir**

- In France, official time (train and airline schedules, store closings, times for concerts and public functions, openings and closings of public buildings, etc.) is frequently quoted on the 24-hour clock. Official time often extends to everyday conversation.

| Fermé de **12 h à 14 h.** | Ouvert de **9 h 15 à 19 h 45.** |
| Le train part à **20 h 38.** | Le concert finit à **23 h 30.** |

- To ask the time, you normally use one of the following patterns:

| **Quelle heure est-il?** | *What time is it?* |
| **A quelle heure... ?** | *At what time . . . ? (When . . . ?)* |

B. Divisions of Time:
With periods of the day, **le, la, l'** are used before the noun to express the idea of *in the* or *at.*

Je me lève tôt **le matin** car je travaille.	*I get up early **in the morning** because I work.*
J'ai tous mes cours **l'après-midi.**	*I have all my classes **in the afternoon.***
Le soir, je fais mes devoirs.	***In the evening** I do my homework.*
Je dors bien **la nuit** parce que je suis très fatigué(e).	*I sleep well **at night** because I am very tired.*

C. *Temps, fois, heure:*
The terms **temps, fois,** and **heure** can all be used as the equivalent of the word *time,* but there are differences in their meanings.

- **Temps** refers to time as a general or abstract concept.

Je n'ai pas **le temps** de voyager.	*I don't have **time** to travel.*
Le temps passe vite.	***Time** flies.*
Prenez **le temps** de vous reposer.	*Take the **time** to rest.*

- **Fois** means time in the sense of an occasion or time in succession.

Je suis ici pour la première **fois**.	*I'm here for the first **time**.*
Il est venu me voir trois **fois**.	*He visited me three **time**.*
Combien de **fois** avez-vous visité la France?	*How many **times** have you visited France?*

- **Heure** implies a specific time of day.

C'est **l'heure** du dîner.	*It's dinner **time**.*
Il arrivera à une **heure** fixe.	*He will arrive at a fixed **time**.*
A quelle **heure** ouvre le guichet?	*At what **time** does the ticket window open?*

D. Divisions of Time Ending in -*ée*: Jour, an, soir, and **matin** have alternative forms ending in **-ée** that are used to emphasize the duration of the time period.

l'an	l'année	le matin	la matinée
le jour	la journée	le soir	la soirée

The type of sentence in which the **-ée** form is used often contains some reference to the activities taking place during the time span.

Elle part à Paris pour **deux ans.**

Pendant **les deux dernières années,** elle a beaucoup voyagé.

Dans **trois jours,** nous partons en vacances.

J'ai passé **la journée** à régler mes affaires.

Ce matin, je vais consulter le *Guide Michelin.*

Et moi, je vais passer **la matinée** au marché.

Nos invités arrivent **ce soir.**

Nous allons nous amuser pendant **la soirée.**

Choosing between these alternative forms can often be puzzling, but there are some general guidelines. If the period of time is immediately preceded by a cardinal number, you will normally use the short, masculine form. If the time period is preceded by concepts such as *all the, the whole, a part of,* or *most of,* you will normally use the **-ée** form.

3 Vous écoutez une conversation entre un groupe de jeunes Français. Complétez chaque phrase en choisissant le mot approprié.

1. Aujourd'hui, je dois passer (le soir / la soirée) _____ à écrire une dissertation pour mon cours de philosophie.

2. Dis, Emma, tu as (le temps / l'heure) _____ d'aller au cinéma ce soir?

3. Regardez! Voilà Olivier et Anne-Marie. C'est (la première fois / le premier temps) _____ qu'ils sortent ensemble.

4. J'ai un emploi du temps très chargé. Je n'ai même pas (l'heure / le temps) _____ de me reposer.

5. Marc va passer trois (jours / journées) _____ chez sa cousine en Bretagne. C'est (le premier temps / la première fois) _____ qu'il va lui rendre visite à sa résidence secondaire.

6. Je dois vous quitter. Chez moi, c'est (le temps / l'heure) _____ du dîner. Au revoir. (Au prochain temps / A la prochaine fois) _____! (Notez bien: une de ces expressions ne doit jamais être utilisée!)

4 Vous êtes à Paris avec un ami américain et vous lisez les horaires suivants dans la petite revue *Pariscope.* Votre ami n'a pas l'habitude de numéroter les heures de 0 à 24. Aidez-le donc en utilisant le système de numérotage de 0 à 12 auquel il est habitué.

1. un concert à 20 h 15
2. un film qui commence à 21 h 30
3. un magasin qui ferme à 18 h
4. un magasin qui est fermé entre 12 h et 14 h
5. une boîte qui ouvre à 22 h
6. un spectacle qui se termine à 23 h 45
7. un restaurant qui ouvre ses portes à 19 h 30
8. un film qui se termine à 23 h 30

INTERACTIONS

Vous cherchez un(e) colocataire pour partager votre appartement. En groupes de trois ou quatre, employez des expressions du temps et les éléments suivants pour découvrir la routine quotidienne de vos camarades de classe. Essayez de trouver le / la meilleur(e) colocataire par rapport à votre propre routine quotidienne. A la fin de la discussion, mettez-vous d'accord sur qui va habiter ensemble.

MODELE dîner d'habitude
A quelle heure dînes-tu d'habitude?

1. se lever normalement
2. prendre le petit déjeuner
3. partir le matin
4. avoir cours le lundi / le mardi
5. rentrer en semaine
6. travailler le soir
7. sortir le samedi soir
8. se coucher

SYNTHESE

Vous faites une demande d'emploi à mi-temps dans un hôtel qui reçoit beaucoup de clients français. Un(e) camarade de classe joue le rôle du / de la responsable du personnel. Répondez à ses questions.

1. Quel âge avez-vous?
2. En quelle année êtes-vous né(e)?
3. Quelle est la date de votre anniversaire?
4. Combien d'heures par semaine voulez-vous travailler?
5. A quelle heure commence votre premier cours chaque jour?
6. A quelle heure finit votre dernier cours chaque jour?
7. Quels jours préférez-vous travailler?
8. Préférez-vous travailler pendant la journée ou pendant la soirée?

L'héritage culturel

Les pionniers du cinéma français

1895: La naissance du «septième art». Les frères Lumière, Auguste et Louis, inventent le cinématographe—un appareil capable de reproduire le mouvement par une suite de photographies. Ils tournent plusieurs films très courts (deux minutes environ), dont *L'arrivée d'un train en gare de La Ciotat*.

1896: Le début de l'empire français du cinéma. Charles Pathé fonde la firme mondiale Pathé Frères qui va mettre la France au premier rang des producteurs de films. Les frères Pathé créent les premières actualités filmées, le *Pathé-Journal*.

1902: Le premier film important du cinéma français. Georges Méliès tourne *Le Voyage dans la lune,* un film muet qui dure seize minutes et qui marque le début du cinéma de science-fiction. Pour son film, Méliès s'inspire du roman de Jules Verne, *De la terre à la lune* (1865) et du roman *Les premiers hommes dans la lune* de H.G. Wells (1901). Le film de Méliès a eu un immense succès mondial.

L'arrivée d'un train en gare de la Ciotat des frères Lumière

Le Voyage dans la lune de G. Méliès

Langue et culture

Employez les éléments indiqués pour poser des questions à un(e) camarade de classe à propos des pionniers du cinéma français.

1. quand / naître / le septième art?

2. comment / s'appeler / les inventeurs du cinématographe?

3. quand / Charles Pathé / fonder la firme mondiale Pathé Frères?

4. comment / s'appeler / le premier film de science fiction?

5. combien / minutes / *Le Voyage dans la lune* / durer?

6. comment / le film de Méliès / être reçu?

Jeux de mots

Trouvez dans le texte un synonyme pour les mots suivants. Ensuite, utilisez vos réponses pour compléter le paragraphe.

> créateurs, machine, filment, brefs, approximativement, crée, position, nouvelles, silencieux

Auguste et Louis Lumière, Charles Pathé et Georges Méliès comptent parmi les _____ du septième art. Les frères Lumière ont inventé un _____ qui fait passer une suite d'images devant un rayon de lumière. Ils _____ plusieurs films très _____ qui durent _____ deux minutes. Quant à Charles Pathé, il _____ une grande société de cinéma qui place la France au premier _____ des producteurs de films. La firme a créé le *Pathé-Journal,* les premières _____ filmées. Pour sa part, Georges Méliès est surtout connu pour avoir tourné *Le Voyage dans la lune,* un film _____ mais plein de trucages.

Gérard Dépardieu, dans le rôle de Cyrano de Bergerac

Le mot et l'image: *Cyrano de Bergerac*

Cyrano de Bergerac, film réalisé par Jean-Paul Rappeneau en 1990, illustre l'importance, pour le public français, d'un bon scénario et d'une histoire bien écrite. Les œuvres littéraires ont toujours inspiré le cinéma, et les romans d'écrivains tels qu'Emile Zola *(Germinal)*, Marcel Pagnol *(Jean de Florette, Manon des Sources)* ou Jean Giono *(Le Hussard sur le toit)* ont souvent nourri l'imagination des cinéastes. Les premiers films parlants n'étaient parfois que des pièces de théâtre filmées. Avec le film *Cyrano*, c'est le texte de la pièce d'Edmond Rostand (1897) qui continue de séduire les spectateurs. Interprété par Gérard Depardieu, le personnage principal triomphe par la fantaisie de la parole aussi bien que par le sens de l'effet dramatique—ce que Cyrano en mourant appelle son «panache». Et lorsque Cyrano, le visage caché par l'ombre du balcon, déclare son amour à Roxane, l'élégance de ses paroles et la grâce de l'image forment une alliance exaltante. Il n'y a rien d'étonnant si, parmi tous les personnages littéraires, c'est Cyrano que les Français disent préférer ou admirer le plus.

Langue et culture

Faites des phrases complètes en associant chaque nom à l'action qui lui correspond. Utilisez la forme appropriée des verbes au temps convenable.

> **MODELE** *Jean-Paul Rappeneau a réalisé le film* Cyrano de Bergerac.

1. Jean-Paul Rappeneau — interpréter le rôle de Cyrano
2. Cyrano — réaliser le film *Cyrano de Bergerac*
3. Gérard Depardieu — écrire la pièce de théâtre *Cyrano de Bergerac*
4. Roxane — être l'héroïne que Cyrano séduit par ses paroles
5. Edmond Rostand — séduire Roxane par son éloquence

Jeux de mots

Trouvez dans le texte un synonyme pour les mots suivants. Ensuite, utilisez vos réponses pour compléter le paragraphe.

> synopsis, charmer, mots, une œuvre théâtrale, du style, surprenant

Le _____ de la _____ appelée *Cyrano de Bergerac* continuer à plaire aux lecteurs et à inspirer des artistes contemporains. Comme il a un très grand nez, Cyrano décide de _____ Roxane par l'éloquence de sa _____, ce qu'il appelle son _____. Gérard Depardieu est connu pour son interprétation de personnages passionnés; il n'est pas _____ qu'il joue le rôle de Cyrano dans la version filmée.

 ## Réflexion

A. Regardez plusieurs fois une des versions du *Voyage dans la lune* sur l'Internet. A votre avis, quels aspects du film étaient très innovateurs pour l'époque?

B. Regardez sur l'Internet le clip vidéo *Tonight, Tonight* des Smashing Pumpkins. Quels aspects du style et de l'intrigue du film de Méliès ont inspiré la création de ce clip?

C. Citez des films américains qui ont été tirés d'œuvres littéraires. Connaissez-vous des films américains inspirés d'œuvres françaises? A votre avis, vaut-il mieux voir un film avant ou après la lecture de l'œuvre littéraire? Pourquoi?

Structures II

GRAMMAR
TUTORIALS

Interrogative Pronouns
Questions about People

To ask questions about people, use the interrogative pronoun **qui.** The distinction between *who* and *whom* in English does not exist in French, because **qui** is used for both *who* (subject) and *whom* (object).

A. *Qui* **as Subject:** As the subject of a question, **qui** both elicits the information and forms the question. **Qui** is the first word in the question and is followed by a verb in the third-person singular. There is no change in word order.

> **Qui** vient avec vous?

> **Qui** a tourné ce film?

B. *Qui* **as Direct Object:** When **qui** is the direct object of the sentence, it is still the first word, but you must use either **est-ce que** or inversion of subject and verb to form the question.

> **Qui est-ce que** Jean amène au cinéma?

> **Qui ont-ils** vu au cinéma?

C. *Qui* **as Object of a Preposition:** When **qui** is the object of a preposition, the preposition normally becomes the first word in the question and **qui** immediately follows the preposition. Either **est-ce que** or inversion of subject and verb must be used to form the question.

> **Avec qui est-ce que** vos amis sont venus?

> **De qui s'agit-il** dans ce film?

Rappel!

1. It is not always possible to determine from the English verb whether its French equivalent requires a preposition to introduce a noun object. Following is a list of French verbs that take a preposition before a noun object.

à	de
s'abonner à	s'agir de
jouer à	avoir besoin de
parler à	avoir peur de
passer à	jouer de
penser à	parler de
réfléchir à	se rendre compte de
téléphoner à	se souvenir de

2. The reverse is also true: Some common verbs require a preposition before a noun object in English but use no preposition in French.

attendre = *to wait **for***	**écouter** = *to listen **to***
chercher = *to look **for***	**payer** = *to pay **for***
demander = *to ask **for***	**regarder** = *to look **at***

1 Vous parlez avec un(e) ami(e) d'une sortie récente au cinéma. Employez les mots interrogatifs appropriés et les éléments indiqués pour compléter les questions posées par votre ami(e) au sujet des personnes que vous connaissez. Les mots en caractères gras vous servent d'indices.

L'AMI(E): _____ / tu / aller / au cinéma?

VOUS: Je suis allé(e) au cinéma **avec des copains**.

L'AMI(E): _____ / venir?

VOUS: **Elodie et Grégoire** sont venus.

L'AMI(E): _____ / tu / amener?

VOUS: Je n'ai amené **personne**.

L'AMI(E): _____ / être / la vedette du film?

VOUS: **Audrey Tautou** était la vedette.

L'AMI(E): _____ / jouer / le rôle de son amie?

VOUS: **Jodie Foster** a joué ce rôle.

L'AMI(E): _____ / tu / voir / au cinéma?

VOUS: J'ai vu **deux de mes colocataires**.

L'AMI(E): _____ / tu / parler?

VOUS: J'ai parlé **aux personnes à côté de moi**.

L'AMI(E): _____ / s'amuser?

VOUS: **Tout le monde** s'est bien amusé.

INTERACTIONS

Utilisez les éléments suivants pour poser des questions à un(e) camarade de classe au sujet du week-end passé et pour savoir qui sont les personnes importantes dans sa vie. Employez le passé composé.

1. tu / sortir avec / vendredi soir
2. tu / voir / samedi soir
3. tu / écrire des courriels à (des mails)
4. tu / téléphoner à
5. tu / envoyer des textos à
6. tu / clavarder (*chatter*) avec / en ligne
7. tu / étudier avec
8. tu / dîner avec

Questions about Things, Actions, or Situations

In French, the ways of asking questions about things, actions, or situations vary according to the function of the interrogative word. This may be confusing for the English speaker, because the same interrogative, *what*, is used in English as both subject and object.

A. *Qu'est-ce qui* as Subject: When *what* is the subject of a question, the interrogative pronoun **qu'est-ce qui** is used *without exception*. It both asks for the information and forms the question; neither **est-ce que** nor inversion is required.

Qu'est-ce qui arrive à la fin du film?
Qu'est-ce qui vous amuse dans ce film?

B. *Que* as Direct Object: When *what* is the direct object, **que** is used to elicit the information, but it does not form the question. You must use either **est-ce que** or the appropriate type of inversion after **que**. The form **qu'est-ce que (que + est-ce que)** is preferred in everyday speech.

Qu'est-ce qu'on passe au Rex?
Que passe-t-on au Rex?

Qu'est-ce que tu fais ce soir?
Que fais-tu ce soir?

Rappel!

Don't confuse the forms **qu'est-ce qui** (*what?* as subject) and **qu'est-ce que** (*what?* as object).

Qu'est-ce *qui* + verb
Qu'est-ce *que* + noun or pronoun

Qu'est-ce qui est amusant dans ce film?
Qu'est-ce que cet acteur fait actuellement?
Qu'est-ce que vous faites après le film?

Remember that the form ***qui* est-ce que** is used to ask questions about *people* when the interrogative word **qui** is the object of the verb.

***Qui* est-ce que** vous amenez au cinéma?

C. *Quoi* **as Object of a Preposition:** When *what* is the object of a preposition, the interrogative used is **quoi.** The preposition is normally the first word in the question and **quoi** immediately follows the preposition and precedes either **est-ce que** or inversion.

De quoi s'agit-il dans ce film?
A quoi est-ce qu'on fait allusion dans ce film?

D. Asking for a Definition:

Qu'est-ce que c'est?   *What is it?*
Qu'est-ce que c'est que ça (cela)?   *What is that?*
Qu'est-ce que c'est qu'un «navet»?   *What is a "flop?"*

2 Vous avez l'intention d'écrire à votre copain français. Vous préparez une liste de questions à lui poser. Complétez chacune des questions suivantes par l'expression interrogative qui correspond à la réponse entre parenthèses.

1. _____ se passe dans ta vie ces jours-ci? (Rien de sérieux.)

2. _____ un cinéaste? (C'est quelqu'un qui réalise des films.)

3. _____ passe au cinéma en ce moment? (Beaucoup de bons films.)

4. _____ tu as vu au cinéma récemment? (J'ai vu un excellent film d'aventures.)

5. _____ il y a de nouveau comme festival de cinéma? (Il y a un festival Clint Eastwood.)

6. De _____ parle-t-on au ciné-club actuellement? (On parle de films québécois.)

7. _____ rend les activités du club amusantes? (L'atmosphère et la variété des films qu'on passe.)

8. _____ tu vas voir le week-end prochain? (Je vais voir un film policier.)

3 Employez les éléments indiqués pour poser des questions logiques à un(e) camarade de classe. Une fois que votre camarade a répondu, posez-lui une autre question.

MODELE   s'agir de / dans ton manuel d'histoire
—*De quoi est-ce qu'il s'agit dans ton manuel d'histoire?*
—*Il s'agit de la Révolution française.*
—*Ah oui, qu'est-ce que tu apprends?*

1. parler de / dans ton cours de _____?

2. penser à / beaucoup?

3. réfléchir à / souvent?

4. parler de / le plus souvent / avec tes amis?

5. avoir besoin de / ces jours-ci?

6. téléphoner à / souvent?

7. jouer à / pour t'amuser?

INTERACTIONS

Vous goûts sur le cinéma. Mettez-vous en petits groupes. Interviewez les autres membres sur leurs goûts en ce qui concerne le cinéma. Utilisez la liste suivante pour vos questions. Ensuite, comparez les réponses à celles des autres groupes.

Demandez par exemple...
> ce qu'ils aiment et ce qu'ils détestent au cinéma.
> s'ils vont souvent au cinéma.
> s'ils téléchargent des films.
> s'ils sont abonnés à un service de location de DVD.
> s'ils regardent parfois des films en streaming.
> les titres des films qu'ils ont vus à plusieurs reprises.
> le titre d'un film qu'ils ont vu récemment au cinéma.
> le nom de leur acteur / actrice préféré(e).

SYNTHESE

A. Avec un amie, vous discutez du film qu'on appelle *La Vie en rose* en Amérique du Nord et *La Môme* partout ailleurs. Complétez les questions par l'expression interrogative appropriée en vous servant des réponses indiquées.

L'AMI: _____ est-ce que ce film est sorti aux Etats-Unis?

VOUS: *La Vie en rose* est sorti en 2007.

L'AMI: _____ l'as-tu vu?

VOUS: Je l'ai vu chez moi. Je l'ai loué en DVD.

L'AMI: _____ joue le rôle d'Edith Piaf?

VOUS: C'est Marion Cotillard qui interprète le rôle de Piaf.

L'AMI: De _____ est-ce qu'il s'agit dans le film?

VOUS: Il s'agit d'une biographie de la célèbre chanteuse française.

L'AMI: _____ était la vie de Piaf?

VOUS: Ah, elle a eu une vie assez difficile.

L'AMI: De _____ est-elle tombée amoureuse?

VOUS: Elle est tombée amoureuse d'un boxeur d'Afrique du Nord.

L'AMI: _____ cette relation n'a-t-elle pas marché?

VOUS: Parce que le boxeur était déjà marié et surtout parce qu'il est mort dans un accident d'avion.

L'AMI: _____ se passe à la fin du film?

VOUS: Piaf est morte assez jeune.

L'AMI: _____ tu as pensé du film?

VOUS: Je l'ai beaucoup aimé et Cotillard a mérité son Oscar.

B. Vous avez l'intention d'aller au cinéma avec vos copains. Posez des questions logiques en employant les éléments indiqués.

1. vouloir / voir?
2. payer cher / billet?
3. se passer / film?
4. jouer / rôle principal?
5. amener / cinéma?
6. adorer / comme vedette?
7. présenter / comme film?
8. faire / après / cinéma?

C. Vous posez des questions à un(e) camarade sur les sujets indiqués. Utilisez les adverbes et les pronoms interrogatifs étudiés dans le chapitre.

1. sa famille
2. ses cours
3. ses distractions
4. ses copains
5. ses préférences au cinéma

INTERACTIONS

Activité 1: Lisez les critiques des films suivants tournés par des réalisateurs francophones, tous candidats pour la Palme d'or au Festival de Cannes. Notez les caractéristiques intéressantes de chaque film. Par exemple, quel film a l'intrigue la plus complexe? Lequel semble le plus violent? Le plus dramatique? Pourquoi?

Activité 2: Maintenant, en petits groupes partagez votre opinion sur chaque film. Utilisez des phrases interrogatives pour mieux connaître l'avis de vos voisins. A la fin de la discussion, mettez-vous d'accord sur le film que votre goupe voudrait le plus voir et dites pourquoi. Enfin, comparez les opinions de tous les groupes. Quel film intéresse la majorité des membres de la classe? Pourquoi?

LE SILENCE DE LORNA

BELGIQUE. 1 H 46. SCENARIO JEAN-PIERRE ET LUC DARDENNE. PHOTO ALAIN MARCOEN. PRODUCTEURS JEAN-PIERRE ET LUC DARDENNE.

Les Réalisateurs
Fidèles parmi les fidèles, les Belges Jean-Pierre et Luc Dardenne viennent pour la neuvième fois sur la Croisette. Ils ont déjà présenté six films (et obtenu au passage deux Palmes d'or, pour *Rosetta* et *L'Enfant*) et présidé deux jurys (ceux de la Caméra d'or et des courts-métrages).

Le Pitch
Pour devenir propriétaire d'un snack avec son amoureux, Lorna, une jeune Albanaise, accepte un marché dangereux de la part d'un voyou. Elle doit épouser un Belge pour obtenir sa nouvelle nationalité puis se remarier avec un richissime mafieux russe. Problème: le premier époux doit disparaître rapidement.

LA FRONTIERE DE L'AUBE

FRANCE. 1 H 40. SCENARIO MARC CHOLODENKO, ARLETTE LANGMANN. PHOTO WILLIAM LUBTCHANSKY. MUSIQUE JEAN-CLAUDE VANNIER. PRODUCTEUR EDOUARD WEIL.

Le Réalisateur
Philippe Garrel, 60 ans, fils de l'acteur Maurice Garrel, est aussi le père de Louis, à qui il donne souvent des rôles miroirs. Il a remporté à deux reprises un Lion d'argent à Venise, pour *J'entends plus la guitare* en 1991 et *Les Amants réguliers* en 2005, mais c'est la première fois que le cinéaste franc-tireur est sélectionné en compétition à Cannes.

Le Pitch
Une comédienne vit seule chez elle, délaissée par un mari dont la carrière décolle à Hollywood. Un photographe venu faire un reportage sur elle devient son amant.

Activité vidéo

Rendez-vous sur le site Web d'Interaction pour regarder une vidéo sur le Festival de Cannes. Ensuite, répondez aux questions.

1. Le reportage mentionne-t-il des films? Nommez-en quelques titres.
2. Notez le nom de quelques acteurs ou réalistateurs évoqués.
3. Quels genres de films sont présentés? De quels pays?

CD2, Track 3

POUR S'EXPRIMER

Francophones en direct

Saïda et le cinéma maghrébin. Ecoutez l'interview suivante dans laquelle Saïda parle du cinéma maghrébin puis repondez aux questions. Vous pouvez écouter la conversation plusieurs fois, si cela est nécessaire.

Vocabulaire utile

le Maghreb region of northwest Africa, comprising Morocco, Tunisia, and Algeria

attirer to attract
le paysage landsacpe
la chaîne du Rif Rif chain of mountains (Morocco)

l'Atlas Atlas mountains
la lumière light
un cadre féérique fairytale setting

1. Quel genres de films sont tournés au Maghreb?
2. Pourquoi les cinéastes aiment-ils tourner au Maghreb?
3. Quels cinéastes français ont tourné *Le Chevrier marocain* au Maroc et en Tunisie?
4. En quelle année ont-ils tourné ce film?
5. Quels metteurs en scène célèbres ont tourné des films sur le Maghreb pendant les années 50?
6. Qu'est-ce qu'on voit de plus en plus au Maghreb qui indique que le cinéma maghrébin se développe?
7. Quels sont quelques thèmes favoris des cinéastes maghrébins?
8. Qu'est-ce qui attire chaque année beaucoup d'acteurs, d'actrices et de metteurs en scène célèbres au Maghreb?

En petits groupes, discutez de l'industrie cinématique. Quelle(s) région(s) des Etats-Unis attirent les metteurs en scène pour tourner des films? Expliquez pourquoi Hollywood privilégie certaines régions. Est-ce pour les mêmes raisons que dans le cas du cinéma maghrébin?

A vous la parole

On emploie souvent, dans le style parlé, des expressions interrogatives pour demander une explication supplémentaire. D'abord, un membre de la classe lit une des déclarations suivantes. Ensuite, un(e) deuxième étudiant(e) réagit à cette déclaration en employant une des expressions de la liste. Puis finalement, la première personne doit préciser sa pensée.

EXPRESSIONS:

Et alors?	*So what?*
C'est vrai?	*Is that right?*
Comment ça?	*How's that?*
Tu plaisantes ou quoi?	*Are you joking, or what?*
Ah bon?	*Really?*
Vraiment?	*Really?*
Sans blague?	*No kidding?*

MODELE —*Je déteste les films d'épouvante.*
—*Vraiment?*
—*Oui, oui, je trouve ces films trop violents.*

1. Le week-end dernier j'ai vu un film super!
2. Je trouve les films de Bill Murray très amusants.
3. J'adore les films de Martin Scorsese.
4. Les films américains sont trop violents.
5. On devrait censurer les films pornographiques.
6. J'ai adoré le film qui s'appelle *(nom d'un film)*.
7. J'ai vraiment détesté le film qui s'appelle *(nom d'un film)*.
8. Mon actrice préférée est *(nom d'une actrice)*.

Situations orales

A. Mettez-vous en petits groupes. Un membre du groupe propose une sortie au cinéma pour voir un certain film. Quelles questions posez-vous pour déterminer si vous voulez voir ce film? Est-ce que le groupe veut aller voir ce film? Pourquoi?

B. Vous avez vu un film que vous avez beaucoup aimé (ou détesté) récemment. Votre ami(e) ne l'a pas vu. Expliquez à votre ami(e) pourquoi vous avez tellement aimé (ou détesté) ce film.

Note culturelle

La situation mondiale du cinéma français

- Le cinéma français est le premier producteur de films en Europe, avec près de 250 films de long métrage par an. Mais, selon Daniel Toscan du Plantier, le président d'Unifrance—l'organisme chargé de la promotion du cinéma français à l'étranger—la vocation du film français «n'est pas d'être le deuxième cinéma mondial, loin derrière le premier, mais d'être le leader d'une alternative au monopole». En effet, l'exportation représente une dimension importante pour la santé du cinéma français.

- Quels sont les principaux marchés étrangers du cinéma français? L'Allemagne, en premier, puis le Japon, où les films français sont réapparus grâce à la vidéo, et la Russie qui en achète beaucoup.

- Bien que le cinéma français ait retrouvé les faveurs du public sur son territoire et à l'étranger, sa survie serait problématique sans l'aide de l'Etat. Le Ministère de la Culture aide au financement des films français au moyen d'une «avance sur recette» qui permet de les produire. De plus, chaque entrée dans une salle de cinéma française contribue au maintien de cette industrie, car le prix de l'entrée comprend des taxes (les deux tiers du prix!) qui sont redistribuées aux producteurs français. L'importance de ce phénomène pour la survie du cinéma français a même été reconnue par le principe de l'«exception culturelle» qui a figuré dans les accords internationaux sur les tarifs et le commerce. Le cinéma est un art en France; mais il est également une grande entreprise commerciale.

Compréhension

1. Quelle importance la France a-t-elle dans la production de films en Europe?
2. Vers quels pays la France exporte-t-elle beaucoup de films actuellement?
3. Dans quelle mesure est-ce que le Ministère de la Culture aide à subventionner le cinéma français?

Réflexion

A. Le cinéma français exporte beaucoup de ses films même si, en Europe, 80% de ses ventes sont faites aux télévisions de ces pays. Avez-vous l'impression que la France exporte beaucoup de ses films vers les Etats-Unis? Quels sont les obstacles les plus considérables à l'exportation des films de langue française? Faut-il doubler les films français pour réussir leur distribution aux Etats-Unis, par exemple?

B. A votre avis, quels sont les avantages et les inconvénients de la subvention donnée par l'Etat français aux réalisateurs de films en France? Est-ce une bonne idée de subventionner l'art?

Structures III

Quel and *lequel*

Quel

Quel has the English equivalents *what* and *which*. **Quel** is an adjective and must agree in gender and number with the noun it modifies, even if it is separated from that noun by other elements of the sentence.

	singular	plural
MASCULINE	quel	quels
FEMININE	quelle	quelles

Rappel!

One of the key problems in forming questions in French is recognizing when you must use the interrogative adjective **quel** as opposed to one of the interrogative pronouns. Keep in mind that **quel** is used when you want to single out one or more persons or things from a larger group. Sometimes in English we use *what* as a modifier instead of *which: What time is it?* **Quel** should not be confused, however, with any of the interrogative forms meaning *what* because, as an adjective, it is always used in conjunction with a noun. The following is an explanation of the types of sentence patterns in which **quel** and the noun it modifies are normally used.

A. *Quel + être +* **Noun:** When **quel** precedes the verb **être,** the noun subject follows the verb to form the question.

> **Quel** est **le premier film** ce soir?
> **Quelle** est **la date** de la version originale?
> **Quels** sont **les résultats** de cette investigation?
> **Quelles** sont **les meilleures revues** de cinéma?

Choosing between the interrogative adjective **quel** and the interrogative pronoun **qu'est-ce qui** to render the concept of *What?* is one of the most difficult distinctions to make when forming questions.

If the verb **être** is followed by a noun, then **quel** should be used to seek the information *What?*

> **Quelle** est **la date** de la version originale?

If the verb **être** is followed by any construction other than a noun, then **qu'est-ce qui** is the correct choice to render the idea *What?*

> **Qu'est-ce qui** est **amusant** dans le film?

When *what* is the subject and the verb is anything other than **être,** then **qu'est-ce qui** is always the correct choice to express this interrogative concept.

> **Qu'est-ce qui arrive** à la fin de ce film?

B. *Quel +* **Noun Subject:** When the noun modified by **quel** is the subject of the sentence, **quel** both elicits the information and forms the question; normal declarative word order is used.

> **Quel acteur** a joué le rôle principal?
> **Quels films** passent en ce moment?

C. *Quel* + Noun Direct Object: When the noun modified by **quel** is the direct object, **quel** elicits the information but does not form the question. The noun must be followed by either **est-ce que** or inversion.

Quelles revues de cinéma **est-ce que** vous lisez?
Quelle interprétation a-t-il donnée de ce rôle?

D. Preposition + *quel* + Noun: When the noun modified by **quel** is the object of a preposition, **quel** elicits the information but the noun must be followed by either **est-ce que** or the appropriate type of inversion to form the question.

De quel film parliez-vous?
Pour quelle actrice a-t-il écrit ce rôle?

1 Au Cercle français, on parle du cinéma. Réagissez à chaque phrase en complétant la question par la forme appropriée de **quel.**

1. —Je viens de voir deux films.
   —_____ films viens-tu de voir?
2. —Il y a certaines vedettes que je n'aime pas.
   —_____ vedettes n'aimes-tu pas?
3. —Paul a beaucoup parlé de certains acteurs français.
   —De _____ acteurs a-t-il parlé?
4. —Mes copains reçoivent deux revues de cinéma différentes.
   —_____ revue est-ce qu'ils préfèrent?
5. —Il y a un cinéma où je ne vais jamais.
   —A _____ cinéma est-ce que tu ne vas jamais?
6. —Mon ami a mis plusieurs affiches dans sa chambre.
   —_____ affiches a-t-il mis dans sa chambre?
7. —Il faut passer un film français pour une de nos réunions.
   —Pour _____ réunion veux-tu passer un film français?
8. —Allons à ce club qui passe des films étrangers demain soir.
   —_____ club passe des films étrangers?

2 Après la réunion du Cercle français, on continue de parler du cinéma. Pendant la discussion, on a dit les choses suivantes. Demandez des renseignements supplémentaires en utilisant la forme appropriée de l'adjectif interrogatif **quel.**

1. Nous allons voir un film français.
2. Le film passe dans un des cinémas du quartier.
3. Il y a certains aspects du film qui sont extraordinaires.
4. Le film a gagné le grand prix de l'un des festivals l'année dernière.
5. Une revue de cinéma française a publié une excellente critique de ce film.
6. Nous allons demander à chacun de donner une contribution pour aller voir le film.

Lequel

Lequel is a pronoun that replaces **quel** and the noun it modifies and therefore must agree in gender and number with that noun. The following forms may refer to either persons or things.

	singular	plural
MASCULINE	lequel	lesquels
FEMININE	laquelle	lesquelles

Lequel is always used as the equivalent of *which one(s).* It never means *what,* so there should be no confusion with the other interrogative pronouns or with **quel.** Because it is a pronoun, **lequel** can be the subject or the object of a verb, or the object of a preposition.

A. *Lequel* as Subject: When **lequel** is the subject of a sentence, it elicits the information and forms the question.

> Je voudrais voir un des films de Mathieu Kassovitz. **Lequel** passe en ville en ce moment?
>
> J'ai tendance à oublier le nom de ces deux actrices. **Laquelle** joue dans le film *Amélie*?
>
> Il y a maintenant en France deux ou trois metteurs en scène très célèbres. **Lesquels** ont gagné un prix à Cannes?
>
> Il y a tant de revues de cinéma actuellement! **Lesquelles** sont les meilleures?

B. *Lequel* as Direct Object: When **lequel** is the direct object of the sentence, it only elicits the information. To ask the question, you must use either **est-ce que** or the appropriate form of inversion.

> —J'aime beaucoup les films avec Daniel Auteuil.
> —Ah oui, **lequel est-ce que** vous avez vu récemment?
> —Je connais une actrice française célèbre.
> —**Laquelle connaissez-vous?**
> —Je préfère les acteurs qui sont amusants.
> —**Lesquels aimez-vous** le mieux?
> —Je prépare un exposé sur les vedettes françaises.
> —**Lesquelles est-ce que** tu as vues?

C. *Lequel* as Object of a Preposition: When **lequel** is the object of a preposition, it elicits the information but does not form the question, so it must be followed by either **est-ce que** or the appropriate type of inversion.

When preceded by the prepositions **à** and **de, lequel** follows the same pattern of contraction as does the definite article.

- Note that in everyday conversational responses, French speakers often avoid the construction *preposition* + **lequel** and instead use *preposition* + **quel** + *noun.*

à	de
auquel	**du**quel
à laquelle	**de la**quelle
auxquels	**des**quels
auxquelles	**des**quelles

—En classe on a parlé d'un film de Luc Besson.

—**Duquel** a-t-on parlé?

—**De quel film** a-t-on parlé?

—Au ciné-club, on écrit quelquefois à des acteurs.

—**Auxquels** est-ce qu'on a écrit?

—**A quels acteurs** est-ce qu'on a écrit?

—Vincent Cassel joue dans plusieurs films actuellement.

—**Dans lesquels** est-ce qu'il joue?

—**Dans quels films** joue-t-il?

3 Au Cercle français, on parle du cinéma. Réagissez à chaque phrase en complétant la question par la forme appropriée de **lequel.**

1. —Je viens de voir deux films.

  — _____ viens-tu de voir?

2. —Il y a certaines vedettes que je n'aime pas.

  — _____ n'aimes-tu pas?

3. —Paul a beaucoup parlé de certains acteurs français.

—(De) _____ a-t-il parlé?

4. —Mes copains reçoivent deux revues de cinéma différentes.

—_____ est-ce qu'ils préfèrent?

5. —Il y a un cinéma où je ne vais jamais.

— (A) _____ est-ce que tu ne vas jamais?

6. —Mon ami a mis plusieurs affiches dans sa chambre.

—_____ a-t-il mises dans sa chambre?

7. —Il faut passer un film français pour une de nos réunions.

—Pour_____ veux-tu passer un film français?

8. —Allons à ce club qui passe des films étrangers demain soir.

— _____ passe des films étrangers?

4 Formez des phrases en utilisant les éléments indiqués. Après chaque phrase, un(e) camarade va vous demander une précision en employant une forme de **lequel**. Répondez-lui.

1. je / adorer / plusieurs / genres de films

2. je / s'abonner à / toutes sortes de revues

3. il / y avoir / beaucoup / vedettes / que / je / adorer

4. il / y avoir aussi / vedettes / que / je / détester

5. je / aller voir / plusieurs fois / certains genres de films

6. je / avoir / une actrice préférée

7. je / avoir aussi / un acteur préféré

8. je / voir / récemment / deux films très mauvais

INTERACTIONS

Activité 1. En groupes, discutez du film suivant. De quelle sorte de film s'agit-il? Cherchez des renseignements sur l'auteur, Françoise Sagan. Puis, en vous basant sur les renseignements de la critique suivante, chaque groupe doit donner une raison pour laquelle le groupe veut, ou ne veut pas, voir le film.

Critiques, coups de cœur, coups de gueule...

Le biopic (biographie filmée) serait-il en train de devenir un genre reconnu en France? Il faut savoir et admettre dès le départ que cette biographie a été écrite pour la télévision. Le film fini étant au-delà de ses espérances, France 2 a décidé d'en sortir une version raccourcie au cinéma. Et l'on comprend pourquoi dès les premiers plans. Vieillie, amaigrie, dans son fauteuil roulant, Sylvie Testud—qui incarne Françoise Sagan— est saisissante et exceptionnelle. Certes, la ressemblance physique est frappante, mais l'actrice a surtout réussi à prendre les tics, la façon de bouger si particulière et la manière de parler inimitable de l'auteur de *Bonjour* *tristesse*. Elle est tellement imprégnée de Françoise Sagan qu'on vous met au défi de savoir si c'est elle ou la vraie qui est à l'écran. Ne serait-ce que pour admirer cette performance, ce *Sagan* vaut le déplacement. Enfin, ceux qui ne la connaissent pas encore pourront se réjouir de découvrir la vie hors des convenances menée par cet écrivain qui, en un seul roman écrit à 18 ans, a connu un succès planétaire. En maniant la plume comme le scandale, Sagan savait s'attirer les médias comme les foudres de ses détracteurs. Son biopic, bien que trop conventionnel—ce qui est un comble—, reste enthousiasmant.

Source: Magazine *Première*, Nº 376, Juin 2008

Activité 2. Regardez la bande annonce du film *Sagan* sur un site Web. Vous donne-t-elle la même impression du film que la critique? Vous donne-t-elle plus envie de voir le film? Pourquoi ou pourquoi pas?

SYNTHESE

A. Vous parlez à Patrick, un étudiant de Djibouti qui passe l'année dans votre université. Employez les indications suivantes pour composer des questions à poser à Patrick. Demandez-lui...

1. *(when he came to this country)*
2. *(why he came to this country)*
3. *(what he is studying)*
4. *(where he is living)*
5. *(who he is living with)*
6. *(if he is married)*
7. *(whom he sees a lot in this country)*
8. *(what aspects of life in this country he likes)*
9. *(what he doesn't like in this country)*
10. *(what the weather is typically like in his country)*

B. Une journaliste française prépare un article sur quelques habitudes et préférences des jeunes aux Etats-Unis. Utilisez ses notes pour interroger un(e) camarade de classe.

Les sites Web

1. son site préféré
2. ce qu'il / elle fait sur les sites
3. ce qu'il / elle n'aime pas sur ces sites
4. les dangers possibles sur ces sites
5. les personnes qui fréquentent des sites de réseaux sociaux

La télé

1. les personnes avec qui il / elle regarde la télé
2. son émission préférée
3. ce qu'il / elle pense de la diffusion de films sur ordinateur
4. s'il / si elle regarde des émissions diffusées sur téléphones portables
5. l'avantage du câble

La musique

1. la musique qu'il / elle aime écouter
2. l'endroit où il / elle écoute le plus souvent de la musique
3. l'aspect des lecteurs MP3 qui lui plaît le plus
4. la raison pour laquelle il / elle écoute de la musique
5. l'heure à laquelle il / elle écoute le plus souvent de la musique

C. Vous êtes au café avec des amis français. Vos amis font les constatations suivantes. Posez des questions pour avoir des renseignements supplémentaires.

1. Je viens de faire un voyage intéressant.
2. Elodie passe un semestre très difficile.
3. Mes parents m'ont offert un très beau cadeau.
4. J'ai un prof qui est très sévère.
5. Ma copine sort avec un type que je n'aime pas du tout.
6. Hier soir, on est allé dans des clubs.
7. Jean-Pierre a une nouvelle moto.
8. Crystale n'habite plus chez ses parents.

Note culturelle

AF archive / Alamy

C.R.A.Z.Y.

C.R.A.Z.Y. est l'un des films les plus réussis dans l'histoire du cinéma québécois. A sa sortie en 2005, le long métrage de Jean-Marc Vallée a connu un succès fou, un Québécois sur huit l'ayant vu au cinéma. Exceptionnellement bien reçu par les critiques, le film a remporté une vingtaine de prix canadiens et internationaux.

Le film présente la vie d'une famille montréalaise de classe moyenne dans les années 60 et 70. L'intrigue raconte les relations entre un père traditionnel et ses fils, qui veulent à la fois faire plaisir à leur père et assumer leur individualité, souvent de manière «rebelle». C.R.A.Z.Y., un acronyme qui correspond aux prénoms des cinq fils (*C*hristian, *R*aymond, *A*ntoine, *Z*achary et *Y*van) et qui est aussi le titre de la chanson préférée du père, souligne les relations père-fils pas toujours évidentes. Les drames de la famille Beaulieu constituent un reflet de la révolution sociale de l'époque.

Compréhension

1. A votre avis, à quel genre de film appartient *C.R.A.Z.Y.*? Expliquez.
2. Expliquez le(s) sens du titre.
3. Quels aspects du film font de lui un reflet de la société québécoise?

Réflexion

A. Citez un film qui offre un commentaire ou une illustration de la société américaine. Quels sont les thèmes et les conflits en question?

B. Regardez plusieurs fois la bande annonce de *C.R.A.Z.Y.* sur un site Web. Quels thèmes et conflits sont représentés par les images et le dialogue? Quelle musique entend-on? Pourquoi, à votre avis?

INTERACTIONS

Lisez le texte sur le film *Madame Brouette*. Ensuite, discutez de vos réponses aux questions suivantes avec un(e) partenaire.

1. Est-ce que ce film vous intéresse? Pourquoi?
2. A votre avis, à quel genre de film appartient *Madame Brouette*? Pourquoi?
3. Quels autres films connaissez-vous qui abordent le thème des difficultés des mères célibataires et / ou de la violence familiale?
4. Pouvez-vous penser à d'autres exemples de cinéma engagé? Lesquels?
5. A votre avis, est-ce qu'un film peut vraiment encourager les spectateurs à promouvoir des changements sociaux? Pourquoi ou pourquoi pas?

Le film: *Madame Brouette*
de Moussa Sène Absa (2002)

NANA PRODUCTIONS/SIPA

Intrigue: Mati, une jeune mère célibataire, travaille comme vendeuse ambulante dans les rues de Dakar, au Sénégal. Equipée d'une brouette *(wheelbarrow)*, elle vend des produits divers aux passants. Travailleuse et ambitieuse, elle ne veut plus vivre sous le nom de «Madame Brouette». Elle rêve de devenir propriétaire de son propre café. Le destin de Mati change quand elle fait la connaissance de Naago, un policier charmant mais corrompu. Au début, Naago réussit à cacher ses défauts de caractère, et Mati tombe amoureuse de lui. Mais, le bonheur du couple est éphémère. Mati est enceinte au moment où elle découvre les mensonges et la brutalité de Naago. Elle refuse de compromettre l'avenir de ses enfants à cause d'un homme.

Quand un coup de feu éclate un matin chez le jeune couple et Naago est retrouvé mort, la vraie histoire commence.

Cinéma engagé: Souvent caractérisé comme cinéaste engagé. Moussa Sène Absa nous offre des images du Sénégal historique et contemporain. Par ses films, comme *Ça twiste à Poponguine* (1993), *Tableau Ferraille* (1997) et *Madame Brouette* (2002), Absa explore la complexité des problèmes sociaux au Sénégal. Il affronte des sujets tels que la corruption politique, l'exploitation économique, les conflits religieux, la violence contre les femmes, la discrimination raciale et la stratification sociale.

Situations écrites

A. Un(e) ami(e) français(e) désire mieux connaître le cinéma aux Etats-Unis. Faites une présentation sur le cinéma américain (les films à la mode, les vedettes à la mode, les types de films qui sont populaires, etc.). Ensuite, comparez votre description avec celles de vos camarades de classe.

B. Une étudiante suisse avec qui vous correspondez critique le cinéma américain en disant que les films américains sont souvent médiocres et trop violents. Réagissez à cette critique du cinéma américain. Etes-vous d'accord?

Le français connecté

Découvrez les films qui passent dans les salles de cinéma au Québec. Rendez-vous sur un moteur de recherche comme www.google.ca ou www.yahoo.ca et tapez «cinéma» et «Québec». Choisissez le site d'un cinéma au Québec. Notez les noms des films que vous reconnaissez; le pourcentage de films américains, canadiens, français et d'autres pays; et les films qui sont doublés et en version originale. Ensuite, identifiez le nom et le genre des films québécois, et résumez l'intrigue.

Connectez-vous

Allons au cinéma. En consultant vos notes, choisissez un film québécois qui vous intéresse. Expliquez votre choix en décrivant l'intrigue et d'autres aspects du film.

Le cinéma et la mondialisation. La variété des films qui passent dans les salles de cinéma au Québec suggère-t-elle que le cinéma se mondialise? Est-ce que les mêmes films passent dans votre pays? Est-ce que les films d'un ou de deux pays semblent dominer? La culture du cinéma au Québec résiste-t-elle à la mondialisation (à l'homogénéisation) du cinéma?

A lire

Texte de culture contemporaine

Sujets de réflexion

1. Lorsque vous réfléchissez au cinéma, imaginez-vous une activité artistique ou s'agit-il plutôt d'une entreprise commerciale?

2. Suivez-vous quelquefois les grands prix du cinéma: les Oscars, les Césars… ? A la suite de quelles démarches de sélection les films sont-ils nominés? Y a-t-il un aspect médiatique de la compétition que vous aimez vraiment ou que vous n'aimez pas du tout?

Guide de lecture

L'univers du cinéma est composé de cinéastes, de réalisateurs, d'acteurs, de techniciens, etc. Mais on ne doit pas oublier qu'il y a aussi un public à atteindre et qu'il faut inciter ce public à acheter des billets d'entrée dans les salles de cinéma partout dans le monde. Voilà le véritable travail des vendeurs de film. Mais comment s'y prennent-ils? En quoi consiste le marché du film?

1. Faites une lecture rapide de l'article suivant. Quels sont les mots et expressions qui ont un rapport direct avec le *business* du cinéma?

2. Quelles sont les références à la vocation internationale du festival?

L'Autre Festival de Cannes

klieg lights / red carpet / stock exchange
moles (spies)

Loin des sunlights° et du tapis rouge°, le marché de Cannes est la Bourse° du cinéma mondial. Les professionnels y vendent les films et n'hésitent pas à créer la rumeur,… [et à] utiliser des taupes°… L'un des meilleurs vendeurs français, François Yon, raconte…

jargon

5 Acheteurs et vendeurs parlent un langage qui n'appartient qu'à eux, un sabir° où se mêlent anglais, français, espagnol, tout ce qui leur vient sous la langue… Tout au long du festival, ils multiplient les rendez-vous, un toutes les trente minutes dans la journée, toutes les heures à la nuit tombée, s'efforcent de voir les films de la compétition, jonglent avec leurs téléphones multifonctions, passent d'une fête à

money (coll.)

10 l'autre pour ramasser les infos sans lesquelles ils travailleraient moins, donc plus mal. Mieux que quiconque, ils savent que film et fric°sont deux mots indissociables…

Le Nouvel Observateur—*Que représente le Festival de Cannes pour un vendeur?*

unavoidable, essential

François Yon—Même si le marché de Berlin a progressé ces dernières années, Cannes est toujours aussi incontournable° et représente de 25% à 30% de notre

15 chiffre d'affaires…

issues / day before

Le Nouvel Observateur—*Quels sont les grands enjeux° pour vous à la veille° du festival?*

François Yon—Avant d'être vendeur, il faut être acheteur. Nous achetons 90% de nos films sur scénario: nous recevons 550 scénarios par an, à partir desquels nous constituons un programme de 22 films. Au-delà de ce chiffre, nous ne pourrions pas nous occuper correctement des films…

Le Nouvel Observateur—*Comment les films sont-ils montrés aux acheteurs à Cannes?*

brawl

*ayant déjà… have already
reached their limit*

François Yon—La première grande bagarre° porte sur la date de présentation des films. Sachant que la fin de la deuxième semaine est plus faible, les acheteurs étant déjà repartis ou ayant déjà fait le plein°, et que le premier jeudi ne compte pas pour nous, tous les vendeurs veulent obtenir pour leurs films le vendredi, le samedi et le dimanche de la première semaine…

Le Nouvel Observateur—*Les salles du marché sont de capacité réduite et les séances sont ouvertes à tous les professionnels. Comment faites-vous le tri°?*

selection

François Yon—Il existe des séances pour lesquelles il faut presque mettre les acheteurs de force dans la salle et d'autres pour lesquelles nous devons limiter l'accès… Il n'y a pas d'autre possibilité: les acheteurs sont 250, il n'y a que 60 places. Notre métier, c'est de faire que le type voie le film… L'erreur à ne surtout pas commettre est d'emmener le réalisateur à une projection de son film au marché: je l'ai fait une fois, le type s'est évanoui°. Bon, c'est vrai que dans une salle du marché on a tous les droits, on peut parler, dormir, téléphoner… Et puis un acheteur ne voit jamais un film en entier. Les Américains envoient des *scouts,* qui passent quinze–vingt minutes dans chaque salle et téléphonent au décideur, qui ne se déplace qu'une fois le film repéré°…

fainted

spotted

tricks

Le Nouvel Observateur—*Quels sont les trucs° des vendeurs?*

François Yon—Il m'est arrivé de payer des gens pour qu'ils rient dans la salle! Je me souviens d'un film français sous-titré en anglais dont je savais que les acheteurs japonais seraient insensibles au comique, alors j'avais placé des gens dans la salle qui devaient éclater de rire à chaque gag. Et ça a marché!…

Le Nouvel Observateur—*Quel rôle joue la presse dans votre commerce?*

François Yon—La presse quotidienne nationale est sans grand effet sur les vendeurs. En revanche, les recensions données par «Variety» et «Screen» sont essentielles: leurs journalistes sont aussi des spécialistes du marché et ils évaluent le potentiel commercial des films. «Variety», sutout est important… Un article favorable dans «Variety» ou «Screen» suscite de la demande. Il est essentiel pour nous d'être toujours au courant de tout. C'est pour cela que nous avons toujours au moins une taupe dans toutes les fêtes. Les navettes° qui transportent les invités depuis les villas dans les collines de Cannes jusqu'aux hôtels de la Croisette sont des lieux très appréciables pour les infos: les gens sont fatigués, ils ont picolé°, il se lâchent°…

shuttles

*boozed it up / speak
openly*

Le Nouvel Observateur—*Comment évolue l'image du cinéma français dans le monde?*

overall

fall 60

special

65

[1]Le film français de Laurent Cantet, *Entre les murs*, a remporté la Palme d'or en 2008.

François Yon—Il reste placé en deuxième position, grâce à sa diversité et à sa qualité d'ensemble°, mais son image s'est considérablement dégradée depuis dix ans, et la dégringolade° s'est encore accélérée ces deux dernières années… La loi selon laquelle un bon film s'impose toujours sur le marché n'est pas valable pour le cinéma français: les bons films français ne s'imposent pas. Le cinéma français était singulier° *et* populaire; il n'est plus, dans le meilleur des cas, que singulier. Que depuis vingt ans aucun film français n'ait obtenu la Palme d'or n'est tout de même pas un hasard![1]

Source: Pascal Mérigeau, «L'autre Festival de Cannes», *Le Nouvel Observateur,* N° 2270 du 8 au 14 mai, 2008, pp. 62–64

Après la lecture

1. Pourquoi les acheteurs de films à Cannes sont-ils si occupés? Que font-ils? Que cherchent-ils?

2. Pourquoi le Festival de Cannes est-il si important pour le marché mondial du film?

3. Quel est le meilleur moment du festival pour la vente des films? Expliquez.

4. Pourquoi est-il difficile d'avoir accès aux séances où les films sont présentés? Quelle est la méthode des Américains pour trouver de bons films?

5. Quel exemple François Yon donne-t-il d'un truc qu'il a employé pour vendre un certain film comique?

6. Pourquoi les articles de «Variety» sont-ils tellement importants?

7. Que font les «taupes» pour avoir des renseignements sur les films?

8. François Yon dit que le cinéma français est «singulier». En vous basant sur des films français que vous connaissez, discutez des différences entre le cinéma français et le cinéma américain.

9. Y a-t-il certains aspects de la vente des films qu'il faut absolument changer ou dont il faut se débarrasser? Défendez votre point de vue.

Texte littéraire

Sujets de réflexion

1. En général, pourquoi va-t-on au cinéma? Quelles sortes de films préférez-vous? Pourquoi?

2. Quels films classiques (c'est-à-dire de la période des années 20 jusqu'aux années 50) connaissez-vous? Lesquels aimez-vous particulièrement? Pourquoi?

3. Quelles tendances générales peut-on reconnaître dans les films américains modernes? Considérez, par exemple, la liste suivante de films:

Transformers: Dark of the Moon
Cars 2
Bridesmaids
The Help
X-Men: First Class

Lesquels de ces films avez-vous vus? Les avez-vous appréciés ou non? Pourquoi?

4. Quels films français connaissez-vous? A votre avis, quelles différences essentielles y a-t-il entre les films américains et les films français?

A propos de l'auteur...

François Truffaut (1932–1984) *est, de tous les réalisateurs français des années 50 jusqu'à aujourd'hui, celui qui représente, aussi bien pour les étrangers que pour les Français, le véritable style cinématographique français. Fils unique d'un père architecte et d'une mère secrétaire, Truffaut a connu une vie marquée par des déplacements fréquents et un certain isolement. Pour lui, le cinéma est devenu un refuge, surtout durant l'occupation de Paris par les forces allemandes pendant la Seconde Guerre mondiale. Après la guerre, ayant abandonné ses études, Truffaut a connu une période de délinquance, mais il a heureusement découvert les films d'Orson Welles, en particulier* Citizen Kane, *et est devenu un disciple du cinéaste André Bazin. Au cours des années 50, Truffaut a commencé à tourner ses propres films, tels que son premier chef-d'œuvre,* Les Quatre cents coups, *et il a participé au mouvement spontané appelé la Nouvelle Vague, composé de jeunes cinéastes qui allaient transformer pour toujours le cinéma moderne. Les films de Truffaut, qu'il a tournés jusqu'à sa mort subite en 1984 (*Jules et Jim, L'Argent de poche, Le Dernier Métro *et beaucoup d'autres) sont classés de nos jours parmi les vrais classiques du cinéma français. Marqué par un fort élément autobiographique, le cinéma de Truffaut est fidèle à la qualité essentielle de la Nouvelle vague dont les films représentent souvent une sorte de confession ou de journal intime. Mais c'est Truffaut qui a su interpréter, peut-être mieux que tout autre cinéaste de sa génération, les grands bouleversements de la société contemporaine au niveau de l'individu.*

Guide de lecture

Lisez rapidement chaque paragraphe de cet article de Truffaut, puis complétez en quelques mots les phrases suivantes pour résumer l'idée principale de chaque paragraphe.

 a. Paragraphe 1: Les premiers films étaient caractérisés par un aspect...

 b. Paragraphe 2: Très vite, le cinéma a voulu surpasser la réalité pour créer...

 c. Paragraphe 3: Les cinquante premières années du cinéma ont été marquées par...

 d. Paragraphe 4: Parce qu'on apprécie toujours les films classiques, on tourne...

 e. Paragraphe 5: A la suite des progrès techniques, le cinéma a perdu...

 f. Paragraphe 6: L'aspect artistique du cinéma nécessite une déformation de...

 g. Paragraphe 7: La seule chose qui soit essentielle au cinéma, c'est...

 h. Paragraphe 8: Truffaut a peur que les professeurs de cinéma amènent leurs étudiants à...

 i. Paragraphe 9: Pour Truffaut, il ne doit pas y avoir de hiérarchie entre les films sérieux et comiques, et le seul aspect du cinéma qui soit vraiment important, c'est...

 j. Paragraphe 10: Selon Truffaut, le vrai cinéaste est celui qui a la capacité de...

Donner du plaisir ou le plaisir du cinéma

(1) Les gens qui, à la fin du dix-neuvième siècle, ont inventé le cinématographe, n'ont pas été immédiatement conscients de bouleverser notre vie quotidienne, et cependant les premières bandes enregistrées° ressemblent, par leur aspect strictement *informatif* et *documentaire,* à ce qu'allait devenir à partir des années cinquante la télévision.

bandes... : *film strips*

(2) D'abord créé pour reproduire la réalité, le cinéma est devenu grandiose chaque fois qu'il a réussi à surpasser cette réalité en s'appuyant sur elle, chaque fois qu'il a pu donner de la plausibilité à des événements étranges ou des êtres bizarres, établissant ainsi les éléments d'une mythologie en images.

(3) De ce point de vue, les cinquante premières années de l'histoire du cinéma ont été d'une richesse prodigieuse. Il est bien difficile aujourd'hui pour un «monstre» de l'écran de rivaliser avec *Nosferatu, Frankenstein* ou *King Kong,* impossible pour un danseur d'être plus gracieux que Fred Astaire, pour une vamp d'être plus énigmatique et dangereuse que Marlene Dietrich, pour un comique d'être plus inventif et drôle que Charlie Chaplin.

hesitations / way

(4) Le cinéma parlant, après quelques flottements°, a trouvé sa voie° en tournant les remakes des films muets et aujourd'hui, on tourne en couleurs les remakes des films noir et blanc!

(5) A chaque étape, à chaque progrès technique, à chaque nouvelle invention, le cinéma perd en poésie ce qu'il gagne en réalisme. Le son stéréophonique, l'écran géant, les vibrations sonores ressenties directement sur les fauteuils ou encore les essais de relief° peuvent aider l'industrie à vivre et survivre, rien de tout cela n'aidera le cinéma à demeurer un art.

3-D

betrayal

(6) L'art cinématographique ne peut exister que par une trahison° bien organisée de la réalité. Tous les grands cinéastes disent NON à quelque chose. C'est, par exemple, le refus des extérieurs réels dans les films de Federico Fellini, le refus de la musique d'accompagnement dans les films d'Ingmar Bergman, le refus d'utiliser des comédiens professionnels chez Robert Bresson, le refus des scènes documentaires chez Hitchcock.

(7) Si [...] le cinéma existe encore, c'est grâce à la seule chose dont vous ne trouverez aucune image [...]: un bon scénario, une bonne histoire racontée avec précision et invention. Avec *précision,* car il est nécessaire dans un film de clarifier et de classer toutes les informations pour garder l'intérêt du spectateur en éveil°, avec *invention,* car il est important de créer de la fantaisie pour donner du plaisir au public. J'espère que la mention du mot PLAISIR ne choquera pas le lecteur. [...]

en... : *alert*

(8) Aujourd'hui, dans les universités, on enseigne le cinéma au même titre que la littérature ou les sciences. Cela peut être une bonne chose, à condition que les professeurs n'amènent pas leurs élèves à préférer la sécheresse° du documentaire à la fantaisie de la fiction, la théorie à l'instinct. N'oublions jamais que les idées sont moins intéressantes que les êtres humains qui les inventent, les perfectionnent ou les trahissent.

dryness

(9) Certains professeurs, journalistes ou de simples observateurs ont parfois l'ambition de vouloir décider eux-mêmes de ce qui est *culturel* et de ce qui ne l'est

However   pas. [...] Or°, je crois fermement qu'il faut refuser toute hiérarchie de genres [films
45 sérieux et films comiques], et considérer que ce qui est *culturel,* c'est simplement
tout ce qui nous plaît, nous distrait, nous intéresse, nous aide à vivre.

bend   (10) Le cinéma est à son meilleur chaque fois que l'homme-cinéaste réussit à plier°
la machine à son désir et, de cette manière, à vous faire entrer dans son rêve.

Source: François Truffaut, «Donner du plaisir ou le plaisir du cinéma» in *Le plaisir des yeux*
© *Les Cahiers du Cinéma*

Après la lecture

1. Répondez aux questions suivantes sur l'article de Truffaut.

   a. Les gens qui ont inventé le cinéma avaient-ils l'intention, à l'origine, de créer une réalité nouvelle? Quelle sorte de films ont-ils créée?

   b. Pourquoi Truffaut n'aime-t-il pas les innovations technologiques au cinéma?

   c. Selon Truffaut, que faut-il créer pour donner du plaisir au public? Etes-vous d'accord?

   d. Pourquoi, selon Truffaut, ne faut-il pas considérer les comédies comme inférieures aux films sérieux?

   e. Selon Truffaut, quel est le but d'un bon film?

2. En général, parmi les films modernes, Truffaut n'aimait pas ceux qui emploient beaucoup d'effets basés sur les innovations technologiques; il préférait ceux qui ont «une bonne histoire racontée avec précision et invention». En petits groupes, parlez de différents films contemporains appartenant au type de films que Truffaut n'aimait pas et au type de films qu'il trouvait bons. Expliquez vos choix aux autres groupes et comparez vos sélections.

3. Quelles idées de Truffaut vous plaisent personnellement? Lesquelles appréciez-vous moins?

Pour mieux lire

Cet article de Truffaut est remarquable par son organisation et sa simplicité d'expression. Pour réaliser cet effet, Truffaut se sert d'expressions qui établissent des liens entre les idées des différents paragraphes et créent ainsi une progression logique. Répondez aux questions suivantes pour analyser l'emploi que fait Truffaut de ce genre d'expressions.

   a. Au paragraphe 2, quelle idée l'expression «D'abord» sert-elle à introduire?

   b. Au début du paragraphe 3, à quoi fait allusion l'expression «De ce point de vue»?

   c. Le paragraphe 4 commence par l'expression «Le cinéma parlant», mais le lecteur sait déjà que Truffaut va faire une comparaison. Laquelle?

   d. Quels éléments du paragraphe 5 servent à illustrer l'expression «A chaque étape»?

   e. Quel mot sert à lier les idées centrales des paragraphes 5 et 6?

   f. Au paragraphe 7, quand Truffaut écrit «Si le cinéma existe encore», de quelle sorte de cinéma parle-t-il?

   g. Quelle sorte de transition le mot «Aujourd'hui», au début du paragraphe 8, assure-t-il dans cet essai?

h. Comment l'allusion à «Certains professeurs» rapproche-t-elle les paragraphes 8 et 9? En quoi cette allusion aux professeurs annonce-t-elle la notion de «culture» qui constitue l'idée centrale du paragraphe 9?

i. Le paragraphe 10 commence par une allusion au désir d'un cinéaste. Quelle idée-clé, exposée à la fin de l'essai, cette allusion sert-elle à préparer?

LIENS CULTURELS

1. Imaginez qu'il soit possible de réaliser un entretien entre François Truffaut (qui est mort en 1984) et le réalisateur américain Martin Scorsese. Quelles attitudes manifestent-ils vis-à-vis du «culturel», de la «réalité» et de l'«instinct», par exemple?

2. Compte tenu des nouvelles technologies, de l'informatique, du numérique, de la réalité virtuelle, êtes-vous optimiste ou pessimiste en ce qui concerne l'avenir du cinéma? Rappelez-vous la constatation de François Truffaut: «A chaque étape, à chaque progrès technique, à chaque nouvelle invention, le cinéma perd en poésie ce qu'il gagne en réalisme.» Préférez-vous les films à grands effets spéciaux ou les films plus intimes ayant une bonne intrigue et un message à communiquer?

EXPANSION

A. Vous avez pu vous former une impression générale sur le cinéma français. Vous possédez assez d'informations pour pouvoir décrire les aspects principaux du cinéma français depuis ses débuts. Faites une liste des éléments qui devraient figurer dans une histoire du cinéma en France jusqu'à nos jours.

B. Le cinéma de langue française est loin d'être le monopole de la France. Quels sont les cinémas francophones qui se font connaître sur le plan international? A votre avis, en quoi représentent-ils un apport original au domaine cinématographique? Lequel de ces cinémas francophones préférez-vous? Défendez votre choix.

Interaction cinéma

On s'embrasse?

Court-métrage de Pierre-Olivier Mornas, Société de production:
Les Films de l'Espoir – 2000

PRIX ET RECOMPENSES

Festival international du court-métrage (Bristol, Royaume-Uni): Prix Pathé 5 Minutes 2001

Ecran Libre (Aigues-Mortes): 1er prix du jury 2001

Journées romantiques (Cabourg): Prix d'interprétation féminine et masculine 2001

A considérer avant le film

Quand un cinéaste fait un film, il s'inspire plus ou moins du monde réel. Et pourtant, le monde réel peut aussi s'inspirer du cinéma. De quelles façons est-ce que les films populaires vous influencent? Y a-t-il un film qui vous a particulièrement influencé(e)?

NOTE LINGUISTIQUE

On dit en français populaire que quelqu'un «fait du cinéma» quand il ou elle fait une démonstration excessive de ses émotions et cherche à tromper les autres.

Avant le visionnage

Ce film se passe dans un café parisien. Une jeune actrice demande à un homme inconnu de répéter *(rehearse)* une scène pour une audition. C'est une scène de rupture avec les clichés typiques de ce genre. Trouvez l'équivalent des expressions suivantes.

1. Je ne t'aime plus.
2. Je me suis détaché de toi.
3. A quoi ça rime, la vie qu'on mène?
4. C'est fini.
5. Ne m'en veux pas.

a. *What are we doing together?*
b. *It's over.*
c. *I don't love you anymore.*
d. *Don't be angry.*
e. *I've grown apart from you.*

Premier visionnage

Le langage du cinéma. Voici quelques mots associés au cinéma. Soulignez ceux que vous entendez dans le film.

une audition	le plateau *set*	un scénario *screenplay*
faire réciter un texte *to help someone with his / her lines*	les répliques *lines of dialogue*	une séquence *scene*
		un tournage *film shoot*

Maintenant, trouvez ces autres expressions utiles dans le dialogue.

ça marche *right away*	*smiling, with a smile*	tire-toi *get lost*
d'un seul coup *all at once*	malgé moi	serré strong *[here, referring*
doucement *slowly*	*unintentionally*	*to an espresso]*
en souriant *while*		

On s'embrasse: Pierre-Olivier Mornas / Les films de l'espoir

Le mot et l'image **239**

Deuxième visionnage

Cherchez les renseignements suivants.

1. Pour demander un café, la jeune femme dit:
   a. Je peux avoir un café, s'il vous plaît?
   b. Un café, s'il vous plaît.

2. Pour demander un service, la jeune femme dit:
   a. Pourriez-vous m'aider, monsieur?
   b. Excusez-moi. Je peux vous demander un service?

3. Pour accepter de rendre le service, le monsieur répond:
   a. D'accord.   b. Bon.

4. Avant de partir, la jeune femme dit:
   a. Merci, au revoir.   b. Il faut que j'y aille.

Après le visionnage

Observations

Répondez aux questions.

1. Pourquoi est-ce que la jeune actrice s'approche de cet homme inconnu et pas d'un autre?

2. Qu'est-ce que cet homme fait au café? Pourquoi, à votre avis, accepte-t-il de lui rendre service?

3. A votre avis, est-ce que la jeune femme a une audition pour un grand rôle dans un film important ou pour un petit rôle dans une feuilleton? Qu'est-ce qui vous donne cette impression?

4. Comment est-ce que l'homme inconnu aide la jeune femme à se préparer? Pourquoi sait-il ce qu'il faut faire pour rendre la scène plus émouvante?

5. Qui vient à sa table après le départ de la jeune actrice? Où était-elle?

 ## Interprétation

Discutez avec un(e) partenaire de vos impressions des personnages dans le film en répondant aux questions.

1. Imaginez la vie des personnages avant le film. Où habitent-ils? Que font-ils dans la vie? Comment se décrivent-ils?

2. Que se passe-t-il dans la vie des personnages après le film? Est-ce que la jeune femme réussit son audition? Est-ce que la jeune femme et le monsieur vont se revoir un jour?

 ## A vous

Ecrivez votre propre scène de rupture en utilisant la scène dans le film comme modèle. Ensuite, et jouez-la devant la classe.

CHAPITRE 7

Les transports et la technologie

Cultural Focus
- Technology and Transportation
- Rise of Technology in France

Readings
Contemporary Cultural *Paris gonflé à l'hélium*

Literary Pierre Boulle: *La Planète des singes* (extrait)

Cinema
Short Subject Yannick Pecherand-Molliex *Le grand jeu*

Structures
I   Object Pronouns

II Disjunctive Pronouns

III Possessive Pronouns
    Demonstrative Pronouns

Functions
Making Travel Arrangements

Indicating Possession

Indicating Distinctions

 Premium Website

🔊 audio

isifa Image Service s.r.o. / Alamy

Le TGV (train à grande vitesse) peut atteindre une vitesse maximale de 320 km / h.

Un peu de culture contemporaine

Sur les rails: Le TGV et le tunnel sous la Manche

Le nombre de voyageurs qui prennent le train augmente en France et le train à grande vitesse (TGV) représente plus de 50% du trafic ferroviaire (du chemin de fer).

- Depuis 1981, les lignes de TGV se multiplient sur une grande partie de la France (plus de 250 villes sur 6 zones).
- Le TGV peut atteindre une vitesse maximale de plus de 320 km/h, mais la vitesse moyenne, gare à gare, est de 264 km/h. Ses passagers effectuent le trajet Paris-Lyon en 2 heures et celui de Paris-Marseille en 3 heures.
- En 35 minutes, le TGV Eurostar amène à destination les passagers qui se rendent d'Angleterre en France via le tunnel sous la Manche *(English Channel)*.
- Le tunnel sous la Manche a été inauguré en 1984. Il s'agit de trois tunnels: un tunnel de service est relié à deux tunnels principaux par des points de communication. Les deux tubes identiques sont destinés au passage du train qu'on appelle «le Shuttle». Ces navettes transportent voitures, camping-cars, autocars et camions.

Dans l'air: Airbus

- En Europe, certains grands succès dans les transports aériens sont le fruit d'une collaboration internationale européenne. Ce fut le cas du Concorde, l'impressionnant avion supersonique des compagnies Air France et British Airways. C'est toujours le cas pour les divers modèles d'Airbus. Depuis les années 1970, le consortium européen EADS (France, Allemagne, Espagne et Grande-Bretagne) construit, aménage et administre la réalisation de plusieurs modèles d'Airbus. EADS vend jusqu'à 1 000 appareils par an et compte parmi ses clients bon nombre de compagnies aériennes non-européennes (par exemple, American Airlines).

François Mori / AP Photos

L'A380 de Airbus

- L'A380, le modèle d'Airbus entré en service en 2007, est un quadriréacteur à double pont *(double-deck)* qui possède une envergure *(wingspan)* de 80 mètres, une longueur de 73 mètres et une hauteur de 24 mètres—l'équivalent d'un immeuble de sept étages. Il peut transporter 555 personnes en trois classes ou 840 passagers en charter. Des compagnies arabes, australiennes, asiatiques, en plus d'Air France et de Lufthansa en Europe, utilisent l'A380 pour leurs vols longues distances partout dans le monde. Grâce à de nouvelles technologies et à des matériaux composites plus légers, l'appareil est plus silencieux et plus économe que son rival américain, le Boeing 747.

👫 Langue et culture

Employez les éléments indiqués pour poser des questions à un(e) partenaire sur l'Airbus A380.

1. Combien / villes / le TGV / desservir *(to service)* en France?
2. Combien / heures / le TGV / prendre / pour faire le trajet Paris-Marseille?
3. Combien / tunnels / il y a / sous la Manche?
4. Quels pays / collaborer à la construction des modèles Airbus?
5. Quand / l'A380 / entrer en service?
6. Quoi / on / pouvoir comparer à / la hauteur de l'avion?
7. Combien / passagers / l'A380 / pouvoir transporter?
8. Pourquoi / l'A380 / être relativement silencieux et économe?

Jeux de mots

Trouvez des synonymes dans les textes pour les mots et expressions suivants. Ensuite, utilisez les réponses pour compléter le paragraphe.

Sur les rails: parvenir à, vélocité, exécutent, vont

Le TGV peut _____ une _____ de 320 km/h. Les voyageurs _____ vers des villes lointaines en peu de temps. Par exemple, les trains TGV _____ le trajet Paris-Marseille en trois heures.

Dans l'air: différents, d'un poids faible, bon marché

Bombardier est une entreprise québecoise qui construit _____ types d'avion. Leurs jets régionaux, des avions _____ font concurrence à Boeing et à Airbus grâce à leurs prix _____ et à leurs appareils moins polluants.

Dans l'espace: Ariane

Reuters / CORBIS

Depuis plus de trente ans, Arianespace, l'agence spatiale européenne dont le siège est à Evry, près de Paris, envoie dans l'espace des satellites mis en orbite par les lanceurs Ariane.

- Les fusées Ariane 5 partent de leur base de lancement à Kourou dans le département de la Guyane française proche de l'équateur. Située à 2 degrés de latitude nord, la base profite de la rotation terrestre et permet ainsi aux satellites d'aller plus vite et de placer une plus grande charge en orbite.

- Arianespace, le numéro un des services de placement de satellites, a non seulement une vocation européenne mais aussi mondiale. Elle lance également les fusées russes Soyouz, et Ariane 5 place en orbite les nouveaux satellites de DirecTV, l'opérateur américain de télé dans les Amériques.

Langue et culture

Imaginez que c'est l'an 2050 et qu' Arianespace fait maintenant partie de l'histoire. Réécrivez le texte au passé. Faites tous les changements nécessaires au niveau du temps des verbes (**envoie → envoyait**) et du vocabulaire relatif au temps (**depuis → pendant**).

Jeux de mots

Trouvez des synonymes dans le texte pour les mots et expressions suivants. Ensuite, utilisez les réponses pour compléter le paragraphe.

projettent, le lieu où réside une agence, aide, engins spatiaux, en trajectoire courbe

Les lanceurs Ariane _____ dans l'espace plus de 60% de tous les satellites mis _____ autour de la terre. Alors que son _____ est situé en France métropolitaine, la base se trouve en Guyane française. La situation géographique de la base _____ aux _____ d'être lancés dans l'espace d'une manière efficace.

Pour des activités culturelles supplémentaires, rendez-vous sur le site Web d'**Interaction** www.cengage.com/french/interaction.

Réflexion

A. Pourquoi des pays comme la France et l'Angleterre ont-ils tant investi dans l'amélioration du chemin de fer? Est-ce le cas dans votre pays? Expliquez.

B. A votre avis, l'A380 et le TGV constituent-ils le même type de progrès dans les transports? Est-ce que l'une de ces innovations vous semble plus importante?

Vocabulaire actif 🔊 CD2, Track 4

LES ACTIVITES

appuyer (sur un bouton) to press (a button)
attacher to fasten
atterrir to land
composter (son billet) to punch (a ticket)
décoller to take off
se déplacer to get around
enregistrer (ses bagages) to check (baggage)
éteindre to extinguish
faire une escale to stop over

se rendre to go
valider to validate

POUR VOYAGER

une agence de voyages travel agency
un aller-retour round-trip ticket
un aller simple one-way ticket
l'arrivée *(f)* arrival
le bureau de renseignements information counter
le comptoir airline ticket counter

une correspondance connection, transfer point
le départ departure
une grève strike
le *haut-parleur¹ loudspeaker
les heures de pointe *(f pl)* rush hour
l'horaire *(m)* schedule
un tarif (réduit) (reduced) fare
les transports en commun *(m pl)* mass transit
une valise suitcase

En avion

la ceinture seat belt
la compagnie aérienne airline
la piste runway
la porte gate
un steward / une hôtesse de l'air flight attendant
le vol flight

Dans le métro

un arrêt stop
une bouche de métro subway entrance
un carnet (de tickets) book of tickets

¹*Asterisk preceding the **h** indicates that it is aspirated. There is no elision or liaison with an aspirated **h**.*

Exercices de vocabulaire

A. Vous visitez Paris avec un(e) ami(e) qui n'a jamais pris le métro. Complétez les phrases suivantes par le terme approprié de la liste pour expliquer à votre ami(e) comment utiliser le métro à Paris.

TERMES: l'arrêt   la bouche de métro   un carnet   une correspondance
le plan   le quai   la rame   la sortie
la station   un ticket   valider

1. D'abord, il faut trouver _____ la plus proche.
2. Ensuite, descends dans _____.
3. Cherche le distributeur ou le guichet et achète _____.
4. Pour économiser de l'argent, il est préférable d'acheter _____.
5. Consulte _____.
6. N'oublie pas de _____ ton ticket, tu risques d'être contrôlé(e).
7. Va sur _____ pour attendre _____.
8. Tu dois déterminer s'il faut prendre _____.
9. Arrivé(e) à _____ désiré, tu descends, et voilà. C'est très simple.
10. Enfin, tu cherches _____ pour quitter la station. Après, tu peux jeter ton ticket!

B. Vous prenez le train de Toulouse jusqu'à Paris pour vous rendre ensuite à Roissy-Charles de Gaulle. Complétez cette conversation entre vous et l'agent de la SNCF par les termes convenables de la liste suivante.

TERMES: correspondance, voiture, à destination de, classe, composter, aller simple, voie, gare, tarif, place

Vous: Bonjour, monsieur. A quelles heures y a-t-il des trains de Toulouse _____ Paris? Je voudrais un _____, parce que je ne reviens pas à Toulouse.

le distributeur (automatique) (automatic) ticket dispenser

un plan map

le quai platform

une rame subway train

la RATP (Régie Autonome des Transports Parisiens) Paris bus and subway agency

le RER (Réseau Express Régional) suburban rapid transit line

la sortie exit

En bus

l'avant (m) front

le bouton button

le car intercity bus

le couloir aisle, bus lane

Par le train

le chemin de fer railroad

un compartiment compartment

une couchette bunk

la gare station

l'indicateur (m) train schedule

la période creuse slack period

la place seat

un rapide express train

un réseau network

la SNCF (Société Nationale des Chemins de fer Français) French national railroad system

le système ferroviaire train system

le tram streetcar

la voie track

la voiture railway car, subway car

LES CARACTERISTIQUES

à bord on board

à destination de bound for

affiché(e) posted

direct(e) non-stop

de location rental

en partance pour departing for

en provenance de arriving from

L'AGENT: Très bien. Comment désirez-vous voyager? En première ou en deuxième _____?

VOUS: Je préfère une _____ en deuxième. Y a-t-il un _____ pour les étudiants?

L'AGENT: Oui, en effet, les étudiants de moins de 25 ans paient moins cher les billets de train.

VOUS: Aussi, je voudrais éviter (avoid) une _____. Je préfère un trajet direct.

L'AGENT: Il y a un TGV qui part à 14 heures de la _____ de Toulouse.

VOUS: Très bien. Je prends un billet pour le TGV de 14 heures.

L'AGENT: Voilà, monsieur / madame / mademoiselle. Votre train part de la _____ 20, quai A, et votre place se trouve dans la _____ 12. N'oubliez pas de _____ votre billet avant de monter dans le train.

VOUS: Merci, monsieur / madame / mademoiselle.

C. Vous arrivez à l'aéroport de Roissy avec un(e) ami(e) pour prendre votre vol vers les Etats-Unis. Complétez les phrases par les termes appropriés de la liste suivante.

TERMES: attacher   atterrir   le comptoir   décoller
enregistrer   le haut-parleur   l'horaire   porte

1. D'abord, il faut chercher _____ Air France.

2. Est-il nécessaire d' _____ toutes nos valises?

3. On va consulter _____ pour voir si notre vol va partir à l'heure.

4. Ecoute, je crois que _____ annonce notre vol.

5. De quelle _____ part notre vol?

6. Ah, il y a un petit retard; notre vol va _____ à onze heures au lieu de dix heures et demie.

7. Attention, il faut _____ ta ceinture, on y va!

8. Dans huit heures, on va _____ à New York.

D. Vous êtes arrivé(e) à la gare SNCF d'Arles. Regardez les symboles ci-dessous et complétez chacune des phrases par le(s) terme(s) qui correspond(ent) au symbole approprié.

1. Vous avez soif et désirez prendre quelque chose à boire avant de quitter la gare. Vous cherchez «_____».

2. Vous avez laissé un paquet dans le train de Dijon. Vous cherchez «_____».

3. Vous voulez laisser votre valise à la gare pendant votre visite de la ville. Vous cherchez «_____».

4. Vous désirez confirmer votre réservation pour le voyage de retour. Vous cherchez «_____».

5. Vous voulez vous asseoir et vous reposer un moment avant de quitter la gare. Vous cherchez «_____».

6. Vous désirez quitter le Bar. Vous cherchez «_____».

 Information - Réservation

 Train Autos Couchettes

 Facilités pour handicapés

 Relais-toilettes (bains-douches)

 Bureau des objets trouvés

 Consigne

 Bagages

 Non fumeurs

 Bar (cafétéria)

 Sortie

 Point de rencontre

 Billets

 Eau potable

 Buffet (restaurant)

 Toilettes pour dames

 Consigne automatique

 Salle d'attente

 Téléphone public

 Fumeurs

 Toilettes pour hommes

 Chariot porte-bagages

 Bureau de poste

 Bureau de change

 Entrée

Cengage Learning

Lexique personnel

LES MOYENS DE TRANSPORT

A. Pour chacun des sujets suivants, dressez une liste personnelle de mots.

1. les moyens de transport que vous pouvez utiliser pour (a) rentrer chez vous, (b) partir en Europe, (c) aller faire du ski au Canada, (d) aller de Paris à Dijon, (e) traverser la ville de Washington aux USA

2. comment acheter un ticket pour les transports en commun (avion, train, autobus, etc.)

3. l'expérience d'un voyage en avion

 B. En utilisant le vocabulaire du chapitre et votre lexique personnel, discutez en petits groupes des sujets suivants. Comparez vos réponses à celles des autres groupes.

1. Vous avez la possibilité de partir en France l'été prochain. Expliquez les divers moyens de transport que vous allez utiliser pour vous rendre de votre domicile jusqu'à votre hôtel à Paris.

2. Beaucoup d'étrangers croient que les Américains utilisent exclusivement la voiture pour se déplacer et ne prennent jamais les transports en commun. Décrivez l'emploi que font les Américains de ces moyens de transport.

Structures I

GRAMMAR
TUTORIALS ### Object Pronouns

Direct-Object Pronouns

If a verb does not require a preposition and the noun object directly follows the verb, the noun object is replaced by the appropriate direct-object pronoun: **me, te, le, la, l', nous, vous, les.**

> —Vous cherchez **le métro**?
> —Oui, je **le** cherche.
> —Alors, vous voyez **la bouche de métro**?
> —Oui, je **la** vois.
> —Descendez dans la station. Vous savez consulter **les plans**?
> —Oui, je sais **les** consulter.

Some common verbs that do not require a preposition before a noun object are **acheter, aimer, amener, choisir, consulter, faire, lire, préférer, réserver, trouver, vendre.** (See also *Chapitre 6*, p. 217, and *Chapitre 9*, p. 334.)

Rappel!

Study the following examples in which the English pronoun *it* is used. Note that in French, a different pronoun is necessary in each case.

Je **le** vois.	*I see **it**.*	J'**en** ai besoin.	*I need **it**.*
J'**y** réponds.	*I answer **it**.*	J'écris avec **cela**.	*I write with **it**.*

To choose which object pronoun to use in French, you must know what preposition, if any, the verb requires when introducing a following noun object. If you concentrate first on the preposition, you can choose correctly every time.

1 Vous dites à un(e) ami(e) que vous allez faire un voyage au Québec. Il / Elle vous pose les questions suivantes. Répondez à ses questions en remplaçant les mots en **caractères gras** par le pronom qui convient.

1. VOTRE AMI(E): Tu fais **ce voyage** à Québec cet été?

   VOUS: Oui, je _____ fais cet été.

2. VOTRE AMI(E): Tu prends **ta voiture**, n'est-ce pas?

   VOUS: Oui, je _____ prends.

3. VOTRE AMI(E): Tu vas visiter **les sites touristiques célèbres**?

   VOUS: Oui, je vais _____ visiter.

4. VOTRE AMI(E): Tu emmènes **tes copains** avec toi?

   VOUS: Non, je ne _____ emmène pas!

Indirect-Object Pronouns

If the noun object is a person and is introduced by the preposition **à**, the preposition and its object are replaced by the appropriate indirect-object pronoun: **me, te, lui, nous, vous, leur.** Note that **lui** and **leur** replace both masculine and feminine nouns.

> —Vous avez parlé **à l'agent**?   —Et vous avez écrit **à vos amis**?
> —Oui, je **lui** ai parlé.   —Oui, je **leur** ai écrit.

Y

If the object of the preposition **à** is a thing, the preposition and its object are replaced by **y**. **Y** also replaces a preposition of location and its object (**dans** *le sac,* **sous** *la table,* **devant** *la porte,* etc.).

—Est-ce que la directrice a répondu **à votre lettre**?

—Oui, elle **y** a répondu.

—Et est-ce qu'on dîne assez bien **dans l'avion**?

—Oui, on **y** dîne assez bien.

For other verbs requiring the preposition **à** before a noun object, see *Chapitre 6,* p. 217, and *Chapitre 9*, p. 334.

2 Votre ami(e) vous interroge toujours au sujet de votre voyage au Québec. Répondez à ses questions en remplaçant les mots en **caractères gras** par les pronoms appropriés.

1. Votre ami(e): Quand est-ce que tu vas **au Québec**?

   Vous: J' _____ vais au mois de juillet.

2. Votre ami(e): Tu as déjà téléphoné **aux copains** pour les inviter?

   Vous: Bien sûr, je _____ ai déjà téléphoné.

3. Votre ami(e): Tu écris souvent **à tes amis québécois**?

   Vous: Oui, je _____ écris souvent.

4. Votre ami(e): Et ils répondent **à tes emails**?

   Vous: Bien sûr, ils _____ répondent.

5. Votre ami(e): Ils habitent toujours **à Québec**?

   Vous: Oui, ils _____ habitent toujours.

6. Votre ami(e): Tu vas envoyer des cartes postales **à tes amis,** n'est-ce pas?

   Vous: Oui, oui, je vais _____ envoyer des cartes comme d'habitude.

En

The pronoun **en** replaces the preposition **de** and its object when the object is a thing. When the noun object is introduced by a number or another expression of quantity (**beaucoup de, plusieurs, assez de,** etc.), **en** replaces the preposition, if any, and the noun, but the expression of quantity remains in the sentence.

—Elle a fait **deux voyages** en France.

—C'est vrai? Elle **en** a fait **deux**?

—Est-ce qu'on a besoin **de son passeport** pour aller en France?

—Oui, on **en** a besoin.

—Est-ce qu'elle a envoyé **beaucoup de cartes**?

—Oui, elle **en** a envoyé **beaucoup.**

—Est-ce qu'elle parle souvent **de ses voyages**?

—Ah, oui. Elle **en** parle souvent.

For other verbs requiring the preposition **de** before a noun object, see also *Chapitre 6,* p. 217, and *Chapitre 9*, p. 334.

Disjunctive Pronouns

When the noun object of **de** is a person, the preposition retains its original position in the sentence, and the person is replaced by the appropriate disjunctive pronoun: **moi, toi, lui / elle, nous, vous, eux / elles.** Note that third-person forms (**lui / elle** and **eux / elles**) show a gender distinction.

—Vous parliez **de Marie**?

—Oui, on parlait **d'elle.**

—Vous parlez **des Ricard**?

—Oui, qu'est-ce que vous pensez **d'eux**?

3 Vous parlez avec un(e) camarade d'un ami commun et d'un voyage qui n'a pas eu lieu. Remplacez les mots en **caractères gras** par les pronoms appropriés.

1. VOTRE CAMARADE: Mon ami rêve **d'aller en France.**

   VOUS: C'est vrai, il _____ rêve?

2. VOTRE CAMARADE: Oui, mais il a peur de prendre l'avion. Il a fait **deux longs voyages** en Californie et en Floride, mais jamais en avion.

   VOUS: Il _____ a fait deux sans prendre l'avion?

3. VOTRE CAMARADE: Oui. Et il parle toujours **d'un voyage en France.**

   VOUS: En effet, il _____ parle toujours.

4. VOTRE CAMARADE: Et il parle sans cesse **de son amie Suzanne** qui est allée en France l'année dernière.

   VOUS: Pourquoi parle-t-il si souvent d'_____?

5. VOTRE CAMARADE: Ah, ce n'est pas seulement de Suzanne qu'il parle; il parle aussi **de tous ses copains** qui ont visité la France.

   VOUS: Il parle d'_____, mais il n'a pas le courage de les imiter, hein?

6. VOTRE CAMARADE: C'est ça. Il n'a pas trop **de courage,** n'est-ce pas?

   VOUS: En effet, il n'_____ a pas trop.

4 Vous passez un semestre en France. Vous et votre colocataire préparez un voyage en Normandie pendant une période de congé. En vue de ce voyage, votre colocataire a fait des achats. Demandez-lui ce qu'il / elle a acheté.

MODELE VOUS: *Tu es allé(e) à l'épicerie?*
VOTRE COLOCATAIRE: *Oui, j'y suis allé(e).*
VOUS: *Tu as acheté de l'eau minérale?*
VOTRE COLOCATAIRE: *Oui, j'en ai acheté deux bouteilles.*

1. à la fromagerie:
   fromage
   deux

2. à la boulangerie:
   baguette
   une

3. à la pharmacie:
   shampoing
   une bouteille

4. au marché:
   fruits
   un kilo

5. au bureau de tabac:
   journal
   un

6. à la charcuterie:
   tranches de jambon
   quatre

Prepositions with Object Pronouns

If the noun object is a person and is introduced by any preposition other than **à**, the preposition retains its original position in the sentence, and the person is replaced by the appropriate disjunctive pronoun.

—Ils partent en vacances **avec leurs copines**?

—Oui, ils partent **avec elles.**

—Ils ont réservé des places **pour les copines**?

—Oui, bien sûr. Ils ont réservé des places **pour elles.**

—Et **pour leur frère** aussi?

—Oui, **pour lui** aussi.

 5 Employez les éléments indiqués pour poser des questions à d'autres étudiants. Ils doivent répondre aux questions en utilisant des pronoms objets dans leurs réponses.

1. tu / sortir souvent / avec tes copains?
2. tu / habiter toujours / chez tes parents?
3. tu / acheter quelquefois / un cadeau / pour ton (ta) meilleur(e) ami(e)?
4. tu / être assis(e) / devant *(nom d'un[e] étudiant[e])*?
5. tu / parler français / avec ton (ta) prof?
6. tu / aller au restaurant / avec ton (ta) meilleur(e) ami(e)?
7. tu / faire des courses / pour tes copains?
8. tu / voyager souvent / sans ta famille?

INTERACTIONS

 Vous vous entendez bien? Mettez-vous en petits groupes. Demandez aux membres du groupe de décrire leurs relations avec les personnes indiquées.

MODELE —*Tu as une cousine?*
—*Oui, elle s'appelle* (nom).
—*Tu la vois souvent?*
— *Je la vois de temps en temps.*
—*Tu lui écris?*
—*Je ne lui écris jamais.*

Qui?	Quoi?	Quand?
un copain / une copine	voir	souvent
un(e) colocataire	inviter au café	rarement
un(e) prof	téléphoner	jamais
un(e) ami(e) d'enfance	envoyer un texto	de temps en temps
un frère / une sœur	offrir un cadeau	régulièrement
un(e) voisin(e)	parler de tes problèmes	quelquefois
???	???	???

Position of Object Pronouns

Object pronouns are placed either directly before a conjugated verb or directly before an infinitive, depending on which verb the object pronoun logically accompanies. Never separate these pronouns from the verb form on which they depend. Note the position of pronouns in negative and interrogative sentences.

Vous **lui** parlez.   Vous **lui** avez parlé.
Vous ne **lui** parlez pas.   Vous ne **lui** avez pas parlé.
Lui parlez-vous?   **Lui** avez-vous parlé?

Il voudrait **la** voir.
Il ne voudrait pas **la** voir.
Voudrait-il **la** voir?

—Tu **lui** téléphones aujourd'hui?
—Non, je **lui** ai téléphoné hier.
—Tu veux toujours **la** voir?
—Oui, je veux bien **la** voir.

When two object pronouns are used together, the following order is used before the verb:

me	le	lui	y	en
te	la	leur		
se	les			
nous				
vous				

—Dis, tu as parlé **à ta mère de nos projets de voyage**?
—Oui, oui, je **lui en** ai parlé hier.
—Et tes parents vont **nous** prêter **la voiture**?
—Oui, ils vont **nous la** prêter.
—Super! Alors, nous cherchons **des copains** pour **nous** accompagner **jusqu'à Paris.**
—Oui, nous **en** cherchons pour **nous y** accompagner tout de suite.

Remember that in compound tenses, the past participle of a verb using **avoir** as the auxiliary agrees with any direct object pronoun preceding the verb.

J'ai vu **mes amies.**   Je **les** ai vu**es.**

When **le** and **les** are used as object pronouns, there is no contraction with **de** or **à.**

J'ai envie **de le** voir.   J'hésite **à les** acheter.

6 Voici quelques questions que des touristes en France posent à leur guide à propos du métro. Jouez le rôle du guide et répondez aux questions selon les indications données. Remplacez les mots en **caractères gras** par les pronoms appropriés.

1. D'abord, on cherche **une bouche de métro**, n'est-ce pas? (oui)

2. Et puis, on descend directement **dans la station**? (oui)

3. Il faut acheter **un carnet de tickets**? (non)

4. Le plan est toujours affiché **au mur**? (oui)

5. Il y a beaucoup **de passagers** à six heures du soir? (oui)

6. Il est toujours nécessaire de prendre **une correspondance**? (non)

7 Voici les questions posées au guide à propos des trains. Continuez à jouer le rôle du guide en répondant aux questions. Remplacez les mots en **caractères gras** par les pronoms appropriés.

1. Et pour prendre le train, on achète **les billets au guichet**?
2. Est-ce qu'il est toujours nécessaire d'enregistrer **les valises**?
3. Vaut-il mieux réserver **une place**?
4. Il y a toujours **huit personnes** dans un compartiment?
5. Peut-on parler **aux autres passagers**?
6. On montre **son billet au contrôleur**?
7. L'horaire des trains est toujours précisé **sur l'indicateur**?
8. On attend le train **sur le quai**?
9. On demande **des renseignements**?
10. Il faut toujours composter **le billet**?

8 Une étudiante française qui passe l'année dans votre université vous pose les questions suivantes. Répondez à ses questions en utilisant les pronoms objets appropriés.

1. Est-ce que tes parents t'envoient quelquefois de l'argent?
2. Est-ce que le prof de français vous parle souvent en français?
3. Est-ce que tes copains t'ont souvent rendu visite à l'université l'année dernière?
4. Est-ce qu'ils t'ont souvent téléphoné ce semestre?
5. Est-ce que les profs te parlent souvent après les cours?
6. Peux-tu me recommander un bon cours pour le semestre prochain?
7. Est-ce que les profs vous font passer beaucoup d'examens?
8. Veux-tu venir en France l'été prochain?

9 Vous avez visité Bruxelles avec un groupe d'amis. Racontez ce que vos amis y ont fait. Répondez aux questions suivantes en utilisant les pronoms appropriés.

1. Julien a laissé ses valises dans le train?
2. Jean-Claude a pris des photos?
3. Catherine a perdu son passeport?
4. Julie a écrit des cartes postales?
5. Tu as téléphoné à ton petit ami / ta petite amie?
6. Christine a acheté des souvenirs?
7. Le groupe a souvent mangé des frites?
8. Nous sommes arrivés en retard à la gare?
9. Suzanne a manqué le train?
10. On s'est bien amusés à Bruxelles?

INTERACTIONS

Votre vie à l'université. En petits groupes, posez des questions à vos camarades de classe en employant les éléments suivants. Utilisez le temps approprié des verbes (au passé, au présent ou au futur proche). Vos camarades doivent répondre aux questions en utilisant des pronoms compléments d'objet dans leurs réponses.

1. aimer bien ton cours de français
2. téléphoner souvent à tes parents
3. avoir des colocataires
4. voir ton / tes colocataire(s) ce matin
5. suivre quatre ou cinq cours ce semestre
6. étudier à la bibliothèque la semaine passée
7. dîner au restaurant universitaire ce soir
8. parler souvent à ton prof de français
9. déjà parler à un professeur dans son bureau
10. déjà assister à un match sportif sur le campus
11. prendre des cours l'été prochain
12. recevoir ton diplôme en mai
13. ???

Object Pronouns with the Imperative

Object pronouns used with a negative imperative immediately precede the verb and follow their normal order of placement.

Ne **lui en** donnez pas.
Ne **me la** donnez pas.
Ne **les y** mettez pas.
Ne **m'en** parlez pas.

With an affirmative imperative, the object pronouns immediately follow the verb, are connected to it by hyphens, and are placed in the following order:

(1) direct object (2) indirect object (3) **y** (4) **en**

Donnez-**lui-en.**
Passe-**la-moi.**
Mettez-**les-y.**
Parlez-**lui-en.**
Achètes-**en.** (See Chapter 1, page 11.)
Vas-**y.**
Donnez-**m'en.**
Parlez-**m'en.**

Me and **te** are replaced by **moi** and **toi** when they are the only or the last pronoun hyphenated to the imperative.

Donnez-**moi** le livre.   Donnez-**le-moi.**
Donnez-**moi** des livres.   Donnez-**m'en.**
Achète-**toi** ce livre.   Achète-**le-toi.**
Achète-**toi** des livres.   Achète-**t'en.**

10 Vous prenez le train avec des amis. Certains vous posent des questions. Composez une réaction à ces questions en utilisant la forme impérative du verbe et en remplaçant au moins un des noms par un pronom objet convenable.

> MODELE —Alors, j'achète mon billet à la gare?
> —*Oui, achète-le à la gare.* ou *Oui, achètes-y ton billet.*

1. Je fais une réservation pour le TGV?
2. J'arrive à la gare de bonne heure?
3. J'achète mon billet au guichet?
4. Je dois composter mon billet?
5. Je trouve la bonne voiture?
6. Je cherche mon compartiment?
7. Je mets mes affaires sur mon siège?
8. Je montre mon billet au contrôleur?

SYNTHESE

A. Votre ami(e) canadien(ne) pense aller en France cet été. Composez une réaction à chacune de ses questions en employant l'impératif affirmatif ou négatif et les pronoms convenables.

> MODELE VOTRE AMI(E): Est-ce qu'il est préférable de prendre un vol direct?
> VOUS: Oui, *prends-en un,* parce que les vols directs sont plus agréables.

1. VOTRE AMI(E): Je dois rester à Paris pendant quelques jours?
   VOUS: Oui, absolument, _____ aussi longtemps que possible. C'est une ville très intéressante.
2. VOTRE AMI(E): Est-ce que je dois visiter le musée d'Orsay?
   VOUS: Oui, _____. Il y a des tableaux remarquables.
3. VOTRE AMI(E): Est-ce que cela vaut la peine d'aller au théâtre?
   VOUS: Oui, _____. C'est une bonne activité culturelle.
4. VOTRE AMI(E): Est-ce que je dois chercher un hôtel quatre étoiles ou autre chose?
   VOUS: Ah, non, _____. Il y a beaucoup de bons petits hôtels pas chers.
5. VOTRE AMI(E): Est-ce possible d'aller aussi à Nice?
   VOUS: Oui, oui, _____. Vous pouvez facilement passer quelques jours à Nice.
6. VOTRE AMI(E): Pour aller à Nice, est-ce que je peux prendre le TGV?
   VOUS: Ah oui, _____. Tu arrives à Nice en quelques heures.
7. VOTRE AMI(E): Pour prendre le TGV, est-il nécessaire de réserver une place?
   VOUS: Oui, _____. C'est obligatoire.
8. VOTRE AMI(E): Est-il nécessaire d'enregistrer ma valise?
   VOUS: Non, _____. Tu peux mettre ta valise au-dessus de ton siège.
9. VOTRE AMI(E): Et à Nice, est-ce que je peux faire de la planche à voile?
   VOUS: Absolument, _____. C'est facile.
10. VOTRE AMI(E): Je vais te téléphoner de Paris, d'accord?
    VOUS: Oui, oui, _____. Je veux recevoir de tes nouvelles.

B. Interview: les moyens de transport. Posez les questions suivantes à d'autres étudiants. Ils doivent répondre aux questions en employant un pronom pour remplacer les noms compléments d'objet.

1. Tu as une voiture?
2. Tu prends ta voiture pour aller à l'université?
3. Tu mets ta voiture sur le parking?
4. Ta voiture consomme beaucoup d'essence?
5. Tu prends souvent le train?
6. Tu aimes prendre l'avion?
7. On prend souvent des taxis dans votre ville?
8. Il y a un système de bus dans votre ville?

François RENAULT/PhotoNonStop/Glow Images, Inc.

Un train RER en région parisienne

INTERACTIONS

 Avec un(e) partenaire, créez une conversation entre un(e) touriste et un(e) employé(e) de la SNCF. Le / La touriste prépare d'abord ses questions en suivant les indications de la liste. Pour bien répondre aux questions, l'employé(e) lit les renseignements (tirés d'une brochure de la SNCF sur le TGV) à la page suivante. Pendant la conversation, l'employé(e) répond aux questions avec des pronoms compléments d'objet si possible.

1. Je / pouvoir réserver une voiture avec mon billet de train?
2. Où / je / retrouver la voiture?
3. Avec quelle compagnie de voitures de location / la SNCF / être partenaire?
4. Je / pouvoir réserver une chambre d'hôtel si je réserve mon billet de TGV?
5. Quel choix d'hôtels / il y a?
6. Que / être / TGV AIR?
7. Le bar / offrir des sandwichs?
8. Quel type / boissons / le bar / proposer?
9. Que / on / pouvoir acheter aux distributeurs automatiques?
10. Que / je / faire si j'ai besoin d'un taxi?

TEMPS D'ALLER VITE

Une arrivée simplifiée

Voyage d'agrément ou déplacement professionnel? Profitez des formules «Train +» proposées par la SNCF et ses partenaires pour préparer votre voyage de la façon la plus simple.

• Train + Location de voitures

Gagnez du temps, grâce à la SNCF et son partenaire AVIS, en réservant votre voiture de location en même temps que votre billet de train: vous la retrouverez dès la descente du train dans près de 200 gares. Et si vous bénéficiez d'un tarif réduit sur votre billet TGV*, vous profitez de prix très avantageux sur la location de votre voiture.

Informations et réservations sur www.voyages-sncf.com, dans les points de vente SNCF ou auprès de la centrale de réservation AVIS: 0 820 05 05 05 (0,12 €/min). Brochure «Train + Location de voitures» disponible en gare.

*Hors tarifs sociaux et assimilés.

• Train + Hôtel

Réservez votre chambre d'hôtel et votre billet TGV en une seule démarche, à tarif préférentiel. La SNCF et ACCOR vous proposent un choix parmi plus de 1 000 hôtels, sur plus de 250 destinations en France et en Europe.

Informations et réservations sur www.voyages-sncf.com, Ligne Directe, Minitel ou dans les points de vente SNCF. Soumis à conditions. Brochure «Train + Hôtel» disponible en gare.

• Train + Avion

Pour simplifier vos voyages vers l'étranger, vous pouvez, grâce à TGV AIR, combiner votre vol et votre parcours en TGV entre 15 villes de France* et la gare Aéroport-Charles-de-Gaulle TGV.

L'offre TGV AIR est commercialisée par les agences de voyages et les agences des compagnies aériennes Air France, Air Austral, American Airlines, Continental Airlines, Delta Airlines, Emirates, KLM, Lufthansa et United Airlines.

*Lille Europe, Lyon Part-Dieu, Nantes, Rennes, Le Mans, Angers St-Laud, St-Pierre-des-Corps, Poitiers, Bordeaux, Aix-en-Provence TGV, Avignon TGV, Marseille St-Charles, Montpellier, Nîmes et Valence TGV.

A BORD, VOYAGEZ TOUT CONFORT...

Pour vous assurer des conditions de voyage optimales, les rames TGV font l'objet d'améliorations régulières en termes de rapidité et de confort. Profitez des aménagements mis à votre disposition pour travailler, lire ou simplement vous détendre.

Vous restaurer pendant le voyage

Un petit creux? Pourquoi ne pas profiter de votre voyage pour vous restaurer?

• Au bar: à chacun ses envies

Sur tous les TGV qui ne sont pas au départ ou à destination de Paris, un bar vous propose une large gamme de produits (formules, sandwiches, plats chauds, salades, desserts et confiseries, boissons chaudes et fraîches...) pour satisfaire tous les appétits... sans oublier une sélection de magazines, en vente dans la quasi totalité des TGV.

• Les distributeurs automatiques

A bord de l'ensemble des TGV (à l'exception des TGV Duplex), ils vous offrent un choix de boissons chaudes ou fraîches, snacks ou friandises.

Taxis réservés à bord

Si vous voyagez en 1ère classe, vous pouvez réserver pendant votre voyage, auprès du contrôleur, un taxi qui vous attendra à votre gare d'arrivée. Vous réglez au chauffeur uniquement la course (elle inclut les frais d'approche).

Ce service est proposé, du lundi au vendredi, pour vos arrivées à Paris pour les voyageurs montés en gares de Lille Flandres, Lille Europe et Arras, et à l'arrivée à Lille Europe et Lille Flandres pour les voyageurs montés à Paris gare du Nord.

SNCF, France.

L'héritage culturel

Vers la technologie des transports modernes

Depuis toujours, l'être humain désire aller plus loin, plus vite. Dans le domaine des transports modernes, on peut dire que de véritables progrès se font depuis la fin du dix-huitième siècle.

Ascension d'une montgolfière à Versailles, 1783

- En septembre 1783, le peuple de Versailles assiste à un spectacle extraordinaire: la première ascension du premier appareil plus léger que l'air, un ballon à air chaud. Les frères Joseph et Etienne de Montgolfier assurent le vol libre de leur «montgolfière». En décembre, J. Charles et N. Robert s'embarquent eux-mêmes dans une montgolfière. Cette fois-ci, suspendus à un ballon à hydrogène dans une nacelle *(wicker basket),* ils partent des Tuileries (à Paris) et atterrissent 36 kilomètres plus loin, après un vol de deux heures.

- En 1900, la ville de Paris inaugure son premier *chemin de fer métropolitain* connu bientôt sous le simple nom de *métro.* Rapide, pratique et économique, le métro parisien est aussi une œuvre d'art: ses premiers architectes, comme Hector Guimard, ont voulu lui donner un style, et certaines des entrées les plus anciennes (Anvers ou Bastille, par exemple) ont été décorées dans le style Art Nouveau, appelé Modern Style ou «style nouille» par les Français. Voyager dans le métro est aussi une leçon d'histoire, car les stations portent souvent les noms de batailles ou de grands personnages: un véritable test scolaire!

- Dans les années 1920 et 1930, les transports en commun ont réalisé un mariage entre la technologie et l'esthétique. Le style Art déco a transformé en voitures de luxe l'intérieur des trains-express de la Compagnie internationale des wagons-lits. L'Orient-Express en est un magnifique exemple.

- En 1935, le paquebot *Normandie* traverse 2 971 milles de l'Atlantique en 4 jours, 3 heures, 28 minutes. C'était un record de vitesse pour les passagers qui venaient de traverser la mer dans un paquebot non seulement rapide mais d'une architecture somptueuse.

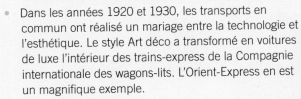

Une entrée de métro de style Art Nouveau à Paris

Langue et culture

Employez les mots interrogatifs et les éléments indiqués pour poser des questions au passé.

1. _____ / J. Charles et N. Robert / faire? (réponse: **voyager dans une montgolfière**)
2. _____ / Versailles / assister à la 1ère ascension d'un ballon à air chaud? **(en sept. 1783)**
3. _____ / la ville de Paris / inaugurer en 1900? **(son chemin de fer métropolitain)**
4. _____ / l'architecte Hector Guimard / donner au métro? **(son style Art Nouveau)**
5. _____ / le paquebot *Normandie* / traverser l'Atlantique? **(en 4 jours)**

Jeux de mots

Trouvez des synonymes dans le texte pour les mots et expressions suivants. Ensuite, utilisez les réponses pour compléter le paragraphe.

garantissent, montent à bord, travail, pâte, grand navire

Un exemple du luxe à la française, le *Normandie* était une vraie _____ d'art. Au moment où les passagers _____ dans le *Normandie,* celui-ci était le plus grand _____ au monde. Ses architectes ont utilisé l'acier et l'aluminium qui _____ au navire une longue vie. Une véritable représentation esthétique de l'époque, l'intérieur était décoré dans le style Art Nouveau, ou «style _____».

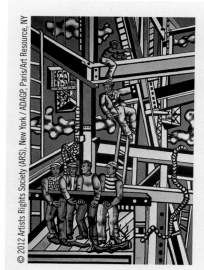

Les Constructeurs (1950) de Fernand Léger

Fernand Léger (1881–1955), peintre des temps modernes

L'art de Fernand Léger est le reflet de son époque.

- Pendant les années 1920, Léger va s'enthousiasmer pour le chaos des grandes villes de ces «années folles» avec ses affiches et ses vitrines de magasin aux couleurs pures: rouges, verts, jaunes.

- Les toiles de Léger prennent rapidement des formes architecturales et les corps de ses personnages se présentent sous forme de colonnes, d'ovales et de cylindres sur un fond de rectangles et de lignes droites.

- Le peintre s'attache de plus en plus à mettre en scène le monde ouvrier. Ses tableaux expriment une confiance dans l'avènement de l'ère industrielle du béton *(concrete)* et du métal. C'est l'époque des arts et techniques de la vie moderne.

Langue et culture

Répondez aux questions sur Fernand Léger en remplaçant les mots en caractères gras par les pronoms compléments d'objet appropriés.

1. Fernand Léger s'est-il intéressé **au «chaos» des grandes villes**?
2. Le peintre a-t-il utilisé **des couleurs pures comme les rouges, les verts et les jaunes**?
3. Les tableaux de Léger contiennent-ils une variété **de formes géométriques**?
4. La plupart des tableaux de Léger dépeignent-ils **des scènes de la vie bourgeoise**?
5. Ses tableaux représentent-ils **l'ère industrielle** d'un point de vue positif?

Jeux de mots

Utilisez le vocabulaire suivant pour décrire *Les Constructeurs*.

des couleurs pures   des formes géométriques   des matériaux

Réflexion

A. A votre avis, pour quels progrès technologiques dans le domaine des transports notre époque va-t-elle être connue?

B. Imaginez que vous êtes un(e) artiste comme Fernand Léger. Par quelles images est-ce que vous représentez les progrès techniques d'aujourd'hui?

C. Dans le cas de Fernand Léger, la technologie semble avant tout précéder et inspirer l'art. Mais dans quel sens peut-on dire que l'art précède la technologie? Dans votre réponse, considérez les exemples discutés dans le premier texte ainsi que d'autres exemples que vous trouvez importants.

Structures II

GRAMMAR
TUTORIALS

Disjunctive Pronouns

A. As Compound Subject or Object. As mentioned earlier, the disjunctive pronouns are **moi, toi, lui / elle / soi, nous, vous, eux / elles.** Compound subjects and objects may be composed of two or more disjunctive pronouns or a combination of nouns and pronouns. In such cases, the noun precedes the pronoun.

Charles et moi, nous allons au cinéma.

Nous avons invité **Pierre et elle.**

Eux et elles viennent aussi.

Vous et lui, vous pourrez nous accompagner.

B. To Emphasize a Single Element of the Sentence. In French, emphasis cannot be placed on a single element of the sentence with voice inflection as is done in English because each element of a sentence receives equal stress. Emphasis can be achieved by the addition of a disjunctive pronoun or by using the construction **c'est** or **ce sont** followed by the appropriate disjunctive pronoun.

Moi, je ne l'ai pas vu.	*I didn't see him.*
Je ne l'ai pas vu, **lui.**	*I didn't see **him.***
Ce n'est pas moi qui l'ai vu.	***I'm not the one** who saw him.*
C'est lui que j'ai vu.	***He's the one** I saw.*

A disjunctive pronoun stressing a subject can be placed either at the beginning or at the end of the sentence. A disjunctive pronoun used to stress an object is placed only at the end of the sentence.

Moi, je ne l'ai pas vu.	Elle l'a vu, **lui.**
Je ne l'ai pas vu, **moi.**	Nous les avons rencontrés, **eux.**

When using the construction **c'est / ce sont** followed by the disjunctive pronoun and a clause, be sure that the verb of the clause agrees in gender and number with the disjunctive pronoun.

C'est **moi** qui **suis** en retard.	C'est **nous** qui **voyageons** ensemble.
Ce sont **elles** qui **prennent** l'autobus.	C'est **vous** qui **conduisez.**

The subject pronoun is normally retained when it is **nous** or **vous; ils** is often omitted.

Nous y allons, *nous.*	***Vous,* vous y allez aussi?**	**Eux n'y vont pas.**

C. After a Preposition. Remember to replace the object of any preposition except **à** (+ person or thing) or **de** (+ thing) by the appropriate disjunctive pronoun. (See p. 247.)

D. In Special Constructions.

- Subject pronouns cannot stand alone without a verb. A disjunctive pronoun can be used alone.

Qui est là?	**Moi.**	Qui vient avec vous? **Eux.**
Qui a fait cela?	**Lui.**	

- When the impersonal subject pronoun **on** is used, **soi** is used as the object of a preposition.

On est toujours bien chez **soi.**

On aime travailler pour **soi.**

- The ending -**même(s)** added to any of the disjunctive pronouns reinforces the pronoun. In such cases, -**même(s)** is the equivalent of the English *-self/-selves*, as in *myself, himself, yourself,* and agrees in number with the pronoun it accompanies.

  J'y vais **moi-même**.   Nous travaillons pour **nous-mêmes**.

- The disjunctive pronouns are used as direct objects following the negative expressions **ne... que** and **ne... ni... ni...**

  Il n'aime **qu'elle**.   Il **ne** comprend **ni elle ni moi**.

  Je **n'**accompagne **qu'eux**.   Je n'ai vu **ni lui ni eux**.

- The disjunctive pronouns follow **que** in comparisons.

  Il court **plus vite que moi**.   Elles voyagent **plus souvent que lui**.

- After the following verbs, when the object of the preposition **à** refers to people, a disjunctive pronoun is used.

  être à   Cette voiture **est à moi**.

  faire attention à   **Faites attention à elles**.

  s'habituer à   Nous **nous habituons à vous**.

  penser à   Je **pense à lui**.

  presenter à   Je vais te **présenter à elle**.

  tenir à   Il **tient à eux**.

- However, even with the verbs in the preceding list, when the object of the preposition **à** is a thing, the object pronoun **y** is used.

  Je m'habitue **au climat**.   Je m'**y** habitue.

  Elles pensent **au voyage**.   Elles **y** pensent.

Rappel!

Remember, the preceding examples of **à** with a disjunctive pronoun are exceptions, and you should learn them as such.

In the majority of cases, a person as the object of the preposition **à** is replaced by an indirect object pronoun, which precedes the verb.

Je donne le carnet **à Paul**.   Je **lui** donne le carnet.

Ils téléphonent **à leurs copains**.   Ils **leur** téléphonent.

1 Un groupe de jeunes Français parlent d'aller à un concert. Complétez chaque phrase par le pronom disjoint convenable.

1. Dis, Jean-Marc, tu as réservé des billets pour Jeanne et *(me)* _____?

2. Oui, oui, mais qui va payer ces billets? *(Me)* _____?

3. Nous partons avant Olivier et Catherine? Je veux arriver avant *(them)* _____.

4. Mais n'attendez pas Emma. *(She)* _____, elle va arriver en retard.

5. D'accord, mais *(I)* _____, je ne veux pas être en retard.

6. Et Charles et Jean-Pierre? Charles et *(he)* _____ vont nous accompagner?

7. Magali et Hélène ont leurs billets. Nous sommes assis derrière *(them)* _____.

8. Je vais conduire la voiture de Robert. Je connais la route mieux que *(him)* _____.

9. D'accord, c'est *(you)* _____ qui conduis.

10. Rachelle et son frère ne peuvent pas aller au concert. Je vais penser à *(them)* _____ pendant toute la soirée!

2 Posez des questions à vos camarades de classe en utilisant les éléments indiqués. Vos camarades doivent utiliser des pronoms dans leurs réponses.

MODELE aimer travailler avec ton petit ami / ta petite amie
—*Tu aimes travailler avec ton petit ami / ta petite amie?*
—*Non, je n'aime pas travailler avec lui / elle.*

1. s'habituer à notre prof de français

2. voyager souvent avec tes colocataires

3. penser souvent à ton petit ami / ta petite amie

4. travailler plus souvent que ton copain

5. rentrer tard à la maison plus souvent que tes colocataires

6. parler souvent de tes profs

7. faire attention à tes parents

8. vouloir me présenter à ton meilleur ami / ta meilleure amie

9. habiter toujours chez tes parents

10. acheter des cadeaux pour tes amis

SYNTHESE

A. Des étudiants nord-américains suivent un cours d'été à l'université de Dijon. Ils sont en train d'organiser une excursion à Paris pour y passer le week-end et aussi pour voir un concert des Black Eyed Peas. Jouez le rôle des étudiants et répondez aux questions suivantes en employant les pronoms convenables.

1. On va prendre le train?

2. Nous retrouvons Kim à la gare, non?

3. Est-ce qu'on va descendre à l'hôtel?

4. Mark, tu as réservé des billets pour le concert, non?

5. On voyage avec Paul et Suzanne?

6. Jeff, est-ce que tu as expliqué tous les détails du voyage aux autres?

7. A quelle heure est-ce qu'il nous faut arriver au Palais des Sports?

8. Vous autres, vous avez déjà vu les Black Eyed Peas?

9. Chris, tu vas acheter beaucoup de souvenirs?

10. On a demandé à Jean-Marc de venir nous chercher à la gare?

B. De retour à Dijon, Kim raconte à une de ses copines françaises le séjour qu'elle vient de faire à Paris avec d'autres amis. Complétez chaque phrase en utilisant des pronoms disjoints ou des pronoms compléments d'objet.

1. Je dois _____ dire qu'on s'est beaucoup amusés à Paris.

2. J'ai logé chez Paul et Suzanne et je suis allée au théâtre avec _____.

3. Sarah et Matthew? Je ne _____ ai pas vus. Ils ne faisaient pas partie de mon groupe.

4. Chris? C'est _____ qui a choisi les films à voir à Paris et le groupe _____ a beaucoup appréciés.

5. Tout le monde est allé au concert des Black Eyed Peas. Paul et _____, nous _____ avons vus l'année dernière.

6. C'est _____ qui avions proposé ce concert au groupe.

7. J'ai beaucoup aimé le concert, mais Paul, _____, a trouvé ce concert moins bien que l'autre.

8. Pour rentrer, on a pris le TGV. Je _____ ai trouvé super rapide!

9. On a eu de bonnes places. Paul _____ avait réservées à l'avance.

10. La petite bande est rentrée à Dijon vers minuit. J'étais contente d' _____ arriver.

INTERACTIONS

Vous êtes à Paris. Répondez aux questions en consultant le plan de la ville de Paris.

1. Vous êtes dans un hôtel près de la Gare du Nord en allant vers le Nord. Dans quel quartier célèbre pouvez-vous vous rendre à pied?

2. Vous visitez le Palais de Chaillot. Quel monument célèbre pouvez-vous voir de la terrasse devant le palais?

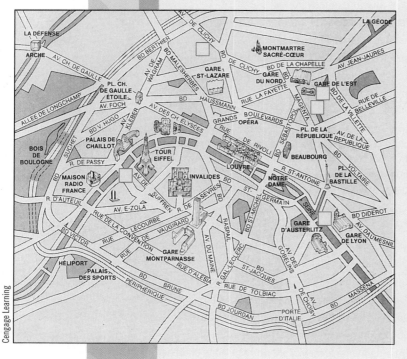

Cengage Learning

3. Vous êtes assis(e) dans un café au coin des boulevards St-Michel et St-Germain. Quelle cathédrale se trouve assez près du café?

4. Vous êtes devant la Pyramide du Louvre et vous regardez vers la Place Charles-de-Gaulle-Etoile. Quelle avenue célèbre se trouve devant vous? Quel monument y a-t-il à l'autre bout?

5. Vous voulez voir les Invalides et le tombeau de Napoléon. Est-il préférable de faire la visite des Invalides après la visite de la tour Eiffel ou après la visite du musée d'art moderne à Beaubourg? Expliquez votre réponse.

6. A la fin de votre séjour à Paris, vous prenez le TGV pour aller à Avignon. Par quelle place célèbre est-ce que votre bus va peut-être passer pour arriver à la Gare de Lyon?

POUR S'EXPRIMER

Francophones en direct

Les transports au Canada. Ecoutez l'interview suivante avec Odile, une jeune Canadienne. Ensuite, choisissez la réponse logique à chaque question. Vous pouvez écouter l'interview plusieurs fois, si cela est nécessaire.

> **Vocabulaire utile**
>
> **soit** *either*
> **géré(e)** *managed*
> **environ** *around*
> **en matière de** *pertaining to*
>
> **instaurer** *to install*
> **à moins que ça soit** *unless it is*
> **le covoiturage** *carpooling*

1. Où Odile habite-t-elle?
   a. au nord de Montréal
   b. au centre-ville
   c. près de son travail

2. Quel moyen de transport Odile utilise-t-elle pour aller au travail?
   a. sa voiture
   b. le tramway
   c. le métro ou l'autobus

3. Qu'est-ce qui se passe dans le métro pendant les heures de pointe?
   a. Les rames ne passent pas régulièrement.
   b. Tout se passe bien.
   c. Il y a trop de monde et pas assez de rames.

4. Qui reçoit un tarif réduit pour le métro?
   a. tous les étudiants
   b. les étudiants de moins de 25 ans
   c. les étudiants universitaires et les lycéens

5. Quel est le nouveau projet du maire de Montréal?
   a. construire une nouvelle ligne de métro
   b. construire un train à grande vitesse
   c. instaurer un système de tramways

6. En général, comment Odile préfère-t-elle voyager?
   a. en voiture
   b. par le train
   c. en avion

7. D'après Odile, comment est le système ferroviaire au Canada?
   a. bon marché
   b. mauvais
   c. très moderne

8. Quand Odile voyage-t-elle en avion?
   a. pour partir en Europe
   b. pour voyager à l'intérieur du Canada
   c. pour aller à New York

En petits groupes, comparez les transports publics au Canada et aux Etats-Unis. Les membres du groupe prennent-ils souvent les transports publics dans les différentes villes où ils habitent? Pourquoi ou pourquoi pas? Prend-on souvent le train aux Etats-Unis? Expliquez. Voyage-t-on plus souvent en avion qu'Odile? Pourquoi?

A vous la parole

Consultez la liste d'expressions utiles, pour proposer quelque chose et pour accepter ou refuser une proposition. Faites les propositions indiquées à un(e) camarade de classe qui va accepter ou refuser en expliquant sa décision.

1. donner une soirée le week-end prochain
2. partager un appartement l'année prochaine
3. prendre un pot ce soir
4. voyager en Europe l'été prochain
5. passer les vacances de Pâques chez mes parents
6. aller au concert de MC Solaar
7. passer les vacances en Floride
8. dîner dans un restaurant végétarien
9. préparer ensemble l'examen de français
10. ???

Pour proposer	Pour accepter	Pour refuser
Tu veux m'accompagner… ?	Oui, oui, je veux bien.	Merci, mais je n'ai pas le temps.
Si on allait… ?	Ah, oui, volontiers!	Je regrette, mais je suis très occupé(e) en ce moment.
Ça te tente de… ?	Mais oui, bien sûr.	Franchement, ça ne me dit pas grand-chose.
Dis, tu voudrais… ?	D'accord. Je suis disponible.	Non, vraiment, ça ne me tente pas.
Si on partageait les frais pour… ?	Pourquoi pas? Ça m'est égal.	Je voudrais bien, mais je suis fauché(e) *(broke)*.

Situations orales

A. Vous êtes à Paris et vous désirez prendre le train pour aller à Tours pendant deux jours afin de visiter quelques-uns des châteaux de la vallée de la Loire. Imaginez votre conversation avec l'agent de la SNCF à la gare.

B. Vous avez passé l'année scolaire à Bordeaux et maintenant vous voulez rentrer chez vous. Vous allez dans une agence de voyages pour préparer votre retour (le train vers Paris et le vol transatlantique). Jouez votre conversation avec l'agent de voyages. Quelles questions posez-vous?

Note culturelle

Les transports en commun à Dakar

Comme beaucoup de grandes villes du monde, Dakar voit une augmentation du nombre de voitures en dépit des problèmes d'embouteillages quotidiens. Peuplée de 1,5 million d'habitants, la capitale sénégalaise est aussi un carrefour important pour le commerce et les échanges locaux et internationaux, d'où la nécessité d'un bon système de transports en commun.

À Dakar, la manière la plus efficace de se déplacer, c'est le taxi privé. On peut en trouver partout, mais surtout près de l'aéroport, des hôtels et d'autres destinations touristiques. Avant de monter dans le taxi, il faut négocier un prix avec le chauffeur, même s'il y a un compteur. Il y a aussi des réseaux de bus à Dakar, désignés par couleurs. Les grands bus bleus s'appellent les *dem dikk* (c'est-à-dire «aller-venir» en wolof, une langue parlée au Sénégal). Gérés par une compagnie privée, les *dem dikk* suivent des routes précises, même s'ils sont parfois bondés, surtout pendant les heures de pointe.

Un car rapide multicolore typique de Dakar

Olaf Protzy / Alamy

Pour les gens moins pressés, on peut aussi monter en calèche, un taxi tiré par un cheval qui suit les mêmes routes que les voitures. Normalement, les calèches accueillent trois ou quatre personnes en plus du chauffeur. Il est aussi possible de prendre une autre forme de transport en commun: le car rapide. Ces minibus aux couleurs vives, typiquement peints en bleu, blanc et jaune, font des trajets locaux.

Pour voyager entre Dakar et d'autres destinations, il faut d'abord se rendre à l'une des cinq gares routières situées autour de la ville. A la gare routière, il y a typiquement deux possibilités de transport: le taxi brousse et le *Ndiaga N'diaye*. Normalement, le taxi brousse accueille sept passagers en route vers la même destination. Les *Ndiaga N'diaye*, nommés pour un grand transporteur sénégalais, sont des minibus blancs à environ 35 places. Souvent, les destinations des *Ndiaga N'diaye* sont annoncées à haute voix ou affichées sur le pare-brise du minibus. En principe, les *Ndiaga N'diaye* suivent le même système que les taxis brousses: on part seulement après avoir rempli le véhicule.

Compréhension

1. En quoi consiste le système de transports en commun à Dakar? Pourquoi les transports en commun sont-ils si importants dans cette ville? Quelle est la manière la plus efficace de se déplacer à Dakar? Qu'est-ce qu'un groupe de trois personnes peut prendre pour se déplacer à Dakar sans partager de véhicule avec d'autres personnes?
2. Qu'est-ce qu'un *dem dikk*? et un car rapide?
3. Quelles sont les différences entre un taxi brousse et un *Ndiaga N'diaye*?

Réflexion

A. Pour voyager au Sénégal, quels moyens de transport préférez-vous utiliser? Expliquez votre réponse.
B. Comparez les moyens de transport au Sénégal et les moyens de transport chez vous. Identifiez les aspects qui sont semblables et ceux qui sont différents. A votre avis, quel système est préférable du point de vue de l'écologie et de l'environnement? Expliquez pourquoi.

Structures III

GRAMMAR
TUTORIALS **Possessive Pronouns**

The possessive pronouns in French are equivalent to the English pronouns *mine, yours, his, hers, its, ours, theirs.* A possessive pronoun replaces the possessive adjective and the noun it modifies. The possessive pronoun must agree with the noun replaced, *not* with the possessor.

One Possessor	Single Possession	Plural Possessions
mine	**le mien** *(m)* / **la mienne** *(f)*	**les miens** *(m)* / **les miennes** *(f)*
yours *(fam.)*	**le tien** *(m)* / **la tienne** *(f)*	**les tiens** *(m)* / **les tiennes** *(f)*
yours *(formal)*	**le vôtre** *(m)* / **la vôtre** *(f)*	**les vôtres** *(m & f)*
his / hers / its	**le sien** *(m)* / **la sienne** *(f)*	**les siens** *(m)* / **les siennes** *(f)*

More Than One Possessor	Single Possession	Plural Possessions
ours	**le nôtre** *(m)* / **la nôtre** *(f)*	**les nôtres** *(m & f)*
yours	**le vôtre** *(m)* / **la vôtre** *(f)*	**les vôtres** *(m & f)*
theirs	**le leur** *(m)* / **la leur** *(f)*	**les leurs** *(m & f)*

Apportez votre livre et **le mien.**
Ils ont vérifié vos billets et **les miens.**
Tu peux prendre ma valise et **les tiennes.**
Jeanne a acheté mon carnet et **le sien.**
Je vais attacher ma ceinture et **la sienne.**

Voici votre compartiment et **le nôtre.**
Vous avez pris vos places et **les nôtres.**
J'ai réclamé ma valise et **la vôtre.**
Nous pouvons trouver notre train et **le leur.**

The pronoun forms corresponding to the adjectives **notre** and **votre** have a circumflex accent over the o (ô), and, like **les leurs,** the plural forms show no gender distinction.

Je pense à mon voyage et **au sien.**
Nous avons besoin de nos valises et **des leurs.**

Rappel!

The choices involving **le sien** and **le leur** sometimes pose a problem for the English speaker. When expressing *his* or *hers,* only one person is the possessor, so choose from among **le sien, les siens, la sienne,** and **les siennes** the form that agrees with the object possessed, not the possessor.

—Elle achète son billet?
—Oui, elle achète son billet à elle et **le sien.**
—Et lui?
—Il enregistre ses valises à lui et **les siennes.**

—*She's buying her ticket?*
—*Yes, she's buying her ticket and **his**.*
—*And what about him?*
—*He's checking his bags and **hers**.*

When expressing *theirs,* there is always more than one possessor, but they may possess either a single thing or more than one thing.

—Mon train part à midi. A quelle heure part **leur train?**
—**Le leur** part à trois heures.
—Alors, je vais mettre mes valises dans le compartiment. Et **leurs valises à eux?**
—Mettez **les leurs** dans le compartiment aussi.

To express the concept of possession, the two types of structures, **elle est à moi** and **c'est la mienne,** can be used.

The two constructions are not always interchangeable. When no comparison or contrast is implied in expressing ownership, French usage tends to prefer the form **il / elle / ce + être + à +** disjunctive pronoun. In making comparisons, the possessive pronoun would be preferred.

—Cette vidéo?

—C'est ma vidéo?

Elle est à moi. (= *statement of ownership*)

—**Non, c'est la mienne.** (= *mine, not yours*)

1 Vous venez de terminer un voyage en voiture avec des amis. Il reste quelques affaires dans la voiture et vous essayez de déterminer à qui elles appartiennent. Répondez aux questions selon les indications.

1. —J'ai déjà enlevé ma valise. Cette valise-là, elle est à Paul?

   —Oui, c'est _____ (his).

2. —Jeanne, tu as déjà ton sac, non? Alors, ce sac-là est à Marie?

   —Oui, c'est _____ (hers).

3. —Ce livre-ci est à moi. Et le livre qui est par terre?

   —C'est _____ (theirs).

4. —Et ces petits gâteaux?

   —Ils sont _____ (ours).

5. —Voilà aussi un carnet.

   —Il est _____ (mine).

6. —Tout le monde a enlevé ses affaires. Les affaires qui restent sont à Paul et à Martin?

   —Oui, ce sont _____ (theirs).

7. —J'ai aussi trouvé des CD.

   —Alors, les CD de Renaud sont à vous, non? Et les CD de MC Solaar sont _____ (mine).

8. —Tu as vu mes lunettes de soleil (*sunglasses*)?

   —Oui, voilà tes lunettes et _____ (his).

2 Vous et vos colocataires faites les préparatifs avant de partir pour une soirée chez des copains. Répondez aux questions suivantes en utilisant le pronom possessif qui correspond au pronom entre parenthèses.

1. On va prendre ma voiture ou ta voiture? (*yours*)

2. Tu apportes tes DVD ou les DVD de Marie? (*hers*)

3. C'est ton pull ou le pull de Jean-Claude? (*his*)

4. Tu apportes ta tablette ou la tablette d'Eric? (*his*)

5. Tu préfères tes DVD ou les DVD de ton ami(e)? (*mine*)

Lisez cet article sur la voiture électrique Renault, puis posez les questions suivantes à un(e) partenaire..

L'Electrique devient réalité

Les voitures électriques de Renault, jusqu'ici, c'était juste un sujet de conversation. Avec l'arrivée de la Fluence…, ça commence à devenir une réalité. Pour commencer, on sait combien ça coûte: de 20 900 à 21 900 euros… Pour ce prix, toutefois, la Fluence ne marche pas encore. Car il faut y ajouter la location de la batterie, au minimum 82 euros par mois pour un contrat de trois ans et 10 000 kilomètres par an. Il faut aussi prévoir de faire installer une prise spéciale dans le garage… Contrairement à la Nissan Leaf, la Fluence n'est pas conçue pour accepter la charge rapide. Son utilisateur devra donc la brancher tous les jours… sachant qu'une charge complète de huit heures permet, par exemple, de parcourir 100 kilomètres sur autoroute à 130 km/h ou 200 kilomètres en zone urbaine à faible vitesse…

Source: © Jean-Jacques Cornaert / L'Express / 19.10.2011.

1. Qu'est-ce qu'il faut ajouter au prix de base de la Fluence avant de s'en servir?
2. Combien de kilomètres par an peut-on faire avec la batterie louée chez Renault?
3. Pourquoi faut-il brancher la Fluence tous les jours? Combien de kilomètres peut-on faire avec une charge complète?
4. Quels sont les avantages et les désavantages des voitures électriques? Connaissez-vous des personnes qui ont des voitures électriques? En sont-elles contentes? Expliquez.

Note culturelle

Vélib'

Paris offre plusieurs systèmes de transport alternatifs à la voiture individuelle. Chaque jour, les habitants de la capitale effectuent 5 millions de trajets en métro et un million de trajets en bus ou en tram. Grâce à leur popularité, ces modes de transport aident à décongestionner la capitale et à diminuer la pollution atmosphérique. Depuis quelque temps, un mode de transport encore plus ancien— le vélo—reprend son essor dans la ville. En 2007, pour favoriser le développement des modes de transport urbain alternatifs, la mairie de Paris a lancé Vélib'. Une contraction des mots «vélo» et «liberté», Vélib' est un système de vélos en libre service qui met à la disposition des citadins 20 000 bicyclettes dans 1 800 stations autour de la ville. Tous les jours, des milliers de Parisiens empruntent des vélos appelés aussi «Vélib'» pour se déplacer en ville.

Ça marche comment? La plupart des utilisateurs sont abonnés à Vélib', ce qui leur permet un nombre de trajets illimité. Ils se rendent à la station la plus proche, s'identifient sur la borne de la station avec leur carte d'abonnement et choisissent un vélo parmi ceux qui sont proposés sur l'écran. Ensuite, ils ont entre trente et quarante-cinq minutes pour effectuer leur trajet avant de restituer le vélo à la station la plus proche de leur destination. Le succès de Vélib' se doit certainement à son accessibilité, qui lui prête sa qualité de «liberté». Par exemple, à la différence des systèmes de bus et de métro, les stations Vélib' ne ferment jamais. Les stations sont aussi vraiment à portée de main; en moyenne une distance de seulement trois cents mètres sépare les stations. Ainsi, un quadrillage très dense de stations facilite tout trajet envisageable. Finalement, le prix de location n'est pas cher. Un abonnement annuel coûte environ trente euros!

Pour des raisons de commodité, les vélos possèdent des selles réglables (adjustable seats) en hauteur et un panier avant de grande capacité où l'on peut mettre ses affaires. Pour la sécurité, chaque vélo est doté d'une sonnette, de feux avant et arrière et de bandes réfléchissantes. En plus, des équipes de maintenance sur le terrain réparent les pneus crevés et font aussi d'autres réparations mineures.

Anatoli Styf / Shutterstock.com

Compréhension

1. Quels sont les trois moyens de transport en commun mentionnés? Quels problèmes urbains combattent-ils?
2. Donnez plusieurs exemples qui montrent comment Vélib' offre la «liberté» à ses utilisateurs. A quelles autres caractéristiques de Vélib' peut-on attribuer son succès?
3. Quels aspects des vélos Vélib' assurent la commodité et la sécurité des utilisateurs?

Réflexion

A. A votre avis, pour quels types de trajet les Parisiens utilisent-ils Vélib' le plus souvent? Pour quels types de trajet choisissent-ils probablement un autre moyen de transport?

B. Comparez Paris avec les villes de votre pays. En comparaison avec les projets de transport dans les villes américaines, la mairie de Paris semble-t-elle encourager les personnes à utiliser les transports publics plutôt que leurs voitures?

C. Envisagez l'avenir de Vélib'. Ce système va-t-il continuer à se développer? Le vélo à Paris est-il un simple engouement (fad) ou bien annonce-t-il une nouvelle ère dans le développement des transports urbains? Justifiez votre réponse.

Activité vidéo

Rendez-vous sur le site Web d'Interaction et regardez une vidéo sur *Autolib'*. Ensuite, répondez aux questions.

1. Qu'est-ce qu'Autolib'?
2. Décrivez les caractéristiques de la voiture mise à la disposition des Parisiens?
3. En quoi le service Autolib' ressemble-t-il à Vélib'?

GRAMMAR
TUTORIALS # Demonstrative Pronouns

The demonstrative pronouns in French are equivalent to the English expressions *this one, that one, these,* and *those*. A demonstrative pronoun replaces a demonstrative adjective and the noun it modifies. It must agree in gender and number with the noun replaced.

	Singular	Plural
MASCULINE	celui	ceux
FEMININE	celle	celles

Apportez-moi **ce** livre.

Apportez-moi **celui-là.**

Basic Uses of Demonstrative Pronouns

The demonstrative pronoun cannot stand alone and must be followed by one of the following constructions.

A. *-ci* or *-là:*

Cette voiture-là est sale; prenons **celle-ci.**	*That car is dirty; let's take **this one.***
Cet avion est dangereux; je préfère **celui-là.**	*This plane is dangerous; I prefer **that one.***
Les couchettes de ce côté sont plus commodes que **celles-là.**	*The bunks on this side are more convenient than **those.***
Ce trajet est plus facile que **ceux-là.**	*This trip is easier than **those.***

The demonstrative pronoun followed by **-ci** may also mean *the latter;* followed by **-là** it may mean *the former.* The **-ci** refers to the last element mentioned (the latter or closest one), whereas **-là** refers to the first element mentioned (the former or the farthest one).

Nous allons prendre ou le bateau ou l'avion. Moi, je préfère **celui-ci** car **celui-là** va trop lentement.	*We're going to take either the boat or the plane. I prefer **the latter,** because **the former** goes too slowly.*

B. A relative pronoun + clause:

De tous les trains, je préfère **celui qui est rapide.**

*Of all the trains, I prefer the **fast one (the one that is fast).***

Montrez-moi ma place et **celles que vous avez réservées.**

*Show me my seat and **those you reserved.***

Voilà **celle dont j'ai besoin.**

*There's the one **I need.***

C. *De* + noun:

Voilà ma valise et celle **de Jean.**

*There's my suitcase and **Jean's.***

J'ai apporté mon horaire et **ceux de Paul et d'Hélène.**

*I brought my schedule and **Paul's and Hélène's.***

Ceci, cela, ça, ce and *c'*

The neuter demonstrative pronouns **ceci** and **cela** do not refer to a specific noun but to a concept or idea. **Ceci** announces an idea that is to follow, and **cela** refers to something that has already been stated.

Je vous dis **ceci:** ne prenez jamais le métro après 11 heures du soir.

Vous avez manqué le train, et je vous ai dit que **cela** allait arriver.

Cela (ça) is often used to translate *this* or *that* as the subject of a verb other than **être**. With **être, ce (c')** is used as the subject.

C'est un trajet difficile.　　　　　　　**Ça fait** une heure qu'on attend.

Ça is generally used only in spoken language; **cela** is used in written French.

3 Vous rentrez chez vous après un long voyage pendant lequel vous avez acheté des souvenirs pour tout le monde. Distribuez les souvenirs en utilisant un pronom démonstratif dans vos phrases.

1. Voilà un livre. C'est _____ d'Hélène.

2. Voilà une bague *(ring)*. C'est _____ que j'ai rapportée pour Josée.

3. Voilà un DVD. C'est _____ de Marc.

4. Et ces bracelets en bois sont _____ qui se vendent partout en Afrique.

5. J'ai rapporté des photos aussi jolies que _____ qu'on trouve en carte postale.

6. Voilà un sac. C'est _____ d'Annick.

7. Enfin, une bouteille de cognac. C'est _____ d'Edouard.

8. Et ces excellents chocolats? _____-là, je les garde pour moi.

4 Vers la fin d'un voyage en TGV avec des amis, vos amis et vous rangez vos affaires avant l'arrivée en gare. Inventez votre conversation.

> **MODELE** —*C'est ton livre?*
> —*Non, le mien est dans ma serviette.*
> —*Alors, c'est celui d'Emilie?*
> —*Oui, c'est probablement le sien.*

1. ton sac
   plus grand
   Nathalie

2. tes lunettes de soleil
   noires
   Marc

3. ta veste
   rouge
   David

4. tes valises
   en cuir
   Annie

5. votre serviette
   sous mon siège
   Jean

6. horaire
   dans mon sac
   Catherine et Paul

5 Vous êtes à la porte C-2 de l'aéroport où vous attendez votre prochain vol et vous entendez la conversation suivante dans la salle d'attente. Complétez les phrases en utilisant les pronoms démonstratifs appropriés.

1. (cela / ça / c') On me dit que l'avion va atterir avec une heure de retard. _____ me paraît absurde! Est-ce que _____ est bien vrai?

2. (ceci / cela) Attendre encore deux heures? _____ peut bien arriver.

3. (ceci / cela) Malheureusement pour moi, avec un tel retard, je sais _____ _____: je vais rater ma correspondance!

4. (ce / ça) _____, c'est certain! Mais, _____ n'est pas la catastrophe.

5. (c' / ça) _____ est vrai, ce que vous dites. Mais, _____ m'embête aussi!

INTERACTIONS

 Une sortie au Stade Olympique. Travaillez avec un partenaire pour organiser une sortie au Stade Olympique de Montréal. Imaginez que vous étudiez pendant un semestre à l'Université de Montréal et que votre partenaire étudie à l'Université du Québec à Montréal (UQAM). Sur le plan du métro de la ville, trouvez les stations qui desservent les deux universités. Ce week-end, vous avez décidé de visiter le Stade Olympique de Montréal ensemble. Pour savoir où il se trouve et comment s'y rendre, visitez le site officiel du stade à http://www.rio.gouv.qc.ca/. Ensuite, décidez à quelle station de métro vous allez retrouver votre ami(e). Proposez un itinéraire.

Pinkcandy / Shutterstock.com

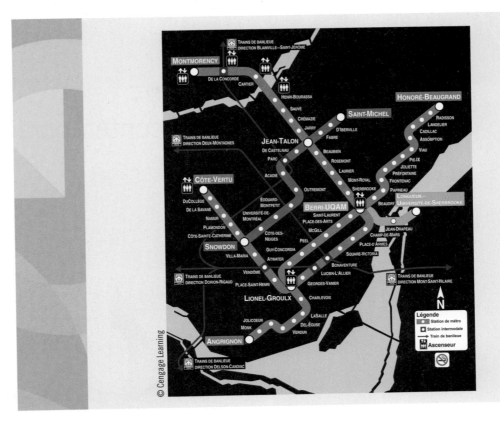

Situations écrites

A. En basant vos idées sur toutes les *Notes culturelles* du chaptire, écrivez une composition qui compare les transports en France à ceux de votre pays. Par exemple, quels moyens de transport est-ce que vous utilisez souvent? Quels moyens de transport est-ce que les Français semblent employer plus souvent que vos concitoyens?

B. Vous envoyez un courrier électronique à votre correspondant(e) français(e) qui vous demande comment la technologie influence les modes de vie dans votre pays. Décrivez comment vous utilisez la technologie dans votre vie, par exemple à la maison, à l'université, au travail, etc.

 ## Le français connecté

Découvrez le métro de Paris. Rendez-vous sur le site Web http://www.ratp.fr/ qui offre un plan du métro. Notez les noms de trois stations de métro qui correspondent à chaque catégorie suivante: personnages historiques, batailles, monuments. Utilisez un moteur de recherche comme www.google.fr ou www.yahoo.fr pour vous renseigner sur ces noms et obtenir plus d'informations. Ensuite, comparez votre liste à celles de vos camarades de classe.

Connectez-vous

La culture des métros. En considérant votre liste et celles de vos camarades, expliquez comment le métro parisien reflète la culture de la ville et l'histoire du pays. Avez-vous également trouvé, dans le choix des noms des stations, des exemples de l'influence d'autres cultures, voire *(perhaps even)* d'une culture mondialisée?

A lire

Texte de culture contemporaine

Un dirigeable survole le Palais de l'Elysée à Paris.

Sujets de réflexion

1. Que savez-vous de l'histoire des dirigeables, comme par exemple le Hindenberg? Pourquoi a-t-on cessé d'utiliser des dirigeables pour transporter des passagers?
2. Quels sont les avantages des dirigeables?
3. Avez-vous entendu parler du Salon du Bourget *(Paris Air Show)*? Quel est le rôle d'un salon international de l'aéronautique?

Guide de lecture

1. Dégagez du texte les termes qui sont faciles à reconnaître grâce au contexte.
2. Dressez une liste des termes qui s'appliquent au monde de l'aéronautique.

Paris gonflé° à l'hélium

inflated

Au Salon du Bourget, on a célébré les réacteurs°. Mais à Paris, la municipalité rêve d'un dirigeable de transport qui vole longtemps, sans bruit et sans émettre de gaz. Un prototype de 500 mètres cubes gonflés à l'hélium, le MC 500, a été créé par des chercheurs de l'ENS° Cachan et de l'association Dirisoft. Propulsé par une pile à combustible°, il devrait flotter dans le ciel parisien l'an prochain. Si tout fonctionne, des modèles deux fois plus gros remplaceront peu à peu les hélicoptères sur des missions d'observation (trafic, pollution…). Le transport de marchandises et de passagers attendra «dix à quinze ans», estime Hervé Kuhlmann, directeur du projet. «Mais on pourra imaginer aussi des vacances hôtelières écologiques d'une à deux semaines dans les airs.»

jet engines

Ecole Normale Supérieure de Cachan

fuel cell 5

10

Source: *Le Nouvel Observateur,* 30 juin 2011, N° 2434, p. 13

Après la lecture

1. Pour quelles sortes de services la ville de Paris envisage-t-elle l'emploi de dirigeables?
2. Quels sont les avantages des dirigeables sur les hélicoptères que la municipalité emploie actuellement?
3. Combien de temps va-t-il falloir attendre pour des modèles plus gros qui pourront *(will be able to)* transporter des marchandises et des passagers?
4. Prendriez-vous des vacances d'une ou de deux semaines en dirigeable? Pourquoi (pas)?

Texte littéraire

Sujets de réflexion

1. Dans l'univers des voyages dans l'espace, il y a le rêve et la réalité. Que savez-vous de la légende grecque d'Icare? Quelles sortes de machines volantes dessinait Léonard de Vinci? Quels véhicules imaginait Jules Verne pour le voyage dans la Lune?

2. Quels films ou livres connaissez-vous où il est question de voyages interstellaires? Les avez-vous appréciés? Dites pourquoi.

3. Depuis 1957, nous avons lancé dans l'espace plus de 5000 satellites qui nous observent et observent les autres planètes. Quelle planète a déjà reçu notre visite? A votre avis, la vie est-elle possible sur une autre planète? Selon vous, y a-t-il des êtres vivants ailleurs que dans notre galaxie?

4. Quelles sont les caractéristiques essentielles d'une œuvre de science-fiction? Quel est l'équilibre idéal entre les éléments familiers et les éléments étranges qui la composent?

A propos de l'auteur...

Bettmann/CORBIS

Pierre Boulle *est né à Avignon. Dans les années 30, il part en Asie du Sud-Est puis, pendant la Seconde Guerre mondiale, il combat en Chine et en Birmanie. C'est de cette expérience qu'il tire son livre* Le Pont de la Rivière Kwaï *dont Hollywood fait une adaptation cinématographique mondialement célèbre. En littérature française, Boulle est un de ceux qui ont le plus contribué à la science-fiction. C'est en 1963 qu'il publie* La Planète des singes. *Ce roman, lui aussi, sera adapté au cinéma, d'abord en 1967 dans le film de Franklin Schaffner et plus récemment, en 2001, dans un film de Tim Burton.*

L'action de La Planète des singes *se déroule à 300 années-lumière de la Terre dans un endroit étrangement familier aux voyageurs. En partant explorer, le journaliste Ulysse Mérou et ses compagnons ne s'attendaient pas à trouver une planète qui ressemblait tant à la Terre. Ils l'appellent Soror (sœur, en latin), car ils y trouvent même des humains! Mais ces «hommes» vivent nus, semblent dénués de pensée et communiquent par des cris. Ce sont les autres habitants de la planète, les singes, qui sont habillés et qui parlent! Boulle renverse donc les rôles de domination et met en cause le comportement des hommes et leurs mépris des autres espèces.*

Ulysse Mérou, après avoir été subjugué par les singes de Soror, devient amoureux de Nova, un être humain, belle mais stupide. Bientôt Nova a un enfant avec Ulysse. L'amour et la maternité vont la tranformer lentement et lui rendre, petit à petit, toutes les caractéristiques humaines qu'elle avait perdues. Grâce à une ruse qui a bien réussi, tous les trois, Ulysse, Nova et leur petit enfant Sirius, échappent à la planète des singes et se dirigent vers la Terre.

Guide de lecture

1. Le retour d'Ulysse vers la Terre se divise en deux parties. Les paragraphes 1 à 10 sont consacrés au voyage lui-même. Ulysse raconte le trajet en utilisant bon nombre de termes techniques. Il fait aussi allusion à certaines manœuvres qui nous sont devenues familières depuis l'époque où Boulle a écrit son roman. Mettez dans l'ordre logique les phrases suivantes, tirées du texte:

   a. Nous sommes dans l'atmosphère. Les rétrofusées entrent en action.

   b. Collés aux hublots, nous regardons la Terre s'approcher.

   c. L'abordage de notre vaisseau s'est bien passé.

   d. Le soleil grossit à chaque instant.

   e. C'est déjà la période de freinage, qui doit durer une autre année.

2. Dans la seconde partie du texte (paragraphes 11 à 18), il y a un manque de modernité, de progrès et même de vie humaine. Quelles images, surtout dans les paragraphes (11) et (13), se rattachent au passé?

La Planète des singes (extrait)

(1) Le tour est joué°. Je vogue de nouveau dans l'espace, à bord du vaisseau cosmique, filant° comme une comète en direction du système solaire, avec une vitesse qui s'accroît° à chaque seconde.

(2) Je ne suis pas seul. J'emmène avec moi Nova et Sirius, le fruit de nos amours
5 interplanétaires, qui sait dire papa, maman et bien d'autres mots. Il y a également à bord un couple de poulets et de lapins, et aussi diverses graines, que les savants avaient mis dans le satellite pour étudier le rayonnement° sur des organismes très divers. Tout cela ne sera pas perdu…

(3) L'abordage° de notre vaisseau s'est bien passé. J'ai pu m'en approcher peu
10 à peu, en manœuvrant le satellite, pénétrer dans le compartiment resté béant°, prévu pour le retour de notre chaloupe°. Alors, les robots sont entrés en action pour refermer toutes les issues°. Nous étions à bord. L'appareillage° était intact et le calculateur électronique se chargea de faire toutes les opérations du départ. Sur la planète Soror, nos complices ont prétendu que le satellite avait été détruit en vol,
15 n'ayant pu être placé sur son orbite.

(4) Nous sommes en route depuis plus d'un an de notre temps propre. Nous avons atteint la vitesse de la lumière à une fraction infinitésimale près, parcouru en un temps très court un espace immense et c'est déjà la période de freinage°, qui doit durer une autre année. Dans notre petit univers, je ne me lasse° pas d'admirer ma
20 nouvelle famille…

(5) Quelle émotion j'ai ressentie ce matin en constatant que le soleil commençait à prendre une dimension perceptible! Il nous apparaît maintenant comme une boule de billard et se teinte° de jaune. Je le montre du doigt à Nova et à Sirius. Je leur explique ce qu'est ce monde nouveau pour eux et ils me comprennent. Aujourd'hui,
25 Sirius parle couramment et Nova, presque aussi bien. Elle a appris en même temps que lui. Miracle de la maternité; miracle dont j'ai été l'agent. Je n'ai pas arraché tous les hommes de Soror à leur avilissement°, mais la réussite est totale avec Nova.

Marginal glosses:
- **Le... :** *It's all over*
- *streaking*
- *increases*
- *effect of rays*
- *The boarding*
- *gaping*
- *vehicle*
- *exits / equipment*
- *slowing down*
- *tire*
- **se... :** *becomes tinged*
- *degradation*

gets large / locate (6) Le soleil grossit° à chaque instant. Je cherche à repérer° les planètes dans le télescope. Je m'oriente facilement. Je découvre Jupiter, Saturne, Mars et… la Terre.
30 Voici la Terre!

(7) Des larmes me montent aux yeux. Il faut avoir vécu plus d'un an sur la planète des singes pour comprendre mon émotion… Je sais, après sept cents ans, je ne retrouverai ni parents ni amis, mais je suis avide de revoir de véritables hommes.

windows (8) Collés aux hublots°, nous regardons la Terre s'approcher. Il n'est plus besoin de
35 télescope pour distinguer les continents. Nous sommes satellisés. Nous tournons
pass by autour de ma vieille planète. Je vois défiler° l'Australie, l'Amérique et la France; oui,
en… : sobbing voici la France. Nous nous embrassons tous trois en sanglotant°.

(9) Nous nous embarquons dans la deuxième chaloupe du vaisseau. Tous les calculs
ont… : were made ont été effectués° en vue d'un atterrissage dans ma patrie, non loin de Paris, j'espère.

retrorockets 40 (10) Nous sommes dans l'atmosphère. Les rétrofusées° entrent en action. Nova me regarde en souriant. Elle a appris à sourire et aussi à pleurer. Mon fils tend les bras et ouvre des yeux émerveillés. Au-dessous de nous, c'est Paris. La tour Eiffel est toujours là.

technology / land 45 (11) J'ai pris les commandes et me dirige d'une manière très précise. Miracle de la technique°! Après sept cents ans d'absence, je parviens à me poser° à Orly, qui n'a pas beaucoup changé, au bout du terrain, assez loin des bâtiments. On a dû
m'apercevoir; je n'ai qu'à attendre. Il ne semble pas y avoir de trafic aérien; l'aéroport
abandoned / aircraft serait-il désaffecté°? Non, voici un appareil°. Il ressemble en tout point aux avions de mon époque!

50 (12) Un véhicule se détache des bâtiments, roulant dans notre direction. J'arrête
en… : in the grips of mes fusées, en proie à° une agitation de plus en plus fébrile. Quel récit je vais pouvoir faire à mes frères humains! Peut-être ne me croiront-ils pas tout d'abord, mais j'ai des preuves. J'ai Nova, j'ai mon fils.

(13) Le véhicule grandit. C'est une camionnette d'un modèle assez ancien: quatre
combustion 55 roues et un moteur à explosion°. J'enregistre machinalement tous ces détails. J'aurais pensé que ces voitures étaient reléguées dans les musées.

(14) J'aurais imaginé volontiers aussi une réception un peu plus solennelle. Ils sont peu nombreux pour m'accueillir. Deux hommes seulement, je crois. Je suis stupide, ils ne peuvent pas savoir. Quand ils sauront!…

60 (15) Ils sont deux. Je les distingue assez mal, à cause du soleil déclinant qui
shining joue° sur les vitres, des vitres sales. Le chauffeur et un passager. Celui-ci porte
military insignia un uniforme. C'est un officier, j'ai vu le reflet de ses galons°. Le commandant de l'aéroport, sans doute. Les autres suivront.

(16) La camionnette s'est arrêtée
65 à cinquante mètres de nous. Je prends mon fils dans mes bras et sors de la chaloupe. Nova nous suit avec quelque hésitation. Elle a l'air
fearful / will get over it craintive°. Cela lui passera° vite.

70 (17) Le chauffeur est descendu. Il me tourne le dos. Il m'est à moitié
grass caché par de hautes herbes° qui

Une scène du *Planète des singes*

me séparent de la voiture. Il tire la portière pour faire descendre le passager. Je ne
m'étais pas trompé, c'est un officier; au moins un commandant; je vois briller de
75 nombreux galons. Il a sauté à terre. Il fait quelques pas vers nous, sort des herbes et
m'apparaît enfin en pleine lumière. Nova pousse un hurlement°, m'arrache son fils
et court se réfugier avec lui dans la chaloupe, tandis que je reste cloué° sur place,
incapable de faire un geste ni de proférer une parole.

scream
motionless

(18) C'est un gorille.

Source: Pierre Boulle, *La Planète des singes,* © Editions Julliard, 2001

Après la lecture

1. Le paragraphe (3) raconte la manière dont Ulysse et sa famille ont réussi à s'évader en satellite de la planète Soror. Quelles sont les indications, dans ce paragraphe du texte, qui expliquent cet événement?

2. Ulysse nous dit: «Je ne me lasse pas d'admirer ma nouvelle famille...» (4). Comment imaginez-vous les deux autres personnages, sa femme Nova et son fils Sirius, au moment où ils quittent Soror? Les paragraphes (5) et (10) peuvent vous aider.

3. Ce récit de voyage interstellaire est en même temps une sorte de leçon d'astronomie. Quels éléments de cette leçon se trouvent dans les paragraphes (6), (7) et (8)?

4. Ulysse a très envie de faire le récit de ses aventures à ses frères humains. Mais il doit faire face à un certain nombre de déceptions en atterrissant. Quels détails dans les paragraphes (13) et (14) ajoutent à cette déception?

5. La réaction de Nova, lorsqu'elle voit le visage de l'officier, est violente. Expliquez pourquoi.

Pour mieux lire

1. Le style de Pierre Boulle est plutôt direct et concret. De plus, il utilise un vocabulaire scientifique, indispensable pour communiquer dans le domaine de la technologie. Les phrases suivantes contiennent des mots en caractères gras. Ce sont des expressions scientifiques ou techniques que vous expliquerez en utilisant vos propres mots.

   a. Nous étions à bord. **L'appareillage** était intact et **le calculateur électronique** se chargea de faire toutes les opérations du départ.

   b. Nous avons atteint **la vitesse de la lumière** à une fraction infinitésimale près, parcouru en un temps très court un espace immense et c'est déjà **la période de freinage,** qui doit durer une autre année.

   c. Nous sommes dans **l'atmosphère. Les rétrofusées** entrent en action.

2. Maintenant, racontez avec vos propres mots l'épisode de *La Planète des singes* que vous avez lu. Si vous avez vu l'un des deux films tirés de ce roman, quelles sont les différences que vous avez pu noter entre le livre et le film?

LIENS CULTURELS

1. La lecture de *La Planète des singes* offre un exemple de la transformation, en littérature, de réalités scientifiques. Imaginez que vous êtes J. Charles ou N. Robert et que vous faites un des premiers voyages en ballon au dix-huitième siècle. Ecrivez une page dans votre journal de bord pour décrire ce que vous avez fait pour survoler la campagne française au départ de Paris.

2. A partir du dix-neuvième siècle, l'idée de la vitesse est devenue une obsession. Faites une liste des découvertes qui ont sensiblement accéléré le rythme de la vie moderne. Y a-t-il certaines de ces découvertes que vous jugez inutiles ou frivoles? Est-ce que les grandes découvertes dans le domaine de la technologie des transports ont été motivées par le désir d'aller toujours plus vite ou par d'autres préoccupations? Quelle est, à votre avis, la découverte la plus importante qu'on ait faite dans le domaine des transports? Expliquez votre réponse.

3. **La technologie et l'art:** Comparez l'utilisation de la technologie faite par Fernand Léger dans son tableau (page 258) et par Pierre Boulle dans le passage de *La Planète des singes* que vous avez lu (pages 277–279). Lequel des deux semble avoir plus confiance en la nature humaine?

EXPANSION

A. De quelle manière l'esprit qui a inspiré les frères Montgolfier continue-t-il à se manifester de nos jours?

B. Quelqu'un a dit que ce n'étaient pas les grands peintres qui créaient le style au vingtième siècle mais les ingénieurs. Etes-vous d'accord avec cette affirmation? Expliquez.

C. Si un gouvernement, dans la répartition des aides financières, doit choisir entre l'automobile, le chemin de fer et l'aéronautique, lequel de ces domaines doit, selon vous, avoir la priorité? Défendez votre point de vue.

Le grand jeu

Court-métrage de Yannick Pecherand-Molliex, Société de production: Keratocone Pictures – 2008

Festival Les 24 Courts 2009: Prix spécial du Jury

2e prix du Skyprods Festival 2008

Festival de Cabestany 2009: Grand Prix du Jury, Grand Prix du Public

2e prix Clap d'or 2008

A considérer avant le film

Aimez-vous jouer à des jeux? Pourquoi (pas)? Quels types de jeux vos amis et votre famille apprécient-ils? Quand vous jouez, gagnez-vous ou perdez-vous le plus souvent? A quoi servent les jeux à votre avis: A se cultiver? A se distraire? A autre chose?

NOTE CULTURELLE

Paris est reconnue comme une des villes les plus romantiques du monde, mais attention: En France il n'est pas possible de se marier «à la Las Vegas». Un(e) partenaire doit avoir résidé en France depuis au moins quarante jours à la date du mariage. Il faut également publier les bans (annoncer publiquement l'intention de se marier) dix jours avant la cérémonie.

Avant le visionnage

Un de vos amis veut faire une surprise romantique à sa copine. Donnez-lui des conseils à l'aide de l'impératif.

> **MODELE** Je vais lui offrir des fleurs.
> *Fais-le.* ou *Ne le fais pas.*

1. Je vais couvrir sa chambre de pétales de rose.
2. Je vais lui écrire un poème à propos de l'amour.
3. Je vais lui envoyer un texto.
4. Je vais cacher *(hide)* une surprise dans un bocal de riz.
5. Je vais me cacher dans son placard.

Premier visionnage

Lisez chacune des phrases suivantes qui résument une partie du film. Ensuite, choisissez la raison qui vous semble logique pour expliquer chaque phrase.

1. La femme se réveille seule.
   a. Elle est célibataire.
   b. Son compagnon est parti.
2. Elle trouve des pétales de fleurs par terre.
   a. Elle trouve le geste romantique.
   b. Elle trouve le geste suspect.

3. Un taxi l'attend dehors.

    a. Elle s'habille rapidement.   b. Elle retourne au lit.

4. Un texto lui indique un train.

    a. Elle pense faire un voyage seule.   b. Elle pense retrouver son l'homme.

5. Elle voit son l'homme sur le quai.

    a. Elle est bouleversée *(overwhelmed)*.   b. Elle est irritée.

Deuxième visionnage

Mettez les actions de la femme dans l'ordre chronologique.

1. Une consigne tombe de sa serviette.
2. Il y a une valise avec son nom écrit dessus.
3. Elle voit son l'homme sur le quai.
4. Elle monte dans un taxi.
5. Le train part.

Après le visionnage

Observations

1. L'histoire du film avance à l'aide d'indices et par la progression des émotions traduites par le visage de la femme. Dressez une liste des indices et notez la réaction de la femme à chacun.
2. Un des thèmes mis en avant dans le film est celui du voyage. Quelles images du film se rapportent à ce thème? Comment ces images contribuent-elles à mettre le thème en avant?
3. Quel est l'effet de l'utilisation du noir et blanc dans le film?

Interprétation

1. Imaginez la vie de ce couple avant le début du film. Qu'est-ce que cette femme ressent pour son mari? Qu'est-ce qu'il ressent pour sa femme? Comment était leur vie de couple?
2. Qu'est-ce qui peut expliquer les actions du mari? Qu'est-ce qui va se passer ensuite? D'après vous, comment l'histoire va-t-elle se terminer?

A vous

Discutez en petits groupes des questions suivantes.

1. Donnez votre opinion du choix du titre du film.
2. A votre avis, quelle est la meilleure façon d'annoncer une mauvaise nouvelle? Faut-il le faire progressivement, en douceur, ou vaut-il mieux tout dire d'un seul coup? Préférez-vous aborder des sujets difficiles en personne, par écrit ou au téléphone? Quelle méthode vous semble la plus convenable? la plus facile?

Cultural Focus

- The Rise of Education in France
- Education in Contemporary France and Francophone Regions

Readings

Contemporary Cultural *Peur sur le bac*

Literary Guy Tirolien: *Prière d'un petit enfant nègre* (poème)

Cinéma

Short Subject Jamie Mason: *La magie d'Anansi*

Structures

I   Formation of the Present Subjunctive
Formation of the Past Subjunctive

II Uses of the Subjunctive

III The Subjunctive after Certain Conjunctions
The Subjunctive after Indefinite Antecedents
The Subjunctive in Superlative Statements

Functions

Stating Opinions and Preferences

Expressing Feelings and Reactions

Describing Personal Values

 Premium Website

audio

C'est le Centre universitaire de Vichy, France.

Copyright Emmanuel Lattes / Alamy

Un peu de culture contemporaine

Muriel Dovic / Sygma / Corbis

L'Université de Paris X

Nogues Alain / Sygma / Corbis

L'amphithéâtre Richelieu à la Sorbonne

Les Universités de Paris

Depuis 1971, l'ancienne Université de Paris est composée de treize universités interdisciplinaires dans la capitale et sa banlieue portant chacune la désignation Université de Paris I, II, III, etc., en plus d'un nom qui lui est propre: Paris I Panthéon-Sorbonne, Paris II Panthéon-Assas, Paris III Sorbonne-Nouvelle, Paris IV Sorbonne… Certaines des universités de Paris occupent encore les locaux de la Sorbonne historique au cœur du Quartier latin. D'autres, de création plus récente comme Paris X Nanterre, ressemblent d'assez près aux campus à l'américaine avec résidences et restaurants universitaires, installations sportives et espaces verts.

- Les lycéens de la région parisienne, prêts à entrer à l'université, font souvent leurs demandes d'admission universitaire en fonction de la discipline qu'ils désirent étudier à Paris. Par exemple, les bacheliers qui se destinent aux études de droit font leur demande d'admission à Paris II. Ceux qui veulent étudier les «Humanités» vont de préférence à Paris IV. Ceux qui sont attirés par les études de médecine ou de science choisissent Paris VI Pierre-et-Marie-Curie ou Paris VII Diderot, les deux universités qui partagent le campus de Jussieu. Les futurs spécialistes de gestion ou des sciences des organisations privées et publiques s'inscrivent à Paris IX Dauphine.

- Parmi les élèves de la même génération en France, 70% arrivent au niveau du baccalauréat et 80% des bacheliers entrent dans l'enseignement supérieur. La part des jeunes de 19 à 21 ans qui poursuivent des études supérieures en France est de 40%. La France occupe ainsi le troisième rang parmi les pays occidentaux, derrière le Canada et l'Espagne, mais devant les Etats-Unis, l'Allemagne, le Royaume-Uni et l'Italie.

Langue et culture

Utilisez un pronom démonstratif (**celui, celle, ceux, celles**) et les renseignements du texte pour décrire les différentes universités de Paris et préciser les établissements où les Français décident d'étudier.

    MODELES   L'Université de Paris X Nanterre est _____ qui ressemble…
          L'Université de Paris X Nanterre est <u>celle</u> qui ressemble
          <u>aux campus américains</u>.

          Les étudiants en photographie sont _____ qui étudient…
          Les étudiants en photographie sont <u>ceux qui étudient à Paris VIII</u>.

1. Les Universités de Paris I à Paris IV sont _____ qui occupent…
2. L'Université de Paris II est _____ où les bacheliers étudient…

3. Les étudiants qui veulent étudier les «Humanités» sont _____ qui vont…

4. Les étudiants en médecine sont _____ qui choisissent…

5. Les Universités de Paris VI et VII sont _____ qui partagent…

6. Les futurs spécialistes de gestion sont _____ qui s'inscrivent…

Jeux de mots

Trouvez des synonymes dans le texte pour les mots et expressions suivants. Ensuite, utilisez les réponses pour compléter le paragraphe.

appellations, sites, au centre, s'orientent, s'immatriculent

L'Université du Québec est composée de dix universités occupant des _____ dans toute la province. L'UQAM (l'Université du Québec à Montréal) est située _____ de Montréal. Plus de 40 000 étudiants _____ à l'UQAM tous les ans. Ceux qui _____ aux études d'administration publique font leur demande d'admission à l'Ecole nationale d'administration publique à Québec, alors que ceux qui s'intéressent à la géologie vont à l'Université du Québec à Chicoutimi. Plusieurs universités du Québec, telles que Chicoutimi, Rimouski et Outaouais doivent leurs _____ aux groupes indigènes qui habitaient la région lors de la colonisation française.

L'Université française hors de la France métropolitaine

Plus de 25 000 étudiants sont inscrits dans des universités françaises situées loin de la France métropolitaine: l'Université des Antilles-Guyane, l'Université de la Nouvelle-Calédonie, l'Université de la Polynésie française et l'Université de la Réunion.

- A 7 000 km de la France métropolitaine, les sept sites de l'Université des Antilles-Guyane (l'UAG) sont répartis sur l'archipel de la Guadeloupe, en Guyane, sur le continent sud-américain, et sur l'île de la Martinique. Actuellement, 12 000 étudiants y font des études pluridisciplinaires menant à des diplômes des deux premiers niveaux universitaires.

- Les principaux campus de l'UAG à Schœlcher (Martinique), à Pointe-à-Pitre (Guadeloupe) et à Kourou (Guyane) forment un carrefour de communication et d'échanges intellectuels. Cette université est liée politiquement à l'Europe mais géographiquement et culturellement aux Antilles et aux Amériques.

Robert Fried / Alamy Limited

L'Université des Antilles-Guyane, campus de Fouillole

Langue et culture

Employez les éléments indiqués pour poser des questions à un(e) camarade de classe. Votre camarade doit répondre avec un pronom complément d'objet approprié si possible.

1. Combien / étudiants / être inscrits dans des universités françaises hors de l'Hexagone?
2. Combien / sites de l'UAG / il y a?
3. Quel / genre d'études / les étudiants / faire à l'UAG?
4. Où / se trouver / les principaux campus de l'UAG?
5. Que / ces principaux campus / former?
6. A quoi / ces principaux campus / être lié / politiquement?
7. A quoi / ces principaux campus / être lié / géographiquement?

Jeux de mots

Trouvez des synonymes dans le texte qui correspondent aux mots et expressions suivants. Ensuite, utilisez les réponses pour compléter le paragraphe.

groupe d'îles, aujourd'hui, intersection, partages, unies

Les Antilles forment un _____ et constituent un véritable _____ de plusieurs cultures. Les diverses îles sont toujours très _____ à leur mère patrie (la France, le Royaume-Uni, l'Espagne, les Pays-Bas), mais _____, elles profitent aussi des _____ culturels et géographiques entre elles-mêmes et avec les Amériques.

La faculté de médecine de l'Université de Paris

La réforme des systèmes universitaires

Depuis une quinzaine d'années, près d'une cinquantaine d'états européens mettent en vigueur des réformes universitaires afin d'assurer la plus grande mobilité possible des étudiants et des enseignants à l'intérieur de l'Europe aussi bien qu'un profil plus mondialement attractif. Le défi réformateur est considérable, compte tenu de la diversité des systèmes universitaires propres à chaque pays. Une meilleure intégration des établissements se réalise cependant avec les caractéristiques suivantes:

- une structuration des diplômes fondée sur trois cycles
  1. la Licence (France) ou Baccalauréat universitaire (Suisse) ou Bachelier (Belgique) = bac + 3 ans
  2. le Master = bac + 5 ans
  3. le Doctorat = bac + 8 ans
- une année universitaire divisée en semestres
- un système de crédits européens transférables permettant de valider des études entreprises à l'étranger

Au-delà de l'Europe, l'Agence universitaire de la Francophonie (l'AUF), désireuse d'assurer une meilleure compatibilité dans l'ensemble des établissements du monde francophone, a créé des campus numériques francophones (CNF) pour faciliter le développement des universités francophones, et surtout de celles du sud, en mettant à la disposition de leurs étudiants et de leurs enseignants l'accès à l'Internet (ressources pédagogiques et scientifiques) et des formations à distance. Même s'ils restent dans leurs propres pays, ces étudiants francophones peuvent ainsi préparer un diplôme de licence et / ou de master accordé par un pays francophone européen, africain (Burkina Faso, Cameroun, Egypte, Madagascar, Maroc, Sénégal, Tunisie) ou asiatique (Viêtnam).

Langue et culture

Utilisez la forme correcte des verbes entre parenthèses pour compléter le paragraphe.

Afin de _____ (créer) un système de diplômes compatibles, beaucoup de pays européens _____ (adopter) des réformes il y a quelques années. Pour chaque semestre validé, les étudiants _____ (obtenir) des crédits. En France, le premier diplôme universitaire _____ (s'appeler) la Licence et sa préparation _____ (durer) trois ans. Si les étudiants _____ (vouloir) continuer leurs études après la Licence, ils _____ (pouvoir) poursuivre un Master. A la fin du Master, ils _____ (faire) cinq ans d'études universitaires. Un petit pourcentage d'étudiants _____ (choisir) de passer au dernier cycle: le Doctorat.

Jeux de mots

Trouvez des synonymes dans le texte pour les mots et expressions suivants. Ensuite, utilisez les réponses pour compléter le paragraphe.

en dehors, dans le contexte global, accomplissent, challenge, harmonie

Les universités européennes _____ des réformes dans leurs systèmes pour améliorer les possibilités de réussite de leurs étudiants en Europe et _____. Avec le temps, elles réussissent à surmonter le _____ causé par la diversité des systèmes universitaires européens. _____ de l'Europe, des organismes comme l'AUF cherchent à encourager l' _____ des études supérieures en établissant des campus numériques francophones.

Réflexion

A. Imaginez la vie universitaire à la Sorbonne et à l'UAG. Quelles seraient les similarités et les différences entre ces deux universités françaises?

B. Comparez le système des diplômes universitaires en France et celui de votre pays. Se ressemblent-ils? En quoi diffèrent-ils? Quel système vous semble plus simple? Plus efficace? Plus exigeant (demanding)?

*Pour des activités culturelles supplémentaires, rendez-vous sur le site Web d'***Interaction*** www.cengage.com/french/ interaction.*

Vocabulaire actif 🔊

CD2, Track 6

LES ACTIVITES

apprendre par cœur to memorize

assister à to attend

échouer to fail

faire des études (de) to study, to major (in)

—— **supérieures** to go to university

faire des recherches *(f)* **sur** to research

faire une demande d'inscription to apply

former to educate, to prepare

s'inscrire to register, to enroll

loger to lodge, to live

s'orienter to choose a course of study

se préinscrire to preregister

prendre une décision to make a decision

se rattraper to make up

recevoir (un diplôme) to finish a course of study, to graduate

régler to settle, to pay

remplir to fill out

retirer to obtain, to withdraw

sécher un cours to cut a class *(coll.)*

subir to undergo

A LA FAC

un amphithéâtre (amphi) lecture hall

un apprentissage apprenticeship

un bachelier / une bachelière baccalaureate holder

le BTS (brevet de technicien supérieur) technical degree obtained at secondary level

la cité universitaire residence hall complex

une classe préparatoire preparatory class (for the entry exam to the **grandes écoles** or prestigious graduate institutes in France)

une conférence lecture

un conseiller / une conseillère advisor

le contrôle continu des connaissances periodic testing

une copie d'examen exam paper

un cours magistral lecture by the professor

un cursus course of study

la date limite deadline

le deuxième cycle second level of higher education

un diplôme diploma, degree

une dissertation composition

un dossier record, transcript

le droit law

le DUT (diplôme universitaire de technologie) technical degree obtained at university level

l'enseignement *(m)* teaching, instruction, education

une épreuve test

une étape stage

les études *(f pl)* course of study

—— **supérieures post-bac** studies

une fiche form

Exercices de vocabulaire

A. Choisissez un mot ou une expression de chaque colonne pour créer des phrases qui décrivent la vie d'étudiant en France.

En France, les étudiants…

1. choisir
2. échouer
3. s'inscrire à
4. loger à
5. régler
6. remplir
7. sécher
8. subir
9. assister à

  a. des épreuves

  b. le(s) cours

  c. la cité universitaire

  d. des fiches

  e. une orientation

  f. des travaux pratiques

  g. un dossier

  h. les frais d'inscription

  i. des conférences

B. Vous rencontrez quelques étudiants francophones qui passent l'année dans votre université. Ils sont un peu perdus par rapport au système universitaire nord-américain. Complétez les phrases suivantes par une des expressions indiquées afin d'expliquer la vie universitaire nord-américaine à ces étudiants.

une **filière** track

une **formation** education, academic preparation

_____ **en alternance** alternating work-study

un **domaine de** _____ field of study

les **frais d'inscription** *(m pl)* tuition, registration fees

la **gestion** management

l'**informatique** *(f)* computer science

les **inscriptions** *(f pl)* registration

une **insertion** entry into

un **IUT (Institut Universitaire de Technologie)** technical institute

la **Licence** first diploma after the **bac** (**bac** + 3 years of university study)

une **majeure** major subject

une **manifestation** demonstration

le **Master** second diploma after the **bac** (two years beyond the **Licence**)

une **matière** subject

une **mention** honors (on an exam), degree concentration

une **mineure** minor

le **Ministère de l'Education Nationale** Department of Education

un **module** unit

une **moyenne** average

un **niveau** level

une **note** grade

une **orientation** direction of study

un **poste** job or position in a company

la **première** next to last year of **lycée**

le **repêchage** second chance

le **Resto U (RU)** university restaurant

les **sciences des organisations privées et publiques** *(f pl)* organizational systems

les **sciences humaines** *(f pl)* social sciences

la **scolarité** schooling

une **spécialisation** major (field of study)

un **stage** internship

la **terminale** last year of **lycée**

une **thèse** a doctoral dissertation

les **travaux pratiques** *(m pl)* drill, laboratory, or discussion sections

une **unité de valeur** credit

la **vie active** work

LES CARACTERISTIQUES

admis(e) accepted

au fur et à mesure bit by bit

déçu(e) disappointed

démodé(e) old-fashioned

facultatif(-ive) optional

gratuit(e) free

provisoire temporary

reçu(e) passed (an exam)

sélectif(-ive) selective

supprimé(e) eliminated, canceled

surpeuplé(e) crowded

Expressions:

cours obligatoires   cours magistraux   échouer

frais d'inscription   inscriptions   loger

faire des études   obtenir un diplôme   se préinscrire

sécher   notes   crédits

1. Vers la fin de chaque semestre, il faut _____ aux cours du semestre suivant.

2. Les _____ ont lieu juste avant le début de chaque semestre.

3. Si on a une moyenne de «B+», on a de bonnes _____.

4. Si on _____ à un cours, il faut le reprendre.

5. Pendant les deux premières années, il y a des _____ qu'il faut suivre.

6. On paie les _____ au moment de s'inscrire.

7. La plupart des étudiants américains _____ dans des résidences.

8. Assez souvent, on assiste aux _____ pour écouter des conférences faites par les professeurs.

9. Pour chaque cours qu'on réussit, on reçoit un certain nombre de _____.

10. Le vendredi après-midi, au printemps, les étudiants ont tendance à _____ les cours.

11. Un étudiant qui est très fort en français, peut choisir de _____ de français.

12. Aux Etats-Unis, normalement, on peut _____ en quatre ans.

C. Olivier est un étudiant très intelligent mais pas toujours très assidu *(industrious)*. Voici une conversation entre Olivier et sa mère. Reproduisez la conversation en choisissant des expressions synonymes dans le **Vocabulaire actif** pour remplacer les éléments soulignés.

MÈRE: Dis, Olivier, j'ai vraiment peur que tu <u>rates</u> cette année à la fac. Tu <u>vas</u> régulièrement aux cours?

OLIVIER: Bien sûr, maman. Et si je manque un cours, je cherche toujours les copies des notes <u>de la conférence du professeur</u>.

MÈRE: Tu sais, tu as déjà été obligé de <u>refaire une deuxième fois la première année</u>. Tu penses toujours <u>terminer tes études</u> à la fin de l'année prochaine?

OLIVIER: Oui, sauf si je décide de changer <u>la direction</u> de mes études. Je pense maintenant me spécialiser en informatique. C'est une spécialisation très pratique pour m'insérer dans <u>le monde du travail</u>.

MÈRE: Oh là là! Choisir une formation <u>pratique</u> va te demander encore des années d'études.

OLIVIER: C'est vrai. Mais je vais pouvoir réaliser mes ambitions, et toi, un jour, tu vas être heureuse que j'aie un poste.

Lexique personnel

A LA FAC

A. Pour chacun des sujets suivants, dressez une liste personnelle de mots.

1. les cours obligatoires que vous avez suivis
2. les cours facultatifs que vous avez suivis
3. les cours que vous suivez ce semestre
4. votre spécialisation **(Je fais des études de...; Je me spécialise en...)**
5. la profession que vous pensez exercer **(Je pense devenir...)**

B. En petits groupes, employez le vocabulaire du chapitre et de votre lexique personnel pour poser des questions à vos camarades de classe sur leurs études.

1. Vous êtes étudiant(e) en quelle année à l'université (première, deuxième, troisième, quatrième)?
2. Quels cours obligatoires avez-vous suivis?
3. Quelles études faites-vous à l'université?
4. Quels cours suivez-vous ce semestre? Sont-ils tous obligatoires?
5. Avez-vous un conseiller (une conseillère) pédagogique? Est-ce qu'il / elle vous aide à établir votre programme d'études?
6. Parmi les cours que vous suivez ce semestre, lesquels aimez-vous particulièrement?

Structures I

Formation of the Present Subjunctive

The subjunctive is a mood, that is, an entirely different way of talking about the world around us. The subjunctive is not used to report the world as it is (**Je pars**), as it was (**Je suis parti[e]**), or as it will be (**Je vais partir / Je partirai**); such cases call for the indicative. Rather, the subjunctive is used to express the world as one would like it to be (**Vous préférez que je parte**), as seen through the subjective filter of one's emotions (**Tu es surpris[e] que je parte**), or as viewed in one's opinions (**Tu n'es pas sûr[e] que je parte**). Actions are, therefore, presented not as facts but as hypotheses (**Je vais partir pourvu que vous veniez avec moi**), or as events influenced by the subjectivity of the person who is speaking (**Je vais partir, bien que tu viennes avec moi**).

The subjunctive is not prevalent in English today, although some of our common speech patterns may involve its use.

*I wish John **were** here.*

*It is imperative that you **be** here on time.*

*I recommend that he **go** to the doctor.*

Modern French makes more extensive use of the subjunctive than does English. It is an important construction that you will hear often and need to know how to use. There are four tenses of the subjunctive mood: the *present*, the *past*, the *imperfect*, and the *pluperfect* subjunctive. The latter two are literary tenses that have limited use in modern French.[1] There is no future tense of the subjunctive. An action in the future is expressed by the present subjunctive.

[1]For a discussion of the imperfect and pluperfect subjunctive, see *Appendix A.*

Regular Subjunctive Forms

The formation of the present subjunctive is the same for all regular conjugations (**-er, -ir, -re**). To form the present subjunctive, drop the **-ent** ending of the **ils** form of the present indicative and add the following endings: **-e, -es, -e, -ions, -iez, -ent**.

parler (ils parlent)	finir (ils finissent)	répondre (ils répondent)
que je parl**e**	que je finiss**e**	que je répond**e**
que tu parl**es**	que tu finiss**es**	que tu répond**es**
qu'il / elle / on parl**e**	qu'il / elle / on finiss**e**	qu'il / elle / on répond**e**
que nous parl**ions**	que nous finiss**ions**	que nous répond**ions**
que vous parl**iez**	que vous finiss**iez**	que vous répond**iez**
qu'ils / elles parl**ent**	qu'ils / elles finiss**ent**	qu'ils / elles répond**ent**

Most irregular verbs in **-ir** and **-re** (**lire, écrire, dormir, partir, mettre,** etc.) follow a regular pattern in the formation of the present subjunctive.

1 Les parents adorent donner en exemple à leurs enfants ce que font «les autres». Ici, M. et Mme Dumont font allusion *(are referring)* aux amis de leurs enfants. Complétez la réaction des enfants en mettant le verbe en **caractères gras** à la forme appropriée du subjonctif.

1. —Ils **réussissent** au bac.

   —Et bien sûr, vous voulez aussi que nous _____ au bac.

2. —Ils **n'échouent** jamais aux examens.

   —Croyez-vous vraiment que nous _____ aux examens?

3. —Ils **écrivent** d'excellentes dissertations.

   —Mais même au niveau du secondaire, il faut que Bruno _____ de bonnes dissertations.

4. —Ils **s'entendent** bien avec leurs professeurs.

   —Vous ne croyez pas que je _____ bien avec mes profs?

5. —Ils **obéissent** à toutes les règles de l'université.

   —Mais, il est essentiel que tout le monde _____ aux règles de l'université.

6. —Ils **lisent** tous les manuels de cours.

   —Il n'est pas surprenant qu'ils _____ tous les manuels.

7. —Ils **suivent** les cours les plus difficiles.

   —Mais, il est essentiel qu'on _____ quelques cours difficiles.

Irregular Subjunctive Forms

Certain irregular verbs have regular subjunctive stems but undergo spelling changes in the **nous** and **vous** forms that correspond to similar irregularities in the stem of the present indicative.

croire (ils croient)	voir (ils voient)	prendre (ils prennent)	devoir (ils doivent)
que je croie	que je voie	que je prenne	que je doive
que tu croies	que tu voies	que tu prennes	que tu doives
qu'il / elle / on croie	qu'il / elle / on voie	qu'il / elle / on prenne	qu'il / elle / on doive
que nous **croyions**	que nous **voyions**	que nous **prenions**	que nous **devions**
que vous **croyiez**	que vous **voyiez**	que vous **preniez**	que vous **deviez**
qu'ils / elles croient	qu'ils / elles voient	qu'ils / elles prenn**ent**	qu'ils / elles doivent

venir (ils viennent)	tenir (ils tiennent)	boire (ils boivent)
que je vienne	que je tienne	que je boive
que tu viennes	que tu tiennes	que tu boives
qu'il / elle / on vienne	qu'il / elle / on tienne	qu'il / elle / on boive
que nous **venions**	que nous **tenions**	que nous **buvions**
que vous **veniez**	que vous **teniez**	que vous **buviez**
qu'ils / elles vienn**ent**	qu'ils / elles tienn**ent**	qu'ils / elles boiv**ent**

[2]See *Appendix B.*

Stem-changing verbs undergo the same spelling changes in the present subjunctive as in the present indicative.[2]

A few verbs have totally irregular stems in the present subjunctive.

avoir	être	aller	faire
que j'**aie**	que je **sois**	que **j'aille**	que je **fasse**
que tu **aies**	que tu **sois**	que tu **ailles**	que tu **fasses**
qu'il / elle / on **ait**	qu'il / elle / on **soit**	qu'il / elle / on **aille**	qu'il / elle / on **fasse**
que nous **ayons**	que nous **soyons**	que nous **allions**	que nous **fassions**
que vous **ayez**	que vous **soyez**	que vous **alliez**	que vous **fassiez**
qu'ils / elles **aient**	qu'ils / elles **soient**	qu'ils / elles **aillent**	qu'ils / elles **fassent**

savoir	vouloir	pouvoir
que je **sache**	que je **veuille**	que je **puisse**
que tu **saches**	que tu **veuilles**	que tu **puisses**
qu'il / elle / on **sache**	qu'il / elle / on **veuille**	qu'il / elle / on **puisse**
que nous **sachions**	que nous **voulions**	que nous **puissions**
que vous **sachiez**	que vous **vouliez**	que vous **puissiez**
qu'ils / elles **sachent**	qu'ils / elles **veuillent**	qu'ils / elles **puissent**

2 Voici des phrases qui résument un désaccord typique entre parents et enfants au sujet des études. Complétez les phrases par la forme appropriée du subjonctif.

1. Mes parents veulent que je _____ des études de commerce. (faire)

2. Ils désirent que j' _____ une belle carrière et que je _____ membre d'une profession libérale. (avoir, être)

3. Pour moi, il faut qu'un individu _____ faire ce qu'il veut faire et qu'il _____ heureux. (pouvoir, être)

4. Mes parents ont peur que je n' _____ pas à l'université et que je ne _____ pas mon avenir au sérieux. (aller, prendre)

5. J'ai peur que mes parents ne _____ pas l'importance du bonheur individuel et ne _____ pas ce que je trouve important. (comprendre, savoir)

6. C'est dommage qu'ils n' _____ pas confiance en moi. (avoir)

7. Je veux que mes parents _____ fiers de moi. (être)

8. Mais, en même temps, je ne crois pas qu'on _____ mener sa vie pour les autres. (pouvoir)

GRAMMAR TUTORIALS ## Formation of the Past Subjunctive

The past subjunctive follows the same pattern of formation as the **passé composé**. It is formed by combining the present subjunctive of the auxiliary verb **avoir** or **être** with the past participle of the main verb.

parler	finir
que j'**aie parlé**	que j'**aie fini**
que tu **aies parlé**	que tu **aies fini**
qu'il / elle / on **ait parlé**	qu'il / elle / on **ait fini**
que nous **ayons parlé**	que nous **ayons fini**
que vous **ayez parlé**	que vous **ayez fini**
qu'ils / elles **aient parlé**	qu'ils / elles **aient fini**

répondre	partir
que j'**aie répondu**	que je **sois parti(e)**
que tu **aies répondu**	que tu **sois parti(e)**
qu'il / elle / on **ait répondu**	qu'il / elle / on **soit parti(e)**
que nous **ayons répondu**	que nous **soyons parti(e)s**
que vous **ayez répondu**	que vous **soyez parti(e)(s)**
qu'ils / elles **aient répondu**	qu'ils / elles **soient parti(e)s**

se lever
que je **me sois levé(e)**
que tu **te sois levé(e)**
qu'il / elle / on **se soit levé(e)**
que nous **nous soyons levé(e)s**
que vous **vous soyez levé(e)(s)**
qu'ils / elles **se soient levé(e)s**

3 Vous écrivez à un(e) correspondant(e) en France au sujet de votre premier semestre à l'université. Mettez les verbes entre parenthèses au passé du subjonctif.

1. Certains de mes amis sont surpris que je _____ à la fac. (aller)

2. Mais c'est la meilleure décision que j' _____. (prendre)

3. Les cours obligatoires sont les cours les plus difficiles que j' _____. (suivre)

4. Bien qu'on _____ beaucoup _____ en cours d'anglais, ça a été un cours très utile. (écrire)

5. J'étais heureux (heureuse) qu'on _____ des livres si intéressants en cours d'anglais. (lire)

6. Le prof n'était pas content que tant d'étudiants ne _____ pas _____ à sa conférence. (venir)

7. Mes parents étaient contents que j' _____ un si bon travail en première année. (faire)

8. J'ai été surpris(e) qu'un de mes copains _____ à son examen de maths. (échouer)

9. Ma famille était heureuse que j' _____ dans tous mes cours et que je _____ en même temps. (réussir / s'amuser)

INTERACTIONS

Le week-end prochain. En petits groupes, employez les éléments indiqués pour poser des questions sur les projets de vos camarades de classe pour le week-end prochain. Ensuite, comparez les différentes réponses. Qui a le week-end le plus chargé? Qui a les projets les plus intéressants?

1. Il faut que / tu / écrire une longue dissertation?

2. Il est nécessaire que / tu / faire des recherches à la bibliothèque?

3. Il est obligatoire que / tu / se lever tôt le samedi matin?

4. Il est important que / tu / envoyer des textos à tes copains?

5. Ton (Ta) petit(e) ami(e) / vouloir que / tu / sortir au restaurant?

6. Il est possible que / tu / être plus occupé(e) que tes amis ce week-end?

Note culturelle

Les cours à la française

Etudier à l'étranger? Pourquoi pas en France, le troisième pays d'accueil des étudiants étrangers dans le monde! On présente sa demande d'admission et, avec un peu de chance, on est admis. Facile, non? Oui, mais il faut aussi se préparer à une fac complètement différente, à une autre mentalité et tradition d'enseignement.

D'abord, il faut compter sur un emploi du temps de vingt à trente heures de cours hebdomadaires divisés entre **cours magistraux** en amphithéâtres et **travaux dirigés** (TD) ou **travaux pratiques** (TP). En ce qui concerne les cours en «amphis», l'enseignant fait sa conférence et les étudiants prennent des notes sur le contenu du cours. La présence aux cours magistraux n'est pas contrôlée, mais les étudiants ont intérêt à y assister, car les examens portent sur le contenu de ces conférences. Les TD et TP, par contre, sont obligatoires. Ils se déroulent en petits groupes où les étudiants approfondissent les sujets présentés en amphi ou les mettent en pratique. Quelle impression les étudiants étrangers se font-ils souvent à propos de leur expérience du système universitaire français? Si, dans leur pays d'origine, ils ont déjà été formés dans un milieu qui encourage l'autonomie et le travail indépendant, les heures de cours en France leur semblent nombreuses et le travail paraît leur offrir moins de possibilité d'expression personnelle, surtout au cours des trois premières années universitaires. Il faut attendre le niveau du master et du doctorat pour trouver le temps de se consacrer aux recherches pour leur mémoire ou leur thèse.

Source: Adapted from "Les cours à la française," www.letudiant.fr

Compréhension

1. Avez-vous l'impression que la France attire beaucoup d'étudiants étrangers? Justifiez votre réponse.
2. Pourquoi les étudiants prennent-ils des notes pendant les cours magistraux?
3. Pendant quels types de cours peut-on poser des questions aux enseignants? Dans quel but le fait-on?

Réflexion

A. Comparez le format des cours universitaires en France et dans votre université. Quelles différences y voyez-vous? Lequel préférez-vous? Justifiez votre réponse.
B. En petits groupes, discutez d'un séjour possible dans une université française. Que devez-vous faire pour vous adapter le plus vite possible aux méthodes de travail du pays?

Structures II

  ## Uses of the Subjunctive

The usual construction requiring the use of the subjunctive consists of a main clause containing a verbal expression that implies doubt or subjectivity followed by a subordinate clause with a change of subject introduced by **que.**

Il doute que je finisse à l'heure.   *He doubts that I'll finish on time.*

The use of the subjunctive in the subordinate clause is caused by an expression in the main clause that requires a shift in the mood of the verb from the indicative (fact) to the subjunctive (doubt or subjectivity).

The two essential elements that call for the use of the subjunctive are implied doubt or subjectivity and change of subject. If either one of these elements is missing, the subjunctive is not used.

1. If you remove the element of doubt, the subjunctive is not required.

   Il est certain que je vais finir.   *It is certain that I'll finish*
   à l'heure.   *on time.*

2. If there is no change of subject, there is no need for a second clause with a verb in the subjunctive. In such cases, the main verb will be followed by an infinitive.

   Je **veux finir** à l'heure.   *I want to finish on time.*

The past subjunctive is used in the same type of construction as the present subjunctive. There is a main clause containing an expression that implies doubt or subjectivity followed by a subordinate clause with a different subject.
The verb in the subordinate clause is in the past subjunctive when the action of that verb has taken place prior to the action of the main verb.

Ses parents **doutent qu'il ait fait** de son mieux l'année dernière.

Le prof **n'était pas sûr qu'elle soit venue** en classe hier.

Nous **sommes contents que vous ayez réussi** à l'examen.

- Note that choosing the right tense to use in the subjunctive is quite different from choosing the right tense in the indicative. If the action of the subjunctive verb takes place before the action of the main verb, use the past subjunctive. If the action of the subjunctive verb takes place at the same time or after the action of the main verb, use the present subjunctive.

Rappel!

The keys to using the subjunctive are:

1. Learn the specific types of expressions that may require the use of a subjunctive verb in a subordinate clause.
2. Check to see if the element of doubt or subjectivity is present in the main clause.
3. Verify whether the subjects of the two verbs are different or the same. When the two subjects are different, use the subjunctive in the subordinate clause. When the subjects are the same, use a conjugated verb followed by an infinitive.
4. Verify the sequence of the actions in the main clause and the subordinate clause. If the action of the subordinate clause has taken place prior to the action of the main clause, put the verb in the subordinate clause in the past subjunctive.

Expressions of Doubt, Emotion, Will, and Thought

Expressions of doubt, emotion, will, and thought usually require the subjunctive in the subordinate clause when there is a change of subject and when the context implies doubt or subjectivity.

A. Doubt: When used affirmatively or interrogatively, the expressions **douter** and **être douteux** require the subjunctive in a subordinate clause.

Je doute que le prof comprenne le problème.

Doutez-vous que je puisse réussir?

Il est douteux qu'il ait fait des études supérieures.

Est-il douteux qu'elles reçoivent leurs diplômes en juin?

When used negatively, however, expressions of doubt usually require the indicative in the subordinate clause.

Il n'est pas douteux (=Il est certain) qu'elles vont recevoir leurs diplômes en juin.

Je ne doute pas que M. Dubois est un très bon professeur.

1 Pour exprimer votre opinion, transformez les phrases suivantes en commençant par **je doute** ou **je ne doute pas**. Utilisez le subjonctif ou l'indicatif selon ce que vous voulez exprimer.

MODELE   Les cours obligatoires sont nécessaires.
Je doute que les cours obligatoires soient nécessaires.
Je ne doute pas que les cours obligatoires sont nécessaires.

1. Il y a assez de places sur les parkings de l'université.
2. Mes profs sont tous compétents.
3. Nous nous amusons le week-end.
4. La cuisine du restaurant universitaire est toujours excellente.
5. Tous les étudiants reçoivent leurs diplômes en quatre ans.
6. Mon ami peut avoir une bonne note en cours de *(nom d'une matière)*.
7. Nous écrivons beaucoup de compositions en cours de français.
8. ???

B. Emotion: Expressions of emotion are considered to be subjective statements and require the subjunctive after a change of subject, whether used affirmatively, negatively, or interrogatively.

Je **suis contente qu'il ait été été reçu** au bac.

Elle **est ravie que son ami aille** à la même université qu'elle.

M. Dumont **est triste que Philippe ne fasse pas** d'études de médecine.

Ses parents **étaient fâchés que Monique ait échoué** à un examen important.

Je **suis désolé que tu ne sois pas admis** à l'Institut Universitaire de Technologie.

Etes-vous **vraiment surpris que j'aie** une mauvaise moyenne en maths?

Nous **avons peur qu'il (n')y ait** trop d'examens dans ce cours.[3]

Je **regrette que vous n'ayez pas réussi** à l'examen.

- Note that after expressions of emotion, when there is no change of subject, an infinitive preceded by **de** is used.

Je **suis content de réussir.**   *I'm happy to succeed.*
Elle **est heureuse de venir.**   *She's happy to come.*

[3]After **avoir peur** (and other expressions of fear) you may encounter **ne** before a subjunctive verb used in the affirmative. This is a stylistic device that has become optional in spoken French. If the subjunctive verb is used negatively, both **ne** and **pas** (or other negative) are required, as in any other negative construction.

2 Quelles sont les réactions des personnes suivantes? Transformez les phrases selon le modèle.

MODELE   Robert ne fait pas d'études. Ses parents sont tristes ou contents?
Ses parents sont tristes que Robert ne fasse pas d'études.

1. Ma sœur et moi, nous voyageons en France l'été prochain. Mes amis sont heureux ou jaloux?
2. Je rentre tard quelquefois. Mes colocataires sont contents ou fâchés?
3. Je fais des études de *(spécialisation)*. Mes parents sont surpris ou fiers?
4. Nous ne sortons pas samedi soir. Mon ami est ravi ou désolé?
5. Je vais recevoir mon diplôme en *(année)*. Mes parents sont contents ou surpris?
6. J'ai une bonne moyenne en français. Mon prof est heureux ou surpris?

 3 Choisissez un élément dans chaque colonne, puis posez des questions à d'autres étudiants sur les préoccupations de leur famille et de leurs amis.

tes parents	être content(e) que	être à la fac
ton père	être surpris(e) que	choisir cette université
ta mère	être heureux(-euse) que	avoir une spécialisation pratique
ta famille	être fâché(e) que	suivre un cours de français
tes amis	avoir peur que	avoir une bonne / mauvaise moyenne
		trouver un bon poste
		réussir dans la vie
		faire des études de *(spécialisation)*

4 Voici des phrases entendues au cours d'une conversation entre des étudiants français. Combinez-les en suivant le modèle. Utilisez le **subjonctif** ou l'**infinitif**, selon le cas.

MODELES   J'échoue à l'examen. J'ai peur.
J'ai peur d'échouer à l'examen.

Tu ne finis pas ta dissertation. J'ai peur.
J'ai peur que tu ne finisses pas ta dissertation.

1. Notre copine réussit son bac. Nous sommes heureux.
2. Elle participe à un programme de formation professionnelle. Etes-vous surpris?
3. Elle fait un bon stage. Elle est heureuse.
4. Jean-Robert a raté son examen de physique. Nous sommes désolés.
5. Tu as de bons résultats. N'es-tu pas ravie?
6. Vous ne comprenez pas la difficulté de certaines séries du bac. J'ai peur.
7. Il ne peut pas faire un stage à l'étranger. Mon copain regrette.
8. Je fais un stage aux Etats-Unis. Je vais être content.
9. Je peux faire ce stage. Malheureusement, ma copine est jalouse.
10. Mes parents peuvent venir me voir aux Etats-Unis. Ils sont ravis.

INTERACTIONS

Des regrets. Avec un(e) partenaire, dressez une liste de cinq choses que vous regrettez. Ensuite, comparez votre liste à celles des autres groupes. Avez-vous des regrets semblables ou différents?

Note culturelle

L'Université de Montréal

branch — L'année est 1878. L'Université Laval de Québec ouvre une succursale° à Montréal avec la bénédiction de Rome. L'établissement compte trois facultés: la théologie, le droit et la médecine. Si elle n'en porte pas encore le nom, l'Université de Montréal vient néanmoins de voir le jour. Dès 1889, Rome lui concède une autonomie administrative, et la ville de Montréal a enfin une université, catholique et francophone, près d'un siècle après l'ouverture du McGill College, laïque et anglophone.

construction site — En 2002 s'ouvre sur le campus le plus vaste chantier° que l'Université ait connu depuis la fin des années 60. Le projet, réalisé grâce aux fonds récoltés pendant la dernière campagne de financement, prévoit la construction de cinq immeubles ultramodernes, destinés à la recherche de pointe et à l'enseignement dans des domaines comme la pharmacie, l'ingénierie, l'aérospatiale, la cancérologie et la biotechnologie. L'Université de Montréal est désormais prête à relever les défis qui attendent le monde du savoir.

Source: Adapted from http://125.umontreal.ca/histoire.html#1878 with permission of L'Université de Montréal

Compréhension

1. Indiquez si chacune des phrases suivantes est vraie ou fausse. Si la phrase est fausse, corrigez-la.

   a. L'Université de Montréal n'est pas issue d'une autre institution.

   b. A ses débuts, l'Université de Montréal est dépendante de Rome.

   c. La faculté d'archéologie est l'une des trois premières facultés de l'Université.

   d. L'Université de Montréal devient autonome en 1889.

2. Au début du XXᵉ siècle, quelles sont les deux grandes universités francophones de la province du Québec?

3. Caractérisez les deux universités montréalaises du début du XXᵉ siècle. En quoi se distinguent-elles l'une de l'autre?

Réflexion

A. Comparez l'Université de Montréal au début du XXᵉ et du XXIᵉ siècles. En quoi consiste cette évolution? Comment expliquez-vous les nouvelles orientations qui ont eu lieu?

B. Pensez-vous que l'établissement dans lequel vous étudiez actuellement ressemble à l'Université de Montréal? En quoi les deux sont-ils différents?

C. Will: Expressions of will are considered to be statements of the speaker's personal desire or preference and require the subjunctive when there is a change of subject in the subordinate clause.

vouloir
Je **veux que vous finissiez** vos devoirs.
I want you to finish your homework.

désirer
Ils **désirent que j'aille** à l'université.
They want me to go to the university.

préférer
Elle **préfère que son fils soit** médecin.
She prefers her son to be a doctor.

souhaiter
Je **souhaite que tu finisses** tes études cette année.
I wish you would finish your studies this year.

The following verbs of ordering or forbidding are also expressions of will. In everyday conversation, however, these verbs are not used in ways that require the subjunctive. They are followed by a noun object introduced by **à**, which in turn is followed by an infinitive introduced by **de**. The noun object may be replaced by an indirect object pronoun that precedes the verb.

demander à (quelqu'un) **de** (faire quelque chose)
M. Dumont **a demandé à son fils de faire** des études de médecine.

dire à (quelqu'un) **de** (faire quelque chose)
On **dit aux étudiants de s'inscrire.**

permettre à (quelqu'un) **de** (faire quelque chose)
Le conseiller **permet à l'étudiant de suivre** cinq cours.

conseiller à (quelqu'un) **de** (faire quelque chose)
Le prof **me conseille de passer** l'examen en octobre.

Interdire, suggérer, and **défendre** *(to forbid)* follow a similar pattern.

Rappel!

To express a construction consisting of a verb of will followed by another verb form, you must determine if both verbs have the same subject. If the subjects are the same, the verb of will is followed by a dependent infinitive.

Je **veux finir** en juin.	*I **want to finish** in June.*
Il **désire parler** au prof.	*He **wishes to talk** to the professor.*
Ils **préfèrent aller** à l'IUT.	*They **prefer to go** to the IUT.*

However, if the subject of the verb of will and the subject of the second verb are not the same, the action in the subordinate clause must be expressed with the subjunctive.

Ses parents **veulent qu'il finisse** en juin.	*His parents **want him to finish** in June.*
Il **veut que nous parlions** au prof.	*He **wants us to talk** to the professor.*

Beware of the verb **vouloir** when the object of this verb is not the same as its subject. Do not confuse English usage (***He** wants **me** to leave.*) with correct French usage (***Il** veut que **je** parte.*).

---

5 A la terrasse d'un café en France en compagnie d'amis, vous discutez des relations parents-enfants et des études. Faites des phrases en employant les éléments indiqués. Assurez-vous de bien distinguer entre les phrases où il y a un changement de sujet et celles où le sujet reste le même.

1. les parents américains / désirer toujours / les enfants / réussir à l'école
2. beaucoup de familles / vouloir / les enfants / faire des études universitaires
3. par exemple / ma mère / souhaiter / je / devenir / architecte, comme elle
4. ah oui, en France / les parents / désirer / les jeunes / obtenir / leur bac
5. quelquefois / les jeunes / préférer / choisir une formation professionnelle
6. moi, par exemple / je / vouloir / être / informaticien(ne)
7. mais les parents / préférer / on / choisir / des programmes plus traditionnels
8. mais moi, je / vouloir / travailler en informatique

6 Quelquefois, il y a de vrais malentendus entre parents et enfants. Voici l'histoire d'Olivier. Reconstruisez ces phrases qui expliquent le problème qu'il a avec sa famille.

1. ses parents / lui / dire / aller à l'université
2. il / leur / demander / la permission / faire une formation professionnelle
3. ils / lui / interdire / s'inscrire dans une école privée d'hôtellerie
4. Olivier / demander / à son conseiller / lui / donner son opinion
5. le conseiller / lui / suggérer / commencer ses études dans une faculté de lettres
6. enfin, Olivier / demander / à ses parents / changer d'avis
7. ils / lui / défendre / faire les études qu'il veut
8. pauvre Olivier, / ses parents / l'empêcher *(takes direct object)* / réaliser son rêve

7 Parlez des goûts des personnes suivantes en complétant chaque phrase par un verbe approprié.

1. Mes parents (ne) veulent (pas) que je…
2. Je désire que mes parents…
3. Mes amis préfèrent que nous…
4. Mes copains (ne) veulent (pas) que je…
5. Mes professeurs souhaitent que les étudiants…
6. Notre prof de français (ne) désire (pas) que nous…
7. Mon ami(e) (ne) veut (pas) que je…
8. Je (ne) veux (pas) que mon ami(e)…

INTERACTIONS

Qu'est-ce qu'on veut que vous fassiez? Faites une liste de cinq objectifs que vos parents (vos amis, votre petit[e] ami[e]) veulent que vous atteigniez. Comparez votre liste aux listes de vos camarades de classe. Quels souhaits sont les mêmes? Lesquels sont différents?

D. Thought (Opinion): The verbs **croire, penser,** and **espérer** require the subjunctive in a subordinate clause when used negatively or interrogatively. When used affirmatively, these verbs no longer imply doubt or subjectivity, and the verb in the subordinate clause is in the indicative.

—**Crois**-tu **qu'il comprenne** bien les conséquences de son choix?

—Oui, je **crois qu'il comprend** bien les conséquences de son choix, mais je **ne crois pas qu'il choisisse** bien son orientation.

—**Pensez**-vous **que ce soit** une bonne chose à faire?

—Je **ne pense pas qu'il soit** nécessaire de faire des études supérieures et je **pense qu'on peut** réussir dans la vie sans diplôme universitaire.

When used negatively or interrogatively, the expressions **être certain(e)(s)** and **être sûr(e)(s)** require the subjunctive in a subordinate clause.

Elle **n'est pas certaine que vous vous rattrapiez.**	She **isn't certain that you'll make it up.**
Sommes-nous **certains qu'elle fasse** de son mieux?	**Are** we **certain that she's doing** her best?
Nous **ne sommes pas sûrs qu'il parte.**	We **are not sure that he's leaving.**
Etes-vous **sûr que je réponde** bien?	**Are** you **sure that I'm answering** well?
BUT:	
Elle **est sûre qu'il fait** son travail.	She **is sure that he's doing** his work.
Je **suis certain qu'il dit** la vérité.	**I am certain that he's telling** the truth.

Rappel!

Pay special attention to the patterns in the uses of the subjunctive that you have studied to this point.

EXPRESSION	SUBJUNCTIVE	INDICATIVE
Doubt	Affirmatively	Negatively
	Interrogatively	
Emotion	Affirmatively	
	Negatively	
	Interrogatively	
Will	Affirmatively	
	Negatively	
	Interrogatively	
Thought / Opinion	Negatively	Affirmatively
	Interrogatively	

8 Pour exprimer votre opinion, mettez **je pense (je crois)** ou **je ne pense pas (je ne crois pas)** devant les éléments indiqués. En comparant vos opinions à celles de vos camarades de classe, ajoutez une idée supplémentaire pour expliquer votre opinion.

MODELE   la réussite financière / être la chose la plus importante dans la vie
Je ne crois pas que la réussite financière soit la chose la plus importante dans la vie. L'amitié est aussi très importante.

1. l'argent / faire le bonheur
2. les femmes / avoir les mêmes chances que les hommes
3. une formation professionnelle / être aussi bonne qu'un diplôme universitaire
4. tout le monde / devoir faire des études universitaires
5. il / être important de suivre un programme d'études générales
6. les cours de langue / être nécessaires
7. certaines spécialisations / garantir un bon poste
8. la réussite / dépendre des études qu'on a faites
9. tous les étudiants / pouvoir facilement trouver de bons postes
10. tous les étudiants / devoir faire du travail bénévole dans leur communauté

INTERACTIONS

Un sondage sur la vie à l'université. Vous voulez faire un sondage pour découvrir les principaux problèmes dans votre université. Préparez quatre questions à poser aux autres étudiants de la classe. Au sujet de quels problèmes est-ce que tout le monde est d'accord?

MODELE   *Penses-tu qu'il y ait assez de parcs de stationnement sur le campus?*

L'heritage culturel

L'Université d'Etat

Au douzième siècle, l'Eglise décide que toute cathédrale doit maintenir une école pour assurer l'instruction de ses clercs. A Paris, c'est de l'une de ces écoles que va naître l'Université de Paris.

- Fondée en 1192, l'Université de Paris a gardé son importance mondiale pendant plusieurs siècles. En province, d'autres universités ont été créées sur le modèle de Paris (par exemple, en 1229 à Toulouse et en 1289 à Montpellier où se trouve l'école de médecine la plus ancienne d'Europe).

- A la suite de la Révolution française de 1789, les universités ont été supprimées.

- En 1806, Napoléon Iᵉʳ va donc pouvoir créer sa propre université impériale qu'il place sous le contrôle immédiat du Gouvernement. Le principe des universités d'Etat, administrées par le pouvoir central, a donc été formellement établi en France à partir de l'époque napoléonnienne. Ce principe est toujours en vigueur.

ICONE / The Image Works

Le dôme de la Sorbonne: un excellent exemple du classicisme en architecture

La Sorbonne

La Sorbonne, symbole de l'université française, a longtemps été la Faculté de théologie, de philosophie et de lettres de Paris. En plus de son importance historique, cette université parisienne présente aussi un intérêt architectural.

- En 1257, Robert de Sorbon, confesseur et chapelain du roi Saint Louis, fonde un établissement pour faciliter l'étude de la théologie chez les étudiants (appelés écoliers) pauvres. A partir de la Renaissance (16ᵉ siècle), cette faculté de théologie a été connue sous le nom de Sorbonne.

- Au 17ᵉ siècle, le cardinal Richelieu, ministre du roi, demande à l'architecte Lemercier de reconstruire la Sorbonne. La chapelle de la Sorbonne, avec son dôme néo-classique de style Louis XIII, date de cette époque. Les bâtiments de la Sorbonne qu'on admire aujourd'hui ont été rénovés vers 1900.

Langue et culture

Le français (comme l'anglais) utilise souvent la voix passive *(passive voice)* pour résumer des événements historiques.

> Pouvez-vous relever cinq exemples de la voix passive dans le texte?

> Reformulez ces trois phrases en utilisant la **voix active.** Choisissez un sujet approprié (e.g. l'Etat, l'Eglise, Napoléon, etc.) et conjuguez le verbe principal au **passé composé.**

Jeux de mots

Trouvez des synonymes dans les textes pour les mots et expressions suivants. Ensuite, utilisez les réponses pour compléter les paragraphes.

L'Université d'Etat: à l'extérieur de la capitale, après, ont été éliminées, a été fondé, actif

Aux 12ᵉ et 13ᵉ siècles, à Paris ainsi qu' _____, plusieurs universités rattachées à l'Eglise ont été créées. Cependant, _____ la chute de la monarchie, ces universités _____ pendant plus d'un siècle. Sous Napoléon Iᵉʳ, le principe des universités d'Etat _____. Aujourd'hui, ce système éducatif est encore _____ en France.

La Sorbonne: *établit, ce temps, restauré* et *aspect*.

L'Eglise _____ la cathédrale Notre-Dame de Paris en 1163. A _____, Paris n'avait même pas 25 000 habitants. Le style gothique donne à la cathédrale son _____ architectural. Aux 19ᵉ et 20ᵉ siècles, l'édifice a été _____.

Jules Ferry et l'école républicaine

Sous la Troisième République (1870–1940), la France a connu des progrès impressionnants en matière d'éducation. Certaines de ses «valeurs républicaines» exercent encore leur influence sur l'enseignement français contemporain.

- Jules Ferry (1832–1893) était Ministre de l'Instruction Publique lorsque la France a voté la «loi Jules Ferry» de 1882 par laquelle l'école primaire publique est devenue gratuite pour tous, laïque (c'est-à-dire neutre en matière de religion et de politique) et obligatoire de 7 à 13 ans.

- A partir de 1889, les instituteurs deviennent des fonctionnaires d'Etat et une instruction morale et civique remplace l'enseignement religieux.

- En 1932, les études secondaires deviennent gratuites. A partir de 1924, l'enseignement dans les lycées de jeunes filles, institués par la loi de 1880, va s'aligner sur le modèle masculin.

Langue et culture

Répondez aux questions en remplaçant les mots en caractères gras par un pronom.

1. En matière d'éducation, la France a-t-elle connu **des progrès impressionnants**?
2. En quelle année la France a-t-elle voté **la «loi Jules Ferry»**?
3. Cette loi rend-elle **l'école primaire** obligatoire?
4. En 1935, il est encore nécessaire de payer **les études secondaires** des enfants?
5. Au 19ᵉ siècle, l'enseignement dans les lycées féminins s'est-il déjà aligné sur **le modèle masculin**?

Jeux de mots

Trouvez des synonymes dans le texte pour **pendant, nécessaire** et **éducation**. Ensuite, utilisez les réponses pour compléter le paragraphe.

Créé _____ le premier empire, le bac est encore l'examen que beaucoup d'élèves français passent à la fin de leur dernière année dans l'_____ secondaire. Le bac est _____ pour tout lycéen qui souhaite obtenir son diplôme et s'inscrire à la fac.

Réflexion

A. Retracez l'histoire des universités françaises. De quelle institution (l'Eglise ou l'Etat) dépendent-elles au Moyen-Age, pendant le premier empire et à partir du 19ᵉ siècle? La tradition des universités dans votre pays ressemble-t-elle à celle-ci?

B. Que veut dire le mot «république»? Dans quel sens un système éducatif peut-il encourager les valeurs républicaines dont Jules Ferry a été, en partie, responsable?

The Subjunctive after Impersonal Expressions

An impersonal expression is any verbal expression that exists only in the third-person singular form and has **il** or **ce** (meaning *it*) as its subject. Impersonal expressions normally require the subjunctive in a subordinate clause because such generalizations imply that the statement being made is open to doubt or is the subjective opinion of the speaker.

The following is a list of some impersonal expressions that require the subjunctive.

Impersonal Expressions with *être*		
il est nécessaire	*it is necessary*	Il est nécessaire que vous **fassiez** des études.
il est essential	*it is essential*	Il est essentiel qu'il **aille** en classe.
il est important	*it is important*	Il est important que je **choisisse** mes cours.
il est possible	*it is possible*	Il est possible que vous **n'ayez pas compris.**
c'est dommage	*it's a pity*	C'est dommage qu'il ne **réussisse** pas.
c'est triste	*it is sad*	C'est triste qu'elle **ait échoué** à l'examen.
il est surprenant	*it is surprising*	Il est surprenant que ce cours **soit** mauvais.
ce n'est pas la peine	*it's not worth the trouble*	Ce n'est pas la peine qu'il **vienne** me voir.

Impersonal Verbs		
il faut	*it is necessary*	Il faut que vous vous **inscriviez.**
il vaut mieux	*it's better*	Il vaut mieux que nous **assistions** aux cours.
il semble	*it seems*	Il semble que le cours **finisse** en juin.
il se peut	*it's possible*	Il se peut que vous **ayez** tort.

The following impersonal expressions require the indicative in the subordinate clause when used affirmatively.

il est certain	*it's certain*
il est sûr	*it's sure*
il est probable	*it's probable*
il est évident	*it's evident*
il est clair	*it's clear*
il est vrai	*it's true*
il paraît	*it seems*
il me semble[4]	*it seems to me*

Il est certain que vous **avez** raison.
Il est vrai qu'il **connaît** l'université.
Il me semble que vous **séchez** trop de cours.

[4]Note that the expression **il semble** always requires the subjunctive, whereas **il me semble** requires the subjunctive only when used negatively or interrogatively.

If these expressions are used in the negative or interrogative, the subordinate clause is in the subjunctive.

Il n'est pas sûr que je réussisse à cet examen.

Il n'est pas probable qu'elles aillent à l'université.

Est-il clair qu'elle ait compris?

Rappel!

In using impersonal expressions, if you are making a broad general statement rather than addressing a specific person, there is no need for a subordinate clause. In such cases, the impersonal expression is followed by an infinitive. The expressions involving **être** take the preposition **de** before the infinitive.

Il faut s'inscrire en août.

Il faut que vous vous inscriviez avant de partir en vacances.

Il vaut mieux assister à toutes les conférences.

Il vaut mieux qu'il assiste au cours de maths.

Il est nécessaire de remplir certains formulaires.

Il est nécessaire, monsieur, **que vous remplissiez** certains formulaires.

Il est important d'établir un bon programme.

Il est important **qu'elles établissent** un bon programme.

9 Après une soirée, il faut tout ranger. Transformez les phrases en utilisant **Il faut que** pour indiquer la distribution des tâches nécessaires.

1. Tu ranges la cuisine.
2. Nous lavons tous les verres.
3. On remet toutes les chaises à leurs places.
4. Quelqu'un fait la vaisselle.
5. Je rends ses CD à ma copine.
6. Mon copain reprend son lecteur de CD.
7. Nous nous couchons!
8. ???

10 Votre ami du Sénégal va venir passer l'année dans votre université. Vous lui écrivez pour lui donner des conseils. Complétez chaque phrase en mettant les verbes entre parenthèses à la forme appropriée du **subjonctif** ou de l'**indicatif**.

1. D'abord, il est possible que les frais d'inscription _____ plus élevés pour l'année prochaine. (être)
2. Il faut que tu _____ au bureau des inscriptions pour savoir s'il va y avoir une augmentation. (écrire)
3. Il est essentiel que tu _____ tout de suite aux cours que tu veux suivre. (s'inscrire)
4. Il est toujours possible que certains cours _____ complets. (être)
5. Il est important que tous les étudiants _____ à la première séance d'orientation. (venir)
6. Il est probable que tu _____ au moins un camarade de chambre. (avoir)
7. Il n'est pas sûr que nous _____ la même résidence. (habiter)
8. Il est important que ton conseiller _____ ta situation en tant qu'étudiant étranger. (comprendre)
9. C'est dommage que tu ne _____ pas arriver plut tôt. (pouvoir)
10. Il est certain que je _____ te chercher à l'aéroport. (venir)

INTERACTIONS

Un programme d'échange. Puisque vous parlez français, on vous demande d'accueillir deux Martiniquaises qui vont passer l'année dans votre université. Travaillez en groupes où quelqu'un joue le rôle d'une des étudiantes de la Martinique. Les autres membres du groupe lui donnent des conseils et la Martiniquaise pose des questions sur les conseils du groupe.

MODELE CONSEIL D'UN ETUDIANT: *Il faut que tu t'inscrives tôt pour choisir tes cours.*
QUESTION DE LA MARTINIQUAISE: *Combien de cours faut-il que je suive?*

SYNTHESE

A. Voici des phrases entendues au cours d'une soirée entre étudiants au moment de la rentrée. Composez une seule phrase en liant les deux propositions indiquées.

MODELES j'ai peur / Yves vient
J'ai peur qu'Yves (ne) vienne.

j'ai peur / je pars si tôt
J'ai peur de partir si tôt.

1. n'es-tu pas content / on vient chez toi ce soir
2. elle veut / on est à l'heure pour la soirée
3. nous sommes désolés / Jean-Luc ne peut pas venir
4. tout le monde souhaite / elle se rattrape
5. je crois / il va revenir cette année
6. penses-tu / il est arrivé avant la rentrée
7. mon prof de français a exprimé le désir / je suis un cours avancé
8. ma mère est triste / je veux quitter l'université avant d'avoir obtenu mon diplôme
9. mais j'ai peur / je ne réussis pas à ce cours
10. désires-tu / tu pars si tôt
11. je n'ai aucun doute / ce prof est sévère
12. elle préfère / on va au cinéma demain soir
13. je suis étonné / il a changé de spécialisation
14. j'espère / il va me demander de sortir avec lui cette semaine
15. je souhaite / je finis mes études l'année prochaine

B. Complétez les phrases suivantes en exprimant vos opinions personnelles sur votre université.

1. Il me semble que les étudiants ici...
2. Je pense que les livres qu'on achète à la librairie...
3. Je suis certain(e) que les profs...
4. Je voudrais que la bibliothèque...
5. Je doute que les étudiants...
6. Il paraît que notre restaurant universitaire...
7. Il est important que ma spécialisation...
8. Je crois que les cours obligatoires...
9. Je voudrais que ma résidence...
10. Il me semble que le plus gros problème à l'université...

INTERACTIONS

Quelle formation choisir? Pour plusieurs jeunes en France, une formation professionnelle est plus intéressante qu'une formation traditionnelle à l'université. Discutez du portrait suivant.

Valérie, 23 ans

Formation: Lycée d'enseignement professionnel (LEP) puis Centre de formation d'apprentis (CFA).

Dernier diplôme: un Certificat d'aptitude professionnelle (CAP) de doreur à la feuille ornemaniste. Aujourd'hui salariée dans un atelier près de Paris.

« J'ai un assez mauvais souvenir de mes années de collège où j'ai même dû redoubler ma quatrième. Surtout, j'ai voulu éviter la voie générale. Un jour, j'ai eu la chance de me rendre aux journées portes ouvertes de plusieurs lycées professionnels. C'est là que j'ai eu le coup de foudre en visitant la salle de dessin de l'atelier des ébénistes. J'ai donc décidé de préparer un bac pro et un CAP, en sachant profiter des avantages de cette filière. Un de mes stages s'est déroulé chez mon patron actuel où on fait de la dorure. J'ai même pu faire un deuxième stage en dorure en Italie, à Florence. L'année dernière, mon patron m'a rappelée pour travailler sur un chantier au Louvre. C'est ce qui m'a décidée à poursuivre en apprentissage un CAP doreur à la feuille ornemaniste. J'aime bien le CFA, car les rapports avec les profs sont plus humains, et on applique tout de suite chez l'employeur les techniques qu'on nous enseigne. Ça me donne beaucoup de confiance en moi. »

walespix / Alamy

1. Décrivez l'expérience de Valérie au collège.
2. Comment a-t-elle découvert la filière professionnelle qu'elle a suivie?
3. Comment a-t-elle appris l'art de la dorure *(gilding)*? (NB: **ornemaniste** veut dire graveur / dessinateur de meubles ou d'objets d'art)
4. Où a-t-elle travaillé récemment? Qu'est-ce qu'elle y faisait?
5. Pourquoi aime-t-elle la formation professionnelle?

Parmi vos amis, la formation professionnelle est-elle aussi bien vue que la formation traditionnelle? Avez-vous des amis qui ont choisi une formation professionnelle? Si oui, laquelle? Comment avez-vous réagi à ce choix? Que pensez-vous de la formation professionnelle en général?

L'Étudiant, Hors série, Le guide de l'alternance et des formations rémunérées, Édition 2004-2005, p. 33

POUR S'EXPRIMER

Francophones en direct

Les études supérieures en France. Ecoutez l'interview suivante avec Emily qui nous parle de ses études à Paris. Ensuite, complétez les phrases de façon logique. Vous pouvez écouter l'interview plusieurs fois, si cela est nécessaire.

Vocabulaire utile

a partir de	*from*	**la filière**	*the course*
des travaux dirigés	*supervised work*	**une chambre**	*a small room at the top of*
plus réduits	*smaller*	**de bonne**	*a building, used to house*
les démarches	*the steps*		*servants in the past*
il suffit de	*all that's necessary is*	**améliorer**	*to improve*
		que ce soit	*whether it be*

---

1. Après le bac, Emily est entrée…
2. Emily s'est spécialisée en…
3. En général, l'après-midi d'une journée typique à la fac, Emily…
4. Pendant un cours magistral, les étudiants…
5. Pour s'inscrire à la fac, il n'est pas toujours nécessaire de…
6. Le coût des études supérieures en France est…
7. En général, les étudiants universitaires en France habitent…
8. Emily trouve que le système universitaire en France n'est pas assez…
9. Avant de venir en France, Emily suggère que les étudiants étrangers fassent des recherches et…
10. Emily recommande que les étudiants étrangers en France parlent aux étudiants français et…

 En petits groupes, comparez l'expérience d'Emily dans le système français et la situation typique des étudiants dans le système américain. Quelles sont les différences les plus remarquables?

A vous la parole

Voici une liste d'expressions souvent employées pour présenter une opinion personnelle ou pour discuter d'idées abstraites.

A mon avis, il est évident que…
Ah non, je ne crois pas que…
A vrai dire, je ne suis pas sûr(e) que…
Franchement, je suis désolé(e) que…
Je ne pense pas que…
Je pense que…

Moi, je crois que…
Personnellement, je regrette que…
Pour ma part, je suis certain(e) que…
Quant à moi, je doute que…
Vraiment, je suis surpris(e) que…

Voici certains sujets de discussion souvent abordés par les étudiants. Utilisez les expressions précédentes pour formuler vos propres opinions sur les déclarations suivantes. Faites tous les changements nécessaires. Un(e) camarade de classe doit ensuite donner sa propre opinion.

1. Pour réussir dans la vie, tout le monde a besoin de faire des études universitaires.
2. Les études universitaires doivent être plus orientées vers une formation professionnelle.
3. Les frais d'inscription coûtent trop cher.
4. L'énergie nucléaire est trop dangereuse.

5. Les manipulations génétiques vont beaucoup apporter à l'humanité.

6. L'union libre mène à des mariages plus durables.

7. L'Etat doit avoir un droit de censure sur les paroles des chansons de rock.

8. Il est nécessaire de garantir une assurance maladie pour tout le monde.

Situations orales

A. Plusieurs membres de la classe donnent leur avis sur ce qu'il est nécessaire (important, essentiel, bon, etc.) qu'une personne fasse (possède, soit, etc.) pour être heureuse dans la vie. Les autres étudiants vont donner leurs opinions. Selon l'ensemble des réponses, qu'est-ce qui constitue le bonheur dans la société d'aujourd'hui?

B. L'organisation internationale de l'OTAN *(NATO)* offre un stage rémunéré pour travailler dans ses bureaux de Bruxelles pendant l'été. Les candidats intéressés doivent se présenter pour un entretien avec le comité de sélection aux Etats-Unis. Travaillez en groupes. Une personne joue le rôle du candidat (de la candidate) et donne un bref résumé de son expérience académique et professionnelle. Les autres membres du groupe représentent le comité et posent des questions sur l'expérience et les projets professionnels du candidat (de la candidate).

Structures III

GRAMMAR TUTORIALS

The Subjunctive after Certain Conjunctions

The following conjunctions are followed by a subordinate clause with a verb in the subjunctive when there is a change of subject. If there is no change of subject, these conjunctions are followed by an infinitive. Note that in such cases, **que** is dropped, and some of the conjunctions take **de** to introduce the infinitive.

[5]These expressions may be followed by **ne** before the subjunctive verb.

	Change of Subject	Single Subject
avant (que / de) *before*	**Mon conseiller** me parle **avant que je (ne)[5] m'inscrive.**	**Je** parle à mon conseiller **avant de m'inscrire.**
sans (que) *without*	**Il** quitte l'école **sans que ses parents le sachent.**	**Il** quitte l'école **sans l'annoncer.**
à moins (que / de) *unless*	**Il** va quitter l'école **à moins que ses parents (ne)[5] le laissent** vivre à la résidence universitaire.	**Il** va quitter l'école **à moins de changer** d'avis.
afin (que / de) *so that*	**Je** me spécialise en biologie **afin que mes parents soient** heureux.	**Je** me spécialise en biologie **afin de trouver** un bon poste.
pour (que) *in order that / to*	**Vous** venez **pour que nous** vous **donnions** des mrenseignements.	**Vous** venez nous voir **pour avoir** des renseignements.
de peur (que / de) *for fear that / of*	**Il** a bien étudié **de peur que le prof (ne)[5] donne** un examen.	**Il** a bien étudié **de peur d'échouer.**

The following conjunctions must always be followed by a verb in the subjunctive, even when there is no change of subject.

	Change of Subject	Single Subject
bien que *although*	**Il** aime le cours **bien que le sujet soit** difficile à comprendre.	**Il** aime le cours **bien qu'il n'y aille pas** souvent.
quoique *although*	**Vous** séchez des cours **quoique vos notes soient** mauvaises.	**Vous** séchez des cours **quoique vous ayez** de mauvaises notes.
pourvu que *provided that*	**Je** vais suivre ce cours **pourvu que la classe soit** peu nombreuse.	**Je** vais suivre ce cours **pourvu que j'aie** le temps.
jusqu'à ce que *until*	**Nous** allons travailler **jusqu'à ce que vous arriviez.**	**Nous** allons travailler **jusqu'à ce que nous comprenions** ce problème.

Rappel!

The conjunctions **après que, pendant que, parce que, aussitôt que,** and **dès que** are not followed by the subjunctive because they introduce a clause that is factual rather than hypothetical.

Il m'a parlé **après que vous êtes partie.**	He spoke to me **after you left.**
Je vais travailler **pendant qu'elle est** à l'école.	I'm going to work **while she's at school.**
D'habitude, ils partaient **aussitôt que j'avais fini.**	They usually left **as soon as I had finished.**

1 Il y a toujours beaucoup de choses à faire avant de quitter le campus à la fin de l'année universitaire. Reliez les deux phrases indiquées en employant **avant que.**

MODELE   Je rends mes livres à la bibliothèque. Elle ferme.
Je rends mes livres à la bibliothèque avant qu'elle ferme.

1. Nous devons dire au revoir aux amis. Ils s'en vont.
2. Je dois téléphoner à ma famille. Elle vient me chercher à la fac.
3. Il faut ranger notre chambre. Nous partons.
4. Les étudiants vont revendre leurs manuels de cours. La librairie est fermée.
5. Il faut bien organiser mes affaires. Nous les mettons dans la voiture.
6. Il est nécessaire de se mettre en route. Il fait nuit.
7. ???

2 Votre amie Emma vient passer une année aux Etats-Unis. Elle doit s'incrire dans votre université et vous lui envoyez un e-mail avec des conseils pratiques. Complétez la liste par la forme appropriée des verbes entre parenthèses.

1. Je vais t'envoyer de la documentation avant que tu _____. (partir)
2. Bien que les inscriptions ne _____ pas très compliquées, tu as besoin de t'inscrire tôt. (être)
3. Je vais t'envoyer une des brochures que l'université a préparées pour qu'on _____ quels cours sont au programme. (savoir)
4. Tu peux suivre n'importe quels cours, pourvu qu'il y _____ de la place. (avoir)

5. Tu dois te préinscire avant d' _____ sur le campus. (arriver)

6. On peut attendre jusqu'à ce que tu _____ sur le campus pour t'inscrire définitivement. (être)

7. Tu vas pouvoir avoir les cours que tu veux, pourvu que tu n' _____ pas trop longtemps pour envoyer ton dossier. (attendre)

8. Tu ne dois pas aller plus loin sans _____ un dossier. (préparer)

9. Je vais t'envoyer le nom d'un conseiller pour que tu lui _____ avant d' _____ aux Etats-Unis. (écrire / arriver)

10. Nous pouvons nous retrouver dès ton arrivée pour _____ ensemble de ta vie à l'université américaine. (parler)

3 Maintenant, c'est à vous d'exprimer quelques-unes de vos opinions sur la vie d'étudiant chez vous. Complétez chaque phrase logiquement.

1. Je fais de mon mieux pour que mes parents…

2. Je ne m'inscris jamais à un cours sans…

3. J'aime bien le professeur pourvu qu'il / elle…

4. Je ne sèche jamais mon cours de *(nom d'une matière)* de peur…

5. J'ai choisi de faire des études universitaires pour…

6. J'étudie le français bien que…

7. J'ai réussi quoique…

8. J'accepte l'opinion de mon conseiller (ma conseillère) pourvu que…

INTERACTIONS

Visitons la ville de Montréal!

A. En petits groupes, organisez un voyage à Montréal. Demandez à vos camarades où vous pouvez faire les activités suivantes. Choisissez un endroit logique de la liste à droite et utilisez un pronom complément d'objet.

MODELE —*Où est-ce qu'on peut voir* La Défense *d'Auguste Rodin?*
—*On peut* **la** *voir au Musée des beaux-arts de Montréal.*

ACTIVITÉS	ENDROITS
accéder à une vue panoramique de la ville	le Musée d'art contemporain
connaître les divers écosystèmes du continent	la basilique Notre-Dame de Montréal
apprécier l'architecture religieuse néo-gothique	le sommet du Parc du Mont-Royal
écrire des courriels à nos familles	le Biodôme
manger de la poutine	un restaurant de cuisine régionale
goûter un café au sirop d'érable	la ville souterraine
admirer des tableaux québécois contemporains	le vieux port
voir *La Défense* d'Auguste Rodin	le Musée des beaux-arts de Montréal
faire du magasinage s'il pleut	un Starbucks du centre-ville
prendre un bateau pour une visite sur le fleuve	un café Internet

B. Avec vos partenaires, dressez une liste de préparatifs pour ce voyage. Utilisez une variété de conjonctions dans votre discussion.

MODELE —*Il faut prendre nos billets d'avion bien à l'avance* **pour** *obtenir les meilleurs tarifs.*
—*Je préfère un vol direct* ***pourvu que*** *ça ne coûte pas trop cher.*

Note culturelle

L'Université de Genève

Située au cœur de l'Europe, l'Université de Genève (l'UNIGE) est une institution publique de 14 000 étudiants, dont 36% viennent de l'étranger. Renommée pour ses études dans les sciences, en économie et en psychologie, l'université propose aussi des programmes en langues modernes et en relations internationales. Pour ces études, l'emplacement de l'UNIGE est sans doute idéal. Genève est le siège mondial de plus de 30 organisations internationales.

Fondée en 1559 par Jean Calvin en tant que séminaire, l'UNIGE devient une université au 19e siècle. Aujourd'hui, elle est composée de huit facultés et de plusieurs instituts qui collaborent sur des projets de recherche importants avec le Conseil européen pour la recherche nucléaire (CERN) et la National Aeronautics and Space Administration (NASA).

L'agglomération de Genève compte 1,25 million de francophones, et pour les étudiants de français, l'UNIGE offre des cours d'été en langue française à tout niveau. Chaque année, mille non-francophones venus des cinq continents s'y installent pour suivre des cours intensifs de langue. Ils profitent de séminaires sur la mondialisation, le multiculturalisme, la politique et l'économie, et ils visitent les organisations internationales.

L'association étudiante ESN-Genève (Erasmus Student Network) propose aux étudiants étrangers de nombreuses sorties culturelles: visite des microbrasseries de bière, excursions dans les Alpes, soirées «fondu» aux célèbres fromages suisses. Pour ceux qui veulent faire de l'exercice ou s'initier à un sport suisse, le Centre des sports universitaires offre plus de cinquante activités, comme l'alpinisme, l'escalade, la natation, le patinage, le parapente et le ski.

Compréhension

1. Pour quels programmes d'études l'Université de Genève est-elle renommée?
2. De quels programmes d'études les étudiants étrangers peuvent-ils profiter?
3. Quelles activités sociales invitent les étudiants étrangers à découvrir la culture suisse?

Réflexion

A. Imaginez plusieurs raisons que les étudiants peuvent donner pour participer à un programme d'échange à l'Université de Genève. Quels sont les avantages des études à Genève et à l'UNIGE?

B. Prenez les exemples de la Sorbonne et de l'UNIGE pour résumer l'évolution de ces universités européennes au cours des siècles. Comparez cette évolution et l'histoire du développement des universités dans votre pays.

Activité vidéo

Regardez le reportage sur «L'Art pour les enfants malades», puis répondez aux questions suivantes.

1. Quel programme d'études à UQAM (Université du Québec à Montréal) Violaine et Rica suivent-elles?
2. Dans le cadre du cours «Accompagnement par l'art», où vont Violaine et Rica tous les jeudis? Qu'y font-elles?
3. En quoi toutes les trois (l'enfant, Violaine et Rica) profitent-elles de cette rencontre?

The Subjunctive after Indefinite Antecedents

When a subordinate clause refers to a concept (or antecedent) in the main clause that is indefinite, the subordinate verb is in the subjunctive. The context of the sentence will indicate that the existence or nature of the antecedent is doubtful or open to question.

Je cherche **une voiture qui soit** économique.	*I'm looking for **a car that is** economical.*
Il veut trouver **une chambre qui ait** une belle vue.	*He's looking for **a room that has** a good view.*
Nous voulons **une spécialisation qui nous permette** de réussir.	*We're looking for **a major that will permit us** to succeed.*
Elles cherchent **des amis qui fassent** aussi des études.	*They're looking **for friends who are** also **going** to school.*

When the context of the sentence indicates that the subordinate clause refers to a definite person or thing, the verb is in the indicative.

J'ai acheté **une voiture qui est** très économique. *(You know the car exists.)*

Il a loué **une chambre qui a** une belle vue. *(He knows the room has a view.)*

Nous avons choisi **une spécialisation qui nous permet** de réussir. *(We know that the major will help us succeed.)*

Elle a **des amis qui font** aussi des études. *(She has these friends already.)*

If the antecedent is preceded by a definite article, this is normally a good indication that the verb in the subordinate clause should be in the indicative.

Voilà **la voiture qui est** si chère.

Nous voulons voir **la chambre qu'il a louée.**

4 Au moment de la rentrée, des copains parlent de différents aspects de la vie d'étudiant. Complétez leurs phrases par la forme appropriée du verbe entre parenthèses.

1. J'espère trouver une chambre qui ne _____ pas trop chère. (être)

2. Nous cherchons une librairie qui _____ des livres bon marché. (vendre)

3. Moi, je veux trouver une spécialisation qui _____ utile. (être)

4. Connaissez-vous quelqu'un qui _____ la date des inscriptions? (savoir)

5. Il faut trouver un prof qui _____ les problèmes des étudiants. (comprendre)

6. Je ne veux pas suivre un cours où il y _____ une centaine d'étudiants. (avoir)

7. J'ai un conseiller qui _____ bien m'aider à choisir mes cours. (savoir)

8. Nous voulons trouver une colocataire qui _____ le même horaire que nous. (avoir)

5 Vous parlez de votre vie à l'université avec un(e) ami(e). Complétez les phrases suivantes par la forme appropriée des verbes entre parenthèses.

1. Ma copine a des amis qui _____ marrants *(amusing)*. (être)

2. Je voudrais trouver une spécialisation qui _____ des débouchés *(career options)* intéressants. (offrir)

3. Toi, tu as choisi des cours qui _____ difficiles. (être)

4. Nous avons trouvé des filières que nous _____ bien. (aimer)

5. Je dois chercher un(e) colocataire qui ne _____ pas jusqu'à 2 h du matin. (sortir)

6. Pour le semestre prochain, pouvez-vous m'aider à choisir un emploi du temps qui ne _____ pas si chargé? (être)

6 Avec un(e) ami(e), vous parlez de votre vie à l'université. Complétez les phrases suivantes pour indiquer votre point de vue.

1. Moi, je cherche des copains qui…
2. Toi, tu choisis des cours qui…
3. Notre université cherche des étudiants qui…
4. Je voudrais trouver une spécialisation qui…
5. Je suis spécialiste de *(spécialisation)* et il faut que je trouve un poste qui…

INTERACTIONS

 Projets d'été. En petits groupes, posez des questions à vos camarades de classe sur leurs projets pour l'été. Utilisez plusieurs éléments de la liste dans vos questions. Ensuite, comparez les réponses.

> **MODELE** chercher un job d'été
> —*Quelle sorte de job d'été cherches-tu?*
> —*Je cherche un job qui ne soit pas situé trop loin de chez moi.*

chercher un job d'été, considérer pratiquer un sport , envisager de lire un roman, penser faire un voyage, souhaiter prendre un cours d'été , vouloir visiter une plage, vouloir voir un film

---

GRAMMAR TUTORIALS ## The Subjunctive in Superlative Statements

When a superlative is followed by a subordinate clause, the verb in the subordinate clause is normally in the subjunctive because most superlatives are subjective statements of opinion.

La chimie, c'est **le cours le plus difficile qu'on puisse** suivre ici.	Chemistry is **the hardest course you can** take here.
Mme Roland est **le meilleur prof qui soit** à l'université.	Mme Roland is **the best professor who is** at this university.

Remember that **personne, rien,** and **le seul** may be used as superlatives and require the subjunctive in a following subordinate clause.

Il n'y a **personne qui puisse** réussir à ce cours.	There is **no one who can** pass this course.
Je ne vois **rien qui soit** intéressant dans le cursus du semestre.	I don't see **anything that is** interesting in the course offerings this semester.
Une mauvaise moyenne en maths n'est pas **le seul problème qu'il ait** ce semestre.	A bad average in math isn't **the only problem he has** this semester.

The subjunctive is not used following a superlative that is a statement of fact rather than an expression of opinion.

C'est **le plus avancé des cours qu'elle suit** ce semestre.	It is the **most advanced course that she is taking** this semester.

7 Voici plusieurs affirmations superlatives entendues parmi les étudiants. Complétez les phrases ci-dessous par la forme appropriée du verbe entre parenthèses.

1. C'est l'examen le plus difficile qu'on _____ imaginer. (pouvoir)
2. Il n'y a personne qui ne _____ pas de soucis avant un examen important. (se faire)

3. Tu vois ces hommes là-bas? C'est le plus grand qui _____ mon prof de biologie. (être)

4. C'est le meilleur cours que je _____ ce semestre. (suivre)

5. Le prof nous a dit que la note la plus basse _____ de soixante pour cent. (être)

6. J'ai donné la seule réponse que je _____ . (savoir)

7. Il n'y a pas un seul étudiant qui _____ tout le temps, pas vrai? (réussir)

8. Un D en maths? Ce n'est pas la plus mauvaise note qu'on _____ avoir. (pouvoir)

9. Les étudiants en quatrième année sont les seules personnes qui _____ la possibilité de s'inscrire avant les autres. (avoir)

INTERACTIONS

Selon toi. Posez des questions à votre partenaire en utilisant le superlatif pour déterminer ses opinions sur une variété de sujets. Partagez-vous les mêmes goûts?

MODELE voir un film
—*Quel est le meilleur film que tu aies vu?*
—*C.R.A.Z.Y. est le meilleur film que j'aie vu.*

avoir un professeur passionné, lire un roman, voir un film, manger un plat délicieux, suivre un cours difficile, suivre un cours facile, visiter un musée intéressant, voir un concert, ???

SYNTHESE

A. Vous écoutez une conversation entre plusieurs jeunes Bruxellois qui parlent de leur année universitaire. Complétez les phrases par la forme convenable des verbes entre parenthèses.

1. Oh là là! Ce cours de maths est le cours le plus difficile que je _____. (suivre)

2. L'année prochaine, je vais essayer de trouver des cours qui ne _____ pas si durs. (être)

3. Tu cherches un appartement que tu _____ partager avec d'autres étudiants? (pouvoir)

4. Oui, et j'ai bien trouvé un petit appart qui _____ situé très près de la faculté. (être)

5. Il faut que vous _____ certaines décisions avant de _____ en vacances. (prendre, partir)

6. Il est certain que je _____ travailler cet été pour payer mes frais de scolarité. (devoir)

7. Dans le cours d'anglais, la note la plus mauvaise à l'examen _____ un 8 sur 20 . (être)

8. Il est probable que nous ne _____ pas nous revoir pendant les vacances. (pouvoir)

9. Mes parents sont très contents que je _____ un stage aux Etats-Unis cet été. (faire)

10. Je veux que vous m'_____ tous des e-mails pendant les vacances. (écrire)

B. Interview: la vie d'étudiant. Posez les questions suivantes à un(e) camarade de classe.

1. Est-ce que tes professeurs te demandent de faire trop de travaux pratiques?
2. Penses-tu que certains professeurs soient trop indulgents? Lesquels? Y en a-t-il d'autres qui sont trop sévères? Lesquels?
3. Crois-tu que les étudiants américains doivent apprendre beaucoup de choses par cœur? Si oui, pour quels cours?
4. Penses-tu qu'il faille apprendre une langue étrangère pour acquérir une bonne instruction? Pourquoi?
5. Penses-tu que les rapports entre la plupart des étudiants et leurs professeurs soient bons? Peux-tu en donner des exemples?
6. Es-tu surpris(e) que bien des étudiants aient des problèmes d'argent? Qu'est-ce qu'ils font pour trouver des solutions à ces problèmes?
7. Quel est le cours le plus intéressant que tu aies jamais suivi? Pourquoi?
8. Quels avantages ou inconvénients y a-t-il à habiter dans une résidence universitaire? Crois-tu qu'on soit plus heureux dans un appartement que dans une chambre en résidence universitaire?
9. Penses-tu que les étudiants américains soient suffisamment sérieux en ce qui concerne leurs études? Pourquoi?

Rappel!

Occasionally for stylistic reasons, it is possible to avoid a subjunctive construction by choosing an alternative means of expression such as:

1. two independent sentences or a compound sentence containing two independent clauses rather than a single complex sentence containing a subordinate clause (It may be necessary to invert the order in which the ideas are expressed.).

   Ma copine est désolée **que je n'aie pas été reçu.**

   Je n'ai pas été reçu, et ma copine (en) est désolée.

2. a conjunction that does not trigger the subjunctive

   Je suis quatre cours actuellement **bien que (quoique)** cela soit difficile.

   Je suis quatre cours actuellement **même si** cela est difficile.

Situations écrites

Comme candidat(e) à la bourse de l'OTAN (voir la page 311), vous devez rédiger un CV accompagné d'une lettre de motivation. En utilisant les documents à la page 319 comme modèles, rédigez votre propre CV, puis écrivez une lettre de motivation pour le stage rémunéré de l'OTAN à Bruxelles.

Le français connecté

Consultez un moteur de recherche pour visiter les sites Internet de trois universités francophones. Tapez «université» + une ville en France et deux dans le monde francophone. Notez les informations de base (nom de l'université, emplacement et nombre d'étudiants, etc.). Puis, notez les caractéristiques principales des campus. Enfin, trouvez le nom du programme qui correspond le mieux à votre spécialisation et notez ses caractéristiques (nom des diplômes, durée des études, types de cours).

Connectez-vous

Un semestre à l'étranger. Vous avez décidé de passer un semestre dans une des universités que vous venez de découvrir. Donnez plusieurs raisons pour votre choix (endroit, cours, taille, style du campus, culture de la région, climat). Utilisez le subjonctif pour décrire ce qui vous plaît particulièrement ainsi que ce qui vous fait hésiter.

Rédiger son CV
Le curriculum vitae est concis et développe un certain nombre de rubriques.

Situation personnelle
- Nom de famille (en majuscules)
- Prénom
- Adresse
- Numéro de téléphone
- Adresse e-mail
- Nationalité
- Age

Objectif ou Projet professionnel
- Bref résumé de vos talents/capacités, ce que vous comptez apporter au poste demandé

Expérience professionnelle
- Liste thématique ou chronologique
- Nom de la société, lieu, dates d'emploi, poste, description des responsabilités, projets réalisés

Formation
- Seuls vos diplômes universitaires
- Nom et lieu des établissements, type de diplôme et date d'obtention

Connaissances (linguistiques et informatiques)
- Langues (niveau de compétence: notions élémentaires; maîtrise convenable; bonnes connaissances; lu, écrit, parlé; courant; bilingue; langue maternelle)
- Informatique (systèmes et logiciels pratiqués)

Centres d'intérêt, Passe-temps, Loisirs, Activités personnelles
- Se limiter à trois/quatre lignes
- Choisir ce qui vous démarque des autres

Soigner sa lettre de motivation

La lettre de motivation accompagne le CV et doit susciter l'intérêt de votre correspondant afin de décrocher la possibilité d'un futur entretien Les lettres de motivation sont de grande variété, mais ce type de correspondance comporte normalement quelques éléments essentiels: la motivation de la lettre, une explication de qui vous êtes et une conclusion

Le nom,
l'adresse (postale et e-mail) de l'expéditeur

L'adresse du destinataire
La date et le lieu de rédaction

L'objet
Objet: demande de (bourse, poste, stage…)

L'appel
Madame, Monsieur (si on ignore le nom du destinataire)

Le texte
Bientôt diplômé(e) de l'Université X, majeure X et désireux (-euse) de poursuivre une carrière en (…), je suis intéressé(e) par (le poste/le stage/la bourse) qui répond à mes attentes professionnelles. La renommée de votre (entreprise/société/agence) représente une opportunité importante pour enrichir mon expérience.

Mes expériences universitaires m'ont souvent offert la possibilité de mieux connaître les environnements multiculturels. J'ai logé deux ans dans une résidence universitaire conçue pour encourager l'approfondissement des cultures francophones et la pratique du français. J'ai aussi participé à un programme d'été au Québec avec hébergement en famille. Dynamique et volontaire, je suis également sensible aux préoccupations des étrangers dans mon pays que j'ai souvent eu l'occasion de rencontrer dans ma ville natale de Washington. Je pense donc répondre aux qualités du candidat que vous recherchez.

Dans l'espoir que vous réserverez un accueil favorable à ma candidature, je reste à votre entière disposition pour vous fournir plus de détails sur mon curriculum vitae ci-joint.

La formule de politesse
Je vous prie d'agréer, Madame, Monsieur, l'expression de mes salutations distinguées.

La signature
Prénom et nom

L'Etudiant, Hors série, Le guide de l'alternance et des formations rémunérées, Edition 2004–2005, pp. 24–25

A lire

Texte de culture contemporaine

Sujets de réflexion

1. Aux Etats-Unis, qui décide si un(e) étudiant(e) va faire des études universitaires?
2. Quels facteurs déterminent où un(e) étudiant(e) américain(e) va faire ses études?
3. A quel moment dans sa carrière académique aux Etats-Unis choisit-on la formation qu'on veut poursuivre?

Guide de lecture

L'Etat contrôle l'éducation en France et les études dans les universités publiques sont presque gratuites pour ceux qui réussissent au bac. Mais la réussite au bac n'est pas garantie et la compétition entre les candidats de certaines sections peut être féroce. En petits groupes, utilisez les questions suivantes pour faire des comparaisons avec le système universitaire aux Etats-Unis.

1. Qui contrôle les différentes écoles et universités aux Etats-Unis?
2. Décrivez le genre de compétition qui existe dans le système académique américain. Qu'est-ce qui détermine où un(e) étudiant(e) américain(e) va faire ses études universitaires?
3. Le système académique américain est-il «égalitaire»?

«SI MA FILLE N'A PAS DE MENTION, JE PORTE PLAINTE°!»

sue

Peur sur le bac

leaking — Comment et pourquoi un incident en apparence mineur—la fuite° d'un sujet de maths du bac S—a pris les proportions d'un drame national.

are keyed up — La police et la justice sont sur les dents°. Le ministère en état de siège. Parents et
5 associations d'élèves au bord de la crise de nerfs… Comment une blague stupide— un étudiant divulgue le sujet d'un exercice parmi quatre la veille de l'épreuve de maths du bac S—s'est-elle mutée en psychodrame national? 165 000 lycéens de terminale scientifique, certes cela fait du monde. Mais,… on n'avait jamais vu pareil
outburst — déchaînement°…

10 Jamais la compétition scolaire en France n'a été aussi féroce. Elle débute dès la
becomes more acute / — maternelle et s'aiguise° au fur et à mesure° qu'on avance dans le système. Elle
as one advances — génère aujourd'hui un climat d'une violence rarement soupçonnée… Aux portes des «meilleures» études, celles, de plus en plus rares, qui mènent à des métiers
spared / drop in status — épargnés° par le chômage, le déclassement°, c'est de la pure folie…

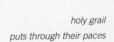

15 C'est dire combien il est crucial que cette compétition entre les élèves apparaisse à tous comme juste et équitable. Or le bac, notre monument national, se présente comme le garant par excellence de cette égalité républicaine. Cette grand-messe° *holy grail* qui fait plancher°plus de 650 000 jeunes repose pourtant sur une illusion collective: *puts through their paces* l'idée que les examens ou concours, anonymes, offrant les mêmes épreuves à tous, sont «justes». Comme si les élèves des lycées d'élite, triés sur le volet°, biberonnés° *hand-picked / spoon fed* 20 aux petits cours, coachés par des profs chevronnés°, concouraient à chances égales *experienced* avec ceux d'un bahut° de banlieue chaude, pour certains obligés de bosser en *lycée (fam.)* parallèle°, préparés tant bien que mal par des enseignants novices. Mais cette fiction *work on the side* d'un bac juste, il importe de la préserver à tout prix…

25 **Tout se joue en réalité bien avant.** Dès la seconde, où les lycéens doivent choisir entre les différentes filières°, sans possible retour en arrière, les jeux sont faits°. Il *tracks / everything is* n'y a pas un bac, mais des bacs, dont un seul permet l'accès à toutes les voies, le *decided* bac S. Nous sommes l'un des rares pays à canaliser° si tôt les adolescents de façon *channel* quasi irréversible. Sous couvert d'orientation, ils sont triés°. Non selon leurs goûts *selected* 30 ou leurs aptitudes, mais selon leurs notes en sciences… La série S… est aussi le pré carré° des enfants issus des milieux les plus favorisés. Vous avez dit égalité des *private preserve* chances?

Source: Véronique Radier, «Peur sur le bac», in *Le Nouvel Observateur*, 30 juin 2011, N° 2434, p. 63

Après la lecture

1. Quel événement a déclenché ce drame national au sujet du bac?

2. Pourquoi y a-t-il tellement de compétition parmi les étudiants dans le système français? Pourquoi le bac S est-il tellement important, même pour les étudiants qui ne veulent pas poursuivre une carrière dans les sciences?

3. Quelle est «l'illusion collective» qu'ont les Français au sujet du bac?

4. L'égalité des chances existe-t-elle vraiment pour tous les jeunes Français? Expliquez.

5. Comparez l'accès aux études universitaires aux Etats-Unis et en France.

Texte littéraire

Sujets de réflexion

1. D'où vient le mot «civilisé», d'après vous? On dit parfois que les gens qui habitent la campagne ont des mentalités sensiblement différentes de celles des gens qui habitent la ville. Il y a même une fable qui met en scène le «rat de ville» et le «rat des champs» (en anglais: *city mouse* et *country mouse*). Dans quels domaines est-ce vrai, à votre avis? En quoi les «campagnards» se distinguent-ils eux-mêmes des «citadins»?

2. Tout le monde est d'accord que l'on apprend beaucoup dans les livres. Mais il y a aussi d'autres façons d'apprendre. Quelles sont d'autres sources d'enseignement en dehors de l'école?

Guy Tirolien

A propos de l'auteur...

Guy Tirolien (1917–1988) *est né à Pointe-à-Pitre (Guadeloupe). Il a fait ses études primaires et secondaires dans les écoles de langue française en Guadeloupe avant de partir en France où il a fait carrière dans le domaine littéraire aussi bien que dans l'Administration des colonies. Pendant son enfance, Guy Tirolien a connu certaines conditions communes à beaucoup d'autres jeunes gens dans les pays colonisés: l'apprentissage d'une langue étrangère qu'on devait utiliser obligatoirement, du moins à l'école, et un enseignement fondé sur des bases très différentes des traditions présentes dans le milieu familial.* Prière d'un petit enfant nègre, *un poème publié en 1948, raconte la douleur et le mécontentement ressentis par un enfant noir à qui l'on impose cette école étrangère.*

Guide de lecture

1. Si un enfant fait une prière au Seigneur à propos de l'école, qu'est-ce que l'enfant demande d'habitude?

2. Les vers 1–20 forment une première unité. Lesquels contiennent la prière du petit enfant? Quels vers nous montrent ce que l'enfant veut faire?

3. Quelles réponses donnent souvent les adultes lorsqu'un enfant leur demande pourquoi il faut aller à l'école? Quelle réponse contiennent les vers 21–28?

Pointe-à-Pitre

Prière d'un petit enfant nègre

Seigneur je suis très fatigué.
Je suis né fatigué.
Et j'ai beaucoup marché depuis le chant du coq
et le morne° est bien haut qui mène à leur école.
5 Seigneur, je ne veux plus aller à leur école,
Faites, je vous en prie, que je n'y aille plus.
Je veux suivre mon père dans les ravines fraîches
Quand la nuit flotte encore dans le mystère des bois
Où glissent° les esprits que l'aube° vient chasser.
10 Je veux aller pieds nus par les rouges sentiers°
Que cuisent les flammes de midi,
Je veux dormir ma sieste au pied des lourds manguiers°,
Je veux me réveiller
Lorsque là-bas mugit° la sirène des Blancs
15 Et que l'Usine°
Sur l'océan des cannes°
Comme un bateau ancré

small mountain (creole expression) — 4

glide / dawn — 9
paths — 10
mango trees — 12
roars — 14
factory — 15
sugar cane — 16

crew	Vomit dans la campagne son équipage° nègre...
	Seigneur, je ne veux plus aller à leur école,
	20 Faites, je vous en prie, que je n'y aille plus.
	Ils racontent qu'il faut qu'un petit nègre y aille
pareil... : just like the	Pour qu'il devienne pareil
	Aux° messieurs de la ville
comme... : proper	Aux messieurs comme il faut°.
	25 Mais moi je ne veux pas
	Devenir, comme ils disent,
	Un monsieur de la ville,
	Un monsieur comme il faut.
dawdle / sugar factories	Je préfère flâner° le long des sucreries°
full	30 Où sont les sacs repus°
swells	Que gonfle° un sucre brun autant que ma peau brune.
	Je préfère vers l'heure où la lune amoureuse
coconut trees	Parle bas à l'oreille des cocotiers° penchés
	Ecouter ce que dit dans la nuit
	35 La voix cassée d'un vieux qui raconte en fumant
compère... : equivalent of	Les histoires de Zamba et de compère Lapin°
Brer Rabbit	Et bien d'autres choses encore
	Qui ne sont pas dans les livres.
	Les nègres, vous le savez, n'ont que trop travaillé.
	40 Pourquoi faut-il de plus apprendre dans des livres
	Qui nous parlent de choses qui ne sont point d'ici?
	Et puis elle est vraiment trop triste leur école,
	Triste comme
	Ces messieurs de la ville,
	45 Ces messieurs comme il faut
	Qui ne savent plus danser le soir au clair de lune
flesh	Qui ne savent plus marcher sur la chair° de leurs pieds
tales / evening gatherings	Qui ne savent plus conter les contes° aux veillées°.
	Seigneur, je ne veux plus aller à leur école.

Source: Guy Tirolien, «Prière d'un petit enfant nègre» in Léopold Sédar Senghor, *Anthologie de la nouvelle poésie nègre et malgache,* © PUF, coll. «Quadrige» 6ème éd. 2002

Après la lecture

1. Imaginez la journée typique de ce «petit enfant nègre», c'est-à-dire la journée qu'il désire ne pas passer. A quelle heure se lève-t-il? Quel chemin doit-il suivre? Que fait-il à l'école? Faites une liste des vers où vous trouvez les réponses à ces questions.

2. Comment l'enfant imagine-t-il sa vie idéale? Faites une liste d'au moins dix activités préférables selon l'enfant.

3. Les vers 34, 35, 36 et 48 font allusion à des histoires. Peut-être s'agit-il de fables? Quelles histoires de ce genre avez-vous écoutées quand vous aviez l'âge du petit garçon? Quelle est leur importance dans le contexte de ce poème?

4. Lorsque l'enfant répète la phrase *Seigneur, je ne veux plus aller à leur école,* de quelle école parle-t-il? «Leur» se réfère à qui, à votre avis?

Pour mieux lire

1. Dans les vers 20, 21 et 22, nous relevons plusieurs exemples de l'emploi du subjonctif. Expliquez pour quelles raisons cet emploi grammatical est nécessaire dans ces vers.

2. La répétition de certaines images est souvent utilisée par les poètes pour souligner une idée ou un élément important. Comment peut-on justifier cet emploi poétique de la répétition dans les vers suivants?

    a. *Seigneur, je ne veux plus aller à leur école* (vers 5, 19, 49)

    b. *Aux messieurs de la ville*   *Un monsieur de la ville*

    Aux messieurs comme il faut.   *Un monsieur comme il faut.*

    (vers 23–24)   (vers 27–28)

    c. *Qui ne savent plus danser le soir au clair de lune*

    Qui ne savent plus marcher sur la chair de leurs pieds

    Qui ne savent plus conter les contes aux veillées. (vers 46, 47, 48)

3. La métaphore est un procédé de langage qui consiste à modifier le sens d'un mot par une substitution. On emploie, par exemple, un terme concret dans un contexte abstrait (au vers 8: *la nuit flotte*). Trouvez, dans le poème, au moins trois autres exemples de métaphores.

4. Quelles images du poème préférez-vous? Expliquez pourquoi.

LIENS CULTURELS

1. Entre 1192—date de sa fondation—et 1970—quand elle a donné naissance à treize universités—l'Université de Paris a subi plusieurs transformations au sujet desquelles vous possédez maintenant certains détails. Quelle est votre impression du système universitaire français?

2. L'école en question dans le poème de Guy Tirolien est l'école coloniale française. Que savez-vous au sujet de l'enseignement primaire public en France (la loi Jules Ferry, par exemple)? Pourquoi l'éducation dans une école de langue française à en Guadeloupe semble-t-elle si étrangère à l'enfant du poème?

EXPANSION

Dans beaucoup de pays, y compris la France, l'enseignement primaire et secondaire public dépend du Ministère de l'éducation nationale. Quel est le système pratiqué dans votre pays? A votre avis, est-ce un avantage ou un inconvénient d'avoir un système d'éducation uniforme? Quels sont les points forts et les points faibles d'une éducation nationale?

La magie d'Anansi: Un conte traditionnel antillais

Film d'Animation de Jamie Mason, Office national du film du Canada – 2003

NOTE CULTURELLE

Anansi est un personnage important du folklore de l'Afrique de l'Ouest et des Caraïbes. Son nom est devenu synonyme d'habilité et de sagesse.

A considérer avant le film

Les animaux sont très présents dans la littérature pour enfants. Faites une liste de contes pour enfants dans lesquels les protagonistes sont des animaux. Quelles sont les qualités humaines des animaux littéraires que vous connaissez? Quelles qualités humaines pourrait-on associer au tigre? au serpent? à l'araignée?

Expressions et vocabulaire utiles

accorder *to agree*
attraper *to catch*
un appât *bait*
les bestioles *insects*
Dame Nature *Mother Nature*
au détriment des sentiments d'un autre *at the cost of someone else's feelings*
s'étirer *to stretch*
la fierté *pride*
la graisse *grease, oil*
glisser *to slip*

gluant *sticky*
grincheux *grouchy*
se mettre à *to start*
pouffer de rire *to burst out laughing*
se rendre à *to go to*
la ruse *cunning*
s'y prendre *to go about something*
tendre un piège *to set a trap*
une tige de bambou *bambou shoot*
tisser une toile *to make a web*
un trou *a hole*
verser *to pour*

Avant le visionnage

Dans les contes et les fables, le passé composé est souvent remplacé par le passé simple, un temps littéraire qu'il faut savoir reconnaître. De quel verbe s'agit-il dans les phrases suivantes? Récrivez la phrase au **passé composé.**

1. Anansi eut alors une idée.
2. Elle se rendit chez M. Le Tigre.
3. M. Le Tigre pouffa de rire.
4. Anansi ne se laissa pas décourager.
5. Elle se mit à réfléchir.

Premier visionnage

Vrai ou faux? Après avoir regardé le film une première fois, décidez si chaque phrase est **vraie** ou **fausse.** Corrigez les phrases fausses.

1. Au début de l'histoire, Anansi ne sait pas bien tisser sa toile.
2. Anansi ne respectait pas les autres animaux de la jungle.
3. M. Le Tigre est l'animal le plus généreux de la jungle.
4. Anansi attrape le serpent par la force.
5. Dame Nature fait un cadeau à Anansi.

Deuxième visionnage

Comment est-ce qu'Anansi attrapa le serpent? Regardez le film une deuxième fois et mettez les actions d'Anansi dans l'ordre chronologique.

1. Anansi attacha le serpent à une tige de bambou.
2. Anansi comprit qu'elle n'attraperait pas le serpent par la force.
3. Anansi versa de la graisse dans un trou.
4. Anansi observa la routine du serpent.
5. Anansi décida de lui tendre un piège.

Après le visionnage

 ## Observations

Discutez en petits groupes des questions suivantes: Pourquoi est-ce qu'Anansi refuse le respect du tigre? Pourquoi les autres animaux sont-ils choqués par sa réponse? Pourquoi est-ce que le serpent pleure? Pourquoi est-ce que Dame Nature fait un cadeau à Anansi?

Interprétation

Une fable est une forme littéraire ancienne qui a souvent un but éducatif. Quelle est la morale de *La magie d'Anansi*? Connaissez-vous d'autres contes qui ont une morale semblable?

A vous

Une amie francophone cherche de bons films pour son enfant de 5 ans. Regardez à nouveau *La magie d'Anansi* et notez tous les éléments qui rendraient le film intéressant pour un enfant.

CHAPITRE 9

La francophonie

Cultural Focus
- The Francophone World
- The Francophone Identity

Readings
Contemporary Cultural *La place du français aux Etats-Unis*

Literary Tahar Ben Jelloun: Interview with *Le Monde*; *L'Enfant de sable* (extrait)

Cinema
Short Subject Claire Blanchet: *L'Entrevue*

Structures
I Prepositions with Infinitives

II Other Uses of Prepositions
The Present Participle

III Relative Pronouns

Functions
Expressing Intention

Specifying the Purpose or Nature of Objects

Indicating Location or Duration

Qualifying Information

 Premium Website

audio

© Goss Images / Alamy

Le Festival international de Louisiane célèbre le patrimoine français et cadien de la Louisiane et de la francophonie avec des concerts, des stands de cuisine, des ateliers culturels et de l'artisanat.

Un peu de culture contemporaine

Qui parle français actuellement?

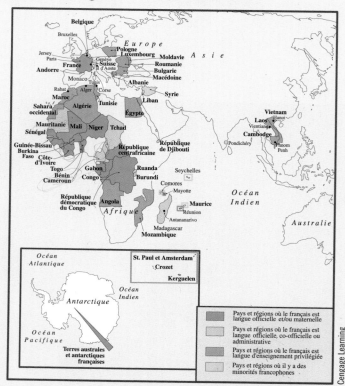

Il y a 200 millions de francophones dans le monde entier. Où peut-on les trouver? Dans cinq continents et de nombreuses îles de langue française. Soixante-dix millions de personnes parlent français…

en Europe:

- cinquante-huit millions d'habitants en France métropolitaine;
- neuf millions dans le reste de l'Europe (première langue de 4,3 millions en Belgique, 1,4 million en Suisse, 430 000 au Luxembourg et 25 000 à Monaco)

outre-mer:

- dans les départements et régions d'outre-mer (DOM-ROM) où les habitants ont la nationalité française: la Martinique, la Guadeloupe, la Guyane, La Réunion, Mayotte
- dans les territoires d'outre-mer (TOM): les Terres australes et antarctiques françaises, les Îles éparses de l'océan Indien
- dans les collectivités d'outre-mer (COM): les îles Saint-Pierre-et-Miquelon, Wallis et Futuna et les îles de Saint-Barthélemy et de Saint-Martin
- dans les pays d'outre-mer (POM): la Polynésie française et la Nouvelle-Calédonie

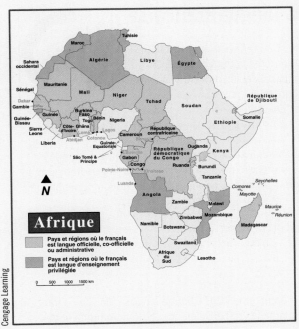

en Afrique:

- en Afrique du Nord (le Maghreb: l'Algérie, le Maroc, la Tunisie)—l'arabe y est langue officielle, mais le français est souvent une langue d'enseignement à statut privilégié, employée dans les milieux diplomatiques et administratifs aussi bien que dans le commerce et les affaires.
- dans le sud du Sahara (le Burundi, le Cameroun, la République centrafricaine, les Comores, le Congo, la Côte d'Ivoire, la République de Djibouti, le Gabon, la Guinée, Madagascar, le Mali, l'île Maurice, la Mauritanie, le Ruanda, le Sénégal, les Seychelles, le Tchad, le Togo)—le français y est une langue officielle ou administrative

dans les Amériques:

- au Canada (surtout le Québec et le Nouveau-Brunswick)
- en Louisiane
- en Haïti

Langue et culture

Employez les éléments indiqués pour poser des questions à un(e) partenaire.

1. Quel / être le statut du français en Belgique et en Suisse?
2. Comment / s'appeler / la grande île francophone dans l'océan Indien?
3. Quels / pays africains sur la côte atlantique / être francophone?
4. Dans quel / DOM-ROM / les habitants / avoir la nationalité française?
5. Dans quel / provinces canadiennes / les habitants / parler français?
6. Où / on / parler français en Amérique du Sud?

Jeux de mots

Trouvez des synonymes dans le texte pour les mots et expressions suivants. Ensuite, utilisez les réponses pour compléter le paragraphe.

maintenant, territoire continental français, séparés par la mer, formation, certifiée

Il y a _____ 200 millions de francophones qui habitent dans le monde entier. En plus de la France _____, le français est une langue _____ de quatre pays et de deux principautés en Europe. Dans certains pays du Maghreb, le français est une langue d'_____, surtout dans les universités. Certains pays, départements, régions et collectivités _____, comme La Réunion, la Martinique et la Polynésie française, sont des destinations touristiques du monde entier.

La Francophonie et le statut de la langue française

L'emblème de la Francophonie

La Francophonie est une organisation internationale composée de 56 pays membres et 19 pays observateurs. Liés par une langue commune, les pays membres partagent le but de promouvoir la langue française et d'encourager la diplomatie, la paix et les droits de l'homme. La désignation Francophonie (avec un **F** majuscule) a une connotation politique, car elle représente l'ensemble des pays membres de l'Organisation internationale de la Francophonie (l'OIF). L'appellation francophonie (avec un **f** minuscule) est moins formelle et désigne la communauté mondiale de locuteurs de langue française. La Francophonie est donc limitée aux pays membres de l'organisation officielle. Par contre, l'appartenance à la francophonie est ouverte à tous et comprend 200 millions de personnes dans le monde. Pour comprendre la vaste étendue de la langue française, il faut d'abord expliquer les différents statuts de la langue et comment ils fonctionnent dans le monde francophone.

Langue maternelle:

Environ 100 millions de personnes parlent français comme *première langue* ou *langue maternelle*. Pour la plupart, ces locuteurs habitent en France, au Canada, en Belgique et en Suisse, mais on les trouve aussi ailleurs—en Afrique, en Asie, en Europe et dans les Amériques.

Langue officielle ou co-officielle:

Le français est *langue officielle* ou *co-officielle* dans 32 pays membres de l'OIF. Comme langue officielle, le français est langue administrative et juridique et souvent celle de la diplomatie, de l'enseignement, du commerce et des médias. Mais la situation linguistique peut varier d'un pays à l'autre. Dans la plupart des pays francophones d'Afrique, le gouvernement désigne les *langues nationales* qui sont souvent identifiées comme importantes aussi sur le plan local. Elles sont promues par les systèmes éducatifs et les manifestations culturelles. De plus, elles font partie de la vie quotidienne, au marché ou à la gare routière, par exemple, où elles sont des *langues véhiculaires* qui permettent aux personnes de langues maternelles différentes de pouvoir communiquer.

D'autres statuts:

Dans d'autres pays et régions francophones, le français profite d'un statut privilégié (le Liban, l'Egypte, Israël, par exemple). Là, on l'utilise comme langue d'enseignement, des médias, de la diplomatie et du commerce. Parfois, le français est aussi enseigné comme *langue seconde* dans des pays n'ayant aucune affiliation avec l'OIF, comme aux Etats-Unis.

Source: From *Flag of La Francophonie*.

Langue et culture

Choisissez entre l'indicatif, le subjonctif et l'infinitif pour compléter les phrases.

1. On est souvent surpris qu'il y _____ (avoir) 56 pays membres de la Francophonie.
2. L'OIF veut _____ (encourager) l'emploi du français dans la diplomatie et l'économie internationales.
3. Bien que le français _____ (ne pas être) la langue maternelle de beaucoup d'Africains, il y constitue une langue véhiculaire ou commune.
4. Comme langue véhiculaire, le français permet aux gens de diverses langues maternelles de _____ (pouvoir) communiquer.
5. Il est évident que le français _____ (constituer) une grande langue mondiale.

Jeux de mots

Trouvez des synonymes dans le texte pour les mots et expressions suivants. Ensuite, utilisez les réponses pour compléter le paragraphe.

capitale (lettre), implication, dénomination, fait référence à, personnes qui parlent

Tandis que l'_____ francophone _____ la communauté mondiale de _____ qui parlent français, la Francophonie (avec un **F** _____) constitue plus précisément les pays membres de l'OIF et a une _____ politique.

La francophonie aux Etats-Unis d'Amérique

Selon le recensement 2010 du *US Census Bureau*, plus de deux millions de familles américaines déclarent parler français tous les jours. La francophonie existe donc bien aux Etats-Unis, mais il n'est pas toujours aisé de la localiser. Précisons d'abord que, de nos jours, être francophone signifie non seulement parler la langue française mais aussi appartenir au grand ensemble linguistique et culturel qu'est la francophonie. En quoi consiste cette population? Il faut bien sûr tenir compte de ceux et celles qui peuvent s'appuyer sur un héritage culturel historique: les descendants des premiers colons français venus d'Europe en Amérique du Nord à partir du XVIIe siècle, y compris les réfugiés Huguenots, les Acadiens, les Québécois, ainsi que les diverses vagues d'émigrés français. Il y a ensuite les francophones arrivés plus récemment des quatre coins du monde, tels que les Haïtiens, les Sénégalais ou les Vietnamiens, qui ont importé leurs langues (le français n'étant souvent que l'une d'entre elles) et leur culture.

Où peut-on donc trouver cette population francophone sur le territoire des USA? Sa présence se manifeste essentiellement dans six grandes zones: le nord-est, la périphérie des Grands Lacs et les côtes de la Californie, du Texas, de la Louisiane et de la Floride. Mais cette répartition ne tient pas compte des milliers de francophones installés ailleurs. En somme, il y a presque toujours un ou une francophone près de chez nous. Il suffit de les rencontrer! D'ailleurs, en tant qu'étudiants de français, vous êtes vous-mêmes des francophones potentiels!

Langue et culture

Faites des phrases complètes en associant chaque terme à sa définition. Utilisez des verbes autres que le verbe **être** dans vos réponses (par exemple: former, se situer, représenter, etc.).

La Louisiane   un ensemble linguistique et culturel
Les Huguenots   nombre de francophones pratiquant la langue quotidiennement
La francophonie   immigrés francophones récemment installés aux USA
Les Sénégalais   zone ayant une forte présence francophone
Le recensement   groupe historique de réfugiés

Jeux de mots

Trouvez des synonymes dans le texte pour les mots et expressions suivants. Ensuite, utilisez les réponses pour compléter le paragraphe.

amené, parlant français, distribution, arrivées successives

Les Haïtiens ont _____ le créole et souvent aussi le français aux USA. Comme d'autres immigrés avant eux, ils ont quitté un pays _____ pour l'Amérique du Nord. La _____ de la population haïtienne n'est pas limitée à un seul endroit. Même si la «Petite Haïti» de Miami a été leur premier centre culturel sur le territoire américain, les _____ d'émigrés d'Haïti continuent à s'installer ailleurs aussi.

Réflexion

A. Dans plusieurs pays d'Afrique, le français est soit une langue officielle, soit une langue privilégiée. Pourquoi est-il logique que la langue française soit actuellement employée comme langue de communication entre tant de pays africains?

B. En tant qu'Américains, pourquoi la connaissance de la langue française est-elle désirable? Dans quelles circonstances envisagez-vous le besoin de parler français?

C. Dans quel sens peut-on dire que le français est toujours une langue universelle?

*Pour des activités culturelles supplémentaires, rendez-vous sur le site Web d'*Interaction
www.cengage.com/french/interaction.

Vocabulaire actif

 CD2, Track 8

To access the audio recordings,
visit www.cengage.com/french/interaction

LES ACTIVITES

conserver to preserve
élargir to broaden
établir to establish
s'étendre to extend
naviguer to sail

LA FRANCOPHONIE

un(e) anglophone English-speaking person
le Carnaval d'hiver Winter Carnival (in Quebec)
un colon colonist
des communautés *(f pl)* communities

la conquête conquest
le créole language formed by the mixing of indigenous languages, with several unrelated languages
un département administrative division of France
un divertissement recreation, entertainment

la douceur de vivre pleasant lifestyle
une fête festival
un(e) francophone French-speaking person
la francophonie French-speaking world

Exercice de vocabulaire

Questions pour un champion. Complétez les questions qui correspondent aux réponses indiquées.

1. Un autre nom pour la France.
   Qu'est-ce que c'est que l'_____?

2. Un festival d'hiver.
   Qu'est-ce que c'est que le _____ de Québec?

3. Une division administrative en France.
   Qu'est-ce que c'est qu'un _____?

4. La Guadeloupe et la Martinique.
   Quelles îles sont des départements _____?

5. Une langue que parlent beaucoup de Guadeloupéens.
   Qu'est-ce que c'est que le _____?

6. La France pour les Français.
   Qu'est-ce que c'est que la _____?

7. Les pays de l'Afrique du Nord.
   Qu'est-ce que c'est que le _____?

8. Pour les Français et les Belges.
   Pour qui est-ce que le français est une langue _____?

9. Une personne d'Afrique du Nord.
   Qu'est-ce que c'est qu'un _____?

10. L'ensemble des pays où le français est une langue principale ou officielle.
    Qu'est-ce que c'est que la _____?

11. Toutes les personnes qui habitent dans l'Hexagone.
    Qui habite en France _____?

12. Les pays comme la Lybie, la Syrie et l'Egypte.
    Quels sont quelques pays du _____?

l'**Hexagone** (m) the Hexagon (term for France stemming from its six-sided shape)

un lien link

le Maghreb geographic term for the North African countries of Morocco, Algeria, and Tunisia

un(e) Maghrébin(e) person from North Africa

la mer des Antilles (ou des Caraïbes) Caribbean Sea

la métropole mainland France

le Moyen-Orient Middle East

un palmier palm tree

la patrie homeland

un pays country

la peau skin

la plage beach

le sable sand

un sport d'hiver winter sport

LES CARACTERISTIQUES

destiné(e) (à) intended (for)

d'outre-mer from overseas

fier (fière) proud

francophone French-speaking

indigène native

maternel(le) native (language)

métropolitain(e) of / from continental France

Lexique personnel

QU'EST-CE QUE JE SAIS DU MONDE FRANCOPHONE?

A. Pour chacun des sujets suivants, dressez une liste personnelle de mots.

1. les pays francophones que vous avez visités (indiquez les articles)
2. les pays francophones que vous voulez visiter (indiquez les articles)
3. les noms (de famille ou d'endroits) d'origine française que vous connaissez aux Etats-Unis

B. On vous offre vos vacances idéales. En petits groupes, faites une description des vacances idéales dans un (ou plusieurs) pays francophone(s). Comparez votre composition à celles des autres groupes.

Le Grand Palais à Bruxelles, Belgique

Structures I

Prepositions with Infinitives

When a conjugated verb in French is followed by another verb in the same clause, the second verb will be in the infinitive form.

The equivalent English construction may often involve the *-ing* form of the verb, but in French this second verb *always* takes the infinitive form.

Je **veux travailler**.	*I want to work.*
Je **continue à travailler**.	*I continue working.*
J'ai **fini de travailler**.	*I have finished working.*

Note in the preceding models that some verbs require no preposition to introduce a dependent infinitive. Other verbs take **à** and still others use **de** before the dependent infinitive. This usage is not determined by the infinitive, but rather by whether the conjugated verb takes a preposition to introduce the infinitive form. English usage often gives no clue as to when a French verb requires a preposition; you must learn this for each verb. Following are lists of some common verbs requiring no preposition and others requiring **à** or **de** before a dependent infinitive.

Conjugated Verb + Infinitive

aimer	Anne **aime voyager**.
aller	Nous **allons visiter** la Martinique.
croire	Ils **ont cru entendre** un mot de créole.
desirer	Elle **désire m'accompagner**.
devoir	Il **doit prendre** les billets à l'avance.
espérer	Nous **espérons arriver** à l'heure.
faire[1]	Elles vont **faire réserver** des places.
falloir	Il **faut visiter** le marché de Rabat.
penser[2]	Je **pense rentrer** en mars.
pouvoir	Est-ce qu'on **peut prendre** l'avion?
préférer	Elles **préfèrent rester** ici.
savoir	A La Réunion, on **sait danser** le séga.
souhaiter	Le groupe **souhaite voir** Tahiti.
vouloir	Moi, je **veux descendre** en ville.

[1]Remember that **faire** + infinitive means *to have something done.*

[2]The verb **penser** + infinitive means *to plan to do something.*

Conjugated Verb + *à* + Infinitive

aider à	Le guide **aide** les touristes **à commander** au restaurant.
s'amuser à	Il **s'amuse à parler** aux visiteurs.
apprendre à	On va **apprendre à apprécier** la cuisine créole.
arriver à	Avec beaucoup d'efforts, on **arrive à comprendre** ce dialecte.
commencer à	Nous **commençons à comprendre** la langue.
continuer à	Ils **continuent à voyager** après Noël.
enseigner à	On **enseigne** aux touristes **à danser** le séga.
s'habituer à	Je **m'habitue à voyager** en avion.
hésiter à	Nous **hésitons à traverser** l'Atlantique.
inviter à	Mes amis **m'invitent à voyager** avec eux.
se mettre à[3]	Elle **s'est mise à rire**.
réussir à	J'ai **réussi à prendre** un billet.
tenir à[4]	Mes parents **tiennent à voyager** en été.

[3]The verb **se mettre à** is a synonym for **commencer**.

[4]The verb **tenir** means *to hold*. **Tenir à** means *to insist (on)*.

Conjugated Verb + *de* + Infinitive

accepter de	J'ai **accepté de venir**.
s'arrêter de	Le guide **s'est arrêté de parler**.
avoir envie de	J'ai **envie de rester** ici.
avoir peur de	Elle **a peur de voyager**.
choisir de	Nous **avons choisi de partir** en mars.
décider de	Il **a décidé de quitter** son pays.
essayer de	Il **essaie de gagner** de l'argent.
finir de	Il **finit de préparer** son voyage.
manquer de	Elle **a manqué de tomber** dans l'avion.
oublier de	J'ai **oublié de consulter** l'agent.
refuser de	Ils **refusent de partir** en avril.
regretter de	Nous **regrettons de** ne pas **rester** plus longtemps ici.
risquer de	Ils **risquent d'être** en retard.
venir de[5]	Elle **vient de visiter** La Réunion.

[5]Remember that **venir de** + infinitive means *to have just.*

Après + Past Infinitive

With the preposition **après,** use the past infinitive form, which is the infinitive **avoir** or **être** followed by the past participle of the main verb.

Après avoir voyagé, ils sont retournés chez eux.	*After having traveled, they returned home.*
Après être allés en ville, ils sont rentrés.	*After having gone downtown, they went home.*

- Note: As opposed to the use of **après** + past infinitive, **avant** is followed by **de** when it introduces an infinitive or a past infinitive.

Avant de voyager en Europe, ils ont consulté Internet.
Nous avions fait des recherches **avant d'avoir** pris nos billets.

1 Employez les éléments indiqués pour poser des questions à un(e) camarade de classe. Utilisez la préposition appropriée, si nécessaire.

1. tu / aimer / voyager?
2. tu / tenir / voyager / dans des pays exotiques?
3. dans quels pays / tu / désirer / aller?
4. dans quels pays / tu / ne pas vouloir / aller?
5. tu / espérer / faire un voyage en Europe?
6. tu / commencer / économiser de l'argent pour un voyage?
7. tu / hésiter / quelquefois / prendre l'avion?
8. tu / avoir peur / prendre l'avion?

2 Voici l'histoire de Kandioura, un Sénégalais qui a fait des études supérieures en France. Complétez le récit ci-dessous en mettant les verbes entre parenthèses au **passé composé.** Ajoutez la préposition appropriée, si nécessaire.

Kandioura est né dans un village du Sénégal. A l'école, il (apprendre) _____ parler français. Il (se mettre) _____ parler français tous les jours, mais il (essayer) _____ conserver sa langue maternelle, le wolof, en même temps. Kandioura (arriver) _____ obtenir son bac sans difficulté, et il (décider)

_____ aller à Paris. Fidèle à ses origines sénégalaises, il (refuser) _____ abandonner sa propre culture, même s'il (choisir) _____ faire ses études universitaires en France. Là, il (s'habituer) _____ travailler beaucoup, et la vie n'était pas toujours facile. A un moment, il (regretter) _____ avoir quitté son pays et il (penser) _____ y retourner. Mais il (décider) _____ rester en France pour devenir professeur de français. Quelques années plus tard, il (réussir) _____ obtenir un poste de professeur dans une université américaine. Cependant, il (ne pas vouloir) _____ renoncer à sa nationalité et il retourne souvent au Sénégal pour les vacances.

3 Employez les verbes et les expressions des listes suivantes pour poser des questions à un(e) camarade de classe.

MODELE *Tu vas regarder la télé ce soir?*

VERBES: aimer   aller s'amuser   apprendre   s'arrêter   commencer   décider
essayer   hésiter   pouvoir   regretter   savoir   vouloir

ACTIVITÉS: aller à des concerts de rock   aller au cinéma
apprendre le français   choisir une spécialisation
faire des projets pour l'été   faire du ski
fumer   parler français en cours
réfléchir à ton avenir   regarder la télé
retrouver tes amis en ville   travailler
voyager pendant les week-ends   ???

Plage martiniquaise

Famille marocaine

INTERACTIONS

Activité 1: Priorités et souhaits. Répondez aux questions sur vos projets pour demain. Ensuite, les autres étudiants vont vous poser des questions supplémentaires.

1. Que tenez-vous absolument à faire?
2. Qu' espérez-vous faire?
3. Qu' allez-vous essayer de faire?
4. Qu' allez-vous refuser de faire?

Activité 2: Ma journée. Racontez en huit ou dix phrases ce que vous avez fait vendredi dernier. Indiquez l'ordre chronologique des événements en faisant l'enchaînement par l'emploi de: **alors, avant de** + infinitif, **après** + nom, **après** + infinitif passé, **ensuite.**

Structures II

GRAMMAR TUTORIALS **Other Uses of Prepositions**

A. It is + Adjective + Preposition + Verb: A frequent problem for the English speaker is expressing the idea *it is* followed by an adjective that in turn introduces an infinitive: *It is difficult to solve this problem.*

Do *not* rely on English structure to determine whether **c'est** or **il est** should be used to introduce the infinitive. Instead, look for the object of the infinitive in French. If the object of the infinitive is in its normal position—immediately after the infinitive—use **il est** and the preposition **de** to introduce the infinitive.[6]

[6]In conversational French, one often hears **C'est** rather than **Il est** + adjective + **de...**

> **Il est difficile de résoudre** *ce problème.*
>
> **Il est impossible d'acheter** *nos billets.*

If the object of the infinitive is in any other position, or if it is omitted, use **c'est** and the preposition **à** to introduce the infinitive.

> **C'est** *un problème* (object of **résoudre**) **difficile à résoudre.**
>
> **C'est difficile à résoudre.**

1 Un(e) camarade de classe raconte un voyage qu'il / elle a fait. Complétez ses déclarations par **c'est... à** ou **il est... de.**

Je suis allé(e) en Guadeloupe et je peux dire que _____ une île _____ voir. On y parle créole, et _____ possible _____ comprendre au moins quelques mots de cette langue. Mais _____ difficile _____ prononcer.

_____ facile _____ visiter toute l'île car elle n'est pas grande. Mais _____ important _____ avoir un bon guide, car _____ possible _____ se tromper de route. Et _____ une situation _____ éviter. En somme, _____ agréable _____ passer des vacances en Guadeloupe.

B. Prepositional Phrases Describing Nouns: Prepositional phrases are frequently used in French to describe or qualify a noun.

- The preposition **à** denotes purpose, function, or nature.

une machine **à laver**	*a washing machine*
une glace **à la vanille**	*vanilla ice cream*
un verre **à vin**	*a wine glass*
une maison **à un étage**	*a two-story house*

- The preposition **de** denotes contents or composition.

un problème **de maths**	*a math problem*
un verre **de vin**	*a glass of wine*
une boîte **de haricots**	*a can of beans*

- The preposition **en** denotes substance.

une maison **en brique**	*a brick house*
une montre **en or**	*a gold watch*
une pièce **en vers**	*a play in verse*
une robe **en coton**	*a cotton dress*

C. Prepositions Referring to a Location: When referring to a location, **à** is used in a general sense to mean *at,* **dans** is used to mean *in* (in the physical sense) or *inside of,* and **par** is used to mean *through.*

Je travaille **à la bibliothèque.**	Elles sont **au Resto U** maintenant.
Le laboratoire est **dans ce bâtiment.**	Allez **dans la salle de classe.**
Ils regardent **par la fenêtre.**	Passez **par la porte principale.**

D. Prepositions with Expressions of Time: To refer to a period of time, **à** is used with hours of the day and **en** is used with months, years, and all seasons except **au printemps.**

Le groupe est parti
- **à trois heures.**
- **en mars.**
- **en 2011.**
- **en hiver.**

- To denote the duration of time, **en** means within a certain time frame and **dans** denotes a specified time in the future.

    Je travaille vite et je peux finir **en une heure.**
    Le concert va se terminer **dans deux heures.**

- The concept *for* is expressed by **pendant** when referring to actual duration and by **pour** when referring to intended duration.

    Il a vécu à Paris **pendant deux ans.**
    Je vais rester à Paris **pour une semaine.**
    Elle est allée à Paris **pour une semaine,** mais elle y est restée **pendant six mois.**

E. Prepositions with Modes of Transportation: To describe modes of transportation the preposition **en** is often used. When referring to train travel, **par le** is also used.

Ils ont voyagé
- **en voiture.**
- **en avion et en bateau.**
- **par le (en) train.**

F. The Preposition *pour* Used to Express Intention: The preposition **pour** introduces an infinitive to denote the intention of an action. In English, the idea of *in order to* is often replaced by *to*, but this idea must be expressed in French whenever the infinitive conveys intention.

Je travaille **pour gagner de l'argent.**

Pour faire un gâteau, il faut du sucre.

G. The Preposition *chez:* The preposition **chez** has a variety of meanings in French.

Nous allons dîner **chez Pierre.** *(at someone's home)*

Il est **chez le médecin.** *(at someone's business)*

Chez les Martiniquais, le français est une langue commune. *(within a group)*

C'est une attitude bien connue **chez le président.** *(within the nature of a person)*

Chez Camus, il y a beaucoup de descriptions du désert. *(within the work of an author or artist)*

H. Prepositions with Geographical Locations: Most names of geographical locations that end in **e** in French are feminine and are preceded by **en** to mean *to, at,* or *in.*

en France	**en** Asie	**en** Angleterre	**en** Australie
en Provence	**en** Colombie-Britannique	**en** Bourgogne	**en** Californie

Exceptions: au Mexique; **au** Cambodge; **au** Mozambique; **au** Zimbabwe

Names of geographical locations that end in any other letter in French are masculine and are preceded by **à** + definite article to mean *to, at,* or *in.*

au Portugal	**aux** Etats-Unis	**au** Colorado
au Texas	**au** Canada	

Other masculine names beginning with a vowel are preceded by **en.**

en Israël	**en** Afghanistan	**en** Irak
en Iran	**en** Illinois	

It is possible to use dans **l'état de** or **dans le** with states of the United States, especially the masculine ones.

dans l'état de Washington   **dans le** Colorado

With names of cities, the preposition **à** is always used to mean *to, at,* or *in.* No article is used unless the name of the city itself contains an article, such as **Le Havre (*au* Havre).**

à Paris	**au** Havre	**à** La Nouvelle-Orléans
à Chicago	**au** Caire	

To express the concept of *coming from* or *originating in,* use **de** before feminine nouns and **de** + definite article before masculine nouns.

Ce sont des vins **de** France.   Je viens **des** Etats-Unis.

Note the following elision:
Ce sont des oranges **d'**Israël.   Je viens **d'**Israël.

I. Prepositions with Noun Objects: Most verbs in French do not require a preposition when they are followed by a noun object. The following is a list of some of these verbs.

apprendre	Elle **apprend le français.**
comprendre	Maintenant, il peut **comprendre le français.**
écouter	Elle **écoute Radio France Internationale.**
essayer	Ils **essaient la cuisine créole.**
étudier	On **étudie les pays francophones.**
parler	Son ami haïtien **parle créole.**
payer	Ses parents **paient son voyage** en France.
prendre	Elle **prend l'avion** pour y aller.
recevoir	Nous **recevons des cartes** de nos amis.
savoir	Nous **savons la date** de leur retour.
visiter	Ils **visitent la Martinique.**
voir	Ils **voient les sites touristiques** de l'île.

A few verbs require the preposition **de** before a noun object.

s'agir de	Il **s'agit d'un voyage** au Canada.
avoir besoin de	J'ai **besoin d'argent** pour voyager.
parler de	Nous **parlons du Canada** en cours.
se souvenir de	On **se souvient du passé** là-bas.

Other verbs take the preposition **à** before a noun object.

dire à	Le prof **dit à la classe** d'étudier le monde francophone.
s'intéresser à	Elles **s'intéressent à la culture francophone.**
penser à	Elles **pensent à leurs amis martiniquais.**
permettre à	Les parents vont **permettre à leurs filles** de visiter la Martinique.

2 François Nzabi, un étudiant du Gabon, vient passer l'année dans votre université. Vous voulez lui donner des renseignements sur la vie universitaire. Complétez les phrases par les prépositions appropriées.

1. D'abord, si vous n'habitez pas une chambre _____ une des résidences, vous devez venir au campus _____ voiture.

2. Dans chacune des résidences, il y a des machines _____ laver. J'ai vécu _____ une résidence toute ma première année à l'université.

3. _____ faire toutes les dissertations, il faut souvent travailler _____ la bibliothèque.

4. La bibliothèque, c'est le bâtiment _____ brique là-bas, _____ deux étages.

5. C'est bien de manger _____ Resto U, mais c'est mieux d'être invité _____ des amis.

6. _____ trois heures, il y a un cours de cinéma francophone.

7. _____ hiver, il fait assez froid ici, mais _____ printemps, il fait un temps splendide.

8. Si, _____ l'année, vous voulez visiter les principaux sites touristiques de la région, vous pouvez y arriver _____ moins de deux heures, surtout si vous voyagez _____ le train.

9. Vous allez souvent dîner _____ vos nouveaux amis américains? On a l'habitude d'inviter les étrangers _____ pouvoir mieux connaître leur culture.

10. Si vous voulez, je vous retrouve ce soir _____ six heures _____ restaurant universitaire _____ vous aider à choisir vos cours.

3 Vous parlez toujours avec François Nzabi. Il raconte un peu sa vie. Complétez chaque phrase par la préposition appropriée.

1. Bien sûr, je suis né _____ Gabon, mais très jeune, je suis allé habiter _____ des cousins _____ Brazzaville, _____ Congo.

2. Après avoir réussi mon bac, j'ai décidé de faire des études _____ Montpellier, _____ France.

3. Là, j'ai fait la connaissance de Sylvia qui est originaire _____ Virginie, _____ Etats-Unis.

4. Quand j'ai terminé mon doctorat, j'avais le choix entre retourner _____ Gabon, aller _____ Canada où j'ai des amis qui viennent _____ Gabon ou m'installer _____ Etats-Unis.

5. J'ai été admis dans des universités _____ La Nouvelle-Orléans et _____ Chicago, mais j'ai voulu rester près de Sylvia. J'ai donc choisi de venir _____ Virginie pour faire des études.

6. Sylvia et moi, nous allons nous marier _____ printemps et je viens de recevoir l'offre d'un poste comme professeur _____ l'université _____ New York. Nous allons passer l'été _____ les parents de Sylvia et puis partir pour arriver _____ New York avant la rentrée.

4 Posez les questions suivantes à des camarades de classe en ajoutant la préposition appropriée.

1. Tu viens à l'université _____ voiture ou _____ train?

2. Tu habites _____ une résidence universitaire?

3. Tu travailles souvent _____ la bibliothèque ou _____ ta chambre?

4. Qu'est-ce que tu fais _____ gagner de l'argent?

5. Tu retrouves quelquefois tes amis _____ restaurant universitaire?

6. Tu travailles beaucoup _____ tes cours?

7. Tu passes les vacances _____ tes parents?

8. Tu vas obtenir ton diplôme _____ 20 _____ *(année)*?

INTERACTIONS

Mettez-vous en petits groupes. Posez les questions suivantes aux membres du groupe pour déterminer quelques-uns des endroits qui sont importants pour eux.

1. Où habite ta famille?

2. Où habite ton (ta) meilleur(e) ami(e)?

3. Où est-ce que tes copains vont à l'université?

4. Quels pays ou villes as-tu visités?

5. Où est-ce que tu as l'intention de voyager?

6. Où est-ce que tu veux habiter un jour?

SYNTHESE

A. Un(e) de vos ami(e)s, qui a été coopérant(e) *(volunteer),* vous raconte ses expériences en Afrique. Complétez ses commentaires à l'aide des prépositions appropriées ou par **il est... de / c'est... à.**

1. _____ avoir une bonne idée de l'immensité de l'Afrique, il faut traverser le continent _____ voiture, mais _____ difficile _____ faire.

2. _____ 2010, j'ai passé un an _____ Togo. J'ai habité _____ un petit village où toutes les maisons étaient fabriquées _____ bois. J'étais au village _____ aider à construire une école. _____ les gens du village, il y avait souvent des fêtes.

3. Un jour, je suis allé(e) _____ la cafétéria de l'ambassade américaine _____ Lomé et j'ai pris un sandwich _____ fromage et _____ jambon, un verre _____ thé glacé, une salade _____ tomates et une glace _____ la vanille. Quelle joie de retrouver la cuisine américaine!

4. Puis nous sommes rentrés _____ Etats-Unis. Notre groupe est parti _____ hiver, _____ janvier plus précisément, _____ trois heures de l'après-midi. Nous nous sommes rendus à l'aéroport _____ voiture et puis nous avons fait le voyage transatlantique _____ avion. J'étais très triste de quitter le Togo parce que j'y avais vécu _____ toute une année.

B. Vous êtes coopérant(e) et vous travaillez en Afrique. Un jeune Africain du Togo vous pose des questions. Répondez à ses questions.

1. De quel pays venez-vous?
2. Dans quel état habitez-vous?
3. Quels autres pays avez-vous visités?
4. Où pouvez-vous aller pour entendre parler français en Amérique du Nord? Et pour entendre parler espagnol?
5. Dans quels états se trouvent les villes de Dallas, de Chicago et de Miami?
6. Dans quels états américains est-ce qu'on produit du vin?
7. Quels pays étrangers voulez-vous visiter?
8. Quels autres pays ou régions francophones voulez-vous visiter?

INTERACTIONS

Le tour du monde. On vous a demandé d'arranger un voyage autour du monde. Il y a douze pays à visiter. En groupes de trois ou quatre personnes, organisez une partie de l'itinéraire de ce voyage. Chaque groupe doit choisir un pays et expliquer aux autres étudiants de la classe pourquoi le pays choisi fait partie de l'itinéraire.

MODELE *Nous allons partir des Etats-Unis pour aller en Angleterre. En Angleterre, on peut visiter le palais de la reine.*

L'héritage culturel

Histoire de l'expansion de la langue française dans le monde

Pour comprendre l'histoire de l'expansion de la langue française dans le monde, il faut d'abord parler de l'histoire de la colonisation.

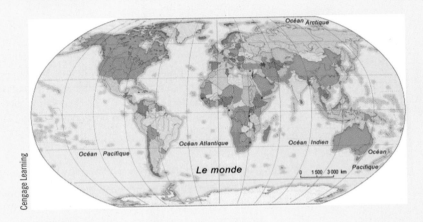

Le monde

Cengage Learning

Le Nouveau Monde

1534	Le Français Jacques Cartier prend possession du Canada sous le roi François Ier.
1604–08	Samuel de Champlain fonde l'Acadie (Nouvelle-Ecosse actuelle) et la ville de Québec.
1635	La Compagnie des Iles d'Amérique occupe la Guadeloupe et la Martinique.
1682	Cavelier de La Salle colonise la Louisiane.

Les descendants des colons français au Canada forment une partie des 6,8 millions de Franco-Canadiens concentrés aujourd'hui au Québec où l'on a conservé le français comme langue maternelle. Aux Etats-Unis, à partir des années 1840 jusqu'en 1930, de nombreux immigrants canadiens se sont installés en Nouvelle-Angleterre où ils ont fondé des communautés ayant leurs propres églises et écoles francophones. En Louisiane, l'héritage des Acadiens (expulsés d'Acadie par les Britanniques) et des Français est toujours évident dans la cuisine, les danses folkloriques et la musique aussi bien que dans le nom de beaucoup de villes.

Afrique, Inde, Asie, Océanie

1659	Au Sénégal, la France établit une installation commerciale à Saint-Louis. (La conquête du Sénégal date de 1854.)
1830	Les troupes françaises prennent Alger.
1832–47	C'est l'époque des établissements en Côte d'Ivoire, au Gabon, à Madagascar, à Mayotte et à Tahiti.
1842–67	La France s'implante en Nouvelle-Calédonie, en Cochinchine et au Cambodge.
1881	C'est le début du protectorat français en Tunisie.
1912	La France occupe le Maroc.

Entre 1880 et 1934, la France établit de nombreux mandats, protectorats et colonies en Afrique, au Moyen-Orient (Syrie, Liban), en Polynésie et en Indochine. Cette époque marque aussi l'apogée de l'influence politique et linguistique de la France dans le monde. A la suite de la Seconde Guerre mondiale, et surtout pendant les années 1960, la grande majorité de ces pays ont gagné leur indépendance, mais le français y est souvent resté l'une des langues officielles.

Langue et culture

Résumez la colonisation française en mettant aux temps du passé la liste des événements sous les titres «Le Nouveau Monde» et «Afrique, Inde, Asie, Océanie».

> **MODELE** *En 1534, le Français Jacques Cartier a pris possession du Canada sous le roi François Ier.*

Jeux de mots

Trouvez des synonymes dans le texte pour les mots et expressions suivants. Ensuite, utilisez les réponses pour compléter le paragraphe.

temps, sommet, états «protégés», enfants, principalement

C'est _____ la première moitié du 20e siècle qui marque l'_____ de l'influence politique et linguistique de la Fance dans le monde. A cette _____, la France possédait de nombreuses colonies sur plusieurs continents. De plus, elle exerçait une influence considérable sur les _____ qu'elle avait établis en Afrique (Tunisie et Maroc) et en Indochine (Viêt Nam, Cambodge, Laos). Même si elle avait déjà perdu Haïti et le Québec, les _____ des habitants de ces régions ou pays ont conservé le français comme langue maternelle.

Réflexion

A. Sur la carte géographique à la page 343, tracez l'expansion coloniale de la France et indiquez l'année de chaque colonisation. Quelles motivations peut-on suggérer pour expliquer une politique de colonisation.

B. Mettez-vous à la place des francophones du Canada. Vous êtes entourés de concitoyens parlant une autre langue maternelle et dont les origines culturelles diffèrent des vôtres. Au sud, il y a le puissant grand voisin américain, les Etats-Unis. Dans quel sens vous sentez-vous menacés?

C. Quel est l'héritage français sur le territoire des Etats-Unis? Quels événements historiques pouvez-vous citer pour expliquer cette présence, surtout en Louisiane et en Nouvelle-Angleterre?

Jackson Square, la Nouvelle-Orléans

Activité vidéo

Rendez-vous sur le site Web d'Interaction pour regarder une vidéo sur les cowboys cajuns. Ensuite, répondez aux questions suivantes.

1. De quel coin du monde le reportage vient-il?

2. Qui sont les «cowboys cajuns» dans la vidéo? En quoi représentent-ils le carrefour entre deux cultures?

The Present Participle

To form the present participle in French, drop the **-ons** ending from the **nous** form of the present indicative and add the ending **-ant.**

parler	nous **parlons**	**parlant**	*speaking*
finir	nous **finissons**	**finissant**	*finishing*
répondre	nous **répondons**	**répondant**	*answering*
partir	nous **partons**	**partant**	*leaving*
voir	nous **voyons**	**voyant**	*seeing*

Only **avoir, être,** and **savoir** have irregular present participles.

avoir	**ayant**
être	**étant**
savoir	**sachant**

The present participle is used in the following ways.

- **As an Adjective.** When used as an adjective, the present participle must agree in gender and number with the noun it modifies.

  une histoire **plaisante**
  des jeux **amusants**

- **After the Preposition *en.*** After most prepositions, use the infinitive form of the verb. However, after the preposition **en,** the present participle is used to mean *by, while, upon* + verb + *-ing.*

En voyageant, j'ai beaucoup appris.	*By traveling, I learned a lot.*
En visitant le Maroc, nous avons vu le Sahara.	*While visiting Morocco, we saw the Sahara.*
En arrivant à La Nouvelle-Orléans, il a cherché un hôtel.	*Upon arriving in New Orleans, he looked for a hotel.*

5 Vous venez de faire un voyage à Québec et vous en parlez à un(e) ami(e). Complétez chaque phrase par la forme appropriée du verbe entre parenthèses.

1. J'avais envie de _____ une ville francophone près de chez moi. (voir)

2. En _____ par le train, j'ai économisé de l'argent. (voyager)

3. En _____ à la gare, je suis allé(e) directement à l'hôtel. (arriver)

4. J'ai eu la chance de _____ des excursions magnifiques. (faire)

5. En _____ des visites guidées, je n'ai eu aucune difficulté à _____ la ville de Québec en trois jours. (faire / voir)

6. En _____ par le train, j'ai passé mon temps à _____ les paysages québécois. (rentrer / regarder)

POUR S'EXPRIMER

Francophones en direct

Le français en Haïti. Ecoutez l'interview suivante avec Régine qui nous parle d'Haïti. Ensuite, indiquez si les phrases suivantes sont **vraies** ou **fausses.** Vous pouvez écouter l'interview plusieurs fois, si cela est nécessaire.

Vocabulaire utile

Pourriez-vous *Could you*
puisque *since*
il faudrait dire *it must be said*

se rattacher *to have ties to*
intime *close (as in intimate)*
je dirais *I would say*
s'étendre *to spread*

s'en passer *to do without*
à travers *through*
nous pourrons *we will be able to*

---

1. On parle français en Haïti à cause de la présence française dans le pays aujourd'hui.
2. Régine n'a qu'une langue maternelle, le français.
3. Le français a toujours joué un rôle très important dans la vie de Régine.
4. Régine considère le créole comme une langue plus intime que le français.
5. On utilise de plus en plus l'anglais dans certains domaines en Haïti.
6. Régine pense que la richesse culturelle d'Haïti est en danger.
7. En Haïti, le créole a perdu de l'importance par rapport au passé.
8. Il est possible aujourd'hui de faire des études en français ou en créole an Haïti.
9. Régine pense qu'il faut apprécier l'histoire et la culture d'Haïti.
10. Haïti a été la première république noire indépendante du monde.

 En petits groupes, discutez comment le concept de la langue est lié à celui de la culture. Que représente le créole pour les habitants d'Haïti, par exemple? Y a-t-il des comparaisons à faire entre la situation de Régine en Haïti et celle des personnes d'origine hispanique aux Etats-Unis?

Janos Csernoch / Alamy

Haïti, la Citadelle

A vous la parole

Trouvez dans la liste suivante un élément de liaison qui facilite le passage de la phrase (a) à la phrase (b). Il y a souvent plus d'un choix possible.

alors là...	on that point . . .
attends...	wait a minute . . .
bref...	to make a long story short . . .
d'ailleurs...	what's more . . .
écoute...	listen . . .
en fait...	in fact . . .
regarde...	look . . .
tu sais...	you know . . .
tu comprends...	you understand . . .

1. a. C'est une histoire longue et compliquée.
   b. Kandioura a fini par trouver un poste en France.

2. a. Ma copine va bientôt faire un stage au Sénégal.
   b. Elle part ce mois-ci.

3. a. Tu crois que l'anglais doit être la seule langue internationale.
   b. Je ne suis pas d'accord avec toi.

4. a. Où va notre groupe après le séjour à Québec?
   b. Je vais consulter l'itinéraire.

5. a. Tu ne vas pas demander de bourse pour étudier en Suisse?
   b. Ce n'est pas une bonne idée.

6. a. Tu as besoin de renseignements sur la culture maghrébine.
   b. Maryse peut peut-être t'aider.

7. a. Je vais visiter la Martinique au mois de mai.
   b. Il fait très beau là-bas au printemps.

8. a. Son séjour chez les Cantin a été très agréable.
   b. Ils l'ont invitée à revenir cet été.

Situations orales

A. Avez-vous déjà visité un pays de langue française? Racontez votre voyage à la classe. OU: La classe peut vous poser des questions pour essayer de deviner où vous êtes allé(e).

B. Au cours d'un trajet en taxi à Paris, le chauffeur se met à décrire les problèmes posés par l'immigration en France. Il vous demande de lui expliquer la situation de l'immigration chez vous. Qu'est-ce que vous lui répondez?

Note culturelle

Le zydeco

Le zydeco est une musique produite d'abord par la population noire de Louisiane. Juste après la Deuxième Guerre mondiale, les Créoles noirs, inspirés par la musique cadienne *(cajun)*, le *jazz* et le *blues,* créent cette nouvelle tradition musicale. Le mot «zydeco» est né lorsqu'on a anglicisé la prononciation et l'orthographe de «zarico» qu'on entend dans le titre de la chanson *Les haricots sont pas salés* (**les *haricots** est prononcé **les zaricots** dans le parler local). Pourquoi chante-t-on au sujet de ce modeste légumineux qui figure si souvent dans la cuisine des Créoles noirs où il est accompagné de lard pour lui donner un goût salé? Tout simplement parce que, quand la viande vient à manquer, les haricots ne sont plus salés, et on finit par exprimer sa tristesse dans une lamentation musicale en français. Lorsqu'un ou deux instruments de musique, presque toujours l'accordéon et le «frottoir» (la planche à laver), s'ajoutent au chant, cette musique prend le nom de «la la». Avec le temps, les Créoles ajoutent à cette base et à la musique cadienne traditionnelle d'autres éléments venant du *blues,* du *soul* et d'une musique rurale pour en faire le zydeco.

Le zydeco, musique essentiellement du sud-ouest louisianais, affirme ses racines ethniques en devenant l'expression de la communauté créole noire. Deux écoles de zydeco en ont émergé: sous le grand accordéoniste Clifton Chénier, un zydeco urbain fortement influencé par le *rhythm and blues;* et celui de Boozoo Chavis, plus rural et très *blues* aussi, mais plus proche de ses racines campagnardes. Les deux types de zydeco connaissent un succès national et international.

Compréhension

1. Quels sont les éléments musicaux essentiels qui ont aidé à former la musique zydeco?
2. De quoi le haricot est-il un symbole dans cette tradition musicale?
3. Quelle est la différence essentielle entre les deux traditions de zydeco?

Réflexion

A. Quels éléments historiques expliquent la présence de la communauté créole noire francophone dans le sud-ouest de la Louisiane? Comment la musique zydeco a-t-elle aidé cette population à créer une identité ethnique? Y a-t-il des similarités avec d'autres groupes minoritaires aux Etats-Unis?

 B. A votre avis, un élément culturel comme le zydeco va-t-il pouvoir se maintenir? Faites une recherche Internet pour obtenir un exemple de cette musique. Dites en quoi elle vous semble américaine.

Structures III

GRAMMAR TUTORIALS

Relative Pronouns

Relative pronouns are used to join two thought groups by relating one clause to a word or concept in another clause. The word or concept referred to by the subordinate clause is called the antecedent.

Le garçon **qui nous accompagne** est le frère de Marie.

*The boy **who is coming with us** is Marie's brother.*

The relative pronoun is often omitted in English but must always be used in French.

L'endroit **que** nous avons visité est un territoire d'outre-mer.

*The place **(that)** we visited is an overseas territory.*

A single French form may have several possible English meanings. For example, **qui** may mean *who, whom, which, what,* or *that.* Choosing the correct relative pronoun in French depends on the pronoun's function in the sentence (subject, direct object, object of a preposition) and on whether the verb following the relative pronoun requires a preposition.

Subject of the Clause

It is easy to recognize when a relative pronoun is the subject of the clause it introduces because there will be no other subject in the clause. **Qui** as subject may refer to either persons or things.

Le garçon **qui vient à la fête** est le frère de Marie.

Ce pays **qui se trouve dans le Pacifique** est une ancienne colonie.

When there is no specific word or definite antecedent for the relative pronoun to refer to, an antecedent must be provided by adding **ce.**

Il raconte **ce qui se passe actuellement en Algérie.**

Ils indiquent **ce qui est intéressant en Belgique.**

Relative pronoun constructions that include **ce** are often translated as *what* and refer to a situation or idea rather than to a specific object or person.

Object of the Clause

When the clause introduced by a relative pronoun already has a subject, the relative pronoun is the object of the verb of the clause it introduces. **Que** also refers to either persons or things.

Le garçon **que vous avez invité** vient à la fête.

Les pays **que nous visitons** sont en Asie.

Again, if there is no definite antecedent for the relative pronoun, you must provide one by adding **ce.**

Voilà **ce que vous avez demandé.**

Je ne sais pas **ce qu'il veut.**

1 Vous rédigez *(are composing)* vos notes pour un exposé sur le monde francophone. Complétez chacune de vos phrases en utilisant **qui, que, ce qui** ou **ce que.**

1. Un francophone est une personne _____ parle français.

2. Le français est une langue _____ ils emploient assez souvent.

3. Ils savent peut-être _____ se passe dans l'Hexagone.

4. L'Hexagone est un nom _____ on donne à la France.

5. Quelquefois, ils ignorent _____ les Français font chez eux.

6. La langue et la culture franco-canadiennes sont très importantes pour les personnes _____ habitent le Québec.

7. Un Martiniquais est une personne _____ habite la Martinique.

8. Le créole est une des langues _____ on parle à la Martinique.

2 Vous êtes allé(e) au Canada où vous avez fait la connaissance de plusieurs personnes. Vous montrez vos photos à vos camarades de classe. Combinez les deux phrases en utilisant **qui** ou **que.**

MODELES   Voilà Marc. (Il habite à Montréal.)
Marc est un garçon qui habite à Montréal.

Voilà Rachèle. (Je la connais depuis longtemps.)
Rachèle est une fille que je connais depuis longtemps.

1. Voilà Jean-Pierre. (C'était mon camarade de classe.)

2. Voilà Marie-Claire. (Elle était dans mon cours de français.)

3. Voilà Simone. (Je l'ai rencontrée à l'université.)

4. Voilà Nathalie. (Elle m'a invité[e] à une soirée.)

5. Voilà Robert. (Il a des parents au Vermont.)

6. Voilà Antoine. (Je l'ai accompagné pour faire du ski.)

7. Voilà Nicole. (Elle a assisté au carnaval avec moi.)

8. Voilà Thomas. (Je l'ai vu tous les week-ends.)

Object of a Preposition

In French, if the verb following the relative pronoun requires a preposition, this preposition is incorporated into the body of the sentence in one of the following ways.

A. *Dont* and *ce dont*: The preposition **de** is absorbed into the forms **dont** and **ce dont**, which refer to both persons and things.

Voici le livre **dont vous avez besoin.**   *Here is the book* **that you need.**
(to need = **avoir besoin de**)

Voilà le guide **dont je parlais.**   *There's the guide* **that I was talking about.** *(to talk about = **parler de**)*

If there is no definite antecedent for **dont**, you must add **ce**[8]

Ce dont elle a peur n'est pas clair.   *It's not clear* **what she's afraid of.**
(avoir peur de)

Apportez **ce dont vous avez besoin** pour le voyage.   *Bring* **what you need** for the trip.
(avoir besoin de)

[8]Similarly, if there is no antecedent for **à quoi**, you must add **ce**. Tu penses **à quelque chose** de beau. *You're thinking about* **something beautiful.** **Ce à quoi** tu penses est beau. **What** *you're thinking about is beautiful.*

Dont is used to express *whose*, *of whom*, and *of which*. After **dont** meaning *whose*, the word order in French is always subject + verb + object. This may be the reverse of the English order.

Voilà le guide **dont le frère est français.**

*That's the guide **whose brother is French.***

Voilà le touriste **dont vous avez réparé la voiture.**

*There's the tourist **whose car you repaired.***

3 Votre ami(e) et vous préparez un voyage au Maroc. Complétez les phrases suivantes avec **ce qui, ce que (ce qu')** ou **ce dont**.

1. Tu as acheté...

_____ était sur notre liste?

_____ nous avons besoin?

_____ j'ai indiqué?

2. Notre professeur nous a expliqué...

_____ il faut faire au Maroc.

_____ est intéressant au Maroc.

_____ il a parlé au sujet du Maroc.

3. Il faut faire tout...

_____ on a envie.

_____ est nécessaire pour préparer notre départ.

_____ nous avons prévu pour le voyage.

4. A notre retour, nous pouvons parler à nos camarades de classe de...

_____ est arrivé pendant le voyage.

_____ nous avons vu au Maroc.

_____ on se souvient le mieux du voyage.

B. *Qui* and *lequel:* If the verb following the relative pronoun requires any preposition other than **de,** this preposition must be placed before the appropriate relative pronoun. In such cases, **qui** is usually used to refer to people and the appropriate form of **lequel (laquelle, lesquels, lesquelles)** to refer to things.

Voilà mon ami **pour qui** j'ai acheté le cadeau.

C'est l'école **dans laquelle** on étudie les langues.

Allez chercher les chèques **avec lesquels** nous allons payer les billets.

When **lequel, lesquels, lesquelles** are preceded by the preposition **à** or **de,** the appropriate contractions must be made.

Voilà le livre **auquel** notre professeur a fait allusion.

Duquel parlez-vous?

Rappel!

Remember that in both spoken and written French, you may not place a preposition at the end of the sentence. In English, you might hear *There's my friend I bought the present for* or *That's the course I went to.* In French you would have to say:

Voilà mon amie **pour qui** j'ai acheté le cadeau.

C'est le cours **auquel** j'ai assisté.

The Relative Pronoun *où*

If the antecedent is a period of time, **où** is used as the relative pronoun in all cases.

> J'étais préoccupée le jour **où** j'ai passé l'examen.

> Il est venu au moment **où** je partais.

If the antecedent is a location and you want to convey the meaning of **dans, de, à, sur, vers**, etc., use **où**.

> Voilà l'école **où** (= **dans laquelle**) on étudie les langues.

> Voilà l'endroit **où** (= **vers lequel**) il faut aller.

If the antecedent is a location and the verb does not require a preposition before a noun object, use the relative pronoun **que** or **qui**.

> Voilà le musée **que** nous avons visité.

> C'est un musée **qui** possède une excellente collection.

Rappel!

The following steps will help in choosing the correct relative pronoun to use in French.

1. Identify the relative clause and remember that in French you must use a relative pronoun, even if it can be omitted in English.

2. Find the subject of the relative clause. If there is none, use **qui** or **ce qui** as the relative pronoun.

3. Verify whether the verb of the relative clause requires a preposition. If the verb requires **de**, use **dont** or **ce dont** as the relative pronoun. If the verb requires any other preposition, use **qui** for persons or a form of **lequel** for things (preceded by the preposition).

4. If the relative clause has a subject and the verb requires no preposition, use **que** or **ce que** as the relative pronoun or **où** if the antecedent is a period of time. If the antecedent is a location, use **où** if the verb requires a preposition before a noun object and **que** or **qui** if no preposition is involved.

4 Vous avez passé l'année au Canada où vous avez fait un stage. Vous montrez vos photos à votre ami(e). Complétez les phrases suivantes.

MODÈLE   Voici le bâtiment dans *lequel j'ai travaillé.*

1. Voici la compagnie pour _____.
2. Voici les collègues avec _____.
3. Voici le bureau dans _____.
4. Voici la femme pour _____.
5. Voici l'ordinateur sur _____.
6. Voici le technicien avec _____.

5 Pour accompagner votre exposé, vous montrez les photos d'un voyage que vous avez fait dans un pays francophone. Voici vos commentaires sur les photos. Complétez chaque phrase ci-dessous et à la page suivante à l'aide du pronom relatif approprié, précédé d'une préposition, si nécessaire.

1. C'étaient des vacances _____ j'avais besoin pour apprendre le français.
2. Voilà l'Airbus dans _____ j'ai voyagé.
3. Et voilà l'île _____ je vais vous parler.

4. C'est l'endroit _____ j'ai passé quinze jours.

5. Il s'agit ici d'un Club Med, et voilà les petits jetons *(tokens)* avec _____ on paie toutes les activités.

6. Voilà des gens à _____ je parlais souvent.

7. Regardez la pendule. C'est l'heure _____ on dîne dans ce pays.

8. Ici, le guide nous dit _____ on a besoin pour se promener autour de l'île.

9. Nous sommes en décembre et c'est un mois _____ on peut nager et se promener sur la plage.

10. Me voici de retour! Ce sont des vacances _____ je vais toujours me souvenir.

Club Med La Caravelle en Guadeloupe

6 Décrivez quelques aspects de votre vie en complétant les phrases suivantes à l'aide des pronoms **qui** et **que**.

MODELE Ce semestre, j'ai des cours *qui me plaisent beaucoup.*
Ce semestre, j'ai des cours *que je trouve un peu difficiles.*

1. J'ai des amis…

2. Mes colocataires sont des personnes…

3. J'ai des profs…

4. Mon cours de français, c'est un cours…

5. Mon copain / Ma copine est une personne…

INTERACTIONS

Les qualités de votre copain ou copine: En petits groupes, composez cinq ou six phrases à ce sujet. Comparez vos réponses à celles des autres groupes. Est-ce que tout le monde évoque les mêmes qualités?

MODELE: *Mon copain / Ma copine est quelqu'un qui a les mêmes intérêts que moi.*
Mon copain / Ma copine est quelqu'un avec qui je peux parler facilement.

SYNTHESE

A. **Des projets pour un week-end intéressant.** Complétez les phrases avec le pronom relatif convenable.

1. Je vais sortir avec des amis…

_____ je t'ai parlé.

_____ j'ai rencontrés le week-end dernier.

_____ sont amusants.

avec _____ je m'entends très bien.

2. Nous allons dîner dans un restaurant…

_____ ma copine a recommandé.

_____ n'est pas trop cher.

dans _____ on mange très bien pour peu d'argent.

_____ tout le monde parle.

3. Tu veux voir le film…

_____ Spielberg est le metteur en scène?

_____ passe actuellement en ville?

_____ nos amis ont déjà vu?

_____ dans il y a plusieurs acteurs célèbres?

4. Tu veux aller dans une boîte…

_____ est très à la mode actuellement?

_____ on parle beaucoup?

_____ tout le monde fréquente ces temps-ci?

dans _____ on s'amuse bien?

5. On va à une soirée…

_____ on fait pour l'anniversaire de notre ami Robert.

pour _____ tout le monde va apporter quelque chose.

_____ a lieu dans l'appartement de nos copains.

_____ tout le monde va se souvenir longtemps.

6. Il y a des copains…

_____ nous n'allons pas voir ce week-end.

pour _____ le week-end ne va pas être intéressant.

_____ vont rester à la résidence.

_____ les parents vont venir au campus ce week-end.

B. **Ce qui est important à l'université.** Quelques étudiants sont en train de parler de leurs études. Complétez leurs remarques à l'aide du pronom relatif approprié.

1. Je veux une formation _____ me permette de réussir dans la vie.

2. Ce sont les cours obligatoires _____ on doit suivre pendant les deux premières années.

3. Des cours plus pratiques? Voilà _____ nous avons besoin.

4. Nous avons vraiment besoin d'un endroit _____ on puisse se réunir pour étudier en groupe.

5. M. Duval est un prof avec _____ on apprend beaucoup.

6. La faculté de lettres est la partie de l'université dans _____ on étudie les langues vivantes.

7. Je n'ai pas eu de bons résultats à ce cours. J'étais très préoccupé(e) le jour _____ j'ai passé cet examen.

8. _____ m'intéresse vraiment, c'est l'informatique.

9. M. Roche? C'est le prof d'histoire _____ la femme est médecin.

10. _____ je ne comprends pas, c'est qu'il faut payer les droits d'inscription avant la fin des inscriptions.

C. **Les avantages du voyage.** Transformez chaque phrase en employant **en** + participe présent. Attention à la logique de la phrase.

MODELE Elle apprend quand elle voyage.
Elle apprend en voyageant.

1. Quand on fait un effort, on apprend beaucoup de choses au sujet des étrangers.

2. On rencontre des gens sympathiques quand on visite des pays étrangers.

3. Si on prend le train, on voit le paysage.

4. Quand vous allez dans un autre pays, vous découvrez une autre façon de vivre.

5. Si vous restez quelque temps dans un pays étranger, vous pouvez souvent apprendre un peu la langue de ce pays.

Note culturelle

Bettmann/Corbis

Jack Kerouac (1922–1969): Incarnation du Franco-Américain

La carrière de l'auteur du très célèbre roman *On the Road,* ce «roi de la *Beat Generation*», semble plutôt le distancier au lieu de le rapprocher de la population franco-américaine de la Nouvelle-Angleterre. Né de parents d'origine canadienne française, il a grandi à Lowell dans le Massachusetts. Sa ville natale, comme beaucoup d'autres endroits industriels du nord-est des Etats-Unis, avait attiré *(had attracted)* des émigrants québécois francophones venus chercher du travail dans les usines de tissus et de chaussures. Dans ce milieu prolétaire, où il n'a appris à parler anglais qu'à l'âge de six ans, Jack Kerouac a fréquenté l'école publique. L'anglo-américain est vite devenu sa langue usuelle. Grâce à son talent pour le football américain et une bourse d'études à Columbia University, il a pénétré dans l'univers des lettres où il va finir par vivre de sa plume.

A l'oral, Kerouac a toujours pu s'exprimer, mais plutôt mal, dans un patois français typique de celui des gens des quartiers populaires de Lowell. Malgré tout, il se faisait comprendre des francophones. Il a même entrepris un voyage en France à la recherche de ses sources généalogiques. Là, dans la Bretagne de ses ancêtres, il a pu approfondir son identité et surtout les éléments linguistiques et culturels qui la composaient.

Un peu à l'image de Kerouac, beaucoup de Franco-Américains d'autrefois ont abandonné la langue et certaines valeurs transmises par leurs ancêtres sans les désavouer complètement. Le «Petit Canada» de Lowell a peut-être disparu, mais les descendants des immigrés venus de l'autre côté de la frontière manifestent aujourd'hui un renouveau d'intérêt pour leur ascendance française, québécoise ou acadienne. L'apprentissage du français ne se fait plus dans les quartiers, mais dans les écoles, et l'appartenance ethnique se traduit souvent par une passion pour la généalogie. Le monde franco-américain de nos jours a évolué. Comme Kerouac.

Compréhension

1. Faites une petite note biographique de Jack Kerouac en vous inspirant du texte. Où est-il né? D'où venaient ses parents? Quelles sortes d'études a-t-il faites? Etc.

2. Quel type de rapports Kerouac a-t-il eu avec la langue française?

3. Les Franco-Américains de la Nouvelle-Angleterre ont-ils toujours maintenu leurs liens avec la langue et la culture francophone?

Réflexion

A. La trajectoire de Jack Kerouac en ce qui concerne ses origines culturelles est-elle remarquable quand on la compare à celle de beaucoup d'autres descendants d'immigrés sur le territoire américain?

B. Connaissez-vous personnellement des gens dont les parents, grands-parents ou arrière-grands-parents sont venus d'un autre pays? Ont-ils eu de la difficulté à s'adapter à la vie en Amérique? Pourquoi?

INTERACTIONS

Qui est-ce? Faites le portrait d'un personnage célèbre sans révéler son nom. Intégrez les pronoms relatifs **qui, que** ou **dont** dans votre description. Les autres étudiants vont essayer de deviner de qui vous parler.

> **MODELE** *Je pense à une personne qui est morte assez récemment. C'était un grand chanteur dont tout le monde connaissait les chansons. Souvent pendant ses concerts, il ne portait qu'un seul gant. Il avait une sœur qui chante toujours et que vous connaissez certainement. Il avait une propriété en Californie que les gens considéraient comme un parc d'attractions. Qui est-ce?*

Situations écrites

A. Un ami guadeloupéen vous demande s'il y a une présence francophone aux Etats-Unis. Composez une réponse à sa question.

B. Vous cherchez un poste dans une société ayant beaucoup de contacts dans les pays francophones. On vous demande de composer une autobiographie et de décrire vos études. On vous demande aussi dans quels pays francophones vous aimeriez bien travailler.

 ## Le français connecté

Pour vous familiariser avec la mission de l'OIF et ses activités récentes à travers le monde, rendez-vous sur www.francophonie.org. Cliquez sur les liens appropriés pour noter (1) la liste des missions et objectifs de l'organisation, (2) les discours *(speeches),* demandes et réunions que le Secrétaire général a faits récemment et (3) les différentes catégories d'actions prises. Notez dans la section de recrutement trois «postes à pourvoir» *(job openings).*

Connectez-vous

Imaginez qu'un(e) ami(e) cherche un travail où il / elle peut utiliser son français. Choisissez un poste à pourvoir qui peut l'intéresser. Ecrivez-lui un e-mail dans lequel vous décrivez l'OIF (ses missions et objectifs, ses activités, etc.) et le poste. N'oubliez pas de lui dire la date limite de réception de sa demande d'emploi *(application),* ainsi que l'endroit où le poste se trouve.

A lire

Texte de culture contemporaine

Sujets de réflexion

1. Pensez à votre propre situation vis-à-vis de la langue française. Quels ont été vos premiers contacts avec elle? A quel moment avez-vous choisi d'étudier cette langue? A partir de quelles motivations?

2. A votre avis, à quel âge faut-il commencer l'étude d'une langue étrangère? Pensez-vous que la société américaine encourage suffisamment l'apprentissage des langues étrangères? Comment expliquez-vous votre attitude?

Guide de lecture

1. L'émission d'Axel Maugey est destinée aux Français et francophones n'ayant, peut-être, que des connaissances superficielles de la présence du français aux USA. Dans chaque paragraphe de la lecture, trouvez le sujet essentiel dont on se sert pour présenter la question aux spectateurs.

2. En jetant un coup d'œil rapide sur le texte, quels éléments trouvez-vous les plus étonnants ou inattendus? Faites une petite liste de ces découvertes.

La place du français aux Etats-Unis

Voici un extrait du texte d'une émission proposée, le 1er juin 2008, par l'auteur essayiste Axel Maugey sur les francophiles américains.

Dans les départements de français des universités américaines, on offre des cours sur la France d'aujourd'hui, le cinéma français, l'art de vivre et les études sur les
5　femmes pour ne citer que ces quelques exemples. Paris fascine les Américains... Parmi les auteurs qui trouvent un écho auprès des étudiants américains, Chrétien de Troyes, l'abbé Prévost, Gide, Chateaubriand, Stendhal, Mauriac, Robbe-Grillet, Balzac, Duras, Daudet, Colette et Beauvoir. Le plus souvent, ce sont les relations homme-femme qui sont étudiées.

10　Ce qui fait également le succès des sections de français, c'est l'ouverture sur le monde francophone. Du Québec à l'Afrique en passant par les Caraïbes. Par exemple, l'Université de Stanford en Californie développe le secteur de la francophonie, non seulement dans ses cours, mais en multipliant les documents à consulter sur place. Dans les universités américaines, un rôle important est joué par les maisons
15　françaises, compléments culturels créés par les départements de français.

house
secondary level

Nul doute qu'à New-York comme dans de nombreuses villes américaines, la présence française est considérable, même si elle est parfois méconnue, sauf dans les musées qui abritent° tous de nombreuses œuvres françaises... Parmi les professeurs de français aux États-Unis dans le second degré° et dans le supérieur
20 10 000 sont rassemblés au sein de l'Association américaine des professeurs de français. N'oublions pas également le réseau des Alliances françaises qui ne compte pas moins de 30 000 adhérents et 10 000 élèves.

dropped off

Si, à la fin des années 90, l'enseignement du français fléchissait° chez les Américains, on note depuis quelques années un regain d'intérêt... Choisir
25 d'apprendre le français est considéré comme un acte d'indépendance. La culture française reste appréciée, surtout dans les musées new-yorkais exposant des peintres impressionnistes. La chanteuse Patti Smith se plaît à réciter des poèmes de Rimbaud. Quant au groupe de chanteurs Les Sans Culottes°, ces Américains font figure d'ovni° en chantant en français!

French Revolutionaries from the poorer Parisian classes
UFO

Source: *Canal Académie*, radio et magazine de presse en ligne des académies, www.canalacademie.com

Après la lecture

1. En comparant la liste des matières offertes dans les cours américains de français selon le texte, dressez une liste comparable de cours disponibles dans votre propre programme de français. Axel Maugey a-t-il raison? Quelles divergences avez-vous remarquées?

2. Dans la société américaine en général, en dehors de l'univers scolaire, quelle est la présence française et francophone? Etes-vous d'accord que «dans de nombreuses villes américaines, la présence française est considérable, même si elle est parfois méconnue»? Expliquez.

3. Etes-vous d'accord que, pour vous, «choisir d'apprendre le français est considéré comme un acte d'indépendance»? Expliquez.

4. Consultez le site Internet du groupe «Les Sans Culottes» à www.lessansculottes. com. Que savez-vous de ce groupe? Leur musique est-elle plutôt de style français ou américain? Pourquoi?

Texte littéraire

Sujets de réflexion

1. A votre avis, quels sont les aspects d'une culture qui donnent à ses membres une «identité»? Pensez aux cultures hispanique, afro-américaine, japonaise, par exemple.

2. Actuellement la question de l'identité sexuelle repose de moins en moins sur des stéréotypes. Pourtant, y a-t-il toujours des traits qui sont considérés comme «typiques» des hommes et des femmes?

3. Il y a beaucoup de films où des hommes se déguisent en femmes et des femmes en hommes, comme *Victor / Victoria, Mrs. Doubtfire, Tootsie, Mr. Headmistress, La Cage aux folles (Bird Cage)*, pour n'en mentionner que quelques-uns. Pourquoi, à votre avis, le public semble-t-il s'intéresser tellement à ce thème?

A propos de l'auteur...

Tahar Ben Jelloun *est né à Fez, au Maroc, en 1944. Quand il est âgé de dix ans, ses parents s'installent à Tanger. Ces deux villes vont laisser une forte empreinte sur l'imaginaire de son œuvre littéraire. Après avoir été élève au lycée français de Tanger, il étudie la philosophie à l'université de Rabat. Il commence à enseigner à Tétouan, puis à Casablanca. En 1971, il part à Paris étudier la sociologie et la psychiatrie sociale. Sa thèse et son activité professionnelle dans ce domaine le familiarisent avec les problèmes d'adaptation des immigrés maghrébins en France. Plusieurs de ses livres posent le problème du déracinement et de la position de l'individu face à l'hégémonie du groupe, et ils dénoncent sans complaisance tout ce qui porte atteinte aux droits ou à la dignité de l'homme.*

Eric Fougere/Corbis

ar Ben Jelloun

Interview avec Tahar Ben Jelloun:
«*Tahar Ben Jelloun—Raconteur d'histoires de notre temps*»

Romancier, nouvelliste, poète, prix Goncourt 1987 pour *La Nuit sacrée,* intervenant au journal *Le Monde* et à la télévision française sur des questions autant littéraires que politiques, Tahar Ben Jelloun, non, n'a pas réponse à tout. S'il est si demandé, c'est justement parce qu'il est capable de penser plus loin que le bout de son
5 stylo, de faire réfléchir, d'être et de rendre les autres conscients des mouvements du monde.

Qu'est-ce qui vous fait courir, Tahar Ben Jelloun?

obsession **(1) TBJ:** J'ai une hantise°, c'est l'injustice! Témoigner est ma passion. Je suis un justicier! Et puis ensuite, j'aime raconter des histoires. Pas pour s'endormir, pas
10 pour passer le temps, mais pour se réveiller. J'ai une fille de 9 ans, je lui raconte des histoires sur le chemin de l'école. Les histoires, ça sert à penser, à être conscient de ce qui se passe autour de soi. Pour cela, il y a l'école, bien sûr, mais les histoires, ça rajoute de la vie.

Pourquoi écrivez-vous en français?

15 **(2) TBJ:** Je suis né à Fez, au Maroc. C'est une très belle ville, très traditionnelle, pleine
old section of a Moroccan de petites ruelles, la médina°. Puis à 10 ans, ma famille est allée s'installer à Tanger.
town Là, je suis allé au lycée. On étudiait davantage le français que l'arabe. J'ai été formé par les deux langues. L'arabe est ma langue maternelle, mais j'ai pensé que j'avais quelque chose à gagner si je maîtrisais le français. Je m'investissais beaucoup dans
20 la langue française. Puis, j'ai continué. Je n'ai jamais écrit en arabe. Le français était un défi, une richesse de plus.

Quand écrivez-vous? Vous servez-vous de l'ordinateur?

(3) TBJ: J'écris le matin. Je n'utilise pas d'ordinateur. J'ouvre mon cahier et j'attends. Parfois rien n'arrive. Il faut que l'esprit et le corps s'habituent. Un livre est quelque
25 chose de très vivant. J'y pense tout le temps. Il est très excitant de créer des
literary characters personnages°, de les faire vivre. Je m'habitue à eux, et tous les matins je les retrouve. On vit ensemble dans le même espace mental. Je crée un univers à côté de l'univers réel.

Comment avez-vous décidé de devenir écrivain?

30 **(4) TBJ:** Je ne l'ai jamais décidé. Mais c'est quelque chose de très fort. Vous sentez que c'est là que vous êtes le mieux, quand vous racontez des histoires. A 20 ans, j'ai écrit des poèmes, contre l'injustice, contre des choses horribles et inadmissibles dans la société.

Vous évoquez beaucoup dans vos livres la condition des femmes. Pourquoi?

35 **(5) TBJ:** Je suis quelqu'un qui témoigne et qui dénonce. Une des grandes injustices est la condition qui est faite aux femmes dans le monde arabe. Je suis très sensible à la manière dont on les traite. Il y a eu une évolution qui est due aux femmes elles-mêmes, pas au gouvernement. Bien sûr, il y a le code de la famille qui est
backward rétrograde°, pas à l'honneur du pays, mais la société est en avance. Les mœurs se
40 sont libéralisées, les femmes se battent, 33% d'entre elles travaillent. L'avenir leur appartient. Les hommes ont le pouvoir politique, les femmes le pouvoir social, même si ce n'est inscrit nulle part dans les textes.

Dans vos conversations courantes, quand vous êtes en France, vous dites «ils» en parlant des Français, ou «nous»?

45 **(6) TBJ:** Je dis rarement «nous». J'établis une distance entre ce que je suis et ce que je vois, mais j'établis cette distance partout, même au Maroc, où je dis «les Marocains». Mon parti pris est celui de l'objectivité, je suis un observateur. J'ai une relation d'équilibre entre les deux pays, et j'ai la même exigence critique. Il est dur de devoir choisir. Nulle part il n'y a de satisfactions garanties.

50 *Vous ne vous sentez pas apatride?*

roots **(7) TBJ:** Non, pas du tout. J'ai des racines° claires, précises. Je suis marocain, de culture musulmane humaniste et modérée. Je me sens marocain partout où je vais, culturellement et psychologiquement. Je suis aussi adepte des valeurs des droits de l'homme, de la Révolution française, de l'état de droit. En même temps, je 55 suis fasciné par la générosité, l'hospitalité, la convivialité et la largesse d'esprit des Marocains. Ce sont des choses qui se sont un peu perdues en Europe.

Source: *Le Journal Français,* 1996

Compréhension

1. Cet entretien semble assez facile à lire parce que les questions posées à Tahar Ben Jelloun par le journaliste servent à établir le contexte des réponses. En considérant les questions du journaliste, faites une liste des sujets dont Ben Jelloun va parler.

2. Pourquoi Tahar Ben Jelloun aime-t-il raconter des histoires?

3. A quelle époque de sa vie Tahar Ben Jelloun a-t-il commencé à étudier le français? Pourquoi a-t-il choisi d'écrire en français?

4. Comment voit-il les personnages qu'il a créés?

5. Pourquoi Tahar Ben Jelloun parle-t-il si souvent de la condition des femmes dans ses livres?

Réflexion

A. Quelle est la passion de Tahar Ben Jelloun? Dans quel sens pourrait-on comparer ses motivations à celles des auteurs afro-américains comme Toni Morrison, par exemple?

B. Quel contraste la dernière réponse de Tahar Ben Jelloun offre-t-elle entre les valeurs françaises et marocaines?

Guide de lecture

1. Dans le premier paragraphe de l'extrait suivant de *L'Enfant de sable*, dégagez les mots qui indiquent qu'Ahmed veut aborder avec son père le sujet de son apparence physique.

2. Lisez rapidement le cinquième paragraphe de l'extrait et dégagez-en les mots qui expriment le conflit intérieur d'Ahmed par rapport à sa situation.

3. A la fin de cet extrait, il y a une idée surprenante qui souligne le paradoxe que le père d'Ahmed a créé. A la fin du cinquième paragraphe, que demande Ahmed?

L'Enfant de sable (extrait)

Avec son livre, *L'Enfant de sable* (1986) Tahar Ben Jelloun a séduit un large public en recourant à la forme du conte° pour poser le problème de l'identité aléatoire°: la huitième fille de Hadj Ahmed est déclarée de sexe masculin, mais comment vivre cette identité impossible?... Toute l'œuvre de Tahar Ben Jelloun est écrite pour
5 conjurer l'enfermement dans cette impossibilité.

Humilié de ne pas avoir de fils, d'héritier° mâle, mais «seulement» des filles, un riche commerçant avait décidé de faire passer sa dernière-née pour un garçon. Ainsi, la petite fille fut appelée Ahmed. Habillée et éduquée comme un vrai garçon, elle devait mener une étrange existence, privée de sa vie de jeune fille, mêlée aux hommes,
10 prise par tous pour un homme.

(1) Un jour Ahmed alla voir son père dans son atelier et lui dit:
— Père, comment trouves-tu ma voix?
— Elle est bien, ni trop grave ni trop aiguë.
— Bien, répondit Ahmed. Et ma peau°, comment tu la trouves?
15 — Ta peau? Rien de spécial.
— As-tu remarqué que je ne me rase pas tous les jours?
— Oui, pourquoi?
— Que penses-tu de mes muscles?
— Quels muscles?
20 — Ceux par exemple de la poitrine°... [...] Père, je vais me laisser pousser la moustache.
— Si cela te fait plaisir!
— Dorénavant, je m'habillerai en costume, cravate...
— Comme tu veux, Ahmed.
25 — Père! Je voudrais me marier...
— Quoi? Tu es trop jeune encore...
— Ne t'es-tu pas marié jeune?
— Oui, c'était un autre temps...
— Et mon temps, c'est quoi?
30 — Je ne sais pas. Tu m'embarrasses.

(2) — N'est-ce pas le temps du mensonge°, de la mystification? Suis-je un être ou une image, un corps ou une autorité, une pierre dans un jardin fané° ou un arbre rigide? Dis-moi, qui suis-je?

(3) — Mais pourquoi toutes ces questions?

35 (4) — Je te les pose pour que toi et moi nous regardions les choses en face. Ni toi ni moi ne sommes dupes.

Margin glosses: tale / problematic · heir · skin · chest · lie · faded

(5) Ma condition, non seulement je l'accepte et je la vis, mais je l'aime. Elle m'intéresse. Elle me permet d'avoir les privilèges que je n'aurais jamais pu connaître. Elle m'ouvre des portes et j'aime cela, même si elle m'enferme ensuite dans une cage de vitres. Il m'arrive d'étouffer° dans mon sommeil. Je me noie° dans ma propre salive. Je me cramponne° à la terre mobile. J'approche ainsi du néant°. Mais, quand je me réveille, je suis malgré tout heureux d'être ce que je suis. J'ai lu les livres d'anatomie, de biologie, de psychologie et même d'astrologie. J'ai beaucoup lu et j'ai opté pour le bonheur. La souffrance, le malheur de la solitude, je m'en débarrasse° dans un grand cahier°. En optant pour la vie, j'ai accepté l'aventure. Et je voudrais aller jusqu'au bout de cette histoire. Je suis homme. Je m'appelle Ahmed selon la tradition de notre Prophète. Et je demande une épouse. [...] Père, tu m'as fait un homme, je dois le rester. Et, comme dit notre Prophète bien-aimé, «un musulman complet est un homme marié».

(6) Le père était dans un grand désarroi°. Il ne savait quoi répondre à son fils ni à qui demander conseil. Après tout, Ahmed poussait la logique jusqu'au bout. Il n'avait pas tout dit à son père, car il avait un plan. Un grand silence chargé de malaise. Ahmed était devenu autoritaire. [...]

Source: *L'Enfant de sable,* Tahar Ben Jelloun, © Editions du Seuil, 1985, *Points,* 1995. Used with permission.

suffocate / drown 40
hold on to / void

m'en...: rid myself of / notebook 45

disarray 50

Après la lecture

1. Quelle est la réaction du père d'Ahmed aux premières questions de son «fils»? Qu'est-ce que cette réaction indique sur les motivations et les attitudes du père?

2. Au quatrième paragraphe, Ahmed indique pourquoi il (elle) décide d'avoir cette conversation avec son père. Quelle était sa motivation?

3. Pourquoi Ahmed dit-il (elle): «Ma condition... je l'aime»? En quoi cette attitude de la part d'Ahmed est-elle ironique?

4. A la fin de l'extrait, quelle attitude d'Ahmed le père critique-t-il? Est-ce que cette attitude est habituellement considérée comme un trait masculin ou féminin? Expliquez l'ironie de cette réaction du père d'Ahmed.

5. Expliquez le titre de cette œuvre de Tahar Ben Jelloun. En quoi ce titre évoque-t-il l'univers marocain de l'auteur? Quelles seraient les caractéristiques d'un enfant fait «de sable»?

Pour mieux lire

1. Associez les mots anglais de la colonne de droite aux prépositions en caractères gras trouvées dans les extraits de l'interview avec Tahar Ben Jelloun.

   1. «Romancier [...] intervenant au journal *Le Monde* [...] **sur** des questions aussi bien littéraires que politiques...»

   2. «Pas pour s'endormir, pas **pour** passer le temps...»

   3. «... je lui raconte des histoires **sur** le chemin de l'école.»

   4. «J'ai été formé **par** les deux langues.»

   5. «Je n'ai jamais écrit **en** arabe.»

   6. «Je crée un univers **à côté de** l'univers réel.»

   7. «... j'ai écrit des poèmes **contre** l'injustice...»

   8. «J'établis une distance **entre** ce que je suis et ce que je vois...»

   9. «Je suis né **à** Fez, **au** Maroc.»

   a. *by*
   b. *in opposition to, against*
   c. *in / in*
   d. *parallel to*
   e. *in order to / for the purpose of*
   f. *on* (au sens physique)
   g. *between*
   h. *on* (au sujet de)
   i. *in*

2. Ben Jelloun emploie souvent des mots qui vont par paires. Quelquefois ces mots constituent une suite logique, d'autres fois ils représentent un contraste. Dans les deux cas, si vous connaissez la signification de l'un de ces mots, vous pouvez assez facilement deviner le sens de l'autre. Dans les phrases suivantes, tirées de *L'Enfant de sable,* indiquez la signification des mots en italique.

   1. «Elle [ta voix] est bien, ni trop *grave* ni trop *aiguë*.»

   2. «... je m'habillerai en costume, *cravate*... »

   3. «Suis-je un *être* ou une *image*?»

   4. «La *souffrance,* le *malheur* de la solitude... »

   5. «Je suis *homme* [...] Et je demande une *épouse*... »

LIENS CULTURELS

1. Dans l'interview, Tahar Ben Jelloun dit: «J'ai une hantise, c'est l'injustice!» Dans quel sens peut-on dire qu'il parle de deux sortes d'injustices à la fois dans *L'Enfant de sable*? Cette œuvre de Tahar Ben Jelloun constitue aussi une parabole culturelle. En quoi cet auteur francophone pratique-t-il, lui aussi, une sorte de déguisement? Dans le monde d'aujourd'hui y a-t-il des personnes (femmes, minorités, etc.) qui «se déguisent» quelquefois pour plaire aux autres ou pour mieux réussir? Donnez-en quelques exemples.

2. A partir des renseignements que vous avez obtenus en lisant les textes **Un peu de culture contemporaine** (pages 328–329) et **L'héritage culturel** (pages 343–344), avez-vous l'impression que la politique coloniale de la France a eu des résultats positifs aussi bien que négatifs dans les pays colonisés? Expliquez votre point de vue.

EXPANSION

A. Pour beaucoup d'habitants de régions francophones, il y a souvent un problème d'identité qui se pose. Quels avantages y a-t-il à être francophone de nos jours?

B. Comment pourriez-vous expliquer à un(e) francophone le problème de l'identité culturelle qui se manifeste actuellement aux Etats-Unis? Possédez-vous, vous-même, deux cultures (hispanique, japonaise, afro-américaine, vietnamienne, coréenne, par exemple)? Comment est-ce que vous vous voyez en tant qu'«Américain(e)»?

R. Gino Santa Maria / shutterstock.com

L'entrevue

Court-métrage de Claire Blanchet, National Film Board of Canada – 2009

A considérer avant le film

Imaginez que vous avez une entrevue pour un emploi dont vous avez toujours rêvé. Comment vous préparez-vous pour rencontrer l'employeur? A quels types de questions est-ce que vous vous attendez?

Note culturelle: *L'entrevue* fait partie du programme «La tête de l'emploi» — un projet national contre la discrimination au travail.

Avant le visionnage

Imaginez que vous travaillez aux ressources humaines d'une grande compagnie de téléphone mobile. Un employeur vous demande des renseignements sur la politique de l'entreprise concernant les embauches. Ecrivez-lui cinq conseils en complétant les phrases suivantes.

MODELE   Vous devez *prendre chaque candidat au sérieux.*

1. Il faut…
2. Il est important de…
3. Les candidats doivent être…
4. L'entreprise n'accepte pas…
5. Nous insistons sur …

Vocabulaire utile

s'attendre à *to expect*
un candidat *an applicant*
compétent *competent*
le comportement *the behavior*
embaucher *to hire*
engager *to commit to*
l'équité dans le milieu du travail
    equality in the workplace

le génie *engineering*
les préjugés et stéréotypes raciaux
    racial prejudice and stereotypes
une maîtrise *a Master's degree*
prendre quelqu'un au sérieux   *to take
    someone seriously*
priver *to deprive / withhold*
recruter *to recruit*

Premier visionnage

Pour chaque réplique, dites si c'est l'employeur ou le candidat qui parle.

1. Ça fait longtemps que vous cherchez du travail?
2. Est-ce que l'origine de votre nom est africaine?
3. Merci d'être venu, on vous appellera.
4. Vous n'avez posé aucune question sur mon expérience.
5. Sur quoi vous basez-vous exactement pour embaucher?

Deuxième visionnage

Vrai ou faux? Regardez le film une deuxième fois et répondez **vrai** ou **faux** selon le cas. Si c'est faux, corrigez la description.

1. Le candidat n'est pas qualifié. _____
2. Le nom du candidat est d'origine africaine. _____
3. L'employeur pose des questions sur l'expérience du candidat. _____
4. Le candidat a obtenu son diplôme à Harvard. _____
5. L'employeur demande de recommencer l'entrevue. _____

👥 Après le visionnage

Observations

Grâce à l'animation, le candidat et l'employeur se ressemblent excepté en ce qui concerne la couleur de leur peau. Précisez en quoi ils se ressemblent. Quel est l'effet de ce choix?

Interprétation

Complétez les phrases suivantes.

1. Le candidat n'est pas pris au sérieux parce qu'il...
2. Lors de l'entrevue, l'employeur pense à...
3. L'entrevue se termine rapidement parce que...
4. La réaction du candidat vis-à-vis du comportement de l'employeur est...
5. Les deux hommes recommencent l'entrevue parce que...

A vous

Vous êtes un(e) ami(e) du candidat, M. Mukhtar. Il vous raconte l'histoire de son entrevue et vous demande votre avis. Doit-il prendre le poste? Qu'est-ce que vous lui répondez? Pourquoi?

CHAPITRE 10

Découvrir et se découvrir

Cultural Focus

- Discovery and Escapism in the Past
- Vacationing and Self-Discovery in the francophone World

Readings

Contemporary Cultural *Etes-vous plutôt Saint-Tropez ou île de Ré?*

Literary Charles Baudelaire: *L'Invitation au voyage (poème et poème en prose)*

Cinéma

Short Subject Sheldon Cohen: *Le Chandail*

Structures

I Formation of the Future and the Future Perfect

II Uses of the Future and the Future Perfect

III Formation of the Conditional and the Past Conditional

Uses of the Conditional and the Past Conditional

Functions

Narrating the Future

Talking about Plans

Describing Wishes and Regrets

Describing Relationships between Events

 Premium Website

audio

Un bungalow sur une plage de Tahiti, en Polynésie française

Garry Black / Masterlife

Un peu de culture contemporaine

SuperStock / Alamy Limited

Club Med: l'exotisme démocratisé

Les vacances et le voyage

Le voyage a toujours fait rêver le monde comme étant un moyen d'échapper au quotidien.

- Au 19e siècle en France, à l'époque du romantisme, on aime se rapprocher de la nature. Le chemin de fer va peu à peu réduire les distances et modifier les destinations en vogue.

- Au 20e siècle, la Provence et la Côte d'Azur attirent d'abord une clientèle privilégiée puis, après la Seconde Guerre mondiale, un public plus large qui fréquente les festivals, comme ceux d'Avignon, d'Aix, d'Orange ou les stations balnéaires le long de la Méditerranée, comme Saint-Tropez. Tous les moyens de transport sont à la disposition du public, mais l'utilisation de la voiture, surtout lorsque plusieurs personnes voyagent ensemble, rend le voyage moins cher et permet une plus grande autonomie.

- Au 21e siècle, les vacances de luxe ne sont plus réservées aux personnes ayant un pouvoir d'achat élevé. On semble prêt à faire des sacrifices sur d'autres dépenses pour pouvoir s'offrir des vacances exceptionnelles. Par ailleurs, le développement d'Internet, avec ses «forfaits à la carte», où la somme est fixée d'avance, permet aux voyageurs de personnaliser leurs vacances tout en conservant un certain contrôle des dépenses.

Langue et culture

Ajoutez les prépositions appropriées, si nécessaire, pour compléter le paragraphe.

Au 19e siècle, les Français ont commencé _____ voyager plus fréquemment et plus loin. Certains voulaient _____ se rapprocher de la nature; d'autres avaient envie _____ visiter les destinations en vogue. Au début du 20e siècle, les classes aisées fréquentaient les stations balnéaires _____ la Côte d'Azur. Mais, après la Seconde Guerre mondiale, un public plus large a pu _____ se payer un voyage _____ Provence ou même _____ Saint-Tropez. Ces vacanciers arrivaient _____ tous les coins de la France _____ le train, mais aussi _____ voiture. Au 21e siècle, les vacances de luxe semblent entièrement «se démocratiser». Par exemple, Internet joue un grand rôle _____ offrant aux voyageurs des «forfaits à la carte» qui permettent aux voyageurs _____ personnaliser leurs vacances.

Jeux de mots

Trouvez des synonymes dans le texte pour les mots et expressions suivantes. Ensuite, utilisez les réponses pour compléter le paragraphe.

quitter, vie de tous les jours, venir plus près, diminuer, au bord de la mer

Comme dans d'autres pays, en France, le voyage a pour but d'_____ au _____. On a l'habitude de quitter la ville pour la campagne, afin de _____ de la nature. Comme les avancées technologiques au niveau du transport ont réussi à _____ les distances, les Français voyagent de plus en plus loin. Il est courant de fréquenter les stations _____ non seulement sur la Côte d'Azur ou en Corse, mais aussi en Polynésie française ou aux Seychelles.

L'écotourisme dans le monde francophone

L'écotourisme, un mouvement de tourisme responsable, équitable et écologique, devient de plus en plus populaire en France et dans le monde francophone. Quelquefois appelé (abusivement) le tourisme vert, l'écotourisme cherche surtout à promouvoir la préservation des animaux et de la nature tout en soutenant les besoins financiers des habitants des communautés rurales. De plus, l'écotourisme vise à protéger les cultures et les traditions qui sont actuellement menacées par les influences de l'urbanisation et de la mondialisation. Le niveau d'engagement dépend de la destination sélectionnée, de l'organisation coordinatrice et des souhaits des voyageurs. Les itinéraires varient entre des visites aux sites écotouristiques et des projets bénévoles dans les chantiers et les écoles des communautés locales.

Le Maroc offre un grand nombre de sites intéressants aux écotouristes, particulièrement dans les régions montagnardes du Moyen et du Haut Atlas qui proposent des activités d'immersion dans la culture berbère. Dans les camps écotouristiques de ces régions, les activités culturelles sont souvent organisées en coordination avec des villageois et donnent un aperçu des habitudes alimentaires et linguistiques, des traditions musicales et folkloriques et des produits textiles et artisanaux de la région. Grâce aux activités culturelles, les touristes profitent d'une expérience riche et individualisée qui les met en contact avec le peuple, la nature, les traditions et les coutumes locales. Par exemple, ils peuvent savourer les plats régionaux comme le couscous, le bourjeje (les crêpes salées) et le méchoui (mouton ou agneau cuit en entier à la broche) ou goûter la boisson nationale du Maroc, le nana (un thé à la menthe et un symbole de l'hospitalité marocaine), chez les villageois. Ils peuvent également écouter de la musique berbère traditionnelle qui est souvent chantée ou jouée à la flûte de bambou, au tambour et à la tambourine ou contempler les tapis berbères qui sont embellis de décorations aux formes de diamants, de triangles et de chevrons. D'autres activités peuvent comprendre une visite au souk (un marché où une variété de produits alimentaires, textiles et artisanaux est disponible) ou au hammam (des bains traditionnels de vapeur humide) pour prendre part aux expériences quotidiennes des villageois.

En général, ces projets écotouristiques marocains partagent une mission écologique qui vise à protéger l'environnement et la culture de la région. Ils promeuvent la conservation de l'eau et de l'énergie et la protection des animaux et des plantes. Les activités proposées préservent l'intégrité et la beauté naturelle de l'environnement. De plus, les villageois bénéficient de dons et de l'argent que les écotouristes leur apportent. Grâce aux revenus des projets touristiques, les villageois font beaucoup d'améliorations dans leurs communautés, surtout pour subvenir aux besoins des initiatives éducatives.

Andrew Woodley / Alamy

Ecotouristes en caravane.

Langue et culture

Complétez chaque phrase par la forme appropriée du verbe entre parenthèses.

1. En _____ (faire) de l'écotourisme, on contribue à la préservation des animaux et de la nature.
2. Avant de _____ (partir) au Maroc, les écotouristes peuvent se renseigner sur les itinéraires proposés par différents sites.
3. En _____ (voyager) dans les régions montagnardes, on peut profiter de nombreuses activités culturelles.
4. Par exemple, on propose aux touristes d'écouter de la musique berbère tout en _____ (savourer) un plat régional.
5. Après _____ (passer) du temps dans un camp écotouristique, on repart avec une meilleure appréciation de la culture locale.

Jeux de mots

Trouvez des synonymes dans le texte pour les mots et expressions suivants. Ensuite, utilisez les réponses pour compléter le paragraphe.

a pour objectif, mises en danger, idée générale, bénéficient, contribuent , satisfaire

L'écotourisme _____ non seulement à préserver l'environnement, mais aussi à protéger les cultures régionales qui sont _____ par les effets de la mondialisation. Loin de sacrifier la qualité de leurs vacances, les écotouristes _____ d'activités culturelles qui leur donnent un _____ des traditions locales. L'argent que les voyageurs _____ aux villages permet à ceux-ci de _____ aux besoins financiers de leurs communautés.

Réflexion

A. Dans quelle mesure la nature et les objectifs de l'écotourisme s'opposent-ils à ceux des vacances de luxe? Y a-t-il aussi des ressemblances entre les deux modes de voyage?

B. Est-ce que l'écotourisme vous intéresse? Pourquoi ou pourquoi pas? A votre avis, quels sont les avantages et les désavantages de l'écotourisme?

C. Imaginez que vous visitez un camp écotouristique au Maroc. Racontez votre expérience dans une carte postale que vous envoyez à un(e) ami(e) francophone.

*Pour des activités culturelles supplémentaires, rendez-vous sur le site Web d'***Interaction** www.cengage.com/french/ interaction.

Des randonneurs dans le **Haut Atlas marocain**

Mario Pontta / Alamy

Vocabulaire actif

CD2, Track 10

LES ACTIVITES

se baigner to swim
bénéficier (de) to benefit (from)
bricoler to putter
(se faire) bronzer to get a suntan
faire des économies to save
   money
flâner to loaf around
s'occuper de to take care of
profiter de to take advantage of

se renseigner to obtain
   information

LES POSSIBILITES DE VACANCES

un congé vacation, day(s) off
prendre _____ to take time off
   (from work)
la côte coast
la Côte d'Azur French Riviera

un dépliant brochure, flyer
l'écotourisme *(m)*
   ecotourism
une escale stopover
un forfait vacances vacation
   package deal
un jour férié official
   holiday
les moyens *(m pl)* (financial)
   means
un rabais discount

une randonnée hike
une résidence secondaire
   vacation home
une station balnéaire seaside
   resort
des vacances vertes *(f pl)*
   ecotourism
des vols-vacances *(m pl)*
   reduced airfares for vacation
   travel

Exercices de vocabulaire

A. Vous étudiez pendant l'année en France et vous préparez un voyage pour les grandes vacances. Voici une liste de questions que vous désirez poser à votre agent de voyages. Complétez chaque question à l'aide d'un terme approprié de la liste suivante.

TERMES: un dépliant   faire des économies   un forfait   une escale
        intéressant   un rabais   le séjour   un tarif réduit

1. Pour aller au Maroc, avez-vous _____ vacances à me proposer?
2. Y a-t-il un vol direct ou faut-il faire _____?
3. Est-ce que les étudiants bénéficient d' _____?
4. C'est-à-dire, y a-t-il _____ pour les étudiants?
5. Combien coûtent le vol et _____ à l'hôtel, petit déjeuner compris?
6. Avez-vous _____ qui explique les détails du voyage?
7. C'est le prix le plus _____ que vous puissiez proposer?
8. Pour me permettre ce voyage, il va me falloir _____, n'est-ce pas?

B. Voici une conversation entre Julie et Jean-Claude au sujet de leurs projets de vacances. Substituez une expression de la liste suivante à chacune des expressions en caractères gras.

EXPRESSIONS: un séjour, me renseigner, un gîte, compris, se baigner, des randonnées, un tarif réduit, intéressants

JULIE: Jean-Claude, moi, je voudrais aller à la plage où on peut **aller dans l'eau.**

JEAN-CLAUDE: Mais tu sais, Julie, moi, j'aime plutôt faire **des promenades** en montagne.

374   CHAPITRE 10

POUR VOYAGER EN VOITURE

l'autoroute (à péage) *(f)* highway (tollroad)

la batterie battery

faire le graissage to lubricate (the car)

faire le plein to fill the gas tank

faire la vidange to have the oil changed

les freins *(m pl)* brakes

un(e) garagiste garage operator

le *Guide Michelin* popular French travel guide

la mise au point tune-up

un pneu tire

la pression pressure

rouler to drive

signaler to indicate

A L'HOTEL

un acompte deposit

une auberge hostel, inn

une chambre d'hôte B&B

un gîte rural country lodging with cooking facilities

l'hébergement *(m)* housing

un hôtelier / une hôtelière hotel manager

la réception front desk

le séjour stay

un tarif (réduit) (reduced) rate

LES CARACTERISTIQUES

casanier(-ière) stay-at-home

compris(e) included

forfaitaire all-inclusive

intéressant(e) (financially) advantageous

JULIE: Je viens de **demander des renseignements** dans une agence de voyages. En allant vers Nice, on pourrait peut-être faire les deux.

JEAN-CLAUDE: Si on fait des recherches sur Internet, nous pourrons peut-être trouver des prix **pas chers,** non?

JULIE: On pourrait aussi trouver des hôtels où il y a **une réduction** sur les prix des chambres. Quelquefois, le petit déjeuner est aussi **inclus dans le prix de la chambre.**

JEAN-CLAUDE: Ou bien on pourrait prendre **un logement rural de location.** Comme ça, nous aurons **une période de vacances** qui ne nous coûtera pas trop cher. Allons-y!

C. Vous faites un voyage en voiture et vous arrivez dans une station-service près de Strasbourg où vous demandez à la garagiste de jeter un coup d'œil à votre voiture. Complétez les phrases en utilisant les mots suivants.

MOTS: la batterie   les freins   le graissage
le plein   la pression   la vidange

1. Vérifiez _____ des pneus, s'il vous plaît.

2. J'ai besoin d'huile aussi. Faites _____.

3. Ma voiture est un peu lente à démarrer *(start up)* le matin. Vérifiez la charge de _____.

4. Il y a un grincement *(squeaking noise)* bizarre sous la voiture. Faites _____ aussi.

5. J'ai un peu de difficulté à arrêter la voiture. Vérifiez _____.

6. Enfin, faites _____ d'essence, s'il vous plaît. Merci, madame.

Lexique personnel

VOYAGEZ-VOUS SOUVENT?

A. Pour chacun des sujets suivants, dressez une liste personnelle de mots.

1. les endroits où vous avez passé des vacances
2. les endroits où vous voudriez passer des vacances
3. les moyens de transport que vous employez le plus souvent pour voyager
4. vos projets de vacances pour l'été prochain

B. Employez les éléments indiqués pour poser des questions à un(e) camarade de classe.

1. que / tu / faire / pendant les grandes vacances?
2. tu / faire / souvent / des voyages?
3. comment / tu / voyager / normalement?
4. tu / préférer / voyager / en voiture, en avion ou par le train?
5. quel / être / ton voyage / le plus intéressant?
6. tu / faire / déjà / un voyage organisé?
7. tu / profiter / déjà / d'un voyage à prix forfaitaire?
8. combien / on / payer / le vol, le séjour à l'hôtel et les repas quand on va en Floride?

Un train Eurostar en gare

Ben Mangor / SuperStock

Structures I

GRAMMAR
TUTORIALS

Formation of the Future and the Future Perfect

Formation of the Future

The future tense indicates that an action *will* be performed at a future time. To form the future tense, use the infinitive as the stem and add the appropriate endings: **-ai, -as, -a, -ons, -ez, -ont.** For **-re** verbs, drop the **e** from the infinitive.

voyager	partir	prendre
je voyager**ai**	je partir**ai**	je prendr**ai**
tu voyager**as**	tu partir**as**	tu prendr**as**
il / elle / on voyager**a**	il / elle / on partir**a**	il / elle / on prendr**a**
nous voyager**ons**	nous partir**ons**	nous prendr**ons**
vous voyager**ez**	vous partir**ez**	vous prendr**ez**
ils / elles voyager**ont**	ils / elles partir**ont**	ils / elles prendr**ont**

A list of the most important verbs with irregular future stems follows.

aller	**ir-**	faire	**fer-**	savoir	**saur-**
avoir	**aur-**	falloir	**faudr-**	valoir	**vaudr-**
devoir	**devr-**	pleuvoir	**pleuvr-**	venir	**viendr-**
envoyer	**enverr-**	pouvoir	**pourr-**	voir	**verr-**
être	**ser-**	recevoir	**recevr-**	vouloir	**voudr-**

[1]For the future of stem-changing verbs, see *Appendix B*.

Unless a verb has an irregular future stem, its future is formed regularly, even if the verb is irregular in the present tense.[1]

---

1 Votre correspondante française vous invite à passer l'été en France. Vous lui écrivez pour parler de vos projets d'été. Complétez les phrases suivantes en mettant au **futur** les verbes entre parenthèses.

1. Le semestre _____ en mai. (finir)

2. J' _____ en France début juin. (arriver)

3. Est-ce que nous _____ faire une excursion en Bretagne? (pouvoir)

4. Mon meilleur ami / Ma meilleure amie _____ certainement m'accompagner. (vouloir)

5. Tu _____ de ton mieux pour lui trouver un logement à Paris, n'est-ce pas? (faire)

6. Par exemple, tes parents le / la _____ pendant quelques jours? (recevoir)

7. Mon prof de français _____ à Paris aussi. (être)

8. Nous _____ au théâtre un soir. (aller)

9. Après trois ou quatre jours, _____ -nous dans le Midi? (descendre)

10. On _____ le train ou la voiture? (prendre)

11. Où est-ce que nous _____? (habiter)

12. Je sais que je _____ beaucoup cet été. (s'amuser)

2 Vous voulez savoir ce que vos camarades de classe feront la semaine prochaine. Complétez les questions suivantes par le futur des verbes entre parenthèses et posez-leur à vos camerades de classe.

1. Tu _____ à la bibliothèque après les cours? (aller)

2. Tu _____ un examen? (avoir)

3. Tu _____ tes devoirs? (faire)

4. Tu _____ te détendre un peu le soir? (pouvoir)

5. Tu _____ un repas au restaurant universitaire? (prendre)

6. Tu _____ dur? (travailler)

7. A quelle heure est-ce que tu _____? (rentrer)

8. A quelle heure est-ce que tu _____? (se coucher)

Formation of the Future Perfect

The future perfect tense (**le futur antérieur**) indicates that an action will have been performed prior to another action at a future time. The future perfect is formed with the future of the auxiliary **avoir** or **être** and the past participle of the main verb. The future perfect of all verbs is formed this way.

Au mois de septembre, quand vous serez prêts pour la rentrée, Sylvie et Dominique **seront** déjà **parties** pour la Côte d'Azur. Elles **auront pris** la voiture, elles **auront roulé** pendant quelques heures et elles **seront arrivées** à Fréjus. Sylvie **aura** beaucoup **conduit** et Dominique **aura fait** des excursions en montagne. Elles **se seront** beaucoup **amusées,** et vous, vous **aurez** beaucoup **travaillé.** Ce n'est pas juste.

INTERACTIONS

Des projets de week-end. Mettez-vous en petits groupes. Posez des questions aux membres de votre groupe en employant les expressions suivantes afin de connaître leurs projets pour le week-end. Décidez qui a les projets les plus intéressants, le week-end le plus chargé ou le week-end le plus ennuyeux.

EXPRESSIONS: réviser pour un examen
faire du sport
retrouver des amis
voir sa famille
regarder la télé
déjeuner au Resto U
organiser une fête

écrire une dissertation
quitter le campus / la ville
travailler
sortir le soir
se réunir avec son groupe d'étude
faire le ménage
assister à un match de sport

L'héritage culturel

Exploration et utopie

17e siècle: Les Français commencent à connaître l'Asie et les Amériques grâce aux récits des explorateurs et des missionnaires.

- L'Orient, connu depuis les Croisades et les voyages de Marco Polo, devient plus accessible aux Français dans ses structures politiques, sociales et économiques. Le médecin et philosophe François Bernier publie ses *Voyages* (1699) sur la civilisation musulmane aux Indes. Les religieux, surtout les missionnaires jésuites, font connaître l'Inde, la Chine et le Japon dans leurs *Lettres édifiantes.*

Toutes ces régions inspireront aux ouvrages littéraires contemporains un certain exotisme, quelquefois comique, comme dans la parodie des Turcs du *Bourgeois gentilhomme* de Molière.

- Les Amériques (de la Nouvelle-France jusqu'au Brésil) donnent aux navigateurs et aux missionnaires l'occasion de rapporter à leurs lecteurs francophones des observations sur la nature, les populations, la végétation et les bêtes du Nouveau Monde.

Ces récits de voyage contribuent à la création d'un mythe, celui du «bon sauvage» dont nous trouvons une description chez le Père du Tertre, missionnaire aux Antilles: «Les sauvages de ces îles sont… tels que la nature les a produits, c'est-à-dire dans une grande simplicité et naïveté naturelle; ils sont tous égaux, sans que l'on connaisse presque aucune sorte de supériorité ni de servitude.» (*Histoire générale des Antilles,* 1667).

Langue et culture

Utilisez le futur des verbes entre parenthèses pour compléter le paragraphe.

Les Français du 17e siècle _____ (connaître) les Amériques en lisant des récits de voyage. Médecins, philosophes et missionnaires _____ (avoir fait) plusieurs traversées de l'Atlantique pour rapporter des informations dont ils _____ (faire) des récits édifiants. Il _____ (falloir) cependant attendre l'arrivée des colons au 18e siècle pour mieux connaître ces terres exotiques.

Jeux de mots

Trouvez des synonymes dans le texte pour: *univers idéal, récit légendaire, êtres non-civilisés.* Ensuite, utilisez les réponses pour compléter le paragraphe.

Les explorateurs du Nouveau Monde ignoraient souvent la complexité sociale de ceux qu'on appelait des «_____» et ils préféraient transformer la vie des peuples indigènes en un _____. Leurs lecteurs cherchaient un antidote aux maux du monde européen et rêvaient de trouver l'_____ dans ces pays lointains.

Paul Gauguin (1848–1903) et l'exotisme océanien

- Vers 1890, Gauguin s'enfuit vers la Polynésie.
- A Tahiti, il découvre une peinture dite primitive: teintes plates et intenses, volumes simplifiés d'une nature pure et sauvage.
- La couleur permet à Gauguin de dessiner son sujet et de construire son tableau en attribuant aux couleurs une fonction psychique.
- Au contact des peuples de la Polynésie, Gauguin produit un art authentique, simple et naïf.

Erich Lessing / Musée d'Orsay, Paris, France/Art Resource, NY

Joyeuseté (Arearea) de Paul Gauguin

René Magritte (1898–1967) et l'art surréaliste

- Peintre belge, Magritte se considère comme un penseur plutôt qu'un peintre au sens usuel du terme. Selon lui, la peinture sert à évoquer ce qui nous importe le plus, c'est-à-dire le mystère du monde.

- Surréaliste, Magritte représente presque toujours des objets ou des éléments familiers mais dans un assemblage qui incite les spectateurs à s'interroger sur les énigmes d'un monde mystérieux. Tout se passe dans notre univers mental, nous dit-il. Il suffit quelquefois du choc visuel produit par une de ses œuvres pour que nous pénétrions un peu plus loin dans le nôtre.

La Clef des champs de René Magritte

Langue et culture

Employez des pronoms relatifs pour compléter les phrases suivantes.

1. C'est à Tahiti _____ Gauguin découvre une peinture dite primitive.
2. A Tahiti Gauguin construit des tableaux _____ attribuent une fonction psychique aux couleurs.
3. Le mouvement _____ Magritte est associé à Paris s'appelle le surréalisme.
4. _____ il faut se souvenir, c'est _____ il s'agissait d'un peintre _____ se considérait plutôt comme un penseur.
5. Voilà _____ il faut réfléchir quand on regarde *La Clef des champs*—un tableau _____ le surréalisme saute aux yeux.

Jeux de mots

Trouvez des synonymes dans les textes pour les mots suivants. Ensuite, utilisez les réponses pour compléter le paragraphe.

Gauguin et l'exotisme océanien: couleurs, aborigène, s'en aller rapidement

Devant un tableau de Gauguin, nos yeux sont frappés par les _____ vives de ses figures simples, sensuelles et pures. Nous avons peut-être tort d'appeler cette peinture _____ simplement parce que son inspiration est différente de la nôtre. En Océanie, Gauguin voulait non seulement _____ de la société occidentale mais aussi s'approprier une vision du monde oriental.

Magritte et l'art surréaliste: incline, signifie, ensemble, conflit

On ne sait pas toujours ce qu'un tableau surréaliste _____. Une toile de Magritte nous _____ à penser que la réalité n'est pas limitée à ce que l'on croit. Il y a souvent une vérité plus profonde que l'_____ surprenant des objets représentés. Le _____ causé par ses œuvres nous mène à nous poser des quantités de questions.

Réflexion

A. Les créateurs du mythe utopique du «bon sauvage», les peintres exotiques et les surréalistes ont tous été motivés par un désir de partir à la recherche de l'idéal. Croyez-vous que l'idéal soit possible à atteindre? Quels idéaux les trois exemples présentés dans le texte recherchent-ils?

B. Etes-vous attiré(e) par le rêve utopique ou exotique? Pourquoi?

Structures II

Uses of the Future and the Future Perfect

Uses of the Future

The simple future tense expresses an action that will take place at a future time. It is the equivalent of the English *will (shall)* . . . [2]

Je **vais partir** tout de suite.	*I am going to leave right now.*
Je **partirai** peut-être un jour.	*I will perhaps leave one day.*
Je **partirai** en juillet.	*I'll leave in July.*
Ils **prendront** le train.	*They will take the train.*

The future tense can also be used to express a command in the second person singular and plural **(tu, vous).**

Tu **fermeras** la porte à clé avant de partir.	*Lock the door before you leave.*

In conversation, the present tense is sometimes used instead of the future.

—Quand est-ce que vous **partez**?

—Je pars demain.

The verb **devoir** used in the future expresses the idea *will have to* . . . **Devoir** in the present tense followed by the infinitive is also used to express an action that is probable in the future.

On **devra prendre** le bateau.	*We will have to take the boat.*
Il **doit arriver** bientôt.	*He must be arriving soon.*

[2]The future formed with **aller** + infinitive expresses an action that is more certain and immediate and is equivalent to the English *to be going to* + infinitive. Although these two future constructions are technically not interchangeable, the distinction between them is very fine, and in conversation a strict distinction is not always observed. Note that in the negative, the future would more often be used instead of the immediate future: **Je *vais partir* demain. Je ne *partirai* pas demain.**

1 Vous quittez votre chambre le matin et vous désirez laisser un petit mot à vos colocataires pour les informer de vos activités de la journée. Complétez chaque phrase par un verbe approprié au futur.

1. A neuf heures…
2. Après mon premier cours…
3. Pour le déjeuner…
4. Pendant l'après-midi…
5. Vers six heures…
6. Avant de me coucher…

Uses of the Future Perfect

The future perfect tense is used to express the idea that one action in the future will take place and be completed before another action in the future takes place. It expresses the English *will have* + past participle.

Quand il ira à l'université en septembre, il **aura** déjà **fait** son voyage en France.	*When he goes to college in September, he **will have** already **taken** his trip to France.*
Nous **serons parties** à trois heures demain.	***We will have left** by three o'clock tomorrow.*

The Future after *après que, aussitôt que, dès que, lorsque, quand*

As shown in the following table of tense sequences, after the expressions **après que, aussitôt que, dès que, lorsque,** and **quand** you must use a future tense in French where English uses the present.

> **Quand il viendra,** nous pourrons partir.

> *When he comes, we will be able to leave.*

[3]With **quand** and **lorsque** the future perfect may also be used in the main clause. See *Rappel!* below. This principle may be easier to remember if you realize that French structure is actually more logical than English on this point, given that *when* (**quand, lorsque**), *as soon as* (**dès que, aussitôt que**), and *after* (**après que**) all refer to actions that have not yet taken place.

[4]If there is no change in subject, the past infinitive is often used instead of the future perfect. See Chapter 9, p. 335.

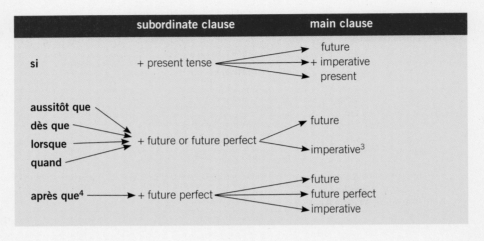

	subordinate clause	main clause
si	+ present tense	future + imperative present
aussitôt que **dès que** **lorsque** **quand**	+ future or future perfect	future imperative[3]
après que[4]	+ future perfect	future future perfect imperative

Si tu **arrives** à l'hôtel avant minuit, **téléphone**-moi.

S'il **fait** beau, nous **ferons** un voyage.

BUT:

Quand (Lorsque) tu **téléphoneras** à l'hôtel, tu **pourras** réserver une chambre.

Lorsque vous **serez** en France, **venez** me voir.

Dès que (Aussitôt que) j'**aurai réglé** mes affaires, je **partirai.**

Après que j'**aurai fait** le plein, vous **devrez** vérifier les freins.

Rappel!

Note that if you use the simple future in the subordinate clause, you are implying that the actions of both clauses will take place in the same time frame.

The future perfect in the subordinate clause implies that the action of that clause must take place and be completed before the main action can take place.

This distinction is sometimes up to the speaker, and both the simple future and the future perfect are used following the conjunctions in question.

Quand il	**partira,**	nous irons en vacances.
	sera parti,	
Dès que vous	**achèterez**	les billets, nous partirons.
	aurez acheté	

BUT:

Après que j'aurai consulté une agence de voyages, nous prendrons une décision.

2 Après avoir passé quelques mois dans une famille à Paris, vous pensez faire une excursion avec la fille de vos hôtes pendant les grandes vacances. Vous parlez de ces projets d'été à la mère de la jeune fille. Complétez la conversation suivante par le **futur**, le **futur antérieur** ou le **présent** des verbes entre parenthèses selon le contexte.

VOUS: Donc, j'_____ besoin de louer une voiture pour faire ce voyage. (avoir)

LA MÈRE: Si tu _____ des économies, tu pourras avoir assez d'argent pour louer la voiture et payer l'essence. (faire)

VOUS: D'accord, mais je _____ réserver la voiture bien avant notre départ. Après que je (j') _____ la voiture, il faudra aussi retenir une chambre dans un hôtel du Midi. (devoir, réserver)

LA MÈRE: Quand tu _____ à l'hôtel, tu pourras leur donner le numéro de ta carte bancaire pour retenir la chambre. (téléphoner)

VOUS: Vous _____ nous prêter une carte Michelin? (pouvoir)

LA MÈRE: Oui, bien sûr. Comme ça, si tu _____, tu pourras la consulter. D'ailleurs, vous _____ peut-être plus vite si tu prends les routes nationales au lieu de prendre l'autoroute. Au début des grandes vacances, il _____ énormément de circulation sur les autoroutes. (se perdre, rouler, y avoir)

VOUS: Vous avez raison. En plus, les petites routes _____ plus agréables. Nous _____ souvent pour regarder le paysage et visiter les endroits intéressants. (être, s'arrêter)

LA MÈRE: Quand tu _____ là-bas, mets la voiture dans un garage. Comme ça, tu n'_____ pas d'ennuis. Et quand tu _____ le voyage de retour, téléphone-moi. (arriver, avoir, commencer)

VOUS: Oui, oui, d'accord. Nous vous _____ connaître nos projets après que nous _____. (faire, tout organiser)

3 Vous parlez de votre avenir avec des amis. Complétez logiquement chaque phrase.

1. Quand j'aurai terminé mes études…
2. Si je trouve un bon poste…
3. Lorsque je gagnerai un salaire intéressant…
4. Avant l'âge de trente ans…
5. Je me marierai quand…
6. J'aurai des enfants si…
7. Je voyagerai si…
8. Je serai heureux(-euse) quand…

INTERACTIONS

 Projets d'été. Quels sont vos projets pour l'été qui suivra la fin de vos études universitaires? Quand vous aurez obtenu votre diplôme, que ferez-vous pour fêter cet événement? Travaillerez-vous? Voyagerez-vous? Racontez vos projets à la classe. Les autres étudiants vous poseront des questions.

SYNTHESE

A. Vous partez en voyage avec des amis et vous faites une liste de préparatifs avant de partir. Complétez chacune des phrases suivantes par la forme appropriée du **futur** des verbes entre parenthèses.

1. D'abord, nous _____ une agence de voyages. (consulter)
2. Avec l'agent de voyages, on _____ un itinéraire. (choisir)
3. Un de mes copains _____ des chambres. (réserver)
4. J'_____ acheter des chèques de voyage. (aller)
5. Nous _____ les billets. (acheter)
6. Mes colocataires _____ la maison et _____ la lessive. (ranger, faire)
7. Je _____ mes valises. (faire)
8. Enfin, nous _____! (partir)

B. Des amis parlent d'un voyage qu'ils vont faire ensemble à Paris. Complétez leurs phrases en mettant les verbes entre parenthèses aux temps qui conviennent.

1. Quand nous _____ à Paris, je ferai du lèche-vitrines sur les Champs-Elysées. (être)
2. Si Beth en a l'occasion, elle _____ au marché aux puces de Saint-Ouen. (aller)
3. Après que tu _____ le Louvre, tu pourras voir la collection des impressionnistes au musée d'Orsay. (visiter)
4. Si nous _____ de la chance, nous trouverons un bon petit hôtel. (avoir)
5. Dès que nous aurons trouvé un hôtel, Paul _____ réserver des billets pour un concert. (pouvoir)

C. Monique écrit un petit mot à une amie au sujet d'un voyage qu'elle va faire. Mettez les verbes entre parenthèses aux temps qui conviennent.

Chère Sandrine,

Je (partir) _____ ce soir. Demain (être) _____ le premier jour de mes vacances et je (j') (aller) _____ chez mes cousins à Toulouse. Je (prendre) _____ l'autoroute pour y aller, mais quand je (rentrer) _____ , je (revenir) _____ par les routes départementales. Il (falloir) _____ sûrement faire beaucoup de détours, mais je (pouvoir) _____ ainsi mieux apprécier le paysage. Quand je (être) _____ de retour, je (devoir) _____ me remettre au travail.

Bisous,

Monique

D. Interview. Posez des questions logiques au **futur** en employant les éléments suivants. Quand votre partenaire aura répondu, posez-lui une question supplémentaire.

1. partir de la fac aujourd'hui
2. aller après tes cours
3. faire des courses cet après-midi
4. rentrer tôt ou tard
5. regarder la télé
6. faire pendant le week-end
7. aller voir un film
8. sortir avec tes amis
9. dîner au restaurant
10. se coucher tôt ou tard

INTERACTIONS

Vous allez en vacances. Vous passez l'année universitaire en France et vous voyez cette annonce pour des excursions pendant les week-ends. En groupes, discutez des différents forfaits voyages offerts. Chaque groupe doit décider laquelle des excursions le groupe veut faire. Expliquez votre choix.

Infos et promos

WEEK-END ✔

Vacances pas cher, no 18, juin-juillet 2004, p. 5 (prix indicatif par personne et selon disponibilités et en fonction des indications contractuelles)

⊃ 110 €* FRANCE
3 JOURS / 2 NUITS

VOSGES

Séjour dans le Haut-Rhin, à la station du lac Blanc située dans le superbe environnement du Parc Naturel des Ballons des Vosges. Cette station familiale propose un panel d'activités comme des randonnées sur les crêtes grâce aux nombreux sentiers balisés par le Club Vosgiens, possibilité de découvrir les vastes espaces du domaine en VTT, à moins que vous souhaitiez vous initier à la course d'orientation avec des parcours permanents. Le Lac Blanc Parc d'Aventure avec ses 6 parcours de tous niveaux (bleu, vert, rouge et noir) ouvert aux enfants dès 8 ans, les plus petits dès 4 ans pouvant s'initier au parcours Ourson en toute sécurité sous le regard des parents. Après les activités de nature, venez déguster les spécialités culinaires et les produits du terroir que la nature offre ici pour séduire les papilles des plus gourmands. Votre séjour se déroulera en ferme auberge dans la vallée de Kaysersberg, entre vignoble et montagne.
Ce prix comprend : 2 nuits en ferme auberge en demi-pension, un panier du terroir, une visite de cave avec dégustation et remise de bouteille, une carte de randonnée, une entrée pour les 4 parcours du Lac Blanc parc d'aventures.
Juin / Juillet : 110 €*

✔ OT de la vallée de Kaysersberg :
03 89 78 22 78

⊃ 150 €* FRANCE
3 JOURS / 2 NUITS

AUVERGNE

Week-end attelage ou équitation en forêt de Tronçais dans le cadre majestueux de la plus belle chênais d'Europe. Découvrez le domaine de Bellevue à Meaulne. 50 ha de parc au cœur de la forêt de Tronçais formant l'écrin d'un château style renaissance, époque Napoléon III, équipé d'écuries d'attelages et d'une ferme équestre à l'ancienne. Balades inoubliables en forêt au rythme de

l'attelage ou initiation à l'équitation sur des pistes cavalières privées. Table et chambres d'hôtes au château ajoutent au charme confortable de l'escapade.
Ce prix comprend : l'hébergement en chambre d'hôtes, la pension complète, l'encadrement par un accompagnateur.
Juin / Juillet : 150 €*

✔ Loisirs Accueil Allier : 04 70 46 81 60

NOUS AIMONS !

⊃ 155 €* ANGLETERRE
2 JOURS / 1 NUIT

LONDRES

Londres est une ville passionnante historique et culturelle. Découvrez 2000 ans d'histoire et d'apparats, visitez ses 300 musées et galeries d'art, goûtez les délices du monde dans l'un de ses 6000 restaurants. Assistez à la cérémonie du changement de la garde qui se tient tous les deux jours à Buckingham Palace. Adeptes du shopping, vous n'aurez que l'embarras du choix. De Bond Street aux ruelles foisonnantes du marché aux puces de Camden, Notting Hill ou Brick Lane, Londres possède plus de 3000 boutiques et magasins de mode mondialement réputés qui feront le bonheur des fashion victim. L'hôtel est flambant neuf. Il est situé à proximité du stade de Chelsea, dans un quartier calme à 10 mn à pied de la station de métro Fulham Broadway et à moins de 20 mn de Picadilly Circus, haut lieu de la nuit londonienne. Un hôtel idéal si vous êtes à la recherche du meilleur rapport qualité/prix.
Ce prix comprend : le transport en train Eurostar 2ème classe Paris / Londres, la chambre double, les petits-déjeuners continentaux.
Juin / Juillet : 155 €*

Hôtel Jury's Inn Chelsea 3*

✔ Partirpascher.com : 01 53 14 60 00

⊃ 160 €* FRANCE
3 JOURS / 2 NUITS

BORDEAUX

Venez découvrir l'ambiance conviviale de la fête du vin à Bordeaux le vendredi soir. La journée du samedi 3 juillet débutera par la visite du château de Cadillac. Déjeuner au restaurant gastronomique l'Entrée Jardin à Cadillac, puis vous poursuivrez par une randonnée pédestre dans le vignoble. Vous aurez alors tout le loisir de flâner le long des coteaux bercés par les rayons du soleil et de sillonner le vignoble. Le dimanche 4 juillet, vous visiterez le Château du Grand Branet où une dégustation des Premières Côtes de Bordeaux vous attend. Déjeuner sur place avec un panier du terroir. Dans l'après-

midi, vous visiterez l'abbaye de la Sauve Majeure, chef d'œuvre de l'art roman du XIIème siècle. Week-end des 2, 3 et 4 juillet 2004.
Ce prix comprend : la chambre double, la demi-pension, un dîner, un déjeuner et un casse croûte, les visites, le livret de randonnée pédestre.
Juin / Juillet : 160 €*

Chambre d'hôtes Bacchus 3 épis

✔ OT de Cadillac : 05 56 62 12 92

Super PROMOS sur www.vol-sec.com

⊃ 166 €* FRANCE
3 JOURS / 2 NUITS

BRETAGNE

Les îles, proches et lointaines, d'une beauté rare vous offrent le plus merveilleux des dépaysements en toute saison. Laissez-vous bercer par le grand bleu à Belle-Ile en Mer. Ile des couleurs où la lumière habille les paysages à son gré : criques encaissées baignées d'eau turquoise, vastes plages de sable doré, falaises déchiquetées, petits villages de maisons blanches et fleuries, vallons boisés, ciels changeants... Fasciné par le caractère sauvage de Belle-Ile, nombreux sont ceux qui y ont posé le chevalet pour saisir la beauté de l'instant présent : Claude Monet, Henri Matisse, Charles Cottet, Maxime Maufra, Marcel Gromaire... A ne pas manquer : la citadelle Vauban et son musée, un ensemble unique mis en valeur de façon exemplaire par un couple de Mécènes.
Ce prix comprend : chambre double, petits-déjeuners, un dîner, la location d'un vélo pour 2 jours, l'entrée à la Citadelle Vauban, la traversée Aller / Retour en bateau au départ de Quiberon.
Juin / Juillet : 166 €*

Hôtel 2*

✔ Formule Bretagne : 01 53 63 11 53

⊃ 199 €* FRANCE
4 JOURS / 4 NUITS

POITOU-CHARENTES

Circuit régional pour découvrir le Futuroscope, le Marais poitevin, la Rochelle et Cognac. Escapade entre océan et campagne. Au programme : Lundi : arrivée dans le département de la Vienne. Le Futuroscope vous ouvre les portes du sensationnel dans un fabuleux voyage à travers le temps et l'espace. Chaque pavillon est un apprentissage. Une vingtaine d'attractions sont réparties sur 60 ha. La grande nouveauté de cette année, c'est le magnifique film "les

Note culturelle

Les congés et la semaine de 35 heures

Pour les Français, les vacances sont sacrées et, parmi les Européens, ils sont particulièrement avantagés pour en profiter. Comparée aux autres pays développés, la France arrive parmi les premiers pour le nombre de jours de congés payés.

- Depuis 1936, année où les salariés *(wage earners)* français sous le gouvernement de gauche du Front populaire ont obtenu le droit à deux semaines de congés payés par an, les vacances annuelles sont devenues de plus en plus longues.

- Une cinquième semaine a été accordée en 1982. Le phénomène des congés payés a eu une influence considérable sur la conception des loisirs en France. Aujourd'hui, beaucoup se demandent s'il est préférable de diviser leur année en onze mois de dur labeur avec, en perspective, un mois de détente, ou s'il ne vaudrait pas mieux concevoir un meilleur équilibre en fractionnant les congés tout au long de l'année.

Depuis 2001, les salariés en France bénéficient d'une semaine de travail de trente-cinq heures. De ce fait, le temps libre de beaucoup de Français s'est accru de façon spectaculaire.

- Dans beaucoup de pays, la notion de «week-end», c'est-à-dire deux jours consécutifs sans travail en fin de semaine, existe depuis longtemps. En France, le dimanche est jour de repos, mais le samedi (ou le lundi pour les commerçants) ne l'a pas toujours été. L'idée de pouvoir disposer de deux jours pour se promener, flâner à la maison, bricoler ou se détendre est une conquête assez récente et a été confirmée dans les familles par la suppression de l'école élémentaire le samedi. L'arrivée de la semaine de trente-cinq heures a aussi modifié pour beaucoup de salariés la notion des week-ends qu'ils prolongent jusqu'à trois jours, souvent pour les passer chez eux ou pour faire un déplacement de courte durée.

- On estime qu'il y a environ 2,5 millions de résidences secondaires en France, ce qui expliquerait pourquoi tant de gens passent si souvent un week-end prolongé chez des parents ou des amis au cours de l'année. Et le repas du dimanche midi, en famille, reste bien enraciné dans les mœurs des Français, qu'on reste chez soi ou qu'on se retrouve chez d'autres.

Compréhension

1. A quelle époque les salariés français ont-ils bénéficié des premiers congés payés? Quelle a été l'importance historique de la décision du gouvernement du Front populaire en 1936 par rapport aux congés payés des Français? Les habitudes de vacances des Français ont-elles évolué? Combien de semaines de vacances leur sont assurées actuellement?

2. La semaine de travail typique en France est-elle la même que dans votre pays?

3. Quelle a été l'évolution de la notion du «week-end» en France? Que font la plupart des gens le week-end?

Réflexion

A. A quelle idéologie attribuez-vous la décision du gouvernement français d'accorder à tous les salariés cinq semaines de vacances par an?

B. Que pensez-vous de la semaine de trente-cinq heures? Plus de la moitié des Français pensent que les trente-cinq heures disparaîtront prochainement. Quelles raisons pouvez-vous suggérer pour expliquer leur attitude?

POUR S'EXPRIMER

CD2, Track 11

Francophones en direct

Les vacances et le voyage. Ecoutez l'interview suivante avec Christophe, un jeune Belge. Ensuite, répondez aux questions. Vous pouvez écouter l'interview plusieurs fois, si cela est nécessaire.

Vocabulaire utile

acquérir *to acquire*
une ouverture d'esprit *open-mindedness*
prévoir *to plan*
laisser de la place *to leave room*
figé *set*
comprendre *to include*

incontournable *not to be missed*
Flandres *the Belgium Dutch-speaking area of Belgium*
Wallonie *the francophone area of Belgium*
brasser les bières *to brew beer*

---

1. Christophe est-il d'accord avec l'affirmation «les voyages forment la jeunesse»? Pour quelles raisons?

2. Comment Christophe préfère-t-il voyager, en couple, avec des amis ou tout seul? Pourquoi?

3. Qu'est-ce que Christophe aime découvrir dans les endroits qu'il visite?

4. Christophe est-il flexible comme voyageur? Expliquez.

5. Comment Christophe se renseigne-t-il sur une région avant de partir?

6. Quel serait le voyage idéal de Christophe?

7. Christophe veut que les touristes connaissent son pays dans son entièreté. Qu'est-ce qu'il veut dire par cela?

8. D'après Christophe, qu'est-ce qu'on devrait visiter en Belgique?

En petits groupes, discutez des voyages que tout le monde a faits. Comparez les voyages du groupe aux voyages de Christophe. Quel serait le voyage idéal? Comparez les réponses des différents groupes.

A vous la parole

On emploie aussi le verbe **aller + infinitif** pour parler des actions à venir. Il y a une distinction entre cette forme et une action exprimée au **futur simple,** par exemple, **je vais travailler / je travaillerai.** Normalement, on utilise **aller + infinitif** pour exprimer un futur proche et le verbe au **futur simple** pour parler d'actions qui sont plus éloignées dans le temps. Il s'agit d'une distinction qui ne se fait pas rigoureusement, mais qu'on a tendance à faire, même dans la conversation.

Posez les questions suivantes à vos camarades de classe. Il faut choisir entre la forme **aller + infinitif** ou le **futur simple,** selon le contexte.

1. Après ce cours, est-ce que tu _____ à la bibliothèque? (travailler)
2. Quand est-ce que tu _____ ton diplôme? (recevoir)
3. Le week-end prochain, tu _____ au restaurant? (dîner)
4. A quelle heure est-ce que tu _____ ce soir? (rentrer)
5. Dans cinq ans, tu _____ la même ville? (habiter)
6. Quand est-ce que tu _____ tes études? (finir)
7. Pendant la semaine, est-ce que tu _____ au cinéma? (aller)
8. Où est-ce que tu _____ tes vacances d'été? (passer)
9. Où est-ce que tu _____ habiter dans cinq ans? (vouloir)
10. Tu _____ au restaurant universitaire aujourd'hui? (déjeuner)

Situations orales

A. Vous êtes déjà à Paris et vous voulez continuer votre voyage en Europe par le train. Allez à l'agence de voyages et demandez les renseignements nécessaires.

B. Vous avez loué une voiture pour faire une excursion en France. Maintenant, vous vous trouvez à Orléans et votre voiture ne démarre pas. Imaginez la conversation avec le (la) garagiste. Un(e) autre étudiant(e) jouera le rôle du (de la) garagiste.

Il faut appeler un garage!

Structures III

Formation of the Conditional and the Past Conditional

Formation of the Conditional

To form the conditional, use the infinitive as the stem and add the appropriate endings: **-ais, -ais, -ait, -ions, -iez, -aient.** For **-re** verbs, drop the **e** from the infinitive.

voyager	partir	prendre
je voyager**ais**	je partir**ais**	je prendr**ais**
tu voyager**ais**	tu partir**ais**	tu prendr**ais**
il / elle / on voyager**ait**	il / elle / on partir**ait**	il / elle / on prendr**ait**
nous voyager**ions**	nous partir**ions**	nous prendr**ions**
vous voyager**iez**	vous partir**iez**	vous prendr**iez**
ils / elles voyager**aient**	ils / elles partir**aient**	ils / elles prendr**aient**

Note that the stem for the conditional is the same as for the future and that the endings are the same as for the imperfect.

The verbs that have irregular future stems use the same stems for the formation of the conditional.[5]

[5]For the conditional forms of stem-changing verbs, see *Appendix B.*

aller	**ir-**	faire	**fer-**	savoir	**saur-**
avoir	**aur-**	falloir	**faudr-**	valoir	**vaudr-**
devoir	**devr-**	pleuvoir	**pleuvr-**	venir	**viendr-**
envoyer	**enverr-**	pouvoir	**pourr-**	voir	**verr-**
être	**ser-**	recevoir	**recevr-**	vouloir	**voudr-**

1 Les différents membres du Club de français parlent avec Sophie, une étudiante française qui passe l'année dans votre université, de ce qu'ils aimeraient faire pendant les grandes vacances. Complétez les phrases en y mettant les verbes entre parenthèses au présent du conditionnel.

1. Je _____ bien un voyage en France. (faire)
2. Nous _____ au Canada si nous avions assez d'argent. (aller)
3. Il _____ que je travaille beaucoup pour me payer un voyage. (falloir)
4. Je _____ content(e) d'aller à la plage. (être)
5. Mes copains _____ aussi pour la plage. (partir)
6. Ma copine _____ aux Etats-Unis pour me rendre visite. (venir)
7. Sophie, tu _____ rester ici pendant l'été? (vouloir)
8. Je _____ d'abord pour gagner de l'argent. (travailler)
9. Et j'_____ le mois de juillet pour prendre mes vacances. (attendre)
10. Tes copains et toi, où _____-vous vos vacances? (prendre)

Formation of the Past Conditional

The past conditional is formed with the conditional of the auxiliary **avoir** or **être** and the past participle of the main verb. All verbs form the past conditional in this way.

j'**aurais voyagé**	nous **serions parti(e)s**
il **aurait pris**	elle **serait arrivée**
vous **auriez fait**	ils **seraient allés**
elles **auraient fini**	tu **te serais levé(e)**

2 Nous regrettons quelquefois de ne pas avoir fait certaines choses. Composez des phrases au **passé du conditionnel** pour dire ce que vous auriez fait l'été dernier, si vous aviez pu.

MODELE *L'été dernier, j'aurais travaillé davantage pour gagner plus d'argent.*

Rappel!

Be careful not to confuse the English *would* used hypothetically with *would* meaning *used to*.

J'**irais** en France l'été prochain si c'était possible.	*I **would go** to France next summer if possible.*
J'**allais** à la plage tous les jours quand j'étais plus jeune.	*I **would go** to the beach every day when I was younger.*

In the first example, the action in question has not yet taken place and depends on other circumstances.

In the second example, you can recognize that *would* means *used to* because the context is in the past.

GRAMMAR
TUTORIALS

Uses of the Conditional and the Past Conditional

The conditional tense expresses an action that is hypothetical or subject to some condition before it can take place. It has the English equivalent *would* . . .

Je **voudrais** visiter la Bretagne.	*I **would like** to visit Brittany.*
Ils **voyageraient** en voiture.	*They **would travel** by car.*

The past conditional tense expresses an action in the past that was dependent on certain conditions before it could take place. It expresses the English idea *would have* + past participle.

L'année dernière, Sylvie et Dominique ont fait le tour de la France en quinze jours. Mais elles n'ont pas tout vu. Si elles avaient eu le temps, elles **se seraient** aussi **rendues** en Bretagne et elles **seraient** aussi **allées** en Corse.

The conditional tenses are used following the expression **au cas où**, meaning *in case*.

Je viendrai de bonne heure **au cas où** vous **arriveriez** avant midi.

J'étais venu(e) de bonne heure **au cas où** vous **seriez arrivés** avant midi.

Verbs such as **vouloir, pouvoir, être,** and **aimer** are often used in the conditional to indicate a more polite tone for a request.

— Dis, Sylvie, tu **voudrais** me rendre un petit service? **Pourrais**-tu aller à l'agence de voyages pour demander des plans de Fréjus et des Alpes-Maritimes?

— Ah, j'**aimerais** bien t'aider, mais je ne peux pas y aller aujourd'hui. Est-ce que je **pourrais** faire cette commission demain?

—Bien sûr. Demain **serait** parfait.

The past conditional of **devoir** is sometimes called the tense of regret.

Cet après-midi, je **devrais** faire les courses.	*This afternoon, **I ought to (should)** do the shopping.*
J'**aurais dû** les faire hier, mais je n'ai pas pu.	***I ought to have (should have)** done it yesterday, but I wasn't able to.*

3 Quelques-unes des personnes avec qui vous voyagez en France ne sont pas aussi au courant de la culture française que vous. Aidez-les à s'exprimer plus poliment en mettant leurs verbes au **présent du conditionnel.**

1. Monsieur, je veux de l'eau, s'il vous plaît.
2. Et moi, je prends volontiers le coq au vin avec des légumes.
3. Pardon, madame, pouvez-vous m'indiquer l'heure, s'il vous plaît?
4. Monsieur, avez-vous la monnaie de vingt euros?
5. Mademoiselle, savez-vous par hasard à quelle heure ouvre le Louvre?
6. Marie-Laure, peux-tu m'aider à déchiffrer ce plan de métro?

Rappel!

The conditional tenses are often used in the main clause in conditional *(If . . . , then)* statements *(If* I had the time, *then* I *would love* to visit Brittany).

The English speaker must choose the correct tenses to use in both the *if* clause and the main clause. (See the following table.)

The key to the tense sequences outlined in the table is that they never vary, although there may be several possible translations in English for the verb in the *if* clause.

si j'avais le temps   *if I had the time*
                              if I were to have the time

	Subordinate Clause	Main Clause
si	imperfect ————————→	conditional
si	pluperfect[6] ——————→	past conditional

Si j'**avais** le temps, j'**aimerais** visiter la Belgique.

S'ils **trouvaient** un hôtel, ils **iraient** sur la Côte d'Azur.

Si j'**avais eu** l'argent, je **serais allée** en Tunisie.

Si nous **étions arrivés** en juin, nous **aurions pu** assister au festival.

Si nous **étions partis** à l'heure, nous **serions** moins pressés.

[6]Remember that the pluperfect is formed with the imperfect of **avoir** or **être** and the past participle.

4 Vous parlez de vos projets d'avenir, pour le moment hypothétiques. Complétez chaque phrase par le **présent du conditionnel** ou l'**imparfait** des verbes entre parenthèses selon le contexte.

1. Si je _____ mon diplôme en mai, je ferais d'abord un long voyage. (recevoir)

2. Si je trouvais un emploi tout de suite, j'_____ une nouvelle voiture. (acheter)

3. Si mon meilleur ami / ma meilleure amie avait le temps, il / elle _____ me rendre visite. (venir)

4. Ma famille et moi, nous _____ en vacances ensemble, si tout le monde était libre. (partir)

5. Mes copains français viendraient me voir, si j'_____ mon propre appartement. (avoir)

6. Si ma famille me donnait un peu d'argent, je _____ chercher un appartement. (pouvoir)

7. Mes amis feraient des économies, s'ils _____ partager un logement pendant un an ou deux. (pouvoir)

8. Si je ne trouvais pas de poste tout de suite, je _____ des demandes d'admission dans les universités pour faire des études supérieures. (faire)

9. Si, en septembre, ma copine n'avait pas de poste, elle _____ en Californie. (aller)

10. Et moi, si je ne trouvais pas de travail, mes frères et sœurs _____ m'aider un peu. (pouvoir)

5 Posez les questions suivantes à vos camarades de classe. Complétez chaque question par la forme appropriée du verbe entre parenthèses.

1. Si tu étais riche, qu'est-ce que tu _____? (acheter)

2. Si tu _____ en France, qu'est-ce que tu voudrais voir? (aller)

3. Si tu faisais le tour du monde, où est-ce que tu _____? (aller)

4. Si tu _____ de l'argent, que ferais-tu? (avoir)

5. Si tu pouvais réformer notre université, qu'est-ce que tu _____? (changer)

6. Si tu pouvais changer ta vie, qu'est-ce que tu _____ de différent? (faire)

7. ???

6 Le passé du conditionnel est le temps de ce qui n'a pas eu lieu. Complétez les phrases suivantes par un verbe au **passé du conditionnel** pour exprimer ce que vous auriez fait.

1. Si j'avais eu plus d'argent,...

2. Si j'avais eu plus de temps,...

3. Si je n'étais pas allé(e) à cette université,...

4. Si j'avais pu parler plus franchement à mes parents,...

5. Si j'avais pu dire la vérité à mon prof,...

6. Si j'avais choisi d'autres colocataires,...

Rappel!

Contrast the following tense sequences involving the future and the conditional tenses.

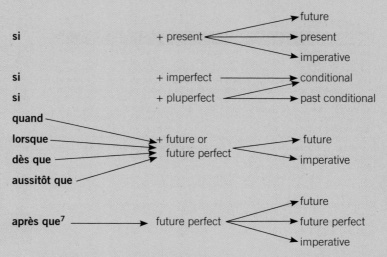

si + present — future / present / imperative

si + imperfect — conditional

si + pluperfect — past conditional

quand, **lorsque**, **dès que**, **aussitôt que** + future or future perfect — future / imperative

après que[7] — future perfect — future / future perfect / imperative

The key to manipulating these tense sequences is to concentrate on the tense of the main verb, which will be easily identified as the imperative, present, future, conditional, or past conditional. Then determine the tense of the verb in the subordinate clause according to the conjunction in question.

[7]If there is no change in subject, the past infinitive is often used instead of the future perfect. See Chapter 9, p.335.

INTERACTIONS

Activité 1. Autrement. Mettez-vous en petits groupes, puis posez les questions suivantes aux membres du groupe: Si vous n'étiez pas venu(e) faire des études ici, qu'est-ce que vous auriez fait? Seriez-vous allé(e) à une autre université? Auriez-vous habité à l'étranger? Où auriez-vous travaillé? En quoi est-ce que votre vie aurait pu être différente? Comparez les différentes réponses du groupe. Qui aurait le plus changé de vie?

Activité 2. Voyage en francophonie. A la fin d'un séjour en France, des amis et vous décidez de profiter de tarifs intéressants pour passer quinze jours dans une région francophone. En petits groupes, lisez les brochures à la page 394 et décidez lequel des voyages vous voudriez faire. Ensuite, comparez les réponses des différents groupes. Y a-t-il un voyage particulier qui est très populaire?

NOUS AIMONS !

⟲ 320 € MAROC

8 JOURS / 7 NUITS

MARRAKECH

Marrakech souvent appelée "Ville Impériale" ou encore "Perle du Sud", vous surprendra avec ses palais, ses mosquées, ses jardins et ses palmeraies. A l'ombre du célèbre minaret de la Koutoubia se trouve la mythique place Jemaa-El-Fna, lieu incontournable où règne l'essentiel de l'animation et où se côtoient les artisans, les charmeurs de serpents conteurs, les jongleurs, les vendeurs d'eau aux costumes multicolores dignes des Contes des Mille et Une Nuits. L'immense souk coloré de la Médina regorge de toutes sortes de trésors que ce soient des épices, des souvenirs en tout genre, des bijoux étincellants, de magnifiques tableaux, etc... L'hôtel se situe à cinq minutes en taxi de cette place, dans le quartier calme et résidentiel de Semlalia du Guéliz. L'avenue Mohamed V, bordée de commerces et cafés est à quinze minutes à pied. Il faut savoir que Marrakech est une ville idéale pour les amateurs de lieux "cosy" pour boire un verre dans un décor agréable en fin de journée. Vous pourrez notamment vous arrêter au "Paris-Marrakech", bar où la décoration est faite de coussins aux couleurs chatoyantes, de bougies parfumées, de pétales de roses. Idéal pour vos soirées détente.

Ce prix comprend : les vols A/R, les transferts, la chambre double, la demi-pension.
Juin : 320 €*
Juillet : 440 €*

Hôtel Ayoub 3*

✔ *Partirpascher.com* : 01 53 14 60 00

⟲ 1025 €* SEYCHELLES

9 JOURS / 7 NUITS

VICTORIA

Petit bout de paradis au cœur de l'océan Indien, les Seychelles, c'est une destination paradisiaque pour les amoureux de plages immaculées. L'hôtel est situé sur la côte ouest de la plus grande des îles, Mahé. Il est à 15 km de la capitale Victoria, au bord de la plage de sable blanc de Barbarons, au cœur d'un jardin exotique. Depuis la piscine, vous avez un accès direct à la magnifique plage de sable blanc. Pour vos loisirs, gymnastique aquatique, tennis, pétanque, ping-pong, volley-ball, mini-golf, promenade en forêt ou sur les plages. Vos soirées seront animées par des orchestres et groupes musicaux de 20 h 30 à 23 h 00. Un superbe hôtel de la chaîne Méridien qui vous garantit la qualité de ses prestations. N'hésitez pas à vous rendre sur les principales îles telles que La Digue et Praslin, vous y découvrirez des plages et des paysages uniques au monde.

Ce prix comprend : le vol Paris / Mahé A/R, les transferts A/R, le logement en chambre double, les petits-déjeuners.

Juin : 1025 €*
Juillet : 1325 €*

Hôtel Méridien Barbarons 4*

✔ *Partirpascher.com* : 01 53 14 60 00

⟲ 950 €* ILE MAURICE

9 JOURS / 7 NUITS

POINTE AUX PIMENTS

L'Ile Maurice est le symbole de la gentillesse et de la joie de vivre. Les paysages majestueux sont composés de plaines sucrières verdoyantes qui contrastent avec le lagon turquoise aux eaux toujours chaudes de cette île de rêve. Découvrez les lacs volcaniques dans le nord et la terre aux 7 couleurs, à Chamarel, dans le sud. Vous ne pouvez venir à Maurice sans visiter Port-Louis, sa capitale et ses nombreuses boutiques, le fameux jardin botanique de Pamplemousse, le lagon de la côte Est, Trou aux Cerfs, Grand Bassin, le lac sacré des Hindous... Petite unité conviviale entourée d'un jardin tropical, l'hôtel ne comprend que 52 chambres réparties en petits bungalows sur deux étages, simplement décorées et équipées de toutes les commodités nécessaires. Pour vos moments de détente, une piscine avec bassin pour enfants est à votre disposition. Elle donne directement sur l'océan et sa plage de sable blanc bordée de palmiers. Activités : tennis, ping-pong, billard, pétanque, beach-volley, jeux de société, water-polo, kayak et pédalo. 4 fois par semaine, l'hôtel organise des soirées musicales avec orchestre ou DJ.

Ce prix comprend : le vol Paris / Port-Louis A/R, les transferts A/R, le logement en chambre double, la pension complète.

"All Inclusive".
Juin : 950 €*
Juillet : 1090 €*

Hôtel Pointe aux Bîches 3*

✔ *Partirpascher.com* : 01 53 14 60 00

⟲ 590 €* LA REUNION

9 JOURS / 7 NUITS

SAINT GILLES LES BAINS

Volcan jailli des profondeurs de l'océan Indien, île-jardin aux parfums suaves de fleurs et d'épices, La Réunion s'adresse aux amateurs de paysages sauvages et de randonnées. La nature lui a légué des montagnes fabuleuses, lunaires comme le piton de la Fournaise, luxuriantes comme le cirque de Salazie, mystérieuses comme le cirque de Mafate où l'on ne pénètre qu'à pied ou en hélicoptère. L'hôtel La Rocaille se situe à Saint Gilles les Bains, petite ville de pêcheurs dôtée de belles plages. Dans un cadre sympathique au cœur d'un quartier typiquement créole, l'hôtel est entouré de jardins tropicaux. Convivial, il dispose de 18 chambres de 2 à 4 personnes, salle de bains, climatisation, télévision et téléphone. Toutes ont un balcon ou une terrasse donnant sur la piscine. Au cœur du jardin se trouve une piscine équipée de transats et parasols.

Ce prix comprend : le vol Paris/Saint Gilles Les Bains A/R, le logement en chambre double pour 7 nuits, les petits-déjeuners.
Juin : 590 €*

Hôtel La Rocaille 2*

✔ *Partirpascher.com* : 01 53 14 60 00

**Super PROMOS
sur www.vol-sec.com**

Vacances pas cher, no 18, juin-juillet 2004, pp. 10, 19, 24 (prix indicatif par personne et selon disponibilités et en fonction des indications contractuelles)

Note culturelle

Fango/PANAPRESS/MAXPPP/Newscom

Les jours fériés au Cameroun

En France, les jours fériés ont principalement leur origine dans deux traditions à la base de l'histoire française: la religion catholique et la République. Dans d'autres pays francophones, surtout en Afrique subsaharienne, les types de jours fériés manifestent une culture composée de plusieurs traditions religieuses et nationales. Au Cameroun, par exemple, où deux grandes religions cohabitent—le christianisme et l'islam—et où l'histoire de deux nations (le Cameroun et la France) est commémorée, on peut facilement observer sa diversité culturelle et historique en considérant ses fêtes.

- Les jours fériés qui fêtent des événements principaux du calendrier chrétien comprennent le Vendredi Saint (jour de la crucifixion), l'Ascension (moment où Jésus monte au ciel), l'Assomption (jour où Marie, sa mère, est transportée au ciel) et Noël.

- Deux grandes fêtes musulmanes constituent des jours fériés au Cameroun. La Fête du Mouton commémore la soumission d'Ibrahim à Dieu. Ce jour-là, les familles sacrifient un mouton et partagent la viande avec les pauvres. La Fête du Ramadan marque la fin du mois de jeûne pendant lequel les croyants doivent s'abstenir de manger de l'aube jusqu'au coucher du soleil.

- Le Cameroun emprunte deux fêtes laïques au calendrier français: la Fête du Travail (le 1er mai) et la Fête de la Jeunesse (le 11 février). Celle-ci, instituée pendant la Révolution française, n'est plus célébrée en France, mais au Cameroun elle rappelle l'importance et les droits des jeunes. A cette fin, les écoles du pays organisent des défilés.

- Certes, les Camerounais ont leur propre Fête nationale. Appelé Fête de l'Unité, le 20 mai marque l'unification en 1972 de la République du Cameroun en un état unitaire après 12 ans de fédéralisme.

Compréhension

1. Quels jours fériés au Cameroun sont chrétiens? musulmans?
2. Quelles fêtes camerounaises sont empruntées au calendrier français?

Réflexion

A. Quels jours fériés au Cameroun sont également des jours fériés dans votre pays? Expliquez pourquoi les deux pays partagent certaines fêtes mais pas d'autres.

B. A votre avis, quels sont les avantages (ou les inconvénients) pour un pays comme le Cameroun de célébrer des fêtes aussi diverses?

SYNTHESE

A. En attendant votre train, vous entendez d'autres voyageurs qui parlent de vacances et de voyages. Complétez chaque phrase par le **présent du conditionnel** ou le **passé du conditionnel** du verbe entre parenthèses.

1. Si le temps n'était pas désagréable, j' _____ à la plage. (aller)
2. Si j'avais le temps, j' _____ aller en Belgique. (aimer)
3. Si j'avais eu les moyens, je _____ du côté de Saint-Tropez. (aller)
4. Elle _____ la bonne route si elle regardait la carte. (voir)
5. Je _____ si j'avais eu le temps. (se renseigner)
6. Il _____ écouter les prévisions météorologiques si vous faisiez un voyage dans les Alpes. (falloir)
7. Je (J') _____ savoir s'il avait déjà réglé ses affaires. (vouloir)
8. Nous _____ compter sur du beau temps, si nous voyagions en été. (pouvoir)
9. S'il avait fait du soleil, vous _____ le voyage si désagréable. (ne pas trouver)
10. Tu _____ pour les Alpes-Maritimes si tu aimais la montagne. (partir)

B. Interview: les études. Posez les questions suivantes à un(e) camarade de classe.

1. Si tu avais l'argent, à quelle université irais-tu?
2. Qu'est-ce que tu aurais fait de différent dans tes études?
3. Si tu avais su que les études étaient si difficiles, les aurais-tu commencées?
4. Quelle autre ville universitaire aurais-tu choisie si tu n'étais pas venu(e) dans celle-ci?
5. Quels autres cours suivrais-tu si tu avais le temps?
6. Est-ce que tu t'achèterais un meilleur ordinateur pour t'aider dans tes études si tu en avais les moyens?

C. Plusieurs étudiants francophones parlent de leurs vacances. Qu'est-ce qu'ils ont fait? Que vont-ils faire? Que feraient-ils s'ils avaient le temps ou l'argent nécessaire? Complétez leurs déclarations par le temps approprié des verbes entre parenthèses.

1. Aussitôt qu'il y _____ de la neige, j'irai à la montagne pour faire du ski. (avoir)
2. S'il _____ demain, je ferai de la planche à voile. (ne pas pleuvoir)
3. S'il avait fait beau hier, je _____ à la plage. (aller)
4. Si j' _____ les moyens, je ferais des excursions. (avoir)
5. S'ils _____ un voyage dans les Alpes, ils auraient vu de la neige en été. (faire)
6. Je travaillerai cet été si je _____ trouver un poste. (pouvoir)
7. Si nous descendons vers le sud, nous _____ sûrement du beau temps. (avoir)
8. Demain, nous partirons plus tôt que prévu au cas où il y _____ de la pluie. (avoir)
9. S'il _____ chaud à Paris, il fera encore plus chaud à Nice. (faire)
10. Si vous aviez su que la pluie allait arriver, est-ce que vous _____ à Paris ce week-end-là? (aller)

D. Mes projets de vacances. Vous écrivez un email à votre copine au Canada. Complétez le message en mettant les verbes aux temps appropriés.

Salut, Véro!

Cet été, je _____ (travailler) bien sûr parce que j'_____ (avoir) besoin d'argent quand le semestre prochain _____ (commencer). Quand j'_____ (avoir) l'argent, je _____ (venir) te voir à Montréal. Si je _____ (pouvoir), j'_____ (aller) aussi à la plage, mais je doute que deux voyages soient possibles pour moi cet été. Après que j'_____ (finir) de travailler, mes parents et moi, nous _____ (rendre visite) à mes grands-parents. Si tu _____ (pouvoir), viens me voir en automne. Je _____ (être) très content(e) si tu _____ (passer) un week-end chez moi à l'université.

A bientôt, j'espère.

E. Voici des expressions qui s'emploient souvent avec le conditionnel. Réagissez à chacune des phrases suivantes en utilisant une de ces expressions dans une phrase au **conditionnel.**

EXPRESSIONS: à ta place   au cas où   pendant les vacances qui viennent
si c'était moi   si j'étais toi

1. Je vais suivre des cours d'été.
2. Je vais travailler pour ma mère.
3. Je voyagerai en Egypte.
4. Je ferai un stage dans une entreprise internationale en Afrique.
5. Je serai moniteur / monitrice de colonie de vacances.
6. Je trouverai un emploi à Disney World.
7. Je vais assister à une grande réunion de famille.
8. ???

INTERACTIONS

Le rêve et la réalité. Mettez-vous en petits groupes. Chaque membre du groupe doit composer quatre phrases au **conditionnel** pour exprimer ce qu'il / elle voudrait à l'avenir au sujet de sa carrière et de sa vie personnelle, et quatre phrases au **futur** pour dire ce qui arrivera probablement. Comparez les réponses du groupe.

Note culturelle

Moins grandes vacances?

Les élèves français travaillent-ils trop, sur une durée trop courte? La loi française de 1938 instaurait des vacances d'été de deux mois et demi pour que les enfants aident aux travaux agricoles. Au vingt-et-unième siècle cette pause est-elle trop longue? Est-ce raisonnable d'imposer aux adolescents de 15 ans une année scolaire qui ne compte que 140 jours, mais 1147 heures de cours, alors que la moyenne européenne s'établit à 185 jours et 965 heures? Parents et professeurs se disent ouverts au changement. Mais il faudrait aussi tenir compte de l'industrie du tourisme qui soutient non seulement les grandes vacances mais les professionnels des sports d'hiver. Les rythmes scolaires sont à l'étude chez les experts: chronobiologistes, médecins, spécialistes de la violence, pédagogues… Il semble impossible de revenir sur le samedi matin chômé *(without school)*. C'est un acquis qu'on a bien mérité. Mais la question des autres congés du calendrier donne beaucoup de soucis aux adultes, sans mentionner la tension nerveuse subie par nos jeunes.

Compréhension

1. Quelle est la durée des grandes vacances en France? Depuis quand?
2. Si l'année scolaire en France est relativement courte, le nombre annuel d'heures de cours, lui, est plus important que la moyenne européenne. Quelle conclusion en tirez-vous?
3. Quels secteurs de la société seraient les plus touchés par des changements dans le rythme scolaire? Quelles attitudes semblent-ils manifester devant cette évolution?

Réflexion

Dans le milieu social que vous connaissez le mieux (chez vous, votre famille, vos voisins, etc.), quels facteurs déterminent la durée et le nombre de vacances que l'on prend au cours de l'année? Pensez-vous que cette situation soit sensiblement différente en France? Si vous pouviez changer le rythme scolaire, que proposeriez-vous?

Activité vidéo

Rendez-vous sur le site internet pour regarder la vidéo «Rythmes scolaires: les grandes vacances écourtées?». Ensuite, répondez aux questions suivantes.

1. Qui est *pour* le raccourcissement des grandes vacances? Quels sont, d'après eux, les désavantages des vacances trop longues?
2. Qui est *contre* le raccourcissement des grandes vacances? Résumez leur argument.

INTERACTIONS

Le mythe du voyage. Le mot «voyage» a un fort contenu symbolique. Un voyage, au sens propre, permet de changer de lieu, d'identité, d'activité, d'habitudes, bref, de vie. Mais on peut aussi «voyager» au sens figuré, s'évader de soi-même. Pour chacun des «voyages» suivants, imaginez le type de personnes qui seraient attirées par une telle expérience.

1. Une croisière *(cruise)* en Méditerranée offre un confort, une qualité de vie et une sécurité supérieurs à ceux que l'on trouve localement.
2. Disneyland Paris a pour vocation de faire entrer les visiteurs dans un monde magique, plus beau que la réalité.
3. Les jeux vidéo et les techniques de «réalité virtuelle» sont d'autres exemples, plus élaborés, de cette volonté de simuler la vie.

Situations écrites

A. Une question que l'on pose souvent aux candidats lors d'un entretien d'embauche est la suivante: «Où voudriez-vous en être dans cinq ans?» Imaginez que vous cherchez un poste dans une société en France. Composez une réponse à cette question.

B. Au cours d'une conversation avec des étudiants francophones, on commence à parler de sujets comme l'avenir de la société nord-américaine, l'état de l'économie, la drogue, la violence et le terrorisme. Composez une description de la société de l'Amérique du Nord du futur. Comparez vos réponses à celles de vos camarades de classe afin de faire le portrait complet de la société nord-américaine de l'avenir.

Le français connecté

Pour vous familiariser avec quelques destinations touristiques francophones, visitez les sites Web des offices de tourisme de Tahiti, du Maroc et du Luxembourg. Rendez-vous sur un moteur de recherche tel que www.google.fr ou www.yahoo.fr. Ensuite, tapez «office de tourisme» + «Tahiti», «Maroc» et «Luxembourg». Notez les caractéristiques essentielles de chaque pays (la géographie, le climat, la cuisine, les principaux sites touristiques, les activités culturelles proposées) et deux détails supplémentaires que vous avez appris en parcourant les sites.

Connectez-vous

Servez-vous d'un site Internet d'agence de voyages tel que www.expedia.fr ou www.monagence.com pour organiser un voyage touristique pour vous et un(e) ami(e) à Tahiti, au Maroc ou au Luxembourg. Choisissez une formule de voyage qui inclut deux billets aller-retour + hôtel. Sélectionnez aussi des tickets pour quelques excursions touristiques. Ensuite, expliquez à votre ami(e) la destination, pourquoi vous l'avez choisie et tous les détails de l'itinéraire.

A lire

Texte de culture contemporaine

Sujets de réflexion

1. De combien de semaines de vacances l'Américain typique bénéficie-t-il? Est-ce suffisant à votre avis?
2. En général, où les Américains préfèrent-ils passer leurs vacances? Y a-t-il des endroits qui sont particulièrement appréciés des gens riches pour leurs vacances? Et des moins riches?
3. Aux Etats-Unis, quelles catégories socio-professionnelles peuvent se payer une résidence secondaire ou même un deuxième domicile?

Guide de lecture

1. Chacun des cinq premiers paragraphes de la lecture commence par une phrase d'introduction. A partir de chacune de ces phrases, dites ce dont, à votre avis, il s'agira dans le texte qui suit.
2. Les trois derniers paragraphes font, en quelque sorte, l'historique des grandes vacances en France. Pour chacune des dates principales qui sont mentionnées dans cette partie du texte, indiquez le fait historique auquel cette année est associée.

Les tribus° des Français en vacances
tribes

Etes-vous plutôt Saint-Tropez ou île de Ré?

Rien ne les aura empêchés de partir. […] Ni la hausse du prix de l'essence, ni la baisse du pouvoir d'achat […]. Entre le 14 juillet et le 15 août, les Français sont mus° par un instinct de survie. Répondant à l'impérieux appel du soleil, […] et du plaisir, ils se ressaisissent°, bouclent leurs valises et s'échappent vers la mer,
5 la campagne, la montagne. […] Ils sont les rois. Ils sont en vacances. […] *«Les vacances estivales° ne sont pas négociables, elles font partie de la norme. Les Français sont très attachés à cette trêve°, à cette liberté…»* explique Jean Viard, sociologue des loisirs.

moved
get a hold of themselves

summer

break

Bien sûr, il y a ceux qui ne partent jamais et qu'on oublie trop vite: quatre Français
10 sur dix proscrits° des vacances, dont la moitié pour raisons économiques, qui ne pourront pas raconter à leur voisin, à leur collègue, à leur prof ce qu'ils ont fait de cette parenthèse forcément enchantée. Et pour les autres—ceux qui ont les moyens de s'évader—, il ne s'agit sûrement pas, cet été, de faire chauffer la carte de crédit.

deprived of

Partir en France est donc plus tendance que jamais. 85% de nos compatriotes
15 choisissent l'Hexagone pour passer leurs congés estivaux. […] Nos compatriotes placent encore et toujours la mer et le soleil en tête de leurs priorités. […] Les Français sont nombreux à se faire inviter pour limiter les frais: plus de quatre estivants° sur six dégotent° un hébergement° gratuit en famille ou chez des amis. […]

summer vacationers
scrounge / lodging

Dis-moi où tu pars, je te dirai qui tu es… Sous des apparences démocratiques,
20 les vacances reproduisent les distinctions sociales. Pour nos élites, généralement
propriétaires dans les lieux mythiques, il s'agit de faire savoir qui l'on est en se
singularisant. A chacun sa villa, son petit coin de paradis. [...] Les maîtres du monde
vont à Saint-Tropez. Le petit port du bout du monde découvert par Colette et Sagan
et popularisé par Bardot allie «people attitude» et culte du business. [...] La «saint-
25 tropization», voilà le danger pour beaucoup de stations mythiques. La gauche-caviar
qui a fait l'île de Ré souffre de la popularisation d'un site dont elle se sent un peu
propriétaire. [...] Pour les célébrités, il est de bon ton de s'intéresser au peuple,
même si l'on vit à l'abri derrière les murs d'une villa. [...]

have a eye on　　　Elitiste, la frénésie vacancière? Et comment! Tout le monde guigne° la même plage,
motor boats 30　mais les riches y vont en hors-bord° ou en yacht. Sur le port de Saint-Trop', la jet-set
lounge　　　se prélasse° sur des palais flottants et se laisse scruter à distance par la foule de
touristes moyens, ceux qu'elle surnomme les «suceurs de glace». [...]

Nos vacances, il est vrai, ont une origine aristocratique. L'été, la noblesse se mettait au
vert dans les châteaux et les manoirs. Un rythme saisonnier imité, dès les années 1820,
of independent means 35　par la noblesse rentière° et la bourgeoisie industrielle. Les Britanniques les plus fortunés
passent alors leurs hivers à Nice, sur la fameuse Promenade des Anglais. On invente les
agences de voyages en même temps que le chemin de fer, les bains de mer et les stations
seaside　　　touristiques, des villes d'eaux et des cités balnéaires° comme Deauville. Progressivement,
ce mode de vie se répand à la moyenne bourgeoisie de l'entre-deux-guerres.

40　Le peuple, lui, n'accède aux congés payés qu'en 1936. [...] Après la grande grève
de juin 1936, le Front populaire de Léon Blum donne le signal du grand départ:
quinze jours de liberté. [...] Bientôt étendus à trois semaines (1956), puis quatre
thirty-year boom period (1969) et cinq (1981) et accompagnés par des aides sociales, les congés payés
after World War II permettent l'apparition d'un tourisme de masse pendant les Trente Glorieuses°.
45　Les Français refont le chemin de l'exode rural à l'envers: les campagnes—à deux
heures de transport des villes—deviennent l'eldorado des résidences secondaires. La
civilisation des loisirs est née, symbolisée par l'essor du Club Méditerranée. Avec mai
68 [...], un vent de contestation° se lève. Désormais, l'avant-garde des vacanciers
protest　　　recherche l'authenticité. [...] C'est aussi l'heure du retour à la nature,[...] le grand
preserving nature 50　départ des randonneurs, la vogue du naturalisme°. [...]

L'individualisme triomphe dans les années 1980. On prend ses vacances pour
soi. [...] Où en est-on aujourd'hui? Comme dans d'autres domaines, les Français,
devenus consommateurs et donc zappeurs, se composent des programmes à la
carte: quelques jours en famille, une escapade culturelle, une visite à des amis.
55　Très mobiles, les Parisiens se distinguent: ils sont 75% à partir et n'hésitent pas à
fractionner leurs congés pour effectuer plusieurs séjours au cours de l'été. [...]

Une chose est sûre, le triomphe des valeurs vacancières a enclenché une profonde
mutation du territoire. Devenues très désirables, les régions d'accueil voient affluer
les nouveaux habitants en quête de qualité de vie. «*La population française autour de*
60　*la Méditerranée a doublé en trente ans. Les Alpes sont en plein boom et l'on assiste*
à l'explosion de la région de Nantes, La Rochelle et Bordeaux», note le sociologue

superior, upper-level
executives

Jean Viard. Déclin de l'industrie, économie du service et des nouvelles technologies et réduction du temps de travail accompagnent ce mouvement vers le «modèle californien» qui fait rêver les élites. Certains cadres sup° des professions intellectuelles ou libérales se partagent ainsi entre deux domiciles. D'autres s'installent définitivement au soleil ou au vert. Ainsi, l'espace-temps du travail devient celui des vacances. [...]

65

Source: Sylvain Courage, «Etes-vous plutôt Saint-Tropez ou île de Ré?», in *Le Nouvel Observateur*, 31 juillet au 6 août 2008, N° 2282, pp. 42–45

Après la lecture

1. Pourquoi la période des grandes vacances est-elle si importante pour les Français? Combien de Français ne peuvent pas partir en vacances? Pourquoi?

2. Quel pourcentage des Français restent en France pendant leurs vacances? Préfèrent-ils la mer ou la campagne pour passer leurs vacances?

3. Quelle est l'attitude des célébrités envers les gens qui séjournent dans les mêmes villes balnéaires qu'elles?

4. Résumez l'évolution des congés payés en France.

5. On dit que les Français sont devenus des «zappeurs» dans la façon dont ils composent leurs vacances. Qu'est-ce que cela veut dire?

6. Expliquez l'idée du «modèle californien» qui se substitue aux vacances traditionnelles pour certains Français. En quoi le phénomène du télé-travail pourra-t-il changer la notion des grandes vacances?

Texte littéraire

Sujets de réflexion

1. Où allez-vous et que faites-vous pour échapper aux problèmes et aux ennuis de la vie de tous les jours?

2. Faites la description de ce qui serait pour vous un endroit idéal où vous auriez la possibilité de vous évader de la réalité quotidienne.

A propos de l'auteur...

Charles Baudelaire, *poète du 19ᵉ siècle, est connu comme l'auteur qui a su introduire le modernisme dans le domaine de la poésie. En 1857, il a publié* Les Fleurs du mal, *un recueil de poèmes qui approfondissent principalement deux thèmes: la dualité de la nature humaine et l'ennui de l'homme face aux limitations intellectuelles et spirituelles de la vie. En 1861, Baudelaire reprendra une forme déjà expérimentée par d'autres écrivains, le poème en prose. Dans ses* Petits poèmes en prose, *il développe à nouveau certains des thèmes qu'il avait déjà abordés dans* Les Fleurs du mal.

Autoportrait de Baudelaire

Guide de lecture

1. Faites une liste d'images tirées du poème *L'Invitation au voyage* (à la page 402) qui représentent les éléments fondamentaux de cette vision de l'idéal de Baudelaire.

2. Ce poème évoque-t-il la ville ou la campagne? De quelle sorte de climat s'agit-il? Ce poème s'inspire d'un endroit réel. Où se trouve cet endroit?

3. Le refrain du poème est composé de cinq éléments: l'ordre, la beauté, le luxe, le calme et la volupté. Dans ce poème, dégagez les images qui illustrent ces différents éléments.

L'Invitation au voyage (poème)

Mon enfant, ma sœur,
Songe à la douceur
D'aller là-bas vivre ensemble!
Aimer à loisir,
5 Aimer et mourir
Au pays qui te ressemble!
dampened Les soleils mouillés°
murky De ces ciels brouillés°
Pour mon esprit ont les charmes
10 Si mystérieux
De tes traîtres yeux
Brillant à travers leurs larmes.
Là, tout n'est qu'ordre et beauté,
Luxe, calme et volupté.
lustrous 15 Des meubles luisants°,
Polis par les ans,
Décoreraient notre chambre;
Les plus rares fleurs
Mêlant leurs odeurs
20 Aux vagues senteurs de l'ambre,
Les riches plafonds,
Les miroirs profonds,
La splendeur orientale,
Tout y parlerait
25 A l'âme en secret
Sa douce langue natale.
Là, tout n'est qu'ordre et beauté
Luxe, calme et volupté.
Vois sur ces canaux
30 Dormir ces vaisseaux
Dont l'humeur est vagabonde;
satisfy C'est pour assouvir°
Ton moindre désir
Qu'ils viennent du bout du monde.
35 Les soleils couchants
Revêtent les champs,
Les canaux, la ville entière,
D'hyacinthe et d'or;
Le monde s'endort
40 Dans une chaude lumière.
Là, tout n'est qu'ordre et beauté,
Luxe, calme et volupté.

Source: Charles Baudelaire, «L'invitation au voyage» in *Les Fleurs du mal* (1861)

L'Invitation au voyage (poème en prose)

pays...: *land of peace and plenty*

(1) Il est un pays superbe, un pays de Cocagne°, dit-on, que je rêve de visiter avec une vieille amie. Pays singulier, noyé dans les brumes de notre Nord, et qu'on pourrait appeler l'Orient de l'Occident, la Chine de l'Europe, [...] tant elle l'a patiemment et opiniâtrement° illustré de ses savantes et délicates végétations.

obstinately

5 (2) Un vrai pays de Cocagne, où tout est beau, riche, tranquille, honnête; où le luxe a plaisir à se mirer dans l'ordre; où la vie est grasse et douce à respirer; d'où le désordre, la turbulence et l'imprévu° sont exclus; où le bonheur est marié au silence; où la cuisine elle-même est poétique, grasse et excitante à la fois; où tout vous ressemble, mon cher ange°.

unexpected

angel

10 (3) Tu connais cette maladie fiévreuse qui s'empare de nous dans les froides misères, cette nostalgie du pays qu'on ignore, cette angoisse de la curiosité? Il est une contrée qui te ressemble, où tout est beau, riche, tranquille et honnête, où la fantaisie a bâti et décoré une Chine occidentale, où la vie est douce à respirer, où le bonheur est marié au silence. C'est là qu'il faut aller vivre, c'est là qu'il faut aller mourir!

15 (4) Oui, c'est là qu'il faut aller respirer, rêver et allonger les heures par l'infini des sensations. Un musicien a écrit l'*Invitation à la valse;* quel est celui qui composera l'*Invitation au voyage,* qu'on puisse offrir à la femme aimée, à la sœur d'élection?

(5) Oui, c'est dans cette atmosphère qu'il ferait bon vivre,—là-bas, où les heures plus lentes contiennent plus de pensées, où les horloges° sonnent le bonheur avec une plus profonde et plus significative solennité.

clocks

20

(6) Sur des panneaux luisants, ou sur des cuirs dorés et d'une richesse sombre, vivent discrètement des peintures béates°, calmes et profondes, comme les âmes des artistes qui les créèrent. Les soleils couchants, qui colorent si richement la salle à manger ou le salon, sont tamisés° par de belles étoffes° ou par ces hautes fenêtres ouvragées que le plomb° divise en nombreux compartiments. Les meubles sont vastes, curieux, bizarres, armés de serrures° et de secrets comme des âmes raffinées. Les miroirs, les métaux, les étoffes, l'orfèvrerie et la faïence° y jouent pour les yeux une symphonie muette et mystérieuse; et de toutes choses, de tous les coins, des fissures des tiroirs et des plis des étoffes s'échappe un parfum singulier, un *revenez-y* de Sumatra, qui est comme l'âme de l'appartement.

blissful

filtered / fabrics

lead 25

locks

decorated earthenware

30

(7) Un vrai pays de Cocagne, te dis-je, où tout est riche, propre et luisant, comme une belle conscience, comme une magnifique batterie de cuisine, comme une splendide orfèvrerie, comme une bijouterie bariolée°! Les trésors du monde y affluent, comme dans la maison d'un homme laborieux et qui a bien mérité du monde entier. Pays singulier, supérieur aux autres, comme l'Art l'est à la Nature, où celle-ci est réformée par le rêve, où elle est corrigée, embellie, refondue.

striped, rainbow-colored

35

(8) Qu'ils cherchent, qu'ils cherchent encore, qu'ils reculent sans cesse les limites de leur bonheur, ces alchimistes de l'horticulture! Qu'ils proposent des prix de soixante et de cent mille florins° pour qui résoudra leurs ambitieux problèmes! Moi, j'ai trouvé ma *tulipe noire* et mon *dahlia bleu*!

former coins

40

(9) Fleur incomparable, tulipe retrouvée, allégorique dahlia, c'est là, n'est-ce pas, dans ce beau pays si calme et si rêveur, qu'il faudrait aller vivre et fleurir? Ne serais-tu pas encadrée° dans ton analogie, et ne pourrais-tu pas te mirer, pour parler comme les mystiques, dans ta propre correspondance?

framed

45 (10) Des rêves! toujours des rêves! et plus l'âme est ambitieuse et délicate, plus les rêves l'éloignent du possible. Chaque homme porte en lui sa dose d'opium naturel, incessamment sécrétée et renouvelée, et, de la naissance à la mort, combien comptons-nous d'heures remplies par la jouissance positive, par l'action réussie et décidée? Vivrons-nous jamais, passerons-nous jamais dans ce tableau qu'a peint
50 mon esprit, ce tableau qui te ressemble?

(11) Ces trésors, ces meubles, ce luxe, cet ordre, ces parfums, ces fleurs miraculeuses, c'est toi. C'est encore toi, ces grands fleuves et ces canaux tranquilles. Ces énormes navires qu'ils charrient, tout chargés de richesses, et d'où montent les chants monotones de la manœuvre, ce sont mes pensées qui dorment ou qui
55 roulent sur ton sein. Tu les conduis doucement vers la mer qui est l'Infini, tout en réfléchissant les profondeurs du ciel dans la limpidité de ta belle âme;—et quand, *sea / laden* fatigués par la houle° et gorgés° des produits de l'Orient, ils rentrent au port natal, ce sont encore mes pensées enrichies qui reviennent de l'Infini vers toi.

Source: Charles Baudelaire, «L'invitation au voyage» in *Petits poèmes en prose* (1869)

Après la lecture

1. Dans chaque paragraphe du poème en prose:
   a. Soulignez l'idée principale.
   b. Soulignez les images qui se rapportent à l'idée centrale du paragraphe.
   c. Indiquez les idées ou les images qu'on ne trouverait pas normalement dans un texte en prose.
2. Dégagez du poème les images qui se rapportent à cette «vieille amie» que le poète mentionne au premier paragraphe. Quelle relation y a-t-il, selon vous, entre le poète et cette personne?
3. Composez une liste d'images qui sont les mêmes dans les deux textes de Baudelaire.
4. Quels sont les mots du poème en prose qui illustrent le refrain du poème en vers? Quels mots, dans le reste du poème, reflètent les mots du refrain?
5. Est-ce que le portrait de l'«amie» du poète est semblable dans les deux poèmes? Pourquoi?
6. Au dernier paragraphe du poème en prose, le poète indique de façon assez directe les clés des symboles fondamentaux du poème en vers. Que symbolise ce pays? Et les bateaux qui le traversent? Que cherche le poète? Avez-vous l'impression qu'il cherche la même chose dans les deux textes? Expliquez.

Pour mieux lire

Une des grandes contributions de Baudelaire à la poésie moderne est sa théorie des correspondances. Pour montrer l'association entre le monde réel et le monde de l'imagination et pour créer des images nouvelles et frappantes, Baudelaire associe souvent deux concepts qui n'ont aucun lien logique entre eux (par exemple, un son et une odeur). Il ne s'agit pas de traduire ces images, mais de les interpréter. Dans les deux textes, trouvez et interprétez au moins trois exemples des correspondances de Baudelaire.

LIENS CULTURELS

1. *L'Invitation au voyage* de Baudelaire (poème en vers et poème en prose) nous incite, en tant que lecteurs, à imaginer un ailleurs, un lieu autre que celui où nous sommes. Gauguin et Magritte, dans le domaine de la peinture, nous invitent eux aussi à nous servir de notre imagination. En vous rappelant votre définition de l'exotisme ainsi que la notion de correspondances chez Baudelaire (le rapprochement de deux éléments appartenant à des registres différents), dites si vous trouvez plus de similarités entre Baudelaire et Gauguin ou entre Baudelaire et Magritte.

2. Quelles sortes de «voyages imaginaires» sont à la mode dans notre culture actuelle? Par exemple, quels livres et quels films ont comme but de nous transporter dans le monde de l'imagination? Pourquoi croyez-vous que de tels films et de tels livres sont toujours à la mode? Expliquez votre point de vue.

EXPANSION

A. Vous avez sans doute déjà utilisé le mot «exotique» dans vos conversations. Que veut dire ce mot quand vous l'employez? Dressez une courte liste d'exemples de situations, de lieux et de circonstances exotiques.

B. Quel rôle joue «le fantastique» dans les réactions du public du 19e siècle devant les récits des explorateurs et dans celles du public d'aujourd'hui devant les récits de science-fiction? Y a-t-il des similarités à relever entre ces deux époques?

C. Aux pages 379–380, lequel des deux tableaux préférez-vous, celui de Gauguin ou celui de Magritte? Faites une petite analyse de vos réactions personnelles devant chacun de ces tableaux. Aimez-vous le réalisme en art ou êtes-vous attiré(e) par d'autres genres? Expliquez votre point de vue.

Le Chandail

Court-métrage de Sheldon Cohen, Société de production: Office national du film du Canada – 1980

PRIX ET RECOMPENSES

Festival du dessin animé – 1984, Les Menuires – France: Prix l'Etagne – Grand Prix, Prix Le Bouquetin, Prix Le Cabri

Learning A-V Magazine – 1982: Prix du magazine

Itinérant – American Film and Video Festival – 1982: Prix Red Ribbon

British Academy of Film & Television Awards, 1981: Prix du meilleur court-métrage

Pour en savoir plus sur ce film, visitez le site officiel: www.onf-nfb.gc.ca

A considérer avant le film

Le célèbre Québécois Maurice Richard a joué pour les Canadiens de Montréal, une équipe de hockey, de 1942 à 1960. Il a été le premier joueur à avoir marqué 50 buts (goals) en 50 matchs et a aidé son équipe à gagner 8 coupes Stanley.
Il était
C'était un grand héros pour les Québécois de son époque. Qui était le plus grand héros de votre enfance? Pour quelles raisons admiriez-vous cette personne?

Avant le visionnage

1. *Le Chandail* est un souvenir d'enfance. De quels éléments de votre jeunesse vous souvenez-vous? Quels sports ou passe-temps aimiez-vous? Avec qui jouiez-vous?

2. Quels types de vêtements portiez-vous quand vous étiez enfant? Y avait-il des vêtements que vous refusiez de porter? Vous souvenez-vous d'un vêtement préféré?

Vocabulaire utile

l'arbitre *referee*
le baton *stick*
briser *to break*
le chandail *jersey*
le chef d'équipe *team captain*
la colle *hair cream*
le disque *puck*
s'élancer *to hurry forward*

la feuille d'érable *maple leaf*
lacer *to lace*
les mites *moths*
la patinoire *ice rink*
les patins *skates*
prier *to pray*
le sifflet *whistle*
le vicaire *priest*

Premier visionnage

L'importance du décor. D'après les images dans le film, quelles sont vos impressions de la ville du narrateur? Notez les éléments visuels associés à la vie québécoise. Quelles impressions vous donnent-ils de ce lieu à cette époque?

Deuxième visionnage

Actions et répliques. Quelles actions accompagnent les répliques suivantes?

1. C'était injuste! C'est de la persécution!

2. Goal – Maurice Richard! Et maintenant 3 à 2 pour les Canadiens.

3. Les larmes aux yeux, je trouvais assez de force pour dire que je ne porterais jamais cet uniforme-là.

4. J'avais toujours porté le chandail bleu, blanc, rouge des Canadiens de Montréal.

5. Si tu te fais une idée des choses sans les même essayer, mon garçon, tu n'iras pas bien loin dans la vie.

6. Le printemps va arriver et tu n'auras joué une seule partie.

7. Vous ne me mettrez jamais dans la tête de porter le chandail des Maple Leafs de Toronto.

a. Roch court dans sa chambre pour célébrer avec son chandail.

b. Il imagine les vaches à la place de la patinoire.

c. Il regarde le chandail avec horreur.

d. Il essaie d'échapper à sa mère.

e. Sa mère lui met le chandail de force.

f. Il croise les bras et imagine le soutien de son héros.

g. Il jette son bâton sur la glace.

Après le visionnage

Observations

Répondez aux questions.

1. Pour quelles raisons Maurice Richard est-il devenu le héros de son village?

2. Comment les garçons montrent-ils leur admiration pour lui?

3. Pourquoi Roch ne veut-il pas mettre son nouveau chandail quand il arrive de Toronto?

4. Comment est-ce que sa mère arrive à le lui faire mettre?

5. Qu'est-ce qui arrive à Roch quand il essaie de jouer en portant son nouveau chandail?

Interprétation

Discutez avec un(e) partenaire de vos impressions du film en répondant aux questions. Etes-vous d'accord avec Roch quand il dit que ce qui lui est arrivé, c'est de la persécution? Si le chandail n'est pas dévoré par des mites, que va-t-il lui arriver? Roch continuera-t-il à le mettre? Les autres apprendront-ils à l'accepter?

A vous

La plus grande déception de ma vie. Vous souvenez-vous d'un moment de déception dans votre enfance? Qu'est-ce qui vous est arrivé(e)? Pourquoi était-ce un moment difficile pour vous? Comment est-ce que cet événement vous a influencé(e) plus tard?

Appendice A

This appendix contains a discussion of the passive voice, indirect discourse, the literary tenses, and special uses of the definite article.

The Passive Voice

Formation of the Passive Voice

The passive voice is limited to transitive verbs that take a direct object, i.e., verbs not used with a preposition preceding the object of the verb. In a passive construction, the word receiving the action of the verb becomes the subject of the sentence. All verbs in the passive voice are formed by conjugating the verb **être** in the appropriate person and tense, followed by the past participle of the action verb. The past participle always agrees in gender and number with the subject of **être**.

An active voice construction becomes passive when transformed according to the following model:

	subject	transitive verb	direct object
Active Construction	↓	↓	↓
Passive Construction	agent	**être** (conjugated) followed by past participle of action verb	subject

Note that if the agent (person or thing) performing the action is expressed in the sentence, it is preceded by the preposition **par** *(by)* and sometimes **de.**

ACTIVE VOICE	PASSIVE VOICE
Les supermarchés attirent la clientèle *Supermarkets attract customers.*	**La clientèle est attirée par** les supermarchés. ***Customers are attracted by** supermarkets.*
Tout le monde l'aimait. *Everyone loved her.*	**Elle était aimée de** tout le monde. ***She was loved by** all.*
Tout le groupe a fait l'excursion. *The whole group made the trip.*	**L'excursion a été faite par** tout le groupe. ***The trip was made by** the whole group.*
Un metteur en scène tournera le film. *A director will make the film.*	**Le film sera tourné par** un metteur en scène. ***The film will be made by** a director.*
Un vin léger accompagne le poisson. *A light wine accompanies the fish.*	**Le poisson fut accompagné d'**un vin léger. ***The fish was accompanied by** a light wine.*
Beaucoup de touristes visiteraient ces pays. *Many tourists would visit these countries.*	**Ces pays seraient visités par** beaucoup de touristes. ***These countries would be visited by** many tourists.*

The past tenses of **être (passé composé,** imperfect, pluperfect) when used in the passive voice follow the normal uses of the past tenses (description / completed action).

> La ville **était protégée** par les montagnes.
> La population **a été surprise** par les nouvelles.

Avoiding the Passive Voice

French usage tends to avoid the passive voice, especially when the agent performing the action is a person.

If the subject of the passive sentence is not a person, you may replace the true passive construction either by using **on** as the subject of the active verb or by making the active verb reflexive.

On vend des légumes au marché.
Des légumes se vendent au marché. } *Vegetables are sold in the market.*

On ouvrira les portes à 20 heures.
Les portes s'ouvriront à 20 heures. } *The doors will be opened at 8 P.M.*

If the subject of the passive sentence is a person, you must use **on** + the active verb construction to replace the passive voice.

On a invité mon ami à la soirée.   *My friend was invited to the party.*
On choisira les meilleurs candidats.   *The best candidates will be chosen.*

Remember that **on** always takes a third-person singular verb even though the corresponding passive construction may have a plural subject and verb.

In English, the indirect object of a verb may be the subject of a sentence in the passive voice.

Marcel was sent the money by his parents.
Hélène was promised a promotion.

However, in French, the object of the preposition **à** can never become the subject of a passive sentence. If the agent of the action is expressed, you may use the passive voice with the direct object of the verb as the subject.

L'argent a été envoyé à Marcel par ses parents.

If the agent is not expressed, you may substitute **on** + the active verb for the true passive construction.

On a promis une promotion à Hélène.

The following verbs are often followed by **à**:

dire	**On lui a dit de partir.**	*He was told to leave.*
demander	**On leur demande de chanter.**	*They are being asked to sing.*
donner	**Cette lettre nous a été donnée par nos amis.**	*We were given this letter by our friends.*
envoyer	**On m'a envoyé des fleurs.**	*I was sent some flowers.*
expliquer	**Le film lui sera expliqué par le metteur en scène.**	*The film will be explained to her by the director.*
promettre	**On a promis une voiture à Sophie.**	*Sophie was promised a car.*
offrir	**On a offert à Robert un poste en Europe.**	*Robert was offered a position in Europe.*

A. Récrivez les phrases suivantes en utilisant la voix passive et en exprimant l'agent dans les phrases.

1. Ce nouvel auteur a écrit un livre.
2. Les étudiants subiront beaucoup d'examens.
3. Les marchands avaient déjà vendu tous les produits.
4. L'agence de voyages propose cette excursion magnifique.
5. Mes parents m'ont offert ce voyage.

Rappel!

You must be aware of when to use the passive voice rather than the active voice. English usage will clearly indicate when the passive voice is required. The unique construction involving a form of the verb *to be* followed by a past participle cannot be confused with the translations of any other verb forms in French. Compare the following examples based on some of the more commonly used tenses.

	ACTIVE VOICE	PASSIVE VOICE
PRESENT	**Les étudiants projettent** généralement **le film** à 8 heures. *The students* normally *show the film* at 8 o'clock.	**Le film** est généralement **projeté** par les étudiants à 8 heures. *The film is* normally *shown by the students* at 8 o'clock.
PASSÉ COMPOSÉ	**La vedette a interprété le rôle.** *The star played the part.*	**Le rôle a été interprété par la vedette** *The part was played by the star.*
IMPERFECT	**Les grèves perturbaient** souvent **le service du métro.** *Strikes often disrupted metro service.*	**Le service du métro était** souvent **perturbé** par les grèves. *Metro service was* often *disrupted by strikes.*
PLUPERFECT	**Son père avait vendu la voiture.** *Her father had sold the car.*	**La voiture avait été vendue** par son père. *The car had been sold by her father.*
FUTURE	**Le professeur corrigera l'examen** demain. *The professor will correct the test* tomorrow.	**L'examen sera corrigé** par le professeur demain. *The test will be corrected by the professor* tomorrow.

B. Récrivez les phrases suivantes à la voix active. Utilisez le pronom **on** comme sujet de vos phrases.

1. Les touristes sont bien accueillis en Martinique.
2. De nouveaux supermarchés seront construits.
3. L'émission a été présentée à cinq heures.
4. Les paquets vous seront envoyés par avion.
5. Les copains étaient invités à une soirée.

C. Récrivez les phrases suivantes à la voix active. Utilisez un verbe pronominal *(reflexive verb)* dans vos phrases.

1. Les pâtisseries sont vendues dans une boulangerie.
2. Le français est parlé au Canada.
3. Le train est employé plus souvent en France qu'aux Etats-Unis.
4. Les portes du musée seront ouvertes à dix heures.
5. Cela n'est pas fait ici.

Indirect Discourse

If one relates exactly what another person has said, putting his or her words in quotation marks and not changing any of the original wording, this is called **direct discourse.**

> **Roger a dit: «Je viendrai ce soir».**

If one does not directly quote another person's words but simply relates his or her statement indirectly in a clause, this is called **indirect discourse.**

> **Roger a dit qu'il viendrait ce soir.**

To use indirect discourse in French, you must be aware of the proper sequence of tenses between the introductory statement and the indirect quotation. If the introductory verb is in the present or future, there will be no change in the tenses of the verbs that recount what the person has said.

Marie dit: «Je viendrai».	**Elle dit qu'elle viendra.**
Marie dira: «Je suis venue».	**Elle dira qu'elle est venue.**
Marie dit: «Je viendrais».	**Elle dit qu'elle viendrait.**
Marie dira: «Je venais».	**Elle dira qu'elle venait.**

However, if the introductory verb is in a past tense, there will be certain changes in the tenses of the verbs in the subordinate clause. These tense sequences are summarized below. Note that the tense sequences used in indirect discourse in French correspond in all cases to the tense sequences normally used in indirect discourse in English.

TENSE OF ORIGINAL STATEMENT	INTRODUCTORY VERB IN PAST TENSE	TENSE OF SUBORDINATE VERB
PRESENT **J'arrive** à 2 heures.	Il a dit qu'...	**IMPERFECT** il **arrivait** à 2 heures.
FUTURE On **aura** un examen demain.	Mon ami avait déjà dit qu'...	**CONDITIONAL** on **aurait** un examen demain.
FUTURE PERFECT Elle **sera** déjà **partie** avant le déjeuner.	J'expliquais qu'...	**PAST CONDITIONAL** elle **serait** déjà **partie** avant le déjeuner.
PASSÉ COMPOSÉ Nous **avons fait** nos devoirs.	Le prof a demandé si...	**PLUPERFECT** nous **avions fait** nos devoirs.

The imperfect, pluperfect, conditional, and past conditional tenses remain unchanged in indirect discourse.

Il **allait faire** les provisions.	Il a dit qu'il **allait faire** les provisions.
Nous **avions** déjà **fait** nos devoirs.	Nous expliquions que nous **avions** déjà **fait** nos devoirs.
Ils **viendraient** si possible.	Elle avait déjà expliqué qu'ils **viendraient** si possible.
J'**aurais** peut-être **trouvé** le numéro.	Il a répondu qu'il **aurait** peut-être **trouvé** le numéro.

If there is more than one verb in the subordinate clause, each verb must be considered separately according to the sequence of tenses outlined above.

Je **suis arrivée** à 3 heures et j'**allais** partir après le dîner.

Elle a dit qu'elle **était arrivée** à 3 heures et qu'elle **allait** partir après le dîner.

A. Complétez les phrases suivantes en employant le temps convenable du verbe dans la phrase initiale.

1. Le prof annonce: «Il y aura un examen mercredi». Il a annoncé qu'il y _____ un examen mercredi.

2. La présentatrice déclare: «Il fera beau demain». Elle déclare qu'il _____ beau demain.

3. Les étudiants suggèrent: «Nous aurions dû travailler davantage». Ils ont suggéré qu'ils _____ travailler davantage.

4. Nous disons: «Nous avons froid dans cette chambre». Nous lui avons dit que nous _____ froid dans cette chambre.

5. Mes copains annoncent: «On ira ensemble». Ils annoncent qu'on _____ ensemble.

6. Nos parents répondent: «Vous avez eu des problèmes, mais vous réussirez bientôt». Ils ont répondu que nous _____ des problèmes mais que nous _____ bientôt.

7. Ma sœur déclare: «Je viendrai si j'ai les moyens». Elle a déclaré qu'elle _____ si elle _____ les moyens.

8. Je vous l'assure: «Ils arriveront avant nous». Je vous assure qu'ils _____ avant nous.

9. J'ai écrit à mon professeur: «Vous recevrez mon devoir quand je retournerai à l'école». Je lui ai écrit qu'il _____ mon devoir quand je _____ à l'école.

10. Nous demandons: «Vous voulez descendre au café?» Nous avons demandé s'ils _____ descendre au café.

B. Répondez à chaque question en employant le discours indirect.

1. —Il fait du vent.
   —Pardon? Qu'est-ce que vous avez dit?
   —J'ai dit qu'...

2. —Il neigera cet après-midi.
   —Qu'est-ce que vous annoncez?
   —J'annonce qu'...

3. —Nous aurions voulu quitter Paris plus tôt.
   —Qu'est-ce que vous avez déclaré?
   —J'ai déclaré que...

4. —Il y a eu un accident sur l'autoroute ce matin.
   —Qu'est-ce qu'il a annoncé?
   —Il a annoncé qu'...

5. —L'inflation augmentera l'année prochaine.
   —Qu'est-ce qu'on a prédit?
   —On a prédit que...

6. —Nous avions déjà acheté nos billets.
   —Qu'est-ce que vous me dites?
   —Je vous dis que...

7. —Je pourrai vous accompagner.
   —Qu'est-ce qu'elle vous a assuré?
   —Elle m'a assuré qu'...

8. —Cette voiture marche bien.
   —Qu'est-ce qu'il a garanti?
   —Il a garanti que...

9. —Je n'ai pas touché à ses affaires.
   —Qu'est-ce que ton petit frère a juré?
   —Il a juré qu'...

10. —C'est ma place.
    —Pardon? Qu'est-ce que vous dites?
    —Je dis que...

C. Roger et Pierre, qui étudient à l'Université de Bordeaux, partent demain pour passer les vacances de Noël chez Roger en Normandie. Racontez au passé leur conversation en employant le discours indirect.

> PIERRRE: As-tu entendu les informations à la radio?
>
> ROGER: Oui, et les nouvelles ne sont pas bonnes.
>
> PIERRRE: Eh bien, qu'est-ce qu'on annonce?
>
> ROGER: Le temps sera encore mauvais, et les autoroutes seront bondées.
>
> PIERRRE: J'espère qu'on n'aura pas de neige en plus.
>
> ROGER: On signale qu'il va tout simplement pleuvoir. Peut-être que nous ferions mieux de prendre les routes secondaires.
>
> PIERRRE: Je me demande si elles seront glissantes.
>
> ROGER: Non, non, il ne fait pas assez froid pour cela. Nous allons faire un bon voyage. Tu vas voir.
>
> PIERRRE: Je l'espère.

Literary Tenses

There are four literary verb tenses in French. Their use is usually limited to written contexts; they are almost never heard in conversation.

It is unlikely that you will be called upon to produce these tenses, but you should be able to recognize them. They appear in classical and much of the contemporary literature that you will read, especially in the **je** and **il** forms. Passive recognition of these tenses is not difficult because the verb endings are usually easy to identify.

The **passé simple** and the **passé antérieur** belong to the indicative mood; the two other tenses are the imperfect subjunctive and the pluperfect subjunctive.

The *passé simple*

As its name indicates, this is a simple past tense, involving no auxiliary verb. You will find the **passé simple** easiest to recognize if you become familiar with the endings of the three regular conjugations and certain irregular forms.

1. **Regular Forms.** To form the **passé simple** of regular **-er** verbs, take the stem of the infinitive and add the appropriate endings: **-ai, -as, -a, -âmes, -âtes, -èrent.**

parler	
je parl**ai**	nous parl**âmes**
tu parl**as**	vous parl**âtes**
il / elle / on parl**a**	ils / elles parl**èrent**

To form the **passé simple** of regular **-ir** and **-re** verbs, add the appropriate endings to the stem of the infinitive: **-is, -is, -it, -îmes, -îtes, -irent.**

réfléchir	
je réfléch**is**	nous réfléch**îmes**
tu réfléch**is**	vous réfléch**îtes**
il / elle / on réfléch**it**	ils / elles réfléch**irent**

rendre	
je rend**is**	nous rend**îmes**
tu rend**is**	vous rend**îtes**
il / elle / on rend**it**	ils / elles rend**irent**

2. **Irregular Forms.** Most verbs with an irregularly formed **passé simple** have an irregular stem to which you add one of the following groups of endings.

-is	-îmes	-us	-ûmes
-is	-îtes	-us	-ûtes
-it	-irent	-ut	-urent

Following is a partial list of the most common verbs in each of the above categories.

-is		-us	
faire	je fis	boire*	je bus
mettre*	je mis	croire*	je crus
prendre*	je pris	devoir*	je dus
rire*	je ris	plaire*	je plus
voir	je vis	pleuvoir*	il plut
écrire	j'écrivis	pouvoir*	je pus
conduire	je conduisis	savoir*	je sus
craindre	je craignis	falloir*	il fallut
naître	il naquit	valoir	il valut
peindre	je peignis	vouloir*	je voulus
vaincre	je vainquis	vivre*	je vécus
		connaître*	je connus
		mourir	il mourut

Avoir and **être,** which are frequently seen in the **passé simple,** have completely irregular forms.

avoir		être	
j'**eus**	nous **eûmes**	je **fus**	nous **fûmes**
tu **eus**	vous **eûtes**	tu **fus**	vous **fûtes**
il / elle / on **eut**	ils / elles **eurent**	il / elle / on **fut**	ils / elles **furent**

Two additional common verbs with irregular forms in the **passé simple** are **venir** and **tenir.**

venir		tenir	
je **vins**	nous **vînmes**	je **tins**	nous **tînmes**
tu **vins**	vous **vîntes**	tu **tins**	vous **tîntes**
il / elle / on **vint**	ils / elles **vinrent**	il / elle / on **tint**	ils / elles **tinrent**

* Note that the past participles of these verbs may be helpful in remembering the irregular **passé simple** stems.

3. **Use of the *passé simple*.** The **passé simple** is often thought of as the literary equivalent of the **passé composé.** To an extent this is true. Both tenses are used to refer to specific past actions that are limited in time.

> Victor Hugo **est né en** 1802. **(passé composé)**
> Victor Hugo **naquit** en 1802. **(passé simple)**

The fundamental difference between these two tenses is that the **passé simple** can never be used to refer to a time frame that has not yet come to an end. There is no such limitation on the **passé composé.**

Consider the sentence, **J'ai écrit deux lettres aujourd'hui.** This thought can be expressed only by the **passé composé** because **aujourd'hui** is a time frame that is not yet terminated. In contrast, the statement, **Robert Burns a écrit des lettres célèbres à sa femme** could also be expressed in the **passé simple—Robert Burns écrivit des lettres célèbres à sa femme—** because the time frame has come to an end.

Descriptions in the past that are normally expressed by the imperfect indicative are still expressed in the imperfect, even in a literary context.

The *passé antérieur*

1. **Formation.** The **passé antérieur** is a compound tense that is formed with the **passé simple** of the auxiliary verb **avoir** or **être** and a past participle.

parler	j'**eus parlé,** etc.
sortir	je **fus sorti(e),** etc.
se lever	je **me fus levé(e),** etc.

2. **Use of the *passé antérieur*.** The **passé antérieur** is used to refer to a past action that occurred prior to another past action. It is most frequently found in a subordinate clause following a temporal conjunction such as **quand, lorsque, après que, dès que, aussitôt que.** The conjunction indicates that the action in question immediately preceded another action in the past. The latter action will generally be expressed in the **passé simple.**

> Hier soir, après qu'il **eut fini** de manger, il **sortit.**

The *Imperfect Subjunctive*

1. **Formation.** The imperfect subjunctive is most often encountered in the third-person singular. The imperfect subjunctive is formed by taking the **tu** form of the **passé simple,** doubling its final consonant, and adding the endings of the present subjunctive. The third-person singular (**il / elle / on**) does not follow the regular formation. To form it, drop the consonant, place a circumflex accent (^) over the final vowel, and add a **t.**

aller (tu allas → allass-)	
que j'all**asse**	que nous all**assions**
que tu all**asses**	que vous all**assiez**
qu'il / elle / on all**ât**	qu'ils / elles all**assent**

2. **Use of the Imperfect Subjunctive.** Like the other tenses of the subjunctive, the imperfect subjunctive is most often found in a subordinate clause governed by a verb in the main clause that requires the use of the subjunctive. The verb of the main clause is either in a past tense or in the conditional. For the imperfect subjunctive to be used in the subordinate clause, the action expressed in this clause must occur at the same time as the action of the main verb or later.

> Je **voulais qu'**elle me **répondît.**
> Elle **voudrait qu'**on l'**écoutât.**

The Pluperfect Subjunctive

1. **Formation.** The pluperfect subjunctive is formed with the imperfect subjunctive of the auxiliary verb **avoir** or **être** and a past participle. Like the imperfect subjunctive, this tense is mostly used in the third-person singular.

> que j'eusse parlé, qu'il eût parlé, etc.
> que je fusse sorti(e), qu'il fût sorti, etc.
> que je me fusse lavé(e), qu'elle se fût lavée, etc.

2. **Use of the Pluperfect Subjunctive.** The pluperfect subjunctive, like the imperfect subjunctive, is usually found in a subordinate clause. It is used when the main verb is either in a past tense or in the conditional and the action expressed in the subordinate clause has occurred prior to the action of the main clause.

> Il **déplora** qu'elle **fût** déjà **partie.**

In reading, you may occasionally encounter a verb form identical to the pluperfect subjunctive that does not follow the usage outlined above. In such cases, you will be dealing with an alternate literary form of the past conditional, and you should interpret it as such.

> Ce n'était pas un baba au rhum qu'il m'**eût fallu,** mais un vrai rhum, celui des condamnés.

In lighter prose and conversation, the imperfect subjunctive is replaced by the present subjunctive, and the pluperfect subjunctive is replaced by the past subjunctive.

> Bien qu'elle **eût** beaucoup **voyagé,** j'insistai pour qu'elle m'**accompagnât.**
> (Bien qu'elle **ait** beaucoup **voyagé,** j'insistai pour qu'elle m'**accompagne.**)

The following excerpt is taken from a twentieth-century French novel by Raymond Radiguet. Here, the author makes liberal use of the **passé simple** and the imperfect subjunctive. Locate and identify these tenses in the passage.

> Jusqu'à douze ans, je ne me vois aucune amourette, sauf pour une petite fille nommée Carmen à qui je fis tenir, par un gamin plus jeune que moi, une lettre dans laquelle je lui exprimais mon amour. Je m'autorisais de cet amour pour solliciter un rendez-vous. Ma lettre lui avait été remise le matin avant qu'elle se rendît en classe. J'avais distingué la seule fillette qui me ressemblât, parce qu'elle était propre, et allait à l'école accompagnée d'une petite sœur, comme moi de mon petit frère. Afin que ces deux témoins se tussent, j'imaginai de les marier, en quelque sorte. A ma lettre, j'en joignis donc une de la part de mon frère, qui ne savait pas écrire, pour Mlle Fauvette. J'expliquai à mon frère mon entremise, et notre chance de tomber juste sur deux sœurs de nos âges et douées de noms de baptême aussi exceptionnels. J'eus la tristesse de voir que je ne m'étais pas mépris sur le bon genre de Carmen, lorsque, après avoir déjeuné avec mes parents qui me gâtaient et ne me grondaient jamais, je rentrai en classe.

> (Raymond Radiguet, *Le Diable au corps,* Grasset)

Special Uses of the Definite Article

In addition to the uses of the definite article presented in **Chapitre 1** (pp. 19–20, 22–23), the articles **le, la, l',** and **les** are also found in grammatical constructions that differ radically from English usage.

- TITLES
  The definite article is used before titles when referring indirectly to people. The article is not used when addressing a person directly.

> **La reine Elisabeth** habite à Londres.　　　*Queen Elizabeth lives in London.*
> Je suis dans le cours **du professeur**　　　*I'm in Professor Dupont's class.*
> **Dupont.**

- LANGUAGES

  The definite article is used before the names of languages, except after the verb **parler** (unmodified) and after the prepositions **en** and **de**.

Nous étudions **le français**.	*We're studying **French**.*
Il désire enseigner **le russe**.	*He wants to teach **Russian**.*
BUT:	
Vous parlez **français**. (Vous parlez bien **le français**.)	*You speak **French**. (You speak **French** well.)*
Le livre est **en italien**.	*The book is in **Italian**.*
C'est un professeur d'**allemand**.	*He's a **German** teacher.*

- PARTS OF THE BODY AND CLOTHING

  The definite article is used with parts of the body and clothing to indicate possession. If the noun is modified, the possessive adjective is used as in English.

Elle ferme **les yeux**.	*She shuts **her eyes**.*
Il a **les mains** dans **les poches**.	*He has **his hands** in **his pockets**.*
BUT:	
Elle ferme ses **yeux bleus**.	*She shuts **her blue eyes**.*
Il a ses **deux mains** dans **ses poches vides**.	*He has both **his hands** in **his empty pockets**.*

A. Complétez les phrases suivantes par l'article défini convenable quand il est nécessaire.

1. Nous étudions _____ français.

2. En classe nous parlons _____ français.

3. Je veux apprendre à parler couramment _____ français.

4. Notre texte est écrit en _____ anglais.

5. Pour le cours de français j'ai _____ professeur (nom de votre professeur).
   Il / Elle est prof de _____ français depuis longtemps.

B. Complétez le paragraphe suivant par les articles convenables.

_____ empereur Napoléon était un homme intéressant mais curieux. Il est né en Corse et parlait _____ italien et _____ français. Il avait _____ yeux verts, _____ cheveux clairsemés, et il n'était pas grand. Il a fait beaucoup de conquêtes et faisait peur (à) _____ roi Georges d'Angleterre et (à) _____ tsar Nicolas de Russie. Mais pendant une grande bataille, Napoléon fermait _____ yeux et gardait toujours _____ main droite dans sa veste. Tous les grands hommes ont des habitudes particulières.

Appendice B

This appendix contains complete sample conjugations of regular verbs (**-er, -ir,** and **-re**), irregular verbs, and stem-changing verbs.

Regular Verbs

▶ Regular *-er* verb: donner

INDICATIF

PRESENT	IMPARFAIT	FUTUR	PASSE SIMPLE (littéraire)
je donne	je donnais	je donnerai	je donnai
tu donnes	tu donnais	tu donneras	tu donnas
il donne	il donnait	il donnera	il donna
nous donnons	nous donnions	nous donnerons	nous donnâmes
vous donnez	vous donniez	vous donnerez	vous donnâtes
ils donnent	ils donnaient	ils donneront	ils donnèrent

PASSE COMPOSE	PLUS-QUE-PARFAIT	FUTUR ANTERIERUR	PASSE ANTERIERUR (littéraire)
j'ai donné	j'avais donné	j'aurai donné	j'eus donné

CONDITIONNEL

PRESENT	PASSE
je donnerais	j'aurais donné
tu donnerais	
il donnerait	
nous donnerions	
vous donneriez	
ils donneraient	

IMPÉRATIF

donne
donnons
donnez

PARTICIPE PRÉSENT

donnant

SUBJONCTIF

PRESENT	PASSE	IMPARFAIT (littéraire)	PLUS-QUE-PARFAIT (littéraire)
que je donne	que j'aie donné	que je donnasse	que j'eusse donné
que tu donnes		que tu donnasses	
qu'il donne		qu'il donnât	
que nous donnions		que nous donnassions	
que vous donniez		que vous donnassiez	
qu'ils donnent		qu'ils donnassent	

▶ Regular *-ir* verb: finir

INDICATIF

PRESENT	IMPARFAIT	FUTUR	PASSE SIMPLE (littéraire)
je finis	je finissais	je finirai	je finis
tu finis	tu finissais	tu finiras	tu finis
il finit	il finissait	il finira	il finit
nous finissons	nous finissions	nous finirons	nous finîmes
vous finissez	vous finissiez	vous finirez	vous finîtes
ils finissent	ils finissaient	ils finiront	ils finirent

PASSE COMPOSE	PLUS-QUE PARFAIT	FUTUR ANTERIEUR	PASSE ANTERIEUR (littéraire)
j'ai fini	j'avais fini	j'aurai fini	j'eus fini

CONDITIONNEL		IMPÉRATIF	PARTICIPE PRÉSENT
PRESENT	**PASSE**	finis	finissant
je finirais	j'aurais fini	finissons	
tu finirais		finissez	
il finirait			
nous finirions			
vous finiriez			
ils finiraient			

SUBJONCTIF			
PRESENT	**PASSE**	**IMPARFAIT** (littéraire)	**PLUS-QUE-PARFAIT** (littéraire)
que je finisse	que j'aie fini	que je finisse	que j'eusse fini
que tu finisses		que tu finisses	
qu'il finisse		qu'il finît	
que nous finissions		que nous finissions	
que vous finissiez		que vous finissiez	
qu'ils finissent		qu'ils finissent	

► Regular -re verb: attendre

INDICATIF			
PRESENT	**IMPARFAIT**	**FUTUR**	**PASSE SIMPLE** (littéraire)
j'attends	j'attendais	j'attendrai	j'attendis
tu attends	tu attendais	tu attendras	tu attendis
il attend	il attendait	il attendra	il attendit
nous attendons	nous attendions	nous attendrons	nous attendîmes
vous attendez	vous attendiez	vous attendrez	vous attendîtes
ils attendent	ils attendaient	ils attendront	ils attendirent
PASSE COMPOSE	**PLUS-QUE-PARFAIT**	**FUTUR ANTERIEUR**	**PASSE ANTERIEUR** (littéraire)
j'ai attendu	j'avais attendu	j'aurai attendu	j'eus attendu

CONDITIONNEL		IMPÉRATIF	PARTICIPE PRÉSENT
PRESENT	**PASSE**	attends	attendant
j'attendrais	j'aurais attendu	attendons	
tu attendrais		attendez	
il attendrait			
nous attendrions			
vous attendriez			
ils attendraient			

SUBJONCTIF			
PRESENT	**PASSE**	**IMPARFAIT** (littéraire)	**PLUS-QUE-PARFAIT** (littéraire)
que j'attende	que j'aie attendu	que j'attendisse	que j'eusse attendu
que tu attendes		que tu attendisses	
qu'il attende		qu'il attendît	
que nous attendions		que nous attendissions	
que vous attendiez		que vous attendissiez	
qu'ils attendent		qu'ils attendissent	

Irregular Verbs

Avoir and *être*

▶ avoir

INDICATIF			
PRESENT	**IMPARFAIT**	**FUTUR**	**PASSE SIMPLE** (littéraire)
j'ai	j'avais	j'aurai	j'eus
tu as	tu avais	tu auras	tu eus
il a	il avait	il aura	il eut
nous avons	nous avions	nous aurons	nous eûmes
vous avez	vous aviez	vous aurez	vous eûtes
ils ont	ils avaient	ils auront	ils eurent
PASSE COMPOSE	**PLUS-QUE-PARFAIT**	**FUTUR ANTERIEUR**	**PASSE ANTERIEUR** (littéraire)
j'ai eu	j'avais eu	j'aurai eu	j'eus eu

CONDITIONNEL		IMPÉRATIF	PARTICIPE PRÉSENT
PRESENT	**PASSE**	aie	ayant
j'aurais	j'aurais eu	ayons	
tu aurais		ayez	
il aurait			
nous aurions			
vous auriez			
ils auraient			

SUBJONCTIF			
PRESENT	**PASSE**	**IMPARFAIT** (littéraire)	**PLUS-QUE-PARFAIT** (littéraire)
que j'aie	que j'aie eu	que j'eusse	que j'eusse eu
que tu aies		que tu eusses	
qu'il ait		qu'il eût	
que nous ayons		que nous eussions	
que vous ayez		que vous eussiez	
qu'ils aient		qu'ils eussent	

▶ être

INDICATIF

PRESENT	IMPARFAIT	FUTUR	PASSE SIMPLE (littéraire)
je suis	j'étais	je serai	je fus
tu es	tu étais	tu seras	tu fus
il est	il était	il sera	il fut
nous sommes	nous étions	nous serons	nous fûmes
vous êtes	vous étiez	vous serez	vous fûtes
ils sont	ils étaient	ils seront	ils furent

PASSE COMPOSE	PLUS-QUE-PARFAIT	FUTUR ANTERIEUR	PASSE ANTERIEUR (littéraire)
j'ai été	j'avais été	j'aurai été	j'eus été

CONDITIONNEL ⸻ **IMPÉRATIF** ⸻ **PARTICIPE PRÉSENT**

PRESENT	PASSE	sois	étant
je serais	j'aurais été	soyons	
tu serais		soyez	
il serait			
nous serions			
vous seriez			
ils seraient			

SUBJONCTIF

PRESENT	PASSE	IMPARFAIT (littéraire)	PLUS-QUE-PARFAIT (littéraire)
que je sois	que j'aie été	que je fusse	que j'eusse été
que tu sois		que tu fusses	
qu'il soit		qu'il fût	
que nous soyons		que nous fussions	
que vous soyez		que vous fussiez	
qu'ils soient		qu'ils fussent	

Verbs in *-er*

▶ aller

INDICATIF

PRESENT	PASSE COMPOSE	PASSE SIMPLE (littéraire)	
je vais	je suis allé(e)	j'allai	
tu vas	tu es allé(e)	tu allas	
il va	il est allé	il alla	
nous allons	nous sommes allé(e)s	nous allâmes	
vous allez	vous êtes allé(e)(s)	vous allâtes	
ils vont	ils sont allés	ils allèrent	

IMPARFAIT	PLUS-QUE-PARFAIT	FUTUR	FUTUR ANTERIEUR
j'allais	j'étais allé(e)	j'irai	je serai allé(e)

CONDITIONNEL ⸻ **IMPÉRATIF** ⸻ **PARTICIPE PRÉSENT**

PRESENT	PASSE	va	allant
j'irais	je serais allé(e)	allons	
		allez	

PRESENT
que j'aille
que tu ailles
qu'il aille
que nous allions
que vous alliez
qu'ils aillent

IMPARFAIT (littéraire)
que j'allasse
que tu allasses
qu'il allât
que nous allassions
que vous allassiez
qu'ils allassent

► **envoyer**

INDICATIF

PRESENT	PASSE COMPOSE	PASSE SIMPLE (littéraire)	
j'envoie	j'ai envoyé	j'envoyai	
tu envoies		tu envoyas	
il envoie		il envoya	
nous envoyons		nous envoyâmes	
vous envoyez		vous envoyâtes	
ils envoient		ils envoyèrent	
IMPARFAIT	PLUS-QUE-PARFAIT	FUTUR	FUTUR ANTERIEUR
j'envoyais	j'avais envoyé	j'enverrai	j'aurai envoyé

CONDITIONNEL		**IMPÉRATIF**	**PARTICIPE PRÉSENT**
PRESENT	PASSE	envoie	envoyant
j'enverrais	j'aurais envoyé	envoyons	
		envoyez	

SUBJONCTIF

PRESENT
que j'envoie
que tu envoies
qu'il envoie
que nous envoyions
que vous envoyiez
qu'ils envoient

IMPARFAIT (littéraire)
que j'envoyasse
que tu envoyasses
qu'il envoyât
que nous envoyassions
que vous envoyassiez
qu'ils envoyassent

Renvoyer is conjugated like **envoyer.**

Verbs in *-ir*

► **dormir**

INDICATIF

PRESENT	PASSE COMPOSE	PASSE SIMPLE (littéraire)	
je dors	j'ai dormi	je dormis	
tu dors		tu dormis	
il dort		il dormit	
nous dormons		nous dormîmes	
vous dormez		vous dormîtes	
ils dorment		ils dormirent	
IMPARFAIT	PLUS-QUE-PARFAIT	FUTUR	FUTUR ANTERIEUR
je dormais	j'avais dormi	je dormirai	j'aurai dormi

CONDITIONNEL		IMPÉRATIF	PARTICIPE PRÉSENT

PRESENT	PASSE	dors	dormant
je dormirais	j'aurais dormi	dormons	
		dormez	

SUBJONCTIF

PRESENT	IMPARFAIT (littéraire)
que je dorme	que je dormisse
que tu dormes	que tu dormisses
qu'il dorme	qu'il dormît
que nous dormions	que nous dormissions
que vous dormiez	que vous dormissiez
qu'ils dorment	qu'ils dormissent

Other verbs conjugated like **dormir** include **endormir, s'endormir, partir, servir, sentir,** and **sortir.**

PRESENT

partir	**servir**	**sentir**	**sortir**
je pars	je sers	je sens	je sors
tu pars	tu sers	tu sens	tu sors
il part	il sert	il sent	il sort
nous partons	nous servons	nous sentons	nous sortons
vous partez	vous servez	vous sentez	vous sortez
ils partent	ils servent	ils sentent	ils sortent

PASSE COMPOSE

je suis parti(e)	j'ai servi	j'ai senti	je suis sorti(e)

▶ conquérir

INDICATIF

PRESENT	PASSE COMPOSE	PASSE SIMPLE (littéraire)	
je conquiers	j'ai conquis	je conquis	
tu conquiers		tu conquis	
nous conquérons		nous conquîmes	
vous conquérez		vous conquîtes	
ils conquièrent		ils conquirent	

IMPARFAIT	PLUS-QUE-PARFAIT	FUTUR	FUTUR ANTERIEUR
je conquérais	j'avais conquis	je conquerrai	j'aurai conquis

CONDITIONNEL		IMPÉRATIF	PARTICIPE PRÉSENT

PRESENT	PASSE	conquiers	conquérant
je conquerrais	j'aurais conquis	conquérons	
		conquérez	

SUBJONCTIF

PRESENT	IMPARFAIT (littéraire)
que je conquière	que je conquisse
que tu conquières	que je conquisses
qu'il conquière	qu'il conquît
que nous conquérions	que nous conquissions
que vous conquériez	que vous conquissiez
qu'ils conquièrent	qu'ils conquissent

Acquérir is conjugated like **conquérir.**

▶ courir

PRESENT
je cours
tu cours
il court
nous courons
vous courez
ils courent

PASSE COMPOSE
j'ai couru

PASSE SIMPLE (littéraire)
je courus
tu courus
il courut
nous courûmes
vous courûtes
ils coururent

IMPARFAIT
je courais

PLUS-QUE-PARFAIT
j'avais couru

FUTUR
je courrai

FUTUR ANTERIEUR
j'aurai couru

CONDITIONNEL

IMPÉRATIF

PARTICIPE PRÉSENT

PRESENT
je courrais

PASSE
j'aurais couru

cours
courons
courez

courant

SUBJONCTIF

PRESENT
que je coure
que tu coures
qu'il coure
que nous courions
que vous couriez
qu'ils courent

IMPARFAIT (littéraire)
que je courusse
que tu courusses
qu'il courût
que nous courussions
que vous courussiez
qu'ils courussent

▶ fuir

INDICATIF

PRESENT
je fuis
tu fuis
il fuit
nous fuyons
vous fuyez
ils fuient

PASSE COMPOSE
j'ai fui

PASSE SIMPLE (littéraire)
je fuis
tu fuis
il fuit
nous fuîmes
vous fuîtes
ils fuirent

IMPARFAIT
je fuyais

PLUS-QUE-PARFAIT
j'avais fui

FUTUR
je fuirai

FUTUR ANTERIEUR
j'aurai fui

CONDITIONNEL

IMPÉRATIF

PARTICIPE PRÉSENT

PRESENT
je fuirais

PASSE
j'aurais fui

fuis
fuyons
fuyez

fuyant

SUBJONCTIF

PRESENT
que je fuie
que tu fuies
qu'il fuie
que nous fuyions
que vous fuyiez
qu'ils fuient

IMPARFAIT (littéraire)
que je fuisse
que tu fuisses
qu'il fuît
que nous fuissions
que vous fuissiez
qu'ils fuissent

S'enfuir is conjugated like **fuir.**

► mourir

INDICATIF

PRESENT	PASSE COMPOSE	PASSE SIMPLE (littéraire)	
je meurs	je suis mort(e)	je mourus	
tu meurs		tu mourus	
il meurt		il mourut	
nous mourons		nous mourûmes	
vous mourez		vous mourûtes	
ils meurent		ils moururent	

IMPARFAIT	PLUS-QUE-PARFAIT	FUTUR	FUTUR ANTERIEUR
je mourais	j'étais mort(e)	je mourrai	je serai mort(e)

CONDITIONNEL

PRESENT	PASSE
je mourrais	je serais mort(e)

IMPÉRATIF

meurs
mourons
mourez

PARTICIPE PRÉSENT

mourant

SUBJONCTIF

PRESENT	IMPARFAIT (littéraire)
que je meure	que je mourusse
que tu meures	que tu mourusses
qu'il meure	qu'il mourût
que nous mourions	que nous mourussions
que vous mouriez	que vous mourussiez
qu'ils meurent	qu'ils mourussent

► ouvrir

INDICATIF

PRESENT	PASSE COMPOSE	PASSE SIMPLE (littéraire)	
j'ouvre	j'ai ouvert	j'ouvris	
tu ouvres		tu ouvris	
il ouvre		il ouvrit	
nous ouvrons		nous ouvrîmes	
vous ouvrez		vous ouvrîtes	
ils ouvrent		ils ouvrirent	

IMPARFAIT	PLUS-QUE-PARFAIT	FUTUR	FUTUR ANTERIEUR
j'ouvrais	j'avais ouvert	j'ouvrirai	j'aurai ouvert

CONDITIONNEL

PRESENT	PASSE
j'ouvrirais	j'aurais ouvert

IMPÉRATIF

ouvre
ouvrons
ouvrez

PARTICIPE PRÉSENT

ouvrant

SUBJONCTIF

PRESENT	IMPARFAIT (littéraire)
que j'ouvre	que j'ouvrisse
que tu ouvres	que tu ouvrisses
qu'il ouvre	qu'il ouvrît
que nous ouvrions	que nous ouvrissions
que vous ouvriez	que vous ouvrissiez
qu'ils ouvrent	qu'ils ouvrissent

Other verbs conjugated like **ouvrir** include **couvrir, découvrir, offrir,** and **souffrir.**

► venir

INDICATIF

PRESENT	PASSE COMPOSE	PASSE SIMPLE (littéraire)	
je viens	je suis venu(e)	je vins	
tu viens		tu vins	
il vient		il vint	
nous venons		nous vînmes	
vous venez		vous vîntes	
ils viennent		ils vinrent	

IMPARFAIT	PLUS-QUE-PARFAIT	FUTUR	FUTUR ANTERIEUR
je venais	j'étais venu(e)	je viendrai	je serai venu(e)

CONDITIONNEL | **IMPÉRATIF** | **PARTICIPE PRÉSENT**

PRESENT	PASSE	viens	venant
je viendrais	je serais venu(e)	venons	
		venez	

SUBJONCTIF

PRESENT	IMPARFAIT (littéraire)
que je vienne	que je vinsse
que tu viennes	que tu vinsses
qu'il vienne	qu'il vînt
que nous venions	que nous vinssions
que vous veniez	que vous vinssiez
qu'ils viennent	qu'ils vinssent

Other verbs conjugated like **venir** include **devenir, revenir, tenir, maintenir, soutenir, obtenir,** and **retenir.**

Verbs in *-re*

► boire

INDICATIF

PRESENT	PASSE COMPOSE	PASSE SIMPLE (littéraire)	
je bois	j'ai bu	je bus	
tu bois		tu bus	
il boit		il but	
nous buvons		nous bûmes	
vous buvez		vous bûtes	
ils boivent		ils burent	

IMPARFAIT	PLUS-QUE-PARFAIT	FUTUR	FUTUR ANTERIEUR
je buvais	j'avais bu	je boirai	j'aurai bu

CONDITIONNEL | **IMPÉRATIF** | **PARTICIPE PRÉSENT**

PRESENT	PASSE	bois	buvant
je boirais	j'aurais bu	buvons	
		buvez	

SUBJONCTIF

PRESENT	IMPARFAIT (littéraire)
que je boive	que je busse
que tu boives	que tu busses
qu'il boive	qu'il bût
que nous buvions	que nous bussions
que vous buviez	que vous bussiez
qu'ils boivent	qu'ils bussent

conduire

INDICATIF		
PRESENT je conduis tu conduis il conduit nous conduisons vous conduisez ils conduisent	**PASSE COMPOSE** j'ai conduit	**PASSE SIMPLE** (littéraire) je conduisis tu conduisis il conduisit nous conduisîmes vous conduisîtes ils conduisirent

IMPARFAIT	PLUS-QUE-PARFAIT	FUTUR	FUTUR ANTERIEUR
je conduisais	j'avais conduit	je conduirai	j'aurai conduit

CONDITIONNEL		IMPÉRATIF	PARTICIPE PRÉSENT
PRESENT je conduirais	**PASSE** j'aurais conduit	conduis conduisons conduisez	conduisant

SUBJONCTIF	
PRESENT que je conduise que tu conduises qu'il conduise que nous conduisions que vous conduisiez qu'ils conduisent	**IMPARFAIT** (littéraire) que je conduisisse que tu conduisisses qu'il conduisît que nous conduisissions que vous conduisissiez qu'ils conduisissent

Other verbs conjugated like **conduire** include **construire, cuire, détruire, produire,** and **traduire.**

► connaître

INDICATIF		
PRESENT je connais tu connais il connaît nous connaissons vous connaissez ils connaissent	**PASSE COMPOSE** j'ai connu	**PASSE SIMPLE** (littéraire) je connus tu connus il connut nous connûmes vous connûtes ils connurent

IMPARFAIT	PLUS-QUE-PARFAIT	FUTUR	FUTUR ANTERIEUR
je connaissais	j'avais connu	je connaîtrai	j'aurai connu

CONDITIONNEL		IMPÉRATIF	PARTICIPE PRÉSENT
PRESENT je connaîtrais	**PASSE** j'aurais connu	connais connaissons connaissez	connaissant

SUBJONCTIF	
PRESENT que je connaisse que tu connaisses qu'il connaisse que nous connaissions que vous connaissiez qu'ils connaissent	**IMPARFAIT** (littéraire) que je connusse que tu connusses qu'il connût que nous connussions que vous connussiez qu'ils connussent

Reconnaître and **paraître** are conjugated like **connaître.**

▶ craindre

INDICATIF

PRESENT	PASSE COMPOSE	PASSE SIMPLE (littéraire)
je crains	j'ai craint	je craignis
tu crains		tu craignis
il craint		il craignit
nous craignons		nous craignîmes
vous craignez		vous craignîtes
ils craignent		ils craignirent

IMPARFAIT	PLUS-QUE-PARFAIT	FUTUR	FUTUR ANTERIEUR
je craignais	j'avais craint	je craindrai	j'aurai craint

CONDITIONNEL   **IMPÉRATIF**   **PARTICIPE PRÉSENT**

PRESENT	PASSE		
je craindrais	j'aurais craint	crains	craignant
		craignons	
		craignez	

SUBJONCTIF

PRESENT	IMPARFAIT (littéraire)
que je craigne	que je craignisse
que tu craignes	que tu craignisses
qu'ils craigne	qu'il craignît
que nous craignions	que nous craignissions
que vous craigniez	que vous craignissiez
qu'ils craignent	qu'ils craignissent

Peindre and **plaindre** are conjugated like **craindre.**

▶ croire

INDICATIF

PRESENT	PASSE COMPOSE	PASSE SIMPLE (littéraire)
je crois	j'ai cru	je crus
tu crois		tu crus
il croit		il crut
nous croyons		nous crûmes
vous croyez		vous crûtes
ils croient		ils crurent

IMPARFAIT	PLUS-QUE-PARFAIT	FUTUR	FUTUR ANTERIEUR
je croyais	j'avais cru	je croirai	j'aurai cru

CONDITIONNEL   **IMPÉRATIF**   **PARTICIPE PRÉSENT**

PRESENT	PASSE		
je croirais	j'aurais cru	crois	croyant
		croyons	
		croyez	

SUBJONCTIF

PRESENT	IMPARFAIT (littéraire)
que je croie	que je crusse
que tu croies	que tu crusses
qu'il croie	qu'il crût
que nous croyions	que nous crussions
que vous croyiez	que vous crussiez
qu'ils croient	qu'ils crussent

dire

INDICATIF

PRESENT	PASSE COMPOSE	PASSE SIMPLE (littéraire)	
je dis	j'ai dit	je dis	
tu dis		tu dis	
il dit		il dit	
nous disons		nous dîmes	
vous dites		vous dîtes	
ils disent		ils dirent	

IMPARFAIT	PLUS-QUE-PARFAIT	FUTUR	FUTUR ANTERIEUR
je disais	j'avais dit	je dirai	j'aurai dit

CONDITIONNEL

PRESENT	PASSE
je dirais	j'aurais dit

IMPÉRATIF

dis
disons
dites

PARTICIPE PRÉSENT

disant

SUBJONCTIF

PRESENT	IMPARFAIT (littéraire)
que je dise	que je disse
que tu dises	que tu disses
qu'il dise	qu'il dît
que nous disions	que nous dissions
que vous disiez	que vous dissiez
qu'ils disent	qu'ils dissent

► écrire

INDICATIF

PRESENT	PASSE COMPOSE	PASSE SIMPLE (littéraire)	
j'écris	j'ai écrit	j'écrivis	
tu écris		tu écrivis	
il écrit		il écrivit	
nous écrivons		nous écrivîmes	
vous écrivez		vous écrivîtes	
ils écrivent		ils écrivirent	

IMPARFAIT	PLUS-QUE-PARFAIT	FUTUR	FUTUR ANTERIEUR
j'écrivais	j'avais écrit	j'écrirai	j'aurai écrit

CONDITIONNEL

PRESENT	PASSE
j'écrirais	j'aurais écrit

IMPÉRATIF

écris
écrivons
écrivez

PARTICIPE PRÉSENT

écrivant

SUBJONCTIF

PRESENT	IMPARFAIT (littéraire)
que j'écrive	que j'écrivisse
que tu écrives	que tu écrivisses
qu'il écrive	qu'il écrivît
que nous écrivions	que nous écrivissions
que vous écriviez	que vous écrivissiez
qu'ils écrivent	qu'ils écrivissent

Décrire is conjugated like **écrire**.

▶ faire

INDICATIF

PRESENT	PASSE COMPOSE	PASSE SIMPLE (littéraire)	
je fais	j'ai fait	je fis	
tu fais		tu fis	
il fait		il fit	
nous faisons		nous fîmes	
vous faites		vous fîtes	
ils font		ils firent	

IMPARFAIT	PLUS-QUE-PARFAIT	FUTUR	FUTUR ANTERIEUR
je faisais	j'avais fait	je ferai	j'aurai fait

CONDITIONNEL **IMPÉRATIF** **PARTICIPE PRÉSENT**

PRESENT	PASSE	fais	faisant
je ferais	j'aurais fait	faisons	
		faites	

SUBJONCTIF

PRESENT	IMPARFAIT (littéraire)
que je fasse	que je fisse
que tu fasses	que tu fisses
qu'il fasse	qu'il fît
que nous fassions	que fissions
que vous fassions	que vous fissiez
qu'ils fassent	qu'ils fissent

▶ lire

INDICATIF

PRESENT	PASSE COMPOSE	PASSE SIMPLE (littéraire)	
je lis	j'ai lu	je lus	
tu lis		tu lus	
il lit		il lut	
nous lisons		nous lûmes	
vous lisez		vous lûtes	
ils lisent		ils lurent	

IMPARFAIT	PLUS-QUE-PARFAIT	FUTUR	FUTUR ANTERIEUR
je lisais	j'avais lu	je lirai	j'aurai lu

CONDITIONNEL **IMPÉRATIF** **PARTICIPE PRÉSENT**

PRESENT	PASSE	lis	lisant
je lirais	j'aurais lu	lisons	
		lisez	

SUBJONCTIF

PRESENT	IMPARFAIT (littéraire)
que je lise	que je lusse
que tu lises	que tu lusses
qu'il lise	qu'il lût
que nous lisions	que nous lussions
que vous lisiez	que vous lussiez
qu'ils lisent	qu'ils lussent

mettre

INDICATIF

PRESENT	PASSE COMPOSE	PASSE SIMPLE (littéraire)	
je mets	j'ai mis	je mis	
tu mets		tu mis	
il met		il mit	
nous mettons		nous mîmes	
vous mettez		vous mîtes	
ils mettent		ils mirent	

IMPARFAIT	PLUS-QUE-PARFAIT	FUTUR	FUTUR ANTERIEUR
je mettais	j'avais mis	je mettrai	j'aurai mis

CONDITIONNEL / IMPÉRATIF / PARTICIPE PRÉSENT

PRESENT	PASSE	IMPÉRATIF	PARTICIPE PRÉSENT
je mettrais	j'aurais mis	mets	mettant
		mettons	
		mettez	

SUBJONCTIF

PRESENT	IMPARFAIT (littéraire)
que je mette	que je misse
que tu mettes	que tu misses
qu'il mette	qu'il mît
que nous mettions	que nous missions
que vous mettiez	que vous missiez
qu'ils mettent	qu'ils missent

Permettre and **promettre** are conjugated like **mettre.**

► naître

INDICATIF

PRESENT	PASSE COMPOSE	PASSE SIMPLE (littéraire)	
je nais	je suis né(e)	je naquis	
tu nais		tu naquis	
il nait		il naquit	
nous naissons		nous naquîmes	
vous naissez		vous naquîtes	
ils naissent		ils naquirent	

IMPARFAIT	PLUS-QUE-PARFAIT	FUTUR	FUTUR ANTERIEUR
je naissais	j'étais né(e)	je naîtrai	je serai né(e)

CONDITIONNEL / IMPÉRATIF / PARTICIPE PRÉSENT

PRESENT	PASSE	IMPÉRATIF	PARTICIPE PRÉSENT
je naîtrais	je serais né(e)	nais	naissant
		naissons	
		naissez	

SUBJONCTIF

PRESENT	IMPARFAIT (littéraire)
que je naisse	que je naquisse
que tu naisses	que tu naquisses
qu'il naisse	qu'il naquît
que nous naissions	que nous naquissions
que vous naissiez	que vous naquissiez
qu'ils naissent	qu'ils naquissent

▶ plaire

INDICATIF

PRESENT	PASSE COMPOSE	PASSE SIMPLE (littéraire)	
je plais	j'ai plu	je plus	
tu plais		tu plus	
il plaît		il plut	
nous plaisons		nous plûmes	
vous plaisez		vous plûtes	
ils plaisent		ils plurent	

IMPARFAIT	PLUS-QUE-PARFAIT	FUTUR	FUTUR ANTERIEUR
je plaisais	j'avais plu	je plairai	j'aurai plu

CONDITIONNEL / IMPÉRATIF / PARTICIPE PRÉSENT

PRESENT	PASSE	IMPÉRATIF	PARTICIPE PRÉSENT
je plairais	j'aurais plu	plais	plaisant
		plaisons	
		plaisez	

SUBJONCTIF

PRESENT	IMPARFAIT (littéraire)
que je plaise	que je plusse
que tu plaises	que tu plusses
qu'il plaise	qu'il plût
que nous plaisions	que nous plussions
que vous plaisiez	que vous plussiez
qu'ils plaisent	qu'ils plussent

▶ prendre

INDICATIF

PRESENT	PASSE COMPOSE	PASSE SIMPLE (littéraire)	
je prends	j'ai pris	je pris	
tu prends		tu pris	
il prend		il prit	
nous prenons		nous prîmes	
vous prenez		vous prîtes	
ils prennent		ils prirent	

IMPARFAIT	PLUS-QUE-PARFAIT	FUTUR	FUTUR ANTERIEUR
je prenais	j'avais pris	je prendrai	j'aurai pris

CONDITIONNEL / IMPÉRATIF / PARTICIPE PRÉSENT

PRESENT	PASSE	IMPÉRATIF	PARTICIPE PRÉSENT
je prendrais	j'aurais pris	prends	prenant
		prenons	
		prenez	

SUBJONCTIF

PRESENT	IMPARFAIT (littéraire)
que je prenne	que je prisse
que tu prennes	que tu prisses
qu'il prenne	qu'il prît
que nous prenions	que nous prissions
que vous preniez	que vous prissiez
qu'ils prennent	qu'ils prissent

Other verbs conjugated like **prendre** include **apprendre, comprendre,** and **surprendre.**

rire

INDICATIF

PRESENT	PASSE COMPOSE	PASSE SIMPLE (littéraire)	
je ris	j'ai ri	je ris	
tu ris		tu ris	
il rit		il rit	
nous rions		nous rîmes	
vous riez		vous rîtes	
ils rient		ils rirent	

IMPARFAIT	PLUS-QUE-PARFAIT	FUTUR	FUTUR ANTERIEUR
je riais	j'avais ri	je rirai	j'aurai ri

CONDITIONNEL / IMPÉRATIF / PARTICIPE PRÉSENT

PRESENT	PASSE		
je rirais	j'aurais ri	ris	riant
		rions	
		riez	

SUBJONCTIF

PRESENT	IMPARFAIT (littéraire)
que je rie	que je risse
que tu ries	que tu risses
qu'il rie	qu'il rît
que nous riions	que nous rissions
que vous riiez	que vous rissiez
qu'ils rient	qu'ils rissent

Sourire is conjugated like **rire.**

► suivre

INDICATIF

PRESENT	PASSE COMPOSE	PASSE SIMPLE (littéraire)	
je suis	j'ai suivi	je suivis	
tu suis		tu suivis	
il suit		il suivit	
nous suivons		nous suivîmes	
vous suivez		vous suivîtes	
ils suivent		ils suivirent	

IMPARFAIT	PLUS-QUE-PARFAIT	FUTUR	FUTUR ANTERIEUR
je suivais	j'avais suivi	je suivrai	j'aurai suivi

CONDITIONNEL / IMPÉRATIF / PARTICIPE PRÉSENT

PRESENT	PASSE		
je suivrais	j'aurais suivi	suis	suivant
		suivons	
		suivez	

SUBJONCTIF

PRESENT	IMPARFAIT (littéraire)
que je suive	que je suivisse
que tu suives	que tu suivisses
qu'il suive	qu'il suivît
que nous suivions	que nous suivissions
que vous suiviez	que vous suivissiez
qu'ils suivent	qu'ils suivissent

► vivre

INDICATIF

PRESENT	PASSE COMPOSE	PASSE SIMPLE (littéraire)	
je vis	j'ai vécu	je vécus	
tu vis		tu vécus	
il vit		il vécut	
nous vivons		nous vécûmes	
vous vivez		vous vécûtes	
ils vivent		ils vécurent	

IMPARFAIT	PLUS-QUE-PARFAIT	FUTUR	FUTUR ANTERIEUR
je vivais	j'avais vécu	je vivrai	j'aurai vécu

CONDITIONNEL / **IMPÉRATIF** / **PARTICIPE PRÉSENT**

PRESENT	PASSE	IMPÉRATIF	PARTICIPE PRÉSENT
je vivrais	j'aurais vécu	vis	vivant
		vivons	
		vivez	

SUBJONCTIF

PRESENT	IMPARFAIT (littéraire)
que je vive	que je vécusse
que tu vives	que tu vécusses
qu'il vive	qu'il vécût
que nous vivions	que nous vécussions
que vous viviez	que vous vécussiez
qu'ils vivent	qu'ils vécussent

Verbs in *-oir*

► asseoir

INDICATIF

PRESENT	PASSE COMPOSE	PASSE SIMPLE (littéraire)	
j'assieds	j'ai assis	j'assis	
tu assieds		tu assis	
il assied		il assit	
nous asseyons		nous assîmes	
vous asseyez		vous assîtes	
ils asseyent		ils assirent	

IMPARFAIT	PLUS-QUE-PARFAIT	FUTUR	FUTUR ANTERIEUR
j'asseyais	j'avais assis	j'assiérai	j'aurai assis

CONDITIONNEL / **IMPÉRATIF** / **PARTICIPE PRÉSENT**

PRESENT	PASSE	IMPÉRATIF	PARTICIPE PRÉSENT
j'assiérais	j'aurais assis	assieds	asseyant
		asseyons	
		asseyez	

SUBJONCTIF

PRESENT	IMPARFAIT (littéraire)
que j'asseye	que j'assisse
que tu asseyes	que tu assisses
qu'il asseye	qu'il assît
que nous asseyions	que nous assissions
que vous asseyiez	que vous assissiez
qu'ils asseyent	qu'ils assissent

S'asseoir is conjugated like **asseoir**.

voir

INDICATIF

PRESENT	PASSE COMPOSE	PASSE SIMPLE (littéraire)	
je dois	j'ai dû	je dus	
tu dois		tu dus	
il doit		il dut	
nous devons		nous dûmes	
vous devez		vous dûtes	
ils doivent		ils durent	

IMPARFAIT	PLUS-QUE-PARFAIT	FUTUR	FUTUR ANTERIEUR
je devais	j'avais dû	je devrai	j'aurai dû

CONDITIONNEL / IMPÉRATIF / PARTICIPE PRÉSENT

PRESENT	PASSE	IMPÉRATIF	PARTICIPE PRÉSENT
je devrais	j'aurais dû	dois	devant
		devons	
		devez	

SUBJONCTIF

PRESENT	IMPARFAIT (littéraire)
que je doive	que je dusse
que tu doives	que tu dusses
qu'il doive	qu'il dût
que nous devions	que nous dussions
que vous deviez	que vous dussiez
qu'ils doivent	qu'ils dussent

▶ falloir

INDICATIF

PRESENT	PASSE COMPOSE	PASSE SIMPLE (littéraire)	
il faut	il a fallu	il fallut	

IMPARFAIT	PLUS-QUE-PARFAIT	FUTUR	FUTUR ANTERIEUR
il fallait	il avait fallu	il faudra	il aura fallu

CONDITIONNEL / SUBJONCTIF

PRESENT	PASSE	PRESENT	IMPARFAIT (littéraire)
il faudrait	il aurait fallu	qu'il faille	qu'il fallût

▶ pleuvoir

INDICATIF

PRESENT	PASSE COMPOSE	PASSE SIMPLE (littéraire)	
il pleut	il a plu	il plut	

IMPARFAIT	PLUS-QUE-PARFAIT	FUTUR	FUTUR ANTERIEUR
il pleuvait	il avait plu	il pleuvra	il aura plu

CONDITIONNEL / PARTICIPE PRÉSENT

PRESENT	PASSE	PARTICIPE PRÉSENT
il pleuvrait	il aurait plu	pleuvant

SUBJONCTIF

PRESENT	IMPARFAIT (littéraire)
qu'il pleuve	qu'il plût

pouvoir

INDICATIF

PRESENT	PASSE COMPOSE	PASSE SIMPLE (littéraire)	
je peux	j'ai pu	je pus	
tu peux		tu pus	
il peut		il put	
nous pouvons		nous pûmes	
vous pouvez		vous pûtes	
ils peuvent		ils purent	

IMPARFAIT	PLUS-QUE-PARFAIT	FUTUR	FUTUR ANTERIEUR
je pouvais	j'avais pu	je pourrai	j'aurai pu

CONDITIONNEL · PARTICIPE PRÉSENT

PRESENT	PASSE	pouvant
je pourrais	j'aurais pu	

SUBJONCTIF

PRESENT	IMPARFAIT (littéraire)
que je puisse	que je pusse
que tu puisses	que tu pusses
qu'il puisse	qu'il pût
que nous puissions	que nous pussions
que vous puissiez	que vous pussiez
qu'ils puissent	qu'ils pussent

► recevoir

INDICATIF

PRESENT	PASSE COMPOSE	PASSE SIMPLE (littéraire)
je reçois	j'ai reçu	je reçus
tu reçois		tu reçus
il reçoit		il reçut
nous recevons		nous reçûmes
vous recevez		vous reçûtes
ils reçoivent		ils reçurent

IMPARFAIT	PLUS-QUE-PARFAIT	FUTUR	FUTUR ANTERIEUR
je recevais	j'avais reçu	je recevrai	j'aurai reçu

CONDITIONNEL · IMPÉRATIF · PARTICIPE PRÉSENT

PRESENT	PASSE	reçois	recevant
je recevrais	j'aurais reçu	recevons	
		recevez	

SUBJONCTIF

PRESENT	IMPARFAIT (littéraire)
que je reçoive	que je reçusse
que tu reçoives	que tu reçusses
qu'il reçoive	qu'il reçût
que nous recevions	que nous reçussions
que vous receviez	que vous reçussiez
qu'ils reçoivent	qu'ils reçussent

...oir

INDICATIF

PRESENT	PASSE COMPOSE	PASSE SIMPLE (littéraire)	
je sais	j'ai su	je sus	
tu sais		tu sus	
il sait		il sut	
nous savons		nous sûmes	
vous savez		vous sûtes	
ils savent		ils surent	

IMPARFAIT	PLUS-QUE-PARFAIT	FUTUR	FUTUR ANTERIEUR
je savais	j'avais su	je saurai	j'aurai su

CONDITIONNEL / IMPÉRATIF / PARTICIPE PRÉSENT

PRESENT	PASSE	IMPÉRATIF	PARTICIPE PRÉSENT
je saurais	j'aurais su	sache	sachant
		sachons	
		sachez	

SUBJONCTIF

PRESENT	IMPARFAIT (littéraire)
que je sache	que je susse
que tu saches	que tu susses
qu'il sache	qu'il sût
que nous sachions	que nous sussions
que vous sachiez	que vous sussiez
qu'ils sachent	qu'ils sussent

► valoir

INDICATIF

PRESENT	PASSE COMPOSE	PASSE SIMPLE (littéraire)	
je vaux	j'ai valu	je valus	
tu vaux		tu valus	
il vaut		il valut	
nous valons		nous valûmes	
vous valez		vous valûtes	
ils valent		ils valurent	

IMPARFAIT	PLUS-QUE-PARFAIT	FUTUR	FUTUR ANTERIEUR
je valais	j'avais valu	je vaudrai	j'aurai valu

CONDITIONNEL / PARTICIPE PRÉSENT

PRESENT	PASSE	PARTICIPE PRÉSENT
je vaudrais	j'aurais valu	valant

SUBJONCTIF

PRESENT	IMPARFAIT (littéraire)
que je vaille	que je valusse
que tu vailles	que tu valusses
qu'il vaille	qu'il valût
que nous valions	que nous valussions
que vous valiez	que vous valussiez
qu'ils vaillent	qu'ils valussent

▶ voir

INDICATIF

PRESENT	PASSE COMPOSE	PASSE SIMPLE (littéraire)	
je vois	j'ai vu	je vis	
tu vois		tu vis	
il voit		il vit	
nous voyons		nous vîmes	
vous voyez		vous vîtes	
ils voient		ils virent	

IMPARFAIT	PLUS-QUE-PARFAIT	FUTUR	FUTUR ANTERIEUR
je voyais	j'avais vu	je verrai	j'aurai vu

CONDITIONNEL · **IMPÉRATIF** · **PARTICIPE PRÉSENT**

PRESENT	PASSE		
je verrais	j'aurais vu	vois	voyant
		voyons	
		voyez	

SUBJONCTIF

PRESENT	IMPARFAIT (littéraire)
que je voie	que je visse
que tu voies	que tu visses
qu'il voie	qu'il vît
que nous voyions	que nous vissions
que vous voyiez	que vous vissiez
qu'ils voient	qu'ils vissent

▶ vouloir

INDICATIF

PRESENT	PASSE COMPOSE	PASSE SIMPLE (littéraire)	
je veux	j'ai voulu	je voulus	
tu veux		tu voulus	
il veut		il voulut	
nous voulons		nous voulûmes	
vous voulez		vous voulûtes	
ils veulent		ils voulurent	

IMPARFAIT	PLUS-QUE-PARFAIT	FUTUR	FUTUR ANTERIEUR
je voulais	j'avais voulu	je voudrai	j'aurai voulu

CONDITIONNEL · **IMPÉRATIF** · **PARTICIPE PRÉSENT**

PRESENT	PASSE		
je voudrais	j'aurais voulu	veuille	voulant
		veuillons	
		veuillez	

SUBJONCTIF

PRESENT	IMPARFAIT (littéraire)
que je veuille	que je voulusse
que tu veuilles	que tu voulusses
qu'il veuille	qu'il voulût
que nous voulions	que nous voulussions
que vous vouliez	que vous voulussiez
qu'ils veuillent	qu'ils voulussent

Stem-Changing Verbs

► acheter

PRESENT	SUBJONCTIF PRESENT	FUTUR
j'achète	que j'achète	j'achèterai
tu achètes	que tu achètes	tu achèteras
il achète	qu'il achète	il achètera
nous achetons	que nous achetions	nous achèterons
vous achetez	que vous achetiez	vous achèterez
ils achètent	qu'ils achètent	ils achèteront

► essayer (verbs ending in *-ayer, -oyer, -uyer*)

PRESENT	SUBJONCTIF PRESENT	FUTUR
j'essaie	que j'essaie	j'essaierai
tu essaies	que tu essaies	tu essaieras
il essaie	qu'il essaie	il essaiera
nous essayons	que nous essayions	nous essaierons
vous essayez	que vous essayiez	vous essaierez
ils essaient	qu'ils essaient	ils essaieront

► appeler

PRESENT	SUBJONCTIF PRESENT	FUTUR
j'appelle	que j'appelle	j'appellerai
tu appelles	que tu appelles	tu appelleras
il appelle	qu'il appelle	il appellera
nous appelons	que nous appelions	nous apellerons
vous appelez	que vous appeliez	vous appellerez
ils appellent	qu'ils appellent	ils appelleront

► jeter

PRESENT	SUBJONCTIF PRESENT	FUTUR
je jette	que je jette	je jetterai
tu jettes	que tu jettes	tu jetteras
il jette	qu'il jette	il jettera
nous jetons	que nous jetions	nous jetterons
vous jetez	que vous jetiez	vous jetterez
ils jettent	qu'ils jettent	ils jetteront

► commencer (verbs ending in *-cer*)

PRESENT	IMPARFAIT	PASSE SIMPLE (littéraire)
je commence	je commençais	je commençai
tu commences	tu commençais	tu commenças
il commence	il commençait	il commença
nous commençons	nous commencions	nous commençâmes
vous commencez	vous commenciez	vous commençâtes
ils commencent	ils commençaient	ils commencèrent

► lever (mener, emmener, geler, etc.)

PRESENT	SUBJONCTIF PRESENT	FUTUR
je lève	que je lève	je lèverai
tu lèves	que tu lèves	tu lèveras
il lève	qu'il lève	il lèvera
nous levons	que nous levions	nous lèverons
vous levez	que vous leviez	vous lèverez
ils lèvent	qu'ils lèvent	ils lèveront

► espérer (préférer, répéter, protéger, etc.)

PRESENT	SUBJONCTIF PRESENT	FUTUR
j'espère	que j'espère	j'espérerai
tu espères	que tu espères	tu espéreras
il espère	qu'il espère	il espérera
nous espérons	que nous espérions	nous espérerons
vous espérez	que vous espériez	vous espérerez
ils espèrent	qu'ils espèrent	ils espéreront

Lexique français–anglais

Included in the French–English vocabulary are all terms that are not cognates or that would not be immediately recognizable to a student at the intermediate level. The gender of all nouns is indicated by the notation *m* or *f* and the feminine endings of adjectives are given in parentheses. When feminine endings of adjectives require a change in ending or consist of a separate form, these changes are noted. Expressions consisting of more than one word are listed under their principal part of speech. For all expressions that are considered to be slang or popular, the notation is indicated in parentheses following such entries. Grammatical terms and impersonal expressions are also listed.

A

à la une in the headlines, on the front page
abandonner to give up
abondant(e) abundant
abonné(e) *m, f* subscriber
abonnement *m* subscription
abonner: s'— (à) to subscribe (to)
abord: d'— at first
abricot *m* apricot
absolu(e) absolute
absolument absolutely
abstrait(e) abstract
accent *m* accent
    — aigu acute accent
    — circonflexe circumflex accent
    — grave grave accent
accentué(e) stressed
accompagner to go with
accomplissement *m* accomplishment
accord *m* agreement
    d'— OK
    être d'— to agree
    se mettre d'— to come to an agreement
accorder to grant
    s'— to agree
accro addicted; *m, f* addict, fanatic (coll)
accueil: page d'— *f* home page
accueillir to welcome
achat *m* purchase
acheter to buy
achever to complete
acompte *m* deposit
acquérir *to* acquire
acquis(e) acquired
acrobaties *f pl* acrobatics
acteur / actrice *m, f* actor / actress
actif(-ive) active
actualités *f pl* news
actuellement presently
addition *f* bill, check
admettre to admit
admis(e) accepted
adresser: s'— à to speak to
adversaire *m, f* adversary, opponent
aérien(ne) air, aerial

aéroport *m* airport
affaires *f pl* business; belongings
    faire des — to do business
    régler des — to take care of business
affiche *f* movie poster
affiché(e) posted
afficher to post
affirmativement affirmatively
affirmer to affirm
affreux(-euse) awful
afin de in order to, in order that
afin que in order to, in order that
africain(e) African
âgé(e) old
agence *f* agency
    — de voyages travel agency
agglomération *f* populated area
agir: s'— de to be a question of
agréable agreeable, pleasant
aide *f* help
    à l'— de by means of
aide-mémoire *m* reminder
aider to aid, to help
aile *f* wing
ailleurs elsewhere
    d'— furthermore
aimable pleasant, nice
aimer to like, to love
    — bien to like
air *m* manner, appearance
    avoir l'— to seem
aise *f* ease, convenience
    à leur — at their leisure
ait *pres. subj. of* **avoir**
ajouter to add
album *m* album
    — de coupures de journaux scrapbook
alcool *m* alcohol
Algérie *f* Algeria
alimentaire nutritive
aliments *m pl* food
allée *f* aisle
allemand *m* German language
aller to go
    s'en — to go away
aller-retour *m* round-trip ticket
aller simple *m* one-way ticket
allumer to turn on

allusion *f* allusion, hint
    faire — à to allude to
alors then, in that case
Alpes-Maritimes *f pl* region in southeastern France
amateur *m* fan
ambitieux(-euse) ambitious
aménager to oversee
amende *f* fine
amener to bring along
américain(e) American
Américain(e) *m, f* American
Amérique du Sud *f* South America
ami(e) *m, f* friend
    petit(e) — boyfriend / girlfriend
amical(e) friendly
amitié *f* friendship
amphithéâtre (amphi) *m* lecture hall
amusant(e) amusing, entertaining
amuser to amuse, to entertain
    s'— to have a good time
an *m* year
    avoir —s to be . . . years old
analytique analytical
ancien(ne) old, former
anglais *m* English language
Angleterre *f* England
anglophone *m, f* English-speaking person
année *f* year
    — lumière *f* light year
    — scolaire school year
anniversaire *m* birthday
annonce *f* announcement, advertisement
annoncer to announce
antenne *f* antenna
    — parabolique satellite dish
antérieur(e) anterior, preceding
antonyme *m* antonym
août *m* August
apercevoir: s'— to notice
aperçu *past part. of* **apercevoir**
apparaître to appear
appareil *m* device
appartement *m* apartment
appartenir to belong
appeler to call
    s'— to be named
appendice *m* appendix

...quer: s'— to apply oneself
...porter to bring
apprécier to enjoy
apprendre to learn
  — par cœur to memorize
apprentissage *m* apprenticeship
approcher: s'— to approach
appuyer press
  — sur le bouton to push the button
après after
  — que after
après-midi *m* afternoon
arbre *m* tree
argent *m* money
  — de poche spending money,
    allowance
armée *f* army
arrêt *m* stop
arrêté(e) definite
arrêter: s'— to stop
arrière *m* back, rear
arrivée *f* arrival
arriver to arrive; to happen
article de fond *m* in-depth article
artisanat *m* crafts
as *m* ace
Asie *f* Asia
aspiré(e) aspirated
asseoir to seat
  s'— to sit down
assez quite, rather
  — de enough
assiette *f* plate
assimiler to assimilate
assis(e) seated
  être — to be seated
assister à to attend
assurer to assure, to guarantee
astronomique astronomical
atelier de réparation *m* repair shop
attacher to fasten
attaque *f* attack
attendre to wait for
  s'— à to expect
attentif(-ive) attentive
attention! watch out!
  faire — à to pay attention to
atterrir to land
attirer to attract
aubergine *f* eggplant
aucun(e) not any; not a single
au-dessus de above
au fur et à mesure bit by bit
augmenter to raise; to grow
aujourd'hui today
aussi also
  — bien que as well as
aussitôt que as soon as
autant (de) as many
auteur *m* author
authentique authentic
automne *m* autumn
autonomie *f* autonomy; self-government
autorité *f* authority
autoroute *f* highway
  — à péage tollroad
autour about
  — de around

autre other
autrement otherwise
avance *f* advance
  d'— in advance
avancer: s'— to advance, to move
  forward
avant *m* front
avant de before
avant que before
avantage *m* advantage
avec with
avenir *m* future
  à l'— in the future
aventure *f* adventure
aventureux(-euse) adventurous
aventurier *m* adventurer
aviateur / aviatrice *m, f* aviator
avion *m* airplane
  — à réaction jet
  en — by plane
  par — by plane
avis *m* opinion
avocat(e) *m, f* lawyer
avoir to have
  — à to need to, to have to
  — envie de to feel like
  — le trac to be afraid
  en — assez to be fed up
avril *m* April
ayant *pres. part. of* **avoir** having

B

bac *m abbrev. for* **baccalauréat**
baccalauréat *m* diploma based on an
  exam taken at the end of secondary
  education
bachelier / bachelière *m, f* baccalaureate
  holder
bachot *m slang for*
  baccalauréat
bachoter to prepare for an exam
baguette *f* loaf of French bread
baigner: se — to swim
bain *m* bath
bal *m* ball, dance
balader: se — to stroll
baladeur *m* portable cassette player
baladodiffusion *f* podcast
banal(e) dull
bancaire: carte *f* — cash card
bande *f* gang
  — annonce preview
banlieue *f* suburbs
banque de données *f* data bank
bar *m* snack bar
barbant(e) boring *(colloquial)*
bas(se) low
baser to base
basket *m* basketball *(the sport)*
  —s *f pl* tennis shoes
bateau *m* boat
  en — by boat
bâtiment *m* building
bâtir to build
batterie *f* battery
battre: se — to fight
bavard(e) outgoing, talkative
bavarder to chat

beau / belle beautiful
  faire beau to be nice weather
beaucoup much, many
  — de a lot of
beau-frère *m* brother-in-law
beauté *f* beauty
bébé *m* baby
beignet *m* doughnut
belge *m, f adjective* Belgian
Belge *m, f* Belgian
Belgique *f* Belgium
belle-mère *f* mother-in-law; stepmother
bénéficier de to benefit from
besoin *m* need, want
  avoir — to need (to)
bêtise *f* stupidity
béton *m* cement
beurre *m* butter
bibliothèque *f* library
bien well
  — des many
  — que although
  faire du — to be beneficial
bientôt soon, shortly
bière *f* beer
  — blonde pale lager beer
  — brune dark beer
bijou *m* jewel
billet *m* ticket
bio, biologique organic
biscuit *m* cookie
  — salé cracker
bizarre strange
bizutage *m* hazing
blanc(he) white
blesser to hurt
  se — to get hurt
bleu *m* blue cheese
blouson *m* jacket
bœuf *m* beef
boire to drink
  — un verre to have a drink
boisson *f* drink, beverage
  — gazeuse soda
boîte *f* can; night club
  — de réception in-box
bon(ne) kind, good
bonbon *m* piece of candy
bondé(e) crowded
bonheur *m* happiness
bonhomme *m* good-natured man
bonté *f* kindness
bord: à — de on board
bouche de métro *f* subway entrance
boucher / bouchère *m, f* butcher
boucherie *f* butcher shop
bouger to stir; to budge
boulanger / boulangère *m, f* baker
boulangerie *f* bakery
bouleversement *m* upheaval
boulot *m* work *(colloquial)*
bouquin *m* book *(colloquial)*
bouquiner to read *(colloquial)*
Bourgogne *f* Burgundy, region of France
bouteille *f* bottle
bouton *m* button
boxe *f* boxing
  match de — *m* boxing match

branché(e) plugged in; with it *(slang)*
bras *m* arm
brave courageous, nice
bref(-ève) short
    en bref in short
brevet de technicien supérieur *m* technical degree obtained at secondary level
brillamment brilliantly
bronzer: se faire — to get a tan
brosser: se — to brush
bruit *m* sound
brûler to burn
Bruxelles Brussels
BTS *m abbrev. for* **brevet de technicien supérieur**
bûcher to cram *(slang)*
bureau de renseignements *m* information counter

C

ça that
    — ne fait rien it doesn't matter
    — y est that's it, it's done
cabas *m* tote bag
cadavre *m* corpse
cadeau *m* gift, present
cadre *m* setting
café *m* coffee
    — instantané instant coffee
caisse *f* cash register; box-office
caissier / caissière *m, f* cashier
calculer to calculate
calmement calmly
calmer to calm, to quiet
    se — to calm down
camarade *m, f* friend, chum
    — de chambre roommate
    — de classe classmate
cambriolage *m* breaking and entering
cambrioleur *m* thief
camion *m* truck
campagnard(e) country dweller
campagne *f* campaign; countryside
    à la — in the country
canadien(ne) Canadian
candidat(e) *m, f* candidate
candidature *f:* **présenter sa —** to be a candidate
capitale *f* capital
capturer to capture
car because
car *m* intercity bus
    — scolaire school bus
carnaval *m* winter festival
carnet (de tickets) *m* book of tickets
carré(e) square
carrefour *m* intersection
carrière *f* career
carte *f* card, map
    — bancaire cash card
    — (postale) postcard
    — d'étudiant student card
cartouche *f* carton
cas *m* case
    au — où in case
casanier(-ère) stay-at-home
cathédrale *f* cathedral
cause: à — de because of

ceci this, this thing
ceinture *f* belt; seat belt
cela that, that thing
célèbre celebrated, famous
censure *f* censorship
centaine *f* about a hundred
centre commercial *m* shopping center
cependant nevertheless, however
cercle *m* circle
cérémonie *f* ceremony
cerise *f* cherry
certain(e) definite, particular
    être — to be certain
    il est — it is certain
certainement certainly
C.E.S. (collège d'enseignement secondaire) *m* first level of secondary school (ages 11–14)
cesser to stop
chacun(e) each one
chaîne *f* channel
    changer de — to change channels
chambre *f* room
    — d'hôte B & B
champignon *m* mushroom
chance *f* chance, luck
    avoir de la — to be lucky
changement *m* change
chanson *f* song
chanter to sing
chanteur(-euse) *m, f* singer
chaque each
charcuterie *f* delicatessen
charcutier / charcutière *m, f* delicatessen owner
charger to load
chariot *m* shopping cart
charmant(e) charming
chasser to chase
chat *m* cat
château *m* castle
chaud(e) hot
    chaud: avoir — to be hot
    faire — to be hot weather
chauffeur *m* driver
chef-d'œuvre *m* masterpiece
chemin de fer *m* railroad
chèque *m* check
    toucher un — to cash a check
cher(-ère) expensive; dear
chercher to look for, to seek
chéri(e) *m, f* darling, dearest
cheval *m* horse
cheveux *m pl* hair
chèvre *m* goat cheese
chez at, to, in, with, among, in the works of
chien / chienne *m, f* dog
chiffre *m* number
Chinois(e) *m, f* Chinese person
choc *m* shock
choisir to choose
choix *m* choice
chômage *m* unemployment
chose *f* thing
chouette neat, nice *(slang)*
chou-fleur *m* cauliflower
cible *f* target
ci-dessous below

ci-dessus above
ciel *m* sky
cinéaste *m, f* producer
ciné-club *m, f* film club
cinéma *m* movies, cinema
cinéphile *m, f* movie buff
cinoche *m* flicks *(slang)*
circonstanciel(le) circumstantial
    complément circonstanciel adverbial phrase
circuler to circulate, move around
cité-dortoir *f* bedroom community
cité universitaire *f* residence hall complex
citer to quote
citoyen / citoyenne *m, f* citizen
classe *f* class
    — économique economy class
    — préparatoire preparatory class (for the entry exam to the **grandes écoles**)
    — touriste second class
    en — in class
classement *m* ordering, classification
classer to classify
classique classical
clé *f* key
    fermer à — to lock
climat *m* climate
clip *m* music video
club *m* night club
cocher *m* coachman
code indicatif de zone *m* telephone area code
coiffer: se — to comb one's hair
coin *m* corner
collectif(-ive) collective
collège d'enseignement secondaire (C.E.S.) *m* first level of secondary school (ages 11–14)
colocataire *m, f* roommate
colon *m* colonist
colonie de vacances *f* summer camp
colonne *f* column
combattre to fight
combien how much
    — de how many
comédie *f* comedy
    — musicale musical
commander to order
comme as, like, such as
    — d'habitude as usual
    — il faut as it should be
commencement *m* beginning
commencer to begin
comment how
commentaire *m* comment
commerçant(e) *m, f* shopkeeper
commerce *m* business
    — de détail retail business
    — de proximité neighborhood store
commettre to commit
commissaire *m* commissioner
commissariat *m* police station
commode convenient, comfortable
commun(e) common, ordinary
    en commun in common
communautés *f pl* communities

...uniquer to communicate
...pagnie f company
   — aérienne airline
compagnon / compagne m, f companion
compartiment m compartment
   — non-réservé unreserved compartment
complément m object (grammatical)
   — d'agent agent
   — d'objet direct direct object
   — d'objet indirect indirect object
   — circonstanciel adverbial phrase
   — déterminatif adjectival phrase
complet(-ète) complete, full
compléter to complete
compliqué(e) complicated
comportement m behavior
composer to compose; to compound
composter to punch (a ticket); to validate
comprendre to understand; to include
compris(e) included
   y compris including
compter to count
   — sur to count on
comptoir m ticket counter
concentrer to concentrate
   se — sur to focus on
concordance f agreement
conditionnel m conditional (verb tense)
   — présent present conditional (verb tense)
   — passé past conditional (verb tense)
conducteur / conductrice m, f driver
conduire to drive
conférence f lecture
confondre to confuse
congé m vacation, day(s) off
   prendre— to take time off (from work)
congelé(e) frozen
conjugaison f conjugation
conjuguer to conjugate
connaissance f acquaintance
   faire la — de to meet
connaître to know; to understand; to be acquainted with; to experience
conquérir to conquer
conquête f conquest
consacrer: se — à to devote oneself to
conscience politique f political awareness
conseil m piece of advice
   —s advice
conseiller / conseillère m, f adviser
conseiller to advise
conservateur(-trice) conservative
conserver to preserve
considérer to consider
consommateur / consommatrice m, f consumer
consommation f consumption; beverage
consommer to use
consonne f consonant
constamment constantly
constater to observe
constituer to constitute
construire to build

construit past part. of **construire**
consulter to look up something
   se — to confer
conte m story
   — de fées fairy tale
contenir to contain
content(e) happy
contraire m opposite
   au — on the contrary
contre against
contre m con
contribuer to contribute
contrôle continu des connaissances m periodic testing
contrôler to verify, to check
contrôleur / contrôleuse m, f conductor
convaincre to convince
convenable suitable, appropriate
convenir à to be suitable to
copain / copine m, f friend, pal
copie f exam paper
corps m body
correcteur / correctrice m, f grader
correspondance f connection, transfer point
correspondre to correspond; to agree
corriger to correct
côte f chop; coast
   — de porc pork chop
Côte d'Azur f Riviera
côté m side
   à — de by, near
   de mon — for my part
   de tous les —s from all sides
   du — de in the direction of
coton m cotton
   robe de (en) — cotton dress
côtoyer: se — to be next to each other
coucher to put to bed
   se — to go to bed
couchette f bunk
couleur f color
couloir m corridor
couper to cut, to isolate from
courant(e) current, usual
coureur m runner
courgette f zucchini
courrier électronique m e-mail
courir to run
   — des risques to take chances
cours m course
   — magistral m lecture by the professor
course f race
courses f pl errands
   faire les — to run errands
court(e) short
court-métrage m short feature
couteau m knife
coûter to cost
couvrir to cover
craindre to fear
crainte f fear
   avoir — de to be afraid (of, to)
   de — (de, que) for fear (of, that)
créateur(-trice) creative
créature f creature

créer to create
crémerie f dairy
créole m Creole language; native language spoken in many francophone countries
crever to die (slang)
crise f crisis
   — de nerfs nervous breakdown
critique f criticism
critiquer to criticize
croire to believe
crypté(e) scrambled
cuire to cook
cuisine f cooking; food
   faire la — to cook
curiosité f point of interest
cursus m course of study

D

dame f lady
dangereux(-euse) dangerous
danseur(-euse) m, f dancer
de plus en plus more and more
de retour à back at
débat m debate
débouché m outlet; prospect
debout standing
débrouiller to straighten out
   se — to manage
début m beginning
   au — de at the beginning of
décembre m December
décider to decide
décision f decision
   prendre une — make a decision
déclaration f statement
décoller to take off
décor m set, scenery
découvert past part. of **découvrir**
découverte f discovery
découvrir to discover
décrire to describe
déçu(e) disappointed
dedans in
défaut m fault
défendre to prohibit; to defend
défendu past part. of **défendre**
défense f prohibition
définitif(-ive) definitive
dehors outside
   en — de outside of
déjà already
déjeuner m noon meal
déjeuner to eat lunch
délicat(e) delicate, nice
délicieux(-euse) delicious
délinquance f delinquency
demain tomorrow
   à — see you tomorrow
demander to ask (for)
   se — to ask oneself; to wonder
démarrer to start
déménager to move
demi-frère m step-brother
démodé(e) old-fashioned
demoiselle f young woman
démontrer to demonstrate
dent f tooth

dentelle *f* lace
dépannage *m* repairing
   atelier de — *m* repair shop
départ *m* departure
département *m* administrative division of France
dépasser to exceed
dépêcher to send quickly
   se — to hurry
dépendre (de) to depend (on)
dépenser to spend
dépenses *f pl* expenses
déplacement *m* movement
déplacer: se — to get around
déplaire to displease
dépliant *m* brochure, folder
déplu *past part. of* **déplaire**
depuis since; for
dernier(-ière) preceding, final
dernièrement lately
derrière behind
désagréable disagreeable, unpleasant
désastre *m* disaster
descendre to get off; to go down
   — à une destination to travel to
   — quelque chose to take down something
désert *m* desert
désigner to indicate
désir *m* desire
désirer to want, to desire
désolé(e) sorry
désordre *m* disorder, confusion
dès que as soon as
dessin animé *m* cartoon
destination *f* destination
   à — de bound for
destiné(e) (à) intended (for)
destinée *f* destiny
détendre: se — to relax
déterminer to determine; to modify
détruire to destroy
Deux chevaux *f* small Citroën
deuxième cycle *m* second level of higher education
devant in front of
devanture *f* storefront
développé(e) developed
   sous — underdeveloped
développement *m* development
devenir to become
déviation *f* detour
deviner to guess
devoir *m* written assignment
devoir to have to; to owe
dévoué(e) devoted
dictionnaire *m* dictionary
différent(e) different, various
difficulté *f* difficulty
   sans — without difficulty
diffuser to broadcast
dimanche *m* Sunday
dîner *m* dinner
dîner to eat dinner
diplomate *m* diplomat

diplôme *m* diploma, degree
   — d'études universitaires générales degree obtained after two years of university study
   — universitaire de technologie technical degree obtained at university level
dire to say, to tell
direct non-stop
   en — live
directeur / directrice *m, f* director; principal
discipliné(e) disciplined
discothèque *f* discotheque
discours *m* discourse
   — direct direct discourse
   — indirect indirect discourse
discret(-ète) discreet
discuter to discuss
disjoint(e) disjunctive
disparaître to disappear
disponible available
disque *m* record
disséminé(e) spread
dissertation *f* dissertation
distinctement distinctly, clearly
distinguer to distinguish
distraction *f* amusement
distraire to amuse
distribuer to distribute, to circulate
distributeur *m* ticket dispenser
divertissement *m* pastime; entertainment
diviser to divide
documentaire *m* documentary
dommage *m* damage; loss
   c'est — it's a pity
donc then, therefore
donner to give
   — un film to show a film
   se — to give each other
   se — rendez-vous to arrange to meet
dont of which; of whom; whose
dormir to sleep
dossier *m* record, file
douane *f* customs
doublé(e) dubbed
   version doublée *f* dubbed version of a movie
doubler to dub
douceur de vivre *f* pleasant lifestyle
doucher: se — to shower
doute *m* doubt
douter to doubt
douteux(-euse) doubtful
d'outre-mer overseas
doux(-ce) sweet; soft
dramatique dramatic
drame *m* drama
drogue *f* drugs
droit(e) right
droite *f* political right wing
drôle de strange
dû *past part. of* **devoir**
dur(e) harsh; hard
durée *f* duration
durer to last
DUT *m abbrev. for* **diplôme universitaire de technologie**

E

eau *f* water
   — minérale mineral water
échange *m* change
échouer to fail
éclater to break out; to begin
école *f* school
économie *f* saving
   faire des —s to save money
économique economical
économiser to save (money)
écotourisme *m* ecotourism
écouter to listen to
écran *m* screen
   petit — TV
écrémé(e) skimmed
écrire to write
   s'— to write to each other
écrit *past part. of* **écrire**
   à l'— in written form
écrivain *m* writer
effectuer to make; to bring about
égal(e) equal
   être égal à not to matter, to be all the same
également equally
église *f* church
égoïste egotistic; selfish
élargir to broaden
électrique electrical
électronique *f* electronics
élégamment elegantly
élevé(e) high
élève *m, f* student
élire to elect
élitiste elitist
éloigné(e) distant
éloignement *m* distance
élu *past part. of* **élire**
embarras du choix *m* large selection
émerveiller to amaze; to dazzle
émission *f* TV program
emmener to take along (people)
empêcher to prevent
emploi *m* employment, job; use
   — du temps schedule
   — temporaire temporary job
employé(e) *m, f* employee
employer to use
emporter to carry away
   à — carry out
encore still
   pas — not yet
   — que although
en dehors (de) outside (of)
endormir: s'— to go to sleep
endroit *m* place
énergique energetic
enfance *f* childhood
enfant *m, f* child
enfer *m* hell
enfin at last, finally
enfuir: s'— to escape
ennemi *m* enemy
ennuyer to bore; to bother
   s'— to be bored
ennuyeux(-euse) boring

...e enormous
...rmément enormously
...quête *f* inquiry, investigation
enregistrer to check (baggage)
enseignement *m* education
   — **général** general education
   — **supérieur** higher education
enseigner to teach
ensemble together
ensemble *m* whole, mass
ensuite then
entendre to hear
   — **parler de** to hear about
entendu(e) understood
bien entendu of course
entier *m* whole
entier(-ière) whole
entièrement entirely
entracte *m* intermission
entraîner to bring about; to entail
entre between
entrée *f* entrance
   — **libre** free access
entreprise *f* business, company
entrer to enter
entretien *m* interview
enveloppe *f* envelope
envie *f* desire, longing
   avoir —de to feel like
environ approximately
environnement *m* environment
environs *m pl* surrounding area
envoyer to send
épais(se) thick
épicerie *f* grocery store
épicier / épicière *m, f* grocer
épisode *m* episode
époque *f* era
épouser to marry
époux / épouse *m, f* spouse
épreuve *f* test
équilibre *m* balance
équipe *f* team
erreur *f* error
escale *f* stopover
   faire une — to stop over
escalier *m* stairs
escargot *m* snail
espace *m* space
Espagne *f* Spain
espagnol *m* Spanish language
espèce *f* type, sort
   en —s in cash
espérer to hope for
esprit *m* spirit, mind, wit
essayer to try
essence *f* gasoline
essentiel *m* the most important thing
essentiel(le) essential
   il est essentiel it is essential
essuyer to wipe; to dry
établir to work out; to establish
établissement *m* establishment
étage *m* floor (of a building)
étape *f* stage; step
état *m* state
Etats-Unis *m pl* United States
été *m* summer

éteindre to turn off; to extinguish
étendre to extend
   s'— to lie down
étiquette *f* label
étonnant(e) startling
   il est étonnant it is startling
étonné(e) amazed
étonner: s'— to be amazed
étrange strange
étranger / étrangère *m, f* stranger
   à l'étranger abroad
étranger(-ère) foreign, strange
être to be
être en train de to be in the process of
étroit(e) tight; narrow
étroitement closely
études *f pl* studies
   — **secondaires** high school studies
   — **supérieures** graduate school
   faire des — (de) to study, to major in
   programme d'—s course of study
étudiant(e) *m, f* student
   maison d'étudiants *f* residence hall
étudier to study (a subject)
euro *m* European currency
événement *m* event
évidemment evidently
éviter to avoid
évoluer to evolve
évoquer to evoke
examen *m* examination
examinateur / examinatrice *m, f* examiner
examiner to examine
exécution *f* execution
exemplaire *m* copy
exemple *m* example
   par — for instance
exiger to require
exister to exist
explétif(-ive) superfluous *(grammatical)*
explication *f* explanation
   — **de texte** literary analysis
expliquer to explain
exploité(e) managed
explorateur / exploratrice *m, f* explorer
exposé *m* classroom presentation
exprimer to express
extrêmement extremely

F

fabriquer to manufacture; to make
fac *f abbrev. for* **faculté**
fâché(e) angry
   être — to be angry
fâcher: se — to get angry
facile easy, quick
facilement easily
façon *f* manner
facultatif(-ive) optional
faculté *f* university division
faible weak
faim: avoir — to be hungry
faire to do; to make
   — **de l'escalade** to go rock climbing
   — **des recherches sur** to do research on
   — **du jogging** to go jogging
   — **son possible** to do one's best

   — **une promenade** to take a walk
   — **une promenade en bateau** to take a boat ride
   se — to be done, to be made
   s'en — to worry
fait *m* fact
faits divers *m pl* (short) news items
fait *past part. of* **faire**
falloir to be necessary *(impersonal)*
fameux(-euse) famous; infamous
familial(e) pertaining to family
familiarité *f* familiarity
famille *f* family
   en — in the family
fana *m, f* fan
farine *f* flour
fatigant(e) tiring
fatigué(e) tired
faut *See* **falloir**
faute *f* error
fauteuil *m* armchair
faux(-sse) false
favori(te) favorite
fax *m* fax machine
femme *f* wife, woman
fenêtre *f* window
fer *m* iron
   — **forgé** wrought iron
fermer to close
   — **à clé** to lock
fermeture *f* closing
féroce ferocious
festival *m* (film) festival
fête *f* festival; party
fêter to celebrate
feu *m* fire
   — **rouge** stoplight
feuilleton *m* serial
février *m* February
fiche *f* form
fichier *m* file
fier(-ère) proud
filet *m* mesh bag
filiale *f* branch store
fille *f* girl
film *m* film
   — **d'amour** romance movie, love story
   — **d'épouvante** horror movie
   — **de / à suspense** a suspense thriller
   le grand — main feature
   — **policier** detective movie
fils *m* son
fin *f* end
   à la — at the end
   de — final
   en — de at the end of
fin(e) fine
finalement finally
finir to finish
fixe *m* landline; *adj* fixed
flâner to loaf around
fleur *f* flower
flocon *m* flake
fois *f* time
   une — once
fonctionner to work; to operate
fonder to found
football *m* soccer

forfaitaire all-inclusive
formalité f form
formation f education, academic preparation
forme f form, shape
former: se — to form, to compose, to educate
formidable fantastic
formule f construction
formuler to formulate; to express
fort(e) strong
fou / folle crazy
foule f crowd
fournir to furnish
foyer m home
frais / fraîche fresh
frais d'inscription m pl tuition, registration fees
fraise f strawberry
franc m franc, former French currency
franc / franche frank
français(e) French
Français(e) m, f French person
F2 (France 2) TV network
F3 (France 3) TV network
francophone m, f French-speaking person
francophonie f French-speaking world
frapper to hit, to strike
freins m pl brakes
fréquemment frequently
fréquenter to see often
frère m brother
frigo m refrigerator (colloquial)
fringues f pl clothes (slang)
frites f pl french fries
froid(e) cold
froid: avoir — to be cold
    faire — to be cold weather
fromage m cheese
fromagerie f cheese shop
frustré(e) frustrated
fuir to flee
fumer to smoke
furieux(-euse) furious
furtivement furtively
futur m future (grammatical)
    — antérieur future perfect
    — proche immediate future

G

gagner to earn
gamin m boy (colloquial)
gamme f range
    produit m de basse / haute — low / high-quality product
garagiste m, f garage operator
garantir to guarantee
garçon m boy
garder to keep; to maintain
gardien(ne) m, f guardian
gare f station
gars m guy, boy (slang)
gâteau m cake
gauche f political left wing
gauche left
gazeux(-euse) carbonated
gendarme m policeman
gêne f difficulty, embarrassment

généreux(-euse) generous
génial(e) neat, cool
génie m genius
genre m type, gender
gens m pl people
gentil(le) nice, gentle
gentilhomme m gentleman
géographie f geography
gérondif m en + present participle (grammatical)
gestion f management
gîtes m pl hostels
glace f ice cream
glissant(e) slick, slippery
gloire f glory
gorille m gorilla
gosse m, f kid (slang)
gourmand(e) gluttonous
goûter to taste
goutte f drop
gouvernement m government
graissage m greasing, lubrication
    faire le — to lubricate(a vehicle)
gramme m gram
    deux cents —s de seven ounces
grand(e) main; big
grand ensemble m apartment complex
grande surface f very large surburban store
grandeur f grandeur; size
grand film m main feature
grandir to grow up
grand-mère f grandmother
grand-père m grandfather
gratuit(e) free
grenouille f frog
grève f strike
griffe f designer's label
gris(e) gray
gros(se) big, large
groupe m group
    en — in a group
gruyère m Swiss cheese
guère hardly
guerre f war
    faire la — to fight a war
    Première Guerre mondiale First World War
guichet m ticket window
Guide Michelin m popular French travel guide
guillemets m pl quotation marks

H

habiller to dress
    s'— to get dressed
habitant(e) m, f inhabitant, resident
habiter to live (in)
habitude f habit
    d'— usually
    comme d'— as usual
habituellement habitually
habituer: s'— à to get used to
haricot m bean
hâte f haste
    à la — hastily, hurriedly
hausse f rise
haut(e) high; loud

haut-parleur m loudspeaker
Le Havre port city in northern France
hebdomadaire m weekly
hébergement m housing
héritier m heir
héros / héroïne m, f hero
hésiter to hesitate
heure f hour
    à l'— on time
    à quelle — at what time
    à tout à l'— see you later
    de bonne — early
    demi — half hour
    — s de pointe rush hour
heureusement happily, fortunately
heureux(-euse) happy
Hexagone m the Hexagon (term for France stemming from its six-sided shape)
hier yesterday
histoire f story; history
historique historic
hiver m winter
    en — in the winter
HLM f subsidized housing
homard m lobster
homme m man
honnête honest
honorer to honor
honte f shame
    avoir — de to be ashamed of
horaire m schedule
hors de beyond, outside of
hostilité f hostility
hôtelier / hôtelière m, f hotel manager
hôtesse f flight attendant
huile f oil
    — végétale vegetable oil
humour m humor
hyperchoix m huge selection
hypermarché m large supermarket-discount store
hypothèse f hypothesis

I

ici here
    d'— (à) from now until
idée f idea
identifier to identify
idiotisme m idiom
il y a there is, there are; ago
île f island
imaginaire imaginary
imaginer: s'— to imagine
immeuble collectif m multifamily housing
immobiliser to immobilize
imparfait m imperfect (verb tense)
impératif(-ive) imperative
imprimé(e) printed
imprimerie f printing
imprimeur m printer
inconvénient m inconvenience; drawback
indéfini(e) indefinite
indépendance f independence
indéterminé(e) unmodified, indefinite
indicateur m train schedule
indicatif m indicative (mood of a verb)
indigène native
indiquer to indicate, to point out

...u *m* individual
...vidualiste individualistic
...dustriel(le) industrial, factory produced
infiniment infinitely, exceedingly
inflexion *f* modulation
informations *f pl* news (report)
informatique *f* data processing, computer science
informer to inform, to acquaint
   s'— to inquire; to investigate
inquiet(-ète) anxious; restless; worried
inquiéter: s'— to worry
inscriptions *f pl* registration
inscrire: s'— to enroll, to register
inscrit(e) enrolled
insécurité *f* lack of safety
insertion *f* insertion
   — professionnelle employment
insister to stress, to draw attention (to)
installer: s'— to settle down
instant *m* instant, moment
   un — just a minute
instantané(e) instant
Institut universitaire de technologie *m* technical college
instituteur / institutrice *m, f* elementary school teacher
instruction *f* education
instrument *m* instrument
   — de musique musical instrument
insupportable unbearable
intégrer: s'— to become part of
intempéries *f pl* bad weather
intensément intensely
interactif(-ive) interactive
interdit(e) forbidden
intéressant(e) interesting, advantageous
intéresser: s'— à to be interested in
intérêt *m* interest
internaute *f, m* (Inter)net surfer
interprétation *f* acting
interpréter to act
interrogatif(-ive) interrogative
interrompre to interrupt
interrompu *past part. of* **interrompre**
intransitif(-ive) intransitive
intrépide intrepid, bold
intrigue *f* plot
introduire to insert
invité(e) *m, f* guest
inviter to invite
irrégulier(-ière) irregular
italien(ne) Italian
itinéraire *m* itinerary
IUT *m abbrev. for* **Institut universitaire de technologie**

J

jamais never
jambe *f* leg
jambon *m* ham
janvier *m* January
japonais(e) Japanese
jeter par la fenêtre to waste
jeton *m* token; coin
jeu *m* game
jeudi *m* Thursday

jeune young
   — fille *f* girl
jeunesse *f* youth
joie *f* joy
joli(e) pretty
jouer to play
   — au bridge to play bridge
   — un rôle to play a part
jour *m* day
   — de l'an New Year's Day
   — férié official holiday
   tous les —s every day
journal *m* newspaper
   — télévisé TV news
journée *f* day
juillet *m* July
juin *m* June
jurer to swear
jusqu'à to
   — ce que until
jusque until
   — là that far
justement justly, precisely
justifier to justify

K

kilo *m* 2.2 pounds
   au — by the kilogram
kilométrage *m* distance in kilometers
kiosque *m* newspaper / magazine stand

L

là there
là-bas there, over there
laboratoire *m* laboratory
   matériel de — *m* laboratory supplies
La Fontaine seventeenth-century French author
laid(e) ugly
laine *f* wool
laisser to leave
lait *m* milk
laitier / laitière *m, f* milk vendor
lancement *m* launching
lancer to fling, to throw, to launch
lanceur *m* rocket
langage *m* language
langue *f* language
laver to wash
   se — to wash oneself
lèche-vitrines: faire du — *m* to go window shopping
leçon *f* lesson
lecteur / lectrice *m, f* reader
   lecteur blueray *m* blueray player
   lecteur CD CD player
   lecteur DVD DVD player
   lecteur MP3 MP3 player
lecture *f* reading
légende *f* legend
léger(-ère) light
légume *m* vegetable
lendemain *m* the following day
lent(e) slow
lentement slowly
lequel / laquelle which one
lever to raise
   se — to get up

lexique *m* vocabulary list
librairie *f* bookstore
libre free
Licence *f* first diploma after the **bac** (**bac** + 3 years of university study)
lien *m* link
lieu *m* place, spot
   au — de instead of
   avoir — to take place
ligne *f* line
   en — online
linguistique linguistic
lire to read
lit *m* bed
   au — in bed
litre *m* liter
littéraire literary
livraison *f* delivery
   — à domicile home delivery
livre *m* book
   — numérique e-book
LMD (licence master doctorat) *m* European university system
localisation *f* situating, localizing
locataire *m, f* renter
location *f* rental
   de — rental
locution *f* phrase
logement social *m* public housing
loger to lodge, to live
logiciel *m* software
logique logical
logiquement logically
loi *f* law
loin far
loisir *m* leisure
   —s *m pl* leisure time activities
Londres London
long-métrage *m* feature film
longtemps a long while
lorsque when
louer to rent
loup / louve *m, f* wolf
lu *past part. of* **lire**
lundi *m* Monday
lune *f* moon
luxe *m* luxury
   de — luxury
lycée *m* last three years of secondary school
lycéen / lycéenne *m, f* student at **lycée**

M

machin *m* thing *(slang)*
machiniste *m* driver
magasin *m* store
   — d'habillement clothes store
magazine *m* magazine
Maghreb *m* Arab term for North African countries
mai *m* May
main *f* hand
maintenant now
maintenir: se — to keep up
Maison des jeunes *f* youth center
maison individuelle *f* single family house
maître / maîtresse *m, f* elementary school teacher

majestueux(-euse) majestic
majeure *f* major
majorité *f* majority
majuscule *f* capital letter
mal *m* pain, ache
    avoir — à to have an ache
    faire — à to hurt
malade sick
maladroit(e) clumsy
mal élevé(e) *m, f* ill-mannered person
malentendu *m* misunderstanding
mal entretenu(e) messy
malgré in spite of
malheureusement unfortunately
malheureux(-euse) unfortunate; unhappy
malhonnête dishonest
maman *f* mama
mamie *f* grandma, granny
manger sur le pouce to eat on the run
manière *f* manner
    bonnes —s good breeding
manifestant *m* demonstrator
manifestation *f* demonstration
manifester to demonstrate
    se — to appear
manquer to neglect
manuel *m* manual
    — de cours textbook
maquillage *m* makeup
maquilleur / maquilleuse *m, f* make-up artist
marchandage *m* haggling
marchand(e) *m, f* merchant
marchandise *f* merchandise
marché *m* open-air market
    faire le — to go grocery shopping
    — du travail labor market
marcher to work; to function; to walk
mardi *m* Tuesday
Mardi gras Mardi Gras
mari *m* husband
mariage *m* marriage; wedding
marié(e) married
marier: se — to get married
marin *m* sailor
Maroc *m* Morocco
marque *f* brand
marquer to characterize
marre: en avoir — de to have had enough *(slang)*
mars *m* March
masse *f* mass
massif(-ive) massive
Massif central *m* Massif Central (plateau in central France)
Master *m* second diploma after the **bac** (two years beyond the **Licence**)
matériel *m* hardware
maternel(le) native (language)
mathématiques *f pl* mathematics
maths *f pl abbrev. for* **mathématiques**
matière *f* subject
matin *m* morning
matinée *f* morning
mauvais(e) bad
    faire mauvais to be bad weather
maxidiscompte *m* superdiscount
méchant(e) wicked, mean

mécontent(e) displeased, dissatisfied
médecin *m* doctor
médias *m pl* media
médicament *m* medicine
meilleur(e) better
mêler to mix
    se — à to have a hand in
    se — de ses affaires to mind one's business
même -self; same
menacer to threaten
mener to take; to lead
mensuel *m* monthly newspaper or magazine
menteur(-euse) lying
mention *f* honors on an exam; degree concentration
mentionner to mention
mépris *m* disdain
mer *f* sea
    — des Antilles Caribbean Sea
    — des Caraïbes Caribbean Sea
mercredi *m* Wednesday
mère *f* mother
mériter to deserve
messagerie *f* email account
métier *m* line of work
mètre *m* meter
métropole *f* mainland France
métropolitain(e) of / from continental France
metteur en scène *m* film director
mettre to put
    — au point to finalize
    — en valeur highlight
    se — to put or place oneself
    se — à to begin to
    se — d'accord to get to an agreement
meuble *m* piece of furniture
meublé(e) furnished
mi-chemin: à — halfway
midi *m* noon
mieux better
    faire de son — to do one's best
milieu *m* middle
mineure *f* minor
Ministère de l'Education nationale *m* Department of Education
ministre *m* minister
minuit *m* midnight
mi-octobre *f* mid-October
mise au point *f* tune-up
mise en réseau *f* networking
misère *f* misery, poverty
mistral *m* strong, cold wind in Mediterranean area
mode *m* style; mood *(grammatical)*
    — de vie lifestyle
    — de transport means of transportation
modique modest
module *m* course unit
moindre least
moins (de) less, fewer
    à — de (que) unless
    au — at least
mois *m* month

moitié *f* half
moment *m* moment, instant
au — de at the moment of
à un — donné at a given moment
monde *m* world
    Nouveau — New World
    Tiers — Third World
mondialisation *f* globalization
monnaie *f* change
monsieur *m* gentleman, sir
mont *m* mountain
montagne *f* mountain
    en — in the mountains
monter to go up, to climb; to board
    — en to get into, to board
montre *f* watch
    — en or gold watch
montrer to show
    se — to reveal itself
moquer: se — de to make fun of
morceau *m* piece
moto *f abbrev. for* **motocyclette**
motocyclette *f* motorcycle
mot-clé *m* key word
mot de passe *m* password
moteur de recherche *m* search engine
mots croisés *m pl* crossword puzzle
mourir to die
mouvement *m* motion
moyen *m* means
    —s (financial) means
moyenne *f* average
Moyen-Orient *m* Middle East
muet(te) mute, silent
mur *m* wall
musée *m* museum

N

nager to swim
naissance *f* birth
natal(e) native
naître to be born
nationalité *f* citizenship, nationality
nature plain
navet *m* "bomb", unsuccessful movie *(slang)*
navette *f* shuttle
navigateur *m* Web browser
naviguer to sail; to navigate
ne... jamais never
ne... que only
né(e) born
néanmoins nevertheless
nécessaire necessary
négliger to neglect
neige *f* snow
neiger to snow *(impersonal)*
nerveux(-euse) nervous
net(te) clear, neat
nettoyer to clean
neuf(-ve) brand-new
nez *m* nose
ni... ni neither . . . nor
Nil *m* Nile
niveau *m* level
Noël *m* Christmas
noir black
    en — et blanc in black and white

n name

...bre *m* number

— **cardinal** cardinal number

— **collectif** collective number

— **ordinal** ordinal number

nombreux(-euse) numerous; large

non-accentué(e) unaccentuated, unstressed

non-réservé(e) not reserved

Normand(e) *m, f* Norman

note *f* grade

nourrir to feed, to nourish

nourriture *f* food

nouveau / nouvelle new

La Nouvelle-Orléans *f* New Orleans

nouvelles *f pl* news

novembre *m* November

noyau *m* (nut) pit

nuage *m* cloud

nuit *f* night

numérique digitized

numéroter to number

O

obéir à to obey

objet *m* object

obligatoire compulsory

matière — required subject

obligé(e) obliged

oblitérer to cancel

obscurcir to obscure; to darken

obtenir to obtain

occasion *f* event

avoir l'— **de** to have the opportunity to

occidental(e) western

occuper: s'— **de** to take care of, to look after

octobre *m* October

odeur *f* odor

œil *m (pl* **yeux***)* eye

œuf *m* egg

œuvre *m* works

offrir to offer

s'— to treat oneself

oignon *m* onion

omettre to omit

optimiste optimistic

or *m* gold

ordinateur *m* computer

— **portable** laptop computer

ordonner to order

ordre *m* command

orgueilleux(-euse) proud

orientation *f* direction

orienter to direct

s'— to choose a course of study

original(e) original

version originale *f* movie in its original language

orthographique spelling

où where

oublier to forget

ouest *m* west

outre-Atlantique across the Atlantic

outre-mer *m* overseas

ouvertement openly

ouverture *f* opening

ouvrage *m* work

ouvrier / ouvrière *m, f* worker

ouvrir to open

P

page d'accueil *f* home page

pain *m* bread

palais *m* palace

pâlir to become pale

palmier *m* palm tree

panier *m* basket

panne *f* breakdown

en — not working, out of order

par by, through

— **câble** cable TV

— **contre** on the other hand

paradis terrestre *m* paradise on earth

paraître to appear

parapluie *m* umbrella

parc d'attractions *m* amusement park

parce que because

pardon excuse me

pareil(le) similar

parenthèses *f pl* parentheses

entre — in parentheses

paresseux(-euse) lazy

parfait(e) perfect

parfois sometimes

parfumé(e) flavored

parisien(ne) Parisian

parking *m* parking lot

parler to speak

se — to speak to each other

parmi among

parole *f* word; spoken word

part *f* behalf

de la — **de** from, on behalf of

partager to share

partance *f* departure

en — **pour** departing

participe *m* participle

particulier(-ière) special

partie *f* part

faire — **de** to be part of

partiel(le) incomplete

partir to depart, to leave

à — **de** from, beginning with

partout everywhere

paru *past part. of* **paraître**

pas mal de a good many

passager / passagère *m, f* passenger

passé *m* past

— **composé** passé composé *(verb tense)*

passer to spend (time); to show (a film)

— **à** to go into

— **à la télé** to appear on TV

— **à table** to go to the table

— **un bon moment** to have a good time

— **un examen** to take an exam

— **un film** to show a film

se — to happen, to be done, to take place

se — **de** to do without

passionné(e) (de) wild (about)

pâtes *f pl* pasta

patiemment patiently

patinage *m* ice skating

patinoire *f* skating rink

pâtisserie *f* pastry; pastry shop

pâtissier / pâtissière *m, f* pastry chef

patois *m* regional dialect, speech

patrie *f* homeland

patron(ne) *m, f* boss

pauvre poor; unfortunate

payer to pay for

pays *m* country

paysage *m* landscape, scenery

peau *f* skin

pêche *f* peach

pêche *f* fishing

aller à la — to go fishing

pédale *f* pedal

peigner: se — to comb one's hair

peindre to paint

peine *f* trouble

ce n'est pas la — it's not worth it

peintre *m* painter

peinture *f* painting

pendant que while

pendule *f* clock

pensée *f* thought

penser to think

— **à** to think about (have in mind)

— **de** to think about (have an opinion)

percevoir to perceive

perdre to lose

— **son chemin** to get lost

se — to get lost

père *m* father

perfectionner to perfect

période *f* period

— **creuse** non-peak (slack) period

périphérie *f* lands outside the mother country

permettre to permit

permis de conduire *m* driver's license

permis(e) allowed

perruche *f* parakeet

personnage *m* character

petit *m* little boy

—**s** children

petit commerçant *m* small shopkeeper

petit écran *m* TV

petit(e) ami(e) *m, f* boyfriend, girlfriend

petits pois *m pl* peas

peu little

— **de** few

un — **de** a little

peuple *m* people; nation

peur *f* fear

avoir — **de** to be afraid of

de — (**de, que**) for fear (of, that)

peut: il se — it's possible

peut-être perhaps, maybe

phénomène *m* phenomenon

phrase *f* sentence

pièce *f* play; piece; coin

la — each

— **de rechange** spare part

pied *m* foot

piège *m* trap

pierre *f* stone

piscine *f* swimming pool

piste *f* runway

place *f* seat

sur — on the spot

plage *f* beach
plaindre: se — to complain, to grumble
plaire to please
    se — to enjoy oneself
plaisant(e) pleasant, amusing
plaisir *m* pleasure
    faire — à to give pleasure to
plan *m* map
planche *f* board
    — à voile windsurfing board
    faire de la — à voile to windsurf
plancher *m* floor
plat(e) flat
plateau *m* movie set
plâtre *m* plaster, stucco; plaster cast
plein *m* full
    faire le — to fill the gas tank
plein(e) full
pleurer to cry
pleuvoir to rain *(impersonal)*
plu *past part. of* plaire *and* pleuvoir
pluie *f* rain
plupart *f* most
    la — des the majority of
pluriel *m* plural
plus more
    en — de in addition to
    —... —... the more . . . the . . .
    un peu — a little more
plus-que-parfait *m* pluperfect
    (verb tense)
plusieurs several
plutôt rather
pluvieux(-ieuse) rainy
pneu *m* tire
poche *f* pocket
    argent de — *m* spending money
poème *m* poem
poésie *f* poetry
poète *m* poet
point *m* period
poire *f* pear
poisson *m* fish
Poitou *m* region of France
poivron *m* sweet pepper
poli(e) polite
politesse *f* politeness
politique *f* politics
politique political
politisé(e) having a political aspect
pomme *f* apple
pomme de terre *f* potato
pompiste *m, f* gas station attendant
portable *m* cell-phone; laptop computer
porte *f* gate
portefeuille *m* wallet
porte-parole *m* spokesperson
porter to carry; to wear
portillon *m* automatic gate
portugais *m* Portuguese language
poser to put
    — une question to ask a question
posséder to own, to possess
possesseur *m* possessor
possessif(-ive) possessive
possibilité *f* possibility
poste *f* post office
    mettre à la — to mail

poste *m* post, position; set
    — de radio radio receiver
    — de télévision television set
poster to mail
postériorité *f* subsequence
poulet *m* chicken
pour for
    — (que) in order to (that)
pour *m* pro
pourboire *m* tip
pour cent percent
pourquoi why
poursuivi *past part. of* poursuivre
poursuivre to pursue
pourtant however
pourvu que provided that
pousser to push
pouvoir *m* power
pouvoir to be able
    il se peut it is possible
pratique useful
    travaux —s drill or discussion sections
précédent(e) preceding
précéder to precede
précis(e) specific
préciser to state precisely, to specify
précision *f* detail
précoce precocious
prédire to predict
préférer to prefer
préinscrire to preregister
premier(-ière) first
première *f* premiere, opening night;
    second year of lycée
prendre to take
    — au sérieux to take seriously
    — sa retraite to retire
    — quelque chose to get something to
      eat or drink
    — rendez-vous to make an
      appointment
    — une décision to make a decision
    — une douche to take a shower
    — un pot to have a drink *(colloquial)*
    — un verre to have a drink
préoccupé(e) worried
prépositionnel(le) prepositional
    complément prépositionnel *m* object
      of the preposition
près close
    de — closely
    — de near
présence *f* presence, attendance
présent(e) present
    à présent now
présentateur / présentatrice *m, f* announcer
présentatif(-ive) introductory
présenter to present, to introduce
    — sa candidature to be a candidate
    se — to introduce oneself, to appear
    se — à to be a candidate for
presque almost
presse *f* press
presser: se — to hurry
pression *f* pressure
prêt(e) ready
prévoir to plan
prévu *past part. of* prévoir

principe *m* principle
printemps *m* spring
pris *past part. of* prendre
privatisé(e) denationalized
prix *m* price
problème *m* problem
prochain(e) next, following
produire to produce
produit *m* product
    — de basse / haute gamme low- /
      high-quality product
profiter de to take advantage of
programme *m* schedule of TV programs
    — d'études course of study
    — de variétés variety show
progrès *m* progress
    faire des — to make progress
projeter to project; to plan
projets *m pl* plans
promener: se — to walk; to travel
    se — en voiture to take a drive
promettre to promise
promotion *f* special offer
pronom *m* pronoun
prononcer to pronounce
propos: à — by the way
    à — de concerning
proposer to propose; to set up
proposition *f* clause
    — principale main clause
    — subordonnée subordinate clause
propre own; clean
propriétaire *m, f* landlord, landlady
provenance *f* origin
    en — de arriving from
Provence *f* region of France
provisions *f pl* groceries
provisoire temporary
provoquer to provoke
publicité *f* advertising commercials,
    advertisement
pseudo *m* user name
pubs *f pl* commercials *(slang)*
puis then
puisque since
puisse *pres. subj. of* pouvoir
punir to punish

Q

quai *m* platform
quand when
quant à as for
quart *m* quarter
quartier *m* neighborhood
que that, which
Québécois(e) *m, f* person from Quebec
quel(le) what, which
quelque some
    —s a few
quelque chose something
    avoir — to have something wrong
quelquefois sometimes
quelque part somewhere
quelques-un(e)s some
quelqu'un someone
qu'est-ce que what
qu'est-ce que c'est? what is it?
qu'est-ce qui what

...n *f* question

...en — in question

...ue *f* waiting line

    faire la — to stand in line

qui who, whom

quitter to leave

quoi which, what

que whatever

quoique although

quotidien *m* daily newspaper

quotidien(ne) daily

R

rabais *m* discount

raconter to relate, to tell

radical *m* stem *(grammatical)*

    à — irrégulier stem-changing

rafraîchissement *m* refreshment

raison *f* reason

    avoir — to be right

raisonnable reasonable

ralentir to slow down

rame *f* subway train

randonnée *f* hike

rang *m* rank

ranger to put away, to arrange, to put in order

rapide *m* express train

rapide rapid

rappel *m* reminder

rappeler: se — to remember

rapport *m* relationship

    par — à in relation to

rapporter to bring back

    se — à to refer to

rapprocher to approach

    se — (de) to get close (to)

raquette de tennis *f* tennis raquet

raser: se — to shave

rassemblement *m* gathering

rater to miss; to fail (an exam)

RATP *f* **(Régie Autonome des Transports Parisiens)** Paris bus and subway agency

rattraper: se — to make up

raviser: se — to change one's mind

rayon *m* department

réalisateur / réalisatrice *m, f* producer

réaliser to direct

réaliste realistic

récemment recently

récepteur *m* television set

    — en couleurs color TV set

recevoir to receive

    — un diplôme to finish a course of study; to graduate

recherche *f* research

réciproque reciprocal

récit *m* story

    faire le — to tell the story

réclame *f* advertisement

réclamer to claim

recommencer to start over

reconnaître to acknowledge

reçu(e) received, admitted; successful

    être — to pass (an exam)

récupérer to pick up

rédaction *f* editing

redoubler to repeat (a year)

réduction *f* discount

réduit(e) reduced

réel(le) real

refaire to do again

réfléchi(e) reflexive

réfléchir à to think about

refléter to reflect

réforme *f* reform

refuser to refuse

regarder to look at

règle *f* rule

réglementé(e) regulated

régler to adjust; to settle; to pay

regretter to regret; to be sorry

régulièrement regularly

reine *f* queen

rejeter to reject

relation *f* relationship

    — amicale friendship

remarque *f* remark

remarquer to notice

remercier to thank

remettre: se — à to get back to

remonter to go back (in time)

remplacer to replace

remplir to fill out

rencontrer to meet by chance

rendez-vous *m* appointment; engagement

    avoir un — to have a date

    prendre — to make an appointment

    se donner — to arrange to meet

rendre to return, to give back

    — un service to do a favor

    se — à to go to

    se — compte de to realize

renforcer to reinforce, to strengthen

renseignement *m* information

    bureau de —s *m* information counter

renseigner to inform

    se — to obtain information

rentrée *f* opening of school

rentrer to come home

renvoyer to send back

réparer to repair

reparler to speak again

repas *m* meal

repêchage *m* second chance

répéter to repeat

réplique *f* reply

répondeur *m* answering machine

répondre to answer

réponse *f* answer, reply

reportage *m* account

reposer: se — to rest

reprise *f* time, occasion

    à plusieurs —s on several occasions

requin *m* shark

RER *m* **(Réseau Express Régional)** Parisian suburban rapid transit line

réseau *m* network

    — communautaire social networking site

résidence *f* residence, dwelling

    — secondaire vacation home

résoudre to solve

ressembler to resemble

ressentir to feel (an emotion)

ressusciter to resuscitate, to revive

rester to remain; to stay

    — à to be left

Resto U (RU) *m abbrev. for* **restaurant universitaire** university restaurant

résultat *m* result

résumer to summarize

retard: être en — to be late

retenir to retain

retirer to obtain; to withdraw

retour *m* return

    de — à back at, having returned to

    être de — to be back

retourner to go back to

retrouver: se — to meet by design

réunion *f* meeting; reconciliation

réunir to bring together again

réussir to succeed; to pass (an exam)

réussite *f* success

rêve *m* dream

réveiller: se — to wake up

revenir to come again, to come back

rêver to dream

révision *f* revision

revoir to see again

révolutionnaire revolutionary

revue *f* magazine

rez-de-chaussée *m* ground floor

rhum *m* rum

rien nothing

rigoler to laugh *(slang)*

rire to laugh

risque *m* risk

    courir des —s to take chances

risquer: se — to risk, to venture

riz *m* rice

robe *f* dress

    — de (en) coton cotton dress

roi *m* king

rôle *m* part

roman *m* novel

romancier *m* novelist

rompre to break

rose pink

rôti(e) roasted

rouge red

rougir to blush

rouler to drive

route *f* road

rue *f* street

ruine *f* ruin

ruse *f* trick

russe Russian

S

SDF *m* **(sans domicile fixe)** homeless

SMS *m* text message

SNCF *f* **(Société Nationale des Chemins de fer Français)** French national railroad system

sable *m* sand

sac *m* sack

    — à dos backpack

sache *pres. subj. of* **savoir**

sage wise, good

saigner to bleed

sain et sauf safe and sound

saisir to seize

saison *f* season

saisonnier(-ière) seasonal

salade *f* lettuce
sale dirty; sordid
salle *f* room
    — de bains bathroom
    — de cinéma movie house
    — de classe classroom
    — de théâtre theater
salon *m* living room
    — de chat chat room
saluer to greet
salut hi *(colloquial)*
samedi *m* Saturday
sans (que) without
sans fil wireless
sauf except
sauvegarder to save (a document)
sauver: se — to run off
savoir to know, to know how
savourer to enjoy
science *f* science
    —s humaines social sciences
scolaire school-related
    année — *f* school year
scooter *m* scooter
séance *f* showing
sécher to cut (a class) *(colloquial)*
secondaire secondary
seconde *f* first year of **lycée**
secrétaire *m, f* secretary
séduire to attract
séjour *m* stay
sel *m* salt
sélectif(-ive) selective
selon according to
semaine *f* week
sembler to seem
Sénégal *m* Senegal
sens *m* meaning
    — figuré figurative meaning
    — propre literal meaning
sensation *f*: **à —** sensational
sentiment *m* emotion
sentir to feel
séparer to separate
septembre *m* September
série *f* series, succession
sérieux *m* seriousness
sérieux(-euse) responsible; serious
service *m* service
    à votre — at your service
    être en — to be in use
serviette *f* napkin; towel; briefcase
servir to serve
    se — to help oneself
    se — de to use
seul(e) alone
sévère strict
si if; yes
sida *m* AIDS
siècle *m* century
siège *m* seat
sieste *f* nap
signaler to indicate; to signal
signe: faire — to signal
simultanément simultaneously
singulier *m* singular
ski *m* ski
    faire du — to go skiing
société *f* company

socio-économique socioeconomic
sœur *f* sister
soi oneself
soif *f* thirst
    avoir — to be thirsty
soir *m* evening
soirée *f* evening; party
soit *pres. subj. of* **être**
soldat *m* soldier
soleil *m* sun
    faire du — to be sunny
somme *f* sum
sommeil *m* sleep
    avoir — to be sleepy
sondage *m* poll
sonner to sound; to strike
sorte *f* sort, kind
    de — (que) so (as, that)
sortie *f* exit; release
sortir to go out
soudain suddenly
souffrir to suffer
souhaiter to desire, to wish
soulier *m* shoe, slipper
sourd-muet *m* deaf-mute
sourire to smile
souris *f* mouse
sous *m pl* money *(colloquial)*
sous-sol *m* basement
sous-titres *m pl* subtitles
souvenir *m* memory
souvenir: se — de to remember
souvent often
speakerine *f* announcer
spécialisation *f* major field
spécialisé(e) specialized
spectacle *m* show
sportif(-ive) athletic
sport d'hiver *m* winter sport
stage *m* internship
station balnéaire *f* seaside resort
stimuler to stimulate
strophe *f* verse
structure *f* construction *(grammatical)*
subir to undergo
subjectivité *f* subjectivity
subjonctif *m* subjunctive *(mood of a verb)*
succéder to follow
successif(-ive) successive
sucre *m* sugar
sud *m* south
sud-ouest *m* southwest
suffire to suffice
suggérer to suggest
suite *f* following
    à la — de after
suivant(e) following
suivre to follow
    — un cours to take a course
sujet *m* subject
    au — de about
super neat, cool
supérieur(e) superior
    enseignement supérieur *m* higher
    education
supermarché *m* supermarket
supplément *m* supplementary fee
supplémentaire further
supporter to endure, to bear

supprimer to cancel; to eliminate
sûr(e) sure
    bien sûr of course
surfer to surf
surgelé(e) frozen (produce)
surpeuplé(e) crowded
surprenant(e) surprising
surprendre to surprise
surpris(e) surprised
surtout chiefly
sympathique pleasant
système: — d'exploitation *m* operating
  system

T

tableau *m* picture
    — des verbes verb chart
taire: se — to be quiet
tant (de) so much, so many
taper to type
tard late
    plus — later
tarif *m* rate
    — réduit reduced rate
tasse *f* cup
taux *m* rate
taxi *m*
    en — by taxi
teint *m* tone (color of skin)
tel(le) such
    — ou — this or that
télé *f* television
    — par câble cable television
    Télé 7 jours French *TV Guide*
téléachat *m* home shopping
télécharger to download
télécommande *f* remote control
télématique *f* view data processing
téléphone *m* telephone
    au — on the telephone
    — portable cellular phone
téléphoner to telephone
télétravail *m* telecommuting
téléviseur *m* television set
télévision *f* television
    à la — on television
    poste de — *m* television set
tempête *f* storm
    — de neige snowstorm
temple *m* Protestant church
temporel(le) having to do with time
temps *m* time; weather; tense
    de — en — from time to time
    en même — que at the same time (as)
    il est — it is time
    — libre free time
    — verbal tense
tenez! here!
tenir to hold
    se — au courant to keep oneself
    well-informed
tennis *m* tennis
    faire du — to play tennis
    raquette de — *f* tennis raquet
terminaison *f* ending
terminale *f* last year of **lycée**
terrasse *f* terrace
    à la — on the terrace
terre *f* earth

...r to terrify
...toire *m* territory
...e *f* head
...texto *m* text message
TF 1 Télévision Française 1 (TV network)
thé *m* tea
théâtre *m* theater
    pièce de — *f* play
thèse *f* thesis
thon *m* tuna
Tiers monde *m* Third World
timide shy
tiret *m* dash
titre *m* title
tomber sur to come upon, to encounter
tonnerre *m* thunder
tort *m* wrong, injustice
    avoir — to be wrong
tôt early
    plus — earlier
totalité *f* entirety
toucher to touch
    — un chèque to cash a check
toujours still
tourisme *m* touring; tourism
tournage *m* shooting (of a film)
tourner to turn
    — un film to make a film
tous all
    — les jours every day
tout(e) all
    en tout in all
    tout à coup suddenly
    tout de même all the same
    tout de suite immediately
    — le, la... all the . . . , the whole . . .
    tout le monde everyone
    tout à l'heure a while ago, in a while
trac: avoir le — to be afraid
traduire to translate
train *m* train
    monter en — to board a train
    par le — by train
traité *m* treaty
    — de paix peace treaty
traiter to treat; to deal with
traiteur *m* caterer, delicatessen
traître *m* villain
trajet *m* trip
tram *m* tramway
tranche *f* slice
tranquille quiet, peaceful
tranquillement peacefully, quietly
transformer to change
    se — to turn into
transitif(-ive) transitive
transports en commun *m pl* mass transport
travail *m* work
    langue de — *f* working language
    marché du — *m* job market
    — bénévole volunteer work
travailler to work
travailleur(-euse) industrious, hard-working
travaux pratiques *m pl* drill or discussion sections
travers: à — through
traverser to cross
trimestre *m* quarter

triste sad
    il est — it is sad
tristesse *f* sadness
tromper to deceive
    se — to be wrong
trompeur(-euse) deceitful
trop (de) too much, too many
    de — too many, excessive
trou *m* hole
trouble *m* disturbance
trouille *f* fear (*colloquial*)
    avoir la — to be afraid (*colloquial*)
trouver to find
    se — to be found, to find oneself; to be located
truc *m* thing (*colloquial*)
type *m* guy, fellow (*colloquial*)

U

uniquement solely
unité de valeur *f* credit
universitaire university
    cité — *f* residence hall complex
utile useful
    être — to be of service (help)
utiliser to use

V

vacances *f pl* vacation
    en — on vacation
    grandes — summer vacation
    forfait-— *m* vacation package deal
    — vertes ecotourism
valable valid
valeur *f* value, worth
    —s values
    unité de — *f* credit
valider to validate
valise *f* suitcase
vallée *f* valley
valoir to be worth
    — la peine to be worth the trouble
    — mieux to be better (*impersonal*)
vaniteux(-euse) vain
varier to vary
variété *f* variety
    —s variety show
vedette *f* male or female star
veille *f* preceding day
vélo *m* bicycle
    faire du — to go biking
vendeur / vendeuse *m, f* salesperson
vendre to sell
vendredi *m* Friday
venir to come
vent *m* wind
    faire du — to be windy
venu *past part. of* **venir**
vérifier to check
véritable real
vérité *f* truth
verre *m* glass
    — à vin wineglass
vers *m* line (of poetry)
vers toward, to
version *f* version
    — doublée dubbed version of a movie
    — originale film in its original language

vestimentaire clothing-related
vêtements *m pl* clothes
veuf / veuve *m, f* widower / widow
veuille *pres. subj. of* **vouloir**
veuillez please be so kind
viande *f* meat
vidange *f* emptying; draining off
    faire la — to change the oil
vide empty
vie *f* life
    style de — *m* lifestyle
    — active working life
vieux / vieille old
vieux *m* old person
    mon — old buddy (*colloquial*)
ville *f* town
    en — downtown
vin *m* wine
virgule *f* comma; decimal point
visage *m* face
vite fast, quick, quickly
    pas si — not so fast
vitesse *f* speed
vivant(e) lively, living
vivre to live
    douceur de — *f* pleasant lifestyle
voici here is, here are
voie *f* track
voilà there is, there are
voir to see
voisin(e) *m, f* neighbor
voiture *f* car; subway or railway car
voix *f* voice
vol *m* flight
volant *m* steering wheel
voler to steal
voleur / voleuse *m, f* thief
volley *m* volleyball
volontaire *m, f* volunteer
volonté *f* will
volontiers willingly
vols-vacances *m pl* reduced airfares for vacation travel
Vosges *f pl* Vosges Mountains in northeastern France
vouloir to want
voulu *past part. of* **vouloir**
voyage *m* trip, travel
    — à forfait vacation package deal
voyager to travel
voyageur / voyageuse *m, f* traveler, passenger
voyelle *f* vowel
vrai(e) true
vraiment really
vu *past part. of* **voir**

W

Web *m* Web
western *m* western (movie)

Y

yaourt *m* yogurt

Z

zapping *m* channel surfing
zut! darn it!

Index